22年5月
国民の国民審査に関する最高裁違憲判決

News Quest

「最高裁裁判官の国民審査」の権利を，在外日本人がなぜ行使できなかったのか。また，これまでに違憲とされた法律も調べよう。

　海外の日本人が最高裁裁判官の国民審査に投票できないのは憲法に反するとして，在外邦人らが国に損害賠償を求めた訴訟で，最高裁大法廷は，投票を認めていない国民審査法を「違憲」とする判決を言い渡した。この判決を受け，2023年2月に改正法が施行され，在外投票が可能となった。

2022年7月　参議院選挙が実施　○○が拡大

JN102074

News Quest

参議院は○○○○○○○○○○を担う，良識の府と○○○○○○○○○○であることについて○○○○○○○○○○う。

　2022年7月○日に参議院議員通常選挙の投開票が行われた。自民党が改選過半数の63議席を確保する大勝で，公明と合わせた与党で76議席に達した。憲法改正に前向きな与党と日本維新の会・国民民主党の「改憲勢力」は国会発議に必要な3分の2以上の議席を維持した。投票率は52.05%で，2回連続の50%割れは回避したものの，過去4番目の低さとなった。

済的主体 ...　　円安が進む

News Quest

円安が日本経済に与える影響を考え，まとめてみよう。

　2022年に入ってから円安が進み，10月21日，東京外国為替市場で一時1ドル＝151円台となった。これにより1990年8月以来，約32年ぶりの円安ドル高水準を更新した。2023年11月にも，円相場は一時，1ドル＝151円後半まで値下がりした。

ドル／円　　アメリカ: United States of America QUSD/JPY　Foreign Exchange
現在値　151.74-75↑
前日比　+0.02
高値　151.77　安値　151.60

2023年1月　ブラジル議会襲撃

News Quest

民主主義の根幹を揺るがす暴動の背景には，何があるだろうか。

　ブラジルのボルソナロ前大統領の支持者が，首都ブラジリアの連邦議会や大統領府などを襲撃した。ボルソナロ自身が関与した可能性は低いとみられるが，2022年10月のブラジル大統領選での敗北を認めない態度が支持者の行動に影響を及ぼしている。

首都ブラジリアで大統領府を襲う，
ブラジルの元大統領ボルソナロの支持者

2023年5月　広島でG7サミット

News Quest

対立の深まる世界で，G7に今後期待される役割は何か，考えよう。

　2023年5月19日から21日にかけて広島で開催されたG7サミットでは，法の支配に基づく自由で開かれた国際秩序を強化すると明記した文書を採択した。ウクライナ支援を継続するほか，現実的なアプローチを通じて「核兵器のない世界」に向けて取り組むとしている。

1 法はなぜ必要なのだろうか？

日常生活のどんな場面でどんなルールや法があるだろう！

自分では「ルール」と感じていないものもあるかもしれませんが，イラストから「ルール」を見つけましょう！

7時に起きる

食べたら片付ける

制服で登校する

家

近所

ゴミは決まった日に出す

ペット禁止

このマンションペット禁止では？

信号は青で渡る

地域

進行方向を守る

バスや電車は順番に乗る

あぶない！

あと3分だぞー!!

学校

部活は決められた日時と場所で

音楽室

登校時間を守る

火・木

月・水

❶自分で決めていること〈マイルール〉
➡7時に起きる，朝食前に顔を洗う
　●学校に遅刻しないために自分で決めている。

❷家族の間で決めていること〈家族とのルール〉
➡食べた食器は自分で下げる，新聞を取りに行く人を決めている
　●家の中で快適に過ごすためにみんなで決めている。

❸地方自治体（市・町・村など）のルール
➡ゴミ収集の時間や場所
　●地方自治体の公共サービスのため，地域で決まっている。

❹国のルール〈法律で決められている〉
➡徒歩は右側，自動車・自転車は左側通行，赤信号は止まる
　●車や自転車は同じ方向に走行しないと危険だし，徒歩と自動車などが対面だと，お互いよく見えて危険が回避できる。
　●守らないと罰則がある。

❺社会のルール
➡電車には整列乗車する
　●電車から降りる人が先に降り，乗る人があとから順序よく乗るとスムーズに乗り降りができる。

❻学校のルール〈校則など〉
➡制服を着て登校する，遅刻はしない，決められた係・委員会の活動はきちんと果たす
　●学校生活が円滑に行われるような決まり。

❼部活のルール
➡決められた時間と場所で活動する
　●学校の教室やグランドを混乱なく使用するための決まり。
　●学校が開く時間，閉まる時間に合わせて決めている。

このほかにはどのようなルールがありますか？

こうしたルールがなかったら，どのような生活になるでしょうか？　時間までに，安全に学校にたどり着いて，無事に1日が過ごせるでしょうか？

ルールがないと…

①朝から家族が勝手なことをするのでケンカが始まり，学校に遅刻するか欠席してしまう。

②電車やバスに乗る順番を守らないので，乗り降りがうまくできず，遅れてしまう。

③部活のルールを守らない生徒が部活動を勝手に行おうとして，生徒どうしで場所とりなどのケンカになる

どうでしょうか。「ルールがない社会」を考えると，「なるほど，ルールは必要なんだ」と納得できるのではないでしょうか。

ルールは，それぞれの主張や立場に違いがある時に，集団の中でそれを調整しようとするものです。ですから，特に利害対立がある時に，みんなが納得するようなものでないと，誰も守らなくなってしまいます。そのため，ルールの作成にはいろいろな条件が必要なのです。（右の注意点を確認しましょう）

では，これまで見てきたルールには果たしてルールを作る（守る）必要性があるのでしょうか。その理由を確認しましょう。

‖ ルールはなぜあるのだろう

❶ マイルール：7時に起きる

➡ 決められた登校時間を守るため，朝食をちゃんと食べるため，家の仕事のため，など

❷ 地域のルール：ゴミを出す場所と時間が決まっている

➡ ルールとは違う日にゴミを出すと収拾されずに腐って不衛生になるため，ゴミ収集日を決めておかないといつもごみ収集が必要となり地域のサービスが非効率となるため，など

❸ 国のルール：赤信号は止まる

➡ 歩行者や自動車・自転車などの安全を確保するため，道路の混乱を避けて円滑な通行を確保するため，など

きちんとした理由があって，ルールが作られています。ではマイルール，学校のルール，国のルールなど，なぜ集団によってルールが違うのでしょうか。

それは，その集団のメンバーが異なるためということが考えられます。それぞれの社会＝集団によっ

ルール作成上の注意点

❶ 平等であること

❷ 正しい手続きで決められていること

❸ 過度に自由を制約をしないこと

❹ 内容がはっきり示されていること　　　など

て，合意される内容が異なるからです。たとえば，あるマンションの自治会の規則では「ペット禁止」でも，隣のマンションの自治会規則では「ペットOK」となっていたとしても，それぞれのマンションに住む住民の合意があればよいのです。ただし，どんなペットでもいいのか，ある程度大きさなどを制限するのかなどは，また別の合意が必要でしょう。

さて，人間には「生まれながらにして，自分らしく生きる権利」がありますが，しかし人間は一人では生きていけません。そのため，いろいろな集団＝社会に属して生きています。家族，自治会，地域，学校，部活動，スポーツクラブ，そして，その最大のものが「国家」です。ここまでいろいろ考えてきたように，それぞれの集団にはそれぞれの集団での活動を効率的で円滑にするための「ルール」が必要です。現代では人はたくさんの集団に属しているため，ルールはたくさん必要になっているのです。

そしてここが重要な点ですが，最大の集団である国家の「ルール」が「法律」なのです。このように考えると，法律だけで，私たちの生活のすべてが規定されているわけではないことがわかります。

課題を見つけて地域創生!

身の回りの課題を考えてみる

マスコミなどによって報道される国の政治の動きや社会の利害対立は，経済連携協定（EPA）の交渉の是非や税制度の改革など，私たちの生活から少し離れたテーマが多い。しかし，自分の生活に関係している「利害（課題）」は，身近なものが多い。例えば，「自分の家の前の道路の穴をどうにかして欲しい」「近くにある高校が統廃合されてしまうので，自分は電車で1時間かかる高校に通うことになりそうだ」などである。そのような自分の生活に密接に関係する課題は，どのように解決したら良いのだろうか？

ここでは，自分の住む地域（県）の課題をどのように解決するかという活動に取り組んでみよう。そして身近な課題をどうやって解決するかを考えて，政治へのアプローチを学んでいこう。

今回の活動事例は，青森県の活性化について「観光」をキーワードにしてその解決策をプレゼンテーションしていく活動である。

課題解決に向けて分析をすすめる

まず自分の住む県の課題を表す資料を探すことから始まる。青森県の観光に関する情報，宿泊者数や外国人観光客の増加などが読み取れる資料。他にも，どのような資料を集めると「観光の活性化」を考えることが出来るだろうか。多面的な資料を収集していく必要があるだろう。

解決策に取り組む

ここからの活動は2つに分かれる。1つは自分たちが提案した「観光活性化」の活動を行うことである。

もう1つは，県知事，県会議員，市町村長，市町村議員などへ，これらの提案を行うことである。

私たちは主権者として「利害の調整」つまり「課題解決」を行うことが出来る。とくに，自分の身近にある課題を考え，解決策を提案することは，これまで遠い存在と感じてきた「政治」が，実は自分の身の回りの課題を解決することから始まっていることが，理解出来るだろう。

また，地方自治体の首長や議員選挙で誰に投票するか困っているとき，自分の考えていた「活性化案」に近い公約の候補者に投票することもできる。その意味で，投票の基準作りにもなるだろう。

青森県の地域創生のプランを提案しよう! 実際の活動例

❶テーマ（課題）に沿った資料をたくさん集める。
❷資料から考えられる「本県の観光の課題」を，4人1班となり，ブレーンストーミングで出来るだけ多くあげる。

❸あがった課題を付箋紙に書き，KJ法で整理する。
❹KJ法で整理した課題から，「本県の観光の課題」の中で「最大の課題」を班で一つに絞る。

資料1 全国魅力度ランキング都道府県版（2021年）

ブランド総合研究所によるこのランキングは，47都道府県と国内1000の市区町村を対象に，全国の消費者3万5489人から有効回答を得て集計したもの。「各自治体について，どの程度魅力を感じますか？」という問いに対する回答それぞれに，（魅力度として「とても魅力的」100点，「やや魅力的」50点，「どちらでもない」「あまり魅力を感じない」「全く魅力的でない」0点）点数をつけ，それらを加重平均して算出している。

順位	昨年順位	都道府県	点数	順位	昨年順位	都道府県	点数
1	1	北海道	60.8	14	13	静岡県	21.9
2	2	京都府	49.9	14	20	青森県	21.9
3	4	沖縄県	44.1	16	16	愛知県	21.6
4	3	東京都	36.4	17	19	鹿児島県	21.2
5	5	神奈川県	34.7	18	15	広島県	20.2
6	6	大阪府	31.9	18	17	熊本県	20.2
7	7	奈良県	30.6	20	21	秋田県	20.0
8	10	長野県	30.5	21	18	千葉県	19.6
9	8	福岡県	29.6	22	28	宮崎県	18.6
10	9	石川県	29.2	23	22	大分県	18.4
11	11	長崎県	25.9	24	30	愛媛県	17.8
12	12	兵庫県	23.7	24	33	香川県	17.8
13	14	宮城県	23.0				

⑤班で話し合った「最大の課題」の解決策を, 各自考える時間をとった後, 「解決策」をブレーンストーミングで出来るだけ多くあげる。

⑥ブレーンストーミングで出た解決策を付箋紙に書き, KJ法で整理し, 一番よい解決策を班で一つに絞る。

ブレーンストーミングで守るルール
1 他人の意見を絶対に批判しない
2 自由な意見を歓迎する雰囲気づくり
3 アイデアは質よりも量が大切
4 人の意見に賛同してもOK

⑦解決策をプレゼンテーションする準備を始め, 順番にプレゼンテーションを行う。

1 本県の観光の課題
①宿泊客が少ない＝「観光地の近くの宿泊地が少ない」
②冬は雪のために観光客が少なくなる
③若者向けの観光地が少ない
④宣伝不足　　など

2 課題の解決策
①逆に「雪」を観光資源にする
②青森の文化を感じてもらう「民泊」を始める
③宣伝を行政や観光組合だけが行っているのが間違い
　若者の横のつながりやSNSなどの活用を始める　　など

3 最終的な班の提案
青森県には良いところがたくさんあるので, 若者がSNSを使って「インスタ映え」する写真などで積極的に本県の良さを発信する。

資料2 延べ宿泊者数の月別推移 (平成29年〜令和3年)

資料) 観光庁「宿泊旅行統計調査」※従業者数10人以上の施設。令和3年は速報値。

資料3 都道府県別延べ宿泊者数 (令和3年)

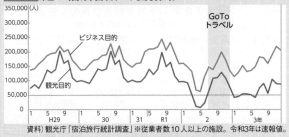

資料4 観光消費額 (令和元年)

令和元年　観光消費額　1910億円

土産代 24.5%	宿泊費 33.8%	交通費 14.5%	その他 (飲食費, 入場料, パック料金, その他の合計) 27.2%
468億円	646億円	277億円	520億円

資料) 県観光企画課「令和元年青森県観光入込客統計」

資料5 じゃらん宿泊旅行調査2021 (2020年度のテーマ別都道府県魅力度)

地元ならではのおいしい食べ物が多かった		魅力のある特産品や土産物が多かった		地元の人のホスピタリティを感じた	
全体平均	63.7	全体平均	52.0	全体平均	27.7
1位 石川県	80.0	1位 沖縄県	65.9	1位 沖縄県	45.2
2位 高知県	78.8	2位 青森県	64.9	2位 宮崎県	34.4
3位 福井県	74.6	3位 石川県	64.0	3位 北海道	33.4
4位 宮城県	73.9	4位 高知県	63.4	4位 山形県	32.8
5位 徳島県	73.8	5位 北海道	61.8	5位 秋田県	32.6
6位 青森県	73.6	6位 長崎県	59.9	6位 徳島県	32.5
6位 香川県	73.6	7位 徳島県	59.3	7位 青森県	32.0
8位 北海道	73.3	8位 宮城県	59.1	8位 福島県	31.3
9位 山形県	73.0	8位 山形県	59.1	9位 熊本県	31.2
10位 富山県	72.9	8位 宮崎県	59.1	10位 島根県	31.1

資料1 から全国的に見ても「青森県」の魅力度は高く, 資料2 や 資料3 でわかる通り, 1年間の宿泊数が夏と冬で大きく差があり, 全体の宿泊数も少なくなってしまっていることが読み取れる。

この活動終了後には, 生徒たちは実際に, 青森市の観光ボランティアに取り組んだり, 「B1グランプリ」のボランティアとして参加したり, 多くの高校生が行動をおこしている。「課題の解決策」について考える時には, 「行政や政治を動かす必要性」という視点を加えて取り組んでいこう。さらには請願などにつなげていくと, 自分たちで提案するかたちの政治参加となるだろう。

ポジティブ・アクションで未来

❶ こんなことが起こる？！

Aくん（男性）は，国家公務員になることを目標に毎日一生懸命勉強している。 ❶

❷ 公務員試験には手応えがあったが，結果は不合格。

不合格

❸

Bさん（A君と同点），Cさん（A君より低い点数）は合格した。

75 70

❹

そんなぁ～

合格者の30%は女性にする。

女性
男性

この試験には「合格者の30％は女性にする」というルール（ポジティブ・アクション）があった。

このルールによって決まった結果は「公正？」「公正ではない？」

[理由とともに自分の意見を示そう]

公正である・公正ではない

【理由】

男女共同参画社会を実現させるために行われる「ポジティブ・アクション（積極的差別是正措置）」は，将来，君たちが直面する可能性の高い制度（ルール）です。今の日本の社会は女性の社会参画を進めるために，こうした制度が導入される必要がある状況とも言えるでしょう。
国の内外の実例や，社会課題としてあげられている色々な資料から，この制度（ルール）がなぜ，導入されるようになったかを，❷の資料から読み取り確認してみましょう。その上で，この制度（ルール）が「公正であるかどうか」について，❸の3つの考え方に基づいて，その根拠を示しながら考えを深めてみましょう。

男女差別是正に向けて 現実に制度として定められている事例

- ドイツでは大手企業108社が監査役員の女性比率を30％以上にすることが義務付けられている。
- 日本では選挙候補者数をできる限り男女「均等」を目指すという基本原則を定めた，候補者男女均等法が施行されている。
- 名古屋大学などでは「業績の評価が同等だった場合には，女性を積極的に採用する」と募集要項などに示している。
- 東京大学には，女子学生には月3万円の家賃補助を与える制度がある。

10000

考えを深める ジェンダー平等の実現として，男女共同参画社会を構築するためのポジティブ・アクションは，制度として公正だろうか。

日本が他の先進国と比べて，明らかに女性の社会への参画が低い水準であることを改善するための制度である。しかし，こうした制度に対しては「逆差別である」と非難する声もある。日本が抱える社会構造が問題だとして，具体的な対策を示せないこと

もある。このように，さまざまな価値観のもとに，多様な意見が内包される問題である。

今回は考えを深める切り口として，先哲の考え方を，自分の意見と照らし合わせ，根拠を持って整理するアプローチに取り組んでみる。

考えるべき視点は「この制度が公正なものであるとするためには，どのような特質を備えている必要があるか」ということになる。

は変わる

ジェンダー平等について 3つの考え方を根拠にアプローチ！

「日本はポジティブ・アクションを推進するべきか？」

---

2 資料を読み取って，ポジティブ・アクションが必要とされる背景や状況を知ろう！

資料1 各国国会議員に占める女性の割合
（男女共同参画白書 令和4年版）

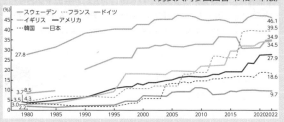

凡例：スウェーデン フランス ドイツ イギリス アメリカ 韓国 日本

46.1 / 39.5 / 34.9 / 34.5 / 27.9 / 18.6 / 9.7

> 日本の国会議員に占める女性の割合は，ほかの国に比べて　高い・**低い**

資料2 就業者に占める女性の割合と管理職割合
（男女共同参画白書 令和4年版）

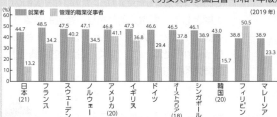

（2019年）　凡例：就業者／管理的職業従事者

	就業者	管理的職業従事者
日本（21）	44.7	13.2
フランス	48.5	34.2
スウェーデン	47.5	40.2
ノルウェー	47.1	34.5
アメリカ（20）	46.8	41.1
イギリス	47.3	36.8
ドイツ	46.6	29.4
オーストラリア（18）	46.5	37.8
シンガポール	46.1	38.9
韓国（20）	43.0	15.7
フィリピン	38.8	50.5
マレーシア	38.9	23.3

> 日本は，就業者に占める女性割合に比べて，管理的職業従事者に占める割合が国際的にみて　高い・**低い**

資料3 男女の賃金格差 （グラフで見る長期労働統計）

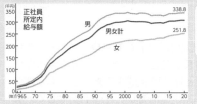

正社員所定内給与額　男 338.8 / 男女計 251.8 / 女

> 男性と女性では，**男性**・女性 の方が賃金が高い

資料4 非正規雇用における男女比 （労働力調査 2021年）

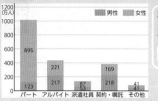

凡例：男性／女性

	男性	女性
パート	123	895
アルバイト	221	217
派遣社員	87	82
契約・嘱託	169	218
その他	41	41

> 非正規雇用は，契約・嘱託以外は　男性・**女性** が　**男性**・女性 がより多い

資料5 職場における男女の地位の平等感
（男女共同参画社会に関する世論調査　令和元年）

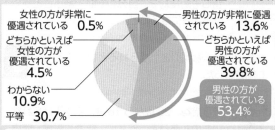

- 女性の方が非常に優遇されている　0.5%
- 男性の方が非常に優遇されている　13.6%
- どちらかといえば女性の方が優遇されている　4.5%
- どちらかといえば男性の方が優遇されている　39.8%
- わからない　10.9%
- 平等　30.7%
- 男性の方が優遇されている　53.4%

> 職場においては　**男性**・女性 のほうが優遇されていると感じる人の割合が高い

資料6 社会全体における男女の地位の平等感
（男女共同参画社会に関する世論調査　令和元年）

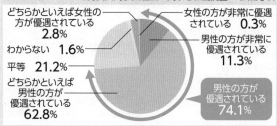

- どちらかといえば女性の方が優遇されている　2.8%
- 女性の方が非常に優遇されている　0.3%
- わからない　1.6%
- 男性の方が非常に優遇されている　11.3%
- 平等　21.2%
- どちらかといえば男性の方が優遇されている　62.8%
- 男性の方が優遇されている　74.1%

> 社会全体でみると　**男性**・女性 のほうが優遇されていると感じる人の割合が高い

---

3 3つの考え方を理解して，それぞれの立場からポジティブ・アクションを評価してみよう

考え方1 功利主義

功利主義とは

「幸福」の増大をもたらす行為を「善」とする考え方。できるだけ多くの人が，できるだけ多くの快楽を得ることをめざすと，社会全体の「幸福」が増大する。結果として「幸福」になることを重視するため，帰結主義とも言える。

もし功利主義だったら

ポジティブ・アクションは，社会全体の幸福が増大する効果が　**ある**・ない のだから，ポジティブ・アクションを　**行うべき**・行うべきではない

考え方2 リバタリアニズム

リバタリアニズムとは

「自由至上主義」と言われるリバタリアニズムでは，個人は自分の行為について，自己決定できる自由を持っているとする。個人が自ら正当に得たものは，その個人の自己決定に基づいて移転できる。

もしリバタリアニズムだったら

ポジティブ・アクションは，個人の自由によって，自ら正当に得られるべき権利が侵害　される・**されない** のだから，ポジティブ・アクションを　行うべき・**行うべきではない**

考え方3 ロールズのリベラリズム

リベラリズムとは

個人はまず，政治的にも精神的にも自由であることが前提である。その上で，社会的な不平等があれば，最も不遇な立場にある人が，自由な立場で最大の利益を追求できるように，公正な機会を設けるべきであるとしている。

もしリベラリズムだったら

ポジティブ・アクションは，最も不遇な立場にある人が，自由な立場で最大の利益を得られる機会である。だから，ポジティブ・アクションを　**行うべき**・行うべきではない

18歳は大人なの？　消費者

18歳が成人年齢に！

先生，2022年4月1日から，民法改正で成人年齢が20歳から18歳に引き下げられますよね。「18歳成人」って言いますけど，何が変わるんですか？

 例えば，ローンやクレジットカードの契約が保護者の同意なしにできたり，アルバイトを含む労働契約を，自分の判断で結ぶことができるようになるんだ。

女性の婚姻年齢が引き上げられるということも聞きました。

 そうだね。20歳から18歳に引き下げられないものもあるよ。例えば，飲酒や喫煙，競馬や競輪などのギャンブルは20歳未満は禁止のままだよ。次に 資料1 を見てごらん。

資料1 一人で契約できる年齢を18歳にすることの賛否

2008年7月

賛成	反対
19.0%	**78.8**%

2013年10月

賛成	反対
18.6%	**79.4**%

（内閣府「民法の成年年齢に関する世論調査」）

18歳成人の賛成は2割弱で反対が約8割もいるじゃないですか？　どうして反対なんでしょう？

大人ってなんだろう！

 18歳・19歳といえば，高校3年生や大学1年生だ。法律はともかく，親ごさんから見れば，年齢引き下げは不安が強いと思うよ。

「不安」って，やはり「大人」になっていないということなんでしょうか？

 そういう言い方もあるだろうね。元服などの儀式がない現代では，区切として「年齢」を用いているんだろう。それが20歳であり18歳というわけだ。だが，「一人前の人間として，思慮分別があり，社会的な責任を負えること」が大人だとすると，18歳になったからといって，すぐ「社会的な責任」は負えるかな？

自分の判断の責任が負えると言うことですよね。でも，精神的にはまだまだだと思うし，特に経済的には学生なので責任を負うのは難しいのは事実です。じゃあ「18歳成人」になって，何か良いことはあるんですか？

 「やってみよう！」の🅐〜🅔について，それぞれ「良いこと（18歳や19歳には恩恵があること）」「18歳成人で悪いこと（18歳や19歳には恩恵がないこと）」に分類してみよう。

やってみよう！

次の🅐〜🅔を，「18歳成人で良いこと（18歳や19歳には恩恵があること）」「18歳成人で悪いこと（18歳や19歳には恩恵がないこと）」に分類して下さい。

	18歳成人で良いこと	18歳成人で悪いこと
記号		

18歳成人になって変わること

🅐 保護者の同意なしに，18歳でもローンやクレジットカードの契約が可能になる。

🅑 アルバイトなどの労働契約を自分で結べる。

🅒 スマートフォンの契約を自分で結べる。

🅓 性同一障害の人は，18歳から家庭裁判所に性別変更を申し立てできる。

🅔 保護者の同意なしに，高額の商品（家や車など）の購入契約を結べる。

問題を考える

→ p.244 のテーマ学習も参照しよう。

先生,「保護者の同意なしに, 高額の商品（家や車など）の購入契約を結べる」は, 保護者が反対しても自分で気に入った商品が買えるという点では「良いこと」だと思うのですが, 悪質商法の標的になりそうなので「悪いこと」にもなりそうです。

自分で考えて決める「契約」が, 18 歳成年の大きな課題となっているんだ。資料2 を見てごらん。18 歳, 19 歳の人が, 保護者などの同意がなくても一人で高額な商品を購入するなどの契約をできるようにすることに対して「反対」とする人の割合が79.4%なんだ。

そんなに高いんですか？でも理由を見れば, 18 歳成人に反対する理由も分かります。

資料2 保護者などの同意がなくても一人で高額な商品を購入するなどの契約をできるようにすることに

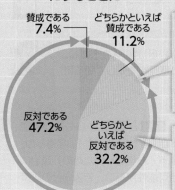

賛成である **7.4%**
どちらかといえば賛成である **11.2%**
反対である **47.2%**
どちらかといえば反対である **32.2%**

賛成の理由
「働いて自分で稼いだお金を, 自分の判断で使えるようにしてもよいと考えられるから」(47.1%),
「権利を与え, 義務を課すことによって, 大人としての自覚を促すことができるから」(45.7%)

反対の理由
「経済的に保護者に依存をしているから」(59.2%),
「自分がしたことについて自分で責任をとることができないから」(55.9%)

（ 内閣府「民法の成年年齢に関する世論調査」平成 25 年）

資料3 18歳〜 22歳の消費者トラブル相談件数の推移※「20歳」の中には, 20歳代との申し出のあった相談を含む場合がある。

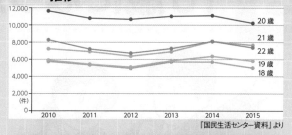

『国民生活センター資料』より

消費者トラブルにご用心

実は, 君たち 18 歳, 19 歳を含む未成年者は, 高額な買い物をするときは原則として保護者の同意が必要だったし, 同意がなければ契約を取り消すことだってできたんだ。これを「未成年者取消権」といって, 消費者被害防止の最大の防波堤だと言われていたんだ。

知りませんでした。**取消権が使えなくなると,** 消費者被害は広がるんでしょうか？

資料3 では 18, 19 歳に比べて「成人」となって未成年者取引権を使えなくなった 20 歳は消費者トラブルの相談件数が, 1.5 倍程度になっているよね。マルチ商法だけだと, 相談件数が 12.3 倍になっているんだ。

それだけ 20 歳の成人したばかりの人はこれまで悪質商法の「標的」になっているということですか？

そうだと思うよ。成人年齢引き下げにあたって, 政府もその対策として消費者契約法を改正して「デート商法」などは取り消せるようにしたり, 高校生への教育を強化することを前提にすると言っている。いずれにせよ, 若者自身の意識改革が必要になるはずだ。

やってみよう！
（ 消費者庁「社会への扉」などより作成）

Q1. 店で買い物を申し込んだとき, 契約が成立するのはいつ？
❶商品を受け取ったとき。
❷代金を支払ったとき。
❸店員が「はい, かしこまりました」と言ったとき

Q2. 店で商品を買ったが, 使う前に不要になった。解約できる？
❶原則, 解約できない。
❷レシートがあり 1 週間以内なら解約できる。
❸商品を開封していなければ解約できる。

Q3. ネットショップで T シャツを買ったけれど似合わない。クーリング・オフできる？
❶クーリング・オフできない。
❷契約してから 14 日間ならクーリング・オフできる。
❸商品が届く前ならクーリング・オフできる。

A1. ❸店員が「はい, かしこまりました」と言ったとき。　消費者と事業者とが, お互いに契約内容（商品の内容・価格・引き渡し時期等）について合意をすれば契約は成立する。つまり, 口頭の約束でも契約は成立する。なお契約書や印鑑・サインは証拠を残すためのものである。
A2. ❶原則, 解約できない。　契約は「法的な責任が生じる約束」なので拘束力がある。
A3. ❶クーリング・オフできない。　ネットショッピングには法律上のクーリング・オフ制度はない。ただし, ネットショップ独自に, 返品の可否や, その条件についてのルールを定めている場合がある。返品のルール（利用規約）を, 注文前に必ず確認しよう。

18歳になったら選挙に行こう

選挙と選挙権

日本では，2015（平成27）年に法律が改正されて，選挙権を有する年齢が，20歳から18歳に引き下げられたね。

そうすると，高校生が投票する可能性があるんですか。うーん，ちょっと自信ないな。そもそも，なんで選挙があるのかな。なんでみんなは投票に行くの？

教科書や資料集などではどんなふうに書かれているかな。

選挙とは，国民が政治に参加する機会で，国民の意思を表明する機会，って教科書にあります。

そうだね，民主主義社会では，権威や権力はすべて，そこに住む私たち国民から生まれるっていう，国民主権の考え方だね。

だから選挙があるのね。もし，私たちが選んだ代表が，私たちが望んでいる事に反することをすれば，次の選挙の時に変えることが出来るからですね。

投票に行くために

ところで，資料1を見てもわかる通り，実際の選挙になると10代・20代では選挙に行かない人の方が多いんだ。最近の衆議院選挙の年代別投票率を見ると，20歳代は4割を切っている。なぜ若者たちの多くが選挙に行かないんだろう？　どう思う？

国政選挙って国全体のことだから，自分の1票は，何万分の1，何十万分の1で，自分が行っても行かなくても結果は変わらないと思っちゃうからではないですか？

多くの若者たちがそう考えて，選挙に行かないという行動を選べば，どうなる？選挙に行かないのは，自分の意思を表明しないということになるよね。

政治家や立候補者は誰の意見を多く聞いているのかしら。

投票率が高いのは，50代・60代の人たちだね。政治家は，お年寄りの意見を優先して聞く可能性が高くなるのかな。

その通り！　資料1と資料2からもわかる通り，このままでは日本の政治は「お年寄りの，お年寄りによる，お年寄りのための」政治になってしまう可能性が高い。若者向けの政策が取られなくなる可能性が出てくるわけだ。

資料1 衆議院議員総選挙における年代別投票率

凡例：70歳代／60歳代／50歳代／40歳代／30歳代／20歳代／10歳代

（回数）39 40 41 42 43 44 45 46 47 48 49
（年）平成2年 平成5年 平成8年 平成12年 平成15年 平成17年 平成21年 平成24年 平成26年 平成29年 令和3年

（総務省選挙部資料より）

資料2 20歳代と60歳代の現実の投票者数 （2021.10.1現在，2021年衆院選資料から計算）

●年代別の人口を比べてみる

20〜29歳人口（20歳代）	1183.9万人
60〜69歳人口（60歳代）	1509.8万人

20歳代：60歳代＝1：1.28

●投票率&投票数から比べてみる

	投票率	投票数
20歳代	36.50%	432.1万票
60歳代	71.43%	1078.5万票

20歳代：60歳代＝1：2.5

あなたが立候補者ならばどちらに向かって演説するだろうか？

	憲法	外交・安保	経済政策など	社会保障	子育て・教育

① 政党のマニフェスト要約の一番上の列にある「憲法」「外交・安保」「経済政策など」などから，1番関心がある項目に〇をつけて下さい。

A党

法改正原案の国会提案・発議を行い，国民投票を実施し，早期の憲法改正を目指す

隊の体制を抜本的に強化
沖縄の普天間飛行場の辺野古移設や在日米軍再編を着実に進める

全世代型社会保障の構築や財政健全化に向け，10月に消費税を10%に引き上げる。プレミアム付き商品券の発行，住宅や自動車の購入への予算・財政上の支援など
GDP600兆円を実現し，成長と分配の好循環を創出ローカルアベノミクスを推進し，（人工知能）などの技術を産業や生活に取り入れ，人手不足，少子高齢化や環境問題などの課題を解決

勤労意欲を阻害する在職老齢年金の廃止・縮小，厚生年金の適用拡大，勤労皆社会保険の実現（社会保険の適用拡大）
長時間労働の是正，同一労テレワーク等，働き方など働

地方への人の流れを創出ると共に，自治体と大学や金融機関などが連携し，地方経済の活性化に資するローカル・イノベーションを推進
東日本大震災に伴う機関困難地域について，長い年月

日本国憲法を高く評価している。新しい価値観，理念，課
日米同盟の強化
日朝平壌宣言に基づき，核

消費税率引き上げに備え，軽減税率，プレミアム付き商

② この例のように「経済政策など」を選んだら，その列を上から一番下までタテにズーッと読んでいきます。そして「●」という項目ごとに，自分の考えに合っていたら「〇」を，合っていなかったら「×」をつけて下さい。上から「〇」「×」「×」「〇」のようにつけていきます。

投票に行ったほうがいいことは分かったけど，どこに投票すればいいか分からないんです。

投票基準は必要だね。そういう時はまず政党に注目して欲しい。比例選挙では政党に投票するし，政党に所属している候補者は所属政党の政策に近い人だからね。選挙前には各党は必ずマニフェストや政権公約を発表する。新聞やインターネットを使ってその中から，自分なりの争点を絞って比較するんだ！

僕はなんだろう。戦争に巻き込まれるような日本にはならないでほしい，とか。

私は，女の人の働く環境を考えてほしいわ。

次ページの 資料3 「政党のマニフェスト要約」を見て，各政党がどのような政策を提案しているかチェックしてみよう。具体的な作業については自分の意見に近い政策に「〇」，自分の意見と違う政策に「×」をつけるなどするよ。

作業を行う

さて，〇×をつけ終わって，「〇」が一番多い政党が，とりあえず君が投票すべき政党の「第一候補」なんだよ。

えー！！ そんなに簡単に投票先を決めていいんですか？

私も4つくらいテーマを比較して投票しているよ。君たちはまだビギナーだから1つでも2つでもよいと思う。ただし，少しずつ比較するテーマを増やす努力をして欲しい。もっと大事なことは，投票した政党がマニフェスト通りの活動をしているか，選挙後に監視することだと思う。もし公約通りの行動をとっていないならば，次回は別の政党に投票することも考えるべきだろうね。

先生，選挙へのハードルがずいぶん低くなりました。投票できるようになったら絶対，選挙に行きますね！

選挙Q&A

Q1. 税金を払っていないので，選挙権はない？

A1. 選挙権は権利ですから，納税に関係なくすべての日本国民にあります。

Q2. 投票日当日，友人達とディズニーランドに行く予定が入っている。「遊び」が理由だと期日前投票は出来ない？

A2. 期日前投票は，「仕事」など以外にも「レジャー」などの理由でも出来ます。公示又は告示日の翌日から選挙前日まで行うことが出来ます。

	経済政策など	社会保障	子育て・教育
A党	● 「新しい資本主義」で，強い経済と豊かさを実感できる社会を創る。 ● 「人への投資」を促進し，本格的な賃金増時代を創る。 ● 最低賃金引き上げなどを進める。 ● 原油価格の高騰を踏まえ，燃油価格の激変緩和策を継続するとともに，大きな影響を受ける業種への支援をきめ細かく行う。 ● 1兆円の地方創生臨時交付金により，地方の実情に応じた対策を強化する。	● 全ての世代が安心できる持続可能な年金・医療・介護などの全世代型社会保障の構築に向け，計画的に取組みを進める。 ● 出産育児一時金の引上げなど，出産育児支援を推し進め，仕事と子育てを両立できる環境をさらに整備する。 ● 健康長寿，年齢にかかわらない就業や多様な社会参加などによって長生きが幸せと実感できる「幸齢社会」を実現する。	● 大胆な児童手当や育休給付の拡充，保育等子育て支援，放課後児童クラブの拡充など総合的な少子化対策について，安定的な財源を確保し抜本的な強化を図る。 ● 「こども家庭庁」設置を踏まえ，将来的には予算の倍増を目指しつつ，子どもや子育て世代の視点に立った政策を強力に推進し，全ての子どもの健やかな成長を社会全体で支える「こどもまんなか社会」を実現する。
B党	● 「人への投資」を抜本的に強化する。 ● 持続的な賃上げに向けて学者などを中心とする中立的な第三者委員会を設置し，適正な賃上げ水準の目安を明示する。 ● 最低賃金を年率3％以上をメドとして着実に引き上げる。 ● 生活困窮者などの住宅確保に困難を抱えている人への住宅手当を創設する。	● 社会保障を支える人を増やし，全世代型社会保障の構築を進める。 ● 公的価格の引き上げなどにより，医療・介護・障がい福祉等の人材確保策を強化する。 ● 高齢者の所得保障の充実に向けて，高齢者が働きやすい環境整備とともに基礎年金の再配分機能の強化に向けた検討を進める。	● 出産育児一時金を増額する。 ● 高校3年生までの無償化をめざして，子どもの医療費助成を拡大する。 ● 子どもが3歳になるまでの現在の「短時間勤務制度」を，就学前まで引き上げを検討する。 ● 無利子・有利子奨学金に関わらず，すでに返還中の人も含め，柔軟に返還ができる制度へ拡充し，返済の負担軽減を推進する。
C党	● 物価高と戦う。 ● 消費税率の5％への時限的な引き下げを実施する。 ● トリガー条項の発動によるガソリン減税，灯油・重油・LPガス・航空機燃料の購入費補助など，総合的な原油価格高騰対策を実施する。 ● 円安の進行とそれによる「悪い物価高」をもたらす「異次元の金融緩和」は市場との対話を通じながら見直しを進める。	● 年金の切り下げに対抗し，当面，低所得の年金生活者向けの年金生活者支援給付金を手厚くする。 ● 政府がコロナ禍で行う後期高齢者の医療費窓口負担割合の1割から2割への引き上げを撤回する。 ● 公立・公的病院の統廃合や病床削減につながる「地域医療構想」を抜本的に見直す。	● 教育の無償化を強力に推進するため，公立の小中学校の給食費や高校・大学の授業料を無償化する。 ● 児童手当の支給を子どもが高校を卒業する年次まで延長するとともに，1人あたり月額1万5000円に増額し，所得制限も撤廃し，すべての子どもに支給する。 ● 出産費用を無償化する。
D党	● 消費税減税，ガソリン減税，中小企業減税，社会保険料減免，高速道路料金の減額などを最優先で実現する。 ● 消費税の軽減税率は，現行の8％から段階的に3％に引き下げ，その後は消費税本体を2年を目安に5％に引き下げる。	● 現在の年金に代わって，すべての国民に無条件で一定額を支給する「ベーシックインカム」などを導入し，持続可能なセーフティーネットを構築する。 ● 医療費の自己負担割合は，年齢ではなく，所得に応じて負担割合に差を設ける仕組みに変更する。	● 将来世代への投資を徹底する。 ● 幼児教育や高等教育などの無償化に加えて，出産にかかる医療への保険適用や出産育児のクーポンを支給することで出産の実質無償化を実現する。 ● 幼児教育保育が「幼稚園・保育園・認定こども園」の3つに分断され，それぞれ異なる省庁が所管している現状を改め，幼保一元化を実現する。
E党	● 物価高騰から生活を守るため，弱肉強食の新自由主義を終わらせ「やさしく強い経済」に転換する。 ● 消費税率を5％に緊急減税する。 ● 大企業の内部留保への適正な課税で，賃上げと「グリーン投資」を促進する。 ● 最低賃金を時給1500円に引き上げ，コロナ危機で収入が減った人，生活が困っている人に一律10万円の特別給付金を支給する。	● 物価高騰下での公的年金の支給額の引き下げを中止する。 ● 年金削減の仕組みを廃止して，物価に応じて増える年金にする。 ● ″頼れる年金″への抜本的な改革として，基礎年金満額の国庫負担分にあたる月3.3万円をすべての年金受給者に支給し，低年金の底上げを行う。 ● 75歳以上の医療費2倍化を中止・撤回させる。	● 大学・専門学校の学費を半額にし，将来的には無償にする。入学金は廃止する。 ● 奨学金は欧米のように返済不要の給付制を中心にして拡充する。 ● 学校給食費や教材費など義務教育にかかる費用を無料にする。 ● 0歳からの保育料の軽減，私立高校の無償化を拡充する。 ● 18歳まで医療費の窓口負担を無料にする。

外交・安全保障	憲法	ジェンダー・多様性
●国家安全保障戦略を改定し, 新たに国家防衛戦略, 防衛力整備計画を策定する。 ●NATO諸国の国防予算の対GDP比目標（2%以上）も念頭に, 真に必要な防衛関係費を積み上げ, 来年度（2023年度）から5年以内に, 防衛力の抜本的強化に必要な予算水準の達成を目指す。 ●弾道ミサイル攻撃を含むわが国への武力攻撃に対する反撃能力を保有し, これらの攻撃を抑止し, 対処する。	●みんなで憲法について議論し, 必要な改正を行うことによって, 国民自身の手で新しい "国のかたち" を創る。 ●改正の条文イメージとして, 自衛隊の明記などの4項目を提示しており, 国民の幅広い理解を得るため, 改正の必要性を丁寧に説明していく。 ●衆参両院の憲法審査会で提案・発議を行い, 国民が主体的に意思表示する国民投票を実施し, 改正を早期に実現する。	●女性一人ひとりの能力が適切に評価され, すべての女性が輝ける社会を実現するため, 「女性版骨太の方針」等に基づき, 男女間賃金格差の是正など女性の経済的自立を強力に支援する。 ●「女性デジタル人材育成プラン」を着実に実行するため, 地域女性活躍推進交付金を活用し, デジタル人材を必要とする企業とのマッチング事業などの全国津々浦々での展開を促す。
●専守防衛の下, 防衛力を着実に整備・強化する。 ●予算額ありきではなく, 具体的に何が必要なのか, 個別具体的に検討し, 真に必要な（外交・安全保障関係の）予算の確保を図る。 ●唯一の戦争被爆国として, 核共有の導入について断固反対する。 ●非核三原則を堅持しつつ, 核兵器禁止条約批准への環境整備を進める。	●憲法施行時には想定されなかった新しい理念や, 憲法改正でしか解決できない課題が明らかになれば, 必要な規定を付け加えることは検討されるべき。 ●憲法9条は今後とも堅持する。 ●自衛隊の憲法への明記は引き続き検討を進めていく。 ●緊急事態の国会の機能維持のため, 議員任期の延長についてはさらに論議を積み重ねる。	●選択的夫婦別姓制度の導入を推進する。 ●同性婚については国民的議論を深めるとともに, 国による具体的な実態調査を進め, 必要な法整備に取り組む。 ●管理職・役員の女性比率を向上させ, 男女の賃金格差を是正するとともに, 女性活躍に資する取り組みの充実を図る。
●弾道ミサイルなどの脅威への抑止力と対処能力強化を重視し, 日米同盟の役割分担を前提としつつ着実な防衛力整備を行う。 ●防衛費は総額ありきではなく, メリハリのある予算で防衛力の質的向上を図る。 ●「核共有」は認めない。 ●尖閣諸島をはじめとする我が国の領域警備に万全の体制で備えるため「領域警備・海上保安体制強化法」を制定する。	●憲法9条に自衛隊を明記する自民党の案は, 交戦権の否認などを定めた9条2項の法的拘束力が失われるので反対する。 ●内閣による衆議院解散の制約, 臨時国会召集の期限明記, 各議院の国政調査権の強化, 政府の情報公開義務, 地方自治の充実について（憲法改正の）議論を深める。	●選択的夫婦別姓制度を早期に実現する。 ●同性婚を可能とする法制度を実現する。 ●「LGBT差別解消法」を制定する。 ●入国管理・収容・難民認定制度を抜本改善・透明化するため「難民等保護法・入管法改正法」の成立を目指す。 ●国会議員の男女同数に向けてクオータ制度を導入する。
●日本の安全保障に対する不安を根本的に解消するため, 将来にわたり戦争を起こさず, 国民の生命と財産を確実に守るための「積極防衛能力」を構築する。 ●防衛費のGDP比2%への増額, 最先端の技術革新を踏まえた防衛力の整備, 憲法9条への自衛隊の存在の明記などを行った上で核拡大抑止についてもタブーなき議論を行う。	●2016年に公表した憲法改正原案「教育の無償化」「統治機構改革」「憲法裁判所の設置」の3項目（を維持） ●（それ）に加えて, 平和主義・戦争放棄を堅持しつつ自衛のための実力組織として自衛隊を憲法に位置づける「憲法9条」の改正, 他国による武力攻撃や大災害, テロ・内乱, 感染症まん延などの緊急事態に対応するための「緊急事態条項」の制定に取り組む。	●同性婚を認め, LGBTQなどの性的少数者が不当な差別をされないための施策を推進する。 ●自治体による同性パートナーシップ制度を促進するとともに, 同性間に限らず使えるパートナーシップ制度の導入を目指す。 ●戸籍制度及び同一戸籍・同一氏の原則を維持しながら, 旧姓使用にも一般的な法的効力を与える制度の創設などを目指す。
●「敵基地攻撃能力」の保有など, 「専守防衛」を投げ捨て, 日本を「戦争する国」にする逆行を許さない。 ●安保法制を廃止し, 立憲主義を取り戻す。 ●軍事費2倍化を許さない。 ●核兵器禁止条約に参加し, 唯一の戦争被爆国として核兵器廃絶の先頭にたつことを求める。	●日本国憲法の前文を含む全条項をまもり, とくに平和的民主的諸条項の完全実施を目指す。 ●憲法9条改憲に反対をつらぬく。 ●自衛隊については, 憲法9条との矛盾を, 9条の完全実施（自衛隊の解消）に向かって段階的に解決していく。 ●「自衛隊＝違憲」論の立場を貫くが, 党が参加する民主的政権の対応としては, 自衛隊と共存する時期は, 「自衛隊＝合憲」の立場をとる。	●選択的夫婦別姓をいますぐ導入する。 ●同性婚を認める民法改正を行う。 ●LGBT平等法を制定し, 社会のあらゆる場面で, 性的マイノリティーの権利保障と理解促進を図る。 ●男女議員同数化に取り組む。 ●民意をただしく反映し, 女性議員を増やす力にもなる比例代表制中心の選挙制度に変える。

（2022年6月　NHK参院選2022特設サイトより作成）　政党名は355ページを参照

もくじ

現代を知る keyword

日経平均株価, 海外マネーが押し上げ 40,000 円超（2024 年 3 月）

世界と日本の動き◇重要語（2023 年 1 月〜2024 年 1 月）

清水書院

2023 年の ニュース

1月
国内：物価上昇 41 年ぶりの水準
世界：ブラジル, ボルソナロ元大統領の支持者が議会を襲撃

2月
国内：原発の建て替えを閣議決定。グリーン DX 推進のため
世界：トルコ・シリアで M7.8 の地震
ロシアのウクライナ侵攻から 1 年

3月
国内：文化庁, 京都で業務開始。中央省庁としては初の移転
世界：中国の習近平国家主席が全人代で三選

4月
国内：こども家庭庁発足
世界：フィンランドが NATO に加盟

5月
国内：新型コロナ, インフルエンザと同等扱いに（5 類へ移行）
世界：ウクライナのゼレンスキー大統領, G7 広島サミットに出席するため来日

6月
国内：改正入管法, LGBT 理解増進法などが成立
日本の出生率, 過去最低の 1.26
海外：露民間軍事会社「ワグネル」が反乱

7月
国内：IAEA, 処理水の海洋放出の妥当性を認める
世界：国連事務総長「地球沸騰化時代」声明
国連安保理で AI に関する初会合

8月
国内：原子力発電所の処理水, 海洋放出開始
世界：米ハワイ州マウイ島で山火事

9月
国内：第二次岸田再改造内閣発足
世界：G20 開催。アフリカ連合（AU）が正式加盟

10月
国内：世界平和統一家庭連合（統一教会）への解散命令を請求
世界：ハマスとイスラエルの対立が激化, イスラエルがガザ侵攻

11月
国内：世界平和統一家庭連合, 100 億円供託を表明
世界：円安が進行, 一時 1 ドル＝ 151 円台に

12月
国内：自民党, 派閥のパーティーの裏金問題。岸田内閣新体制発足
海外：COP28, アラブ首長国連合で開催。化石燃料に関する合意文書採択

（時事通信フォト，2023 年の出来事などより構成）

世界と日本の動き（2023年1月〜2024年1月）

政治の動き

国内の動向

1月のできごと

04◆岸田首相，少子化対策拡充を表明 岸田首相は三重県伊勢市で行った年頭記者会見で，今年の優先課題として，「異次元の少子化対策」と「インフレ（物価上昇）率を超える賃上げ」の実現に取り組む考えを表明した

08◆中国から入国，陰性証明義務化 日本政府は中国での新型コロナウイルスの感染拡大を受け，中国本土からの入国者に陰性証明書の提出を義務付けた。10日，中国政府は対抗措置としてビザ（査証）発給を一時停止したが，29日には在日本中国大使館がビザの発給再開を発表した

09◆鳥インフル殺処分，過去最多 茨城県の養鶏場で高病原性の疑いがある鳥インフルエンザウイルスが検出され，今季の全国の累計殺処分対象数が過去最多の998万羽となった。宮崎，広島県でも発生し，10日に殺処分対象数は1000万羽を超えた

19◆新名称は東京科学大 2024年度の統合を目指す国立の東京工業大と東京医科歯科大は，新大学の名称を「東京科学大学」（略称・科学大）に決めたと発表した

25◆2021年衆院選，最高裁「合憲」 1票の格差が最大2.08倍だった2021年の衆院小選挙区選は違憲だとして，弁護士グループが選挙無効を求めた16件の訴訟の上告審判決で，最高裁大法廷が「合憲」とする統一判断を示した

世界の動向

07◆米下院議長選が決着 米下院が共和党のケビン・マッカーシー氏を新議長に選出。党内の一部造反で3日から投票が繰り返され，15回目で決着

08◆ブラジル議会襲撃 昨年10月のブラジル大統領選で敗北したボルソナロ前大統領の支持者らが，首都ブラジリアの連邦議会や大統領府などを襲撃

11◆日米2プラス2開催 日米両政府は米国務省で外務・防衛担当閣僚による日米安全保障協議委員会（2プラス2）を開いた。共同発表文書で，日本の反撃能力について「効果的な運用に向けて協力を深化させる」と強調した

12◆韓国，元徴用工問題で肩代わり案 韓国外交省が，元徴用工（旧朝鮮半島出身労働者）訴訟問題を巡る公開討論会で，韓国の財団が日本企業の賠償を肩代わりする案を公表【keyword①】

25◆独米がウクライナへの戦車供与を表明 ドイツが独製戦車レオパルト2をウクライナに供与すると発表。米国も米軍主力戦車M1エイブラムスのウクライナへの供与を発表

31◆首相，NATO事務総長と会談 岸田首相は，北大西洋条約機構（NATO）のストルテンベルグ事務総長と首相官邸で会談し，日本とNATOの安全保障協力の強化を確認した

経済の動き

06◆実質賃金8年半ぶり下落幅 厚生労働省が発表した2022年11月の毎月勤労統計調査（速報）によると，労働者1人当たりの平均賃金を示す現金給与総額（名目賃金）に物価変動を反映した実質賃金は前年同月比3.8%減で，下落幅は8年半ぶりの大きさになった

17◆中国61年ぶり人口減 中国の国家統計局が2022年末の人口（香港，マカオ除く）は14億1175万人と発表。1961年以来，61年ぶりの減少

18◆日銀，大規模緩和継続 日本銀行が金融政策決定会合で，大規模な金融緩和の維持を決定

19◆昨年の貿易赤字最大 財務省が発表した22年の貿易収支（速報）は19兆9713億円の赤字。比較可能な1979年以降で最大に

20◆物価4%上昇41年ぶり 総務省が発表した2022年12月の全国消費者物価指数は，値動きの大きい生鮮食品を除く総合が前年同月比4.0%上昇し，上昇率は41年ぶりの高さ。また22年通年では生鮮食品を除く総合で102.1となり，前年比2.3%の上昇となった。通年での上昇率も31年ぶり（消費税増税時を除く）【keyword②】

27◆コロナ「5類」，5月8日移行 政府は新型コロナウイルス感染症対策本部の会議で，新型コロナの感染症法上の分類について，5月8日に「5類」に引き下げる方針を決定

---

keyword① 元徴用工問題
徴用工とは，戦時中に労働力不足を埋めるため，朝鮮半島から日本の工場や炭鉱などに労働力として動員された人たちのこと。韓国の最高裁が，2018年に日本企業に賠償を命じている。元徴用工問題をめぐっては，日本政府は1965年の日韓請求権・経済協力協定に基づき，問題は解決済みとの立場をとっている。ただ，韓国側は，日本の被告企業による何らかの関与などの「誠意ある呼応」（自発的な取り組み）を呼びかけている。今回の肩代わりによる問題解決の提案は，韓国の原告の一部から「日本が責任を免れる内容だ」として提案に反発しており，韓国政府は国内世論を抑える観点から日本側の歩み寄りに期待を寄せている。

keyword② 消費者物価指数と物価上昇
物価指数とは，一定期間の物価の変動を測定するため，基準年（現在は2020年）の物価水準を100として比較年の物価水準を指数で表示したものである。消費者物価指数は全国の世帯が購入する財及びサービス（家計の消費支出）の価格変動を測定し，物価の変動を時系列的に測定している。2022年12月は調査対象522品目のうち，約8割に相当する417品目が上昇した。エネルギーや食料など生活に欠かせない品目で値上がりが続いている。

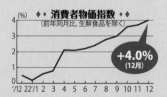

◆◆ 消費者物価指数 ◆◆
（前年同月比，生鮮食品を除く）
+4.0%（12月）

政治の動き		経済の動き
国内の動向	世界の動向	

2月のできごと

国内の動向

04 ◆**首相秘書官更迭**　岸田首相は，性的少数者や同性婚カップルへの差別発言をした荒井勝喜（まさよし）首相秘書官を更迭

10 ◆**マスク着用の緩和を発表**　政府は，新型コロナウイルス対策のマスク着用に関する新たな考え方を決定し，発表した。マスク着用の緩和を3月13日から実施し，原則として着用を推奨することはせず，個人の判断に委ねる

16 ◆**気球，撃墜可能に**　政府は，日本の領空を侵犯する外国の気球や無人機（ドローン）を撃墜できるよう自衛隊の武器使用基準を緩和

18 ◆**北朝鮮がICBM発射**　防衛省は，北朝鮮が大陸間弾道ミサイル（ICBM）級1発を発射したと発表。日本の排他的経済水域（EEZ）内の日本海に着弾した。20日，北朝鮮が2発の弾道ミサイルを発射。いずれもEEZ外の日本海に落下した

22 ◆**参院，ガーシー議員に懲罰可決**　参院本会議は，昨年の参院選で初当選して以降，国会への欠席を続けるNHK党のガーシー（本名・東谷義和）参院議員に対し，「議場での陳謝」を科す懲罰案を可決

24 ◆**首相，ウクライナ支援継続を表明**　ロシアのウクライナ侵略から1年を迎え，首相が記者会見で支援継続を表明。28日，政府は新たな対露制裁を閣議了解した

世界の動向

01 ◆**ミャンマー「非常事態」半年延長**　ミャンマー国軍がクーデター強行から2年の節目に非常事態宣言の6か月間延長を発表

02 ◆**米領空に中国偵察気球**　米高官が中国のものとみられる偵察用気球が米領空を飛行中だと述べた。4日，米軍機が米東海岸沖で気球を撃墜。5日，中国外務省が「強い不満と抗議」を表明。10〜13日，米軍機が米国やカナダの上空で計3件の飛行物体を撃墜

06 ◆**トルコ・シリア地震5万人超死亡**　トルコ南部でマグニチュード7.8と7.5の地震があり，トルコ，シリア両国で計5万人超が死亡

08 ◆**バイデン米大統領が一般教書演説**　ウクライナへの支援を続けることを強調。中国の習近平（シージンピン）国家主席には，対立ではなく競争を求めた。失業率の低水準と1200万件の雇用創出もアピールした

20 ◆**ウクライナ侵略1年**　バイデン米大統領がウクライナの首都キーウを訪問。21日，プーチン露大統領が米露間の核軍縮枠組み「新戦略兵器削減条約」の履行停止を表明。23日，国連総会が緊急特別会合で露軍即時撤退などを要求する決議を採択。24日，先進7か国（G7）首脳が露侵略1年の節目にテレビ会議を開き，対露制裁とウクライナ支援の継続を記した首脳声明を発表

26 ◆**イタリア沖で移民船難破**　伊南部沖で多数の移民を乗せた木造船が難破し，60人超が死亡

経済の動き

06 ◆**日産，ルノーと「対等」合意**　日産自動車と仏ルノーは，両社の資本関係を見直し，対等にすることで合意したと発表した。ルノーの日産への出資比率を43％から15％に引き下げる

07 ◆**三菱ジェット撤退**　三菱重工業が，凍結中だった国産初のジェット旅客機「三菱スペースジェット」の開発中止を発表。1兆円規模を投じたが，続けても採算が合わないと判断した

10 ◆**原発建て替え閣議決定**　政府は「GX（グリーントランスフォーメーション）実現に向けた基本方針」を閣議決定。次世代原子炉の建設や既存原子力発電所の60年超運転を事実上認める決定となった。

14 ◆**日銀，新体制へ**　政府は，衆参両院の議院運営委員会理事会で，日本銀行総裁に元日銀審議委員で経済学者の植田和男氏を起用する人事案を提示。氷見野良三・前金融庁長官と内田真一・口銀理事を副総裁に充てる案も提示

28 ◆**出生数80万人割れ**　厚生労働省は2022年の国内の出生数（速報値）が前年比5.1％減の79万9728人だったと発表した。80万人割れは，統計を取り始めた1899年以来初めて【keyword③】

28 ◆**日本の島の数が倍増**　国土地理院が日本の島を数えた結果，1万4125島となったことを公表した。1987年に海上保安庁が公表した6852島から倍増。測量技術の進歩による地図表現の詳細化が大きく影響していると考えられる

---

keyword③　出生数が80万人を割る

2022年の出生数は7年連続で過去最少を更新した。16年に初めて100万人割れとなったが，それから6年でさらに2割程度落ち込んだことになる。国内の外国人などを除き，日本在住の日本人だけに限れば77万人前後になるとみられる。出産期にあたる世代の減少に加え，新型コロナウイルスの感染拡大で結婚や妊娠・出産をためらう人が増えた。国立社会保障・人口問題研究所（社人研）は17年に示した将来推計で，日本人の出生数が77万人台になるのは33年としていた。日本在住の日本人のみを対象にした出生数は6月に公表される。速報値では，昨年1年間の死亡数が過去最多の158万2033人，死亡数から出生数を引いた人口の自然減が78万2305人で過去最大の減少幅になっている。

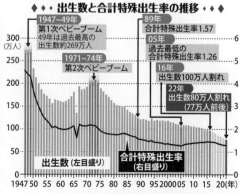

◆◆◆ 出生数と合計特殊出生率の推移 ◆◆◆

1947〜49年 第1次ベビーブーム　49年は過去最高の出生数269万人

89年 合計特殊出生率1.57

1971〜74年 第2次ベビーブーム

05年 過去最低の合計特殊出生率1.26

16年 出生数100万人割れ

22年 出生数80万人割れ（77万人前後）

出生数（左目盛り）　合計特殊出生率（右目盛り）

1947 50 55 60 65 70 75 80 85 90 95 2000 05 10 15 20（年）

（2023.3.1「東京新聞web」より）

3月のできごと

国内の動向

13◆袴田事件，再審開始認める　1966年の「袴田事件」で死刑が確定した袴田巌・元被告について，東京高裁は再審開始を認めた。20日，東京高検は最高裁への特別抗告を断念し，再審公判で無罪となる公算が大きくなった

15◆参院がガーシー議員を除名　参院は本会議で，政治家女子48党（旧NHK党）のガーシー（本名・東谷義和）参院議員を除名とする懲罰を可決。国会議員の除名は1951年以来72年ぶり。16日，警視庁は，著名人らに対する暴力行為等処罰法違反（常習的脅迫）容疑などで，ガーシー前議員について逮捕状を取った

23◆9道府県知事選告示，統一地方選始まる　第20回統一地方選が始まり9道府県知事選の告示された。投開票日は4月9日。26日，6政令市長選が，31日，41道府県議選と17政令市議選が告示

27◆文化庁が京都に移転　文化庁が東京・霞が関から京都に移転し，業務を始めた。政府が進める東京一極集中是正の一環【keyword④】

31◆政府，少子化対策たたき台とりまとめ　政府は岸田首相が掲げる「次元の異なる少子化対策」のたたき台をまとめた。児童手当の所得制限撤廃や支給対象年齢の高校卒業までの延長を明記

世界の動向

10◆習国家主席3選　中国の全国人民代表大会が習近平国家主席の3選を決定

16◆日韓首脳会談，関係正常化で一致　岸田首相は韓国の尹錫悦大統領と首相官邸で会談し，「元徴用工」訴訟問題などで悪化した日韓関係を正常化し，さらに発展させることで一致した。「シャトル外交」の再開でも合意

17◆露大統領に逮捕状　ウクライナ占領地の子どもを強制的にロシアへ移送した戦争犯罪の疑いで国際刑事裁判所がプーチン露大統領ら2人に逮捕状を出した

21◆岸田首相，ウクライナ・キーウへ電撃訪問　ゼレンスキー大統領と会談し，共同声明ではロシアに「即時かつ無条件」の撤退を要求。5月に広島市で開催する先進7か国首脳会議（G7サミット）にオンラインでの参加を要請し，ゼレンスキー氏は快諾

25◆露，ベラルーシに戦術核配備方針　プーチン露大統領が戦術核兵器をベラルーシに配備する方針を露国営テレビで表明。31日，ベラルーシのルカシェンコ大統領が戦術核の受け入れを正式表明

30◆トランプ前米大統領起訴　米ニューヨーク州のマンハッタン地区検察が招集した大陪審は，トランプ前米大統領の不倫関係の口止め料を不正に処理したとされる疑惑を巡り，トランプ氏を起訴

経済の動き

03◆志賀原発「活断層ない」　北陸電力志賀原子力発電所2号機（石川県）の安全審査で，原子力規制委員会は，同原発の敷地内の断層10本は「活断層ではない」とする北陸電の主張を了承した

10◆日銀 大規模金融緩和策の維持を決定　黒田東彦総裁にとって最後となる金融政策決定会合【keyword⑤】が行われ，現在の大規模な金融緩和を続けることを決めた

15◆春闘軒並み「満額」回答　春闘が集中回答日を迎え，自動車や電機などの大手企業は，基本給を底上げするベースアップや賞与で労働組合側の要求に軒並み満額回答

28◆新年度予算が成立　2023年度予算が参院本会議で自民，公明両党などの賛成多数で可決，成立した。一般会計の総額は114兆3812億円で，11年連続で過去最大を更

30◆1010億円の課徴金命令　事業用電気の販売で，大手電力会社が顧客獲得を制限するカルテルを結んでいたとして，公正取引委員会は独占禁止法違反（不当な取引制限）で中部電力と中国電力，九州電力の3社側に，過去最高の約1010億円の課徴金納付命令を発出

31◆TPP11へのイギリス加入，大筋合意　イギリスの加入によってTPP11参加国のGDP（国内総生産）の総額はおよそ15兆ドル，日本円にして1980兆円程度。世界全体に占める割合は15%余りに拡大する見込み。7月に署名

---

keyword④　文化庁，京都に移転

2023年3月27日，東京一極集中の是正や地方創生につなげるため2016年に政府の基本方針で正式に決定した文化庁の京都移転が実施された。中央省庁の地方移転は明治以来，初めて。移転するのは文化庁にある13の部署のうち，政策課や文化資源活用課など6つの部署で，5月15日までに全体の7割程度となるおよそ390人の職員が京都で業務にあたる見込み。岸田首相は「テレビ会議システムなどを駆使し職員が場所を選ばず柔軟な新しい働き方を進めることも期待をしている」と強調した。「今回を機に京都を中心に新たな文化振興に取り組んでいきたい」とも述べた。

keyword⑤　金融政策決定会合

金融政策の運営に関する事項を審議・決定する会合で，年8回，各会合とも2日間開催される。主たる議事事項は次の通り。

（1）金融市場調節方針，（2）基準割引率，基準貸付利率および預金準備率，（3）金融政策手段（オペレーションにかかる手形や債券の種類や条件，担保の種類等），（4）経済・金融情勢に関する基本的見解等。

4月8日に任期を終えた黒田総裁にとって，3月は最後の会合だった。10年間続いた大規模な金融緩和策は新しい体制に引き継がれ，賃金の上昇をともなう2%の物価安定目標の実現を目指すことになる。

政治の動き		経済の動き
国内の動向	世界の動向	

4月のできごと

国内の動向

01 ◆こども家庭庁発足 「こどもまんなか」政策を掲げ，政府の子ども政策の司令塔となる「こども家庭庁」【keyword⑥】が発足。職員定員430人体制で，「こども成育局」と「こども支援局」の2局を設置。少子化や児童虐待など，複数の省庁にまたがる課題に一元的に対応する

09 ◆大阪維新，ダブル選4連勝 第20回統一地方選の前半戦で，大阪府知事選と大阪市長選の「ダブル選」は，いずれも地域政党・大阪維新の会が擁立した公認候補が当選した。ダブル選では大阪維新の4連勝

12 ◆人口「自然減」最大73万人 総務省が2022年10月1日時点の日本の総人口推計（外国人含む）を発表。総人口は前年比55万6000人（0.44％）減の1億2494万7000人で，12年連続の減少となった。出生児数が死亡者数を下回る「自然減」は16年連続

15 ◆首相に爆発物 和歌山市の漁港で，衆院補欠選挙の応援演説を始めようとした岸田首相に向けて筒状の爆発物が投げ込まれ爆発。首相は無事で，県警は兵庫県の24歳の無職の男を威力業務妨害容疑で現行犯逮捕した

25 ◆スーダンから邦人退避 政府は，戦闘が激化したアフリカ北東部スーダンの首都ハルツームから，国外避難を希望する在留邦人ら全員の退避が完了したと発表。在留邦人ら計58人で，うち45人を航空自衛隊の輸送機で周辺国のジブチに輸送した

世界の動向

04 ◆フィンランドNATO加盟 北大西洋条約機構（NATO）がフィンランドの加盟を正式決定し，31か国体制を始動させた

05 ◆台湾総統が米下院議長と会談 台湾の蔡英文（ツァイインウェン）総統が米ロサンゼルス郊外でマッカーシー米下院議長と会談。中国は対抗措置として8日から台湾周辺の海空域で演習を実施した

13 ◆北が「新型ICBM」発射 北朝鮮が弾道ミサイルを発射。朝鮮中央通信は翌日，北朝鮮が固体燃料式の新型大陸間弾道ミサイル「火星18」の初となる発射実験を行ったと報道

16 ◆G7エネ相会合が声明 先進7か国（G7）気候・エネルギー・環境相会合が化石燃料全般の使用について，二酸化炭素（CO2）の排出減対策をしていない場合は段階的な廃止に取り組む方針を閣僚声明に明記

18 ◆G7外相会合が共同声明 G7外相会合が長野県軽井沢町で開かれ，「法の支配に基づく自由で開かれた国際秩序の堅持・強化」を強調する共同声明を発出

25 ◆バイデン氏が再選出馬表明 米国のバイデン大統領が2024年大統領選への再選出馬を正式に表明

26 ◆米韓首脳会談 米国のバイデン大統領と韓国の尹錫悦（ユンソンニョル）大統領が米ホワイトハウスで会談し，対北朝鮮抑止力の強化に関する「ワシントン宣言」を採択

経済の動き

09 ◆日銀新体制が始動 日本銀行の植田和男総裁が就任。28日には就任後初めてとなる金融政策決定会合が開催され，金融緩和策がもたらした影響を1年半程度かけて多角的にレビューすることを決定

12 ◆G7財務相会議が共同声明 先進7か国（G7）財務相・中央銀行総裁会議が，「金融システムの安定を維持するために適切な行動をとる」との共同声明を採択

14 ◆大阪IR計画を認定 政府は，カジノを含む統合型リゾート（IR）【keyword⑦】について，人工島・夢洲（ゆめしま）への誘致を目指す大阪府の整備計画を認定

21 ◆2022年度物価上昇率3.0％ 総務省が発表した2022年度平均の全国消費者物価指数は，値動きの大きい生鮮食品を除く総合で前年度比3.0％上昇。伸び率は1981年度以来，41年ぶりの高い水準

26 ◆日本企業の月着陸失敗 日本の宇宙企業アイスペース（東京）が開発した月着陸船が，民間初の月着陸に挑んだが失敗。減速に使う燃料がなくなり月面に激しく衝突したとみられる

26 ◆将来推計人口，2070年に8700万人 国立社会保障・人口問題研究所は2070年までの日本の将来推計人口を公表。総人口は70年には8700万人となる

30 ◆新興技術の適切な利用に向けた声明 G7デジタル・技術相会合は，AIなどの新興技術を適切に利用するための規律として「法の支配」「イノベーションの機会の活用」などの五原則で合意。一定の歯止めをかけつつ開発や利用を促す

---

keyword⑥ こども家庭庁

　日本の少子化の傾向には歯止めがかかっていない。貧困やいじめ，虐待など，こどもに関する課題は多岐にわたる。これらに一元的に対応する組織として，2023年4月1日にこども家庭庁が設置された。総理大臣直属の機関として内閣府の外局に設置され，子ども政策担当の内閣府特命担当大臣を置いて，各省庁などに子ども政策の改善を求めることができる「勧告権」をもつ。厚労省が行っていた保育や母子保健，児童虐待対策や，内閣府が行ってきた子ども・子育て支援，少子化対策などを担い，子ども政策の司令塔機能を一本化する。

keyword⑦ IR・統合型リゾート

　IRとは，Integrated Resortの頭文字の略で，カジノのほかホテルや劇場，国際会議場や展示会場などが集まった複合的な施設（統合型リゾート）。21世紀に入り日本でもラスベガスやマカオ，シンガポールのような集客施設を作り，国際観光推進に役立たせたいとの動きが出た。2002年に超党派の議員連盟が発足，カジノ解禁を柱とした「特定複合観光施設区域の整備の推進に関する法律案（IR推進法案）」が出された。2016年「IR推進法」が成立，2018年7月には「IR実施法案」が成立。

政治の動き		経済の動き
国内の動向	世界の動向	

<table>
<tr><th rowspan="99">5月のできごと</th></tr>
</table>

政治の動き

国内の動向

08 ◆新型コロナ「5類」移行　新型コロナウイルス感染症の法律上の分類が，季節性インフルエンザと同じ「5類」に引き下げられ，コロナ対応は平時の体制に移行した

12 ◆マイナ保険証，誤登録7312件　厚生労働省はマイナンバーカードと一体化した健康保険証（マイナ保険証）に，誤って別人の情報がひも付けされたケースが2021年10月〜22年11月に7312件確認されたと発表。年金や給付金を受け取るための「公金受取口座」を巡り，別人の口座情報を誤って登録したミスも23日に発覚

12 ◆改正健保法成立，75歳以上の保険料増　75歳以上が加入する「後期高齢者医療制度」の保険料を段階的に引き上げることを柱とする改正健康保険法が，参院本会議で可決，成立した。「出産育児一時金」の増額に伴い，支給費用を現役世代だけでなく，後期高齢者も支援する仕組みに

13 ◆GX推進法が成立　グリーントランスフォーメーション（GX）推進法【keyword ⑧】が衆院本会議で可決，成立した。企業の脱炭素化投資を後押しするため，新たな国債「GX経済移行債」を2023年度から10年間で20兆円規模発行することが柱

29 ◆岸田首相，秘書官長男を更迭　岸田首相は政務担当の首相秘書官を務める長男の翔太郎氏を6月1日付で交代させると発表。首相公邸という公的な場所での翔太郎氏の行為を，不適切と判断

世界の動向

03 ◆露大統領府に「無人機攻撃」　ロシア大統領府は，ウクライナがモスクワの大統領府を無人機2機で攻撃したと発表。ウクライナのゼレンスキー大統領は関与を否定

05 ◆WHOがコロナ緊急事態解除　世界保健機関（WHO）が新型コロナウイルスの「国際的な公衆衛生上の緊急事態」を解除

06 ◆英国王戴冠式　英国のチャールズ国王の戴冠（たいかん）式がロンドンのウェストミンスター寺院で開催され，約200か国・地域から国家元首ら約2200人が出席

07 ◆日韓首脳会談，関係改善加速を確認　岸田首相は就任後初めて韓国を訪問し，ソウルの大統領府で尹錫悦（ユンソンニョル）大統領と会談し，「元徴用工（旧朝鮮半島出身労働者）」訴訟問題など日韓両国の課題に向き合い，関係改善を加速させる方針で一致した

19 ◆広島G7開幕　先進7か国首脳会議（G7サミット）が広島市で開幕した。G7首脳らは被爆の実相を伝える広島平和記念資料館を訪れた。G7首脳が資料館をそろって訪問するのは初めて。20日，ウクライナのウォロディミル・ゼレンスキー大統領が，G7サミットに出席するために来日した

28 ◆トルコ大統領選でエルドアン氏勝利　トルコ大統領選の決選投票が行われ，現職のタイップ・エルドアン大統領が野党・共和人民党のケマル・クルチダルオール氏に勝利した。ロシアとウクライナの仲介役として注目される

経済の動き

01 ◆米ファースト・リパブリック銀破綻　米連邦預金保険公社が米ファースト・リパブリック銀行が経営破綻したと発表。米JPモルガン・チェースが事業を買収し，すべての預金や支店業務を引き継ぐ

04 ◆子ども推計人口，42年連続減　総務省は15歳未満の子どもの推計人口（4月1日現在）を発表。前年比30万人減の1435万人で，比較可能な1950年以降で最少

10 ◆トヨタ営業益3兆円へ　トヨタ自動車が，2024年3月期連結決算（国際会計基準）で営業利益が3兆円となる見通しに。日本企業初

17 ◆柏崎刈羽の運転禁止解除せず　原子力規制委員会は，東京電力柏崎刈羽原子力発電所（新潟県）に対する事実上の運転禁止命令を解除しないことを決めた

19 ◆日経平均33年ぶり高値　東京株式市場で，日経平均株価（225種）の終値が3万808円となった。バブル期の1990年8月以来，約33年ぶりの高値に

27 ◆IPEF，供給網強化へ協定　「インド太平洋経済枠組み（IPEF）」【keyword ⑨】の閣僚会合が米デトロイトで開催され，緊急時に物資が途絶えた際のサプライチェーン強化に向けて，相互協力する協定を結ぶことで実質合意

31 ◆原発60年超運転可能に　GX脱炭素電源法が参院本会議で可決，成立。原発の運転期間は「原則40年，最長60年」と規定されていたが，審査などの停止期間を計算から除外して上乗せすることで60年を超える運転延長を可能に

---

keyword ⑧　GX推進法の成立

2023年5月13日にＧＸ推進法（脱炭素成長型経済構造への円滑な移行の推進に関する法律）が成立，6月30日に施行する。二酸化炭素排出量を2050年に実質ゼロにするために，今後10年間で官民合わせて150兆円超の投資をめざす。同法ではGX経済移行債の発行を通じて，次世代燃料の供給網整備，蓄電池の製造支援，燃料や原料の転換などに充てGXを推進する。償還の財源として，CO2排出量をお金に換算して企業に負担させる「カーボンプライシング制度」を導入する。化石燃料の輸入企業からCO2排出量に応じた賦課金を28年度から徴収するとしている。

keyword ⑨　インド太平洋経済枠組み（IPEF）

バイデン米大統領が，2022年5月23日に発足を発表した，新しい経済協力の枠組みが，「IPEF（アイペフ）」である。①貿易，②供給網，③インフラ・脱炭素，④税・反汚職の4分野を柱にルールを策定する。参加国は14か国（アメリカ・日本・韓国・インド・インドネシア・オーストラリア・シンガポール・タイ・ニュージーランド・フィリピン・ブルネイ・ベトナム・マレーシア・フィジー）で，参加に際しては，個別の分野に絞ってもよい。アメリカは「一帯一路」などで影響力を増す中国に対抗し，アジア太平洋地域での存在感を高める狙い。

政治の動き		経済の動き
国内の動向	世界の動向	

6月のできごと

国内の動向

02◆改正マイナンバー法成立 マイナンバーカードの活用拡大に向けた改正マイナンバー法などの関連法が成立。24年秋に健康保険証を廃止し，マイナカードに一本化へ。21日，25年秋までは「猶予期間」として発行済みの保険証を使えることも説明

09◆改正入管法成立 強制送還の対象となった外国人の長期収容解消を図る改正出入国管理・難民認定法【keyword⑩】が成立

13◆児童手当，来年10月から拡充 政府が「こども未来戦略方針」を閣議決定。岸田首相は児童手当の拡充について，24年10月分から実施すると表明した

15◆通常国会での解散見送り 首相が通常国会中の衆院解散の見送りを表明。防衛費増額のための財源確保法案が会期末までに成立のめどがつき，国民に信を問う必要がないと判断したため。16日，衆院は本会議で，立憲民主党が提出した内閣不信任決議案を自民，公明両党などの反対多数で否決した

16◆防衛財源法成立 通常国会で最大の与野党対決法案だった防衛費増額のための財源確保法【keyword⑪】が成立

16◆LGBT理解増進法成立 通常国会で性的少数者に対する「不当な差別はあってはならない」と規定するLGBT理解増進法が成立

22◆男女平等125位 世界経済フォーラム（WEF）が発表した「ジェンダーギャップ報告書」で，日本は調査対象となった146か国のうち125位。2006年の発表開始以来，最低の順位だった

世界の動向

06◆露占拠のダム決壊 ロシア軍が占拠するウクライナ南部ヘルソン州のカホフカ水力発電所でダムが決壊し，大規模な洪水が発生。ウクライナ，ロシアとも相手による破壊だと非難した

08◆ウクライナ軍，大規模反攻に着手 米紙ワシントン・ポストが，ウクライナ軍がロシア軍に対する大規模な反転攻勢に本格着手したと報じた。10日，ウクライナのゼレンスキー大統領も記者会見で，反攻開始を認めた

08◆トランプ氏2度目の起訴 米フロリダ州の連邦大陪審が，機密文書を持ち出した疑惑でトランプ前大統領を起訴。トランプ氏は13日の罪状認否で，計37件の起訴事実すべてで無罪を主張した

15◆北ミサイル2発発射 北朝鮮が同国西岸付近から東方向に2発の弾道ミサイルを発射。いずれも日本の排他的経済水域（EEZ）内の日本海に落下したと推定

18◆米国務長官が訪中 米国のブリンケン国務長官が中国を訪問し，秦剛（チンガン）国務委員兼外相と会談。19日，習近平（シージンピン）国家主席とも会談し，継続的な対話の重要性で一致した

23◆ワグネル反乱，軍と交戦 露民間軍事会社「ワグネル」創設者のプリゴジン氏が，武装蜂起を宣言。ワグネルの部隊の一部は露南西部で正規軍と交戦しつつ，モスクワへと北上したが，プリゴジン氏が撤収を表明したことで，反乱は24日に終結した

経済の動き

02◆出生率，過去最低の1.26 厚生労働省が2022年の日本人の人口動態統計（概数）を発表した。「合計特殊出生率」は7年連続で低下し，1.26で過去最低に。日本人の出生数は77万747人で，過去最低

13◆株33年ぶり3万3000円台 東京株式市場で，日経平均株価（225種）は1990年7月以来，約33年ぶりに3万3000円台に。海外投資家が株高支える

14◆FRB利上げ見送り 米連邦準備制度理事会（FRB）が，11会合ぶりに利上げを見送り。金融引き締めが経済に悪影響を及ぼす可能性が指摘されており，利上げを先送りして景気を見極め

16◆「骨太」など3計画決定 政府が「経済財政運営と改革の基本方針（骨太の方針）」や，成長戦略「新しい資本主義実行計画」の改訂版など3計画を閣議決定。少子化対策の抜本的な強化や，賃上げにつなげる労働市場改革の推進が柱

26◆処理水放出設備が完成 東京電力は，福島第一原発の汚染水を浄化処理した後の水の海洋放出計画について，必要な設備工事が完了したと発表

27◆ふるさと納税，基準厳格化 総務省は，ふるさと納税の返礼品や経費に関するルールを見直すと発表した。返礼品の地場産品の基準を厳格化。これまで経費に含まれていなかった，受領証発行費や「ワンストップ特例制度」の事務費も新たに含める

---

 keyword⑩　入管法改正
　出入国管理・難民認定法は，「保護すべき者を確実に保護」「送還忌避問題の解決」「収容を巡る諸問題の解決」という方針で改正がすすめられ，強制送還の対象となった外国人の長期収容の解消を図る。難民認定の申請を原則2回までとし，3回目以降は申請中でも強制送還が可能となる。強制送還の対象となりながら帰国を拒む「送還忌避者」の増加に対する危機感から成立が急がれた。悪質な送還忌避者らには毅然と処理する一方，収容に関する諸問題には，人権に配慮した運用が求められる。

keyword⑪　防衛財源法
　防衛費増額の財源を裏付けする，防衛財源確保（我が国の防衛力の抜本的な強化等のために必要な財源の確保に関する特別措置法）が6月16日に成立した。特別会計からの繰り入れや国有資産の売却などの税外収入を，複数年度にわたって防衛費に充てる枠組みとして「防衛力強化資金」の創設が規定された。2023年度予算に計上した4兆5919億円の税外収入を，複数年度活用することになる。防衛費増額にあたっては，決算剰余金や歳出改革も行う方針だが，法人税，所得税，たばこ税の増税も見込まれている。

政治の動き		経済の動き
国内の動向	世界の動向	

7月のできごと

国内の動向

04 ◆ IAEA報告,「処理水安全基準に合致」 東京電力福島第一原子力発電所の「処理水」【keyword⑫】を巡り,国際原子力機関（IAEA）が海洋放出の安全性に対する評価を含む包括報告書を公表。「国際的な安全基準に合致している」と放出の妥当性を認めた

10 ◆ 袴田さん有罪立証表明 1966年に静岡県で一家4人が殺害された強盗殺人事件で,死刑確定後に再審開始が決まった袴田巌・元被告について,静岡地検は再審公判で有罪立証する方針を表明した

11 ◆ 性同一性障害,トイレ使用制限「違法」 戸籍上は男性だが女性として生活する性同一性障害の50歳代の経済産業省職員が,庁舎内の女性用トイレの使用を不当に制限されているとして,国に制限の撤廃を求めた訴訟の上告審判決で,最高裁は国の対応を「違法」と判断した【keyword⑬】

13 ◆ EU,日本食品の輸入規制撤廃 岸田首相はブリュッセルで欧州連合（EU）の執行機関・欧州委員会のウルズラ・フォンデアライエン委員長らと会談。EU側は,福島第一原発の事故を受けて日本産食品にかけてきた輸入規制について,撤廃を正式決定したと首相に伝えた

19 ◆ デジ庁に立ち入り検査 政府の個人情報保護委員会は,マイナンバーと預貯金口座をひも付ける「公金受取口座」の誤登録問題を巡り,デジタル庁に立ち入り検査を実施した

世界の動向

03 ◆ 世界平均気温が史上最高を更新「地球沸騰の時代」に 3月～5月の世界の平均気温が観測史上初めて17度を超えたと,米メーン大学が分析した。27日には世界気象機関などが2023年7月は世界の平均気温が観測史上最高の月になる見込みだと発表。国連のグテーレス事務総長は「地球沸騰の時代」になったと表明した

12 ◆ 北朝鮮がICBM級発射 北朝鮮がピョンヤン近郊から東方向に向けて大陸間弾道ミサイル（ICBM）級1発を発射。過去最長の約74分飛行し,日本の排他的経済水域（EEZ）外に落下と推定。13日,北朝鮮の朝鮮中央通信は,固体燃料式の新型ICBM「火星18」の発射実験実施を報じた

12 ◆ ウクライナのNATO加盟示されず リトアニアで開かれた北大西洋条約機構（NATO）首脳会議が閉幕。ウクライナの加盟に関した工程表は示されず,「加盟国が同意し,条件が満たされた場合」の実現を確認するにとどめた

17 ◆ 露,穀物合意停止を通告 ロシアが黒海を通じたウクライナ産の穀物輸出合意の停止を通告。19日,黒海沿岸のウクライナの港を利用する全ての船舶を軍事物資の運搬船とみなすとし攻撃の可能性を示唆,海上封鎖に踏み切った

18 ◆ 国連安保理でAIテーマに初会合 国連安全保障理事会が,人工知能（AI）をテーマにした初の公開会合を開催。グテーレス事務総長は,国際ルール作りに向けた諮問委員会の会合を年内に開催すると明らかにした

経済の動き

10 ◆ 九州大雨で9人死亡,秋田でも 梅雨前線の影響で,福岡,大分,佐賀の3県で線状降水帯が発生。気象庁は福岡,大分両県の8市町村に大雨特別警報を発表。14日,3県の死者は計9人に。15～16日,秋田県でも記録的な大雨に見舞われ各地で河川が氾濫。1人が死亡

16 ◆ 英のCPTPP加入承認 日本や豪州などが加盟する自由貿易協定「環太平洋パートナーシップに関する包括的及び先進的な協定（CPTPP）」の参加国が閣僚級の委員会を開き,英国の加入を正式に承認。2018年のCPTPP発効以降,新規加入は初めて

20 ◆ 貿易黒字,1年11か月ぶり 財務省が発表した6月の貿易統計によると,貿易収支は430億円の黒字。ロシアによるウクライナ侵攻で拍車がかかった資源高が落ち着き,自動車輸出が伸びたため

25 ◆ ビッグモーター社長辞任 中古車販売大手ビッグモーターは,自動車保険の保険金を不正請求した問題を受けて,創業者の兼重宏行社長が26日付で引責辞任を表明。兼重氏は記者会見で経営陣の関与を否定。長男の宏一副社長も辞任

26 ◆ 人口最大80万人減 総務省は住民基本台帳に基づく今年1月1日現在の日本の人口を発表。日本人は1億2242万3038人で,前年比80万523人減少。減少幅は数,割合ともに過去最大

28 ◆ 長期金利上限1%に 日本銀行は金融政策決定会合を開き,金融緩和策を修正。容認できる長期金利の上限を0.5%から拡大し,実質1.0%に

---

 keyword⑫　処理水
原発事故後,溶け落ちた核燃料を冷やすために使った水や,建屋内に流れ込んだ雨水や地下水は放射性物質に汚染されている。その水からトリチウム（三重水素）以外の放射性物質の大部分を取り除いたものが「処理水」である。福島第一原発事故後この処理水を貯蔵してきたが,廃炉作業を進めるために処理水の処分が必要になってきた。そのため,大量の海水で100倍以上に薄め,トリチウム濃度を国の排出基準の40分の1以下にし,他国の原子力発電所の年間放出量と比較しても低い水準での放出を開始（▶2023年8月24日）した。

 keyword⑬　トランスジェンダー職員のトイレ使用制限訴訟・最高裁判決
原告は,健康上の都合で手術を受けていないために戸籍上の性別は変えられないが,性同一性障がいの診断を受けている。勤務しているフロアから離れたトイレを使用するように制限されたことについて,違法だと国を訴えた。一審の東京地裁では勝訴,二審の東京高裁では敗訴している。最高裁は,経済産業省がこの職員に対してトイレの使用を制限したことを,人事院が問題ないと判定したことについて違法と判断した。また,この判決は,不特定多数が利用する公共のトイレの使用に関わるものではないと補足意見がついた。

	政治の動き		経済の動き
	国内の動向	世界の動向	

8月のできごと

政治の動き — 国内の動向

01 ◆ふるさと納税，3年連続過去最高 ふるさと納税制度【keyword⑭】に基づく自治体への22年度の寄附総額は9654億円（前年度比1351億円増）で，3年連続で過去最高を更新

04 ◆首相，保険証廃止時期は今秋に判断 岸田首相は，現行の健康保険証を原則廃止する時期を2024年秋から延期するかどうかについて，早ければ今年秋に判断する意向を表明。8日，政府がマイナンバーカードのトラブルに関する中間報告を公表。マイナンバーカードと健康保険証を一体化した「マイナ保険証」で新たに1069件のひも付けの誤りが見つかる

09 ◆台風被害相次ぐ 台風6号の接近に伴い，「長崎原爆の日」の犠牲者慰霊平和祈念式典が屋内に変更された。台風7号が近畿地方を縦断し，新幹線は名古屋－岡山間で計画運休。15日，鳥取市には大雨特別警報

24 ◆福島第一原発の処理水放出 東京電力は，福島第一原子力発電所の処理水の海洋放出を開始した。今年度は，貯蔵量の約2％に当たる約3万1200トンを4回にわけて放出し放出期間は30年程度に及ぶ見通し。処理水放出を受け，中国政府が日本産水産物の輸入を全面的に停止する対抗措置を発表。28日，岸田首相は，処理水海洋放出を巡り，中国からとみられる迷惑電話が日本国内で多発していることなどを批判。外務省は駐日中国大使を呼び出し抗議した

政治の動き — 世界の動向

01 ◆トランプ氏4度目起訴 米連邦大陪審は，2020年大統領選の結果を不当に覆そうと21年の米議会占拠事件を引き起こしたとして，トランプ前大統領を起訴。14日，米ジョージア州の大陪審も票集計への介入を図ったとして起訴。24日にトランプ氏は同州アトランタの拘置所で被告人として顔写真を登録。大統領経験者初

08 ◆ハワイで山火事 米ハワイ州マウイ島で山火事。29日までに確認された死者が115人と，米国の山火事では過去100年で最悪

18 ◆日米韓首脳会談 岸田首相は米ワシントン郊外の大統領山荘キャンプデービッドで，米国のバイデン大統領，韓国の尹錫悦大統領と会談。日米同盟と米韓同盟の戦略的な連携強化で一致

23 ◆プリゴジン氏暗殺か ロシアの首都モスクワ北西のトベリ州で自家用ジェット機が墜落し，乗員・乗客10人が死亡。6月に反乱を起こした民間軍事会社「ワグネル」創設者エフゲニー・プリゴジン氏が含まれていた。プーチン政権による暗殺の可能性が指摘される

23 ◆インドが月面着陸に成功 インド宇宙研究機関（ISRO）の無人月探査機「チャンドラヤーン3号」が月の南極付近に軟着陸

24 ◆BRICSが6か国増へ BRICS首脳会議で，エジプト，イラン，サウジアラビア，アラブ首長国連邦，アルゼンチン，エチオピアの新規加盟を合意

経済の動き

10 ◆中国からの団体旅行，約3年半ぶり解禁 中国政府が日本を含む78か国・地域への団体旅行を解禁。新型コロナウイルスの流行に伴い，20年1月に外国への団体旅行を禁止していた

17 ◆中国恒大，米で破産申請 中国の不動産大手「中国恒大集団」が，米連邦破産法第15条の適用をニューヨークの裁判所に申請。経営危機が続く中，米国内に保有する資産を保全し，再建を進めやすくすることを狙う

18 ◆最低賃金43円増の1004円 厚生労働省は各都道府県の審議会がとりまとめた今年度の最低賃金（時給）の改定額を発表した。全国平均は昨年度から43円増の1004円で，昭和53年度に目安制度が始まって以降で最高の引き上げ。最高額（1,113円）に対する最低額（893円）の比率は80.2％で，この比率は9年連続の改善。10月以降順次発効する【keyword⑮】

30 ◆ガソリン185円超 資源エネルギー庁が発表した28日時点のレギュラーガソリンの全国平均価格は，1リットルあたり185.6円となった。前週より1.9円高く，08年8月の185.1円を上回って，過去最高を更新

31 ◆西武池袋本店でスト セブン＆アイ・ホールディングス傘下の百貨店，そごう・西武の売却に反発する労働組合が，西武池袋本店（東京都豊島区）でストライキを実施。大手百貨店のストは，61年ぶり

---

keyword⑭ ふるさと納税

2008年に始まった寄附金税額控除制度。自分の故郷や応援したい地方自治体などに寄附をすると，その分が所得税や住民税から差し引かれる制度。総務省はこの制度の意義を，税に対する国民の意識の高まり，ふるさとなどを応援したいという地域支援，自治体間の競争の3点としている。各自治体が寄附に対する返礼品として特産品などを用意したことから，年々制度の利用が増加。制度の始まった2008年度は寄附総額81億円で，利用件数も5万件だったが，22年度の寄附総額は9654億円で，利用件数は5184万件となった。

keyword⑮ 最低賃金，1000円台に引き上げ

2023年度の全国平均改定額は43円増加して1004円。

都道府県	最低時給	都道府県	最低時給	都道府県	最低時給	都道府県	最低時給
北海道	960	東京	1113	滋賀	967	香川	918
青森	898	神奈川	1112	京都	1008	愛媛	897
岩手	893	新潟	931	大阪	1064	高知	897
宮城	923	富山	948	兵庫	1001	福岡	941
秋田	897	石川	933	奈良	936	佐賀	900
山形	900	福井	931	和歌山	929	長崎	898
福島	900	山梨	938	鳥取	900	熊本	898
茨城	953	長野	948	島根	904	大分	899
栃木	954	岐阜	950	岡山	932	宮崎	897
群馬	935	静岡	984	広島	970	鹿児島	897
埼玉	1028	愛知	1027	山口	928	沖縄	896
千葉	1026	三重	973	徳島	896	全国平均	1004

政治の動き		経済の動き
国内の動向	世界の動向	

9月のできごと

04 ◆辺野古，沖縄県の敗訴確定　米軍普天間飛行場（沖縄県宜野湾市）の名護市辺野古への移設計画を巡る是正指示は違法だとして，沖縄県が指示の取り消しを求めた訴訟で，最高裁は上告を棄却し，県の敗訴が確定した

07 ◆旧統一教会に過料通知　文部科学省は，世界平和統一家庭連合（旧統一教会）に行政罰の過料を科すよう求める通知書を東京地裁に送付。東京地裁は受理した

07 ◆秋本議員を逮捕・起訴　東京地検特捜部は，「日本風力開発」側の依頼で国会質問をした見返りに賄賂を受け取ったとして，秋本真利・衆院議員を受託収賄容疑で逮捕。27 日，賄賂を計約 7280 万円と認定し，受託収賄罪などで起訴した

13 ◆内閣改造，11 人初入閣　第 2 次岸田再改造内閣が発足。11 人が初入閣し，女性閣僚は過去最多に並ぶ 5 人となった。15 日，政府は，首相補佐官に国民民主党前参院議員で労働組合出身の矢田稚子（わかこ）氏を起用する人事を決定

20 ◆マイナ誤登録でデジ庁に行政指導　政府の個人情報保護委員会は，マイナンバーと預貯金口座をひも付ける「公金受取口座」の誤登録問題を巡り，個人情報の管理に不備があったとして，デジタル庁に行政指導を行った

08 ◆モロッコで M 6.8 地震　北アフリカのモロッコの山岳地帯でマグニチュード（M）6.8 の地震が起きた。13 日のモロッコ内務省のまとめでは，死者 2946 人，負傷者 5674 人に達した

09 ◆林外相，ウクライナ訪問　林外相がウクライナの首都キーウを訪問し，ウォロディミル・ゼレンスキー大統領らと会談した

10 ◆リビアで大洪水　北アフリカのリビアに，地中海沿岸諸国を襲った嵐が到達した。東部の沿岸都市を中心に大洪水が発生。22 日，世界保健機関（WHO）は死者を4014 人，行方不明者 8500 人以上と発表したが，被害の全容は不明

09 ◆G20 首脳会議，初日に首脳宣言採択　主要 20 か国・地域首脳会議【keyword ⑯】がインドの首都ニューデリーで始まり，首脳宣言が採択された。ウクライナ情勢に関して，ロシアを名指ししての批判は控えられた。またアフリカ連合（AU）が正式に加盟した

13 ◆露朝首脳会談，軍事協力で合意か　ロシアのプーチン大統領と北朝鮮の金正恩朝鮮労働党総書記が露極東の宇宙基地で会談。軍事協力が議題となったが，合意内容は明らかにされなかった

19 ◆国連総会でゼレンスキー氏演説　ウクライナのゼレンスキー大統領が国連総会にロシアの侵略後初めて対面出席し，一般討論演説でロシアから侵略を受ける自国への支援を呼びかけた

01 ◆今夏の平均気温，過去最高　気象庁は，今年夏（6〜8 月）の日本の平均気温が，1898 年の統計開始以降で最も高かったと発表した

08 ◆損保ジャパン社長辞任へ　中古車販売大手ビッグモーターによる保険金の不正請求問題を受け，損害保険ジャパンは白川儀一社長が引責辞任すると発表した

19 ◆損保ジャパンに立ち入り　金融庁がビッグモーターと損害保険ジャパンへの立ち入り検査を開始した。契約者保護などの観点で問題があれば行政処分も検討する

26 ◆岸田首相，経済対策を指示　岸田首相が 10 月末をめどに新たな経済対策を策定すると表明。物価高対策や賃上げなどに重点を置きつつ，国内投資の促進で経済成長を図るよう関係閣僚に指示した

27 ◆水俣病原告全 128 人認定　水俣病の未認定患者 128 人が国などに損害賠償を求めた訴訟の判決で，大阪地裁は全員を水俣病と認定し，国などに 1 人あたり 275 万円の賠償を命じた

27 ◆「年収の壁」対策決定　政府は，年収が一定額に達すると社会保険料負担で手取りが減る「年収の壁」の対策を決定した。「年収 106 万円の壁」では，手取り減少対策に取り組んだ企業に，従業員 1 人あたり最大 50 万円を助成する制度を設ける

---

keyword ⑯　G20（金融サミット）

主要 7 か国（G7：カナダ・フランス・ドイツ・イタリア・日本・イギリス・アメリカ）と，ロシア・中国・インド・ブラジル・南アフリカ・韓国・オーストラリア・インドネシア・サウジアラビア・トルコ・メキシコ・アルゼンチン・欧州連合（EU）の 20 か国による首脳会議のこと。G20 財務大臣・中央銀行総裁会議として，これら新興国に IMF（国際通貨基金）や世界銀行などを加えた会議は，1999 年から原則年 1 回開催されていたが，2008 年のリーマンショックによる世界的な金融危機を契機に重要性が高まり，その後，首脳会議も毎年開催されるようになった。

2023 年の G20 サミットは 9 月 9 日〜10 日の日程で，インドのニューデリーで行われ，岸田首相が出席して発言をした。会議の詳細と首脳宣言の骨子は右の通り。

G20 ニューデリーサミット

◉「一つの地球，一つの家族，一つの未来（One Earth, One Family, One Future）」のテーマで，食料安全保障，気候・エネルギー，開発，保健，デジタルといった重要課題について議論された。

首脳宣言骨子

・領土獲得のための武力行使に反対。核兵器の使用は許されない
・ウクライナ穀物合意の履行を要請
・債務の脆弱性を悪化させる世界的な金融引き締めはリスク
・保護主義を阻止し公正な競争を確保
・2030 年までに再生エネルギー容量を 3 倍へ増加
・アフリカ連合（AU）の G20 加入を歓迎

政治の動き		経済の動き
国内の動向	世界の動向	

10月のできごと

国内の動向

13 ◆旧統一教会の解散命令を請求　盛山文部科学相は宗教法人法に基づき，世界平和統一家庭連合（旧統一教会）に対する解散命令を東京地裁に請求。民法上の不法行為を理由とした解散命令請求は初

18 ◆22年参院選，最高裁「合憲」　議員1人当たりの「1票の格差」が最大3.03倍だった昨年7月の参院選挙区選は違憲だとして選挙無効（やり直し）を求めた16件の訴訟で，最高裁大法廷は，格差を「合憲」とし，請求を棄却する判決を言い渡した

24 ◆柿沢法務副大臣が辞任　東京都江東区の木村弥生区長陣営が今年4月の区長選期間中，有料のインターネット広告を出した疑いで，東京地検特捜部が木村氏の自宅などを公職選挙法違反容疑で捜索。木村氏は辞職。自民党衆院議員の柿沢未途法務副大臣が，木村氏の陣営に広告掲載を提案したとして法務副人臣を辞任

25 ◆性別変更に要手術「違憲」　性同一性障害の人が戸籍上の性別を変更するのに，生殖能力をなくす手術を事実上の要件とした性同一性障害特例法の規定が憲法に反するかどうかが争われた家事審判で，最高裁大法廷は，規定を「違憲・無効」と決定【keyword ⑰】

27 ◆袴田さん事件再審初公判で無罪主張　1966年に静岡県で一家4人が殺害された事件で，強盗殺人罪などで死刑が確定した袴田巌被告の再審初公判が静岡地裁で行われ，代理出廷した姉のひで子さんが無実を訴えた

世界の動向

02 ◆カリコ氏らにノーベル生理学・医学賞　2023年のノーベル生理学・医学賞が，遺伝物質「メッセンジャーRNA」ワクチンの基盤技術を開発した米国のカタリン・カリコ，ドリュー・ワイスマン両博士に贈られると発表された

03 ◆米下院議長，初の解任　米下院は共和党のケビン・マッカーシー議長の解任動議を可決。マッカーシー氏が暫定予算成立で民主党に協力したことに，共和党保守強硬派が反発した。下院議長の解任動議可決は史上初。25日，下院は保守派のマイク・ジョンソン氏を新議長に選出

06 ◆イラン人権活動家にノーベル平和賞　23年のノーベル平和賞がイラン人ジャーナリストのナルゲス・モハンマディ氏に授与されると発表された。何度も逮捕・投獄されながら，女性の人権尊重や死刑制度の廃止を訴えたことが評価された

07 ◆ガザで戦闘激化　パレスチナ自治区ガザを実効支配するイスラム主義組織ハマスが，ロケット弾数千発を撃ち込みイスラエルを攻撃。イスラエルは報復攻撃を実施し戦闘が激化。28日，イスラエルのネタニヤフ首相は，ハマスに対する戦闘が「第2段階」に入ったと宣言

19 ◆中国，拘束の邦人逮捕　中国当局が，3月に反スパイ法違反の疑いで拘束していたアステラス製薬の50歳代の日本人男性社員を正式に逮捕したことが判明

経済の動き

01 ◆インボイス制度【keyword ⑱】始まる　商品やサービスの消費税率ごとに税額を示すインボイス（適格請求書）制度が始まった。制度は消費税の納税の透明性や公平性を高めるのに不可欠とされる

10 ◆銀行間システムで障害　銀行間の資金決済を担う全国銀行データ通信システムで障害が発生。一部の銀行で他行宛ての振り込みができなくなった。復旧まで2日かかり，運営団体は18日，追加負担が生じた利用者への補償を優先する考えを表明

24 ◆ビッグモーターを処分　中古車販売大手ビッグモーターによる自動車保険金の不正請求問題で，国交省は7月に立ち入り検査した34店舗の整備工場について，道路運送車両法に基づき事業停止などの行政処分を出した

26 ◆岸田首相，来年6月の定額減税を表明　岸田首相は税収増に伴う還元策を巡り，政府与党政策懇談会で，来年6月に1人あたり4万円の定額減税を行う考えを表明。住民税非課税の低所得世帯向けには1世帯あたり7万円の給付も明言

31 ◆長期金利上限「1%めど」　日本銀行が金融政策決定会合を開き，大規模な金融緩和策の一環で低い水準に抑えてきた長期金利について，上限の1.0%を「めど」とし，上回る金利上昇も一定程度容認する方針を決めた

---

 keyword ⑰　性別変更の要件の違憲判決
　トランスジェンダーである者が戸籍上の性別を変えることについて，性同一性障害特例法では五つの要件が定められている。この要件のうち，生殖能力を失わせる手術を必要とすることが，憲法に違反するかが問われた。最高裁大法廷は，要件は「違憲で無効」とする決定を出した。最高裁が法令を違憲としたのは12例目となる。特例法は見直しを迫られるほか，今後の性別変更では同要件は考慮されず，手術なしでの変更が一定程度可能となる。

keyword ⑱　インボイス（適格請求書）制度
　2023年10月1日に始まった。インボイス（適格請求書）には消費税率や税額，13桁の登録番号が記載される。企業などが販売時やサービス提供時に受け取った消費税額から，仕入れ時にかかった消費税額を控除して納税するのに必要となり，制度は納税の透明性や公平性を高めるのに不可欠とされる。これまで年間売上高1000万円以下の小規模事業者は，受け取った消費税の納税が免除されてきたが，今後は納税が必要な課税事業者として登録しなければ，インボイスを発行できない。

<table>
<tr><td colspan="2" align="center">**政治の動き**</td><td align="center">**経済の動き**</td></tr>
<tr><td align="center">国内の動向</td><td align="center">世界の動向</td><td></td></tr>
</table>

<table>
<tr><th></th><th>国内の動向</th><th>世界の動向</th><th>経済の動き</th></tr>
<tr><td rowspan="6">**11月のできごと**</td>
<td>**07◆旧統一教会，100億円供託を表明** 世界平和統一家庭連合（旧統一教会）の田中富広会長が政府の解散命令後初めて記者会見を開き，献金問題について「心からお詫びする」と述べた。最大100億円の拠出を政府側に打診することも明らかに</td>
<td>**02◆露，CTBT批准撤回** ロシアのプーチン大統領は，核実験全面禁止条約（CTBT）【keyword⑲】の批准を撤回する法案に署名，即日発効。事実上の離脱</td>
<td>**02◆経済対策37兆円規模** 政府が臨時閣議で「デフレ完全脱却のための総合経済対策」を決定。地方や民間の支出も含む事業規模は37.4兆円。29日，経済対策の財源の裏付けとなる23年度補正予算が参院本会議で，与党と日本維新の会，国民民主党などの賛成多数で可決，成立した</td></tr>
<tr>
<td>**17◆内閣支持急落24%** 読売新聞社は17～19日に全国世論調査を実施し，岸田内閣の支持率は2021年10月の内閣発足以降最低の24%となり，前回調査（10月13～15日）の34%から10ポイント下落した（20日付）</td>
<td>**16◆日中首脳会談** 首相は中国の習近平（シージンピン）国家主席とも訪問先の米サンフランシスコで会談し，「戦略的互恵関係」の推進を再確認した</td>
<td>**15◆GDP3期ぶりマイナス** 内閣府が発表した7～9月期の国内総生産（GDP）速報値は，物価変動の影響を除いた実質GDP（季節調整値）が前期比0.5%減。3四半期ぶりのマイナス成長</td></tr>
<tr>
<td>**21◆北ミサイル発射，沖縄付近通過** 日本政府は，北朝鮮が同国北西部・東倉里（トンチャンリ）から南方向に弾道ミサイル技術を使用した発射を行ったと発表。人工衛星の発射とみられ，沖縄本島と宮古島の間の上空を太平洋へ通過した。22日，北朝鮮の朝鮮中央通信は，衛星が軌道に「正確に進入した」と報道。韓国軍も「軌道に進入したと評価できる」との分析結果を示した</td>
<td>**15◆イスラエル軍，ガザ最大病院に突入** イスラエル軍は，地下にイスラム主義組織ハマスの司令部があるとして，パレスチナ自治区ガザ北部ガザ市にあるシファ病院に突入した。国連安全保障理事会はガザの情勢に関する緊急会合を開き，人道支援を目的としたイスラエルとハマスの戦闘の「休止」を求めた決議を採択</td>
<td>**17◆オープンAI，CEO一転復帰** 対話型AI（人工知能）「チャットGPT」【keyword⑳】を開発した米オープンAIが，サム・アルトマン最高経営責任者（CEO）の退任を発表。22日，従業員の反発もあり，同氏がCEOに復帰</td></tr>
<tr>
<td></td>
<td>**22◆ガザ戦闘休止，人質一部解放** カタール政府は，イスラエルとハマスが人質解放と4日間の人道的な戦闘休止で合意したと発表。24日，戦闘休止期間が始まり，ハマスが人質約240人のうち24人を解放し，イスラエルはパレスチナ人収監者39人を釈放。27日，イスラエルとハマスが戦闘休止期間の2日間延長に合意。30日，さらに1日間の再延長で合意した</td>
<td>**25◆1人あたりGDP，21位** 内閣府が25日発表した2022年の1人あたりの名目国内総生産（GDP）は，ドル換算で3万4064ドル。円安の影響で昨年の4万34ドルから大きく減少，OECD加盟38か国中21位</td></tr>
<tr>
<td>**28◆海外臓器あっせん実刑** 海外での臓器移植を無許可であっせんしたとして，臓器移植法違反に問われたNPO法人の理事長に対し，東京地裁は懲役8月の実刑判決。NPOは罰金100万円</td>
<td rowspan="2">**23◆「慰安婦」日本に賠償命令** 韓国人元慰安婦ら計16人が日本政府に損害賠償を求めた訴訟の控訴審判決で，ソウル高裁が原告の請求を却下した1審判決を取り消し，請求通りに元慰安婦の原告1人あたり2億ウォン（約2300万円）の支払いを日本政府に命じた</td>
<td>**28◆政府クラウド初の日本勢** 自治体が持つ個人情報などを管理する政府クラウドを巡り，デジタル庁は日本企業としては初めて，IT企業の「さくらインターネット」（本社・大阪市）を提供事業者に選んだ</td></tr>
<tr>
<td>**30◆前原氏ら新党結成へ** 国民民主党の前原誠司代表代行ら4議員が離党届を提出し，無所属の徳永久志衆院議員を含め，計5議員で新党「教育無償化を実現する会」を結成することを発表した</td>
<td></td></tr>
</table>

keyword⑲ CTBT（包括的核実験禁止条約）

　宇宙空間，大気圏内，水中，地下を含むあらゆる空間における核兵器の実験的爆発及び他の核爆発を禁止する。従来の部分的核実験禁止条約（PTBT）が禁止の対象としていなかった地下核実験を含む，すべての核実験を禁止するという点において，核軍縮・不拡散上で極めて重要な意義を有する。発効するためには，特定の44か国（発効要件国）すべての批准が必要とされている。しかし，アメリカ，インド，パキスタン等，一部の発効要件国の批准の見通しはたっておらず，条約は未発効。

keyword⑳ チャットGPT（オープンAI）

　アメリカの新興企業オープンAIが2022年11月末，対話型人工知能「ChatGPT」を公開して以来，多様な分野での活用が急速に拡大している。これは「ジェネレーティブAI（生成AI）」という，インターネット上の膨大なデータを学習し，人の指示に従って新たな文章，音声，画像，プログラムなどを短時間で作成できるもの。生成AIで作成されたフェイク画像や動画がきっかけの事件が発生したり，「ハルシネーション（幻覚）」と呼ばれる，事実とは異なるもっともらしい回答を作ってしまったりするという問題もある。2023年に開催されたG7サミットでは，AIを巡る国際ルール作りを話し合う枠組みを立ち上げ，2023年中に見解を取りまとめる計画。

	国内の動向	世界の動向	

12月のできごと

国内の動向

01 ◆政治資金パーティー巡り裏金1億円超か　自民党派閥の政治資金パーティー収入を巡る問題で，最大派閥の安倍派（清和政策研究会）が，所属議員が販売ノルマを超えて集めた分の収入を裏金として議員側にキックバックする運用を組織的に続けてきた疑いがあることが判明。19日，東京地検特捜部は政治資金規正法違反として，安倍派と二階派の事務所を捜索した。松野官房長官，西村経済産業相ら4閣僚と副大臣5人を交代させた。また，自民党執行部で安倍派の萩生田政調会長や高木国会対策委員長，世耕参院幹事長も辞任

20 ◆辺野古代執行，国が勝訴　沖縄県宜野湾市の米軍普天間飛行場の名護市辺野古への移設工事を巡り，斉藤国土交通相が玉城沖縄県知事に設計変更の承認を命じるよう求めた「代執行」訴訟で，福岡高裁那覇支部は，玉城氏に対し，承認するよう命じる判決を言い渡した。28日，国が地方自治法に基づき，地方自治体の事務で初めてとなる「代執行」【keyword ㉑】を行った

22 ◆ライセンス品，輸出解禁　政府は防衛装備移転3原則と運用指針を改正し，外国企業に特許料を支払って日本で製造する「ライセンス生産品」について，特許を持つ国への輸出を全面的に解禁。航空自衛隊の地対空誘導弾パトリオットミサイルの米国への輸出も決定

世界の動向

01 ◆ガザで戦闘再開　イスラエルとイスラム主義組織ハマスが，人質の解放で合意に至らず戦闘を再開。戦闘休止は7日間で終了。20日，戦闘が始まった10月7日以降のパレスチナ自治区ガザでの死者数が2万人に達した

06 ◆オスプレイ，世界で飛行停止　米軍は，輸送機オスプレイが鹿児島県・屋久島の東方沖に墜落した事故を受け，世界に配備している全てのオスプレイの飛行を停止したと発表した

07 ◆伊が「一帯一路」から離脱　イタリアのメローニ首相が，中国の巨大経済圏構想「一帯一路」について，伊政府の離脱決定を認めた

08 ◆露大統領選にプーチン氏出馬表明　ロシアのプーチン大統領は，2024年3月17日の次期大統領選への出馬を表明した

08 ◆国連安保理でガザ停戦決議を否決　グテーレス事務総長の呼びかけで起案された停戦決議案。常任理事国のアメリカが反対票を投じて否決された。決議はハマス・イスラエル双方に無条件停戦を呼びかける内容で，米代表は非現実的な決議案とした

13 ◆COP28閉幕　アラブ首長国連邦（UAE）で開催された国連気候変動枠組み条約第28回締約国会議（COP28）【keyword ㉒】は，温室効果ガスを大量排出する化石燃料の扱いについて「この10年で脱却を加速させる」とする成果文書を採択し，閉幕

経済の動き

02 ◆アルゼンチン，BRICS不参加　2023年8月のBRICS首脳会議で加盟を承認されていたアルゼンチンは，12月10日に就任したハビエル・ミレイ大統領の方針により加盟を見送ることとなった

05 ◆「私立含めた高校授業料無償化」を小池都知事が表明　教育無償化の対象となる世帯年収の制限を撤廃。世帯年収に関係なく公立（都立），私立ともに高校授業料を，来年度から無償化する考えを表明。都道府県レベルでの高校授業料の完全無償化は大阪府に続き全国2例目。2024年度から

14 ◆税制大綱，防衛増税開始先送り　自民，公明両党が，2024年度与党税制改正大綱を決定。デフレ脱却のための減税メニューが並ぶ。防衛力の抜本的強化に伴う増税の開始時期は決定を先送り

21 ◆アンゴラ，OPEC脱退　アフリカ南部のアンゴラは，産油国でつくる石油輸出国機構（OPEC）を脱退すると発表した

22 ◆予算6年連続100兆円超　政府が24年度予算案を閣議決定。一般会計の総額は112兆717億円で，12年ぶりに前年を下回る。6年連続で100兆円を超え，財源不足を国債発行で穴埋めする財政構造は変わらず

29 ◆大納会，34年ぶり高値　大納会の東京株式市場で，日経平均株価の終値は，年末の株価としては1989年以来，34年ぶりの高値となる3万3464円17銭だった

---

 keyword ㉑　代執行
　国が地方自治体に任せた行政事務を，知事が管理や執行を怠った場合などに，国が代わって執行すること。行政上の強制執行の一つで，2000年に施行した改正地方自治法が根拠（同法245条の8）。代執行には他の方法で是正が難しく，放置すれば「著しく公益を損害することが明らか」という厳しい要件を設けている。2015年にも国が米軍普天間基地の辺野古移設を巡って代執行訴訟を起こしたが，その際は和解している。地方自治法に基づく代執行は，今回が初めて

keyword ㉒　気候変動枠組条約締約国会議（COP28）
　気候変動枠組み条約に則って，気候変動対策について話し合う国際会議。今年はアラブ首長国連邦のドバイで開かれた。対策強化に向けた交渉では，化石燃料が最大の焦点となり，欧米の先進国や島しょ国などが「段階的な廃止」を強く求めたのに対し，産油国などが反対し協議が難航した。会期を一日延長して，各国が採択した合意文書では「段階的な廃止」には言及せず「化石燃料からの脱却を進め，この重要な10年間で行動を加速させる」とした。
　【主要な成果】・2030年までに，石炭・石油・ガスからの「脱却」
　　　　　　　　・世界の再生可能エネルギー3倍に
　　　　　　　　・35年までに温室効果ガス排出を60%減
　　　　　　　　・脱炭素技術に原子力　／　・「損失と被害」基金が始動
　　　　　　　　・温暖化への「適応世界目標」枠組み採択

1月のできごと

国内の動向

01 ◆令和6年能登半島地震 石川県能登地方を震源とする地震が発生。同県志賀町などで震度7を観測し、新潟、富山県など広い範囲で激しい揺れに見舞われた。9日、死者が200人を超えた。11日、政府が「激甚災害」と「特定非常災害」に指定

04 ◆自民「政治刷新本部」が中間とりまとめ 岸田首相（自民党総裁）は、自民党派閥による政治資金規正法違反事件【keyword㉔】を受けた政治改革の実現に向け、党内に総裁直属機関「政治刷新本部」の設置を表明。25日、同本部の中間とりまとめでは、派閥について、「本来の政策集団に生まれ変わらねばならない」と宣言し、「『お金』と『人事』から完全に決別する」と明記

07 ◆自民派閥の政治資金規正法違反事件、会計責任者ら立憲 自民党派閥の政治資金パーティーを巡る事件で、東京地検特捜部は、国会議員と会計責任者ら計8名を立件した。26日にも安倍派に所属していた衆院議員と政策秘書を立件し、捜査は事実上終結した

18 ◆首相、岸田派解散を表明 首相は自民党岸田派について、政治団体としての派閥を解散する方針を表明。19日、安倍派と二階派も解散方針を決定。25日、森山派（近未来政治研究会）も解散を決め、谷垣禎一・元党総裁を中心とするグループ「有隣会」も、政治団体を解散する方針を決定した

世界の動向

03 ◆イランで爆発テロ イラン南東部ケルマン州で精鋭軍事組織「革命防衛隊」元司令官の追悼式で爆発があり、360人以上が死傷

07 ◆上川外相、ウクライナ訪問 上川外相はウクライナの首都キーウで、同国のウォロディミル・ゼレンスキー大統領らと会談した

12 ◆米英軍、フーシに対抗措置 米英両軍が共同で、イエメンの反政府勢力「フーシ」の軍事拠点を攻撃した。22日、紅海でのフーシによる商船攻撃への対抗措置で、追加攻撃も行った

13 ◆台湾総統に民進・頼氏 台湾総統選で、与党・民進党の頼清徳（ライチンドォー）副総統が、最大野党・国民党の侯友宜（ホウヨウイー）新北市長らを破り、初当選

15 ◆トランプ氏、圧勝発進 米大統領選の共和党指名候補争い初戦、アイオワ州党員集会で、ドナルド・トランプ前大統領が圧勝。23日、第2戦のニューハンプシャー州予備選も勝利した

17 ◆中国、2年連続で人口減 中国の国家統計局は、香港とマカオを除く中国本土の総人口が23年末時点で、14億967万人となり、2年連続で減少したと発表

23 ◆スウェーデン、NATO加盟へ トルコ議会はスウェーデンの北大西洋条約機構加盟を認める法案を可決した。2月27日にハンガリー議会も承認し、加盟が実現する見通し

経済の動き

01 ◆BRICSが10か国に BRICS【keyword㉓】に、エジプト・イラン・サウジアラビア・アラブ首長国連邦・エチオピアが加盟

02 ◆日航機と海保機が衝突 東京・羽田空港で、日本航空機と海上保安庁の航空機が滑走路上で衝突し、両機は炎上した。海保機の乗員5人が死亡し、日航機の乗員乗客は全員脱出した

17 ◆円安一時148円台 米ニューヨーク市場で、一時1ドル＝148円台をつけた

19 ◆物価上昇3.1% 歴史的伸び 総務省が発表した2023年の消費者物価指数（2020年＝100）は、生鮮食品をのぞく総合指数が105.2となり、前年より3.1%上がった

20 ◆日本の探査機月面初着陸 宇宙航空研究開発機構（JAXA（ジャクサ））の月探査機「SLIM（スリム）」が、日本の無人探査機として初めて月面着陸に成功した。世界5か国目の快挙

22 ◆株終値 3万6000円台 東京株式市場で、日経平均株価（225種）の終値が約34年ぶりに3万6000円台をつけた。2月に3万9000円台を記録

22 ◆25年度のPB、最新の試算 公表内閣府が公表した基礎的財政収支（プライマリーバランス＝PB）の最新の試算で、仮に高い経済成長が実現した場合でも1.1兆円の赤字を見込む

（2023.02 ～ 2024.02「読売新聞」NEWS月録，「東京新聞」News週イチチェックなどより構成）

---

keyword㉓ BRICSの拡大

「BRIC(s)」は2001年、アメリカの投資会社が、成長が期待される4か国（ブラジル・ロシア・インド・中国）の頭文字をとって名付けた、異なる地域の経済をけん引する新興経済国を示す概念。条約などはないが、06年ごろから非公式な会談が行われている。12年に南アフリカも参加してBRICSとなり、国際経済に一定の影響を与えている。2015年にはグローバルな経済・金融面を支えるための開発銀行を設立した。また、2023年8月の首脳会議では6か国の加盟を合意したが、同年12月にアルゼンチンが加盟しない方針を表明。24年1月に5か国が加盟して、10か国となった。

keyword㉔ 自民党の政治資金規正法違反事件

自由民主党の派閥パーティー券を巡って、政治資金規正法違反が判明した。所属議員が販売ノルマを超えて集めた分の収入を、裏金として議員にキックバックしたり、議員がノルマ超えた分をそもそも派閥に納めずに裏金化したりしていたという。

政治資金規正法は政治家個人への金銭の寄付を禁じているが、政党から政治家個人への寄付は例外として認められている。さらに政治家個人の政治資金は、使途を公開する義務がない。このため、政党から党幹部らが受けとった政策活動費の使途は明らかにならず、「不透明な政治資金の流れの温床」（公明党の山口那津男代表）と指摘されている。

成立日(施行日)	法 律	内 容
5月31日 (24年4月1日)	GX(グリーントランスフォーメーション)脱炭素電源法	原発の60年超運転を可能にする
6月2日 (公布から1年3月以内)	改正マイナンバー法	来年秋に健康保険証を廃止して「マイナ保険証」に一本化する
6月7日 (23年10月1日)	防衛装備品生産基盤強化法	防衛産業への支援を強化
6月9日 (23年6月16日)	改正出入国管理・難民認定法	強制送還の対象となった外国人の長期収容解消を図る
6月16日 (23年6月23日)	財源確保法	防衛費増額に向けて税外収入を活用する。「防衛力強化資金」を創設
6月16日 (23年6月23日)	性的少数者(LGBT)への理解増進法	「不当な差別はあってはならない」と規定。議員立法

（「読売新聞」2023年6月22日をもとに作成）

▲第211国会で成立したおもな重要法

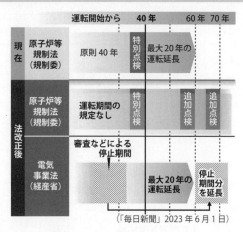

▲原発の60年超運転，新しい点検制度と寿命

6月21日に閉会した2023年の通常国会（第211国会）では，防衛費増額のための財源確保法など，政府提出の61法案のうち59本が成立した。成立率は96.7%で，通常国会としては3年連続で95%を超えた。政府・与党は日本維新の会や国民民主党との修正協議に柔軟に応じ，幅広い合意を得て法案の成立にこぎつけることに腐心した。ただ，性的少数者（LGBT）への理解増進法などでは，議論を尽くさないまま成立を急いだ面は否めない。

憲法改正をめぐっては，議員任期延長を柱とする緊急事態条項に関する議論で一定の前進があった。一方，国会改革の動きは停滞している。党首討論も今国会では1度も開かれなかった。最後に実施されたのは菅政権の2021年6月で，形骸化が指摘される制度の見直しも進んでいない。

GX脱炭素電源法

正式名称は「脱炭素社会の実現に向けた電気供給体制の確立を図るための電気事業法等の一部を改正する法律」。GX実現に向けた関連法の整備として，電気事業法と再エネ特措法，原子炉等規制法，原子力基本法，再処理法の，エネルギー関連の5つの法改正をまとめたものとなっている。

この法律の目的は，脱炭素電源の利用促進を進めながら電力の安定供給を保つための制度を整備していくことで，その概要としては（1）地域と共生した再エネの最大限の導入促進と，（2）安全確保を大前提とした原子力の活用・廃炉の推進となっている。

注目されたのは，東京電力福島第一原子力発電所事故後に導入した「原則40年，最長60年」とする運転期間の規定の大枠を維持しつつ，運転延長の規定を原子炉規制法から電気事業法に移管したことである。原発の運転期間は，原子力規制委員会による再稼働審査や，後に取り消された裁判所の仮処分命令で停止した期間などを計算から除外して上乗せすることで，60年を超える運転延長を可能とする。詳細な基準は今後決定する。規制委は，運転開始30年後から最長10年ごとに施設の劣化状況を繰り返し確認する。

LGBT理解増進法

▶人権保障に向けての一歩

LGBT理解増進法の正式名称は「性的指向及びジェンダーアイデンティティの多様性に関する国民の理解の増進に関する法律」である。性的指向・ジェンダーアイデンティティ（性自認）の多様性に関する施策の推進に向けて，基本理念や，国・地方公共団体の役割を定めた。理念法であり罰則はない。差別や偏見に苦しめられてきた性的少数者を守るために議員立法で成立した。成立の背景には，2023年に開催された広島でのG7サミット（主要7か国首脳会議）があると言われる。G7で日本だけが同性カップルを家族と認める国レベルの法的保障がないなど，その施策の遅れは明白である。欧米諸国では「LGBTであることで人権が阻害されない」ことを保証する法整備も広がっている。

同法は6月23日に施行され，性的マイノリティーの人権を保障する法の後ろ盾ができたことは評価される点だろう。しかし，最終的な条文の修正に対して当事者団体から強い批判の声があがるなど，さまざまな課題が残る。今後は同法に基づき，いかに性の多様性を尊重する社会を作っていけるかが問われる。

新型コロナ，2類相当から5類へ

	5類下の対応 （現在の対応）	おこりうる 課題
外来	全医療機関が診療 （発熱外来のみ が診療）	院内感染が 心配で診療 しない
	オンライン診療を普及 させて逼迫回避 （一部のみ）	ITに慣れず 導入しない
入院	病床確保の補助金廃止 （補助金支給）	病床確保に 協力しない
	病院間で入院調整 （保健所が 入院調整）	時間がかかり 症状悪化
医療費	徐々に自己負担 （全額公費負担）	受診をため らい症状悪化
マスク	個人判断にゆだねる （屋内は 原則着用）	リスク高い 場所でも 着用しない

（2023.1.28「朝日新聞」）

▲5類への変更と課題

▶感染症の類型とは？

　政府の新型コロナ対策本部は，新型コロナ感染症の感染症法上の分類を，大型連休明けの2023年5月8日に，2類相当から5類に変更することを決定し，実施された。感染症法上の分類では，感染力と重症化リスクに基づいて，1類〜5類，新型インフルエンザ等感染症，指定感染症，新感染症の8つに分けられている。新型コロナウイルスは「新型インフルエンザ等感染症」に位置づけられ，結核などの「2類」以上に相当する対応がとれる扱いだった。新たに分類された5類には，季節性インフルエンザ，水痘（みずぼうそう），手足口病などが指定されている。

▶5類になることで何が変わる？

　上の表のような変化のほか，
・ワクチン接種は2024年3月末までは自己負担なし
　で受けられる
・コロナ患者の「発生届」提出をやめ，特定の医療機
　関による定点観測で感染者数を把握
・政府の新型コロナウイルス感染症対策本部を廃止
・緊急事態宣言やまん延防止等重点措置は出せない
・検疫法に基づく入国者への水際対策は終了
　などの変化がある。重症化しやすい変異株の発生などで科学的な前提が変われば対応を見直す。

 ## マイナンバー制度と問題点

マイナカード申請枚数
約9777万枚
（8月20日時点。人口の78.0%）

マイナ保険証	別人の情報をひもづけ， 内容の閲覧も（誤登録7372件）
障害者手帳	同姓同名の別人の情報を誤登録など （誤登録62件）
マイナポイント	別人に付与（誤付与172件）
コンビニ証明書 交付サービス	別人の住民票などを交付 （誤交付4自治体14件）
公金受取口座	別人の口座情報を登録（誤登録748件， 家族口座登録約13万件）
地方公務員の年金	別人の年金記録を閲覧（誤登録1件）

（「読売新聞」2023年6月22日をもとに作成）

▲マイナンバーを巡るトラブル

▶マイナンバー制度とは

　住民票を有する全ての人に12桁の「マイナンバー（個人番号）」を通知する。社会保障，税，災害対策の分野で効率的に情報を管理し，複数の機関が保有する個人の情報が同一人の情報であることを確認するために活用される。

　マイナンバーのメリットは大きく3つ挙げられる。
・行政の効率化　情報の照合・転記などに要する時間や労力を削減する。人や財源を国民サービスに振り向けられる。
・国民の利便性の向上　添付書類の削減など，行政手続きが簡素化される。また，行政機関が持っている自分の情報を確認したり，行政機関からの様々なサービスのお知らせを受け取ったりできる。
・公平・公正な社会を実現する　所得や他の行政サービスの受給状態を把握しやすくなるため，給付金などの不正受給を防ぎ，困窮している人を支援することができる。

　2023年8月までにマイナンバーカードには9700万人以上の申請があり，写真付き身分証として最多だった運転免許証（約8200万人，22年）を上回った。

▶マイナンバー制度の問題点

　マイナンバーは原則として生涯不変で個人を必ず特定できるため，漏洩した場合のリスクが高い。「マイナ保険証」で別人の情報が誤って登録されている事例が，2021年10月から22年11月に少なくとも7300件以上確認された。厚生労働省はひもづけられた全データを点検し，医療保険組合などに確認を指示したという。マイナカードを使った「コンビニ交付」で別人の住民票が交付される問題も起こった。また，公金受取口座のひもづけについては，本人ではない家族の口座が登録されているケースが約13万件発覚した。2023年7月，個人情報保護委員会はマイナンバーのシステムを管理するデジタル庁への立ち入り調査を始めた。

Public Library
公共ライブラリー
2024-25
清水書院

現代を知る 50 テーマ

序編
倫理編
政治編
経済編
国際編
課題編
資料編

導入の Quest　「公共」ではテーマについての「問い」を持つことが, 学習を深めるために重要となります。この資料集では50のテーマそれぞれに「導入の Quest」を設け, そのテーマに関連した「問い」や資料を提示して, 学習を深められるようにしました。

解説　それぞれの資料ごとに,「解説」を施しました。資料の背景や深めるための視点などを示したものもあります

Column　テーマに基づいた資料とは別に, 違う視点からの情報や関連する内容を, 読み物として提示しています。

導入 Quest を中心としたコンテンツがダウンロードできるサイトです。

清水書院

導入の Quest

MainQuest（メインクエスト）

「わたし」って，どんな人？

誰しも少なからず「自分のことは自分が一番よくわかっている」「他人には自分の気持ちはわからない」と思っていることだろう。しかし，面接で「自己PRをしてください」と問われると，答えを準備していないかぎり即答できるものではない。どうやら，自分を知るためには，ときに時間をかけて考えてみることが必要なようだ。

	自分は知っている	自分は気づいてない
他人は知っている	開放の窓	盲点の窓
他人は気づいてない	秘密の窓	未知の窓

SubQuest（サブクエスト）

「ジョハリの窓」で自分を客観的に分析してみよう。どんな自分が見えてくるだろうか。

ジョハリの4つの窓
「開放の窓」：自分も他人も知っている自己
「盲点の窓」：自分は気がついていないが，他人は知っている自己
「秘密の窓」：自分は知っているが，他人は気づいていない自己
「未知の窓」：誰からもまだ知られていない自己

　これらの4つの気づきを，窓のように見える4つの枠に分類してまとめることで，自分が知っている「自分の特徴」と，他人が知っている「自分の特徴」の一致・不一致を見渡せる。自己理解のズレを一致させていく（「開放の窓」の領域を広げる）ことで，他者とのコミュニケーションを円滑にできると考えられている。

解説　ジョハリの窓とは　1955年，米国・サンフランシスコ州立大学の心理学者であるハリ＝インガム氏とジョセフ＝ルフト氏が発表した「対人関係における気づきのグラフモデル」が，後に2人の名前をとって「ジョハリの窓」と呼ばれるようになった。

ジョハリの窓　やり方（例）
人間関係のあるグループを作り（4〜5人），上下に2つずつの四角を描き，4つのマス（窓）に分かれた紙を各自で作る。
・自分について特徴と考えている項目を10項目程度，付箋に記入して，左下の窓に貼る。
・次にグループのそれぞれの人の特徴について5項目程度付箋に記入し，各人に渡す。
・他の人から指摘された付箋を右上の窓に貼る（左下の窓の内容と異なるもの）。
・左下の窓に貼った付箋から，他の人から指摘された特徴を左上に移動させる。
・他の人の意見を聞いて，改めて気が付いた自分の特徴があれば，付箋に書いて右下の窓に貼る。
こうしてできた4つの窓の内容から，自分を客観的に見つめてみる。左下の窓に入った項目をどのように他の人に理解してもらえるかなど，考察を深めていこう。

SubQuest（サブクエスト）

自分の性格の特徴について，「BIG5」という自己分析に取り組んでみよう。どのような傾向が読み取れるだろうか。

解説　性格の特性を知ろう　特性論をふまえた性格診断では，それが的を射ていると感じるかどうか，あるいは印象が良いか悪いかではなく，自分の特徴を知り，それを活かしていくにはどうすればよいかを考えることが有用であると言えるだろう。

　性格の研究には，人の性格をいくつかに分ける「類型論」がある。これはわかりやすい反面，個人の多様性を無視して特定の枠組みにあてはめてしまう危険性を持っている。これに対して性格を構成する要素をいくつかあげ，それらをどの程度持ち合わせているかを考えるのが「特性論」である。
　「BIG 5」とよばれる理論では，①開放性・②誠実性・③外向性・④協調性・⑤神経症傾向の5つの特性をどのように持ちあわせているかによって，個人の性格を考察する。

（早稲田大学パーソナリティ心理学研究室）

公共の扉

BIG5をやってみよう！　http://www.f.waseda.jp/oshio.at/research/scales/TIPI-J.pdf　10項目で考えられる簡易版

1 エゴグラム・交流分析

アメリカの心理学者エリック・バーン（1910～1970）によれば、各人の自我は、**P**（Parent：親）、**A**（Adult：大人）、**C**（Child：こども）のいずれかの状態にあるという。

日常の一場面を考えたとき、「おはようございます。いい天気ですね。」というあいさつは、「今、ここ」に適したふるまいを志向する**A**（大人）が、相手の**A**に語りかけたことばと言える。これに対して、「まったくです。気分もいいですね。」と答えるなら、両者の交流は相補的である。しかし、同じ問いに対して、「傘を売っている人もいるのだから晴天が必ずしもいい天気ではありません。」と答えるなら、それは親が子をたしなめる、**P**から**C**へのことばであり、交流が交錯している。

この理論を応用し、Pを**NP**（Nurturing Parent：養育的な親）と**CP**（Critical Parent：規範的な親）に、Cを**FC**（Free Child：自由なこども）と**AC**（Adapted Child：他者順応なこども）に分け、各人のなかで5つの自我状態の強弱を図示したものが**エゴグラム**である。

このような分析を通して、自分と他者を受け入れ、「I am OK, You are OK.」という関係を築いていくことが目的となる。

> **エゴグラム　やり方（例）**
> 「エゴグラム・チェックリスト」の質問項目について、それぞれ、「はい」なら2点、「どちらともいえない」なら1点、「いいえ」なら0点として答える。
> ・CPやNPなどのまとまりごとに、合計点を記す。
> ・次にその得点を折線グラフに表す（通常、チェックリストの右下にあるグラフ用紙に、記載する）。
> こうして作成した折れ線グラフの形から自我のエネルギー分析を行っていく。
> 　　　　　　　　　　　　　　　　　　　（質問の例）

	CP
1	間違ったことに対して、間違いだと言います
2	時間を守らないことは嫌です
3	規則やルールを守ります
4	人や自分をとがめたり、責めたりします
5	よく「～すべきである」「～ねばならない」と思います
6	決めたことは最後まで守らないと気が済みません
7	借りたお金を期限まで返さないと気になります

SGE(Self Grow-up Egogram)
自己成長エゴグラム。エゴグラムから生活の歪みを把握してストレスを解放しようというもの。次のURLからダウンロード可能。
https://willelearning.com/wp-content/uploads/2017/05/74b0d09619ba86e5cadc162f21bc3384.pdf

エゴグラムの形

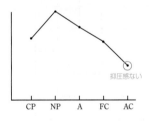

①自他肯定形
NPが高く、自己と他者に対する肯定的な態度が見受けられる。ついでCP、Aが高く、理想的・理性的な傾向がうかがえる。ACが低いので依存的ではない。ACが低いのは、他者に依存しないと読み取れる。

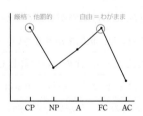

②自己肯定・他者否定
CPの高さは厳格さを、NPの低さは冷徹さを表している。同時にFCが高く自由奔放であり、ACが低いので協調性に欠ける側面が読み取れる。以上から、自己主張が強く、他罰的な人物像が浮かぶ。

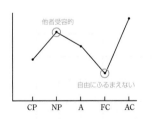

③自己否定・他者肯定
ACの高さは素直さを、NPの高さは思いやりを、Aの高さ理性的であるようすを表すが、FCが低く自由にふるまえないようすが見受けられる。人間関係に神経質で自己主張の苦手な人物像と言える。

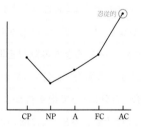

④自己否定・他者否定
FCとACが高く、Aが低いことからこどもっぽいことが読み取れる。特にACの高さは忍従性を示し、CPが高く厳格でありながら、NPが低く受容的でない。以上から、自分にも他人にも肯定的になれないようすがうかがえる。

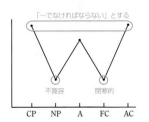

⑤抑うつ状態
CPを厳格さ、Aを理性、ACを協調性と見ると、これらが高いことから道徳的・義務的な思考がうかがえる。同時に、NPが低く不寛容で、FCが低く閉塞的であるので、生真面目な人物像が想定され、抑うつ状態が心配される。

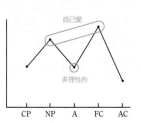

⑥非行少年
FCが高くは自己中心的であり、CPの厳格さ、Aの理性、ACの協調性がいずれも低く、規範意識が低いことがうかがえる。NPの高さは甘やかしと読むことができ、自己愛が強くわがままな人物像が浮かび、非行が危惧される。

エゴグラム・チェックリスト（中高生用）

以下の質問に，はい（○），どちらともつかない（△），いいえ（×）のように答えてください。ただし，できるだけ○か×で答えるようにしてください。

			○	△	×
CP（　）点	1	あなたは，何ごともきちっとしないと気がすまないほうですか。			
	2	人が間違ったことをしたとき，なかなか許しませんか。			
	3	自分を責任感のつよい人間だと思いますか。			
	4	自分の考えをゆずらないで，最後までおし通しますか。			
	5	あなたは礼儀，作法についてやかましいしつけを受けましたか。			
	6	何ごとも，やりだしたら最後までやらないと気がすみませんか。			
	7	親から何か言われたら，そのとおりにしますか。			
	8	「ダメじゃないか」「……しなくてはいけない」という言い方をしますか。			
	9	あなたは時間やお金にルーズなことが嫌いですか。			
	10	あなたが親になったとき，子供をきびしく育てると思いますか。			

NP（　）点	1	人から道を聞かれたら，親切に教えてあげますか。			
	2	友達や年下の子供をほめることがよくありますか。			
	3	他人の世話をするのが好きですか。			
	4	人のわるいところよりも，よいところを見るようにしますか。			
	5	がっかりしている人がいたら，なぐさめたり，元気づけてあげますか。			
	6	友達に何か買ってあげるのが好きですか。			
	7	助けを求められると，私にまかせなさい，と引きうけますか。			
	8	だれかが失敗したとき，責めないで許してあげますか。			
	9	弟や妹，または年下の子をかわいがるほうですか。			
	10	食べ物や着る物のない人がいたら，助けてあげますか。			

A（　）点	1	あなたはいろいろな本をよく読むほうですか。			
	2	何かうまくいかなくても，あまりカッとなりませんか。			
	3	何か決めるとき，いろいろな人の意見を聞いて参考にしますか。			
	4	はじめてのことをする場合，よく調べてからしますか。			
	5	何かする場合，自分にとって損か得かよく考えますか。			
	6	何か分からないことがあると，人に聞いたり，相談したりしますか。			
	7	体の調子がわるいとき，自重して無理しないようにしますか。			
	8	お父さんやお母さんと，冷静に，よく話し合いますか。			
	9	勉強や仕事をテキパキと片づけていくほうですか。			
	10	迷信やうらないなどは，絶対に信じないほうですか。			

FC（　）点	1	あなたは，おしゃれが好きなほうですか。			
	2	皆とさわいだり，はしゃいだりするのが好きですか。			
	3	「わあ」「すげえ」「かっこいい！」などの感嘆詞をよく使いますか。			
	4	あなたは言いたいことを遠慮なく言うことができますか。			
	5	うれしいときや悲しいときに，顔や動作に自由に表すことができますか。			
	6	ほしい物は，手に入れないと気がすまないほうですか。			
	7	異性の友人に自由に話しかけることができますか。			
	8	人に冗談を言ったり，からかったりするのが好きですか。			
	9	絵をかいたり，歌をうたったりするのが好きですか。			
	10	あなたはイヤなことを，イヤと言いますか。			

AC（　）点	1	あなたは人の顔色を見て，行動するようなくせがありますか。			
	2	イヤなことをイヤと言わずに，おさえてしまうことが多いですか。			
	3	あなたは劣等感がつよいほうですか。			
	4	何か頼まれると，すぐにやらないで引き延ばすくせがありますか。			
	5	いつも無理をして，人からよく思われようと努めていますか。			
	6	本当の自分の考えよりも，親や人の言うことに影響されやすいほうですか。			
	7	悲しみや憂うつな気持ちになることがよくありますか。			
	8	あなたは遠慮がちで消極的なほうですか。			
	9	親のごきげんをとるような面がありますか。			
	10	内心では不満だが，表面では満足しているように振る舞いますか。			

●この表に得点を書きこんでください

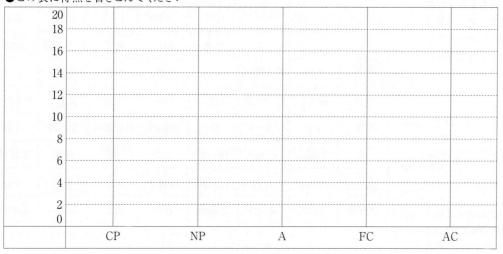

採点方法

○2点

△1点

×0点

『交流分析』杉田峰康，日本文化科学社（講座サイコセラピー8）

公共の扉

MainQuest（メイン クエスト）

どういう人に，あなたはなりたい？

「将来はなにになりたい？」
　幼いころ，こう聞かれて，あなたはなんと答えただろうか。そして，いま同じことを聞かれたら，なんと答えるだろうか。幼いころからの夢がそのまま現在の目標になっている人もいれば，途中でやりたいことが変わった人もいるだろう。あるいは，さまざまな理由で夢をあきらめざるを得なかった人もいるだろうし，やりたいことがうまく見つからないという人もいることと思う。

学校を卒業すると「社会人」になる。このことばは，たんに労働者としての個人のあり方を示したものではない。はたらくことによって得た賃金をもとにさまざまな欲求をかなえようとする消費者としての一面や，子どもを育てたり親の老後の世話をしたりという家庭人としての一面を含み，社会のなかの一員として，社会と関わりながら生きていることを示していると考えることができる。さて，あなたはどのように社会と関わっていくのだろうか。

SubQuest（サブ クエスト）
これからあなたが経験するであろうライフイベント（卒業・就職・結婚など）を考えてみよう。

|解説| ライフプラン
あなたの人生に起こるかもしれないさまざまな出来事を考えておくことは，自分がどのようなことを望むのかを，改めて考えることにもなる。

就職　結婚　子供の教育費用　住宅購入　老後の蓄え　リフォーム　医療費　現在のあなた　出産　車の購入　レジャー

SubQuest（サブ クエスト）
なにを大切にして生きるか？　自分が「大切だ」と思う言葉を右の表から選んで，自分はどのような生き方を望んでいるのか文章にしてみよう。

|解説| やり方
(1)　表に記されていることばのうち，自分が大切だと思うものを20個程度選び，○をつけよう。
(2)　○をつけたことばから10個を選び，選ばなかったものに／をつけよう。
(3)　残った10個のことばから，さらに5個を選んで書き出そう。
(4)　5個のキーワードを大切にする生き方とはどのようなものか，文章にしてみよう。

平和	お金	世界	資格	経験	信頼	時間	地位
楽しみ	変化	家庭	挑戦	進歩	健康	自立	ベスト
気持ち	自己成長	安定	仕事	評価	子ども	ゆとり	未来
幸福	心の豊かさ	芸術	思考	現在	恋愛	社会貢献	故郷
自分らしさ	夫婦	対人関係	中庸	美	奉仕	自然	学び
地域	育てる	社会福祉	冒険	喜び	両親	物質的豊かさ	やりがい
環境	支援	イメージ	夢	主体性	自己表現	食べ物	自由
愛	命	充実感	優しさ	行動	兄弟・姉妹	理想	多様性
ライフワーク	向上心	友人	自己実現	曖昧さ	誠実	努力	安心
達成感	目標	創造性	緊張感	計画	遊び	出逢い	柔軟性

（出典　宮城まり子『心理学を学ぶ人のためのキャリアデザイン』）

（例）　健康第一で，努力をして学びつつ，やりがいのあることをしてお金をかせぐ。
　　　命と平和を守り，健康で食べ物に困らない，喜びのある生き方をしたい。

1 職業選択とフリーター・ニート

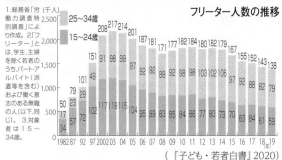

フリーター人数の推移

1.総務省「労働力調査特別調査」により作成。2「フリーター」とは、学生、主婦を除く若者のうち、パート・アルバイト（派遣等を含む）および働く意志のある無職の人（以下同じ）。3.対象者は15〜34歳。

(『子ども・若者白書』2020)

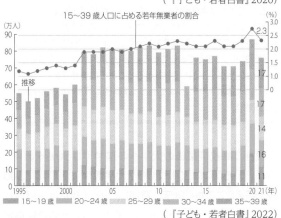

15〜39歳人口に占める若年無業者の割合

(『子ども・若者白書』2022)

解説 フリーターとニート 「フリーター」は「フリーランスのアルバイト」を指す、1980年代後半の日本でつくられた語である。バブル期には求人も多く、組織に縛られない生き方と評価され、正社員の責任負担を避ける若者も現れた。バブル崩壊後、企業が正社員の採用を縮小すると、正社員としての就職を望みつつフリーターとなる若者が増え、雇用の不安定さや所得の低さなどが問題視された。また、ニート(Not in Employment, Education or Training)は90年代後半にイギリスで言われ、2000年ころに日本に紹介された。厚生労働省は「15〜34歳までで、仕事に就いておらず、家事も通学もしていない人」と定義している。若者の労働条件の深刻さは、高齢社会での世代間扶養、企業の知識や技能の継承、生活基盤の不安定による少子化の進展など、さまざまな問題に関連していると言える。

2 職業選択と雇用形態の変化

case 1

Aさんが大学を卒業したのは、「就職氷河期」といわれ、まわりの友人もみな就職活動に苦労していたころだった。友人のなかには、わざと卒業せずに就職活動を翌年度に持ち越す者もいた。そうすることで、翌年度も新卒者対象の採用枠に応募できるからである。しかし、Aさんは親に迷惑をかけるわけにもいかないと思い、ひとまず契約社員として社会に出ることを決めた。景気がよくなれば正社員になれるかもしれない、という期待も少しあった。数年後、Aさんの企業の業績は上がり、求人の枠は広がった。ところが、そこでは新卒者が採用され、Aさんの雇用形態は変わらないままだった。

有期雇用、パートタイム雇用、派遣労働などの非正規雇用が増加しているのも近年の特徴である。以前から、忙しい時期への対応として、あるいは景気変動の調整弁としてこうした労働力は必要とされていたが、正規雇用者が担ってきた業務を非正規雇用者に割り当て、人件費を抑えていることが問題視されている。さらに、従来は学生や主婦などが自由になる時間を使って収入を得る手段としてこうした雇用形態で就業していたが、近年では正規雇用を望みつつ、就職活動が思うようにいかったためにこうした雇用形態を選ばざるを得ない人も増えてきている。2013年4月に施行された改正労働契約法では、有期労働契約が5年を超えて更新された場合には、労働者の申し出によって無期労働契約に転換できることや、労働契約の有期・無期の違いによって労働条件に不合理な違いがあってはならないことなどが定められた。しかし、非正規雇用のはたらき方でよいと考えている人も含めて5年以上の契約がされなくなるのではないかとの危惧もある。

公共の扉

Column 雇用のあり方…日本型雇用慣行からの転換

終身雇用と年功序列型賃金は、日本型雇用慣行と言われた。自分から辞めると言い出さない限りは定年までの雇用は確実なものであり、給与の推移もおおむね予測がつくので、将来の見通しもたてやすい。こうした制度のもとでは、「いい学校を出て大企業に就職」というモデルは、それなりに説得力のあるものであった。しかし、現在ではこうした雇用慣行は崩れてきている。

1990年代のバブル崩壊以降、多くの企業は経営の見直しを迫られた。そこで再構築を意味するリストラ(restructuringの略)が、事実上は整理解雇の意味で用いられた。また、多くの外資系企業が日本に進出してきたこともあって、能力や成果に応じた賃金体系を取り入れる企業も増えてきた。とはいえ、いまだに多くの企業では、高校や大学の卒業と同時に企業に就職するという新卒一括採用が雇用の中心で、転職や再就職の門戸は広くない。つまり、

仕事を辞める（辞めさせられる）ことの不安は、その後の仕事を見つけることへの不安によって増大されている。

また、2008年にアメリカで起こった金融破綻が世界各国に不況をもたらしたいわゆるリーマン-ショックによって明らかになったように、現代の経済情勢は国境を越えて複雑に絡み合っている。そこでは、個人の能力や一企業の経営努力ではどうにもならない事態が起こりうるのである。

Think

こうしたことから、従来の生き方のモデルが現在も通用するとは言い切れない。では、これからの社会を生きるわたしたちは、どのようなことを学び、考えればよいのだろうか。

7

3 職業選択と家族をめぐる問題

case 2

Bさんは，東北地方の高校を卒業し，東京にある一般企業に就職して親元を離れた。数年間勤務した後に結婚し，出産を機に退職した。夫も九州地方の出身であり，どちらかの親に育児を手伝ってもらうことは難しかったこともあったが，子どもが小さいうちは自分で面倒を見てあげたいという希望もあった。子どもが2歳になったころ，夫の会社の経営状態が悪化し，給与が削減された。家計のために少しでもはたらきに出たいと思うが，子どもを預かってもらえるあてがないと思うように就職活動が進まない。とはいえ，保育園には待機児童が出ていて，専業主婦という現状ではなかなか預かってもらえる状態ではない。

第一次産業から第二次・第三次産業へと産業の中心が移っていく，いわゆる産業構造の高度化の影響で，地方から都市への人口移動が起こった。それとともに，夫婦とその未婚の子からなる核家族世帯や，一人で生活を営む単身世帯が増加した。世代間の価値観の差にしばられないライフスタイルを選択できることから，あえて親元を離れる人がいる一方で，親との同居を望んでも，転勤などによってそれが困難な場合もある。このことは，育児や介護などの面で家族の協力を困難にしている。そこで，保育園や介護施設などのサービスの充実が求められるが，必ずしも十分とは言いがたい。

こうした状況を受けて育児・介護休業法が制定され，男女ともに育児や介護のために一定期間の休業が認められるようになったが，一部では休業の取得によって望まない配置転換が行われたり，昇進の道筋が限定されたりということがあり問題視されている。また，男性がこの制度を利用する割合は，まだ低い水準にある。

家族をめぐる課題として，もう一つ，結婚と離婚に着目してみたい。男女ともに高学歴化が進行し，平均初婚年齢は上昇しており，このことが少子化の一因とされている。とくに女性にとっては，結婚を機に退職するような風潮や，出産に伴う仕事の中断がその後の経歴に及ぼす影響を考えて結婚や出産に対してためらいを感じるケースも少なくない。また，年間の離婚件数を婚姻件数で割った数値は近年0.35前後で推移しており，単純に考えると3組に1組が離婚していることになる。結婚や出産を機に離職した人が，育児が一段落して仕事に復帰しようとするとき，あるいは離婚によって家計を支えるために仕事に就こうとするときに，雇用慣行や育児・介護サービスなどの抱える問題に直面する例も少なくない。

4 職業選択と高学歴化

case 3

Cさんは大学で日本文学を専攻し，卒業後にメーカーに就職した。配属されたのは人事部で，大学で学んだ知識と直接に結びつくものではなかったが，現場での経験を積むうちに仕事にやりがいを感じるようになった。配属から5年が経ち，仕事にプラスになると考えて夜間に講義を行っている大学院の経営学研究科に入学した。同期入学者のなかには，大学を卒業してすぐに進学した人もいれば，定年退職後に自分の経験をふりかえりたくて入学した人もいて，それらの人びととの交流が刺激になった。夜10時過ぎに講義が終わり，帰宅して課題に取り組むと日付が変わっているような日々が続いたが，自分の仕事が学術的に裏付けられていくことに興味をおぼえた。また，夕方から大学院に通うために，定時で退社できるように仕事の進め方を見直した。それ以上に，自分に理解を示してくれる同僚がさまざまにサポートしてくれたことに感謝し，信頼関係が深まったことが大きな収穫だったという。

現在，高校卒業後の大学への進学率は50%を超えている。1950年に201校だった大学数は1990年に500校を超えたころから急速に増加し，2021年には803校になった。現在では，少子化の影響もあって大学の募集定員が進学希望者数を上回り，数値の上では「大学全入時代」と言われる。しかし，現実的には受験生を多く集める大学がある一方で，定員割れを余儀なくされる大学もあり，大学の生き残り競争が激化している。

また，近年では社会人として就業した経験を持つ人が再び大学や大学院で学ぼうとする動きも広まってきている。大学にとっては少子化にともなう受験者数の減少をふまえ，社会人を新たな入学対象者とすることで経営の安定を図ることも目的であろう。しかし，それだけでなく，社会人としての経験を積んだ人が，自らの経験を学術的な視点からふりかえったり 新しい知識や考え方を取り入れたりすることによって成長しようとしていることが，こうした動きの背景にあると言える。

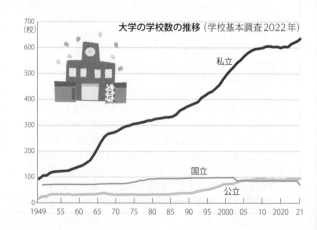

大学の学校数の推移 （学校基本調査2022年）

私立 国立 公立

1949 55 60 65 70 75 80 85 90 95 2000 05 10 2020 21

5 キャリア・レインボー

出典：ライフ・キャリア・レインボー
（出典：Nevill & Super,1986を一部改訂）
「キャリアの心理学」渡辺三枝子著

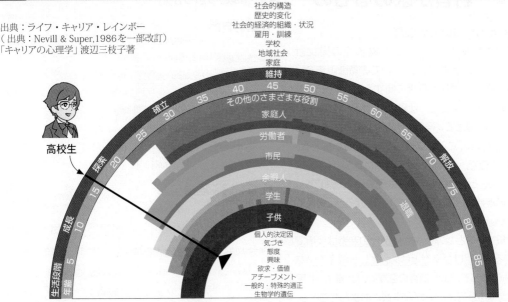

「キャリアについて考えよう」と言われたときに，どのようなことを思うだろうか。高校を卒業したあとの進学先や就職先について考えるだろうか。もちろん，それは間違ってはいない。ただ，それはキャリアの一面でしかないことも知っておかなければならないだろう。

「キャリア」という語は，たしかに「職業上の経歴」という意味で用いられる。特に「キャリア官僚」などという場合には，特定の経歴を予定されている，というような意味をふくんでいたりする。しかし，このことばはもともと，「車輪のついた乗り物」を意味しており，それが「わだち」とか「軌跡」などの意味に変化していった。

わたしたちがこれから描いていく軌跡，すなわち人生の経歴を考える場合に，学業や職業の経歴だけを独立させて考えるのは，不十分であり，不完全であると思われる。なぜなら，わたしたちは人生のなかでさまざまな役割を担っているからである。

人生のなかで担う役割の重層性について指摘したものとして，アメリカの心理学者ドナルド＝Ｅ＝スーパーの提起した**「ライフ・キャリア・レインボー」**が挙げられる。

例えば，「高校生」である人は，同時に誰かの「息子／娘」であり，アルバイトなどをしていれば「働く人」という側面も持っている。そして，それぞれの役割の優先順位は人によって，あるいは状況に応じて変化する。同じところで働いている人でも，アルバイトで働く高校生と家計を支えるために働く人では「働く人」という役割にあたえられる優先順位は異なって当然であるし，「働く人」という役割の優先順位が高い人であっても，家族が急病を患ったというときには，ひとまず仕事を休んで看病にあたることも無

理のないことである。

こうしたことは，言われてみれば当たり前のことと思われるかもしれない。しかし，これまでキャリアについて考える上で見過ごされがちであったことも事実である。これをふまえて，再確認しておこう。「キャリアについて考える」ときには，職業に関わる経歴である「ワークキャリア」だけでなく，それを含み，それと関連づけられる人生そのものの履歴である「ライフキャリア」を想定するべきなのである。

Column 計画された偶然

アメリカの心理学者クランボルツは，人生を左右するできごとの80％は偶然によってもたらされるという「計画された偶然」理論 (Planned Happenstance Theory) を提唱した。これは，従来のキャリア理論が，早期に計画を立ててそれを遂行することを成功ととらえていたことに対する批判である。

しかし，「だから行き当たりばったりでよい」ということではない。計画を立てることはよしとして，偶然のできごとを転機にその計画を柔軟に組み替えることの意義を説いたものである。

クランボルツは，偶然を転機に変えやすい性格特性として，次の5つを挙げている。

1. **好奇心**[Curiosity]
2. **持続性**[Persistence]
3. **柔軟性**[Flexibility]
4. **楽観性**[Optimism]
5. **冒険心**[Risk Taking]

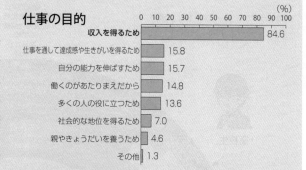

テーマ学習　若者が求めるもの　〜君たちはどう思うか？〜

●若者の考え方についての調査

　2017年に内閣府が15歳から29歳までの男女計10000人を対象に「仕事」などについての意識調査を行った（「子供・若者の現状と意識に関する調査」2017年度，内閣府）。それによると，仕事については「収入を得るため」のものと考えている割合が最も高く，仕事を選ぶ上で「収入が多い」ことを重視する傾向もうかがえる。しかし，同じ調査で，40歳くらいになったときに「お金持ちになっている」と予想している人は少ない。それでも，40歳くらいの自分は「幸せになっている」だろうと考えている人は多い。

　これを解釈するひとつの仮説は，「現代の若者は仕事で高収入を得ることだけが幸せとは，必ずしも考えていない」というものである。同じ調査のなかで，「仕事よりも家庭を大切にする」と答えた人が過半数におよんだことも，この仮説の妥当性を裏付けるものととらえられるだろう。

　かつて，家庭をかえりみずに仕事に打ち込むことがひとつの美徳とされた時代があった。もちろん，そうしたことが日本の経済発展を支えたという一面はある。反面で，それが今日でも，家庭の事情で仕事を停滞させることを快く思わない風潮や，そうしたことに遠慮を感じざるを得ない状況を生み出している部分もある。

　しかし，現在では家族のあり方が変化し，また男性も女性もそれぞれの能力を社会のなかで発揮していくことが求められている。男女雇用機会均等法や男女共同参画社会基本法が制定され，また男女ともに育児・介護休業が認められているが，こうした法律や制度の理念に賛同する人が多くならなければ，これらは形骸化してしまう。

　そうした意味で，この調査に見られる若者像は肯定的にとらえられていると言えるだろう。君たちはどう考えるだろうか。

仕事の目的

（%）

項目	割合
収入を得るため	84.6
仕事を通して達成感や生きがいを得るため	15.8
自分の能力を伸ばすため	15.7
働くのがあたりまえだから	14.8
多くの人の役に立つため	13.6
社会的な地位を得るため	7.0
親やきょうだいを養うため	4.6
その他	1.3

仕事を選ぶ理由

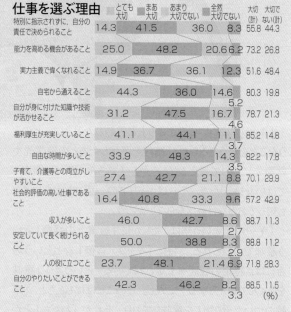

	とても大切	まあ大切	あまり大切でない	全然大切でない	大切（計）	大切でない（計）
特別に指示されずに，自分の責任で決められること	14.3	41.5	36.0	8.3	55.8	44.3
能力を高める機会があること	25.0	48.2	20.6	6.2	73.2	26.8
実力主義で偉くなれること	14.9	36.7	36.1	12.3	51.6	48.4
自宅から通えること	44.3	36.0	14.6	5.2	80.3	19.8
自分が身に付けた知識や技術が活かせること	31.2	47.5	16.7	4.6	78.7	21.3
福利厚生が充実していること	41.1	44.1	11.1	3.7	85.2	14.8
自由な時間が多いこと	33.9	48.3	14.3	3.5	82.2	17.8
子育て，介護等との両立がしやすいこと	27.4	42.7	21.1	8.8	70.1	29.9
社会的評価の高い仕事であること	16.4	40.8	33.3	9.6	57.2	42.9
収入が多いこと	46.0	42.7	8.6	2.7	88.7	11.3
安定していて長く続けられること	50.0	38.8	8.3	2.9	88.8	11.2
人の役に立つこと	23.7	48.1	21.4	6.9	71.8	28.3
自分のやりたいことができること	42.3	46.2	8.2	3.3	88.5	11.5

（%）

仕事と家庭のバランス

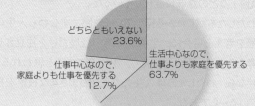

- どちらともいえない 23.6%
- 生活中心なので，仕事よりも家庭を優先する 63.7%
- 仕事中心なので，家庭よりも仕事を優先する 12.7%

将来の自分の姿

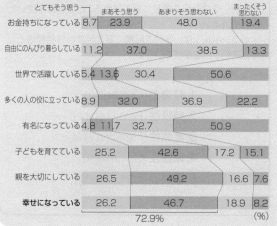

	とてもそう思う	まあそう思う	あまりそう思わない	まったくそう思わない
お金持ちになっている	8.7	23.9	48.0	19.4
自由にのんびり暮らしている	11.2	37.0	38.5	13.3
世界で活躍している	5.4	13.6	30.4	50.6
多くの人の役に立っている	8.9	32.0	36.9	22.2
有名になっている	4.8	11.7	32.7	50.9
子どもを育てている	25.2	42.6	17.2	15.1
親を大切にしている	26.5	49.2	16.6	7.6
幸せになっている	26.2	46.7	18.9	8.2

72.9%　（%）

仕事と家庭との関係

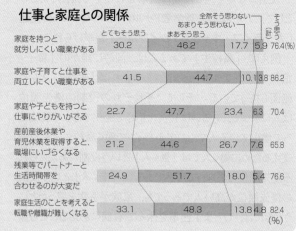

	とてもそう思う	まあそう思う	あまりそう思わない	全然そう思わない	そう思う（計）
家庭を持つと就労しにくい職業がある	30.2	46.2	17.7	5.9	76.4
家庭や子育てと仕事を両立しにくい職業がある	41.5	44.7	10.1	3.8	86.2
家庭や子どもを持つと仕事にやりがいがでる	22.7	47.7	23.4	6.3	70.4
産前産後休業や育児休業を取得すると，職場にいづらくなる	21.2	44.6	26.7	7.6	65.8
残業等でパートナーと生活時間帯を合わせるのが大変だ	24.9	51.7	18.0	5.4	76.6
家庭生活のことを考えると転職や離職が難しくなる	33.1	48.3	13.8	4.8	82.4

（%）

6 ボランティア活動

解説 ボランティア作業に取り組む高校生 東日本大震災で、泥出しのボランティア作業を行う高校生の様子 (2011年5月)。阪神・淡路大震災を契機に、「自分ができることを何か手伝いたい」という気持ちを持つことが、自発的で利他的な活動を促すことの原動力となって、さまざまな場面でのボランティア活動・社会貢献活動として展開されている。

ボランティア活動は「個人の自発的な意思に基づく自主的な活動であり、活動者個人の自己実現への欲求や社会参加意欲が充足されるだけでなく、社会においてはその活動の広がりによって社会貢献、福祉活動等への関心が高まり、様々な構成員がともに支え合い、交流する地域社会づくりが進むなど、大きな意義を持つ」（厚生労働省ホームページより）という。

ボランティア活動は原則として自発性、無償性、利他性、先駆性の四つが挙げられる。1980年代以降になると無償性を柔軟に考え、実費の弁済や一定の謝礼を受ける有償ボランティアが受容されている。

日本では1995年1月17日に発生した阪神・淡路大震災を契機にボランティア活動が広まり、「ボランティア元年」と呼ばれた。その後、1998年には特定非営利活動促進法（NPO法）が制定された。

また近年注目されているのは、生徒や学生が自発的な意思に基づいて一定の期間、社会奉仕活動を体験するサービス・ラーニング（Service-Learning）である。市民としての責任や地域への貢献を育むことを目標とする。

Column 若者文化と若者ことば

●若者文化の広がり

1983年に発売された家庭用ゲーム機「ファミリーコンピュータ」は、またたく間に人気を博し、アメリカやヨーロッパでも発売されるにいたった。次々とゲームのソフトウェアが発売され、人気のあるゲームを発売日に入手するために学校を休んで列に並んだとして、多くの中高校生が補導されたという事件も起きたほどであった。

1990年ころには持ち歩きのできる携帯型のゲーム機も普及し、ラジオやテレビがその道をたどったように、ゲーム機は一家に一台から一人一台のものになった。また2000年ころにはいわゆるIT革命の進展とともに、家庭用ゲーム機をインターネット回線に接続し、ゲームによって作られる仮想世界で他人との交流ができるようになった。現在ではコンピュータの普及とともに、ゲーム専用機そのものの形態はさまざまに変わってきているが、ゲームの人気は衰えていない。ファミコン世代が大人になってもゲームの世界に残留しているだけでなく大人になってからゲームに参入している人もいる。「子どものおもちゃ」とみなされていたゲームが、現在では大人も楽しむものになって、子どもたちの文化が大人を巻き込んで広がっていくことがあることを示している事例である。

●若者ことばは言葉の破壊？ 創造？

ぴえん

「とりま」「レベち」などという言葉がSNSでの使用頻度が高いという。何かに失敗したときや、うれし涙が出るときは「ぴえん」などという表現も知られるようになった。本来の言葉であれば「とりあえず、まあ」「レベルが違う」であるが、省略されたり、表情としての感情が言葉として使われるのが不思議に思える。

こうしたことは、しばしば日本語の乱れとして批判される。たしかにことばを使ったコミュニケーションでは、話す・書く人と、聞く・読む人の間で意味や文法が共通のものであることが前提となるのだから、それを無視するわけにはいかない。その意味で、ことばの正しい使い方を学ぶことは、誤解を避け、相手に不快感を与えないために必要なことであるのは違いない。

しかし一方で、ことばは時代とともに変化するものであるという立場から、新しいことばの使い方を容認すべきとする意見もある。たとえば「盛る」という表現は、化粧や髪型などを派手にすることを指して使われるようになり、さらには、話を大げさにすることにも使われるようになった。従来にはない用法ではあるが、使い手の意図は伝わってくるように思われる。若者の会話から、さまざまなことばが作り出される。一時の流行で終わるものもあれば、一般に広まっていくものもある。それが「破壊」なのか「創造」なのかは評価の分かれるところである。いずれにしても、社会のなかでの若者の位置づけを考えるきっかけを与えてくれる身近な例のひとつであると言えるだろう。

公共の扉

MainQuest メイン クエスト

「子ども」が「大人」になるのはいつ？

SubQuest サブ クエスト

高校生は「大人」なのだろうか？　「子ども」なのだろうか？　また，「子ども」や「大人」と感じるのは，どのような場面なのだろうか。

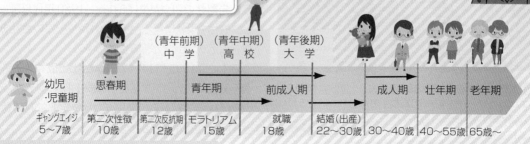

		（青年前期）中学	（青年中期）高校	（青年後期）大学				
幼児・児童期	思春期		青年期		前成人期		成人期	壮年期	老年期

ギャングエイジ 5〜7歳／第二次性徴 10歳／第二次反抗期 12歳／モラトリアム 15歳／就職 18歳／結婚（出産）22〜30歳／30〜40歳／40〜55歳／65歳〜

あなたが自分を「子どもだなあ」あるいは「大人だなあ」と思うのはどんなときだろう。自分のことだけでなく，他人のふるまいを見て感じることも挙げてみよう。「子どもだなあ」と思うときとは「経済的に自立していない」とか「感情をうまくコントロールできない」などが挙がるだろうか。「大人だなあ」と思うときとは「親とではなく友人と出かけるようになった」とか「アルバイトをして給料をもらった」などの回答があるのかもしれない。

いずれにしても高校生は子どもでもあり，大人でもあり，子どもから大人へ移行していく途中の存在であることが浮かび上がってくることだろう。

SubQuest サブ クエスト

青年期におこる変化を「第二の誕生」というのはなぜだろうか。資料や図などから考えを深めてみよう。

Column 人間はどのように発達する？

短期の記憶とか，図形を早く扱うといった能力，これを「流動性知能」と呼びますが，この能力は確かに歳とともに落ちて行きます。それは私たちの脳がそういうことをうまく処理できなくなることと，もうひとつは年齢を経ていくとそういう問題を急いで解く気持ちがなくなるからでしょう。しかし，一方言葉の理解の力や社会的な問題解決の能力は落ちて行くどころか歳とともに上昇していきます。人生の経験がここで実を結んでいくわけですが，これを「結晶性知能」と呼びます。このように能力というものを分けて考える必要があります。人間としては生活におけるさまざまな問題解決のほうが重要ですし，そういった能力は70歳になってもまだ伸びます。これは経験が生きるということです。
（高橋恵子　生涯発達の心理学　研修講座「高齢者・障害者の心理」の講義記録より, https://jicr.roukyou.gr.jp/oldsite/publication/1994/24-3.pdf）

「第二の誕生」

わたしたちは，いわば，二回この世に生まれる。一回目は存在するために，二回目は生きるために。はじめは人間に生まれ，つぎには男性か女性に生まれる。女を未完成の男と考える人たちはたしかにまちがっている。けれども外見的な類似を考えればそれは正しい。思春期にいたるまでは　男の子も女の子も，見たところ全然ちがわない。……

しかし男性は，一般に，いつまでも子どもの状態にとどまっているようにつくられていない。自然によって定められた時期にそこからぬけだす。そして，この危機の時代は，かなり短いとはいえ，長く将来に影響をおよぼす。

……これが私の言う第二の誕生である。ここで人間はほんとうに人生に生まれてきて，人間的なにものもかれにとって無縁のものではなくなる。……普通の教育が終わりになるこの時期こそ，まさにわたしたちの教育をはじめなければならない時期だ。

（『エミール』第4編　ルソー・今野一雄訳）

解説 第二の誕生　フランスの思想家ルソーは著書『エミール』のなかで，青年期に起こる身体的・精神的な変化を「第二の誕生」と表現した。ルソーの活躍した18世紀には現代のように青年期という考え方は存在しなかったが，その次代にあって，こどもから大人になりつつある時期に着目したところにルソーの先駆性があると言えるだろう。

1 青年期の特徴

マージナル-マン(境界人/周辺人)

　ドイツに生まれアメリカに渡った心理学者レヴィンが提唱。青年は,身体的には大人であるが,法的・社会的には子どもとみなされるように,子どもと大人の境界に位置する。

子ども　青年(マージナル-マン)　大人

第二次性徴

　男性のひげの発毛や声変わり,女性の乳房の発達など,青年期に著しく発達する男女の身体的な特徴のこと。同時に生殖器が生殖機能をもつようになる。これに対して,第一次性徴は出生時に顕在化する生殖器の差である。

心理的離乳

　アメリカの心理学者ホリングワースによる。青年期に,とくに親への依存から自立しようとすることを,乳児が幼児食へと移行するようすになぞらえたものである。

第二反抗期

　青年期に起こる,大人の提示する価値観に対する反発で,ときに攻撃的・暴力的になることもある。第一反抗期は2～3歳ころに起こる,だだをこねることに代表される反発であり,いずれも自我意識の発達がもたらすものとされる。

2 青年期と社会

　近代以前の社会では,子どもがある程度成長すると,大人への仲間入りをするための儀式が行われた。こうした儀式を**通過儀礼(イニシエーション)**という。

　伊勢物語の初段にある「初冠」もこうした儀式に由来することばであり,現代の「成人式」もその名残である。このように,前近代においては子どもと大人の線引きは明確であったと言える。

現代	乳児期	児童期	青年期		成人期(老年期を含む)
近代	乳児期	児童期	青年期		成人期(老年期を含む)
前近代	乳児期	児童期	通過儀礼	成人期(老年期を含む)	

　これに対して,近代以降の社会では,とくに教育制度の発達によって,身体的には大人であるが社会的には子どもとみなされる時期が生じるようになったとされる。

|解説| ただし,青年期を,「身体の発達をきっかけに,自分と他人との違いを意識したり,異性に対する興味がめばえたりする時期」ととらえるならば,前近代の社会にそうした精神的な変化や葛藤がなかったと断じるのはいささか早計なことと思われる。とはいえ,近代以降の社会の変化が青年期という時期をあきらかなものにしたことは確かであろう。

3 青年期を保障するもの

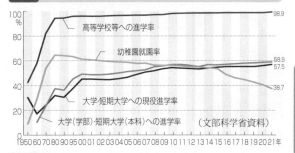

高等学校等への進学率　98.9
幼稚園就園率　58.9
　　57.5
大学・短期大学への現役進学率
大学(学部)・短期大学(本科)への進学率　38.7
(文部科学省資料)
1950 60 70 80 90 95 00 01 02 03 04 05 06 07 08 09 10 11 12 13 14 15 16 17 18 19 20 21年

|解説| 前近代において,青年期がありえなかったのは,教育という社会基盤が十分保障されていなかったからである。働くことを猶予された上で,教育の場と機会が社会全ての者に保障されることによって,初めて青年期が現れるのである。

公共の扉

Column 高学歴化・少子化

　青年期が,「身体的には大人であるが,精神的ないし社会的には子どもとみなされる期間」であるならば,青年期の終わりは,就学期間を終えて社会に出るときと考えることができる。近年,青年期が延長していると言われることの一因は,高学歴化の進行であろう。1950年ころにおよそ50%であった高校への進学率は,現在では100%に限りなく近づいている。また,現在の大学進学率はおよそ50%であるが,専門学校などを含めると高校生の70%以上が卒業後に進学している。

　こうした高学歴化の背景に,どんなことが考えられるだろうか。社会で求められる知識や技能が高度化していることはもちろんであるが,産業構造の変化とともに,企業に勤めて給与を得る,いわゆるサラリーマンが増加してきたこともあるだろう。また,少子化によって一人の子どもにかけることのできる教育費が増加したことも一因と考えられる。

Column バンジージャンプ

ペンテコスト島の成人の儀式
「ナゴール」バヌアツ政府観光局©

ペンテコスト島で毎年4月～5月のヤムイモの収穫の時期に合わせてやぐらを組んだ20m～30mもの塔の上から足首をつたで縛り,地表へ飛び降りる儀式が成人を迎える男性の儀式(「ナゴール」という)として村の勇敢な男達によって行われている。

4 フロイト

フロイト
1856 ～ 1939
オーストリアの精神医学者。精神分析を創始した。さまざまな神経症の治療と研究から，人間の行動を背後から規定する，無意識の存在（深層心理）を仮定し，人間の内的世界の構造を解明した。主著：精神分析学入門

● 意識と無意識

オーストリアの精神分析家フロイトは，心を「**意識**」と「**無意識**」に分けて解釈しようと試みた。

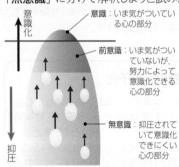

意識：いま気がついている心の部分

前意識：いま気がついていないが，努力によって意識化できる心の部分

無意識：抑圧されていて意識化できにくい心の部分

意識と無意識という考え方は，勉強机に例えることができる。机の上にあるものが意識であり，いま気にかけていることがらである。無意識とは，机の引き出しのようなものである。数学の勉強をしているときには英語の教科書は机の上にないが，必要になれば引き出しから取り出すことができる。

このように，意識化しようと思えば容易にできる領域を，無意識の中でも**前意識**とよぶ。さて，見たくないものや見られると具合の悪いものを引き出しの中に押し込めておいて，入れたことさえ忘れてしまったことはないだろうか。あるとき，そういうものが引っかかって，引き出しの開閉に不都合を生じることがある。これと同じように，無意識の奥に抑圧した自分にとって不都合な経験の記憶が，ときに行為に影響するとフロイトはいう。

5 ユング

ユング
1875 ～ 1961
スイスの精神分析医学者。フロイトに師事したが，のちにその無意識の考え方に異を唱えた。ユングは無意識が，意識を補完し発展させる働きがあるとし，全体としての精神の統合性を重視した。

スイスの精神分析家ユングは，フロイトの影響を受け，フロイトの提唱した無意識のさらに深い領域に，「集合的無意識」があるととらえた。これは個人を超えて人類に共通する無意識の層であり，これによって相互に関連の見られない離れた地域に類似する神話があることなどを説明しようとした。

● 自我

フロイトは，精神のあり方に着目し，「**イド（エス）**」・「**超自我**」・「**自我**」の三つから構成されるととらえた。

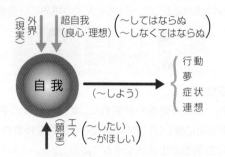

イドとは，人間の本能的なエネルギーである。これに対して，超自我は大人から示された社会規範を内在化させたものである。自我は，この両者を調整して現実に適する行為を導く。これは，人間の発達と深く関わっている。生まれたての子どもは本能的な衝動に従って「やりたいこと」をするが，親からのしつけは「してはいけないこと」を示して衝動を抑えつける。親の言いつけに従っていた子どもは，やがて自分で両者の折り合いを付けたふるまいをするようになる。こうして，おおむね小学校入学以前くらいに三者はひとまず調和するのだが，青年期になると異性への関心の高まりとともに新たな欲求がめばえ，葛藤をもたらす。

（図版出典：前田重治『図説臨床精神分析学』誠信書房より）

|解説| フロイトは，身体的な異常がないのに歩けないなど，それまで不可解とされていた症状を，無意識の深層に抑圧した記憶が関係しているととらえることで理解しようとしたのである。また，自我についての考え方は，エリクソンらに大きな影響を与えた。

6 葛藤 ～レヴィンの葛藤の3分類

葛藤の型		具体例
接近 (+) －接近 (+) 型 二つの好ましい欲求を選ぶ		見たいテレビ番組が同じ時間帯にある
接近 (+) －回避 (－) 型 好ましいものと好ましくないものの欲求から選ぶ		テストでよい点数を取りたいが勉強はしたくない
回避 (－) －回避 (－) 型 二つの好ましくない欲求を選ぶ		勉強はしたくないが親からお説教をされたくない

|解説| 葛（かずら）や藤（ふじ）などの蔓草がもつれ合うことから，相反する欲求が同時に生じて決めかねることを言う。ドイツに生まれアメリカに渡った心理学者レヴィンは，葛藤を3つに分類している。

公共の扉

7 防衛機制

　イドと超自我の対立は、「やりたいこと」と「してはいけないこと」の葛藤を引き起こし，心を不安定にする。自我は心を安定させようとしてさまざまな対応を試みる。これが**防衛機制**である。

　防衛機制そのものは誰にでもあることであり，通常は無意識的に行われる。フロイトの分析を受け継いだ娘のアンナ＝フロイトは，こうした自我のはたらきが性格形成や問題行動に影響しているととらえた。

かなえがたい欲求
不都合な体験 etc.
例：友人の彼女を
　　好きになった

合理的解決 ━━━▶ 正直に友人に打ち明ける
理性的に欲求を解決する

近道反応 ━━━▶ やつあたりをする・やけになる
欲求を衝動的に取り除く

失敗反応 ━━━▶ ※場合によっては身体症状が出る
欲求不満を解決できない

防衛機制
思い出したくないこと・気まずいことを抑圧する

━━━━━━━━━━━━━ そのために…

合理化：もっともらしい理由で正当化する
　彼女は性格が悪いに違いないからやめよう，と考える
同一視：優れた他者の特性を自分のものとする
　テレビドラマの同じような境遇の人物に自分を重ねる
投影・投射：抑圧した感情を相手のものと考える
　自分が好きになったのではなく彼女が好意を寄せたと考える
反動形成：抑圧した感情と反対の行為をする
　好きな相手に対して乱暴にふるまう
逃避：不都合な事態に直面するのを避ける
　友人やその彼女に会わないようにする
退行：未熟な段階の行動や表現をする
　小学生の読む漫画を読みふける
代償：欲求を実現可能な水準に下げる
　恋愛をテーマにしたテレビゲームに熱中する
補償：欲求の衝動を別の方面に向ける
　それまでサボりがちだった部活動に熱心に参加する
昇華：欲求を社会的に認められるかたちで実現する
　恋愛をテーマにした小説を書く

|解説| 防衛機制は個々人によって用いられ方に傾向があり，性格の一部としてとらえることもできるが，大きな偏りがあったり，自ら振り返って客観的にとらえることができないほど強力にはたらいたりする場合には，病的な問題行動や対人関係の不和などをもたらしうるのである。

8 欲求階層説 〜マズロー

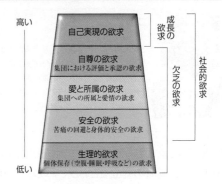

|解説| アメリカの心理学者マズローは人間の欲求を5段階にわけ，下位の欲求がある程度満たされなければ上位の欲求が生じないとする欲求階層説を提唱した。生理的欲求から自尊の欲求までは，自分に欠けているからこそ求める「欠乏欲求」であるのに対し，自己実現の欲求は「成長欲求」であり，下位の4つを満たした者が，自己の能力を発揮してさらなる成長を望むものとされる。マズローは両者を質的に違うものととらえ，自己実現の欲求の段階に至る者はごく少数であるとしている。

9 パーソナリティ

　パーソナリティは，個人の持つ行動や思考の特徴であり，一般に「人格」と訳され，その形成過程が分析されたり，類型化が試みられたりしてきた。

　パーソナリティの構成要素は研究者によって異なるが，その形成については，遺伝的要因と環境的要因の相互が作用するとされている。

　パーソナリティはアイデンティティと似ているようで異なるものである。ひとまず，「自分のパーソナリティを受け入れたり，場合によっては見直したりすることをとおして，自己を意味づけていくことが，アイデンティティの確立につながる」ととらえると，整合性が見られるだろう。

パーソナリティの類型
●ユング
　精神的エネルギーが自分の外に向かうことを外向，自分に向くことを内向とし，どちらが優勢であるかによって外向型と内向型に分けられるとした。さらに，心の基本的機能として思考・感情・感覚・直感を挙げ，これらを組み合わせて8つの性格類型を提示した。

外向的思考型	内向的思考型
外向的感情型	内向的感情型
外向的感覚型	内向的感覚型
外向的直感型	内向的直感型

●シュプランガー
　人間の生活の中でどのようなことに価値を置くかによって，6つに分類した。

理論人　経済人　審美人　社会人　権力人　宗教人

●オルポートの人格論
　人間を単に個々の刺激−反応の要素の集まりとしてではなく，「自己」を中心とした一つの全体的な統一体として考えた。

エリクソン
1902～94
ドイツ生まれのアメリカの代表的な精神分析学者。アンナ＝フロイト（フロイトの娘）に出会い，フロイトの精神分析の研究を受け継いだ。アイデンティティなどの言葉は，彼が青年期の分析を行う際に使用した。

エリクソンは人生を8つの段階にわけ，それぞれの発達課題を提起した。これらは，「成功」対「失敗」のかたちで示されるが，両者の対立をとおして「成功」の優位な状態で安定していることがめざされる。また，この発達課題は，それに示される対立がその時期に特に顕著になるもの，という意味を持っており，それぞれの課題は他の時期に無関係ではない。ゆえに，それを達成しなければ次の段階に進めないものでもなければ，一度達成されたら二度と直面しないものでもない。

解説 例えば【乳児期】には，全体として「信頼」が優位で安定していれば，課題は達成されていることになる（図参照）。また，【幼児期】の，しつけは，乳児期に養育者との基本的「信頼」が築かれていることが前提となる。あるいは，青年期や成人期の課題に向き合ったときのつまずきが，乳児期や幼児期の課題の積み残しに起因していることも考えられる。

	1	2	3	4	5	6	7	8
I 乳児期	信頼感 対 不信感							
II 幼児期		自律性 対 恥・疑惑						
III 遊戯期			自主性 対 罪悪感					
IV 学童期				勤勉性 対 劣等感				
V 青年期					アイデンティティ 対 アイデンティティ拡散			
VI 成人期						親密性 対 孤立		
VII 壮年期							世代性 対 停滞性	
VIII 高齢期								統合性 対 絶望

（『若者とアイデンティティ』児美川孝一郎）

乳児期： 養育者との間に「基本的信頼」を築く。乳児が母親に抱かれると泣き止むように，自分の安心できる場所を得る。しかし，泣いても放っておかれるような場合には「不信感」がめばえる。

幼児期： 排泄のコントロールができるなど，養育者からのしつけをもとに，欲求を抑えることのできる「自律性」がめばえる。うまくいかないと，それを「恥」と思ったり，成長できるのかという「疑惑」が生まれたりする。

遊戯期： しつけによって身についた規範に適応するように欲求をコントロールしながら，自分の意志で行動する「自主性」が育つ。うまく行動できないと「罪悪感」を感じる。

学童期： 小学校に入るころから，友人や教師など，家族以外の人間関係が広がる。ここでは，「勤勉性」を発揮することで有能感や達成感を味わうが，それらが得られないと「劣等感」が生まれる。

青年期： それまでは周囲の大人をモデルとして同一視していたが，青年期になると自分について問いはじめ，ほかでもない自分，かけがえのない自分を見つけようとする。しかし，しばしば自分が何者であるかわからなくなる「アイデンティティ拡散」に陥ることもある。

成人期： 安定した自分を保ちつつ，他者との「親密性」を築いていく。具体的には，社会人となった青年が，恋愛し，結婚するという過程で顕著になる。失敗すると「孤立」という精神的な危機に至る。

壮年期：「世代性（generativity）」はエリクソンの造語であり，次世代を育てるということであり，具体的には子どもの養育や部下の育成である。これがうまくいかないと，成人としての成熟が「停滞」することになる。

高齢期： 自身の人生をふりかえり，よかったことも悪かったことも意味あることとして「統合」する時期である。それが得られないと「絶望」の感覚に陥ることになる。

Column アイデンティティと青年期

アイデンティティと，その拡散という対立は，青年期のみに起こって青年期に完結するものではない。ただ，青年期には身体の発達とともに，異性への興味がめばえたり，他者と自分の違いを考えたりする。また，精神的な成熟により大人の示す価値観に対する疑問も生じてくる。そのため，この対立が青年期にとくに顕著に見られるのである。エリクソンは青年期を，心理・社会的なモラトリアムと位置づけた。元来は経済用語で「支払いの猶予期間」だが，転じて「大人としての義務や責任を猶予された期間」に用いられる。この時期には，その後に引き受けうるさまざまな役割を認めたり拒否したりする「役割実験」が行われるが，そのために社会が青年に比較的自由な時間を与えているととらえているのである。

公共の扉

11 ハヴィガーストの発達課題

ハヴィガースト
1900 ~ 91
アメリカの心理学者，教育者。児童から高齢者まで，人間の発達課題を問題にすることを提唱した。青年期における発達課題を10項目あげている。
主著：人間の発達課題と教育

●ハヴィガーストの発達段階と発達課題

1．乳幼児期
2．児童期
3．青年期
(1)　同年齢の男女両性との洗練された新しい関係
(2)　自己の身体構造を理解し，男性または女性としての役割を理解すること
(3)　両親や他の大人からの情緒的独立
(4)　経済的独立に関する自信の確立
(5)　職業の選択及び準備
(6)　結婚と家庭生活の準備
(7)　市民的資質に必要な知的技能と概念を発達させること（法律，政治機構，経済学，地理学，人間性，あるいは社会制度などの知識，民主主義の問題を処理するために必要な言語と合理的思考を発達させること）
(8)　社会的に責任のある行動を求め，かつ成し遂げること
(9)　行動の指針としての価値や論理の体系の学習，適切な科学的世界像と調和した良心的価値の確立（実現しうる価値体系をつくる。自己の世界観を持ち，他人と調和しつつ自分の価値体系を守る）
4．壮年初期
5．中年期
6．老年期

|解説| エリクソンに先立って人間の発達段階と発達課題について研究したのが，アメリカの心理学者ハヴィガーストである。彼の提唱した課題は，エリクソンのそれとは異なり，具体的な複数の項目から成り立っており，身体的な成熟，社会や文化の要求，個人の価値観の形成という三つの観点から考察されている。

Column アドラー心理学

アルフレッド＝アドラー
1870 ~ 1937
　オーストリアに生まれ，アメリカに渡った精神科医であり，フロイトやユングと並んで現代の心理学理論を確立した人物の一人に数えられる。医師としてのキャリアを確立した後にフロイトの共同研究者となったが，フロイトが性的衝動を本能的なエネルギーと見たのに対し，個人の人格や行動の根本に劣等感を置き，力への意志によってそれを克服しようとすると主張して決別し，個人心理学とよばれる独自の理論を確立した。

12 モラトリアム人間

小此木啓吾　1930 ~ 2003
日本の精神分析医学者。精神分析学や家族精神医学の研究などで知られる。日本における精神分析学の第一人者として，その著作物を通して広く日本社会に精神分析を定着させた。
主著：モラトリアム人間の時代

　このような若者たちの特徴としてつぎの五つがあげられる。①「お客様」意識をもち続けていつまでも社会に対して責任をとろうとしない。②将来の自分の可能性をつねに留保しておくために，特定の組織や集団にかかわることをさける。③アイデンティティの確立に際してさけられないはずの「あれか，これか」といった選択をさけて「あれも，これも」と欲ばるため，具体的な出来事に対して確固とした対応ができない。④社会によって責任を猶予されているという意識が薄く，あたかも権利であるかのように自己のおかれた立場を正当化する。⑤友人関係においても，社会に対しても一時的にしかかかわらない。彼らにとって，現在の自分は「仮のもの」であって「本当の自分」は常に未来のものとして大切に保存されているのである。

（小此木啓吾『モラトリアム人間の時代』）

　エリクソンは青年期を，大人としての義務や責任を免除された期間として，モラトリアムと表現した。これを受けて，日本の心理学者**小此木啓吾**は，あえて大人になろうとしない若者の心理的傾向を「**モラトリアム人間**」として分析した。留年を繰り返して社会に出ようとしない大学生や，責任がのしかかることを避けてあえてアルバイトとして就職することなどが，モラトリアム人間の例として挙げられる。

|解説| こうしたことは，本人の自立という側面だけでなく，少子高齢社会となった現在の日本では，高齢者を支える労働力人口にある層がその役割を果たしていないとして問題視される。しかし，それを「甘え」や「逃避」として責めるばかりでは，状況は好転しない。そうした状況にある若者は，「社会人として自立しなければならないのはわかっている。しかし，自分が自立できるかどうかに自信がない」という葛藤を抱えているかもしれない。

アドラー心理学では以下の4点が軸となる。
①意識・無意識，理性・感情などの対立を認めず，人間個人を全体として把握する全体論
②行動の原因ではなく目的を問題とする目的論
③客観的な事実ではなく，その事実に対する個人の認知を重視する認知論（仮想論）
④精神的な世界よりも，相手との関係を理解しようとする対人関係論（社会統合論）
　人間が，相対的にマイナスの状態（劣等感を持つ状況）から，相対的にプラスの状態（優越感を持つ状況）を目指して行動していると考える。つまり，悩み・直面しているできごとの原因を探ることより，本来の目的に立ち返って何をするべきかを考えようとしたり，自分を受け入れるとともに他人を認め，家族や学校，あるいは国といった共同体に貢献（援助）しようとすることを重視している。　（参考：アドラー心理学東京webサイトなど）

4 哲学について考える

MainQuest （メイン クエスト）

なぜ哲学はギリシャではじまったのだろうか？

SubQuest （サブ クエスト）

思想の源流にはどのような考えがあるだろうか。

　古来，人びとにとって自然現象は驚きとともに畏怖の対象であった。原始的には，自然物に霊魂の存在を認める**アニミズム**による自然の解釈がなされ，さらに原始的な自然崇拝の宗教が世界各地に誕生すると，自然現象やものの成り立ちを説く神話が多数生まれた。ギリシャの**ホメロス**による『イリアス』や『オデュッセイア』，**ヘシオドス**の『神統記』や『労働と日々』はその代表格である。

　アニミズムや神話的世界観がことばによる説明を打ち切るものであるのに対し，人間の理性によって事物の根源を探究しようとする態度をもとにした自然哲学が，紀元前6世紀のギリシャで発生した。

　イオニア地方のミレトスに生まれた**タレス**は「万物の根源は水である」という自然観を展開し，天文学においては紀元前585年の日食を予言した。それ以前には，自然物に霊魂が宿るとするアニミズムや自然現象は神の営みであるとする神話的世界観で世界が説明されていた。それに対してタレスは人間の理性によって自然の本質を探究しようとしたことから，後世のアリストテレスはタレスを「**哲学の祖**」と称した。また，タレスをはじめとする自然界における万物の根源を探究の対象とした哲学を「**自然哲学**」という。

解説 当時のギリシャ（上，想像図）では，ポリスとよばれる都市国家が生活の基盤となっていた。ポリスは，丘の上の神殿とその眼下の広場（アゴラ），それをとりまく住宅地，耕作地といった具合に同心円状になっており，広場が市民の社交の場になっていた。政治的には直接民主制がとられていたが，参政権があるのは「成人男子市民」であり，農耕作業は奴隷の労働とされていた。ゆえに市民層には自由な時間があり，さまざまな思索にふけることができたのである。ちなみに，英語のschoolの語源になったscholeは，ギリシャ語で「ヒマ」を意味する。

Column 自然哲学者

タレス（右①）
　「万物の根源は水である」とした，「哲学の祖」とされる思想家。

ヘラクレイトス
　事物の生成変化に着目して「万物は流転する」と唱え，根源的物質として「火」を挙げた。

パルメニデス
　「有るもの」のみが存在すると唱え，事物の生成変化を否定した。

エンペドクレス
　土・水・火・空気の四元素が，愛憎によって離合集散することで現象が生じると考えた。

デモクリトス（右②）
　「アトム」という，それ以上分割することのできない根源的物質の存在を認めて原子論を展開した。

1 無知の知—ソクラテス

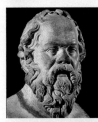

ソクラテス 前470ころ〜前399
古代ギリシャの哲学者。頑強な肉体をもち，ペロポネソス戦争に3度従軍している。無知の知の自覚をもとに，アテネ市民に知的探究をとおして魂をより善くせよと説いたが，政治的抗争のなかで告訴され，死刑の宣告をうけた。

ソクラテスの死 (ダヴィッド筆) 死の宣告を受けたソクラテスに脱獄を勧める友人・弟子たち。彼らに対し，悪法といえどもそれを破ることは魂を汚すこととして「ただ生きるより善く生きる」という自らの信念をさとし，それにもとづいて毒杯を仰いで刑死した。ソクラテスは著書を残さず，彼の思想はおもに弟子のプラトンの著作を通じて伝えられる。

　ギリシャでは，民主政治を通じて自然 (フュシス) だけでなく人為 (ノモス) への関心も高まった。この時代には，人びとに政治の知識や弁論の技術を教える職業教師が現れ，知者 (ソフィスト) とよばれた。しかし，彼らは次第に詭弁家という性格を強め，ポリスは混乱した。

　ソクラテスの友人カイレフォンは，デルフォイのアポロン神殿で「ソクラテスよりも賢い者はいない」という神託を受けた。ソクラテスはその真意を確かめるために，知者とされている人々と**問答**を繰り返した。

　知者たちは各々の専門分野についての知識はもっていたものの，それだけではソクラテスが求める善美のことがらについて何かを知っているということにはならない。なのに知者たちはあたかもすべてを知っているかのように錯覚している。これに対して**ソクラテスは，自らが無知であるということを自覚している**。ゆえに，両者とも善美のことがらについては何も知らないが，それを自覚しているという点でソクラテスがまさっていることになる。

　ソクラテスは神託の意味をこのように解釈し，デルフォイの神殿に刻まれた箴言である「**汝自らを知れ**」ということばをモットーとして，**自らの無知を自覚して謙虚に真理を探究すること**を説いた。

|解説| 彼は，人間の徳，すなわち人間そのもののよさを魂のよさととらえ，「魂への配慮」を説く。魂のよさは知恵を追い求めることによって実現されるもの (知徳合一) であり，知恵は実際の行為に結びつくもの (知行合一) でなければならない。そして，人間の幸福は徳を備えることによって実現されるもの (福徳一致) であると考えた。

2 イデア論—プラトン

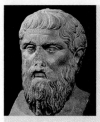

プラトン 前427〜前347
ソクラテスの弟子。名門貴族の家に生まれ，政治家を志すが，師ソクラテスを刑死させたアテネの民主政治に絶望し，哲学の道に進んだ。のちに，アテネ郊外に学園アカデメイアを設立。学園の入口には「幾何学を理解しない者は入学させない」と書かれており，論理的思考力を重視した。

公共の扉

　プラトンは，現象界の事物を不完全なものであるとし，その根源としての**イデア**が存在すると考えた。

　たとえば，数学で定義されている「直線」は，長さをもっていながら幅を持たない。しかし，われわれが書く直線は，どんなに細い筆記具をつかっても，拡大すれば必ず幅を持つのであり，定義どおりの直線は書くことができず，ただわれわれがそれを「考える」ことができるだけである。ではなぜそれを「考える」ことができるのかというと，われわれの魂はもともとイデアの世界である英知界に存在していたが，肉体と結びつくことによって現象界に存在するようになったのであり，ゆえに英知界で見たイデアを「想起する」ことができるとプラトンは考えた。

　また，英知界のイデアをイデアたらしめる最高のイデアを「**善のイデア**」とし，人間はイデアを憧れ求める愛情をもつという。このことは，善美のことがらを追い求めることによって人間の徳が実現するというソクラテスの思想を受け継ぎ，発展させたものと見てよいだろう。

　プラトンはさらに，魂を**理性・意志** (または「気概」)・**欲望**の3つに分け，これらがそれぞれ，**知恵・勇気・節制**の徳を得たとき，第四の徳としての**正義**が実現するとした (**四元徳**)。言い換えれば，理性が知恵をもつことで，意志を勇気あるものに，欲望を

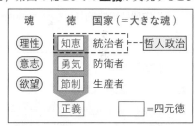

魂	徳	国家 (＝大きな魂)
理性	知恵	統治者 ┄ 哲人政治
意志	勇気	防衛者
欲望	節制	生産者
	正義	▢=四元徳

節制の効いたものにコントロールできたときに人間としての正義が実現するということである。また，国家を大きな魂ととらえた場合，理性・意志・欲望はそれぞれ統治者・防衛者・生産者の各階級に相当するとし，統治者が知恵を得て，防衛者を勇気あるものに，生産者を節制の効いたものに統制したときに国家の正義が実現するとした。ゆえに，統治者が身につけるべきは知恵であり，統治者が哲学をするか，哲学者が統治するかによってなされる哲人政治を理想とした。これは，ソクラテスを思い描いたものである。

3 形相と質料―アリストテレス

アリストテレス 前384〜前322
マケドニア王の侍医の子として生まれる。プラトンのアカデメイアに学び、アレクサンドロス大王の幼少期に家庭教師をした。学園リュケイオンを開き、弟子たちとともに回廊（ペリパトス）を散歩しながら哲学を講じたことから、ペリパトス（逍遥）学派と呼ばれた。研究領域は哲学、政治学、自然学、生物学など多岐にわたっており、万学の祖とされる。

　プラトンがイデア論に基づく理想主義を唱えたのに対し、アリストテレスは現実主義の立場にたった。

　彼は、プラトンのイデアにあたる本質を**形相（エイドス）**とよび、それは別の世界ではなく、素材としての**質料（ヒュレー）**に内在すると考えた。たとえば、「花の種」と「花」を考えた場合、プラトンのイデア論では、「種のイデア」と「花のイデア」が別個にあることになり、種から花への変化が説明できないが、アリストテレスは、種という質料に内在する花という形相が実現されると説き、プラトンの矛盾を克服した。また、種の中に可能態としてあった花が現実態となれば、それは実という形相を内在させた質料であり、現実態となった実は次の芽の質料であるといえる。

　また、人間の徳については、**知性的徳**と、それによって導かれる**倫理的徳**に分類した。倫理的徳とは、よい行為の繰り返しが性格となって身につくものであり、習性的徳、または性格的徳とも訳される。たとえば、アリストテレスにおいて倫理的徳の一つとされる**勇気**は、臆病と向こう見ずの間にあり、**節制**はケチと無駄遣いの間にあるのであり、その**中庸**は知性的徳にもとづく判断の繰り返しで得られる。

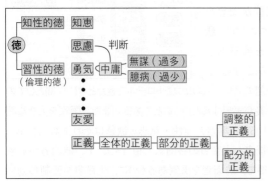

|解説 道徳論や国家論についても現実主義的であり、必然的なものとしての知性的徳とともに、習慣をとおして過不足の極端を避けた中庸を選びとる倫理的徳を重視した。「人間はポリス的生活を営む動物である」ということばに見られるように、ポリスと個人の結びつきを重視したところにも、ポリス社会を肯定する現実主義的な側面を見ることができる。

4 中国の思想―諸子百家

○ 春秋時代の諸侯
■ 戦国の七雄

春秋戦国時代の中国と思想家

●おもな学派とその思想

儒家	主観的な仁と客観的な礼を中心とした修養
墨家	兼愛・非攻
法家	法治主義
兵家	実践的戦術
名家	弁論と論理
農家	農業社会の実現
縦横家	外交政策
陰陽家	陰陽五行説
道家	道（タオ）に従った生き方

|解説 周王朝が崩れ、諸侯が互いに抗争した春秋戦国時代には、社会のあり方について考え、各国に政治的・戦略的な助言を与える思想家が活躍した。それらは、多くの思想家、数々の学派という意味で諸子百家と総称される。

5 仁と礼―孔子

孔子 前551ころ〜前479
春秋時代の末期に魯の国に生まれる。周王朝の政治を理想とし、その原理とされた客観的・形式的なものである礼に、主観的・精神的な道徳性としての仁をそなえることを説いた。『論語』は孔子の言行を弟子たちがまとめたものである。

　孔子は、形式的かつ客観的な社会規範である**礼**を重視し、その精神的な裏付けとしての**仁**を説いた。仁についての言及は多様であり、一義的に定義されていないが、一般的には、肉親に対する親愛の情や敬意を根本とし、学問や修養によって身につけられる徳目を総合したものであると言える。

　孔子の言行をまとめた**『論語』**のなかには仁に関連して、学ぶことや知ることについての言及が数多く見られる。これは、孔子が学ぶことによって仁の心を身につけた人格としての完成がなされると考えたことを示していると言えよう。

|解説 政治論としては、仁の徳を具えた君子がおさめる徳治主義を理想とした。為政者は修己治人、すなわち修養によって有徳の人物となり、その徳に民衆を引きつけることを説いた。これが徳治主義である。理想主義的であるとして諸侯に受け入れられることはなかった。

6 儒家の思想—孟子・荀子

孟子 前372〜前289
中国・戦国時代の儒教の思想家。孔子の生国の近くに生まれ，孔子を崇拝してその学説を体系化し，孔子の道に基づいて戦国の乱世を救おうとした。性善説と王道政治論を説いた。

　孔子の思想を受け継いだ**孟子**は，人間の本性は善であるとする**性善説**にもとづき，孔子の思想を理論化・体系化した。

　人には生まれながらに惻隠・羞悪・辞譲・是非の心が備わっており，修養によってそれらの心を発展させたところに仁義礼智の四徳が実現すると説いた。その際に広大な心で大局を見る浩然の気を養う必要性を説き，それを身につけた**大丈夫**を理想像とした。

　また，人間の基本的関係として父子・君臣・長幼・男女・朋友の5つを挙げ，それに応じた道徳的規範として**親・義・序・別・信**を対応させ，**五倫**とした。さらに，孟子が説いた修養の目的は，漢代の董仲舒によってまとめられ，四徳に信を加えた**五常**が，五倫とともに儒教の基本的徳目とされる。政治論については，孔子の徳治主義をおしすすめ，仁義に基づいた人民本位の王道政治を唱え，権力や武力によって人民を統治する覇道政治を退けた。ゆえに，暴政を行う君主は天命を喪失しているとして，易姓革命を肯定した。

荀子 前298？〜前235？
中国・戦国時代末期の儒教の思想家。性悪説と礼治主義を説いた。彼の礼治主義はのちの法治主義につながった。

　孟子の思想を批判的に受け継いだのが**荀子**である。人間の本性を悪ととらえ**性悪説**をとなえた荀子は，外的客観的規範である礼を重視し，修養によって礼を身につけることによって治安を維持しようとする**礼治主義**の立場に立った。

　政治論については，王道政治を理想としながらも，覇道政治を次善の策として消極的に肯定した。

Column 四書五経

　四書は『大学』『中庸』『論語』『孟子』。五経は『詩経』『書経』『易経』『礼記』『春秋』。
　漢代には五経が儒教の根本的な経典として総称されており，その後宋代の朱熹が初学者に勧める書として四書をつけ加えたとされる。

---

7 老荘思想〈道家〉—老子・荘子

老子 [生没年不詳]
道家の祖。『老子（道徳経）』の著者とされるが，生涯は明らかではなく，その実在さえも疑う説もある。『老子』も漢代のはじめに今日の形に定着したものでその成立についても諸説がある。

　老子は，儒家の説く仁義を自然のありかたに逆らった人為的なものとして退け，こざかしい人為を捨ててありのままに宇宙の根本原理に従うことを主張し，**無為自然**を説いた。人間においては，低きに流れつつも万物に恩恵を与える水のような生き方を理想とし，**柔弱謙下**を説く。さらに，こうした生き方が小国寡民の共同体において実現されるとした。

荘子 [生没年不詳]
紀元前4世紀頃，戦国時代の宋の人。孟子とほぼ同時代に活躍したと伝えられる。老子と並んで老荘と称される道家の代表的思想家である。

　荘子は，人間が真善美聖といった価値基準をめぐって対立することを人為的な営みであるととらえ，**道**の立場に立てばすべてが等しい価値をもち，ありのままの存在が肯定されるという**万物斉同の哲学**を展開した。

　そのために，心を虚にして天地自然と一体になる**心斎坐忘**の修養をとおして，真人となることを説いた。

|解説| **「道」のとらえ方**　「朝に道を聞かば，夕べに死すとも可なり」といわれるように，「道」は儒家思想において人間の生きるべきありかたとして説かれた。これに対して，老子にはじまる道家思想では，万物を生成し，秩序づける根本原理に対して仮に与えられた呼称として「道」が用いられ，ときに無と同義にとらえられる。このため，儒家思想においては「みち」と読まれるのに対し，道家思想では「どう」または中国語読みで「タオ」と読まれている。

---

8 法治主義

　荀子の弟子の李斯や韓非子は，外的規範としての礼に刑罰による強制力（人民への拘束）を持たせた法治主義を説き，法家となった。この考え方では，王道政治は空想として退けられ，覇道政治による富国強兵が唱えられた。

　戦国時代を統一した秦は李斯を宰相に招聘し，法治主義の立場を取った。同時に儒家思想を危険思想として退け，焚書坑儒を行った。

　秦は中国の統一をなしとげたが，農民の反乱などがあいつぎ，わずかな期間で崩壊した。

韓非子

5 宗教について考える

公共の扉

導入のQuest

MainQuest メイン クエスト

> 宗教は現代社会の文化やわたしたちの価値観に, どのような影響を与えているのだろうか?

仏　教	ヒンドゥー教		①モルモン教
チベット仏教	イスラーム教		②キリスト教 コプト派
儒教・道教	カトリック	プロテスタント	③ユダヤ教
神　道	東方正教	その他	④シク教

世界の宗教分布（ Diercke Weltatlas ）

SubQuest サブ クエスト

> 世界宗教といわれる三大宗教について, その分布などを地図から読み取ろう。

|解説| 世界宗教とは　　民族宗教を母体として発生したが, 部族や民族をこえて, 人間そのものを対象とし主体とする宗教が「世界宗教」といわれる。人々の日常生活に密着したこうした宗教は, 言語とともに世界の文化圏を分類する指標とされている。

合格祈願の絵馬がかかる湯島天満宮　　受験シーズンになると絵馬の裏に志望校を書き, 神社に奉納し合格を祈願する受験生で神社は賑わう。とくに学問の神様, 菅原道真 (菅公) を祀る天満宮は人気が高い。

　宗教には, ①超人間的絶対者 (神・仏など) による救済, ②死後観の提示, ③道徳の規定, ④年中行事の開催などの役割があると言える。時代や地域を問わず, 宗教は社会のさまざまな場面に影響をおよぼしている。わたしたちの価値観や道徳観が形成される過程でも, 宗教の影響は少なくない。また, 国際化社会と言われる現代では, 異文化の中で育った人と交流する場面も多くなっている。現代の社会を生きるうえで, 宗教について学ぶことの意義はけっして小さくない。

SubQuest サブ クエスト

> 日本における宗教について考える時,「無宗教」といわれていることについてどんな意見があるだろう。

|解説| 人生における宗教　　日本では, 宗教 (religion) という言葉は江戸時代の幕末になってから訳語として使用された。本来の意味は「再び結びつける」ということである。宗教の定義は数多くあるが, 現代では科学技術が進歩し, 物理的にも豊かになって, かつて治癒できない病気も治療できるようになったにもかかわらず, 人々は心を病み, 悩み, 苦しみ, 祈りを求め, 人間を超える自然に畏怖する。日本は, 無宗教とも言われるが, そのことは無信仰ということではない。若者が, パワースポットで心が癒されることも, 宗教と無関係とは言えないだろう。

ハローキティお守り (原宿　東郷神社)

1 十戒

1　あなたはわたしのほかに，なにものを
も神としてはならない。
2　あなたは自分のために，刻んだ像を
造ってはならない。
3　あなたは あなたの神，主の名をみだ
りに唱えてはならない。
4　安息日を覚えて，これを聖とせよ。
5　あなたの父と母を敬え。
6　あなたは殺してはならない。
7　あなたは姦淫してはならない。
8　あなたは盗んではならない。
9　あなたは隣人について，偽証してはな
らない。
10　あなたは隣人の家をむさぼってはなら
ない。　（『旧約聖書』出エジプト記）

「十戒」（1956年作品）

|解説|ユダヤ教－古代イスラエルの民族宗教
ユダヤ教は，宇宙万物を創造し，支配する人格神ヤハウェ（ヤーウェ）が，イスラエル人をみずからの民として選び，彼らを永遠の救いに導く約束をしたという。これを選民思想という。『旧約聖書』によれば，神の導きをうけたモーセに率いられエジプトを脱出したイスラエル人たちに，シナイ山でモーセを通じて神から「モーセの十戒」という律法が授けられた。律法にそむけば，ヤハウェは「裁きの神」として厳しい審判をくだす。

2 イエス －キリスト教－

イエス＝キリスト　前4？～後30ごろ
1世紀初頭のパレスチナ地域にて活動した宗教家。洗礼を受けた後，自らを神の子であると自覚し，「神の国は近づいた。悔い改めて福音を信ぜよ」と宣教を始めた。ローマ皇帝への反逆とユダヤ教の教えにそむいたとして訴えられ，十字架にかけられ刑死した。やがて弟子たちの間に，死後3日目に復活し，十字架上の死は人間の罪をあがなうものであったという信仰が生まれた。

イエスはパレスチナ地方のベツレヘムで生まれ，ガリラヤのナザレで育った。母マリアは聖霊（神の力）によってイエスを身ごもったとされる。その夫ヨセフは大工であり，イエスもそのもとで他の兄弟たちと共に成長し，家業をついだと見られる。30歳の頃に家を出て，バプテスマのヨハネと呼ばれる宗教運動家のもとで，その運動に参加した。やがてヨハネが処刑された後，彼の運動から独立し，ガリラヤを中心とした地域で独特の宗教運動を展開したが，1～3年後に十字架上で処刑された。

イエスは人間が守るべき律法を，第一は「心をつくし，精神をつくし，思いをつくして，主なるあなたの神を愛せよ」とし，第二は「自分を愛するように，あなたの隣り人を愛せよ」という隣人愛の教えとした。

|解説|世界宗教への脱皮　キリスト教の母胎であるユダヤ教において神は，律法を守れぬ者を厳しく裁き罰する「義の神」「裁きの神」として恐れられていた。それに対してイエスは，単に「義の神」であるだけではなく，「愛の神」でもあると説いた。この転換により，民族宗教であったユダヤ教と異なり，キリスト教はより普遍性の高い世界宗教へと脱皮することになった。

3 山上の説教（垂訓）

あなたがたも聞いているとおり，「目には目を，歯には歯を」と命じられている。しかし，わたしは言っておく。悪人には手向かってはならない。だれかがあなたの右の頬を打つなら，左の頬も向けなさい。あなたを訴えて下着を取ろうとする者には，上着をも取らせなさい。だれかが，一ミリオン行くように強いるなら，一緒に二ミリオン行きなさい。求める者には与えなさい。あなたから借りようとする者に，背を向けてはならない。

あなたも聞いているとおり，「隣人を愛し，敵を憎め」と命じられている。しかし，わたしは言っておく。敵を愛し，自分を迫害する者のために祈りなさい。

（「マタイによる福音書」5章38－42，44）

あなたがたの中に，百匹の羊を持っている人がいて，その一匹を見失ったとすれば，九十九匹を野原に残して，見失った一匹を見つけ出すまで捜し回らないだろうか。そして，見つけたら，喜んでその羊を担いで，家に帰り，友達や近所の人々を呼び集めて，「見失った羊を見つけたので，一緒に喜んでください」と言うであろう。言っておくが，このように悔い改める一人の罪人については，悔い改める必要のない九十九人の正しい人についてより大きな喜びが天にある。

（「ルカによる福音書」15章1-7）

|解説|　羊飼いは神に，群を離れた一匹の羊は人間にたとえられる。このように，無価値と思われるようなものにも注がれる，神の無償の絶対的愛をアガペーという。

ミケランジェロ「最後の審判」（ヴァチカン宮殿　システィナ礼拝堂）

4 ムハンマドってどんな人？ ―イスラーム―

　ムハンマド（570 ?〜632）は、アラビアの商業都市メッカに生まれる。幼時に両親と死別し、貧しい叔父の家業を助けつつ、12歳のころから隊商に加わって各地を旅した。40歳頃、町はずれの洞窟で瞑想中「起きて警告せよ」という神の声を聞き、自らを神の使徒と自覚して人々に新しい教えを説きはじめた。**唯一絶対の神アッラーへの絶対服従、アッラーの前には人は平等であること、偶像崇拝の否定**を説く彼の教えは、大商人ら富裕層によって激しく迫害された。しかし622年の聖遷後、メディナでイスラムの共同体（ウンマ）を組織した彼は、亡くなるまでにアラビア半島のほぼ全域を征服することになった。なお、イスラームの信者を**ムスリム**という。

　ムハンマドは偶像崇拝を否定し、唯一神への絶対服従と信者の平等を説いてイスラームを創始した。彼に下された神の啓示を記録した書とされる『クルアーン（コーラン）』には、信者の守るべき信仰と宗教的義務が示されている。これを整理したものが「六信五行」である。

クルアーン（コーラン）

5 六信五行

六信	神	アッラーとは全知全能、唯一絶対の創造主であり、あらゆる所に存在し、日月の巡りや四季の移り変わりからも知ることができる存在。あまりにも絶対的なので偶像化できない
	天 使	神の使者であり、人間の善悪一切の行動を細かく記録して、最後の審判の日に証言する
	啓（経）典	神からの啓示を記録した書。ユダヤ教のモーセ五書、キリスト教の福音書も含む。『クルアーン』が最も完全なものだとされる
	預言者	神の啓示を人々に伝える者。ユダヤ教のアダム、ノア、モーセ、キリスト教のイエスなどを含む。ムハンマドは最後で最大の預言者とされる
	来 世	やがて終末の日に最後の審判が行われ、信仰厚く宗教的義務をよく果たした者は天国へ、その反対の者は地獄へ送られることになる
	天 命	すべての現象は神の意志によるものであり、神の恵みへの感謝の気持ちを忘れないで生きる者はよい報いが得られる
五行	信仰告白	「アッラーの他に神はなく、ムハンマドはアッラーの使徒である」と唱えること
	礼 拝	1日に5回、メッカに向かって神を拝すること
	断食（だんじき）	イスラム暦9月、日の出から日没まで一切の飲食を断つこと
	喜捨（きしゃ）	一種の救貧税と自発的な喜捨
	巡 礼	生涯に一度、メッカに巡礼すること

6 イスラームの作法

礼拝の方法
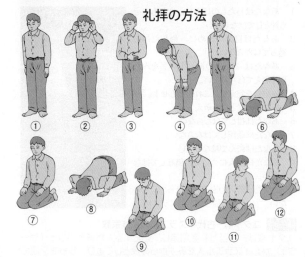
① ② ③ ④ ⑤ ⑥ ⑦ ⑧ ⑨ ⑩ ⑪ ⑫

ウドゥー（小浄）の順序

① ② ③ ④ ⑤ ⑥ ⑦ ⑧

|解説| ムスリムは「清潔であることは信仰の半分を成就したことになる」という。礼拝は、身体をきれいに洗わなければ、行ってはならない。不潔なままで礼拝しても、その祈りは無効である。洗う順序も決まっている。それが、ウドゥーである。モスクには必ずウドゥーを行う水場がある。

京都駅近くに設けられたイスラームの礼拝施設
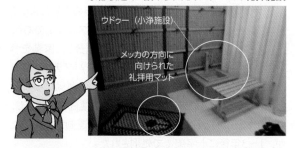
ウドゥー（小浄施設）
メッカの方向に向けられた礼拝用マット

Column 人間は弱いもの―現代のムスリムの人間観

　「人間は、本来悪でも善でもないが、弱い存在ではある。したがって誘惑にまけやすくなるような状況をつくらないようにする。不特定多数の男女が肌をみせて接触していると、弱い人間のこと、乱れるにきまっているから、男も女も、手首、足首までの長い衣服をつけることにする。性的誘惑に対しては、男は、とくに弱いから、女は、髪の毛もおおうベールをつけて、弱き男性をまどわさないように協力する。」　　　（片倉もとこ『イスラームの日常世界』）

7 ブッダってどんな人？ −仏教−

ブッダ（仏陀）が説いた教えが，仏教である。ブッダとは「目覚めた者」という意味で，ゴータマ＝シッダッタが悟りを開き，尊称された。また，シャカ（釈迦）というのは，現在のネパールのシャカ族の王子として生まれたからである。釈尊ともいう。35歳のときに悟りを開いたのちは，45年間にわたって各地で教えを説き，多くの信者や弟子を得た。80歳のときに，故郷に向かう途中で入滅した。

ゴータマ＝シッダッタ
（463B.C. 〜 383B.C.）

8 悟りにいたる道 −四諦と八正道−

仏陀は，苦を除いて悟りにいたる道として，**四諦**（四つの真理）と**八正道**の教えを説いた。

四諦とは，人生は苦であるという真理（**苦諦**），人生の苦は煩悩の集まりからおこるという真理（**集諦**），苦の原因をすべて滅した心静かな境地が涅槃であるという真理（**滅諦**），苦を滅する方法は八正道であるという真理（**道諦**）である。

また，悟りのためには，この四諦を深く見つめ，快楽と苦行という両極端を捨てた中道が必要だとした。

八正道	正見	正しい見解
	正思	正しい思惟
	正語	正しいことば
	正業	正しい行為
	正命	正しい生活
	正精進	正しい努力
	正念	正しい思念
	正定	正しい瞑想

仏教の伝播

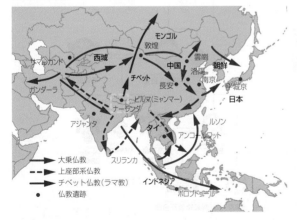

サマルカンド　西域　モンゴル　敦煌　雲崗　中国　洛陽　朝鮮　ガンダーラ　チベット　長安　南京　平城京　ナーランダ　ビルマ（ミャンマー）　日本　アジャンタ　タイ　ルソン　アンコールワット　スリランカ　インドネシア　ボロブドゥール

→ 大乗仏教
⇢ 上座部系仏教
→ チベット仏教（ラマ教）
・ 仏教遺跡

解説 日本への仏教公伝は538（552）年のことである。その後，仏教は日本文化に定着し，日常会話の中にも，本来は仏教の用語であったものが多い。また，茶道や華道をはじめとする伝統文化も，仏教の深い影響を受けている。落語も，寺院での説教話が，そのはじまりといわれている。

9 ブッダの教え −縁起と四苦八苦−

縁起 すべてのものはひとりでは存在しない

（小泉吉宏『ブッダとシッタカブッタ2　そのまんまでいいよ』メディアファクトリー）

四苦八苦

生きる苦しみ（生）

老いる苦しみ（老）

病む苦しみ（病）

死ぬ苦しみ（死）

愛しい人やものと別れるのは苦しい（愛別離苦）

きらいな人やものと結びつけられるのは苦しい（怨憎会苦）

求めるものが得られないと苦しい（求不得苦）

得たものが満足できないと苦しい（五蘊盛苦）

（小泉吉宏『ブッダとシッタカブッタ3　なんでもないよ』メディアファクトリー）

公共の扉

MainQuest メイン クエスト

日本人はどんなことを考えてきたのだろう?

SubQuest サブ クエスト

日本の国土や気候の特徴と,日本人の思想とはどのように関係しているだろうか。

春 秋

夏 冬

日本の四季の風景
春 吉野山の桜 (奈良県)
夏 高原に咲くひまわり (長野県)
秋 清水寺の紅葉 (京都府)
冬 雪の銀山温泉 (山形県)
国土が南北に長い日本には,地域によっても気候の違いがあるが,おおむね温帯に属し,寒く厳しい冬と,暑く湿り気のある夏をもつ。

日本は,中国や朝鮮,インドさらには欧米の思想を積極的に受容しつつ,旧来の思想を捨て去ることなく保存し,日本独自の思想を形成した。

日本の国土は,大小の島々からなる島国である。温帯モンスーン気候に大半が属し,年間を通じて雨と日光に恵まれ,気温の年較差が大きく,四季の変化がある。そのような環境が,移ろいゆく景物に対する人々の感覚を,繊細かつ鋭敏にした。また,夏のモンスーンにともなう高温多湿な気候が植物の生育に適し,古来,水稲栽培を中心とする生活を営んできた。このような日々の生活の営みや風土が,思索をめぐらす主体としての日本人にとって,大きな影響力を与えた。日本では,善悪や貴賤の別を問わず,人々に畏怖の念をいだかせるものはみな神であり,八百万神(やおよろずのかみ)と言われる。神に対する心のありようとして,うそ偽りなく,何も包み隠さず,つくり飾るところのない心である清き明き心(清明心)が重んじられた。祭祀を妨害することは,共同体の秩序をおびやかす罪であり,罪が生ずると祓い(祓え)が行われた。また,穢れ(けがれ)を取り除くために禊(みそぎ)が行われた。

伏見稲荷神社 (京都府伏見)
稲荷神社は稲作の神様として古来より信仰を集める。伏見稲荷は全国の稲荷神社の総鎮守。

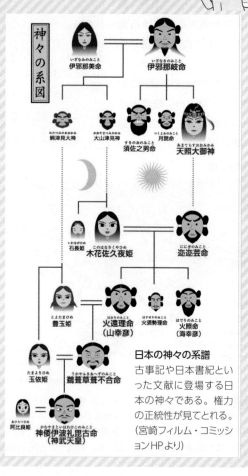

神々の系図

伊邪那美命(いざなみのみこと) 伊邪那岐命(いざなぎのみこと)

綿津見大神(わたつみのおおかみ) 大山津見神(おおやまつみのかみ) 須佐之男命(すさのおのみこと) 月読命(つくよみのみこと) 天照大御神(あまてらすおおみかみ)

石長姫(いわながひめ) 木花佐久夜姫(このはなさくやひめ) 迩迩芸命(ににぎのみこと)

豊玉姫(とよたまひめ) 火遠理命(ほおりのみこと)(山幸彦) 火須勢理命(ほすせりのみこと) 火照命(ほでりのみこと)(海幸彦)

玉依姫(たまよりひめ) 鵜葺草葺不合命(うがやふきあえずのみこと)

阿比良姫(あひらつひめ) = 神倭伊波礼毘古命(かむやまといはれびこのみこと)(神武天皇)

日本の神々の系譜
古事記や日本書紀といった文献に登場する日本の神々である。権力の正統性が見てとれる。
(宮崎フィルム・コミッションHPより)

1 仏教伝来と聖徳太子（厩戸王）

聖徳太子 574〜622
　用命天皇の第2皇子として生まれる。厩戸王。『三経義疏』のなかで法華経・維摩経・勝鬘経の注釈を行う。また、『憲法十七条』のなかでは凡夫の自覚に立って権力に服従することを説き、儒教や仏教の精神を役人の心得にとりいれた。

　日本に仏教が伝来したのは、6世紀、朝鮮半島の百済からである。仏教の受容に関する蘇我氏（崇仏）と物部氏（排仏）の対立を調停し、仏教を政治や生活上の原理として取り入れたのが聖徳太子である。

　太子は、大陸文化の導入をはかるため、遣隋使を派遣したり、仏教興隆のため法隆寺などの寺院を建立した。

　「十七条憲法」には、その第二条で、仏・法・僧を敬うことが記され、第十条には人は皆凡夫（欲望にとらわれた人間）であることが説かれている。

Column　末法思想

　仏陀の入滅後1000年（500年との説も）は、仏陀の教え（教）、その実践としての修行（行）、その結果としての悟り（証）が正しく備わる正法の時代が続くが、そののちの1000年は悟りの得られない時代である像法の時代となり、さらに教えのみの末法の時代に入るとされた。仏陀の入滅年の伝わり方により、日本では1052年に末法に入るとされていた。折しも平安末期から鎌倉初期にかけての戦乱の時代の中、人びとに末法思想が広まり、易行による救済を求める風潮が広まった。現世を穢土、来世を浄土とする極楽浄土を説く浄土教が盛んになった。空也が京都で念仏をすすめ、源信は『往生要集』を著した。

源信 942〜1017
　天台宗の僧。横川恵心院で過ごしたことから、恵心僧都とよばれる。阿弥陀如来の仏国土へ往生成仏するという浄土思想を説く。その方法として、阿弥陀如来の名を唱える称名念仏だけでなく、その姿を心に念ずる観想念仏の重要性を強調した。著書『往生要集』。

2 奈良・平安仏教

　仏教は国家の保護のもとに隆盛に向かった。8世紀はじめには、聖武天皇、光明皇后がともに仏教に帰依し、国ごとに国分寺、国分尼寺を建立し、総国分寺として東大寺を建立した。仏教は**鎮護国家**のための仏教としての性格が強かった。

　平安時代になると、最澄や空海が出て新しい日本仏教を開いた。

　最澄は、**天台宗**を開き、すべての人が平等に成仏できるという、涅槃経に説く、「**一切衆生悉有仏性**」（生きとし生けるものは、生まれながらに仏性があるから成仏できる）の考え方を示した。**空海**は、**真言宗**を開き、自己と仏が一体となり、この身のままで成仏できる**即身成仏**の考えを説いた。

東大寺盧舎那仏　752年、聖武天皇の大仏建立の詔により東大寺の本尊として完成した。仏法の力による社会の安寧を願ったとされる。

最澄（伝教大師） 767〜822
　比叡山に延暦寺を築き、天台宗の開祖となる。伝教大師ともよばれる。法華経を重視し、法華一乗を説いた。従来の授戒のあり方を批判し、大乗戒壇の設置を朝廷に申請したが、許可されたのは没後のことであった。

空海（弘法大師） 774〜835
　弘法大師ともよばれる、真言宗の祖。手で仏や菩薩を表す印契を結び、大日如来のことばとされるマントラ（真言）をとなえて意で念ずるという、身・口・意の三密の行による即身成仏を説いた。高野山に金剛峯寺を建立。のちには嵯峨天皇より東寺（教王護国寺）を授かって真言宗を広めた。

比叡山延暦寺
（滋賀県大津市）
東塔と阿弥陀堂

高野山金剛峯寺
（和歌山県伊都郡高野町）壇上大伽藍と東塔

3 鎌倉仏教の展開

平安時代後期以降の末法の世のなか，教理や修行を平易に説き，その後の日本仏教の原型をつくったのが鎌倉仏教である。仏教は，その後世俗化の道を歩むものの，一向一揆のように，民衆のエネルギーを結集する核となる一方で，仏教の教えに基づく説話や物語，随筆などが大量に著され，日本人の無常観や来世観の基礎を形づくることになった。

法然 1133 ～ 1212
浄土宗の開祖。美作国久米南条稲岡荘，現在の岡山県久米郡久米南町の荘官の子として生まれたといわれる。13歳のとき比叡山に入り 15歳で出家。奈良・京都の高僧たちのもとに赴いて学んだ。源信の『往生要集』で念仏に目を向け，広く衆生を救う目的で**称名念仏**を広めた。末法の世では，ただ**南無阿弥陀仏**と唱えて仏の慈悲にすがる以外に救われる道はないとして，**専修念仏**を説く。この教えは，身分や地位を問わないという点で，広く武士や大衆の間に支持された。著書『選択本願念仏集』

親鸞 1173 ～ 1262
法然の教えを独自に展開した浄土真宗の開祖。幼いころに母を失い9歳で出家。念仏を唱えることも阿弥陀如来の慈悲の力であるとする**絶対他力**を説く。「善人なおもて往生をとぐ，いはんや悪人をや」とする**悪人正機説**を唱えた。「善人」すなわち，自力で善をなすことのできる人が仏の教えを軽んじがちなのに対し，自力で修行ができずに阿弥陀如来にすがろうとする者である「悪人」こそが救われやすいという。著書『教行信証』。『歎異抄』は弟子唯円の著。

栄西 1141 ～ 1215
中国から日本に禅を伝えた日本臨済宗の開祖。備中吉備津神社（現在の岡山県岡山市）に生まれる。8歳から仏典を学び14歳のとき比叡山で受戒。天台宗の研究に励んだ。浄土思想が念仏による往生成仏を説くのに対し，瞑想によって悟りをめざす宗派を総称して**禅宗**とよぶ。臨済宗では，老師から与えられる**公案**という哲学的な問題に取り組む，いわゆる禅問答が行われる。著書『興禅護国論』『喫茶養生記』

道元 1200 ～ 53
日本の曹洞宗の祖とされる。京都の公家の家に生まれたが，幼くして両親を失い，13歳で比叡山に入った。末法思想を否定し，我執を去るために，ただひたすら**坐禅**を行うこと，すなわち**只管打坐**を主張し，**身心脱落**の境地をめざした。坐禅という修行の姿と悟りの境地は一体であるとして**修証一等**を説いた。著書『正法眼蔵』

日蓮 1222 ～ 82
日蓮宗の開祖。安房国長狭郡(現在の千葉県鴨川市小湊)の漁師の子として生まれ，12歳で寺に入り16歳で出家して鎌倉や比叡山で修行した。32歳のとき故郷に戻った。みずからを天台宗の正統な後継者と位置づけ，浄土思想や禅を批判した。末法の世を救うことのできる経典は『法華経』をおいて他にないとして，**南無妙法蓮華経**の題目を唱える(唱題)ことによって，国家の救済が図られると説いた。著書『立正安国論』『開目抄』

4 儒教の受容と日本化

儒教が日本に伝来したのは，仏教と同じく6世紀のことである。そして，聖徳太子の時代に儒教は，政治道徳として用いられた。人材登用のために作成された「冠位十二階」には，「徳仁礼信義智」という儒教の徳目が示されている。鎌倉時代になると，朱子学が伝えられたが，当時は仏教が優勢であり，大きな発展はみられなかった。江戸時代になると，幕府は，士農工商の身分制度を中心とする封建的な制度をつくりあげる思想として，儒学の朱子学を用いたので，儒教が大きな発展をみせた。

湯島聖堂での講義風景

5 朱子学派

藤原惺窩 1561 ～ 1616
近世儒学の祖とされる。藤原定家の子孫として播磨の国に生まれ，幼少にして仏門に入る。京都五山の一つである相国寺に入り，仏典とともに儒学を学んだ。仏教は人間世界の道理を滅ぼすものであるとし，仏教を捨て儒学の研究に向かった。門下に林羅山など多数の学者を輩出した。

林羅山 1583 ～ 1657
朱子学を幕府の官学とする基礎を築いた，江戸初期の朱子学者。京都に生まれ，13歳から建仁寺で仏典・儒学の書を学んだが出家を拒否して，朱子学を志した。藤原惺窩に師事し，彼の推薦のもとに，家康をはじめ4代将軍まで仕えた。羅山の死後，綱吉の時代に作られた昌平坂学問所は林家流朱子学の学問所である。天地に上下があるように，人間社会の身分や序列があるのは当然とする上下定分の理を唱え，存心持敬の生き方を説いた。

山崎闇斎 1618 ～ 1682
江戸時代前期の儒学者・神道家・思想家。京都にて生まれる。父は鍼医を営んでいた。幼くして比叡山に入り，ついで妙心寺に移って僧となる。敬と義をもとに，神道と儒学の合一である垂加神道を創始した。天皇崇拝と封建道徳を説いて，のちの尊王運動に影響を与えた。京都に私塾を設立。

|解説 この他に朱子学者では，新井白石や雨森芳洲のように幕政や外交に参与した者もあった。

6 陽明学

　陽明学，中国明代の王陽明によって樹立された儒学で，江戸初期に日本に紹介され，中江藤樹・熊沢蕃山らが出た。幕末になると思想運動として盛んになり，大塩平八郎をはじめとして多くの陽明学者が活躍した。日本における陽明学は，幕府の官学としての朱子学のもつ主知主義的な側面に対する批判として出発している。

中江藤樹 1608 ～ 1648
日本の陽明学の祖。農家の生まれであったが，9歳で祖父にひきとられ武士として育てられた。朱子学を学ぶも形式主義になりがちな点を批判し，孝を重視し，時・処・位に応じた実践を重視する独自の主張を展開した。のちに王陽明に傾倒し**致良知**を説いた。

7 古学派

　朱子学の解釈や普及が行われるにつれ，朱子や王陽明の注釈によらず，孔子や孟子の原典に忠実に学ぶべきだとする儒学研究の流れがおこった。これが古学派である。

山鹿素行 1622 ～ 1685
幼少時から，朱子学をはじめ，神道や老荘思想などを広く学ぶ。赤穂藩に仕えた後，古学を提唱して朱子学を批判したため，一時幽閉を命じられる。武士の生きる道は，戦場において勇敢に戦う道ではなく，威厳と寛大さを備え，農工商の模範となる武士としての道であるとして，士道を説いた。

伊藤仁斎 1627 ～ 1705
孔子や孟子の原典に直接あたることによって，彼らの根本精神は仁にあるとみなした。仁とは愛の徳，慈愛の心であり，仁の徳によって，人々の人間性豊かな結びつきが実現されると考えた。また，仁斎は「誠」を道の根本にある徳とみなした。京都堀川に古義堂を設立したことから，彼の学問は古義学ないし堀川学派とされる。

荻生徂徠 1666 ～ 1728
『論語』や『孟子』以前の六経にあたることによって，道に対する独自の考えを深めた。将軍綱吉の侍医の子として生まれ10歳以前に詩作を行うなど，幼時より優れた才能を示した。徂徠の研究法は，古典の言葉をできるだけそのまま研究し，時代の精神から思想を理解しようとするもので，古文辞学と呼ばれた。徂徠は，道とは単なる人の生き方としての道徳ではなく，古代の先王が，安天下のために制作した治術であると説いた。道徳と政治を分離して考えようとする近代的なものの考え方の萌芽がみられる。

8 国学

　古学の運動に触発され，日本の古典を研究することによって，日本独自の道を見出そうとした運動が国学である。国学は，契沖や荷田春満を先駆とし，賀茂真淵を経て，本居宣長によって大成された。また，平田篤胤は儒教や仏教の影響を排した復古神道を唱え，尊王攘夷運動に影響を与えた。

賀茂真淵 1697 ～ 1769
荷田春満に師事して『万葉集』を中心に古典を広く研究し，男性的でおおらかな気風「ますらをぶり」と，力強くありのままの「高く直き心」に古代の理想的な精神を見いだした。著書『歌意考』『国意考』『万葉考』など多数。

本居宣長 1730 ～ 1801
伊勢国松坂（現在の三重県松阪市）の商家に生まれるが，医者になるため22歳のとき京に上り，儒学と医術の修業を行う。そこで契沖の著作や古文辞学を唱えた荻生徂徠の著作に大きな影響を受けた。国学の大成者である本居宣長は，『源氏物語』の研究によって，文芸の本来の価値は「もののあはれ」を知ることにあると考えた。また，宣長は，日本人の自然な心情や繊細な感覚を高く評価し，儒教や仏教の思想によって感化された心である漢意の排除を主張した。著書『古事記伝』『源氏物語玉の小櫛』など

9 石門心学

石田梅岩 1685 ～ 1744
石田興長，通称は勘平で梅岩は号である。丹波国桑田郡東掛村，現在の京都府亀岡市の農家の次男として生まれた。幼くして京都の商家へ奉公に出るが一旦帰郷。23歳で再び上京し，商家黒柳氏に20年余にわたり仕えた。

　18世紀に入ると，経済力をつけてきた町人の中から，庶民の実生活に即した思想があらわれた。

　石田梅岩は，朱子学や老荘思想，仏教などの教えも取り入れて，自らの商家での仕事の経験をもとに，身近な例を用いて庶民の生き方を説いた。士農工商は職分の区別にすぎず，商人の得る利益は武士の禄に匹敵するものだと考え，商いによる利益を肯定した。また，正直や倹約，勤勉といった禁欲的な倫理を町人の道であると説き，梅岩の一門は石門心学と呼ばれた。

Column 万人平等社会ー安藤昌益

　安藤昌益は，農民の生活を人間生活の基本として，万人が直耕する自然世を理想社会とした。昌益は，世界のあらゆる存在は，それが天地からなり人が男女からなっているように，相互に依存しあった存在である。ところが，人為的な制度ができると，耕作せずに収益を私物化する階層が登場し，自然に反する社会となる。人間にとっての理想の社会とは，万人が直耕し，衣食住を自給し，男女近隣が助け合う社会であると説いた。

10 天道と人道の調和—二宮尊徳

二宮尊徳 1787～1856
江戸末期の農政家であり，疲弊した小田原藩領の立て直しなどに手腕を発揮した。尊徳は，農業を人間生活の根本であるとする考えから，天道と人道の調和を理想とした。

尊徳によれば，天道とは，作物を成長させたり干ばつや洪水をおこしたりするような，自然のもたらす平等な営みである。これに対し，人道とは水路を造ったり堤を造ることによって天道を補う人間の働きのことである。そして人道の根本を，倹約して他に譲る推譲，合理的な生活を設計する分度においた。また，天地や他者によってあたえられた恩に報いる報徳の思想を説いた。

11 洋学の思想—蘭学から洋学へ

江戸時代は，幕府の鎖国政策により，西洋との接触はきわめて限定されていた。こうした状況下で，長崎のオランダ商館を窓口として伝えられる蘭学は，新しい知識を求める人々に大きな影響をあたえた。

江戸の蘭学者であった前野良沢は，人体構造の正しい知識の普及を願い，杉田玄白らと，西洋医学書『ターヘル-アナトミア』を『解体新書』として翻訳・刊行し，その後の蘭学の発展に大きな功績を残した。

シーボルト 1776～1866
長崎出島のオランダ商館医として，1823年に来日したドイツ人。長崎郊外に鳴滝塾という私塾を開き，医学・博物学などを教えた。日本地図を国外に持ち出すという国禁を犯したシーボルト事件により国外追放となり，日本を離れた。

オランダ商館医師シーボルトに医学を学んだ高野長英は，渡辺崋山とともに尚歯会（蛮社）を結成し，西洋の科学だけではなく，世界情勢そのものにも目を向け，新しい視点から日本のあり方を考えようとした。蘭学は，おもに医学や天文，地理学を中心としていたが，江戸末期になると，さらに広く西洋の学術全般への関心が高まってきた。蘭学をふくめた西洋への文化・科学技術全般に関する知識を，洋学とよぶ。洋学者たちの思想と知識は，やがて日本の近代化の原動力となった。

解体新書 1774（安永3）年刊行。2年間かけて翻訳した。

12 洋学者の思想

佐久間象山 1811～64
江戸時代末期の思想家。松代藩士。朱子学者であると同時に西洋の学問にも精通。特に西洋兵学を専門として 松代藩の軍議役も務めた。主たる子弟に吉田松陰，橋本左内，勝海舟，坂本龍馬など。当時の日本における稀有な知識人として 全国的な知名度をもっていた。

佐久間象山は，アヘン戦争で中国がイギリスに敗れたことに衝撃をうけ，東洋の道徳（和魂）と西洋の科学技術（洋才）のそれぞれの長所をとり入れて，国力を充実させるように主張した。

吉田松陰 1830～59
江戸時代末期の武士，思想家，教育者。長州国萩藩士（山口県萩市），杉百合之助の次男。杉民治の弟。山鹿流兵学師範の叔父吉田大助の仮養子となり兵学と経学をまなぶ。9歳のときから藩校明倫館で山鹿流兵学を教授。諸国を遊学して会沢正志斎，安積艮斎らに従学した。

吉田松陰は，佐久間象山の門下で洋学を学んだが，のちに萩に松下村塾を開き，弟子を育成した。松陰は陽明学にもとづく忠節・誠を説き，「一君万民論」を唱え，藩の枠を超えて国民が忠誠を尽くす対象は天皇であると主張した。

13 近代の思想

明治政府は，西洋の制度や技術を取り入れ，近代国家の体裁を整え，日本の独立を守ろうとした。諸外国のアジア進出のなかで，国際社会における日本の立場を確立するため，殖産興業・富国強兵の政策がとられた。そのころに，国民の思想的啓蒙に大きな役割を果たしたのが，森有礼がよびかけ，福沢諭吉らが参加した明六社（明治6年結成）であった。また，中江兆民らの唱える自由民権論は，議会制民主主義を推し進めた。

森有礼 1847～1889
英米に留学し，明治政府の要職に就く。学校令を制定するも，国粋主義者により暗殺される。彼が呼びかけた明六社には，福沢諭吉や中村正直，西周らが参加した。

中江兆民 1847～1901
ルソーの『社会契約論』を翻訳して『民約訳解』を著し，自由民権運動の思想的中心を担った。日本の権利は「恩賜的民権」と言うべきもので，これを育てて「恢復的民権」と同様にしていくことを説いた。

公共の扉

福沢諭吉　1835〜1901

適塾で蘭学を学び，留学を経て，天賦人権論で封建制度を批判するとともに，実学の重視と個人ないし国家の独立を説いた。急進的な自由民権運動には反対し，官民調和と脱亜論を主張して，政府の富国強兵策を支持した。慶応義塾大学を創設した。天賦人権論を説き，国民一人ひとりが「独立自尊」の精神を持つべきであると説いた。

資料 『学問のすすめ』

　「天は人の上に人を造らず人の下に人を造らず」と言えり。（中略）されども今，広くこの人間世界を見渡すに，かしこき人あり，おろかなる人あり，貧しきもあり，富めるもあり，貴人もあり，下人もありて，その有様雲と泥との相違あるに似たるはなんぞや。（中略）されば賢人と愚人との別は学ぶと学ばざるとによりてできるものなり。（中略）されば前にも言えるとおり，人は生まれながらにして貴賤・貧富の別なし。ただ学問を勤めて物事をよく知る者は貴人となり富人となり，無学なる者は貧人となり下人となるなり。

14 キリスト教の受容

　1873年にキリスト教禁止の高札が撤廃されると，キリスト教の布教が活発化した。キリスト教は西洋的な啓蒙思想の一つとして受け入れられ，教育や社会福祉などの思想的基盤となった。

内村鑑三　1861〜1930

自己の信仰を「武士道の上に接木されたるキリスト教」と位置づけ，「二つのJ」すなわちJesusとJapanへの愛を告白した。キリスト教については，聖書中心主義，無教会主義を唱える。教育勅語による天皇の神格化に反対し，国粋主義者井上哲次郎（1855〜1944）らに批判されるが，植村正久（1857〜1925）らはプロテスタンティズムの立場から内村を思想的に擁護した。日露戦争に際しては，徹底した非戦論を展開した。

新渡戸稲造　1862〜1933

キリスト教信仰の立場から人格教養教育につとめた。彼の『Bushido the Soul of Japan：邦題は「武士道」』は，アメリカとイギリスで刊行され，日本語，ドイツ語，フランス語に翻訳された。国際連盟事務次長を務める。

Column 女性解放運動と青鞜

平塚らいてう
1886〜1971
　女性による文学結社『青鞜』を創始した。

巻頭に「元始，女性は太陽であった」と綴った。この結社には与謝野晶子や野上弥生子らが賛同し，婦人解放運動の拠点となった。また，市川房枝，奥むめおらと結成した新婦人協会は，女性による初の政治的市民団体であった。

15 近代的自我の確立

　18世紀から19世紀にかけてヨーロッパでおこったロマン主義の流れを受けて，日本では北村透谷や与謝野晶子，あるいは島崎藤村らが，形式や規則にとらわれない，自由な感情や個性を表現した。この運動は，藤村の『破戒』を先駆とする自然主義に受け継がれ，人間のありのままの姿が描かれた。また，夏目漱石は，反自然主義の立場から，個人主義的な倫理を探究した。

夏目漱石　1867〜1916

『我輩は猫である』『こころ』などで著名な文筆家。日本の西欧化を「外発的」と批判するなど，評論家としての側面も見せた。イギリス留学によって自信を喪失するも，「自己本位」の生き方に目覚め，著作活動に反映させた。晩年は，自己本位による個人の対立を解決する「則天去私」の境地を描こうとしたとされる。

解説 西洋思想の流入とともに，個人の自我が確立されていった。とくに文学として，封建的，家父長主義的な「家」制度との対立が顕著になった。

16 近代日本の哲学

　西洋思想の研究を経て，日本独自の哲学を展開したのが西田幾多郎や和辻哲郎である。彼らの共通点は，西洋思想と東洋思想を止揚しようとした点，あるいは，「曰く言い難きもの」として言語によって表現されなかった東洋思想の核心を，西洋思想の例にならって言語化しようとした点にあると言えよう。

西田幾多郎　1870〜1945

西田の功績は，不立文字として語られなかった東洋の思想，とりわけ禅の思想を，西洋思想の文脈に位置付けたことにあると言える。彼は「未だ知情意の分離なく，唯一の活動であるように，また未だ主観客観の対立もない」状態としての純粋経験を出発点として，そこから場所の論理としての絶対無の形而上学と，真実在としての自己を説く道徳哲学をうちたてた。主著『善の研究』

和辻哲郎　1889〜1960

和辻は，人間を「間柄的存在」ととらえ，利己主義や全体主義に偏らない自己のあり方を模索した。また，地域の風土と人びとの性質について，砂漠型・モンスーン型・牧場型に類別した研究も著明である。著書『人間の学としての倫理学』『風土』『古寺巡礼』

テーマ学習 日本人の生活文化・伝統文化

1 信仰の山〜富士山〜 富士講／富士塚

富士山本宮浅間大社（静岡県富士宮市） 大鳥居の向こうに富士山がみえる。全国各地の浅間神社の総本山である。

富士塚（品川区品川神社） 富士塚には富士山の山道に見立てた登り道があり、庶民の富士信仰を広めた。

世界文化遺産を認定する際に取り入れられた概念に、「文化的景観」がある。この文化的景観とは、「自然環境と人間の営みの中で、信仰や芸術・伝統的風習などが長い年月をかけて地域共同体と結びついた結果形成された風景」という概念である。富士山は、日本人の信仰や美意識と深く関連し、今日まで人々に畏敬され、感銘を与え続けた名山として、世界に通用する価値を持つ文化的景観であるといえる。

富士山は、その雄大な姿、高さ、噴火の威容などから、山そのものがご神体として信仰されるようになった。平安時代には修行の場として修験者が足を運び、江戸時代になると、富士講と呼ばれた富士山を信仰する集団の活動が盛んとなり、登頂者が増加した。山頂まで行くことのできない人は、道中にまつられた浅間神社の境内にある富士塚に登った。

2 きみは年中行事に参加している?

1月1日	正月	初詣（はつもうで）
☆1月7日	人日（じんじつ）	七草粥（かゆ）
2月3日	節分	立春の前日 豆まき
☆3月3日	上巳（じょうし）	桃の節句 雛（ひな）祭り
3月下旬	彼岸（ひがん）	春分の日 墓参り
4月8日	花祭り	釈迦（しゃか）の誕生日
☆5月5日	端午（たんご）	菖蒲の節供 菖蒲湯 武者人形 鯉のぼり
☆7月7日	七夕（しちせき）	牽牛と織女の伝説 笹竹に短冊を飾る
7月15日（8月15日）	お盆	先祖の霊を供養 盆踊り
☆9月9日	重陽（ちょうよう）	菊の節句 菊人形
9月下旬	彼岸	秋分の日 墓参り
12月31日	大晦日（おおみそか）	除夜（じょや）の鐘

☆は五節供（句）

一年間に、学校行事で体育祭・文化祭や遠足・定期テストなどがあるように、年中行事には**五節句**をはじめ、その地域の歴史や文化が育んだ伝統的なお祭りがある。観光化され、そのお祭りに多くの人々が参加したり、見に来たりするものもあるが、継承する若者が少なく、存続が危ないものもある。

日本の年中行事は、農耕社会と関係が深い。祭りが行われる特別な日が「ハレ」で、日常の日々を「ケ」という。

また、宮中の年中行事であった節供なども、後に庶民の生活に浸透するようになった。例えば、3月3日は「**上巳の祓**」で、宮中では**禊祓**をし、曲水宴を催した。近世以降に雛祭りが行われるようになった。5月5日の端午節会には、邪気を払うため、菖蒲や蓬を軒にかけ、薬玉を贈答したり、騎射が行われた。

仙台七夕 仙台七夕祭りは、田の神を迎える行事であり、東北地方を昔から周期的に襲う冷害という悲惨な歴史を乗り越えようと、豊作の保障と保護を田の神に祈った。

3 通過儀礼を知っていますか？

宮参り
誕生後，氏神にお参りし，氏子として承認をえる

七五三
11月15日に，氏神にお参りし，子どもの健康と成長を祈願する

厄年（やくどし）
男25歳・42歳（大厄）・61歳
女19歳・33歳（大厄）・37歳
厄難（やくなん）にあうといわれ，忌み慎む

還暦
数え年61歳
60年で生まれた年の干支に還（かえ）る
赤い羽織を着る

宮参り

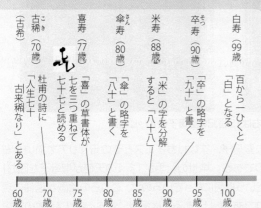

七五三

白寿（99歳）	卒寿（90歳）	米寿（88歳）	傘寿（80歳）	喜寿（77歳）	古稀（こき）（70歳）（古希）
百から一ひくと「白」となる	「卒」の略字を「九十」と書く	「米」の字を分解すると「八十八」	「傘」の略字を「八十」と書く	「喜」の草書体が七を三つ重ねて七十七と読める	杜甫の詩に「人生七十古来稀なり」とある

60歳　70歳　75歳　80歳　85歳　90歳　95歳　100歳

人生の節目や区切れに行われる，誕生，成人，結婚，死亡などの儀礼を通過儀礼という。子どもの成長にともなう通過儀礼には，宮参り，七五三，成人式などがある。近代以前は，大人になるための厳格な儀式を通過することで，その集団や地域から，大人の資格があると認められた。最近は青年期が長くなり，成人式がかつてのような厳格なものではなく形骸化している。通過儀礼は**イニシエーション**ともいう。

4 日本人って何だろう―日本人論―

志賀重昂（しげたか）『日本風景論』
札幌農学校出身の地理学者が日本の風土がいかに欧米に比べて優れているかを情熱的な文章で綴った。明治27年（1894）に刊行され，当時ベストセラーとなった。

日本風景論

ベネディクト『菊と刀』
西欧人の「罪の文化」に対し，日本人を「恥の文化」と特徴づけた。日本人にとっては，内という帰属集団を裏切るかどうか，ということが善悪の基準となり，それが恥という感覚としてあらわれる。

土居健郎（たけお）『「甘え」の構造』
「甘え」とは幼児が母親に依存する心性を原型とするもので，他人が無条件で，言わず語らずのうちに，自分の心情を察し，受け入れることを求める心性が，日本人にある。

中根千枝『タテ社会の人間関係』
日本の社会では，水平なヨコの関係よりも，上の命令に下が服従して集団の秩序を保とうとするタテの関係が強い社会構造となっている。

解説 日本とは何か，日本人とは何か，日本文化とは何か。こうした問いは，いつも日本人の心の中に絶えず流れ続けてきた。他の民族，国民にとっても同じであるが，とくに日本人はこの傾向が著しい。これらの日本人論を読んで，考えてみよう。

Column　君の干支はなに？

日本人と干支（「かんし」ともいう）との関わりは深い。正月には年賀状に，その年の干支を描いたり，家には干支の人形を置いたりする。また，干支占いや，年齢を尋ねるときに，干支を聞くことがよくある。
甲子園球場は，全国高校野球の開催地で，高校球児の憧れである。球場の名前の由来は，1924（大正13）年の甲子（きのえね）に建設されたからである。天皇の後継者争いである壬申（じんしん）の乱（672年）や，中国の辛亥（しんがい）革命（1911年）も同様である。

十干十二支が刻まれた方位石（古殿地）（三重県伊勢市，猿田彦神社）　昔の神殿あとにこの方位石をおき，古殿地として石柱をおいている。

公共の扉

33

公共の扉

導入の Quest

MainQuest （メイン クエスト）

中世から近代への移行期にはどんな思想が現れたのだろう？

SubQuest （サブ クエスト）

同じ聖母子像だがどんな違いが見て取れるだろう。気がついたことをあげてみよう。

左は13世紀の聖母子像 (チマブーエ画)。右は15世紀の聖母子像 (リッピ画)

ルネサンスは「文芸復興」と訳される。中世では人間が神の被造物とされ，神の絶対性のもとに抑圧，画一化されていたのに対し，14世紀から15世紀にかけて，キリスト教成立以前，すなわち古代ギリシャ・ローマの文化を再評価することをとおして人間性を回復しようとした人文主義運動がルネサンスである。

ここに並べられた二つの絵画を比較してみよう。とも

に聖母子，すなわちイエスとその母マリアを描いたものである。中世の絵画が「多くの天使が聖母子を囲む」という構図になっているのは，これらの絵画が信仰の現れであったり，あるいは民衆に対するキリスト教の解説に用いられたりしたことによる。これに対して，ルネサンス期の絵画は，人間の母子の美しさや愛情がありのままに描かれている。

西洋思想の流れ （現代まで続く系譜について，確認しよう。）

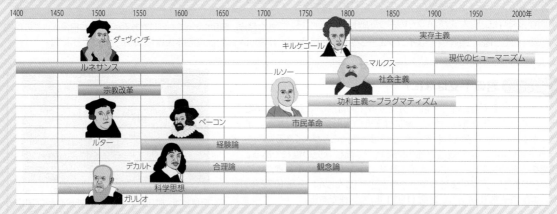

1 スコラ哲学

中世ヨーロッパの大学の分布

数字は成立の年
- ● 12世紀に成立
- ○ 13世紀に成立
- ◎ 14世紀に成立
- ○ 15世紀に成立

「スコラ」とは教会の付属学校を意味する。

スコラ哲学では，神の存在証明や，信仰上の真理と理性的真理との矛盾を解決することが研究の主題とされた。「哲学は神学の侍女」ということばは，学問や芸術は神のためにある，というスコラ哲学の姿勢を物語っている。中世では，神学部を頂点とする大学が組織され，下級学部においては「神の書いた二つの書物」である聖書と自然を読み解くための基礎教養が育成された。

- ●上級学部・・・神学・法学・医学
- ●下級学部・・・自由七学科

　　理系四科（算術・幾何・天文・音楽）

　　文系三科（文法・修辞・論理）

トマス＝アクィナス 1225 ?～ 74
スコラ哲学の時代を代表する思想家。彼は，理性的に知り得た真理と信仰上の真理の対立を解決することを試み，信仰上の真理の優位性を前提として信仰と理性の調和を図った。

Column ダンテと神曲

ダンテ 1265 ～ 1321
イタリアのフィレンツェに生まれた詩人。時代としては中世の人だが，神を賛美することを主題とする風潮のなかにあって，『新生』において恋人への愛をうたったり，教養人の共通語がラテン語の時代に，『神曲』をイタリア地方の方言であるトスカナ語で書いたりしたことから，ルネサンスの先駆者とされる。

愛に二種がある。一つは自然の愛，すなわち宇宙万物にそなわる自然な愛であり，もう一つは人の魂から出る愛，すなわち自由意志による理性的な愛である。

（ダンテ「神曲」，『世界教養全集38ダンテ』平凡社）

2 ルネサンスの思想—ヒューマニズム

ピコ＝デラ＝ミランドラ 1463 ～ 1494
ルネサンスのヒューマニズム（人間中心主義）の考え方は，キリスト教の世界観・人間観をも大きく変えた。神によって人間の運命は定められているという考え方に対して，ピコは，人間の自由意志が人間のあり方を決定するものと考え，そのような人間の自由意志を「人間の尊厳」であると考えた。ここには「自由」を人間の本質として捉える新しい人間観が見てとれる。

エラスムス 1466 ～ 1536
オランダの人文学者。教会や教義にとらわれず聖書や古代の学説について，あらゆる文献を集めて研究した。初めてラテン語以外に訳された聖書（ギリシャ語）を出版し，当時の教会や聖職者の腐敗に対して痛烈に批判した。キリスト教会の改革には大きな影響をあたえた。主著に『痴愚神礼讃』

マキャヴェリ 1469 ～ 1527
イタリアの政治学者。共和政主義者であったが，イタリアの分裂と混乱に悩み，祖国統一のための強くて賢明な君主を待望して『君主論』を著した。かれは，「君主」は国家経営上，目的達成のためには手段を選ばずにのぞむべきだと主張した。

トマス＝モア 1478 ～ 1535
イギリスの政治家。毛織物産業の活性化にともなって農地が羊の放牧地とされ，農民が土地を追われたことを，著書『ユートピア』で「羊が人を食う」と批判した。私有財産制のない理想社会の構想は，後の空想主義的社会主義に大きな影響をあたえた。

Column ルネサンス期の美術と文学

ルネサンスを代表する万能人
レオナルド＝ダ＝ヴィンチ
1452 ～ 1519

「モナ＝リザ」や「最後の晩餐」を描いた画家として有名であるのみならず，建築，物理学，医学などにも精通していた。ルネサンス期には人間のもつ能力や可能性を十分に発揮した万能人が理想像とされたが，ダ＝ヴィンチはその代表的人物とされる。

ルネサンス期のイギリス演劇を代表する劇作家
ウィリアム＝シェークスピア
1564 ～ 1616

イギリスの詩人，劇作家。描きだす喜劇・悲劇・史劇には人間への深い洞察が見られる。
代表作『ヴェニスの商人』『ハムレット』『ロミオとジュリエット』

3 宗教改革

ルター 1483～1546
ドイツの神学者、聖職者。アウグスティヌス修道会に属していたが、1517年の『95ヶ条の論題』を発表したことを発端に、ローマ・カトリック教会から分離してプロテスタントが誕生した、宗教改革の中心人物である。著書：『キリスト者の自由』

　ルターの宗教改革は、ドイツにおいて行われた。ルターの思想は「恵みのみ」「信仰のみ」「聖書のみ」のキーワードでしめされる。聖ピエトロ寺院の改修費を集めるために教皇レオ10世が発行した贖宥状が、購入すると同時に本人のみならず、すでに死んでいるものの救済をも約束するという触れ込みで販売されていた。これに対して、「人が義とされるのは律法のおこないによるのではなく、信仰による」というパウロのことばをもとに、神の恵みは金銭や善行など人間からの働きかけに左右されないとルターは説く。そうした神の絶対性に対して、人びとはただ信仰するのみ（信仰義認説）である。さらに、その信仰のかたちは、各自が聖書に直接向き合うこと（聖書中心主義）であるとして、教会や司祭を否定（万人司祭説）するとともに、ザクセン公の保護下で聖書のドイツ語訳を完成させた。

カルヴァン 1509～64
フランスに生まれ、スイスで宗教改革を展開したカルヴァンは、ルターの考えをさらにおしすすめ、神の絶対性を強調した。著書：『キリスト教綱要』

　彼の思想の中心は、徹底した「予定説」である。人間が救われるか否かはあらかじめ神によって決定されており、これに対して人間は、自らの職業生活の充実をとおして、救われるか否かの確信を求めることができるのみである。職業が神によって定められているとする考え方はルターも持っていたが、カルヴァンは従来原罪に対する罰と考えられていた労働を、神の栄光を実現するためと再解釈し、神にあたえられた職業に従事することによって充実感が得られるならば、神は自らを適所に配置したということであり、それはすなわち神が自分に恵みを与えているにほかならないと考えた。こうしたカルヴァンの思想は、ルネサンス期の「万能人」に対して「職業人」という新しい人間観をもたらした。

|解説| 20世紀の社会学者マックス・ウェーバー（1864～1920）は著書『プロテスタンティズムの倫理と資本主義の精神』において、カルヴァンが利潤の追求を肯定したことにより経済活動が活性化し、資本主義が活性化したと指摘している。こうした改革に対して、カトリック教会の内部からも従来のあり方を見直す運動が起こった。その代表的なものはイグナティウス＝デ＝ロヨラによるイエズス会の結成であり、この会が海外へ布教活動を展開していく過程でフランシスコ＝ザビエルが日本をおとずれた。

4 科学革命

　天動説から地動説への移行を、アメリカの科学史家トマス＝クーン（1922～96）は**「パラダイムシフト」**ということばで説明した。科学では一定の枠組み（パラダイム）を前提に研究がすすめられるが、ひとたび行き詰まりを迎えると、その枠組み自体が変更（シフト）されなければならない。このようなパラダイムシフトがおこることを、クーンは**「科学革命（scientific revolution）」**と位置づけた。

　しかし、ルネサンスが人間性を解放する運動であっても、それはすなわち神の絶対性を否定することを意味していないように、科学革命もまた、必ずしも保守的な宗教と革新的な科学の対立ではない。全般的にこの時代の科学は、現在のように物質相互の因果関係のみに着目するものでなく、むしろ神の創造した世界の真理を探究するこころみとして位置づけられていたことは指摘されなければならない。その意味では、コペルニクスもガリレイも、反宗教的な立場から地動説を唱えたものではない。

コペルニクス 1473～1543
ポーランドの天文学者。
地球を中心とする宇宙論に疑念を抱き、数学的理論をもちいて太陽を中心とした宇宙観、すなわち地動説を提唱した。しかし、この説に関する著書『天体の回転について』は、理論の完成から30年間、死の直前まで公表されなかった。

ガリレオ＝ガリレイ 1564～1642
イタリアの科学者。
自作の望遠鏡を用いて地動説を裏付け、著書『天文対話』のなかでコペルニクスを擁護したが、宗教裁判にかけられ、自説の撤回を余儀なくされた。この際、「それでも地球は動く」とつぶやいたとされるのは、後世につくられたものとされるが、彼の心情をよく表したエピソードと言える。

|解説| ガリレオの名誉回復がされたのは、20世紀末になってからである。ローマ教皇ヨハネ＝パウロ2世（1920～2005）は、ガリレオ裁判のやり直しを行い、1992年に名誉回復を宣言した。また、2008年12月21日　ローマ教皇ベネディクト16世はガリレオらの業績を称え、初めて公式に地動説を認めた。

ヴァティカンの宗教裁判所に引き出されたガリレオ・部分
（1846年、ジョゼフ＝フルーリ筆）

5 「知は力」イギリス経験論—ベーコン

ベーコン 1561 ～ 1626
イギリス経験論の祖。ロンドンに生まれ, 法律家, 政治家として活躍するも, 汚職事件で政界を退き, その後は研究と著作に専念した。神の存在や教会の権威を裏付けることを目的としていたスコラ哲学を批判し, 学問は人間の生活を向上させることにつながらなければならないとして, 「知は力」と説いた。

●イドラ

種族のイドラ	人間の感覚の誤り。錯覚や自然の擬人化。 →小説のトリックなど
洞窟のイドラ	個人の価値観を一般的なものと思い込んでしまうこと。独断。 →狭い洞窟から外の世界を見ていることの比喩
市場のイドラ	ことばの不適切な使用や行き違い。 →口コミによる偏見。市場は人がたくさんいる場所の比喩
劇場のイドラ	伝統や権威のもとで正しいとされていることを無批判に信じること。 →地球を中心に太陽が回るという天動説を教会の教えであるとして信じていること

　ベーコンは実験や観察をとおして個々の現象から一般的法則を導き出す「**帰納法**」を重視した。さらに, その際に妨げとなる人間の偏見や先入観を分析し, それをイドラとして退けた。

|解説| ベーコンにはじまる人間の感覚を重視し, 経験されたものを認識の根源とする立場を経験論という。バークリやヒュームあるいは, 社会契約論で知られるホッブズやロックにつながる。

6 「方法的懐疑」大陸合理論—デカルト

デカルト 1596 ～ 1650
フランスの哲学者。大陸合理論の祖。大学で法学や医学を学ぶが, スコラ哲学的な学問に失望し,「世界という大きな書物」に学ぶ旅に出て, 一時は従軍も経験した。人間の理性を重視し, 確実な真理から論理的に個々の結論を導く「演繹法」を学問の方法とした。また, 方法的懐疑によって自己の精神の存在を確認するとともに, 精神とは独立に存在する物体の存在を導き出した。この物心二元論において, 物体の運動から霊的なものを排除し, ただ因果関係によって説明される自動機械としてとらえる機械論的世界観は, 後世の科学的探究に大きな影響を与えた。

●判断の規則

明晰・判明の規則	明証的に真と認められるもの以外は判断にとりいれないこと
分析の規則	問題をできるだけ多く, 細かい小部分に分割すること
総合の規則	単純なものから複雑なものへと順序に従って考えること
枚挙の規則	全般にわたって数え挙げて再検証すること

　デカルトは万人が「良識」を平等に持っているとし, 良識にしたがって理性的に推論されたものを真理として認めた。その際に, まず初めに真とされるものを, 疑いうるものはすべて疑うという「**方法的懐疑**」によって見出そうとした。その結果「考える」という行為をしている主体としての自分の精神の存在は, いくら疑っても偽とすることができないと考え,「**われ思う, ゆえにわれあり**」と述べた。

7 モラリスト

モンテーニュ 1533 ～ 92
16世紀にフランスで活躍したモラリスト。ボルドー近郊の貴族の家に生まれ, 幼少より古典的教養を身につけ, ボルドー市長などの要職をつとめた。38歳で引退後, 読書と内省の生活を送り著作に専念した。

　デカルト以前に, 人間の知に対する懐疑をこころみたのが**モンテーニュ**と言えるだろう。彼の著書『**エセー（エッセイ）**』は, 『随想録』と訳される。今日, エッセイとは随想のことであるのは言うまでもないが, そもそも「エセー」はフランス語で「試み」の意味であり, 随想に対して「試みに考えたこと」という位置づけをしたのは彼がはじめてである。彼はドグマ（教義や独断など, 日常的に無批判に受け入れられていること）から自由な視点で人間の存在を考え直した。さまざまな試論のなかで, 人間の感覚的知覚の不完全さや価値観の相対性に着目し,「**ク-セ-ジュ（われ何をか知る）**」と表現したところに, 彼の自己省察に対する謙虚な姿勢がうかがえる。

パスカル 1623 ～ 62
フランスの数学者, 物理学者, 宗教哲学者。クレルモンで生まれ, 早くから数学や物理学の分野で天才ぶりを発揮し, 16歳のときには『円錐曲線論』を著した。その後自動計算器の発明, パスカルの原理の発見など数々の業績を残した。

　デカルトと同様に,「考える」ことに着目したのが**パスカル**であるが, 彼は必ずしも合理性に絶対の信頼をおいていない。宇宙は時間的・空間的に無限であると同時に, それ自体として目的を持たないから虚無である。その無限と虚無の間に不安定な人間の存在がある。しかし, 人間は自らが「弱い」ということを「考える」ことができるところに人間の尊厳があるとして,「**考える葦**」と表現した。しかし, 卑小な存在である人間がいくら合理的に考えたところで宇宙の無限と虚無の前には無力であることから, たとえ救われる確信が得られないとしても, 宗教的思考と信仰に賭けることを説いた。

8 国家社会と人間性

導入の**Quest**

MainQuest メイン クエスト | 近代市民社会はどのように到来したのだろう?

SubQuest サブ クエスト

国家の形成に,人びとはどのように関わっているのだろうか。

2XXX年,世界各国から選ばれた人びとが,宇宙空間に築いた人工島に移住することになった。島はどこの国にも属さず,島のルールは移住する人びととの話し合いで決めることになった。移住する人びととは,それまで住んでいた国も,性別も年齢も,得意なこともバラバラである。さて,どのような話し合いになるだろうか。

ちょうどこのような,社会のあり方について話し合う架空の場を,アメリカの政治哲学者ロールズ(→p.49)は「原初状態」とよんだ。そこでは,おたがいの素性は「無知のヴェール」によって隠されていなければならないという。それは,「あの人は体格がよくて強そうだから,反論するのはやめておこう」とか,「あちらは裕福な人だろうから味方にしておくと後で得をしそうだ」というような,無用な気遣いが生じるのを避けるためである。そして,その話し合いを通して,二つのことがらについて合意されるという。一つは,各人は基本的自由に関する権利を平等に持っているという,いわゆる自由権や参政権などの保障であって,これは自由原理とよばれる。もう一つは,社会的・経済的な不平等が認められるのは,①最も不遇な人に最大の恩恵が与

えられる場合,または,②平等な機会を与えられた上での競争にもとづいて得られた職務や地位に付随するものである場合に限られるというものである。①を格差原理,②を公平な機会均等原理とよんでいる。

つまり,支配一被支配の関係を認めると自分が支配されるかもしれないから,基本的自由を保証すべきだという自由原理が認められる。また,自分が社会の中で最も弱い立場かもしれないと考えたときに,社会保障制度がセーフティネットとして機能している社会を必要とし,不幸な境遇から脱出できるように機会均等を志向する。したがって遠慮や忖度の生じない状態を前提として考えるならば,誰もが平等を志向する社会を合理的に選択する,という結論が導かれるとロールズは主張しているわけである。

|解説 ロールズと社会契約説 ロールズの着想は,近代初頭のヨーロッパで展開された社会契約説をもとにしている。社会契約説とは,国境も法もなく,王も貴族もいない自然状態を想定して,そこから人びととがどのような契約を積み重ねて社会が形成されたかを考える学説であり,一種の思考実験であると言える。中世のヨーロッパでは,王の権力は神が授けたものであるとする王権神授説が唱えられ,絶対王政を裏づけていた。これに対して,社会契約説は社会の成り立ちを理性的に考察している。これは,アニミズムや神話などによる自然現象の説明に対して,人間の理性によって自然の根源を探究しようとする自然哲学が古代ギリシャで誕生したことを想起させる。また,自然状態を想定すれば,その状態においても人間が守るべき規範である自然法や,どこにも保障されていなくても人間が生まれながらに持つ自然権についても考察がおよぶ。もとより,自然法や自然権を想定することが妥当か否かは現在でも議論される問題である。

無知の
ヴェール

入学式以前に,SNSを通じて同じ学校に進学する人とつながりをもつことは珍しくない。見ず知らずの人とSNS上でやりとりをするとき,どのような気持ちになるだろう。

Think

どのような社会を志向するかを考えるとき,自分の置かれている社会の制度や規範の範囲内で考えるだけでなく,社会の成り立ちやあるべき姿についても,思考実験をふまえて考えてみよう。

1 革命を支えた思想ー社会契約説

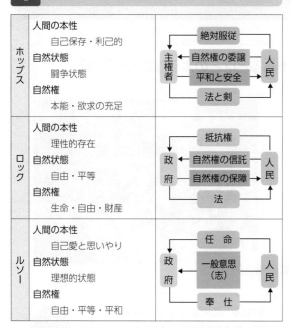

ホッブス	人間の本性 自己保存・利己的 自然状態 闘争状態 自然権 本能・欲求の充足	主権者 ← 絶対服従/自然権の委譲/平和と安全/法と剣 → 人民
ロック	人間の本性 理性的存在 自然状態 自由・平等 自然権 生命・自由・財産	政府 ← 抵抗権/自然権の信託/自然権の保障/法 → 人民
ルソー	人間の本性 自己愛と思いやり 自然状態 理想的状態 自然権 自由・平等・平和	政府 ← 任命/一般意思(志)/奉仕 → 人民

　ブルジョワ革命以前のヨーロッパ各国では，絶対王政を擁護するものとして，**国王の権力は神が授けたものとする王権神授説**が唱えられていた。これに対して，絶対王政が成立する以前の**自然状態**にさかのぼり，**個々人のあいだや個人と国家の取り決め**として社会や国家の成り立ちを説明する**社会契約説**が唱えられた。

|解説| 社会契約説をくらべてみよう　社会契約説では，自然状態のほか，人為的に定められた法に対して自然状態においても普遍的とされる自然法や，社会が成立する以前においても人間である以上当然のこととして保証される権利であるところの自然権についてどのようにとらえるかが，諸思想家の相違を生んだ。

Column アダム=スミス　1723〜90

　イギリスの経済学者で，古典派経済学の創始者。主著に『道徳感情論』『諸国民の富』がある。スコットランドに生まれ，グラスゴー大学で道徳・哲学・法学を講義した。『諸国民の富』で彼は，自由競争が成立している状態では，需要と供給のバランスによって価格が決定されるとして，これを「見えざる手」と比喩した。市場機構に信頼を置くアダム=スミスの思想からは，国家は市場に介入すべきではないとする**自由放任主義**や，それゆえに国家の役割を最小限にとどめるべきだとして「**小さな政府**」への志向が導かれる。
　これに対して，19世紀ドイツのラッサールは，役割を治安の維持と国防に限定された国家を，富裕層の私有財産を守っているに過ぎないとして「**夜警国家**」と批判した。ここに示唆されるように，国家が経済活動の行き過ぎに歯止めをかけ，社会の中で弱い立場にあるものを救済するべきだとする国家観を**福祉国家**という。しかし，福祉国家を推進すれば国民は相応の税負担をしなければならないなど，自由な経済活動と国家の関係は時代を超えて争点となっている。

2 ホッブス・ロック・ルソー

公共の扉

ホッブズ　1588〜1679
イギリスの哲学者。政治思想家。人間が自己保存(平和で安全に生きる)を追求する自由を，自然権と考えた(利己的に行動する人間)。オックスフォード大学卒業後，フランス，イタリアなどを遊学して，哲学，政治思想，自然科学思想を養った。イギリス経験論と大陸の機械論的自然観・人間観を表明し，それにもとづいて国家成立のメカニズムを解明している。著書:『リヴァイアサン』など

　自然状態において個々人がこの自己保存欲を満たそうとするために「**万人の万人に対する闘い**」となり，かえって自己保存が困難になるとした。そこで人々は絶対的な主権を持つ国家に自然権を委ねなければならないと説いた。このため，結果的には絶対王政を擁護することになった。

ロック　1632〜1704
イギリスの哲学者，政治思想家。「イギリス経験論の父」と呼ばれると共に，政治思想家としては「自由主義の父」とも呼ばれる。オックスフォード大学に学ぶが，大学のスコラ学に疑問を持ち，学外で医学，自然科学，デカルト哲学などを学んだ。後年はホイッグ党に関わって，理論的・精神的な支柱となり，執筆活動を展開した。著書:『市民政府二論』『人間悟性論』など

　ロックは人間の自然状態を，自然法にもとづいた理性的な状態であり，個々人の自然権は生命・自由・財産に関する所有権であると考えた。人々の間の利害関係を調整するために政府を設置し，そこに自然権を信託する間接民主制を説きつつ，政府の持つ政治権力は人々の信託にもとづくものなので，為政者が民意を反映しない場合，人々はこの権力を取り戻すことができるとして抵抗権を認めた。ロックの思想は名誉革命を擁護し，のちのアメリカ独立革命にも影響を与えた。

ルソー　1712〜78
フランスの啓蒙時代の思想家。スイスのジュネーヴで生まれた。孤児同然の生活で，環境が劣悪ななか，独学で哲学や歴史などを学んだ。後にパリに出て，執筆活動の中心をフランスに移し，『社会契約論』『エミール』を刊行した。著書:『社会契約論』『エミール』など

　私有財産制のもたらす文明社会が不自由・不平等な状態を作り出したと考え，自由・平等・平和な自然状態に立ち返ることを説き，「**自然に帰れ**」と訴えた。これは，具体的には人間の自然本性に根ざした普遍的な意志であるところの一般意思(志)を法として制定し，その行使を政府にゆだねることであり，一般意思(志)そのものは分割も委譲もできないことから，個々人が主権者として政治に参加する直接民主制を理想とした。

9 個人の自由と責任

導入の Quest

MainQuest（メインクエスト）

自由であるとはどのようなことだろう？

SubQuest（サブクエスト）

新型コロナウイルス感染症の流行にともない，マスクを着用した日常生活が当たり前の光景となった。ただし，日本では，公共の場でマスクの着用を義務付けるような法律はない。では，マスク着用を呼びかけている飲食店に，マスクをせずに入店しようとして断られた場合，マスクをしないでいる自由の侵害と言えるのだろうか。

みんなの考え方

マスクによるウイルス感染の予防効果を疑問視する意見もあるので，どのような説を信用するかは個人の自由でしょう。だからマスク着用を強制することは，他人の自由を侵害することになる。

飲食店の経営者がマスクの感染予防効果を信用するのも自由だよ。店で感染が広がれば休業や風評で損失も大きいので，マスクを着用しない客を断るのは，店を守るために妥当なことだ。

個人の自由は尊重されるべきだが，それによって他人に迷惑をかけてはいけない。マスクの感染予防効果を信用する人びとから見れば，マスクを着用していない人がいることは大きな不安になるので，マスク着用の自由は主張できない。

マスクを着用しない客がいると，ほかの客が不快感や不安感をもつと言われるが，マスクの効果を信用していない立場からすると，マスクを着用している人がいることに不快感や不安感をもつとも言えるのでは。

売買の契約が自由であることは飲食店にもあてはまる。客に店を選ぶ自由があるように，店にも客を選ぶ自由があっていい。

┃解説┃ 自由とはなんだろうか

「自由」ということばを辞書で調べると，「ほかからの強制や支配を受けず，自らの意志に従っているようす」と記されている。

ロシアの小説家ツルゲーネフ（1818～1883）は，「自由には義務という保証人が必要だ。それがなければ単なるわがままとなる。」と綴っている。なるほど，自分の自由ばかり主張して，社会の秩序をかえりみないのは正しいあり方でないように思われる。しかし，例えば，日本国憲法では納税や勤労を国民の義務としているが，すると何らかの事情で働くことができずに税金を収められない状況にある人に自由は認められないのだろうか。いや，「この憲法が日本国民に保障する基本的人権は，人類の多年にわたる自由獲得の努力の成果であつて，これらの権利は，過去幾多の試錬に堪へ，現在及び将来の国民に対し，侵すことのできない永久の権利として信託されたもの（97条）」であるのだから，自由は義務と引き換えに認められる有限なものであってはならないとも考えられる。

Think

「自由」ということばはわたしたちの身の回りにあふれ，わたしたちは当然のように自由を求め，また自由を主張する。果たして自由とはどのようなものであるのか，あらためて考えてみることにしよう。

1 カントードイツ観念論

カント 1724〜1804
ドイツの哲学者。港町ケーニヒスベルグ(現ロシア領)で馬具職人の子として生まれ、敬虔なプロテスタンティズムの家庭で育つ。生涯のほとんどを生地ですごし、規律正しい生活ぶりは、散歩する彼を見て街の人々が時計を合わせたというエピソードからも見て取れる。著書:『純粋理性批判』『実践理性批判』『判断力批判』[以上『三批判書』]『道徳形而上学原論』『永久平和論』

　はじめ**合理論**の立場に立つが、ヒュームの経験論に影響を受け、**合理論と経験論を批判的に統合**する認識論を展開し、**ドイツ観念論**の祖とされる。道徳哲学においては、意志の自律に人格としての自由と尊厳があるとし、それを国家に発展させて国際平和を説いた。国際連盟を構想したアメリカ大統領ウィルソンはカントの『永久平和論』に大きな影響を受けている。「これでよい」ということばを残して80歳で人生を終えた彼の記念牌には、『実践理性批判』の結びで彼が畏敬の念を感ずるものとしてあげた、「わが上なる星空と、わが内なる道徳法則」が刻まれている。

　たとえば、食べたいから食べるとか、寝たいから寝るということは、一見自由に思われるが、それは食欲や睡眠欲などの本能的なもの、すなわち自然法則に支配されているという点で自由ではないとカントは考えた。

　われわれがなにかの行為をするときに、われわれにそれを命ずるものがある。これをカントは命法と呼び、2種類に分類した。ひとつは「もし他人の信用を得たいのならばうそをついてはならない」というように、他の目的に到達する手段としての行為を命ずる仮言命法であり、もうひとつは「うそをついてはならない」というように、なにかの手段としてではなく、それ自体がよいとされることを単刀直入に命ずる定言命法である。道徳にかなった命令は定言命法のかたちをとり、それは無条件で客観的であるから道徳法則である。

　われわれは道徳法則に対して尊敬と義務の念をもって従う。しかしこれは、無条件に自らの意思に従うことであるから、自由である。カントは、このように自らを律することが人間の自由であり、この自律の自由こそが人間の尊厳あるところであると説いた。

解説 **カントは理性について吟味し、その働きと限界を導いた。** 行為に関わる実践理性に先立って、カントは自然を認識する理論理性について考察する。そこで、「世界の事物をわれわれが映しとって認識が生じる」という従来の考えをあらため、「われわれの認識が対象をつくりあげる」という発想の逆転を試み、これを「コペルニクス的転回」とよんだ。

2 ヘーゲル―人倫

ヘーゲル 1770〜1831
ドイツの哲学者。カントにはじまり、フィヒテ、シェリングと展開されたドイツ観念論の完成者といわれる。チューリンゲン大学在学中にフランス革命がおこり、イエナ大学で無給の私講師をしていたときにナポレオンのドイツ侵攻がおこっている。ヘーゲルは馬上のナポレオンに世界精神のあらわれをみたという。著書:『精神現象学』『法の哲学』『歴史哲学講義』

　ヘーゲルの言う人倫とは、カントは意志の自律に基づく道徳法則にしたがって生きることを説いたが、ヘーゲルはこれを主観的な道徳であると批判し、個人の主観に基づく道徳は、現実の社会のなかで客観性を持つ道徳や法と止揚されなくてはならないと考えた。

　すべてを精神のあらわれと考えたヘーゲルは、個人の精神として現れる主観的精神に対して、道徳や法などを客観的精神とした。この客観的精神についてみてみると、道徳は具体的であるが主観的であり、法は客観的であるが抽象的である。そこで、これらを止揚したところに、具体的であり客観的であるところの人倫があるが、それは具体的には家族、市民社会、国家の三段階を経て形成されるとした。つまり、家族は愛によって結ばれた共同体であるが、市民社会は独立した個人が欲望を追求する欲望の体系である。そこで、これらを止揚した国家において、共同体としての普遍性と、個々人の個別性が保たれるというのである。

Column ヘーゲルの弁証法

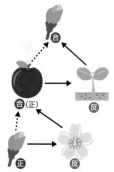

　もともとは対話法や問答法の意味であるが、ヘーゲルはそれを哲学的論理として用いた。つまり、ある一つの立場を肯定する段階(テーゼ:正立)に対して、それを否定して別の立場があらわれた段階(アンチテーゼ:反定立)があらわれ、その矛盾・対立を発展的に解消してより高次の段階に統合(止揚)されるということである。

　しばしば植物の「つぼみ→花→実…」という変化が例に挙げられる。つぼみがそのまま大きくなって完成となるのではなく、「つぼみでないもの」である花が現れる。花もまた完成形ではなく、「つぼみでも花でもないもの」として実がなる。逆に、実が必要ならば、はじめから小さな実ができてそれが大きくなればよいのだが、そうはいかない。つぼみにはつぼみの、花には花の、それぞれの必然性や妥当性がありつつ、それらが打ち消されて高次の段階に進む。

　このように、世界は非連続的に発展していくというのがヘーゲルの見方である。

3 主体的に生きる一実存主義

「人間の尊厳とは何か」「人間はいかに生きるべきか」と問うたときの「人間」とはだれのことだろう。これらは、個々の人間に共通した一般的で抽象的な本質を問うもので、特定のだれかはいない。これに対して、現実に存在する「わたし」を、他とは区別された特別な存在として探究しようという立場を**実存主義**という。

歴史的背景からみると、科学技術の発達にともなって合理性が求められるなかで失われた人間性を回復しようとする思想であると言える。同じ問題に対して、マルクスが社会の変革を訴えたのに対して、実存主義では個々人が主体的に生きることを求めている。

キルケゴール ヤスパースら	神と人間の関係を重視する	有神論的実存主義
ニーチェ ハイデガー サルトルら	あくまで自己の価値実現を唱える	無神論的実存主義

解説 「実存」とは

一般に「現実存在」を意味する。今ここに、こうして在るというように現実的、具体的に存在する個々の存在である。

◆ 現代思想の潮流 ◆

合理論
・デカルト

経験論
・ベーコン

観念論
・カント
・ヘーゲル

功利主義
・ベンサム
・ミル

実存主義
・キルケゴール
・ニーチェ
・ハイデガー
・ヤスパース
・サルトル

社会主義
・マルクス
・エンゲルス

プラグマティズム
・パース
・ジェームズ
・デューイ

深層心理学
・フロイト
・ユング

論理実証主義
・ウィトゲンシュタイン

構造主義
・レヴィ＝ストロース

フランクフルト学派
・アドルノ
・ハーバーマス

ポスト構造主義
・フーコー
・デリダ

非暴力の思想
・ガンディー
・キング牧師
・ロールズ

自然保護思想
環境倫理
・カーソン
フェミニズム

4 キルケゴール

キルケゴール 1813～55
デンマークの宗教哲学者で実存主義思想の先駆者。コペンハーゲンに生まれ、大学で神学と哲学を修めた。父の死後、本格的な研究を決心し、1840年 17歳のレギーネ＝オルセンと婚約したが、翌年破棄した。同年にはベルリンで F.シェリングに学び42年帰国。その後は熱心に著作活動を始めた。著書・『あれかこれか』『現代の批判』『死に至る病』

裕福な毛織物商の子として育つ。信頼していた父が少年時代に貧困から神を呪い、また家政婦とのあいだに子どもをもうけたという事実を知り、彼自身が「大地震」と語る大きな絶望におちいった。そのことから自らを例外者として意識し、普遍的な人間観ではなく「わたしがそのために生き、かつ死ねるような真理」としての主体的真理を探求した。そのなかで、欲望や情欲にもとづいて享楽にふける**美的実存**の段階にむなしさを覚えて絶望し、自らの判断と責任で倫理的に生きようとする**倫理的実存**へと移行するが、自分の無力さや罪深さに再び絶望を感じて、神の前に単独者として生きる**宗教的実存**の段階に至るという「実存の三段階」を説き、神の前に単独者として向き合うことに自己の実存をみた。

5 ニーチェ

ニーチェ 1844～1900
ドイツのザクセン地方で牧師の家族に生まれ、ボン大学で神学を学んだ。その後ライプツィヒで大学時代を送り、25歳の若さでスイスのバーゼル大学の古典文献学の教授になったが以前からの頭痛もあって35歳で退職した。45歳のとき精神をおかされ、1900年に55歳で生涯を閉じた。
著書:『悲劇の誕生』『ツァラトゥストラはかく語りき』

ニーチェは19世紀末のヨーロッパを、すべてのものが無価値ととらえられ、「何のために」ということについての答えが欠如したニヒリズムの時代ととらえた。その原因は、弱者が自らの状況を正当化するために謙遜(けんそん)や同情などを善として位置づけていること、具体的にはキリスト教の隣人愛の実践であるという。キリスト教道徳を、弱者の**ルサンチマン(怨恨)**(えんこん)に満ちた奴隷道徳として退け、生の高揚(こうよう)やゆるぎない幸福観を求める君主の道徳を求めた。そして、人生は無意味なものが永劫回帰(えいごうかいき)するものであるが、にもかかわらず運命を愛し、より強大になろうとする生命力、すなわち力への意志を備えた**超人**となることを説いた。

6 ヤスパース

ヤスパース 1883～1969
ドイツの精神科医・哲学者。実存主義思想を代表する一人。北ドイツのオルデンブルクに銀行家の子として生まれる。ハイデルベルク，ミュンヘンの各大学で法学を，ベルリン，ゲッティンゲン，ハイデルベルクの各大学で医学を学んだ。妻がユダヤ人だったことなどを理由に，ナチス政権期には死を覚悟せざるを得ない苦難を経験した。
著書：『理性と実存』『哲学』『精神病理学総論』

　科学技術の発展とともに，人間はさまざまな状況に対応できるようになった。しかし，それでもなお，死や争いなど個々人が避けられない状況がある。こうした**限界状況**は，いかに理性的思考をもってしても避けることのできない状況である。このとき人間は，自らの有限性を自覚し，孤独に陥る。しかし，ここで個々の人間が見ている「部分」としての世界を越えた，全体としての世界をみている**包括者**と出会い，実存に至る。
　また，孤独な現実存在としての人間は，自らの実存に目覚めると他者との交わりを持つようになる。それは，うわべの関係を求めるものではなく，ヤスパースが「愛しながらの戦い」と言うような，「実存的な交わり」にほかならない。

7 ハイデガー

ハイデガー 1889～1976
南ドイツのメスキルヒに生まれた哲学者。ヤスパースと並んで実存主義思想を代表する1人。解釈学・現象学の分野でも世界的業績を残す。大学入学当初はキリスト教神学を研究したが，フッサールやドイツ観念論，実存主義に強い影響を受けて独自の存在論哲学を展開した。一方で戦前はナチ党の支持者であり，その政治的傾向が彼の哲学的傾向に与えた影響も注目されてきた。

　ハイデガーは人間を「**現存在**」ということばで言い表した。これは，「今ここに自分が存在する」ということを了解し，さらにそれを通じて「存在とはなにか」という問いを発することができるのは人間だけであるということを示している。さらに，自らを取り巻く世間，すなわち他者と密接なかかわりをもちながら存在しているという現存在のあり方を「**世界内存在**」と表した。
　しかし，ややもすると現存在は日常生活の中では周囲と同化し，主体性をなくして本来のあり方を見失ってしまい，特定の何者とも言い難い**世人**，すなわち「ひと(das Man)」となってしまう。一般的な「ひと」となった現存在が本来のあり方に目覚めるのは，自らが「**死への存在**」であることを自覚したときだとハイデガーは言う。

｜解説｜ 死はいつ訪れるかわからない。
人間はだれでも死ぬということを知っていながら，日常生活の中ではそれを意識していない。死を自分のこととして受け止めたときに，自らの存在，すなわち自らの生を意識するのではないだろうか。

8 サルトル

サルトル 1905～1980
現代フランスの実存主義の哲学者で，無神論的実存主義の立場に立つ。海軍士官を父としてパリに生まれる。1924年，高等師範学校哲学科に入学し，そこでメルロ＝ポンティ，シモーヌ＝ド＝ボーヴォワールらと知遇を得る。ボーヴォワールとは1929年に契約に基づく結婚をした。31年から各地の高等中学校で教鞭をとり，33年にはドイツに留学して，フッサール，ハイデガーらを研究した。

　例えば，ナイフは「切るためのもの」としてつくられる。これに対して人間は，生まれてから自分で何になるかを決める。つまり，「何であるか」よりも先に存在するのであり，このことをサルトルは**「実存は本質に先立つ」**と表現した。
　人間は自由な存在であるが，自由であるがゆえにすべてを決定しなければならない，という不自由さをふくんでいる。サルトルはこれを「**自由の刑**」ということばで表した。
　ここから，個人の自由な選択が必ず社会に影響を及ぼすことが論じられる。例えば，選挙にいかないというのは個人の選択であり，多くの場合何らかの集団が結束して行動しているものではない。しかし，投票率が低下すれば選挙の意義や有権者のあり方が考え直されることにつながる。つまり，個人が自分のこととして行った選択は，社会をその方向に動かそうとするものであり，それゆえに全人類に対して責任を負っている。これをサルトルは**アンガジュマン**(社会参加)と表現している。

Column サルトルとボーヴォワール

　結婚という個人的な行為の自由な選択も，実は社会的な「婚姻制度の選択」という意味で社会の他の構成員に対する責任を要求される。例えば今の日本において婚姻届を出して結婚するということは，一夫一婦制という婚姻制度や夫婦同姓という婚姻制度を肯定的に認めることになる。それは，そのような制度が社会的に肯定され存続し続ける力となり，その意味で社会や他者に対して責任を持つことになるというのである。実際，サルトルは生涯連れ添った事実上の妻ボーヴォワールとは法律的な婚姻関係を結んでいない。

テーマ学習　近代から現代の思想の展開①

フランクフルト学派

1923年開設のフランクフルト大学附属研究機関「社会研究所」に参加した一連のメンバー（ホルクハイマー，アドルノ，フロムなど）によって形成された学派。おもにマルクスやフロイトに依拠しつつ哲学から社会学，経済学・心理学・文学など多方面からの知見を相互に関連させ，現代社会の解明をめざした。現実の人間疎外を生みだしたものを人間の理性そのもののあり方に求め，現代理性に対する徹底的な批判を加えたことが，この学派の大きな特徴である。

ホルクハイマー（1895～1973：ドイツ）
|解説|　ホルクハイマーは，社会研究所所長に就任しフランクフルト学派の指導者ともなった。アドルノとの共同研究を進め，ヘーゲル哲学の素養と精神分析の知識を結合させ，批判理論を展開した。

アドルノ（1903～1969：ドイツ）
|解説|　アドルノはホルクハイマーと共に，18世紀にはじまる啓蒙思想は，理性的・科学的な思考が社会を発展させると説いていたが，実際には個人の主観的な目的を達成するための道具となってしまった，と考え，こうした「道具的理性」を批判して客観的理性への回帰を説いた。

われわれが現実をとらえるときには，共通の特徴を取り出して個物を概念化している。とくに，ヘーゲル哲学においては，最終的に「絶対精神の自己外化」というかたちで包括されてしまう。こうした同一化の思考に対して，概念からはなれた非同一なものを考えるのが哲学だとし，否定弁証法を説いた。

フロム（1900～1980：ドイツ）
|解説|　近代市民社会において自由を得た個人は，みずからの孤独と無力感から自由を負担に感じ，権威主義的パーソナリティを形成するようになると指摘した。これが，ドイツにおいてファシズムが成立する心理的背景であるという。（→p.75）

ハーバーマス（1929～　：ドイツ）
|解説|　近代における非合理な闘争を「政治や経済のシステムが社会全体を支配した結果」と位置づけた。これに対して，日常では強制をともなう「戦略的コミュニケーション」がある一方で，暴力や強制によらない，妥当な合意をめざしたコミュニケーション行為が行われている。このコミュニケーション的合理性は，客観的真理でなくとも，相互理解にもとづく真理にほかならない。このことから彼は「システムによる植民地化」に対抗し，コミュニケーション的合理性にもとづく社会の再構成を強調した。

「他者」を手がかりにした思想

ハンナ＝アーレント
（1906～1975：ドイツ
→アメリカ）

|解説|　アーレントは，生物としての人間が生命を維持するために行う「労働（labor）」，耐久性を持つ人工物を作り出す「仕事（work）」，および，ものを介さない人と人との関わりである「活動（action）」を区別した。政治とは，人びとが自由に語り合う「活動」の場であるが，マルクス主義はそこに「労働」を持ち込むことで生命活動の維持を根拠とした必然性を説いており，また全体主義は「活動」の場を奪うものであるとして批判した。

レヴィナス（1906～1995：リトアニア）

|解説|　レヴィナスは，近代以降の思想は，「私」が「私以外」の世界を理解するという構図を前提としているとする。その世界の中には他者も含まれているわけだが，実際には私が他者を理解することは不可能である。その意味で，倫理的であるか否かは私の主観的な理論構築によるものではなく，理解不可能な他者の存在を起点にしなければならないと説く。

実証主義

自然科学の方法を哲学に適用し，経験的事実のみに基づいて考察する哲学の立場。コントによって確立された。

コント（1798～1857：フランス）
|解説|　コントはサン＝シモンに師事する。実証主義哲学者で社会学の創始者とされる。人間の精神は，神学的段階，形而上学的段階，実証的段階の3段階を通じて進歩するという三段階の法則を提唱した。

分析哲学

20世紀初頭の英米を中心に展開された哲学研究の形態で，イギリス経験論を継承し，言語の分析を通じて哲学の問題を考察する。バートランド＝ラッセルやウィトゲンシュタインの功績が大きい。

ウィトゲンシュタイン（1889～1951：オーストリア）
|解説|　ウィトゲンシュタインは，世界は物体の集合ではなくできごとの集合体であるととらえた。人間は，命題（＝文）によってできごとを表現しているから，正しい命題は世界の写像と言うことができる。命題の真偽はその要素を分析し，観察することによって判定ができるが，実際に観察のできない命題については哲学の取り扱う問題ではないとして退け，「語り得ぬものについては，沈黙しなければならない」と述べた。しかしのちに，ことばの意味はそれが使用される文脈によるとする「ゲーム理論」を提唱した。

プラグマティズム

　フロンティア精神に基づき急速な進展を遂げたアメリカで誕生した実用性を重視する思想。「プラグマ（pragma）」はギリシャ語で「行為」を意味する。思想や観念が真理であるか否かはそれが行為にうつされたときの効用や有用性によって決定される。また、思想や観念は常に行為によって検証・修正されるべきであるとする。20世紀の思想だが、系譜的には功利主義から実証主義へと続く資本主義を基盤に置いた思想と言える。パースによって創始され、ジェームズによって人生論や宗教論に発展し、デューイにおいて道具主義（instrumentalism）として完成された。

パース（1839 〜 1914）
|解説|　プラグマティズムの提唱者。既存の形而上学が抽象的ないし観念的であることを批判し、ハーバード大学に「形而上学クラブ」を創始した。科学的実験の方法である論理的思考にもとづき、実生活の行為と結びついた哲学的思想のあり方を主張した。

ジェームズ（1842 〜 1910）
|解説|　形而上学クラブのメンバーで、パースのプラグマティズムを広く紹介した。パースのプラグマティズムが観念分析の方法にとどまったのに対し、観念の真理性をその有用性に求め、有用なものを真理とする思想に発展させた。

デューイ（1859 〜 1952）
|解説|　人間の生活や行動を「問題解決のための探究」ととらえ、知識や概念、あるいは思想はそのための手段、すなわち道具であるとして、道具主義を唱えた。さらに、教育学の観点から、学校を「小さな社会」ととらえ、「為すことによって学ぶ」を基本とした問題解決学習を重視した。教育は人間を改造する営みであり、それによって社会を改造することをめざして、民主主義の実現の場を学校教育に求めた。

Column　交叉イトコ婚

　ある社会で、男性は母親の兄または弟の娘（交叉イトコ）と結婚するという風習があった。これに対する解釈の違いをみてみよう。
　従来の欧米の解釈　「個人の自由を無視した非理性的な因習である。」
　レヴィ＝ストロースの解釈　「複数の家族が、結婚相手を確保して子孫の繁栄を確実にするという合理性がある。」
　一見すると非合理に思われる風習に合理性を見出すことから、諸文化の価値を対等とみなす文化相対主義が導かれる。

構造主義

　ソシュールに端を発する近代言語学の方法を、レヴィ＝ストロースが未開社会の親族関係や神話の構造に応用して成果をあげて以来、1960年代フランスにおいて各分野に広がった思潮。他に、ルネサンス以降のヨーロッパ文化・社会を支配する構造を分析したフーコーらがいる。構造主義では、様々な意味や思想、行動を意味づけるのは西欧近代的な理性的存在である人間ではなく、社会や時代の枠組み・構造であるとする。

ソシュール
（1857 〜 1913：スイス）

|解説|　英語では樹木を「tree」と言い木材を「wood」と言うが、日本語では「木」で一括される。言い換えれば、英語では差異を設けているものに、日本語では設けていない。このように、ことばは他のことばとの差異において意味をもつ。人間が感覚によって世界を区分しているのならばこの違いは生じないはずである。彼はここから、人間がことばによって世界を分節化している、という視点を提唱した。

レヴィ＝ストロース（1908 〜 2009：フランス）

|解説|　未開の部族の調査をとおして、その婚姻システムに数学的な法則性を発見した彼は、文化や制度に対して体系からアプローチする構造主義を提唱した。ソシュールの言語学をここに応用すれば、個人の生の意味も体系によって規定されることになる。これは、サルトルらの個人に基礎を置く思想に対するアンチテーゼであると同時に、文明社会と未開社会を優劣の関係で見ることに対する批判でもある。

ポスト構造主義

　「ポスト構造主義」とは、フランスにおいて構造主義の「あとに」登場した思想をくくったものである。思想家同士が学派を形成しているものではないが、構造主義を批判的に継承しつつ、近代以降の理性中心主義や西欧中心主義などに懐疑的な視点をつきつけた。

フーコー（1926 〜 1984：フランス）
|解説|　非理性的なものを「狂気」として抑圧してきた近代社会を批判し、理性的存在としての人間像を幻想として退けた。さらに、ギリシャ哲学の再評価をとおして「生存の美学」として生きかたの問題を考察した。

デリダ（1930 〜 2004：フランス）
|解説|　従来、真と偽、自然と人工、オリジナルとコピーなどの二項対立では、一方が他方に優越するものと考えられてきた。デリダは、こうした二項対立を問い直すことで、優劣の関係が無意味であることを指摘する「脱構築」を提唱した。この理論は、哲学のみならず、人文・社会系の学問に大きな影響を与えた。

10 功利主義と義務論

導入の Quest

MainQuest
メイン　　クエスト

善悪を決めるのは動機だろうか，結果だろうか？

わたしたちは，なにをもって「よい行為」と考えるのだろうか。

例えば，電車の中でお年寄りに席を譲るという行為について，「ふだんはやらないが，一緒にいる恋人にいいところを見せたくてやる」ということは不純だろうか。それとも，お年寄りに利益をもたらすのだから動機は関係ないと考えるべきだろうか。

SubQuest
サブ　　クエスト

トロッコ問題について考えてみよう。
❶線路上を走るトロッコのブレーキが作動せずに暴走している。❷トロッコの進路上に5人の作業員がいて，なにもしなければトロッコにひかれてしまう。❸分岐器を作動させればトロッコの進路は変わるが，その先にも1人の作業員がいる。自分が分岐器を操作できるとするならば，どうすることが正しいのだろう。

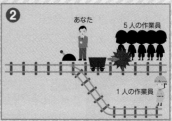

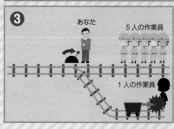

事故の大きさは被害者の数で考えられることも多いから，分岐点を切り替えることは，事故の規模を小さくしたという意味で正しい行為だと思うよ。

切り替えた先にいる1人が知り合いで，そちらを助けるためにあえて操作しないのはどうだろう。結果は同じでも違いがあるように思えるな。

みんなの意見

犠牲者が出るとわかっていて分岐器を切り替えたら罪に問われるのかな。切り替えないことは罪ではないだろうけど。

被害者を減らすという目的のために1人の命を手段として扱うのは，人間の尊厳に対して配慮を欠く行為ではないかな。

同じ行為でも，動機が違ったら善悪の評価は変わるのだろうか。行為がもたらした結果について責任が問われるのではないだろうか。

‖解説‖ 判断の基準として

功利主義：幸福の増大をもたらす行為を善とする。
　幸福は快楽と苦痛の差であり，できるだけ多くの人ができるだけ快楽を得ること，すなわち「最大多数の最大幸福」をめざす。おもな思想家：ベンサム

義務論：義務にかなった行為を善とする。
　すなわち，行為を導く規則ないし基準がいつでもどこでも通用するものであり，行為が誰かを手段としてのみ扱うことにならないことが必要である。おもな思想家：カント

徳倫理学：行為そのものではなく行為する人に着目する。
　徳のある人がその場にいたならば行うであろう行為を善とする。おもな思想家：マッキンタイア

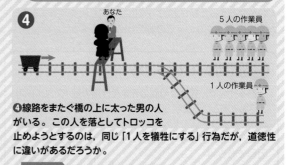

❹線路をまたぐ橋の上に太った男の人がいる。この人を落としてトロッコを止めようとするのは，同じ「1人を犠牲にする」行為だが，道徳性に違いがあるだろうか。

Think

どのような基準で正しい行為と判断するのだろう

公共の扉

1 功利主義

ベンサム 1748〜1832
イギリスの哲学者，経済学者で功利主義の提唱者。12歳でオックスフォード大学に入学し，哲学のほか法律学や経済学にも精通している。パノプティコンとよばれる，一望監視型の刑務所を考案した。のちのフーコーはこれを，近代社会で権力をもつ少数者が多数の個人を監視する状況の象徴として紹介した。著書：『道徳と立法の原理序説』

最大多数の最大幸福

ベンサムは，快楽や幸福を道徳的な善であるとみなし，それらは「強さ・永続性・確実性・遠近性・多産性・純粋性・範囲」の7つの基準によって量的に計算可能（快楽計算）であると考えた。さらに，社会の利益はこの計算によって得られた個々人の利益の総計であるとし，「最大多数の最大幸福」を道徳および立法の原理とした。そこで，個人の利己主義を制限するための外的な強制力として，物理的制裁，政治的制裁，道徳的制裁，宗教的制裁の4つを挙げ，とくに個人の幸福と社会全体の利益を一致させるための法律や政策として具体化される政治的制裁を重視した。

J.S.ミル 1806〜73
イギリスの哲学者，政治学者。ベンサムの影響下にとどまらず，社会主義や実証主義にも影響を受ける。父ジェームズ＝ミルはベンサムの友人で，功利主義の普及に努めた人物。
著書：『経済学原理』『自由論』『功利主義』

「満足した豚であるよりは，不満足な人間であるほうがよく，満足した愚か者であるよりは，不満足なソクラテスであるほうがよい」

ミルは，ベンサムの思想に影響を受け，快楽や幸福を善とすることは受け継ぎながらも，快楽は計算によって量的に求められるような均質なものではなく，感覚的な快楽よりも知的な快楽のほうが質が高いとして，快楽に質的差異を認めた。さらに，功利主義を利他心に基づく道徳原理として位置付け，「なにごとも自分がしてほしいと思うことを他人に施すべし」というキリスト教の黄金律に功利主義道徳の精神を見てとった。ゆえに，個人の行為を制限するものとしては，ベンサムが挙げたような外的制裁ではなく，道徳にそむいたときに感じる精神的な苦痛としての内的制裁を重視した。

また，どんなに愚かな行為と思われても，他者に危害を与えない限り，個人の自由は尊重されるべきであるとする「他者危害の原理」を説いた。

2 カント　義務論

道徳法則「なんじの意志の格率が，つねに同時に普遍的立法の原理として妥当しうるように行為せよ」『実践理性批判』

人格主義「なんじの人格やほかのあらゆる人の人格のうちにある人間性を，いつも同時に目的としてあつかい，けっしてたんに手段としてのみ扱わないように行為せよ」

（『道徳形而上学原論』）

カントは自律の自由にもとづいて行為する主体を人格と呼ぶ。はさみを使って紙を切るといった場合，われわれは「紙を切る」という目的に対する手段としてはさみを用いているが，はさみは同じ性質をもったもので代用することができ，または新しいものを買ってくることもできる。しかし，人格は置き換えもできなければ価格をつけることもできない。そうした人格を，「手段としてのみあつかう」ことを，カントは強く戒める。たとえば，電車で移動ができるのは電車の運行にたずさわる人がいるからであるように，自分の目的を達成するために誰かの働きが手段となることは必然的であるが，本人の意に反して強制的に働かせるならば，それは手段として「のみ」あつかうことになる。

このように人格の尊厳を説いたカントは，人間が互いの人格を目的として尊重する社会を理想とし，「目的の王国」と名づけた。さらに，国際社会において，これと同様に他国を尊重することによって世界平和が実現されると説き（『永遠平和のために』），後の国際連盟の成立に大きな影響を与えた。

Column　功利主義とは何か

「功利主義って何ですか？　5分で簡単に解説してください」と無茶なお願いをしたところ，すぐに四つの特徴が挙がった。一つは，何かの行為を「よい」とか「悪い」とか評価する際に行為の結果を重視する「帰結主義」。二つ目は，この帰結＝結果の中で人々の幸福を重視する「幸福主義」。三つ目は，全体の幸福を考える「最大多数の最大幸福」，そして最後は，一人を一人以上には数えない「公平性」だ。功利主義は「自己中な考え方」と言われることがある。自分の利益だけを追求することを善しとする学説として誤解されがちなのだ。しかし，この特徴を見ると印象はだいぶ違ってくる。みんなの幸福を重視し，自分自身さえも特別扱いしない。そんな「自己中」とは反対の考え方が見えてくる。（児玉聡氏インタビュー・京都大学大学院准教授）

(http://philosophy-zoo.com/archives/2285)

3 社会主義

18世紀後半に，イギリスではオーウェン，フランスではサン=シモンやフーリエが，資本主義を批判し，社会主義思想を展開した。これらの思想は，後世のマルクスやエンゲルスは，彼らの人道主義的な側面を高く評価しつつも，理想的共同体にいたる過程で社会科学的考察に欠け，具体的でないと批判し，**空想的社会主義**として退けた。これに対して，マルクスとエンゲルスは，社会構造や社会主義革命の歴史的必然性を論証することによって自らの学説を**科学的社会主義**と称した。

オーウェン 1771～1858
小学校卒業後，ロンドンの店員奉公から身をおこして，イギリス最大の紡績工場の支配人となった。彼の経営する工場では，労働者のための厚生福祉施設や協同組合的店舗，あるいは世界初の幼稚園をはじめとする教育機関をおき，大成功をおさめた。

サン=シモン 1760～1825
フランスの貴族の出身で，アメリカ独立革命に従軍した。彼は，全国民の4%に過ぎない貴族や地主などの非生産者が実権をにぎっている状況を「逆立ちした世界」と批判し，資本家や科学者，あるいは労働者などの産業者が社会を管理し，支配しなければならないとした。

フーリエ 1772～1837
フランスの豊かな商人の子として生まれるも，フランス革命の影響で破産し，仲買人の仕事をしながら思索活動を展開した。彼は資本主義の矛盾点をとくに商業にもとめてこれを批判し，農業を中心とした理想的共同体であるファランジュを構想した。

Column マルクスによる環境危機の予言

「資本主義の歴史を振り返れば，国家や大企業が十分な規模の気候変動対策を打ち出す見込みは薄い。解決策の代わりに資本主義が提供してきたのは，収奪と負荷の外部化・転嫁ばかりなのだ。矛盾をどこか遠いところへと転嫁し，問題解決の先送りを繰り返してきたのである。

実は，この転嫁による外部性の創出とその問題点を，早くも19世紀半ばに分析していたのが，あのカール・マルクスだった。

マルクスはこう強調していた。資本主義は自らの矛盾を別のところへ転嫁し，不可視化する。だが，その転嫁によって，さらに矛盾が深まっていく泥沼化の惨状が必然的に起きるであろうと。

資本主義による転嫁の試みは最終的には破綻する。このことが，資本にとっては克服不可能な限界になると，マルクスは考えていたのである。」(斎藤幸平『人新世の「資本論」』)

|解説| 環境問題をはじめとする現代社会の課題を考えるとき，資本主義の問題点を分析したマルクスの視点は，わたしたちに重要な示唆を与えてくれる。

4 科学的社会主義

マルクス 1818～83
ドイツの思想家，経済学者。エンゲルスとともに科学的社会主義を確立した。1848年の2月革命において，エンゲルスとの共著『共産党宣言』のなかで「万国の労働者よ，団結せよ」と呼びかけ，1864年に第一インターナショナルを設立。後世は，エンゲルスの援助のもと，執筆活動に専念。ヘーゲルやフォイエルバッハなどの思想をもとに，資本主義の分析を通じて共産主義に至る過程を説いた。著書：『経済学批判』『資本論』『経済学哲学草稿』など

エンゲルス 1820～95
ドイツの裕福な紡績工場の経営者の家に生まれる。高校中退後，父を手伝いながら哲学や経済学を学ぶ。マルクスとともに弁証法的唯物論を基礎付け，科学的社会主義を打ち立てた。のちにマルクスを経済的に援助し，マルクスの死後は彼の遺稿を整理するとともに，社会主義運動を指導した。
著書：『空想から科学へ』など

マルクスは，フォイエルバッハの影響を受けて，人間を類的存在であるとした。これは，人間は個々に生命活動を行うだけの特殊的存在ではなく，それ自体が類として，すなわち道徳や人類愛などを意識できる普遍的な存在だということである。マルクスは労働を人間の本質とし，労働を通じて自己の本質を実現していく存在であると考えた。

ところが，資本主義社会では，人間にとって本質であるはずの労働が苦役となっていると指摘する。

本来，労働の結果としてつくられた生産物は，生産者である労働者の所有物となるはずである。ところが，土地や工場など，利益を生産するための生産手段は資本家の私有物であり，生産手段をもたない労働者は自らの労働力を商品として資本家に提供することによって賃金を得る。このため，生産物が資本家の所有物となり，またそれは同時に商品となって売買の対象となる。こうして，労働力と労働によって生産される生産物は，同様に商品として対立することになり，このことをマルクスは「生産物からの疎外」とした。

そのため，本来人間の本質であり，喜びであったはずの労働が苦役と化してしまうことから「労働からの疎外」が生じる。それによって，本来労働によって類的本質を実現していた人間が社会的連帯を意識することができなくなり，個々人が生存のための労働をするにとどまる特殊的存在になってしまうことによる類的存在からの疎外，さらに人間的本質を欠くことによって人間同士が対立しあう，「人間の人間からの疎外」という状況にいたるとマルクスは指摘した。

現代の政治思想

■ リベラリズム・ロールズ

ロールズ 1921 ～ 2002
アメリカの政治哲学者。リベラリズムは，単純に訳せば「自由主義」ということになるだろうが，ここでは「経済的弱者に自由な行為を保障する」という意味で自由が尊重されており，社会保障などの政策を充実させることが主張される。

ロールズは，社会契約説にいう自然状態を「原初状態」ととらえ直し，架空の話し合いの場を想定する。その話し合いでは，自分や他人についての個人的情報が「無知のベール」によって隠されなければならないとする。

そこではまず第一の原理として，誰もが政治的・精神的に自由であるべきだということが認められる。さらに第二の原理として，社会的な不平等について，「最も不遇な立場にある人の期待便益を最大化すること」と「公正な機会の均等という条件のもとで，すべての人に開かれている地位や職務に付随するものでしかないこと」という条件を満たすべきであるとした。例えば，「特定の人だけにお金をあげる」のは不平等であるが，生活保護は不遇な立場の人を利するものであるから認められるのであり，特権的な地位の世襲は，その地位がすべての人に開かれていないのだから認められない，ということができる。「無知のベール」という前提にもとづけば，誰もが社会的に弱い立場になりうるのであるから，これらの原理は論理的に導かれるとともに，道徳的に裏付けられると説いた。

■ アマルティア＝セン

アマルティア＝セン 1933 ～
インドの経済学者，哲学者。
ロールズに影響を受けつつ，批判的に独自の立場を展開したのがセンである。センは，従来の経済学で想定されていた，自身の利益を最大にしようとするものという人間像を「合理的な愚か者」と批判した。

人間には，自らの不利益を承知の上で，あえて他者に配慮する一面があることが見過ごされているという。さらに，所得や富の平等を理想視する福祉のあり方を再検討し，「どのような生き方が可能になるか」という点に着目した「潜在能力アプローチ」を提唱した。例えば，コンピュータはインターネットで世界中の情報を集めるのに有用なものであるが，文字が読めなかったり目が不自由だったりする人にはその効用が実現されない。従来の福祉の考え方はコンピュータをすべての人に配るあり方だったのに対し，すべての人が効用の面で平等になることをめざすべきだと説くのである。

■ リバタリアニズム・ノージック

ノージック 1938 ～ 2002
アメリカの哲学者。リベラリズムが政府による積極的な福祉の向上を唱えるのに対し，それは個人の自由を制限するものであると反論するのがノージックらのリバタリアニズム（自由至上主義）である。

ノージックは，所有物に関わる所有の正当性を「エンタイトルメント」（権原）という語で表している。各人は自分の身体の所有者であり，自分の行為について自己決定することができる。同様に，正当に取得したものについては自己決定にもとづき自由に移転できる。だから，困っている人がいたとしても，その人に自分の所有物を分け与える義務はない。ゆえに，国家による所得の再分配は越権行為だと主張する。こうした立場からノージックは，国家の役割は盗みや暴力などによる所有権の侵害から国民を守ることに限られるとして，「最小国家」を主張した。

■ コミュニタリアニズム・サンデル

サンデル 1953 ～ アメリカの哲学者。リベラリズムとリバタリアニズムは対立するが，個人の自由に重きを置く点では共通している。いずれも個人が「自由な自己決定の主体」であると主張するのに対し，サンデルはそれを「負荷なき自己」と批判した。

人は家族や地域社会あるいは時代などにより，さまざまな人とかかわり合い，影響を受けている「状況に位置づけられた自己」であり，それらを完全に排除した自由な自己決定はあり得ないと主張する。このように，個人に影響を与える共同体を重視する立場をコミュニタリアニズム（共同体主義）という。

「人間はポリス的動物」と唱えた古代ギリシャの哲学者アリストテレスは，政治は善い生き方を学ぶものであり，市民に美徳を備えることが政治の目的であると説いた。サンデルはこれを再評価し，共同体に生きる人びとが共有する「共通善」を議論によって構築していくことと，政府が国民の美徳を育成していくことを説いた。

マッキンタイア 1929 ～
スコットランドの哲学者。義務論と功利主義の対立に対して，どのように行為するかではなく，どのような人間になるかを問題にし，有徳な人物のあり方を考察する徳倫理学を説く。ロールズらのリベラリズムを，規則に従うことを理性的としているがその目的が明確でなければ道徳的でありえないと批判し，アリストテレスの再評価を通して，共同体の構成員が共通善を共有すべきと主張した。マイケル・サンデルらとともにコミュニタリアニズムの論客とされるが，本人は必ずしもそれを歓迎していない。主著『美徳なき時代』

テーマ学習 生命の尊重

■ ガンジー

ガンジー 1869〜1948
インドの名門政治家の息子として生まれる。ロンドン留学後、弁護士を開業、南アフリカで厳しい人種差別に接する。1915年に帰国、スワラージ(自治・独立)・スワデーシー(国産品愛用)の綱領を掲げて反英独立運動の先頭に立ち、インドを独立に導いた。独立運動に際しては徹底的な非暴力主義・不服従運動を貫き、宗教対立の和解や「不可触民」の差別廃止の運動に力を注ぎ、インド国民に「マハトマ(偉大な魂)」と親しまれた。しかし、狂信的なヒンドゥー教徒に暗殺される。主著に『インドの自治』『自叙伝』がある。

ガンジーの生命尊重の思想は、次のようなことばで語られている。

●アヒンサー インド古来の思想であり、ガンジーの根本思想の一つで不殺生のこと。「不殺生」とは、殺生をしない、他の生命に危害を加えないことだけを意味するのではなく、邪念、虚言、憎悪、呪いなどによって直接、間接に苦しみをあたえないことを意味する。アヒンサーに基づく徹底した非暴力・不服従運動を展開した。

●ブラフマチャリヤー 「自己浄化」と訳される。献身や奉仕を実践するためには、肉体と精神の両方の要求を満たすことはできないと考え、徹底した厳しい禁欲の誓いをたてた。

●サチャグラハ 「真理の把持」を意味する。宇宙の根源にある真理を把握し、その真理を自己の生き方や社会において実現することをいう。

この目標に向けて、肉体的節制をはじめとする厳しい禁欲を自己に課すブラフマチャリヤー(自己浄化)とアヒンサー(不殺生)の実践を説いた。

Column 現代のヒューマニズム

現代の代表的なヒューマニズムの思想家には、シュバイツァーやガンジーの他に、ロマン・ロラン(1866〜1944)やラッセル(1872〜1970)などがいる。
ロマン・ロランは、『ジャン・クリストフ』でノーベル文学賞を受賞し、反戦・反ファシズム運動を行った。また、ラッセルは、反戦平和、活動を続け、第二次世界大戦後は原水爆禁止運動を行った。

■ シュバイツァー

シュバイツァー 1875〜1965
ドイツ領(のちフランス領)アルザスに牧師の子として生まれる。恵まれた環境に育ち、21歳の時に「30歳までは学問と研究に生きることが許されているが、その後は人間に直接奉仕する道を進む」と決意した。そして、30歳になると、赤道アフリカ地方の窮状と医師の不足を知り、医学部の学生となる。6年後、夫人とともにガボン(現ガボン共和国)のランバレネへ行き、私財をなげうって病院を建て、現地の人々への医療奉仕とキリスト教伝道に従事した。「生命の畏敬」の理念から2度の世界大戦を批判し、「アフリカの聖者」と称された。1952年には、ノーベル平和賞を受賞し、その後も原水爆実験の中止を訴え続けた。主著に『水と原生林のはざまで』『文化と倫理』などがある。

シュバイツァーは、生きとし生けるものへの愛を説く「生命への畏敬」の倫理をかかげた。「**生命への畏敬**」とは、「私は生きようとする生命に取り囲まれた生きようとする生命である」という認識と自覚にたち、生きとし生けるものの生命をいつくしみ、大切にするという考え方である。そして、生命の本質は、「じゅうぶんに生き抜こうとすること」である。そして、このような願いは、私たち自身と同じように、すべての人間、すべての動・植物においても厳然と備わっている。わたしたちの倫理の根本は、自分自身の生命に対するのと同様の気持ちで、他の生命をいとおしみ、大切にしていくことなのである。

■ レイチェル=カーソン

レイチェル=カーソン 1900〜64
アメリカの海洋生物学者で、時事評論家。1962年に『沈黙の春』を刊行し、当時大量に使用されていたDDT(殺虫剤)をはじめとする農薬が自然環境を破壊することを警告した。

産業界からは、激しい攻撃を受けたが、環境問題に関する議論が湧き上がり、マス-メディアも取り上げるようになった。ケネディ大統領も化学物質がもたらす環境汚染問題の調査に乗り出した。『沈黙の春』は、1970年の環境保護局設立の契機となり、アメリカの環境政策に重要な影響を与えた。

"Silent Spring"by Rachel Carson, Boston, Houghton Mifflin Company (2002)

|解説| 日本では、水俣病患者や家族の壮絶な姿を記録した石牟礼道子『苦海浄土』や、毒性物質の複合による人体の影響を訴えた有吉佐和子『複合汚染』などの著作がある。

■ キング牧師

1963年8月28日の「ワシントン大行進」における,「I have a dream.」と題される彼の演説にあらわれているように,彼の理想は黒人の地位を高めて白人に勝利することではなく,さまざまな人種がひとしく尊厳ある存在として共存することであった。

M.L.キング Jr.　1929～68
アメリカ合衆国ジョージア州に牧師の子として生まれ,黒人差別の強いアラバマ州の牧師となる。モンゴメリーのバス-ボイコット運動をはじめ,黒人公民権運動の指導者となった。インド独立の指導者ガンジーに強い影響を受け,非暴力主義をつらぬいて公民権法案の成立を勝ち取り,ノーベル平和賞を受賞したが,1968年,非暴力主義に反対する急進派の黒人に暗殺された。

I have a dream

さてわが友よ,われわれは今日も明日も困難に直面しているが,私はそれでもなお夢を持つと申し上げたい。それはアメリカの夢に深く根ざした夢である。私はいつの日かこの国が立ち上がって,「われらはこれらの真理を自明のものとして承認する。すなわち,すべての人は平等につくられ……」というその信条を生き抜くようになるであろう,という夢を持っている。私はいつの日かジョージアの赤土の丘の上で,かつての奴隷の子孫と奴隷主の子孫とが,兄弟愛のテーブルに一緒に座るようになるであろう,という夢を持っている。

そして私は,私の四人の小さな子供たちがいつの日か,皮膚の色によってではなく,人格の深さによって評価される国に住むようになるであろう,という夢を持っている。私は今日夢を持っている。

（1963年8月28日,ワシントンでの演説）

解説 現代にも残る人種差別　こうしたキングの「夢」にも関わらず,2020年になっても,「BLACK LIVES MATTER」という反人種差別の抗議運動が全米に広がっている。白人警官によって黒人の被疑者が不当に逮捕されたり,逮捕の際に抵抗したとして殺されたりしているのも現実である。

■ マザー＝テレサ

マザー＝テレサ　1910～97
現北マケドニア領のスコピエに生まれる。本名アグネス＝ゴンジャ＝ボジャジュ。18歳でアイルランドのロレット修道会に入りインドに派遣された。シスターとなってテレサと改名。カルカッタの女学校で歴史や地理などを教えたが,「貧しきものたちと共にあれ。貧しきもののために働け」という神の声を聞き,貧困者を救済する活動をはじめた。インド国籍を取得し,1950年に,慈善団体「神の愛の宣教者会」を設立し,このころから「マザー」とよばれる。この団体では,孤児院やハンセン病患者のための医療施設,そして見捨てられた病人を収容する「死を待つ人の家」などを設立した。1979年にノーベル平和賞を受賞。1997年9月5日に87歳で死去した。

マザー＝テレサは,飢えや欠乏などの物質的な貧しさよりも,それらの人々の精神的な貧しさ,すなわち,だれからも相手にされず孤独を感じていることを強く問題視した。彼女の設立した施設は,たんに食料や衣料などの物質を与える場ではなく,かけがえのない一人の人間として接し,自分のことを気にかける人がいるという実感を与える場である。欠乏のなかにある人を理解するためには同じ生活をしなければならないと説いた彼女は,死の床にありながら特別な医療を拒否することで自らの信念をつらぬいた。

マザーは次のように語った。「この世の最大の不幸は,貧しさや病ではない。むしろそのことによって見捨てられ,誰からも自分が必要とされていないと感じることである」「神に対する私たちの愛は,どれだけの仕事をするかではなく,大切なことはその心です。」

Column ジョン＝レノン

1940年リヴァプール・ウールトン生まれ。ポール＝マッカートニーやジョージ＝ハリスンらとビートルズ(The Beatles)を結成。ビートルズ脱退後も,音楽を中心とした平和活動を展開する。1969年オノ＝ヨーコと結婚。1971年に「Imagine」を発表。その後,ベトナム戦争を批判するなどしてアメリカ政府から危険視される。1980年12月8日,熱狂的なファンに銃殺されてこの世を去った。

平和運動を展開し,人種差別,女性差別の撤廃をうったえたジョン＝レノンは,「Imagine」のなかで,国家や宗教の対立,あるいは貧富の格差を越えて,地上に生きる一人ひとりの人間として共存することを呼びかけている。

歌詞の最後の部分には,こうした理想を空想として退けることなく,一人ひとりが問題意識をもって取り組んでいくことによって世界が変化するという彼の思想がくみとれるのではないだろうか。

11 生命にかかわる現代社会の課題

MainQuest
メイン クエスト

科学技術の発達はわたしたちの生き方を
変えたのだろうか?

生命科学や医療技術の進歩により,従来では考えられなかった問題が生じた。これらをELSI (Ethical, Legal, Social Issue：倫理的法的社会的問題)ととらえ,なんらかの方向性を示すのが生命倫理学の目的である。

生殖医療の進歩は,それまで「授かりもの」とされていた出生に,人為的な働きかけの余地を与えた。また,生命維持装置の発達により,従来は「お迎えが来る」と表現されていた死の時期を,ある程度はコントロールできるようになった。こうして,生命の始点と終点が操作可能なものとなった。こうしてもたらされた生死の概念の変容が,さまざまな局面で新しい課題を突きつけている。

SubQuest
サブ クエスト

生命の尊厳(SOL)から生命の質 (QOL)
への考え方の変化が示すものは何か。

従来,死は生の対義語として扱われ,生命の尊厳(SOL：Sanctity of life)を重視する医学にとって,死は敗北を意味していた。しかし,生の両極が人為的に操作できるようになると,生の当事者による自己決定の必要性がとなえられるようになった。ここで誕生したのが生命の質/生活の質 (QOL：Quality of life) という概念である。これにともなって,医師が治療方針に関する裁量権を持っていた従来の医療行為はパターナリズム(家父長主義)と批判され,医療においての情報公開やインフォームド・コンセント(十分な説明に基づく医師と患者の合意) が求められるようになった。

医療において患者の自己決定権を重視するために,脳死などの状況に陥った際にどのような医療行為を望むかを表明しておくリヴィング・ウィルが尊重されるようになった。臓器提供意思表示カードはその一例である。

さらに,治癒の見込みのない患者に対して,身体と精神の苦痛を取り除くことを優先し,残された命を平穏に過ごすことを目的とした終末期医療 (ターミナル・ケア) も定着してきた。

通常ドナーカードといい自分の意思をカードに表示することができる。ドナーとは臓器提供者のことで臓器受容者をレシピエントという。

SubQuest
サブ クエスト

科学技術の進歩がもたらした課題にはほかにどの
ようなものがあるだろう。

人工生殖技術や出生前診断は,生の選別につながるおそれがある。安楽死や尊厳死は最後の自己決定であると考えられるが,あたかもそれが作法であるかのように当事者に伝わることも危惧される。遺伝子の解析から得られる,重篤な病気を発症する可能性の有無が,本人の意志に反して就職や結婚などに影響すれば,重篤なプライバシー侵害と言える。特定の民族の遺伝子情報を集め,特化した薬を作ることは,効果的である反面で経済的な独占になり,先進国が発展途上国から搾取する状況をもたらしかねない。

こうした課題に対して,法をはじめとする社会制度や人びとの意識が追いついていないのが現状であろう。

解説 生命倫理学の視点をもとに　生命倫理学とは,bio(生命・生活)とethics(倫理学)の合成語であり,バイオエシックスという学問領域は1970年代にアメリカで成立した。バイオエシックスには次の5原則があるという。

①成人で判断能力のある者は,②身体と生命の質を含む「自己のもの」について,③他人に危害を加えない限り,④たとえ当人にとって理性的にみて不合理な結果になろうとも,⑤自己決定の権利をもち,自己決定に必要な情報の告知を受ける権利がある。(加藤尚武『生命倫理学を学ぶ人のために』より)

この原則では自己決定権がキーワードとなり,他人に危害を加えなければ,愚かな行為を容認することとなる。果たして,この原則に課題はないのだろうか。

Think

個別の事例に則り,自らに引き付けて「生命の問題」について考えてみよう。

1 脳死とは

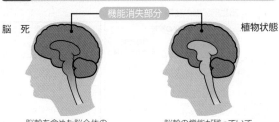

機能消失部分

脳死　　　　　　　　　　　　　　植物状態

脳幹を含めた脳全体の
機能が失われ，二度と元に戻らない

脳幹の機能が残っていて，
自ら呼吸ができ，回復することもある

　以下の条件がすべてあてはまり，それ以降6時間経過しても変化がないことを**脳死**と定義する。

- 深い昏睡状態である
- 瞳孔が開いたまま，対光反射がない
- 脳波が平坦である
- 脳幹反射がない（刺激に反応しない）
- 自発呼吸がない

　日本では，脳幹を含めすべての脳機能が停止した状態を脳死状態と考える。この状態では，現代医療では回復の手だてがなく，人工呼吸器を含めた生命維持装置によって心臓死の状態を免れている。また，よく似た意味として植物状態というのがあるが，植物状態とは大脳および小脳の機能は停止しているが，脳幹は機能している。よって自発呼吸はあり，状態や治療によっては回復の可能性がゼロではない。

2 臓器移植

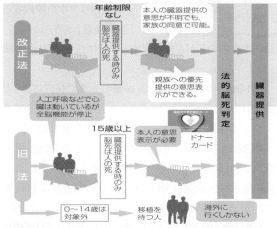

年齢制限なし

改正法

本人の臓器提供の意思が不明でも，家族の同意で可能。

臓器提供する時のみ
脳死は人の死

親族への優先提供の意思表示ができる。

法的脳死判定

臓器提供

人工呼吸などで心臓は動いているが全脳機能が停止

15歳以上

旧法

臓器提供する時のみ
脳死は人の死

本人の意思表示が必要

ドナーカード

0～14歳は対象外

移植を待つ人

海外に行くしかない

|解説| 図は，臓器移植の手続きを，改正前と後で比較したものである。1998年の旧法成立以後，何度も改正が叫ばれていた改正臓器移植法が，2009年7月13日成立した。2009年5月にWHO（世界保健機関）が示した海外での渡航臓器移植を制限する指針とも関連して，改正の動きが急速に進んだともいわれる。衆議院では4つの案が出されたがA案が可決，参議院でもA案が可決された。改正法最大の争点は「臓器提供の年齢制限を撤廃するか」であった。いままでは，日本国内では15歳以下の子どもは国内での臓器移植が認められず，海外で臓器移植を受けるという方法しかなかった。この改正法によって，子どもへの国内での臓器移植がすすんでいる。

3 再生医療の流れ

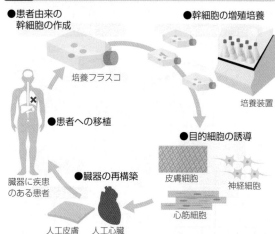

●患者由来の幹細胞の作成

培養フラスコ

●幹細胞の増殖培養

培養装置

●患者への移植

●目的細胞の誘導

皮膚細胞　神経細胞

●臓器の再構築

心筋細胞

臓器に疾患のある患者

人工皮膚　人工心臓

|解説| 再生医療とは病気や事故によって損傷や機能不全を起こした組織や臓器を，薬・人工素材・幹細胞などを用いて再生することを目指した医療方法の総称である。近年ではiPS細胞をはじめとする幹細胞（どんな細胞にも分化できる万能細胞）が患者自身の細胞からつくれるようになり，上図のように幹細胞を大量に増殖させる培養も進められている。

代表的な再生医療

重度のやけど　角膜・網膜疾患
免疫疾患　脊髄損傷
悪性腫瘍（がん）　心疾患
膝関節症　血管疾患

1968 年	8月	札幌医大で日本人初の心臓移植（和田移植）実施
1992 年	1月	脳死臨調が「脳死は人の死」とする答申
1997 年	6月	臓器移植法が設立
同年	10月	臓器移植法施行
1999 年	2月	高知赤十字病院で法施行後発の脳死臓器移植
2005 年	8月	自民・公明の有志議員がA・B案を提出（郵政解散で廃案に）
2006 年	3月	A・B案を再提出
2007 年	12月	民主・社民の有志議員がC案を提出
2008 年	5月	国際移植学会が「イスタンブール宣言*」を採択
2009 年	5月	世界保健機関（WHO）が「臓器売買の禁止と渡航移植の自粛」の採択を1年延長
	5月15日	自民・民主の有志議員がD案を提出
	5月27日	衆院厚生労働委員会がA～D案を集中審議
	6月5日	衆院厚生労働委員会で集中審議（2回目）
	6月16日	衆院本会議で討論
	6月18日	衆院本会議で採決**
	7月13日	参院本会議で可決，成立
2010 年	5月	WHOが臓器移植に関する新指針***を採択
	7月17日	改正臓器移植法の全面施行
	8月	家族の同意に基づいた脳死判定と臓器移植（3例）
2011 年	7月	改正法施行から1年で，54例の脳死臓器移植提供が行われた。

* 「臓器取引と移植ツーリズムに関するイスタンブール宣言」という。移植ツーリズム（渡航移植）を回避するために，各国は自国民の移植ニーズに足る臓器のドナーを確保すべきであるとするもの。
** 採決には共産党を除いて党議拘束をはずして行った（衆議院も同様）
*** 海外に渡航し臓器提供を受ける「渡航移植」は，結果的に渡航先の国民が臓器移植を受ける機会を奪うとして自粛を要請。金銭目的での臓器提供や臓器そのものに対価を払う「臓器売買」の禁止を勧告。

（『読売新聞』2006.6.19など）

|解説| 法改正後，2022年末現在まで，脳死による臓器移植例は803例となっている。移植希望者は約16,000人だが，実際には約400人。

公共の扉

4 iPS細胞の発見

初期化とiPS細胞

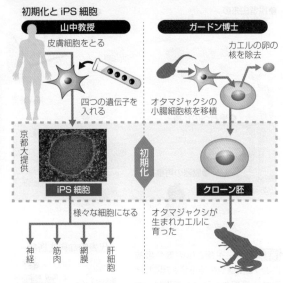

山中教授	ガードン博士
皮膚細胞をとる	カエルの卵の核を除去
四つの遺伝子を入れる	オタマジャクシの小腸細胞核を移植
京都大提供 iPS細胞	クローン胚
様々な細胞になる	オタマジャクシが生まれカエルに育った

初期化

神経　筋肉　網膜　肝細胞

iPS細胞とは，induced Pluripotent Stem cell（人工的に多能性を持たせた幹細胞）の頭文字で，京都大学の山中伸弥教授（写真）が名付けた。それまでは「一度役割が決まった（分化した）細胞は，その前の状態には戻らない」と考えられていた。しかし，ガードン博士により，オタマジャクシの腸の細胞核をカエルの卵に入れ，これが再びオタマジャクシへと育ち，卵の中に，細胞核をまっさらな状態に戻すリセットボタンがあるらしいことがわかった。山中教授は2006年，マウスの皮膚の細胞に4種類の遺伝子を入れることで，あらゆる細胞になれる状態に戻す（**初期化**）ことに成功し，翌年には人間の細胞でも成功した。

Column 再生医療

iPS細胞やES（Embryonic Stem Cell）細胞は，どのような身体の組織や臓器の細胞にも分化することが可能であるため，「万能細胞」とも呼ばれ，再生医療への応用として期待されている。

ES細胞は，「胚性幹細胞」のことである。受精卵を使用するため，受精卵という「生命の始まり」を壊すことへの抵抗があり，また倫理上の問題があるのではという意見がある。また，他人の細胞であるために移植時には拒絶反応の懸念もある。一方，iPS細胞は，皮膚などの体細胞に遺伝子を入れてつくるので拒絶反応は抑制できるが，ガンを引き起こすウィルスを作製時に活用するため，安全性のリスクが懸念されている。今後はガン化させない研究が進められている。

再生医療は，今後の実用化に向けて大いに期待されるが，新技術にともなう技術的・倫理的な課題の解決がなされることが必要である。

5 出生前診断

出生前診断の種類

	従来の検査		新しい検査
	羊水検査	母体血清マーカー検査	新型出生前診断
方法	母親の腹に針を刺し，羊水を採取	母親の血液を採取	母親の血液を採取
安全性	300回に1回（0.3%）流産の危険性	流産の危険性はなし	流産の危険性はなし
精度	ダウン症，13番，18番の染色体異常が100%わかる	分かるのは異常のある確率のみ	ダウン症が99.1%検出できる。13番，18番の染色体異常も判断できる
検査時期	15〜18週	15〜21週	10〜22週
費用	10〜15万円	2万円前後	21万円

新しい出生前診断とは

妊婦が出生前診断を希望

採血し検査
20ccの血液を送ると約2週間で結果判明

カウンセリング

陰性 → 染色体異常なし

陽性 → 染色体異常の可能性

羊水検査で確定診断

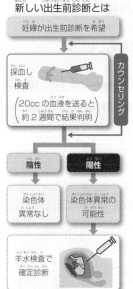

出生前診断とは，胎児を対象に，疾患の診断や胎児状態の評価を行うことである。高齢妊娠・出産の増加により出生前診断への関心が高まっている。

①超音波により胎児の状態を画像で見る「エコー検査」，

②妊婦の血液中のタンパク質を調べる「母体血清マーカー検査」，

③超音波検査や胎盤の組織を採取する「検査」，

④子宮内から羊水を搾取する「羊水検査」，さらに

⑤母体血中のDNAを診断する「母体血胎児染色体検査」がある。

これらの中で⑤の検査は，妊婦の血液の採取によるだけで，母体に負荷をかけることなく，また流産を回避できるため「新型出生前診断」と言われ注目を集めている。

高齢出産となると，胎児のダウン症などの染色体異常が分かる「新型出生前診断」を受診しようとする。日本産科婦人科学会指針では，対象を他の検査で染色体異常が疑われた場合や高齢妊婦などに限定している。また，日本医学会が認定した十分な遺伝カウンセリングが可能な施設でのみ行うことになっている。

解説 出生前診断は，

十分な情報のないままに検査を受ければ生命の選別に繋がるという指摘がある。このことは優生思想に繋がる危険性があるということである。陽性反応が出たら，どのように対応すべきであるかが問われる覚悟が必要である。母体保護法の第14条第一項には「妊娠の継続又は分娩が身体的又は経済的理由により母体の健康を著しく害するおそれのあるもの」とあるように，検査結果で陽性となったとしても，そのことを理由に人工妊娠中絶をすることはできない。

6 代理出産・代理母

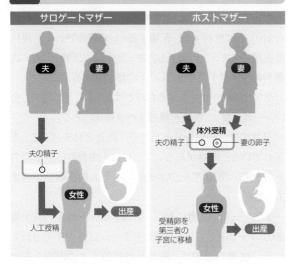

代理出産とは，妊娠や出産ができない女性に代わり，養育を希望している親に譲り渡すことを約束して妊娠，出産することである。代理出産には，人工授精型代理出産（代理母・サロゲートマザー）と体外受精型代理出産（借り腹・ホストマザー）の二通りがある。人工授精型代理出産ではこどもを引き取り育てたい男性の精子を代理母に人工授精し妊娠，出産する方法である。この場合には代理母は，生まれてくるこどもの出産の母であり，遺伝上の母でもある。従って依頼したカップルの父親のみが遺伝的な繋がりがある。一方，体外受精型代理出産では，依頼するカップルの精子と卵子を体外受精させて代理母に移植する方法である。代理母は出産の母であるが，遺伝上の母ではない。また，代理出産をするのは姉妹，母，友人だけではなく，アメリカやインドなどで容認されている第三者による商業契約に基づく代理出産がある。

1986年にアメリカでベビーＭ事件が起こった。これは商業契約に基づく人工授精型代理出産で，出産後に代理母が依頼人夫妻へこどもを引き渡すことを拒否した事件である。2年にわたる裁判を経て，こどもは「こどもの利益が最優先」とする判断により，依頼人夫妻へ渡された。ただし代理母には訪問権が許された。

ここには，依頼人夫妻と代理母との生殖医療における「南北問題」が見え隠れするのである。

解説 こどもが欲しい不妊カップルにとって，その思いは切実である。日本では「晩婚化」が進み「晩産化」という傾向になり，不妊の可能性が増し，不妊治療を受ける状況となっている。日本では商業的代理出産が認められないので「生殖ツアー」で海外へ行くカップルもある。しかし，不妊治療の現場では，当事者であるこどものことが見逃され，このようにして生まれたこどもの人生に対し，親としてどのように責任を果たすべきかが問われている。

7 安楽死・尊厳死

名古屋安楽死事件

（名古屋高等裁判所 1962年12月22日判決）（山内判決）

概要	脳出血で全身不随の父が，激痛を訴え「早く死にたい」「殺してくれ」と大声で叫ぶほどで，父の苦悶の様子に堪えられなくなった息子が，事情を知らない母をして父に毒薬入りの牛乳を飲ませて安楽死させた。この判決で「安楽死の6要件」が示された。
判決	この事件では下記⑤と⑥の要件を満たさないとして，被告人は嘱託殺人罪に。懲役1年執行猶予3年。
解説	①病者が，現代医学の知識と技術からみて不治の病に冒され，その死が目前に迫っていること。②病者の苦痛が甚だしく，何人もこれを見るに忍びない程度のものであること。③病者の死苦の緩和の目的でなされたこと。④病者が意思を表明できる場合には本人の真摯な嘱託，または承諾があること。⑤医師の手によることとするが，そうでない場合には，医師によりえないと首肯するに足る特別な事情があること。⑥その方法が倫理的にも妥当なものであること。

安楽死：終末期の苦痛を取り除くため，医師などが患者の死期を早めること

積極的安楽死	消極的安楽死
患者を "死なせること"	患者が "死ぬに任せること"
 苦しいので**すぐに死なせて欲しい**	 苦しいので**これ以上延命治療しないで欲しい**

解説 尊厳死とは

死が避けられない末期疾患になった患者が本人の明確な意思に基づいて，延命措置などを拒否することで，本人の尊厳を尊重するという考え方である。患者本人は「リビング・ウィル宣言書」に事前に署名捺印することで意思表示とみなされる。耐え難い苦痛から逃れるために，本人の意思の下に積極的方法で生命の短縮を図る安楽死とはまったく異なる。オランダでは2001年4月に安楽死が法制化されたが，現在の日本では，殺人または自殺ほう助ではないか，という意見が根強い。1991年の大学病院での安楽死事件で，担当医師が殺人罪で起訴された際の一審横浜地裁判決（1995年）で医師による積極的安楽死の許容条件を示した。（患者の耐えがたい肉体的苦痛／生命の短縮を承諾する患者の明確な意思表示／死が避けられず死期が迫っている／苦痛の除去などのため方法を尽くし，他に代替手段がない）。

8 自己決定権とパターナリズム

医療の現場ではパターナリズムが支配的であった。

パターナリズムとは、**本人のためを思って、その人に対して為す干渉行為**のことである。医療現場では、医者は患者の利益になるという理由で、医者が患者にあれこれと干渉する。医者は「あなた（患者）の悪いようにはしない。すべてはあなたの為を思ってのことだ。黙って私（医者）に任せなさい」となる。このパターナリズムは、患者個人の「自己決定権」を侵害するものである。つまり、**自己の生命に関わることなのに、他人（医者）に任せて、自分自身が決めなくてもよいか**ということである。そのためには、患者の「知る権利」が保障されることが必要である。

日本病院会が明文化した患者の権利

医療上、最適のケアを受ける権利	恩恵享受の原理
適切な治療を受ける権利	公正の原理
人格を尊重される権利	人権尊重の原理
プライバシーを保証される権利	守秘義務の原理
医療上の情報・説明を受ける権利	真実告知の原理
医療行為を拒否する権利	自己決定の原理
関係法規と病院の諸規則などを知る権利	

Column 生と死を考える映画

（映画『生きる』黒沢明監督 1952年）
主人公の渡辺勘治が、自分のつくった公園のブランコに揺られ、「命短し恋せよ乙女」と口ずさむ感動的なシーン。

主人公である渡辺勘治は、無遅刻、無欠勤だけを取りえにし、定年を間近に30年間にわたり市役所で何もしないで生きてきた初老の役人である。しかし、病気や家族の問題をきっかけに初めて自分自身の生への欲望に目覚める。末期胃ガンであることが分かり、はじめて地域社会のために公園づくりに奔走し、完成した。そして、雪の降る寒い夜、公園に出かけ、人知れず倒れて死んだ。

人間にとって生きがいとは、何であろうか。そして、死を前にして、生きるとは何であろうか。

私の中のあなた（2009年　ワーナー）13歳のアナは、白血病の姉ケイトのドナーとなるため、遺伝子操作を経て生まれてきた少女。アナから輸血や骨髄移植を受けてもケイトの病状は回復しない。ついに腎臓移植が必要となるが、アナは腎臓の提供を拒み、両親を相手取って訴訟を起こす。両親とアナは法廷で争う。

9 キュアとケア 〜チーム医療〜

キュア（cure）とは治療するという意味であり、ケア（care）とは世話する、配慮するという意味である。現代の医療は、キュアに偏重し、キュア中心の医療となり、病者へのケアが十分ではないという議論がある。

ケアとキュアは対立するものではなく、相互に協力し合い、一体となって医療を構成すべき関係にある。

現代では、病気を診るだけで、病者全体を診ることを忘れていると指摘がある。ここには、病者の自然治癒力を活かす、ホリスティックメディスン（全人的医療）の考え方もある。

また、一人の病者に対し、関係する医療の専門職が集まり、チームとしてケアに当たるチーム医療が推奨されている。従来の医療は、病者への医療ケアの内容を主治医が決定し、看護師などの専門職に指示するものであったが、近年は、病者の状態に応じて複数の医療関係者によるチームで医療サービスを提供するようになった。しかし、チーム内ではどの職種も、理念上は対等の立場であるが、法的には医療行為は医師の指示のもとで行うことが規定されているため、厚生労働省はチーム医療を推進するための見直し作業をおこなっている。

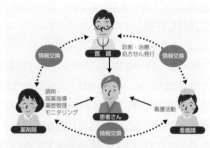

10 インフォームド-コンセント

インフォームド-コンセントとは、正しい情報や知識を医者が患者に説明し、患者が同意することで治療が開始されるという考え方である。医者は患者に対し、病名や症状だけではなく、治療法や危険性、予後などについても平易なことばで説明しなければならない。

最近では、インフォームド-コンセント（チョイス）だけではなく、セカンド・オピニオンも行われるようになった。これは患者が担当医の説明だけではなく、他の医者からも説明を聞くことである。それによって、患者本人が自分で治療を選ぶ機会をもつことができる。

また、患者のカルテやレセプト（診療報酬明細）も患者本人の要求があれば原則として開示を認めるようになった。さらに患者には「知る権利」だけではなく、「知らないでいる権利」もある。病名告知は患者に応じて、慎重に行わなければならない。

11 バイオテクノロジー

バイオテクノロジー

1. オールドバイオ

発酵・醸造
カビや細菌、酵母など微生物の働きを利用した技術
- みそ、しょうゆ、納豆、酒、チーズなどの生産
- アルコール、クエン酸、抗生物質、アミノ酸などの生産

2. モダンバイオ

クローン
遺伝的に同一な個体を作製する技術を用いて、品質の揃った農作物などの生産を行う

挿し木など、種子によらない増殖方法による作物の生産

細胞培養・組織培養技術による、植物などの大量生産動物の受精卵を分割し、生産能力の高い良質な家畜の多数生産

遺伝子組換え
目的とする遺伝子を農作物の性質を改良したり、有用物質の生産などを行う
- トウモロコシ、イネ、大豆などの改良（或いは新品種）
- α-アミラーゼなどの食品添加物、インシュリンなどの医療用原材料の生産他

活用

遺伝子情報の解析
人や微生物、植物などの遺伝子情報を解析することで、有用な機能をもつ遺伝子の発見

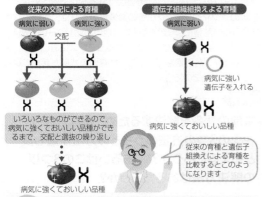

|解説| バイオテクノロジーとは

「バイオロジー（生物学）」と「テクノロジー（技術）」の合成語である。生物の持つさまざまな働きを上手に利用し、私たち人間の生活や環境保全に役立たせようという技術。みそ、しょうゆ、納豆、チーズ、ヨーグルトなどの食品や抗生物質などの医薬品は、バイオテクノロジーで作られた製品である。このような昔ながらの「発酵」や「品種改良」をはじめ、現代の「遺伝子組換え」「クローン」などの先端技術まで、実にさまざまな技術がある。1972年に細胞融合技術が、また1973年に遺伝子組換えが開発され、さまざまな産業への発展などの可能性が期待され、「バイオテクノロジー」という言葉が使用されるようになった。

（一般財団法人バイオインダストリー協会作成資料）

遺伝子組み換え技術と遺伝子組み換え作物

従来の交配による育種
病気に弱い　病気に強い
交配
いろいろなものができるので、病気に強くておいしい品種ができるまで、交配と選抜の繰り返し
病気に強くておいしい品種

遺伝子組織組換えよる育種
病気に弱い
病気に強い遺伝子を入れる
病気に強くておいしい品種

従来の育種と遺伝子組換えによる育種を比較するとこのようになります

メリット 計画的・効率的な品種改良が可能となり、将来の食糧不足の救世主として期待されている

デメリット 人類全体にとって、まだほんの短い「食経験」しかない食品で、安全性が確立していない

現在の食料の60%を輸入に頼っている日本は、輸出国に言いなりにならなければならない立場にあり、輸入禁止、作付禁止などの強行策に出られない

（一般財団法人バイオインダストリー協会作成資料）

|解説| 遺伝子組み換え食品について日本では、輸入農作物について厚労省が安全性を確認しているが、きちんと判断できないのではないかと、その影響を危惧する声は多い。原料に遺伝子組み換え作物を使用した場合、その表示が義務づけられている。

遺伝子組み換え食品の一括表示

名　称	ポテトチップス
原材料名	ばれいしょ（遺伝子組み換え）、植物油、食塩、調味料（アミノ酸等）
内 容 量	00g
賞味期限	令和0年0月
保存方法	直射日光を避け、常温で保存すること
製 造 者	㈱○○製菓　熊本県○○市○○町○○

---

12 クローン技術は何をめざすのか?

クローン羊「ドリー」はこうして生まれた

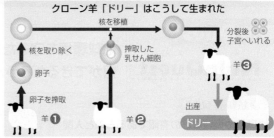

核を移植　分裂後子宮にいれる
核を取り除く　搾取した乳せん細胞
卵子　羊③
卵子を搾取　出産
羊①　羊②　ドリー

|解説| 1996年のクローン羊ドリーの誕生は、世界に大きな衝撃を与えた。一般の人々にはクローン人間誕生の可能性において、いわば「人間のコピー化」が実現してしまうということ。また、研究者には体細胞核移植（体細胞クローン）の技術がDNAメチレーションという遺伝子の「かぎ」を外し、皮膚（乳腺上皮）の細胞から1頭の羊を作ってしまえることである。ドリーは新生児に必要なタンパク質を含んだミルクが出るように遺伝子を組みかえた羊を大量生産する目的で作られた。母乳では育てられない未熟児のためのミルクの安定供給が研究のねらいであった。

ヒトクローンの研究目的は何であろうか。人間の尊厳を傷つけないことを前提に生殖補助医療や臓器移植あるいは再生医療においてクローン技術を適用することが考えられる。

「クローン人間」のしくみ

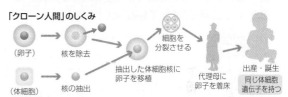

（卵子）　核を除去　細胞を分裂させる　出産・誕生
（体細胞）　核の抽出　抽出した体細胞核に卵子を移植　代理母に卵子を着床　同じ体細胞遺伝子を持つ

|解説| 科学技術の進歩により「クローン人間」を作製することも技術的には可能となったが、1997年にユネスコで「ヒトゲノムと人間に関する世界宣言」が採択された。日本では2000年に「ヒトに関するクローン技術等の規制に関する法律」が成立し、クローン人間の作製を罰則によって禁止している。第3条には「何人も、人クローン胚、ヒト動物交雑胚、ヒト性集合胚を人又は動物の胎内に移植してはならない」とある。

クローン技術のめざすもの

- クローン技術によって、肉質の良い牛、乳量の多い牛など、食料として優良な動物を大量生産できる可能性がある。
- 医療分野など多くの分野で、マウスやラットなどの動物を使った実験が行われている。クローン技術により、同じ遺伝子をもった動物を大量生産でき、遺伝的条件を同じにした実験・研究が可能。人の疾患の研究では、人と同じような疾患をもつモデル動物が欠かせないが、クローン技術により疾患モデル動物を安定かつ大量に供給することが可能。

食料の安定供給　実験用動物の革新　希少動物の保護・再生

クローン技術

医薬品の製造　移植用臓器の作製

- 病気の治療には、タンパク質でできた医薬品を必要とする場合が多くある。遺伝子組み換え技術により、病気の治療に必要なタンパク質を分泌する動物を産生できれば、クローン技術によってその動物を大量生産し、それらから分泌されたタンパク質を分離することにより、医薬品を効率的に製造できる可能性がある。

- クローン技術を使って、一つの個体から複数の個体を産生することにより、絶滅の危機に瀕した動物の絶滅を回避できる可能性がある。絶滅種でも体細胞を利用して再生できる可能性がある。

- 遺伝子組み換え技術等によって、人の組織との適合性を向上させた動物を産生できれば、その臓器で移植ができるようになり、その動物をクローン技術を用いて大量に産生すれば、移植用臓器の不足を克服できる可能性がある。

12 環境や資源に関する現代社会の課題

導入のQuest

MainQuest（メイン クエスト）

地球環境を守るために，希少な資源を守るために何ができるだろうか？

SubQuest（サブ クエスト）

環境や資源などの有限であるものと人間の関わりについて，「共有地の悲劇」といわれる思考実験を通して考えてみよう。

【事例】 海岸などのゴミのポイ捨てでは，誰かがポイ捨てを始めることで，周りの人たちもそれを見てポイ捨てをする。すると海岸中にそれ広がり，海岸はゴミだらけになってしまうことが考えられる。「自分一人くらい大丈夫」と考えた行動が，「だってあの人もやっているし」と共有者みんなに広がってしまう。一人一人ではわずかなものであっても全体としては大きな量となり，全体に広がってしまうわけである。

「共有地の悲劇」はどのようにしたら解決できるだろうか？ 経済学者のエリノア＝オストロム*は主として3つの方法があることを指摘している。

＊エリノア＝オストロムは，2009年にノーベル経済学賞を受賞。共有地の悲劇については，自治的解決の重要性を提唱している。

①**権力による解決** 政府，地方自治体など公権力が節度ある利用を定めた法律を定めて，違反者には罰金を科すやり方 ⇒例）森林を国有化して管理する
②**私有化による解決** 共有地を分割して私有化し，個人の責任とする ⇒例）農地の分割私有化
③**自治的解決** 共有地に関わる関係者が自発的に利用に関するルールを決め，相互監視のうえ，違反者に対しては継続的取引から排除するなどの制裁を加える ⇒例）日本に古くから存在する入会（いりあい）などの村落社会における自治

地域で利用している共同牧草地がある。この牧草地は，家畜100頭まで十分に育てることができるとする。もし，10人の利用者が10頭の家畜を放牧すれば，そこに生育する牧草が不足することなく家畜を飼うことができる。しかし，このなかの1人が11頭の家畜を放牧したとすると，1頭分の牧草の不足分を10人が平等に受け，11頭放牧した人は1頭分の利益を独り占めできる。しかし，さらに多くの人が10頭以上の家畜を飼って放牧するようになると，最終的には共有地に生育する牧草がなくなってしまい，自分の家畜だけでなくすべての利用者が共倒れしてしまうだろう。

解説 共有地の悲劇(コモンズの悲劇) Tragedy of the commons
誰でも自由に利用できる(オープンアクセス)状態になる共有資源(出入り自由な放牧場や漁場など)が，管理がうまくいかないために，過剰に摂取され，資源の劣化が起こることをいう。アメリカの生物学者ギャレット＝ハーディンが論文『共有地の悲劇』で提唱した。近年のサンマやクロマグロ等の漁獲量の激減は，漁場の共有資源である魚の乱獲により起きた「共有地の悲劇」の一例である。また，より大きな，地球というグローバルコモンズにおいては，地球温暖化やオゾン層破壊などの形で，共有地の悲劇が起きていると考えることができるだろう。

Think

共有地の悲劇を解決するため，あなたなら①～③の3つの方法のうちどの方法が最も良いと考えるだろうか？ あるいはこの3つ以外の解決方法はあるだろうか？

地球の環境問題

1 地球環境問題とは

地球温暖化	化石燃料の大量消費やフロンの使用などによって地球の平均気温が上昇している。気温の上昇は降水パターンの変化など異常気象を引き起こしている。
オゾン層破壊	フロンやハロンの大気中への放出によってオゾン層が破壊され，有害紫外線が増大し，人の健康や生態系に悪影響が懸念されている。
酸性雨	硫黄酸化物や窒素酸化物などにより，酸性の強い降雨がみられ，各地で森林の荒廃や湖沼などの生態系の破壊がみられる。
熱帯雨林の減少	過度の森林伐採や焼き畑などにより，熱帯雨林が減少している。気候の変化や大気中の二酸化炭素の濃度を上昇させる原因となる。
砂漠化	過度の放牧や焼き畑，異常気象などによって地表の砂漠化が進んでいる。気候の変化や食料生産の減少につながる。
野生生物種の減少	熱帯林の減少などの野生生物の生息環境の悪化や乱獲などにより野生の動植物の種が絶滅あるいは減少している。生態系の変化や遺伝子の喪失が心配されている。

解説 私たち人類が豊かで快適な生活を追求した結果，1970年代に入ると，一国内の「公害」問題というカテゴリーではとらえられない国境を越えた地球規模の環境破壊が大きな問題になってきた。先進国における大量生産・大量消費・大量廃棄，一方，発展途上国における人口爆発や経済発展にともなう環境破壊などさまざまな要素が加わったためである。1972年には国連人間環境会議で採択された，人間環境宣言において，環境問題への国際的な取り組みが明言された。この地球環境問題には，地球温暖化，オゾン層破壊，酸性雨，熱帯雨林の減少，砂漠化，そして野生生物種の減少などがあげられている。

2 100年後の地球ー表面温度は？

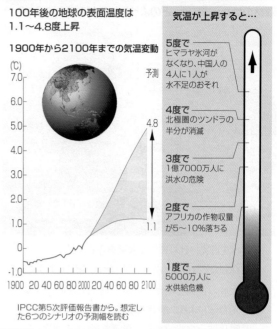

100年後の地球の表面温度は
1.1〜4.8度上昇

1900年から2100年までの気温変動

気温が上昇すると…

5度で
ヒマラヤ氷河がなくなり，中国人の4人に1人が水不足のおそれ

4度で
北極圏のツンドラの半分が消滅

3度で
1億7000万人に洪水の危険

2度で
アフリカの作物収量が5〜10％落ちる

1度で
5000万人に水供給危機

IPCC第5次評価報告書から。想定した6つのシナリオの予測幅を読む

解説 国連の「気候変動に関する政府間パネル（IPCC）」は，21世紀末に世界の平均気温が最悪の場合4.8度上昇する可能性があると警告した。この地球の表面温度の上昇が，どのような影響を与えるのか。上図の通り，3〜4度の上昇で北極や南極の水がとけて海水面が上昇するため，世界で数億人が洪水の危機に直面するという。温暖化の進行によっては，熱帯地域の病気が温帯にまで広がる危険が高まることも考えられる。2021年に発表されたIPCCの第6次報告では，地球温暖化の原因が人間の活動によるものであると初めて断定している。「人間の影響が大気，海洋及び陸域を温暖化させてきたことには疑う余地がない」と記述した。

公共の扉

3 地球環境とその相互関係と地球環境の変化

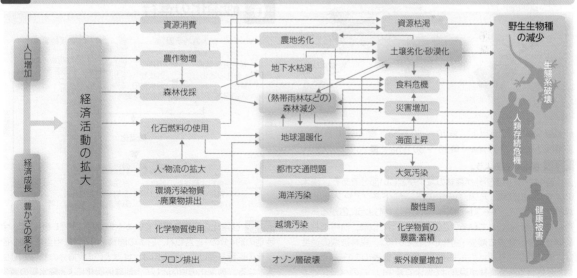

解説 この図に見られるように，地球環境問題は複雑に影響を与えあって，その因果関係（原因と結果）は多岐にわたっている。また化学変化のように急激な変化ではなく，長い時間をかけ目に見えない形で少しずつ変化していくのが特徴。そのため一国だけによる克服はきわめて難しく，多くの国が協力して解決のために取り組まなくてはならない。

4 森林破壊・熱帯雨林の減少

森林のはたらきには,どのようなものがあるだろうか?

① 水を貯え,きれいにし水源を守ること
　森林がなくなると,洪水や干ばつが起こりやすくなる。

② 土砂の流失を防ぎ山崩れや崖崩れを防止する。

③ 光合成により二酸化炭素を吸収し酸素を供給
　温暖化防止に役立つし,空気をきれいにする。

④ 気温を調節する。森林の中は冬温かく夏涼しい。

⑤ 動植物の保護　クマ・イノシシ・シカ・リス・野鳥
　などの生活の場である。キノコや山菜,木材など人
　間にとって有用な物を提供する場でもある。

⑥ 森林公園やキャンプ場,トレッキング・登山などの
　レクリエーションの場

この他,人間の生活に欠く事のできないものである。

森林破壊・熱帯雨林の減少 (1990年と2015年)
（「環境白書」2018）

純減少：■ 50万ha以上　■ 10～50万ha　■ 1～10万ha
純増加：■ 1～10万ha　■ 10～50万ha　■ 50万ha以上

|解説| **図を見てみよう。**
赤く濃くなっている部分が森林の減少が激しい部分である。南米のアマゾン川流域,アフリカの中央部,インドネシアやフィリピンなど東南アジア,オーストラリア。赤道をはさむように広がる熱帯雨林の破壊が進行している。20世紀に入って以降,熱帯雨林は破壊が進み,急速に減少・劣化してきている。 森林破壊の速度は,毎秒0.5～0.8haにもおよび,かつて地表の14％を覆っていたとされる熱帯雨林が現在は6％まで減少し,このペースで減少が続けば40年で地球上から消滅するものと予測されている。それにともなって絶滅する生物種の数は,年間5万種にも上るとみられる。

5 海洋環境の悪化

マイクロプラスチックゴミ　海洋に不法に投棄されるペットボトルやプラスチック製の容器・ポリ袋などで,紫外線による劣化や波・岩などにより破砕されて,5mm以下のマイクロプラスチックとなる。非常に微小であるため回収が難しいが,プラスチックの有毒性はもち続けている。魚がエサと間違えて飲み込み,魚の体内で有害物質が濃縮され,その魚を食べた鳥や人間の脂肪に溶け込んで体内に入り,蓄積され悪影響を及ぼすとされる。

　海洋汚染における海洋ゴミの増加,中でもプラスチックゴミが生態系に関わると認識されるようになった。海洋ゴミの発生量は特にアジア諸国において増加しており,このまま何も手を打たなければ,2050年には,海洋中に存在するプラスチック量が魚の量を超過するとの試算も報告された。

　こうした課題の解決に向けて,2050年までに海洋プラスチックゴミによる追加的な汚染をゼロにするため,G20各国は①適正な廃棄管理,②海洋プラスチックゴミの回収,③革新的な解決策の展開,④各国の能力強化のための国際協力などに自主的に取り組み,効果的な対策と成果の共有を進めている。

|解説| **日本の対策は?**　日本では,2020年,容器包装リサイクル法が改正され,レジ袋有料化を義務化（無償配布の禁止）し,消費者のライフスタイルの変革を促した。また,2022年4月に施行されたプラスチック資源循環促進法では,使い捨てのスプーンやストローなどプラスチック製の12製品について,削減に向けた目標設定や提供方法の見直しを対象業種の事業者に義務付けた。

6 砂漠化の進行

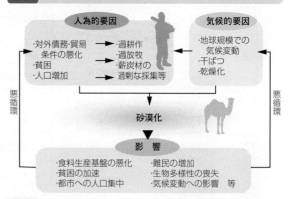

|解説| 砂漠化の影響を受けている土地面積は約36億haで,全陸地の約4分の1と言われ,日本の面積の95倍に相当する。 砂漠化の影響を受けている人口は,世界人口の約6分の1,約10億人となる。砂漠化の原因として,地球温暖化による降水量の減少と過放牧によるステップ（草原）の砂漠化が考えられる。人口増加に対応するため家畜を増やしすぎると,草の根まで食い尽くしてしまう。このため,自然の回復力が間に合わなくなってしまうのだ。

7 酸性雨とその被害

酸性雨発生のメカニズム

湖への影響
植物への影響
土壌への影響

気象庁　酸性雨に関する基礎的な知識
https://www.data.jma.go.jp/gmd/env/acid/info_acid.html

解説 化石燃料の大量使用により，大気中の窒素酸化物や硫黄酸化物が増加したのが原因で，酸性の強い降雨(pH5.6以下)が世界的にみられる。特に森林の立ち枯れや，湖沼などの生態系の破壊などが顕著であり，ヨーロッパでの被害は特に深刻である。日本でもその被害が年々拡大し，長野県と岐阜県の県境にある乗鞍岳では，pH3前後の酸性雨・酸性霧が観測されている。

pH値とは？

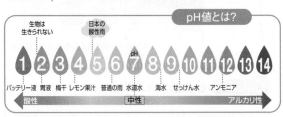

生物は生きられない				日本の酸性雨			pH						
1	2	3	4	5	6	7	8	9	10	11	12	13	14

バッテリー液　胃液　梅干　レモン果汁　普通の雨　水道水　海水　せっけん水　アンモニア

酸性　　　　中性　　　　アルカリ性

解説 pH値とは

物質の酸性，アルカリ性の度合いを表す数値。pHは水素イオン濃度指数：potential Hydrogen, power of Hydrogenの略。酸性からアルカリ性の間に1〜14の目盛りをつけて，pH7を中性とし，それ未満を酸性，それより大きければアルカリ性としている。　pH7よりも値が小さければ小さいほど酸性の性質が強く，値が大きければ大きいほどアルカリ性の性質が強い。

Column 温室効果ガスのはたらきと温暖化

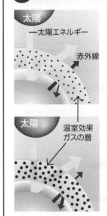

太陽
太陽エネルギー
赤外線

太陽
温室効果ガスの層

温室効果ガスとは，大気を構成する成分のうち，温室効果をもたらすものである。おもに二酸化炭素，メタン，一酸化二窒素，フロン類があるが，最も多くを占めるのが二酸化炭素で，日本では約90%以上を占め，世界全体では約76%である。

太陽から地表に届いたエネルギーは地表を温め，その熱は赤外線となって放射される。

温室効果ガスは，赤外線の一部を吸収する。吸収された赤外線は再び地表に向けて放射され地表を温める。

大気中の温室効果ガスの濃度が増加すると，地表に向けて放射される赤外線が多くなってさらに地表の温度も上昇すると考えられる。

8 オゾン層の破壊

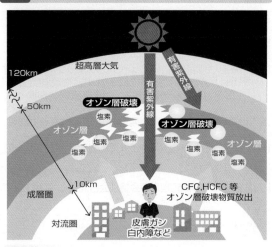

120km　超高層大気
50km
オゾン層破壊
オゾン層破壊
塩素　塩素　塩素　塩素　塩素
オゾン層　オゾン層
有害紫外線
10km
成層圏
対流圏
CFC,HCFC等
オゾン層破壊物質放出
皮膚ガン
白内障など

解説 ①**オゾン層とは？**　地球の地上12キロ〜50キロにかけて，オゾンが濃くたまっている。これをオゾン層という。このオゾン層が，太陽から降り注ぐ，人体に有害な紫外線を99%吸収している。
②**フロンガスとは？**　1930年アメリカで開発された，人工物質。人体に対してはほぼ無害なうえに，化学的にも安定した物質で，変色したり燃えたりしない。20世紀に開発された最高の物質と言われていた。スプレー用のガス，冷蔵庫の冷媒，半導体部品の製造過程での洗浄(油を溶かす働きがある)として使用された。
③**モントリオール議定書　1987年**　オゾン層を破壊するおそれのある物質を特定し，当該物質の生産，消費及び貿易を規制して人の健康及び環境を保護するため採択された議定書。1995年までに，先進国での特定フロンガスが全廃(発展途上国では2015年までに)。モントリオール議定書の締約国は，2023年9月現在198か国(EUを含む)。
④**なぜオゾン層の破壊は続くのか？**　使われたあとゆっくり上昇して10年以上たってオゾン層に達する。また，古い冷蔵庫やカーエアコンに残っているフロンガスが廃棄され，大気中に排出される。さらに，発展途上国では，2010年までフロンガスの生産は続けられた。まだまだ，紫外線対策は必要であるようだ。
⑤日焼けや皮膚がんに大きく影響する太陽光からの紫外線はほとんど大気層で吸収されるが，オゾン層の破壊により地表に届く量が増えてきた。その結果，最初白人に皮膚がんの被害が多くなり，最近は皮膚がんが日本人にも増加している。紫外線は，皮膚がんだけではなく，免疫機能の低下やしわ，しみの原因となったり白内障の原因ともなる。

Column カーボンニュートラルとは？

2020年10月，菅義偉総理(当時)は，所信表明演説で，「2050年までにカーボンニュートラル，脱炭素社会の実現を目指す」と表明した。カーボンニュートラルとは，二酸化炭素をはじめとする温室効果ガスの「排出量」から植林，森林管理などによる吸収量を差し引いて，合計を実質的にゼロにすることを意味している。

+CO₂
2050
+CO₂
-CO₂

NHK for School
酸性雨の被害
https://www.2.nhk.or.jp/school/movie/clip.cgi?das_id=D0005301148_00000

NHK for School
地球温暖化
https://www.2.nhk.or.jp/school/movie/clip.cgi?das_id=D0005403157_00000

公共の扉

9 地球環境問題への国際的取り組み

年代	事項
1971	ラムサール条約採択
1972	国連人間環境会議(スウェーデン・ストックホルム)開催 「かけがえのない地球」をスローガンに人間環境宣言採択 ロンドン海洋投棄条約採択　世界遺産条約採択
1973	国連環境計画 (UNEP) 発足　ワシントン条約採択
1977	国連砂漠化防止会議 (UNCOD) 開催　砂漠化防止行動計画採択
1982	国連環境計画管理理事会特別会合開催　南極上空でオゾンホール発見
1985	オゾン層保護のためのウィーン条約採択
1987	モントリオール議定書採択 環境と開発に関する世界委員会 (ブルントラント委員会) 東京宣言採択
1988	気候変動に関する政府間パネル (IPCC) 設置
1989	バーゼル条約採択
1992	国連環境開発会議 (地球サミット) 開催 (ブラジル・リオデジャネイロ) 環境と開発のためのリオ宣言・アジェンダ21・森林原則声明・生物多様性条約・気候変動枠組み (温暖化防止) 条約採択
1994	砂漠化対処条約採択
1997	第3回気候変動枠組条約締約国会議 (COP3) で京都議定書採択
2001	アメリカ, 京都議定書から離脱
2002	持続可能な開発に関する世界首脳会議開催 (南アフリカ・ヨハネスブルグ)　持続可能な開発に関するヨハネスブルグ宣言採択
2005	京都議定書発効 (2004年ロシア加盟による)
2007	国連「気候変動に関するハイレベル会合」開催
2009	国連「気候変動サミット」開催 (ニューヨーク) 第15回気候変動枠組条約締結国会議 (COP15) がコペンハーゲンで開催。コペンハーゲン合意
2010	第10回生物多様性条約締結国会議 (COP10) 名古屋で開催。「名古屋議定書」「愛知目標」が採択
2012	国連持続可能な開発会議 (リオ+20) 開催
2015	第21回気候変動枠組条約締約国会議 (COP21) パリで開催。「パリ協定」が採択
2017	アメリカ, パリ協定からの離脱を表明 (2021年復帰)

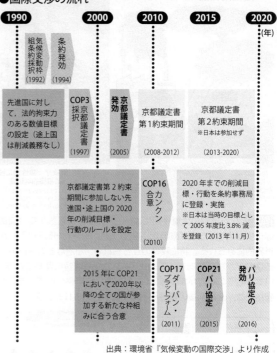
▲ブルントラント氏

10 パリ協定までの交渉と運用ルール

●国際交渉の流れ

1990	2000	2010	2015	2020 (年)

気候変動枠組条約採択 (1992)　条約発効 (1994)

先進国に対して, 法的拘束力のある数値目標の設定 (途上国は削減義務なし)

COP3 採択 京都議定書 (1997)

発効 京都議定書 (2005)

京都議定書第1約束期間 (2008-2012)

京都議定書第2約束期間 ※日本は参加せず (2013-2020)

京都議定書第2約束期間に参加しない先進国・途上国の2020年の削減目標・行動のルールを設定

COP16 合意 カンクン (2010)

2020年までの削減目標・行動を条約事務局に登録・実施 ※日本は当時の目標として2005年度比3.8%減を登録 (2013年11月)

2015年にCOP21において2020年以降の全ての国が参加する新たな枠組みに合う合意

COP17 ダーバン・プラットフォーム (2011)

COP21 パリ協定 (2015)

発効 パリ協定の (2016)

出典:環境省『気候変動の国際交渉』より作成

Column ●京都メカニズム

(いずれも『朝日キーワード2007』より)

京都議定書の目標を達成するための措置。以下の3つを指す。

①クリーン開発メカニズム (CDM)

途上国で減らした温室効果ガスを先進国の削減目標の達成などのために使える

システム。国だけでなく企業も参加できる。先進国の資金・技術支援を受け, 途上国で温室効果ガスの排出削減事業を実施し, その事業で生じる削減量を先進国が排出枠として獲得。先進国の削減目標の達成に利用することができることが認められている。

②共同実施 (JI)

温室効果ガスの排出削減事業を先進国間で実施し, その事業で生じる削減量 (もしくは排出枠) を投資した先進国が獲得し, 自国の排出枠に加えることができるシステム。CDMが先進国と途上国が協力して行うのに対し, JIは先進国間で協力して行うものである。

③国際排出量取引 (ET)

先進国が他の先進国から排出枠を買い, 自国の削減目標に活用できるシステム。目標

以上に削減できた先進国が余剰排出枠を出さないと, 取引は成立しない。EU (欧州連合) では, 2005年に世界初の多国間取引市場 (EUETS) を発足した。

パリ協定の採択

京都議定書とパリ協定の比較

京都議定書（期間:2008年～2012年,2013年～2020年）	項目	パリ協定（期間：2020年～）
1997年12月11日	採択日	2015年12月12日（現地時間）
先進38か国・地域	対象国	途上国を含む196か国・地域→2022年では198か国・地域
・人為的な温室効果ガスの排出抑制 ・大気中の温室効果ガス濃度を安定化させる	全体の目標	・産業革命前からの気温上昇を2℃よりも十分低くする ・上昇幅を1.5℃未満に抑える努力をする
・なし	長期目標	・人為的な温室効果ガスの排出量ピークを早期に迎える ・排出量と吸収量を今世紀後半までに均衡
・先進国全体で1990年比5％削減 ・途上国には削減義務なし ・一部に拘束力のある削減目標を義務付け （日本6％減，米国7％減，EU8％減）	削減目標	・すべての国に削減目標の策定・実施と具体的な国内対策を義務付け。 ・5年毎に見直し・更新。 ・目標値は各国が「現在の目標を上回る最大限可能な目標」を自ら決定
あり（達成しなければ罰則）	達成義務	なし
・条約上「拠出の義務がある」と規定	途上国への資金支援	・条約で拠出を先進国に義務付け ・先進国以外にも自主的な資金提供を奨励 ┐→COP27で基金設立

（『環境白書』2016年版，「毎日新聞」2016.6.8，2016.9.4，「日本経済新聞」2016.9.4などより）

●COP21の到達点

COP21は，フランス・パリにおいて，2015年（平成27年）11月30日～12月13日の14日間，開催された，気候変動枠組条約第21回締約国会議である。約140か国もの首脳級が新たな国際枠組みの採択に向けた交渉に取り組み，12月12日，交渉はついに合意にいたった。

京都議定書以来18年ぶりに合意にいたったパリ協定は，国際条約として初めて「世界的な平均気温上昇を産業革命以前に比べて2℃より十分低く保つとともに，1.5℃に抑える努力を追求すること」や「今世紀後半の温室効果ガスの人為的な排出と吸収の均衡」を掲げたほか，先進国（いわゆる附属書Ⅰ国）と途上国（いわゆる非附属書Ⅰ国）という枠組みを超えたすべての国の参加，5年ごとに貢献（nationally determinedcontribution，「NDC」）を提出・更新する仕組み，適応計画プロセスや行動の実施等を規定しており，国際枠組みとして画期的なものと言える。

（『東京新聞』2018.12.17）

Column パリ協定後の流れ

パリ協定は，先進国と途上国の溝を埋め，「共通だが差異ある責任」を負わせている。2018年ポーランドで開催されたCOP24で協定の運用ルールを採択し，先進国と途上国が共通ルールのもとで温室効果ガスの削減に取り組むことが決まった。また，2022年，エジプトで開催されたCOP27では，気候変動の悪影響を受けて生じた被害（「損失と被害（ロス&ダメージ）」）の解決に向けて，その支援に特化した基金の創設が決定した。さらに，2023年，ドバイで開催されたCOP28の合意文章では，すべての国に「化石燃料からの脱却を進め，今後10年間で行動を加速させる」と定めた。合意文章に「化石燃料」という文言が入ったことはこれまでにはなかった画期的なことであった。また，あわせて，「2030年までに再生可能エネルギー発電容量を世界全体で3倍」などの目標が盛り込まれた。一方で，日本や米国を含む22か国が「2050年までに原子力のエネルギー容量を3倍にまで増加させる」という多国間宣言を発表するなど，脱炭素のために原発依存も認める形になった。

●先進国・新興国・途上国，全員参加を実現

パリ協定は対立してきた先進国と途上国の溝を埋め，「共通だが差異ある責任」を負わせた点で歴史的合意といえる。その点で，議長国フランスの調整力が高く評価された。日米欧などの先進国は2025～30年までの温暖化ガス削減幅を数値目標で約束し，新興国である中国やインドはGDP当たりの排出量の改善などを約束した。

先進国，新興国，途上国がそれぞれ違う指標で目標を設けることで，全員参加による採決を実現したのである。努力目標とはいえ「気温上昇を産業革命前よりも1.5度以内に抑える」と定めた。今世紀後半には温暖化ガスの排出量を森林などが吸収する量と均衡する水準まで減らす長期目標を掲げ，5年ごとに各国の目標を見直す規定も盛り込んだ。こうしてパリ協定は2016年11月に発効要件を満たし発効された。2017年，アメリカのトランプ政権が離脱を表明，2020年11月に離脱したが，2021年に就任したバイデン大統領により同年2月に復帰。

世界の二酸化炭素（CO₂）排出量

排出量
約336億トン
（2019年）

- その他 41.6%
- 中国 29.4%
- アメリカ 14.1%
- インド 6.9%
- 日本 3.1%
- ロシア 4.9%
- 58.4%

（『エネルギー・経済統計要覧』2023）

各国の削減目標
国連気候変動枠組条約に提出された約束草案より抜粋

中国	2030年までにGDP当たりのCO₂排出を **65%** 削減	2005年比
EU	2030年までに **55%** 削減	1990年比
アメリカ	2030年までに温室効果ガスの排出量を **50～52%** 削減	2005年比
インド	2030年までにGDP当たりのCO₂排出を **45%** 削減	2005年比
日本	2030年において **46%** 削減	2013年比
ロシア	2030年までに **30%** 削減	1990年比

※2022年10月現在 ※国連と環境省の資料に基づく

テーマ学習　**地球温暖化によって何がおこるか**

●異常気象

温暖化が進むと，海からの蒸発により空気中に含まれる水分の量が増えるので，雨雲ができやすくなる。近年，豪雨災害や洪水が起きやすくなっているのはこのためだ。温暖化の影響で熱帯低気圧が発生する数は，世界平均で減るものの，非常に強い勢力を持つものが増えると予測される。2005年にアメリカを襲ったハリケーン「カトリーナ」は死者約1800人，2008年にミャンマーを襲ったサイクロン「ナルギス」は，死者・行方不明者約14万人に達した。

日本での集中豪雨発生も増えている。1時間の雨量が50mm以上の平均年間発生回数は，2013年〜2022年が約328回，統計期間の最初の10年間(1976年〜1985年)の約226回と比べて約1.5倍となっている。

気象庁は天気予報で2007年から最高気温が35℃以上の日を「猛暑日」と呼ぶ「予報用語」が生まれた。東京などの大都市では地球温暖化とヒートアイランド現象により，1日の最高気温が35℃以上の日が1990年以降急増，20年前の約3倍になり，特別な名前で呼ぶべきという意見が強まったためである。2023年の東京の8月は，この「猛暑日」と記録された日が22回と過去最高になった。

また，この猛烈な暑さは世界中で見られ，2023年7月の世界の平均気温は，いずれの月を対象にしても，史上最高となった。1991年から2020年の7月の平均よりも0.72℃高く，1850年から1900年の7月の平均よりも1.5℃高くなった。

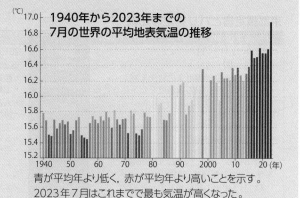

1940年から2023年までの7月の世界の平均地表気温の推移

青が平均年より低く，赤が平均年より高いことを示す。
2023年7月はこれまでで最も気温が高くなった。
(The Copernicus Climate Change Serviceより)

●海水面の上昇

世界平均の海面水位は，温暖化の影響で，過去100年間で17cmも上昇した。もし仮に南極の氷が，温暖化によってすべて溶けてしまうと海水面が50m上昇するという試算もある。また，温暖化により海水の温度が上昇し，海水が膨張するために海水面が上昇することもある。

オランダ，ドイツ北部，デンマーク，バングラデシュ，ベトナムなど海抜以下の地域を抱えた各国，オセアニア諸国，モルディブなどの海抜が低い島を擁する地域の中には，海面上昇が差し迫った問題となっているところもある。既にツバルでは集団移住が計画されており，今後この様な海面上昇による移民(環境難民)の発生が予測されている。海水面の上昇は，低い土地を水没させるだけでなく，熱帯低気圧による高潮の脅威を増大させる。東京，大阪，名古屋など日本の大都市はいずれも海に面しており，海抜0m地帯(海面よりも低い土地)に400万人以上が暮らす。高潮が発生すると巨大災害が発生する。

水没の危機にあるモルディブの首都マレ

「**地球沸騰の時代**」 国連のグテーレス事務総長は2023年7月27日の記者会見で「地球温暖化の時代は終わり，地球沸騰の時代 (the era of global boiling) が来た」と警鐘し，各国政府などに気候変動対策の加速を求めた。

地球温暖化によって考えられる様々な出来事

雨・雲など気候の変化
気温の上昇
山の氷河の融解
動植物の絶滅
農産物の減収
渇水・干ばつ
公害の加速
産業への影響
健康への影響
草地の変化
マラリアの流行
エネルギーの需要増加
砂浜の消失
食生活の変化
湾岸施設の水没
海面の上昇
洪水の多発
赤潮の発生
氷河の融解
高潮・台風の被害増加

テーマ学習　どうすれば地球温暖化を防止できるのか

Think Globally, Act Locally

環境問題に取り組む姿勢として、「地球規模で考え、地域で行動しよう」という「Think Globally, Act Locally」という考えがある。

Act Locally
生活や住まいと暮らしという身近なところから変えていこう。

① **普段の生活の工夫でできること**

マイバッグの持参、マイボトルの持参、電気をこまめに消す、暖房の温度を下げるなど小さな努力を重ねることは大切だ。しかし、これらだけでは、CO_2の削減量を大幅に減らすことは難しい。

② **エネルギーを使わなくて済む家**

個人の費用負担になることもあるが、住む「家」を変えていく方法は、よりCO_2削減に貢献できる。

・窓を大きくし、太陽の光が入るようにする、風が上手く通り抜ける構造の家にする、高断熱住宅にするなどにより、照明や冷暖房の使用を極力減らす。

・省エネ製品を選ぶ（省エネタイプのエアコン、冷蔵庫にする、蛍光灯をLEDにすることなどによりCO_2の削減になる）

・屋根に太陽光パネルを取りつければ、自分の家で使う電気を自分の家で生産できるようになる。このパネルで発電して余った電力は、電力会社で買いとる制度*もできている。

③ **交通手段をエンジンからモーターに換える**

EUでは、2035年以降にガソリン車の新車販売を原則として禁止する方針**を発表しているなど、将来的に、自動車は現在の主流であるガソリン車から電気自動車（バッテリーに電力を蓄え、モーターを回して動力を生む）に移行すると予測される。電気自動車の走行に伴うCO_2排出量はガソリン車の2%〜25%になると見込まれている。

電気自動車

*2012年より、再生可能エネルギーで発電した電気を、国が決めた価格で買いとるよう電力会社に義務付ける（買い取りのための費用は、利用者から賦課金として集める）制度（再生可能エネルギー固定価格買い取り制度：FIT）が導入されたが、2022年4月からは、需給バランスに応じて変動する売電価格にプレミアム（補助金）を上乗せするFIP制度へと運用が切り替わった。

**二酸化炭素（CO_2）と水素を合成して作る液体燃料「e-fuel」（イーフューエル）のみを使用する車両は販売可。

エネルギーを使わなくて済む家

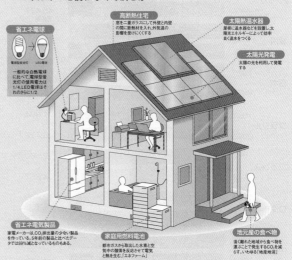

省エネ電球　電球形蛍光灯 → LED電球　一般的な白熱電球に比べて電球形蛍光灯の使用電力は1/4、LED電球はそれのさらに1/2

高断熱住宅　窓を二重ガラスにして外壁と内壁の間に断熱材を入れ、外気温の影響を受けにくくする

太陽熱温水器　屋根に温水器などを設置し、太陽光エネルギーによって効率良く湯水をつくる

太陽光発電　太陽の光を利用して発電する

省エネ電気製品　家電メーカーは、CO_2排出量の少ない製品を作っている。5年前の製品と比べたデータは59%減となっているものもある。

家庭用燃料電池　都市ガスから取出した水素と空気中の酸素を反応させて電気と熱を生む「エネファーム」

地元産の食べ物　遠く離れた地域から食べ物を運ぶことで発生するCO_2を減らす、いわゆる「地産地消」

Think Globally
地球規模の問題として考える

導入のQuest（→p.58）で学んだ「共有地の悲劇」の解決方法は地球温暖化問題の解決にどの程度あてはまるだろうか？

【「共有地の悲劇」の解決方法】

①権力による解決は可能か？

各国「政府」にかわり、「国連」が地球規模の問題を統括する権力のある機関となっている（「地球環境問題への国際的取り組み」（→pp.62-63）において国連が果たしている役割をみてみよう）。

しかし、各国政府が課す法律のように強い拘束力のあるものにはなっていない。気候変動枠組み条約に関しては、削減目標を守れなかったり、離脱した国に対する厳しい制裁はない（京都議定書では、達成しなければ罰則を科す拘束力はあったが、パリ協定では、目標を達成できなくても懲罰や制裁は科さない）。

②私有化による解決は可能か？

温室効果ガスは国境を越えて移動するため、共有地の悲劇の牧草地のように、私有地として分割することはできないのではないかと考えられる。しかし、「排出枠」という利用量の設定（→p.62京都メカニズム）は私有地分割の考え方に近いと言われている。

③自治的解決は可能か？

自発的な話し合いによるルール設定と、それに拘束力（罰則や制裁）を持たせることは、小さな村落社会ならば通用しても、地球規模の問題となると難しいかもしれない。実際に、京都議定書やパリ協定ではアメリカなどの離脱が起きている。

公共の扉

11 世界の発電エネルギー事情

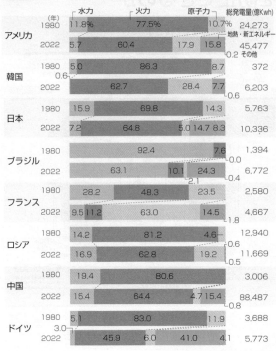

	(年)	水力	火力	原子力	総発電量(億Kwh)
アメリカ	1980	11.8%	77.5%	10.7%	24,273
	2022	5.7	60.4	17.9 / 15.8 0.2 その他 地熱・新エネルギー	45,477
韓国	1980	5.0 0.6	86.3	8.7	372
	2022		62.7	28.4 / 7.7 0.6	6,203
日本	1980	15.9	69.8	14.3	5,763
	2022	7.2	64.8	5.0 / 14.7 / 8.3	10,336
ブラジル	1980	92.4		7.6 0.0	1,394
	2022	63.1	10.1	24.3 / 0.4 2.1	6,772
フランス	1980	28.2	48.3	23.5	2,580
	2022	9.5 / 11.2	63.0	14.5 / 1.8	4,667
ロシア	1980	14.2	81.2	4.6 0.6	12,940
	2022	16.9	62.8	19.2 / 0.5	11,669
中国	1980	19.4	80.6		3,006
	2022	15.4	64.4	4.7 / 15.4 0.8	88,487
ドイツ	1980	5.1 3.0	83.0	11.9	3,688
	2022		45.9 / 6.0	41.0 / 4.1	5,773

(『世界国勢図会』2023/24など)

解説 発電エネルギー源は、その国の自然環境からの影響も多い。豊富な水資源のある国では水力、海底油田や天然ガスなどの化石燃料の資源のある国では火力、と言う具合である。しかし、先進国は、石油危機後、脱石油の傾向がある。特にフランスで原子力が多いのは、石油危機の影響が大きい。

12 世界のエネルギー資源埋蔵量

2020年末	石 油	天然ガス	石 炭	ウラン*
確認可採埋蔵量	1兆7,324億バレル	198.8兆m³	1兆696億トン	472万(ウラニウムトン)
地域別賦存状況 北アメリカ	14.0	8.1 / 4.2	23.9	16.0
中南米	18.7	31.8	1.3	3.9
欧州・ユーラシア	9.2	30.6		22.3 / 0.2
中東	48.3	40.3	1.5	22.3
アフリカ		6.9	42.8	36.3
アジア・オセアニア	7.2 / 2.6	14.9		
生産量	8,839万バレル/日	3.9兆m³/年	77.4億トン/年	4.7万トンU/年
可採年数	53.5年	48.8年	139年	77.7年

注：*確認可採埋蔵量は 2016 年末データ。ウランの在庫は豊富なため、年生産量は年需要 5.6 万トンを下回っている。この可採年数は確認埋蔵量を年需要で除して算出した

(『エネルギー・経済統計要覧』2022)

解説 1970年代以降、エネルギー資源は開発途上国の地域的偏在と枯渇問題により資源ナショナリズムと言う考え方が主流を占めている。そのため、資源を武器に国際紛争も起こり（中東戦争や湾岸戦争）、先進国はその対応に苦慮することになった。

13 日本のエネルギー供給と消費

①一次エネルギー総供給の構成

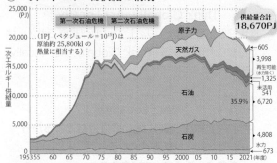

(『エネルギー・経済統計要覧』2023)

解説 エネルギーを生み出すための、原油、天然ガス、石炭などの化石資源や、原子力発電の燃料であるウランなどのエネルギー資源を一次エネルギーという。日本は供給エネルギーの90%を輸入している。日本に供給される一次エネルギーのうち、運輸部門などを中心に、石油への依存度は100%に近い。1973年には77%を占めていた石油の割合は、現在は36%まで低下してきているが、ほかのエネルギーに比べ依然、最大のシェアである。

②日本の最終エネルギー消費とGDPの推移

(『エネルギー白書』2023)

解説 日本のエネルギーの消費は、家庭や職場で使用する直接エネルギーである「民生部門」。人やものを運ぶ輸送エネルギーの「運輸部門」。ものの生産に使用される「産業部門」の3つに分けて考えられる。産業部門の消費量は多いが、石油ショック以降の伸びは横ばいである。省エネ対策を徹底して行い、消費量を抑えていることがうかがえる。民生・運輸部門部門は大幅に伸びているが、これは、ライフスタイルの変化や、自動車保有台数が増えていることなどを背景としている。

Column 可採埋蔵量と可採年数

可採埋蔵量とは、地下に存在する石油や天然ガスなどといった地下資源の埋蔵量のうち、「現在の市価で」技術的・経済的に掘り出すことができる埋蔵総量から、既生産分を引いた量のこと。価格高騰期には採掘に高いコストがかかる資源もカウントされるようになるため大幅に増大したり、不況などにより価格が大幅に下落するとコストの低い鉱山のみがカウントされるようになり大きく減少する。

可採年数は、可採埋蔵量を現在の年間生産量で割ったもの。発展途上国などでエネルギー資源の使用量が増大し年間生産量が増えれば、可採年数は減少する。

14 日本の原子力発電所

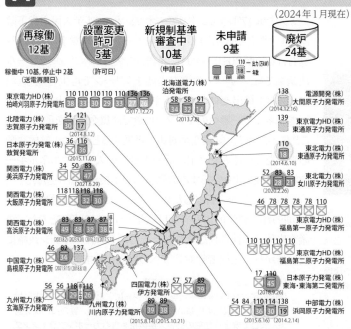

（2024年1月現在）

再稼働 12基
稼働中10基，停止中2基
（送電再開日）

設置変更許可 5基
（許可日）

新規制基準審査中 10基
（申請日）

未申請 9基

廃炉 24基

110 — 出力（万kW）
18 — 炉型
PWR　BWR　ABWR

東京電力HD（株）柏崎刈羽原子力発電所
110 110 110 110 110 136 136
38 33 30 29 33 21 22
（2017.12.27）

北陸電力（株）志賀原子力発電所
54 121
30 17
（2014.8.12）

日本原子力発電（株）敦賀発電所
36 116
30 ⊠
（2015.11.05）

関西電力（株）美浜発電所
34 50 83
⊠ ⊠ 47
（2021.6.29）

関西電力（株）大飯原子力発電所
118 118 118 118
⊠ ⊠ 32 33

関西電力（株）高浜原子力発電所
83 83 87 87
49 48 39 38
（2023.8.2）（2023.9.20）（2016.2.1）（2017.5.22）

中国電力（株）島根原子力発電所
46 82 137
⊠ 34 ⊠
（2015.9.15）（2018.8.10）

九州電力（株）玄海原子力発電所
56 56 118 118
⊠ ⊠ 29 29
（2018.3.25）（2018.6.16）

九州電力（株）川内原子力発電所
89 89
39 38
（2015.8.14）（2015.10.21）

北海道電力（株）泊発電所
58 58 91
34 ⊠ 14
（2013.7.8）

四国電力（株）伊方発電所
57 57 89
⊠ ⊠ 29
（2018.9.26）

電源開発（株）大間原子力発電所
138
14
（2014.12.16）

東京電力HD（株）東通原子力発電所
139
⊠

東北電力（株）東通原子力発電所
110
⊠
（2014.6.10）

東北電力（株）女川原子力発電所
52 83 83
⊠ 28 21
（2020.2.26）

東京電力HD（株）福島第一原子力発電所
46 78 78 78 78 110
⊠ ⊠ ⊠ ⊠ ⊠ ⊠

東京電力HD（株）福島第二原子力発電所
110 110 110 110
⊠ ⊠ ⊠ ⊠

日本原子力発電（株）東海・東海第二発電所
17 110
⊠ 45
（2018.9.26）

中部電力（株）浜岡原子力発電所
54 84 110 114 138
⊠ ⊠ 36 30 19
（2015.6.16）（2014.2.14）

解説　原発の再稼働とエネルギー政策

　2015年8月の九州電力・川内原発1号機の再稼働に始まり，現在日本国内では，原発12基が再稼働している。再稼働には安全性などの新しい基準をクリアすることが求められている。再稼働した川内原発では地震と津波対策は，揺れに耐えられる補強工事と海抜15mの防護壁の設置。いわゆる核燃料のメルトダウンへの重大事故対策は，すべての交流電源が失われないよう，大容量発電機や可動式ポンプなどの非常用設備を強化した。しかし，リスクがゼロにはなり得ず，安全性を絶えず高めていく姿勢が必要である。
　こうしたなか，岸田政権は，2023年夏以降に原発7基の再稼働を決定したが，めどがたったのは4基のみである。政府は，電力の安定供給などを理由に，2030年度の電源に占める原発比率を20〜22％に増やす目標を掲げる。経済産業省によると，30年度に原発比率2割にするには25〜28基の稼働が必要でさらに15基ほどの再稼働が前提になるが，現段階で再稼働が進まない中，目標の実現性には疑問が出ている。

15 ベースロード電源

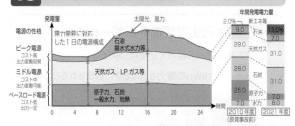

発電量

電源の性格

ピーク電源　コスト高　出力変動容易

ミドル電源　コスト中　出力変動可能

ベースロード電源　コスト低　出力一定

電力需要に対応した1日の電源構成

太陽光，風力

石油　揚水式水力等

天然ガス，LPガス等

原子力，石炭　一般水力，地熱

年間発電電力量

2.0%　新エネ
8.0　石油　1.3%
29.0　天然ガス　7.0
28.0　石炭　31.0
25.0　原子力　7.0
2010年度　2021年度
（原発事故前）

0　4　8　12　16　20　24　時間

出典：電気事業連合会　電力別初受電電力量の推移
https://www.fepc.or.jp/smp/nuclear/state/setsubi/index.html

解説　「ベースロード電源」とは

発電（運転）コストがあまりかからず，安定的に発電することができ，昼夜を問わず継続的に稼働できる電源のことである。地熱・一般水力・原子力・石炭が，エネルギー基本計画ではあげられている。1日の電力需要に応じて，「ミドル電源」・「ピーク電源」などを組み合わせて，適切に供給する体制となっている。

16 日本の主要資源の輸入依存度

資源名	輸入依存度('22)	主な輸入先（2022年）	
原油	99.7%	①サウジアラビア	39.4%
		②アラブ首長国連邦	37.8%
		③クウェート	8.2%
		④カタール	7.0%
石炭	99.7%	①オーストラリア	66.4%
		②インドネシア	14.1%
		③ロシア	6.3%
		④カナダ	5.8%
天然ガス	97.8%	①オーストラリア	42.7%
		②マレーシア	16.7%
		③ロシア	9.5%
		④アメリカ合衆国	5.7%
*鉄鉱石	100%	①オーストラリア	55.3%
		②ブラジル	28.3%

＊は2020年。　　（『日本国勢図会』2023/24など）

Column　GX推進法とGX脱炭素電源法

GX
Green Transformation

＊グリーントランスフォーメーションとは，カーボンニュートラルや温室効果ガス削減のために取り組む活動や変革のこと。

　2023年5月，国会でGX（グリーントランスフォーメーション＊）推進法とGX脱炭素電源法が可決，成立した。
・GX推進法
　GX推進法は，民間企業の環境分野への投資を促すのが目的である。民間投資の呼び水として，政府が10年で20兆円規模を支出する。その20兆円は「GX経済移行債」と呼ぶ新しい国債を発行して調達する。償還に必要なお金は，二酸化炭素（CO2）を多く排出する企業などから一定の額を徴収する「カーボンプライシング」等で賄う予定である。
・GX脱炭素電源法
　電気事業法や原子炉等規制法など5本の法改正を束ねたGX脱炭素電源法では，原発活用によって電力安定供給や脱炭素社会を実現させることを「国の責務」と明確に位置付けた。また，従来は「原則40年，最長60年」と定めていた原発の運転期間から，原発再稼働のための安全審査対応で停止した期間を除外し，60年超の運転を認めた。一方，再生可能エネルギーの最大限の導入拡大に向け，送電網整備の支援強化なども盛り込まれている。

解説

日本の場合，基本的なエネルギー源は海外に依存する率が非常に高い。かつて石炭は国内自給率が非常に高かったが，コストの上昇と質の低下から海外依存度が急速に上がった。また，資源の輸入においては，オーストラリアとの結びつきが強いことがわかる。石油は中東地域への輸入依存度が高いため，危機管理の観点から輸入先を分散化させている。国内備蓄水準で国と民間，産油国共同の備蓄をあわせ，237日（2022年4月末時点，国145日，民間88日，産油国共同4日）分となっている。また，2022年2月に始まったロシアのウクライナ侵攻に対する制裁の一環として，日本はロシアからの原油と石炭の輸入禁止措置を決め，輸入量を段階的に削減，全廃する方針をとった。一方，天然ガス（LNG）に関しては，エネルギーの安定供給を確保する立場から，輸入制限の対象外としている。

17 環境と経済は両立できるか ～米国や欧州を中心に広がるグリーン-ニューディール～

|解説| グリーン-ニューディール(GND)とは
米国や欧州を中心に，気候変動問題と経済格差の是正を目的に提唱された経済刺激策を指す。かつて1929年の世界恐慌に対応するためにフランクリン＝ルーズベルト大統領が行ったニューディール政策に由来する。再生可能エネルギーや環境事業に大規模な公共投資を行うことで，雇用・産業対策を行うとともに，気候変動・エネルギー危機の解決を図る。

アメリカのアレクサンドリア・オカシオ＝コルテス民主党下院議員(写真右から3人目)とエド＝マーキー民主党上院議員(写真右はし)が2019年2月に発表したグリーン-ニューディール決議案では，「すべての電力需要をクリーンで再生可能な(温暖化ガス)排出ゼロのエネルギー源で満たす」ことや，「再生可能エネルギー等へのインフラ投資で高賃金雇用を創出する」ことなどを掲げ，気候変動対策を推進するとともに，気候変動の被害を受ける人々（主に低所得者層の人々）やエネルギー政策の転換により失業する労働者への支援策も盛り込んだ。

しかし，これを実行するための政府による巨額な財政支出をどう賄うか，科学的に妥当な目標なのかなどが争点となり，決議案自体は否決された。だが，その理念は，バイデン政権に受け継がれ，気候変動対策等への歳出が決まった。

【グリーン-ニューディールの主な内容】
　国内の電力を100%再生可能エネルギーに／温室効果ガスの実質排出ゼロに／気候災害に強いインフラの補修・整備／質の高い保健医療，安価で安全な住宅の提供／炭素税を含むカーボンプライシング（炭素価格付け）／労働者の最低賃金保障／すべての人への医療保険（ヘルスケア）

18 再生可能エネルギーへの投資

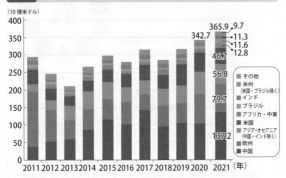

(10億米ドル)

365.9→9.7
→11.3
342.7→11.6
→12.8
46.7
56.8
79.7
137.2

その他
米州(米国・ブラジル除く)
インド
ブラジル
アフリカ・中東
米国
アジア・オセアニア(中国・インド除く)
欧州
中国

2011 2012 2013 2014 2015 2016 2017 2018 2019 2020 2021 (年)

(『エネルギー白書』2023)

|解説| 再生可能エネルギーへの投資
「再生可能エネルギー」とは，自然の力で絶えず補給される太陽，風力，バイオマス，地熱，水力などから生成されるものをさす。
　再生可能エネルギーへの投資は2000年代半ば以降から増加し，2014年以降は毎年，2500億米ドルを超える投資が行われている（大規模水力を除く）。新型コロナ禍により，2020年以降は投資が減少することが予想されたが，各国政府による景気刺激策や低炭素エネルギー促進策により，引き続き増加傾向にある。2021年に国別で最も高かったのは中国で，次いで米国，日本の順である。もっとも，これら3か国は，CO_2排出量が世界のトップレベルを占めており，「脱炭素化に遅れている」と非難されている国でもある。

資源・エネルギー庁
再生可能エネルギーとは
https://www.enecho.meti.go.jp/category/saving_and_new/saiene/renewable/

資源・エネルギー庁
次世代エネルギーパークガイドブック
次世代のエネルギーについて調べてみよう
https://www.enecho.meti.go.jp/category/saving_and_new/saiene/park/enepa 2021.pdf

Column 再生可能エネルギーとは

自然エネルギーの優れている点は何か。

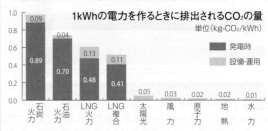

1kWhの電力を作るときに排出されるCO_2の量
単位(kg-CO_2/kWh)

発電時
設備・運用

	発電時	設備・運用
石炭火力	0.89	0.09
石油火力	0.70	0.04
LNG火力	0.48	0.13
LNG複合	0.41	0.11
太陽光		0.05
風力		0.03
原子力		0.02
地熱		0.02
水力		0.01

第一に，CO_2を排出しないだけでなく，クリーンなエネルギーである。原子力発電のように放射性廃棄物も出ないし，地震などによる事故の深刻な放射能汚染の心配もない。第二に，どこの国でも自給できる。石油や石炭などをほとんど輸入している日本にとって，太陽光も風力も地熱もバイオマスも豊富にあり，これをうまく利用すればエネルギーを輸入することなく自給できるようになるわけである。第三に，永久になくなることのないエネルギーであるということだ。石油，石炭，天然ガス，ウランはいずれ枯渇するエネルギー資源であるのに対し，自然エネルギーは太陽と地球がなくならない限り豊富に存在する。

ただし，再生可能エネルギーは自然に頼るため，太陽光発電の場合は曇りや雨，夜には発電できない。風力発電の場合は風がないと発電できない。つまり，安定した電力供給には不向きだといわれる。このような問題を克服するために期待されるのがIT技術だ。従来の発電所と再生可能エネルギーの発電所，太陽光発電の一般家庭をネットワークで結び，発電量や需要量の情報をやりとりすることで安定的で効率のよい電力の供給が可能になる。「スマートグリッド」と呼ばれ，開発がすすめられている。

テーマ学習　脱原発は可能か？

新しいエネルギー政策の策定　ドイツでは，2023年4月に稼働していた最後の3基の原発が送電網から切り離され「脱原発」が実現した。果たして，日本においても脱原発は可能なのか，あるいは，エネルギーの安定供給のために原発を推進していくべきなのか，双方の主張を対比的に考えてみよう。

●原発擁護派の主張

❶原発を止めれば電気が足りなくなり，夏などには熱中症で体調を崩す人や死亡者までもでる可能性がある。また電力不足によって，経済活動が停滞し，大規模停電になると社会的に混乱し事故により多数の犠牲者がでる場合もある。

❷原発は安定して供給することができる。これに対して太陽光や風力などの自然エネルギーは，天候や季節で電気をつくれない場合があるし変動が激しい。つまり質が悪くメインの電源になり得ない。

❸原発1基（100万キロワット）と同等の電力を得るためには東京にある山手線内の面積と同じ程度（約58平方km）の広大な土地に太陽光パネルを取り付けなければならない。

❹原発の発電コストは最も安く経済的である。2015年の「総合資源エネルギー調査会　発電コスト検証ワーキンググループ」で行われた調査によれば，1kWhの発電コストが，原発の10.1円に対して，風力（陸上）が21.6円，太陽光（メガソーラー）が24.2円と2倍以上高くなる。再エネは，原発と比べて発電コストに占める建設費や工事費などの資本費が高くなるからである。なお，仮に原発の事故費用が10兆円増加した場合でも，1kWhあたりの単価が0.1円〜0.3円増加する程度であり，発電コストの面で原発に優位性があることに変わりはない。

●脱原発派の主張

❶原発事故以来，東京電力管内では原発が1基も稼働しておらず，原子力発電はゼロである。しかし，2023年の夏は気温30度以上の真夏日が続いたにも関わらず，電力は十分に足りており，電力需要に対する供給に余力がない時に発せられる注意報や警報は一度も発せられなかった。これは，火力発電によるところも大きいが，晴天時の太陽光発電も，必要な電力供給に役立ったことも大きい。例えば，東京電力管内の2023年夏の最大電力需要は7月18日午後2時に5525万キロワットであったが，そのうち太陽光発電で1040万キロワット分をまかなった。2016年夏の最大電力需要5332万キロワットのうち太陽光発電が439万キロワットであったことと比

較すると，太陽光発電による電力供給能力は年々強化されていると言え，今後も太陽光発電の発達により，原発がなくても電力不足は解消できるだろう。

❷自然エネルギーは変動幅が大きい。しかし自然エネルギーの上に天然ガスや石炭火力を乗せ，さらに揚水発電を乗せる。将来的には蓄電池などを利用したスマートグリッドなども普及し，よりエネルギーコントロールは容易になる。

❸太陽光パネルを敷くために，山手線の内側で利用している土地をブルドーザーで更地にする必要はなく，屋根や壁や側壁あるいは耕作放棄地などを利用すれば良い。ソフトバンクの孫正義社長は全国の50万ha（5000平方km）以上あると言われている耕作放棄地などの2割程度を活用して大規模太陽光発電所（メガソーラー）を建設し，ピーク時には原発50基分の電力（50GW）を担える「電田プロジェクト」を提案している。

❹コロナ後の原油価格の上昇やロシアのウクライナ侵攻後の天然ガス価格の上昇に見られるように，化石燃料は高騰していくリスクが高い。一方，自然エネルギーのコストも高いといわれるが，2021年に資源エネルギー庁が発表した発電コスト試算によれば，2030年には，太陽光発電が最安で原発を下回るという見通しが示されている。太陽光や風力では，イノベーションや量産効果により将来の価格低下が見込まれるからである（パソコンや液晶テレビなどが普及するともに性能が上がり価格が下がるのと同じ原理）。しかし，原子力は，新規制基準への対応を踏まえた追加的安全対策費の増額や福島原発事故への対応費用の増額などを反映すると，コスト増加は避けられない。

資源エネルギー庁による2030年の発電コスト試算表

電源	発電コスト（円／kWh） ※国家財政から支出されているコスト（政策費用）を含む
石炭　火力	13円台後半〜22円台前半
LNG　火力	10円台後半〜14円台後半
原子力	11円台後半〜
太陽光	（事業用）8円台後半〜11円台後半 （住宅）9円台後半〜14円台後半
風力	（陸上）9円台後半〜17円台前半 （洋上）26円台前半

出典：経済産業省資源エネルギー庁　2030年の電源別発電コスト試算の結果概要
https://www.enecho.meti.go.jp/committee/council/basic_policy_subcommittee/2021/048/048_004.pdf

低炭素地域づくり
地域特性を生かした再エネ・省エネ・コンパクトシティや公共交通機関，未利用熱の活用等を通じて
〇地域経済の活性化　〇地域の防災性の向上
〇生活の利便性・快適性の向上　〇コミュニティの活性化
など，持続可能で活力のある地域づくりを実現

【参考動画】「日本一大きいやかんの話」
高校生が，福島第一原子力発電所の事故をきっかけに原発問題に向き合い，原発「賛成派」と「反対派」の「橋渡し」を目的に作成した約40分のドキュメンタリー映画
https://www.youtube.com/watch?v=RkXXivJawAQ

13 情報通信 (ICT) と現代社会の課題

導入のQuest

情報通信 (ICT) が広く活用されるようになり, 社会はどのように変化しているのだろうか?

MainQuest
メイン クエスト

SubQuest
サブ クエスト

コロナ禍によるデマやフェイクニュースにはどのようなものがあるのだろうか。

Facebook 地域別ユーザー

英国では次世代通信規格「5G」の電波が感染拡大の原因とのフェイクニュースが出回り, 通信設備が放火される事件が相次いだ。

イランでは燃料用アルコール「メタノール」を飲むと予防効果があるというデマを信じて, 500人以上が中毒死したと報じられた。

ヨーロッパ
4.1 億人

北米
2.6 億人

アジア・パシフィック
11.7 億人

全世界
27.4 億人

その他
9.6 億人

日本ではトイレットペーパーが不足するという情報が流れ, 多くの人がSNSで「嘘」と警告したが買い占め騒動が起きた。

「デマで人の命が失われてしまいます。適切な信頼と正しい情報がなければ, 診断検査は利用されず, 予防接種キャンペーンは目標を達成できず, ウイルスの蔓延は続くことになります。…私たちは加盟国に対し, 科学とエビデンスに基づき, …表現の自由を尊重しつつ, デマと誤情報の蔓延を防ぐとともに, これと闘うことにより, インフォデミックを管理するためのアクションプランを策定, 実施するよう呼びかけます」（国際連合広報センター）

WHO（世界保健機関）は, COVID-19（新型コロナウイルス）の感染拡大において, パンデミックの宣言の前にインフォデミックの危険性について警告を発して, 人々の生活や命に甚大な影響を及ぼすとして世界に訴えた。

SubQuest
サブ クエスト

なぜ, デマやフェイクニュースが流布され, 多くの人が信用して受け止めてしまうのだろうか。

- およそ4人中3人が新型コロナウイルス感染症に関する間違った情報や誤解を招く情報に触れていた。
- 新型コロナウイルス感染症に関する間違った情報や誤解を招く情報を見聞きした人のうち, 「正しい情報である」等と信じて共有・拡散したことがあると答えた人の割合は35.5%（全ての人を母数とした場合の共有・拡散経験の割合は19.5%）。
- 新型コロナウイルス感染症に関する間違った情報や誤解を招く情報があたかも真実又は真偽不明の情報として書かれているのを見かけたことがあると答えた人は, サービス・メディア別にみると, 「Twitter」(57.0%), 「ブログやまとめサイト」(36.5%) で見かけたことがある人の割合が高かった。
- 若い年代ほど間違った情報や誤解を招く情報を信じてしまった割合や拡散してしまった割合が高くなる傾向が見られた。（総務省「新型コロナウイルス感染症に関する情報流通調査報告書」）

https://www.soumu.go.jp/menu_news/s-news/01kiban18_01000082.html

|解説| **情報が混濁する現代社会**　20世紀後半, インターネットの出現により, 世界は凄まじい速さで情報社会へ進展した。本来, 情報社会は自由で開放されていて, 誰もがいつでもどこでも, 多種多様な情報を収集・発信・共有できる空間であることが望まれる。だが, 常に正確な情報が公開されているだろうか。国や地域の状況に講じて情報を誤らせたり, 制限・統制したりすることはないだろうか。実際, 世界中で玉石混交の情報がインターネット上に溢れている。ソーシャルメディアの発展・普及は, 誰でも簡単に自分の意見を発信することを可能にした。そして, 多くの人々が情報を求めてソーシャルメディアに接することが日常化した。こうした中, 生活や命に関わるデマやフェイクニュース, ヘイトスピーチといった情報発信は後を絶たず, ウイルス以上の速さで拡散してしまう世界で私たちは暮らしている。

Think

適切に情報を取り扱うために心掛けることは何だろうか?

1 インターネットの利用状況

①インターネット利用人口の拡大

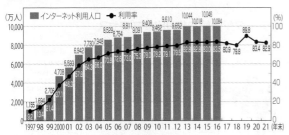

②世代別インターネット利用率の推移

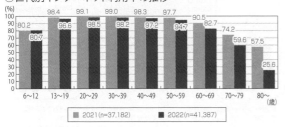

2021(n=37,182)　2022(n=41,387)

③情報通信端末の世帯保有率の推移

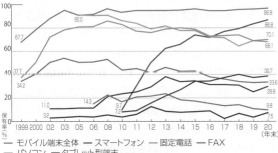

— モバイル端末全体　— スマートフォン　— 固定電話　— FAX
— パソコン　— タブレット型端末
— インターネットに接続できる家庭用テレビゲーム機　— 携帯音楽プレイヤー
— その他インターネットに接続できる家電(情報家電)等

令和3年通信利用動向調査

|解説| インターネット利用実態は　インターネットはITの高度化=ブロードバンド化・モバイル化の進展に伴い，ますます普及している。情報通信端末では，従来型携帯電話からスマートフォンへ，パソコンからタブレット端末への移行が今後も急速に進むと予測されており，主役が変わりつつあることが資料にも示されている。世代ごとの利用率では，10代から60代までが80%以上となっており，各世代にまんべんなく広まっていることがわかる。

2 IoT（Internet of Things）

あらゆるモノがインターネットにつながる

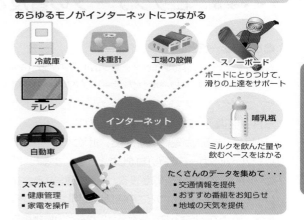

スマホで・・・
■ 健康管理
■ 家電を操作

たくさんのデータを集めて・・・
■ 交通情報を提供
■ おすすめ番組をお知らせ
■ 地域の天気を提供

|解説| モノのインターネット「IoT」とは　「Internet of Things」の頭文字で，「モノのインターネット」といわれる。パソコンやスマートフォンだけでなく，家電や自動車，ビルや工場など，世界中の様々なものがネットワークにつながるようになって，使い道が増え便利になっていくことをいう。家電では，洗濯機やエアコンを家の外から操作したり，体重計や運動靴とつないでスマホで体調管理や運動のアドバイスを受けることも可能。情報を集めるセンサーの性能が良くなり，スマホを使ってネットとつなぐのが簡単になったことで，新商品が生み出しやすくなった。(『朝日新聞』2015.4.4)

世界のIoTデバイス数の推移及び予測

(総務省『情報通信白書』2023)

|解説| 「IoT」の広がり　IoTを活用するデバイス数は，「医療」，「産業用途」，「コンシューマ」及び「自動車・宇宙航空」で高成長が見込まれている。ただし，世界のIoTデバイス数の動向をカテゴリ別にみると，2019年時点で稼働数が多いカテゴリは，スマートフォンや通信機器などの「通信」となっている。ただし，既に市場が飽和状態であることから，他のカテゴリと比較して見た場合，相対的に低成長が見込まれている。

公共の扉

情報リテラシーを身につけよう

　安全で適正な情報ばかり存在しているわけではない。とはいえ，情報の真偽を個人で判断するのが難しいこともある。そうした時こそ，信頼し得る情報を見つけ，自らの目で確認することが重要だろう。ファクトチェックを心がけ次のようなことを確認しよう。

（1）他の情報も調べ，比較してみたらどうか。
・インターネットで検索して複数の情報と見比べてみる。
・関連する著書や新聞記事も調べ，インターネットの情報に偏らないことも重要ではないか。
（2）情報の発信元は確かめられるものだろうか。
・発信元が明らかであっても，信頼できる団体や組織によるものなのか。
・信頼し得るWebサイトなのか確認してみる。

（3）いつ発信された情報であるのか判明できるだろうか。
・発信時期が明記されているか。
・古い情報であれば，現状と異なる内容であるかもしれない。
（4）一次情報として発信されているものだろうか。
・引用や伝聞で発信された情報であると，何か思惑や意図が補われているかもしれない。
・情報源を探して，元の情報に辿りつけるものであるか。
（5）自ら情報リテラシーを理解して，情報モラルへの対応を身に付けているだろうか。
・情報の信憑性や安全性に留意して，適正に情報を読み解こうと意識しているか。
・感情や願望に流されず，適切に見極める姿勢が大切ではないか。

ファクトチェック[偽情報に対抗するために，情報の真偽を検証する活動のこと]／ディープフェイク（Deepfake）[AI技術や機械学習の技術を悪用して作り出された偽の映像]

テーマ学習 # ビッグデータの普及と個人情報の取り扱い

●ビッグデータとは

　ビッグデータには，ツイッターやフェイスブックといったソーシャル・ネットワーキング・サービス(SNS)の投稿や，コンビニエンスストアのポイントカードやクレジットカードの利用履歴，気象データなどが含まれる。

　例えば，ある人が電車で店に行き，ポイントカードを示してクレジットカードで買い物をしたとする。すると，ICカード乗車券に乗降着記録が残る。店舗を運営する会社は，ポイントカードをいつどこの店舗で利用したか，さらにクレジットカード会社は，何を買ったかなどの情報をも得ることが出来る。

　企業がこれらのデータを分析すれば，顧客の行動や購買パターンに合わせた効果的な宣伝や，商品の入荷などに活用できる。

　こうしたデータは現在，1日に新聞の朝刊数十万年分に相当する数百テラ(1テラは1兆)バイト以上生みだされているという。……

　ビッグデータに注目が集まってきたのは，スマートフォンや処理能力が高いコンピュータの普及など，ITの進歩によって様々な種類の膨大なデータを収集・蓄積できるようになったことが大きい。……

　ビッグデータの分析には，大量のデータを分割して複数のサーバーで処理し，その結果をまとめるソフトが使われる。情報の一部を分析して全体の傾向を割り出す従来の分析方法に比べ，格段に詳しい情報が得られる。

（『読売新聞』2013.9.13）

●今後の課題

　ビッグデータは，すでにさまざまに利用されているが，近年のAIの開発から大きな経済効果が見込まれ，同時に，私たちの生活にもさまざまな面で役立つと期待される。しかし，その一方で個人情報の保護という点で課題もある。

●ビッグデータの活用例

企業名	利用方法
ローソン	ポイントカード「ポンタ」の情報を分析して，同じ人が何個買っているかという「リピート率」を割り出し，品揃えなどに活用
楽天	買い物履歴などから利用者の好みに合いそうな情報をホームページの上の位置に表示
ファミリーマート，TSUTAYAなど	Tポイントカードの利用者に提携企業が相互にクーポン券を発行（過去の購入履歴に応じた商品の割引クーポンを発行）
ホンダ	カーナビ搭載車から送信されたデータをもとに詳しい渋滞情報をカーナビに表示
NTTドコモ	携帯電話の位置情報をもとに人口データを推計し販売（ある地域で特定の時間に「通勤する40代の男性が○人いた」など）

（『読売新聞』2013.9.13など）

●データが価値を作り出すプロセス

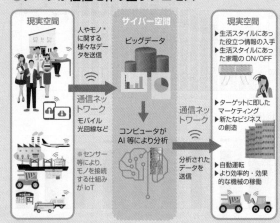

・超高速・多数同時接続・超低遅延の5Gにより，更に大量・多様なデータをリアルタイムで活用可能に
・準天頂衛星システムにより，位置・時刻に関するより精度の高いデータの活用が可能に

（『情報通信白書』2019）

　ビッグデータがプライバシーにかかわるのは，私生活の細部に関する情報が知らないうちに収集・利用されることについての気持ち悪さや不快感から，ストーカーや詐欺などの犯罪につながる危険性，政府による個人の監視への懸念まで，さまざまである。日本の現行の個人情報保護法では，個人情報を第三者に提供する場合は本人の同意が必要と規定されているが，Suicaの乗車履歴販売で問題になった乗降記録や位置情報などについては，規定されていない。

　こうしたなか2018年に，欧州連合(EU)はネットプライバシーに関する個人情報保護を厳格化する新規則「一般データ保護規則」(GDPR)を施行した。翌年には，グーグルがこれに違反したとして5700万ドルの罰金支払いを命じられている。日本でも2020年5月に，個人情報の収集や管理に関する新たなルールとして，デジタルプラットホーム取引透明化法が成立した。

事例

①グーグルの電子メールのサービス「Gメール」は2004年に開始された。メールの中身をスキャンし，それに合わせた広告を表示すること，その広告マッチングの材料となる古いメールを1ギガバイト（現在は30ギガバイト）まで無料で保存できるということを特徴としていた。当時，「メールの中身を読まれている」というプライバシー侵害に抗議する声が強く，カリフォルニア州でこれを禁止する法律が成立一歩前まで進んだ。

②JR東日本が2013年7月，IC乗車券「Suica（スイカ）」の利用者の乗車履歴（乗降駅，日時，性別など）のデータを日立製作所に販売し始めた。約4300万枚分で，個人が識別できないよう個人情報部分を削除して販売したという。JR東日本は，その後「利用者に事前説明すべきだった」と謝罪し，希望者は除外できるよう配慮して，あらためて販売するとした。

（海部美知『ビッグデータの覇者たち』など）

フェイクニュース［何らかの利益を得ることや意図的に騙すことを目的としたいわゆる「偽情報」や，単に誤った情報である「誤情報」や「デマ」などを広く指す］

3 ネットメディアにおける言論の課題

　米国の法学者サンスティーンはネット上の情報収集において，インターネットの持つ，同じ思考や主義を持つ者同士をつなげやすいという特徴から，「集団極性化」を引き起こしやすくなる現象があると指摘した(2001)。集団極性化とは，例えば集団で討議を行うと討議後に人々の意見が特定方向に先鋭化するような事象を指す。

　討議の場には自分と異なる意見の人がいるはずなので，討議することで自分とは反対の意見も取り入れられるだろうと思われるが，実際に実験を行ってみると逆に先鋭化する例が多かった。このように，人々がインターネット上のある一つの意見に流されてそれが最終的には大きな流れとなっていく状況を，「サイバーカスケード（階段状に水が流れ落ちていく滝＝カスケード）」と称する。「確証バイアス(＝自分の意見や価値観に一致する情報ばかりを集め，それらに反する情報を無視する傾向)」等，人間がもともと持っている認知バイアスが，こうした現象を起こす要因として挙げられている。

　さらに，もともとの人間の傾向と，ネットメディアの特性の相互作用による現象と言われているものとして，「エコーチェンバー」と「フィルターバブル」が挙げられる。

　フィルターバブルとはアルゴリズムがネット利用者個人の検索履歴やクリック履歴を分析し学習することで，個々のユーザーにとっては望むと望まざるとにかかわらず見たい情報が優先的に表示され，利用者の観点に合わない情報からは隔離され，自身の考え方や価値観の「バブル（泡）」の中に孤立するという情報環境を指す。

フィルターバブルのイメージ

●●反対　●●ちがう　●●やめて
そう思う　●●賛成!!　いいね！
みんな●●に賛成なのね

（総務省『情報通信白書』2019）

ソーシャルメディア空間で起きている現象
フィルターバブル / エコーチェンバー / 同調圧力
判断スキル・配慮の不足が個人生活の様々なリスクを高め，
世論形成・投票等における集団浅慮という形で社会の方向性さえも左右する

個人の意思決定シーンにおける問題
自分と異なる意見は
聞かない，聞こえない
自分の価値観に合った情報ばかりが集まる
自分に心地よい情報空間
ソーシャルメディア等を用いた政治操作
デジタルゲリマンダーの脅威
フェイクニュース
（思考誘導されやすい）
真偽は気にかけない
内容を丁寧に読まず，一次情報も確認せずに反射的に支持表明
OK

（総務省資料）

|解説| **エコーチェンバー**　ソーシャルメディアを利用する際，自分と似た興味関心をもつユーザーのみをフォローする結果，自分の意見をSNSで発信すると，当然自分と似た意見が返ってくるという状況。こうした現象を閉じた小部屋で音が反響する物理現象にたとえて，エコーチェンバーという。

4 「中高生93万人がネット依存」

　厚生労働省研究班の2017年度の推計によると，オンラインゲームやSNS（交流サイト）などに没頭する「ネット依存」が疑われる中高生は国内で93万人に上り，7人に1人の割合だ。新型コロナウイルスによる在宅生活が長期化したことで，さらに依存傾向が強まる恐れがある。

　日本アルコール・アディクション医学会（京都市）は4月，1日当たりのゲームなどに費やす時間がコロナ以前より増えた人は元に戻すことを呼びかけた。

　依存の恐れが強い場合は(1)友人らとの電話(2)人と距離を取っての散歩や室内での体操(3)見たかった映画の鑑賞や読みたかった本を読む──などを組み合わせ，夜更かししないなどの生活習慣を推奨した。

『日本経済新聞』2020.6.9　https://www.nikkei.com/article/
　　　　　DGKKZO60128310Y0A600C2CC1000/

ネット依存の危険度がわかる質問項目
（8項目のうち，5項目以上に当てはまると，ネット依存の疑い）
- □ ネットに夢中になっていると感じているか
- □ 満足のため使用時間を長くしなければと感じているか
- □ 制限や中止を試みたが，うまくいかないことがたびたびあったか
- □ 使用時間を短くしようとして落ち込みやイライラを感じるか
- □ 使い始めに考えたより長時間続けているか
- □ ネットで人間関係を台無しにしたことがあるか
- □ 熱中しすぎを隠すため，家族らにうそをついたことがあるか
- □ 問題や絶望，不安から逃げるためにネットを使うか

|解説| **ネットへ依存することへの注意**　世界保健機関（WHO）も2021年3月，新型コロナの感染拡大による不安感の解消や時間つぶしのため，ゲームなどの利用に陥りやすくなっていると指摘。過度な利用は昼夜逆転や栄養失調，頭痛，言葉や身体の暴力を引き起こすとして注意喚起した。

Column 防災情報　備えあれば憂いなし

　人々が安全に生活する上で，災害を予測して事前に備えをしたり，災害の状況を的確に把握して避難したりすることは，被害を最小限にとどめ，命を守るための重要な行動につながる。

　防災情報はその根幹になる。適宜，災害の予測や状況を分析して，多くの人々に注意を促し危険を知らせることで，被害を未然に防ぐことが可能になる。

官公庁	内閣府	気象庁	国土交通省
主な防災情報	防災情報のページ	・台風情報 ・気象情報	防災情報提供センター
	・災害情報	・記録的短時間大雨情報	・道路災害速報
	・防災対策	・土砂災害警戒情報	・河川情報
	・被災者支援など	・指定河川洪水予報など	・気象情報
			・渇水情報など

公共の扉

テーマ学習　Society5.0　新たな産業を拓くか？

■第四次産業革命の時代

　現代はインターネットやスマートフォンといったテクノロジーの登場した第四次産業革命を迎えている。情報通信技術が急速に発展した社会は，産業社会のみならず，家庭や個人のライフスタイルにも大きな変化をもたらしている。

　2017年6月，政府は「未来投資戦略2017」及び「経済財政運営の基本方針2017」を閣議決定し，第四次産業革命の技術革新をあらゆる産業や社会生活に取り入れることで，様々な社会課題を解決するSociety5.0を世界に先駆けて実現するとしている。

　2016年1月，スイス・ダボスで開催された第46回世界経済フォーラム(WEF)の年次総会(通称「ダボス会議」)では，第四次産業革命を「現在進行中で様々な側面を持ち，その一つがデジタルな世界と物理的な世界と人間が融合する環境」と定義する。あらゆるモノがインターネットにつながり(IoT)，蓄積されたビックデータを人工知能(AI)に解析させ，ロボット技術など新たな製品やサービスの開発につなげるとする。

　平成29年情報通白書でも，第四次産業革命とは，「人が通信の主役ではなくなり，機械間通信(M2M)が中心となる。そこでは様々な用途に応用しうる～略～ ICTの役割が一層重要になる」と述べている。

■超スマート社会の実現

　一方，2016年1月に閣議決定した「第5期科学技術基

Before Corona
デジタル基盤整備及びデジタル技術活用によりデジタル・トランスフォーメーションを推し進め産業の効率化や高付加価値化を目指してきた

デジタル技術	AI
	ビックデータ
	IoT
デジタル基盤	4G→5G
	4K・8K
	光ファイバ

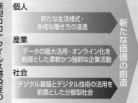

With Corona
人の生命保護を前提にサイバー空間とリアル空間が完全に同期する社会へと向かう不可逆的な進化が新たな価値を創出

個人　新たな生活様式・多様な働き方の浸透
産業　データの最大活用・オンライン化を前提とした柔軟かつ強靭な企業活動
社会　デジタル基盤とデジタル技術の活用を前提とした分散型社会

本計画」では，Society5.0(超スマート社会)を「必要なもの・サービスを，必要な人に，必要な時に，必要なだけ提供し，社会のさまざまなニーズにきめ細かに対応でき，あらゆる人が質の高いサービスを受けられ，年齢，性別，地域，言語といったさまざまな違いを乗り越え，活き活きと快適に暮らすことのできる社会」と定義する。

　「未来投資戦略2017」では，Society5.0は第四次産業革命の技術革新を通じて，日本の産業の在り方を変革するConnected Industries(人・モノ・技術・産業などがつながる)という"あるべき姿"であり，2030年をメドに具体化するとしている。ちなみに，「5.0」とは，狩猟社会1.0，農耕社会2.0，工業社会3.0，情報社会4.0に続く番号である。

　なお，1990年代に入ると，コンピュータとインターネットを融合とした情報通信技術(IT：Information Technology)が発達して，経済活動への投資(IT投資)も加速した。こうしてもたらされた経済や社会への影響・変革は，「IT（情報技術）革命」と総称された。この時期は第三次産業革命にあたり，情報社会4.0に属すことになる。

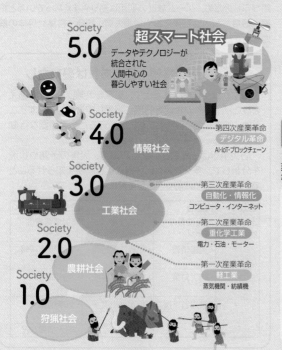

Society **5.0** 超スマート社会
データやテクノロジーが統合された人間中心の暮らしやすい社会

Society **4.0** 情報社会
第四次産業革命　デジタル革命　AI・IoT・ブロックチェーン

Society **3.0** 工業社会
第三次産業革命　自動化・情報化　コンピュータ・インターネット
第二次産業革命　重化学工業　電力・石油・モーター

Society **2.0** 農耕社会
第一次産業革命　軽工業　蒸気機関・紡績機

Society **1.0** 狩猟社会

第一次産業革命	第二次産業革命	第三次産業革命	第四次産業革命
18～19世紀初頭 蒸気機関，紡績機など軽工業の機械化	19世紀後半 石油，電力，重化学工業	20世紀後半 インターネットの出現，ICTの急速な普及	21世紀極端な自動化，コネクティビティによる産業革命
18世紀後半，蒸気・石炭を動力源とする軽工業中心の経済発展および社会構造の変革。イギリスで蒸気機関が発明され，工場制機械工業の幕開けとなった。	蒸気・石油を新たな動力源とする工業中心の経済発展および社会構造の変革。エジソンが電球などを発明したことや物流網の発展などが相まって，大量生産・大量輸送・大量消費の時代が到来。フォードT型自動車は，第二次産業革命を代表する製品。	20世紀後半，コンピュータなどの電子技術やロボット技術を活用したマイクロエレクトロニクス革命により，自動化が促進された。日本メーカーのエレクトロニクス製品や自動車産業の発展などが象徴的。	現在，デジタル技術の進展と，あらゆるものがインターネットにつながるIoTの発展により，限界費用や取引費用の低減が進み，新たな経済発展や社会構造の変革を誘発すると議論される。

5 大衆社会としての現代

大衆化のもたらしたもの　～オルテガ～

　　　　大衆の勝利と，それにともなう生活水準のすばらしい上昇とは，ヨーロッパにおいて，2世紀間による大衆の啓蒙的教育の進歩と，それと並行する社会の経済的繁栄ののちに，内的な原因によって生じたのである。……われわれは，平均化の季節に生きている。財産は平均化され，別々の社会階級のそれぞれの文化は均一化され，男女も均一化されている。それにまた，大陸間の差もなくなっている。ヨーロッパ人の生活はいまよりも低かったのであるから，この均一化によって，もっぱら利益を得たのである。

(オルテガ『大衆の反逆』中央公論社)

|解説| ホセ＝オルテガ＝イ＝ガセット(1883～1955)は，世界恐慌ただなかの1930年に『大衆の反逆』を著し，18世紀の市民革命の時代から産業革命をへて，第一次世界大戦を体験した20世紀の現代において，ヨーロッパとアメリカ合衆国が「大衆」を産み出してきたことを詳説し，この「大衆」は下層階級の人々をのみ指すのではなく，「すべての差異，秀抜さ，個人的なもの，資質に恵まれたこと，選ばれた者をすべて圧殺する」「凡俗の精神」のことであり，「これをあらゆる場所に押しつけようとする」ことこそが「ヨーロッパの生命力の危機」であることを皮肉混じりで批判した。この批判は，21世紀初頭の大衆社会を考える上でも，いささかも古びていない。

他人指向型の人間　～リースマン～

　　　　他人指向型に共通するのは，個人の方向づけを決定するのが同時代人であるということだ。この同時代人は，かれの直接の知りあいであることもあろうし，また友人やマス・メディアをつうじて間接的に知っている人物であってもかまわない。……他人指向型の人間がめざす目標は，同時代人のみちびくがままにかわる。……

　もちろん，「他人」が誰であるかは大いに問題だ。ここにいう他人とは個人の身辺の人びとであることもあるし，"上流"人であることもあろう。マス・メディアの匿名の声であるかもしれぬ。……ひとが自分をどうみているか，をこんなにも気にした時代はかつてなかった。

(リースマン『孤独な群衆』みすず書房)

|解説| デイビッド＝リースマン(1909～2002)は，アメリカ合衆国が「繁栄の50年代」に入ろうとする頃に著した『孤独な群衆』の中で，歴史的段階に応じて人間は，伝統に服従し家族や血縁集団に依存する「伝統指向型」，自己の内面に従い個人の選択による人生の統御を感覚としてもつ「内部指向型」，そして資料文中の「他人指向型」の3類型をへると分析した。他人指向型の現代人は，思いやりや寛容の精神をもちながらも人間関係に敏感すぎて，孤独と不安を宿命的に背負わねばならないという。

権威主義的パーソナリティ　～フロム～

　　　　再び権威主義的性格の問題にかえろう。注意すべきもっとも重要な特徴は，力にたいする態度である。権威主義的性格にとっては，すべての存在は二つにわかれる。力をもつものと，もたないものと。それが人物の力によろうと，制度の力によろうと，服従への愛，賞賛，準備は，力によって自動的にひきおこされる。力は，その力が守ろうとする価値のゆえにではなく，それが力であるという理由によって，かれを夢中にする。……無力な人間をみると，かれを攻撃し，支配し，絶滅したくなる。ことなった性格のものは，無力なものを攻撃するという考えにぞっとするが，権威主義的人間は相手が無力になればなるほどいきりたってくる。

(フロム『自由からの逃走』創元社)

|解説| エーリッヒ＝フロム(1900～80)は，「個人的自我を絶滅させ，たえがたい孤独感にうちかとうとする」大衆は，「自己の外部の，いっそう大きな，いっそう力強い全体の部分となり，それに没入し，参加」する，として，全体主義を批判した，すぐれた指導者の「決断」(カール＝シュミット)を待ち望む土壌は，現代の大衆社会にもみうけられる。

大衆の心理　～ヒトラー～

　大衆の心理は，すべて中途半端な軟弱なものに対しては，感受性がにぶいのだ。女性のようなものだ。かの女らの精神的感覚は，抽象的な理性の根拠などによって定められるよりも，むしろ足らざるを補ってくれる力に対する定義しがたい，感情的なあこがれという根拠によって決せられるのだ。だから，弱いものを支配するよりは，強いものに身をかがめることをいっそう好むものである。大衆もまた哀願するものよりも支配するものをいっそう好み，そして自由主義的な自由を是認するよりも，他の教説の併存を許容しない教説によって，内心いっそう満足を感ずるものである。

(ヒトラー『わが闘争』平野一郎訳　角川文庫)

|解説| 大衆の心理をこのようにとらえていたヒトラーはまた，民衆集会における個人の状況について，「……もしかれが自分の小さい仕事場や，かれ自身まさしく小さいと感じている大工場から，はじめて民衆集会に足をふみいれ，そしてそこで同じ考え方をもつ幾千人もの人々にかこまれるならば……そのときかれ自身は，われわれが大衆暗示ということばで呼ぶあの魔術のような影響に屈服するのである。」と考えていた。そして，ナチスはさまざまなメディアや大衆集会を通じて活発な宣伝活動を行い，組織を強化し支持者を拡大させて議会での議席を増やしていくことで，権力を獲得し独裁体制を築いていった。

公共の扉

6 世論の役割とマスメディア

解説 世論とマスメディア

世論とは大衆（世の中の人々）が公共の問題に抱く共通の意見や考え。政府や政党の政策を決める重要なものさし（「民主政治は世論による政治」）である。またマスメディアとは，不特定多数の人々に情報を伝える手段や媒体。世論の形成に大きな影響を与えるもので，「第四の権力」とも呼ばれる。内容的には二通りの意味合いがある。一つはマスメディアの権力監視に焦点を当てた考え方である。立法，行政，司法の三権から距離を置いたマスメディアの影響力に期待する意味合いで呼ぶ。もう一つは，文字通り，立法・行政・司法の三権に匹敵するだけの大きな影響力を政治や社会に対して行使するものとして呼ぶ場合である。国家権力を批判する立場にありながら自らも権力化する。

7 マスメディアの役割と趨勢

Key word　様々な情報の提供　　世論と政治の媒介　　世論の形成

4大マスメディア				SNS
新聞　→	雑誌　→	ラジオ　→	テレビ　→	X（旧ツイッター）など
18世紀頃，イギリスでは市民や貴族がコーヒーハウスやサロンで自由な意見が交わされて情報収集の場になった。 新聞が活字メディアの役割として世論を形成していった。	日本の民主主義の基盤を作ったとされる「大正デモクラシー」は，『中央公論』1916年1月号に吉野作造の「憲政の本義を説いて其有終の美を済すの途を論ず」を掲載し，世論形成の先駆けとなった。	1929年，浜口雄幸首相はラジオを通じて国民に経済の難局打開を訴えた。 1933年，米国ローズベルト大統領はニューディール政策の正当性を語りホワイトハウスから放送した。一方，ラジオが政府の宣伝戦略の道具になることを憂う声も出た。	1960年の米国大統領選はケネディとニクソンによる初のテレビ討論会を行い，ケネディ圧勝に導いたとされる。 日本では1993年の細川護熙内閣のテレポリティクス（テレビを通じた政治活動） ※小泉純一郎首相の劇場型政治が成立した。	トランプ前米大統領のSNS政治。日本では安倍晋三元首相のフェイスブックによる発信や，橋下徹元大阪府知事によるマスメディア批判が世論へ影響を与えた。
				水平（横）型の情報伝達：共感や共通性で共有し合う。事実でなくても「いいね」や「シェア」で反応する。
垂直（縦）型の情報伝達：専門性を持つ発信者が一方的に伝える。事実と異なる内容であれば，誤報として信用失墜につながる。世論操作に使われる危険性がある。				偏重した情報は世論を偏らせる。

ケネディ（民主党・画面左）とニクソン（共和党・画面右）による，初のテレビ討論会。ケネディが国民に好印象を与えたと言われる。

※小泉純一郎首相の劇場型政治…「改革なくして成長なし」といった分かりやすいフレーズを強調。テレビ会見やワイドショー，スポーツ新聞などを活用して高い支持率を保った。メディアポリティクスとも言われる。

2005年9月の衆院選　郵政民営化に絞ったわかりやすい政策提案で，自民党は選挙に大勝した。

8 マスメディアが世論に与える影響

①アナウンスメント効果

マスメディアによる予測や世論調査の報道が心理的な影響を及ぼし，人々の行動を変化させてしまうこと。

バンドワゴン効果	先陣効果，楽隊馬車効果とも言われ，優勢と報じられた政党や候補者に多くの票が集まる傾向をいう。
アンダードッグ効果	苦戦や敗色濃厚などが伝えられると，同情や劣勢挽回のための票が集まる傾向をいう。

┃解説┃アナウンスメント効果

選挙の際の候補者が最も嫌がるのは，投票日前に「当選間違いなし」と報道されることである。仮にこの報道が真実でも，報道されることで支持者たちの緊張感が弱まり，当日の得票が減ることになる。もちろん，逆の行動の変化を与えることもある。

②世論操作の危険性

ヒトラーによる権力の確立…ラジオと映画を駆使した大衆操作（現代社会においても行われている）

アドルフ＝ヒトラー著『わが闘争』ラジオ演説などによる扇動

▷ヒトラーの演説の手法・デマゴギー（扇動）
デマゴーグによる人身掌握
：刺激的な言説や詭弁（きべん），虚偽情報の発信などにより，人々の意思や行動を発信者に都合のいい方向にあおり立てようとする者をデマゴーグという（特にそのような政治家。民衆扇動家）。
ヒトラーはこうしたデマゴーグによる人身掌握により，第一次世界大戦で敗れ，国勢の衰えを感じているドイツ国民を扇動した。
▷プロパガンダ（主義主張の宣伝）映画の制作と上映
レニ・リーフェンシュタール監督
『意志の勝利』
あらすじ
『意志の勝利』

：『意志の勝利』は古都ニュルンベルクで1934年9月4日から6日間行われた国民社会主義ドイツ労働者党（ナチ党）の全国党大会の記録。製作に使用されたカメラは16台，スタッフは100人以上，撮影フィルムは60時間超など，当時としては大がかりなものである。本作は公開後，ドイツ各地の民衆を熱狂させ，ナチ党の党勢を拡大する一助となった。
▷プロパガンダ映画とは
：政治的宣伝を目的とした映画の総称。映画の誕生から現在まで形を変え作られ続けている。D・W・グリフィス監督『國民の創生』（1915・アメリカ映画）やエイゼンシュテイン監督『戦艦ポチョムキン』（1925・ソ連映画）は，『意志の勝利』と並んで映画史上に残る傑作と評価されている。また，ハンフリー＝ボガード主演の名作『カサブランカ』（1943）もプロパガンダ映画として作られた。

9 ICTが世論に与える影響

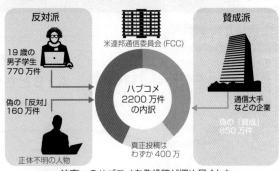

法案へのパブコメを偽投稿が埋め尽くした

「米民主主義を揺るがしたのは19歳の大学生だった。

標的となったのは，通信会社への一部規制を緩和する米連邦通信委員会（FCC）の法案だ。カリフォルニア州の大学生はメールアドレスを大量発行するサービスや，でたらめな氏名や住所を生成できるウェブサイトを使い，770万件もの反対意見を送りつけた。

通信大手などの団体が数百万ドルを投じて専門業者に850万件の賛成意見を投稿させていたことも発覚。関わった業者3社は5月，計61万5千ドル（約9千万円）の罰金処分を受けた。

法案のパブリックコメント2200万件のうち偽投稿は8割超の1800万件にのぼった。国民の意見を政策に生かす民主主義のルールは破綻寸前だ。ニューヨーク州のジェームズ司法長官は「国民の声がかき消された」と訴える。」

（日本経済新聞　テクノ新世　岐路に立つ人類(2)）

Column 政治的無関心

脱政治的態度 (depolitical)	政治によって自分の欲求や期待を実現することはできない，と幻滅している。「誰が当選しても同じ」と選挙を棄権することがある。ただし，政治に全く関心がないわけではない。
無政治的態度 (apolitical)	学問や芸術などに没頭し，政治は自分とは無関係なもの，くだらないものと見なしている。政治についての知識も乏しい。選挙に行こうなどとは思いもよらない。
反政治的態度 (antipolitical)	現在の政治制度が自分の価値と対立して相いれないと感じて否定的な態度をとる。選挙の意義も認めないので，当然投票はしない。

近代以前の社会では，政治に対する無知や権威に対する畏怖から権力者に従う伝統型無関心が見られたが，現代ではラスウェルの類型（上表）のような，現代型無関心が多い。複雑化した政治社会に無力感を抱き私的な生活に逃避する傾向は，若い世代にも広く見られる。主権者が政治への関心を失えば，民主政治は崩壊すると考えられる。

公共の扉

公共の扉

導入の **Quest**

メイン クエスト
MainQuest

政治哲学で使われる「リベラル」な考えって何だろう。
A・Bどちらの考えが「リベラル」だと思いますか？

自由
行き過ぎると不平等がはびこる懸念も

友愛
兄弟愛や同性愛など。「博愛」と記されることも

平等
行き過ぎると自由が損なわれる心配も

政治哲学とは
　政治にかかわる問題を哲学的な理念に基づいて考える学問のこと。「自由と平等」「戦争と平和」といった政治的テーマに即して，何が正義か，何が善か，などを原理的に考察する。

Ⓐリベラルというのは自由主義的だということだから，色々な規制をできるだけ撤廃して，税金もなるべく軽くして，個人や民間企業が自由に活動できるようにするという政策が自由主義的だと言える。小さな政府というスローガンは典型的に自由主義的だと思うけど。

Ⓑ経済的に困っていたり，障がいをもっていたりといった理由で社会的に恵まれない人々のために積極的に支援してあげるのは，いかにもリベラルな政策だという印象があるけど。

　「リベラルには，歴史的に大きく二つの潮流がある。個人の自由や多様性を尊重するリベラルが当初重視したのは，「権力からの自由」だ。それは，政治権力や世間から干渉されない，個人の自由である。みんなが自由にしたら無秩序になるのではないか。19世紀イギリスの思想家ミルの『自由論』は，他人に危害を加えた場合だけ自由が制限される，と共存のルールを示した。愚かに見えても，他人に危害がないなら干渉は正当化できない。……しかし放任されれば，本当に自由を享受できるだろうか。各人の自由な人生設計を実質的に可能にするため，国家の支援が必要と考えるのが，「権力による自由」の発想である。」
（朝日新聞2017.11.12）
　日本ではそれぞれを「自由主義」「リベラリズム」と分けて考えているが，英語では同じ「libera-lism」。欧州ではこれが前者の潮流であり，アメリカでは後者である。

　自由主義は，リベラリズム(liberalism)という英語の日本語訳である。だとすると，自由主義的な考えを持つ者をリベラル，もしくはリベラル派と呼んでもよさそうである。しかし，上のような会話を聞くと，どうもそう簡単にはいかないようである。
　現代の日本ではⒷのような意味でリベラルを使うことが多い。
　そこで使われる「リベラル」という名称は，もっぱらアメリカの民主党を念頭において使われる用語である（解説）。ところがヨーロッパでは，Ⓑのような政策は社会民主主義的と称されることが多く，リベラル，もしくはリベラリズムというのは，どちらかというとⒶのような意味で使われる場合が多いのである。

まとめ

あなた自身の言葉で「リベラル」について説明をしてみよう。

1 法の支配と法治主義

人の支配	法の支配	法治主義
王 → 恣意的 → 法 → 国民	法 → 制限 → 王(行政権) → 国民	法(形式のみ) → 王 → 国民
国家権力によって恣意的に定められた法により統治される。	国家権力を制限する法により統治される。	法によって統治されている。

エドワード=コーク 1552～1634
イギリスの法学者。ジェームズ1世が王権神授説に立って強権的な姿勢を取るようになったため、国王も法を尊重し、それに従うべきであるというコモン=ローの理念を掲げるようになった。「国王といえども神と法の下にある」というブラクトンの言葉を引用して法の支配を主張したことでも名高い。

|解説|法の支配とはどういう考え方か
「法の支配」は、恣意的な「人の支配」に対抗してイギリスで発達した民主主義の原理である。17世紀はじめ、国王ジェームズI世の干渉に対して、裁判官エドワード=コークは13世紀の法学者ブラクトンの言葉「王といえども神と法の下にある」を引用してこれをいさめた。王権(行政権)は法によって制限され、司法によって裁かれるべきものであるという考え方である(コークは後に権利請願を起草したことでも知られる)。アメリカの判例で確立した違憲法令審査権は、こうしたイギリスにおける法の支配を徹底させるものといえる。
一方、法治主義はヨーロッパ大陸で発達した概念で、法の内容より、「法律にもとづく支配」という形式を重視する傾向がある。

2 民主政治の原則

①基本的人権の保障：人間は生まれながらに権力によっても侵すことのできない権利を持つ。この保障こそが民主政治の目的
◎18世紀的基本権：自由権・平等権
　バージニア権利章典第1条(1776年)／フランス人権宣言第1条(1789年)
◎20世紀的基本権：社会権
　ワイマール憲法第151条、159条(1919年)
②国民主権：国の方針を最終的に決める権限を国民が持つこと →
　君主主権を倒した市民革命の成果として確立
　バージニア権利章典第2条(1776年)／フランス人権宣言第3条(1789年)
③権力分立：権力を分割し、お互いに「抑制と均衡」の関係におくことで権力の濫用から人権を守るための制度
◎ロック『市民政府二論』(1690年) 立法権と執行権の二権分立
◎モンテスキュー『法の精神』(1748年)
　立法権、行政権、司法権の三権分立として定式化
◎フランス人権宣言第16条(1789年)
④法の支配：権力の行使が人権を保障する法の制限のもとに行われる原則　恣意的な人の支配を否定し、イギリスで発達
　マグナ-カルタ第39条(1215年)／権利章典第1条(1689年)
⑤代表民主制：(間接民主制　代議制　議会制民主主義をほぼ同義)
◎主権者である国民が選挙で代表を選び政治を行う制度
　(直接民主制は政治決定を国民が直接行う制度)
　※直接民主制を現代国家で全面的に採用することは困難
　→日本は代表民主制の補完目的で地方自治等に採用

3 民主政治の発達と人権保障のあゆみ

年代	国	事項
1215	英	マグナ-カルタ(大憲章)　貴族らが国王に不当逮捕の禁止や課税に関する同意を認めさせる
1628	英	権利請願　チャールズI世に同意なき課税の禁止や人身の自由を認めさせる E.コーク起草
1642～49	英	清教徒革命　王権神授説にたつチャールズI世を処刑　共和制の実現
1651	英	『リヴァイアサン』／ホッブズ　社会契約説の立場から絶対王政を擁護
1679	英	人身保護法　王による不当な逮捕の禁止　裁判を受ける権利の保障
1688	英	名誉革命　復活した王政で専制を強めたジェームズII世を議会が追放　議会優位を確立
1689	英	権利章典　権利請願を発展　名誉革命後即位したウィリアムIII世とメアリII世が承認
1690	英	『市民政府二論』／ロック　抵抗権を唱えて名誉革命を正当化　権力分立の必要を説く
18世紀前半	英	議院内閣制が確立　ウォルポールが首相となり下院の信任に基づく行政権行使が確立
1748	仏	『法の精神』／モンテスキュー　立法・司法・行政の三権分立を唱える
1762	仏	『社会契約論』／ルソー　英の議会制を批判し直接民主制と一般意志に基づく社会契約を主張
1775～83	米	アメリカ独立革命(独立戦争)　イギリスの植民地支配に参政権などを求めて対抗
1776	米	バージニア権利章典　人権宣言と人民主権に基づく統治を規定　初の人権宣言を含む初の成文憲法
1776	米	アメリカ独立宣言　ジェファソン起草　独立を人権保障のための社会契約、抵抗権で正当化
1789~99	仏	フランス革命　絶対王政を倒し自由・平等・博愛の理念を掲げて社会を変革　各国に影響
1789	仏	フランス人権宣言　人権の不可侵・国民主権・権力分立・抵抗権など民主政治の原則を明記
1791	米	合衆国憲法修正10ヶ条　信教・言論の自由や残虐な刑罰の禁止などを合衆国憲法に追加
1803	米	違憲法令審査権が判例上確立　法の支配を徹底させ人権保障をより確実にする制度
1837~48頃	英	チャーチスト運動　労働者階級の組織的な政治運動で普通選挙権などを要求
1848	独	「共産党宣言」／マルクス・エンゲルス
1863	米	奴隷解放宣言　南北戦争中にリンカンが発表　65年に合衆国憲法修正13条として結実
1863	米	ゲティスバーグ演説／リンカン　民主主義の原則を簡潔に表現した有名な演説
1874	日	民撰議院設立建白書　憲法制定と議会開設を求め自由民権運動が始まる
1889	日	大日本帝国憲法制定　プロシア憲法を参考に君主権が強大なドイツ型立憲主義を採用
1893	NZ	ニュージーランドで世界初の婦人参政権
1911	英	議会法　下院の優越が確立
1917	露	ロシア革命　レーニン指導　初の社会主義革命
1919	独	ワイマール憲法　初めて社会権的基本権を保障　男女平等の普通選挙
1925	日	普通選挙法　25歳以上の男子に普通選挙権
1925	日	治安維持法　天皇制や資本主義体制の変革を求める活動を取締る治安立法　後に範囲を拡大
1941	米	4つの自由　ローズベルト大統領が反ファシズムの立場から表明
1946	日	日本国憲法公布　国民主権・基本的人権の尊重・平和主義が三大原則

4 マグナ-カルタ　1215年 イギリス

【おもな内容】

第1条　イングランド教会は自由であり，その権利の不可侵を永遠に確認する。

第12条　軍役代納金や御用金は，国王の考えだけで，これを課すことはない。

第13条　ロンドン市とあらゆる市・町は，古来の自由と自由な慣習を保持できる。

第39条　いかなる自由人も，その同身分の者の合法的裁判か，国法によるほかは逮捕・監禁されたり，財産を奪われたり国王に攻撃されることはない。

5 権利章典　1689年　イギリス

（1）国王は，王権により，国会の承認なしに法律の効力を停止し，または法律の執行を停止し得る権限があると称しているが，そのようなことは違法である。

（4）大権に名を借り，国会の承認なしに，国会がみとめ，もしくはみとむべき期間よりも長い期間，または国会がみとめ，またはみとむべき態様と異なった態様で，王の使用に供するために金銭を徴収することは，違法である。

（5）国王に請願することは臣民の権利であり，このような請願をしたことを理由とする収監または訴追は，違法である。

（9）国会における言論の自由及び討議または議事手続きは，国会以外のいかなる裁判所，またはその他の場所においても，これを非難したり問題としたりしてはならない。

（10）過大な保釈金を要求してはならない。過大な罰金を科してはならない。また，残虐で異常な刑罰を科してはならない。

|解説| 立憲君主制の確立

専制的なジェームズⅡ世が追放された名誉革命後，オレンジ公ウィリアムと妻メアリ（写真）が共同でイギリス王になるにあたり，議会の要請で認めた法律。大憲章や権利請願の流れを引き継いで財産権や人身の自由を保障し，議会における言論の自由などについても規定する。王権に対する議会の優位を確立し，民主政治の発展に大きな意義をもつ。イギリスは不文憲法の国だが，権利章典は憲法としての意味を持つ法律の一つに位置づけられている。

6 バージニア権利章典　1776年6月

（1）すべて人は生来ひとしく自由かつ独立しており，一定の生来の権利を有するものである。これらの権利は人民が社会を組織するに当たり，いかなる契約によっても，人民子孫からこれをあらかじめ奪うことのできないものである。

（2）すべて権力は人民に存し，したがって人民に由来するものである。行政官は人民の受託者でありかつ公僕であって，常に人民に対して責任を負うものである。

（3）政府というものは，人民，国家もしくは社会の利益・保護及び安全のために樹立されている。あるいはそう樹立されるべきものである。…

|解説| 人権宣言の先駆

独立戦争中に採択された世界初の成文憲法であり，世界に先駆けた人権宣言と統治機構の条文からなる。バージニア憲法ともいう。

フランクリン（左端）とジェファソン（隣）

7 アメリカ独立宣言　　1776年

　われわれは，つぎの真理を自明なものと認める。すべての人は平等に創られていること。彼らは，その創造者によって，一定の譲るべからざる権利を与えられていること（自然権）。それらの中には，生命，自由および幸福の追求が数えられること。そうして，これらの権利を確保するために，人びとのあいだに政府が設けられ，その正当な権力は，被治者の同意にもとづくこと。どんな形態の政府でも，この目的に有害なものとなれば，それを変更または廃止して新しい政府を設け，その基礎となる原理，その組織する権力の形態が，彼らの安全と幸福をもたらすに最もふさわしいと思われるようにすること（抵抗権）は，人民の権利であること。

|解説| アメリカの独立とその精神

独立戦争（独立革命）のさなかにジェファソンが起草し，東部13植民地による第2回大陸会議で採択された。政府の目的が，平等，生命，自由および幸福追求などの自然権を確保するためであること，目的に反した政府に対して人民は抵抗権を留保することなど，ロックの社会契約説の強い影響がみられる。ここに掲げられた民主主義の精神はフランス革命に大きな影響を与えた。

8 フランス人権宣言　1789年

(1) 人は，自由かつ権利において平等なものとして出生し，かつ生存する。社会的差別は，共同の利益の上にのみ設けることができる。

(2) あらゆる政治的団結の目的は…自然権を保全することである。これらの権利は，自由・所有権・安全および圧政への抵抗である。

(3) あらゆる主権の原理は，本質的に国民に存する。

(4) 自由は，他人を害しないすべてをなし得ることに存する。

(16) 権利の保障が確保されず，権力の分立が規定されないすべての社会は，憲法をもつものではない。

(17) 所有権は一の神聖で不可侵な権利であるから，何人も適法に確認された公の必要性が明白にそれを要求する場合で，かつ事前の正当な保障の条件の下でなければ，これを奪われることがない。

|解説|「人及び市民の権利宣言」

「フランス人権宣言」の板絵
左の女神は旧制度を象徴する鎖を断ち切り，右の女神は理性の光を照らしている。

正式名称は「人及び市民の権利宣言」である。起草者の一人である貴族出身のラファイエットはアメリカ独立戦争に義勇兵として従軍した英雄でもあった。個人の自由と平等，所有権，圧政への抵抗権を自然権と規定し，それらの保障が政治の目的であることと国民主権の原理を宣言している。18世紀末に成立した全17条のこの文書は，フランスの啓蒙思想と，イギリス，アメリカの市民革命の理論の集大成であり，「憲法の世紀」ともいわれる19世紀以降相次いで制定された成文憲法に大きな影響を与えた。

Column ワイマール憲法の制定

　市民革命の成果として18世紀に確立された人権は，革命を押し進めた市民（ブルジョワジー）の利益，特に財産権（所有権）の保障に力点が置かれていた。自由権を中心とするこの時代に確立した人権を18世紀的基本権ともいう。経済的自由の保障のもとで資本主義経済は発達したが，貧富の差は拡大し，法の下の平等は形式的に保障されていたものの，現実社会の不平等は解決されなかった。第一次世界大戦に敗北したドイツ共和国で1919年に制定された憲法がワイマール憲法である。所有権には限界があり義務を伴うこと，経済的自由は人間たるに値する生活を保障するための原則の範囲内でみとめられることなど18世紀的基本権の限界が明記された。また生存権や労働者の団結権など社会権と呼ばれる新しいタイプの人権が保障された。社会権を20世紀的基本権ともいう。

　人権保障の歴史でワイマール憲法は大きな意味を持つ。しかし，皮肉なことに当時最も民主的な内容をもったこの憲法のもとで勢力を強めたナチス・ドイツの独裁により1933年に効力を失った。

9 リンカン　ゲティスバーグ演説

　87年前，われわれの父祖たちは，自由の精神にはぐくまれ，すべての人は平等につくられているという信条に献げられた，新しい国家をこの大陸に打ち建てました。……われわれが一層の献身を決意するため，これらの戦死者の死をむだに終わらしめないように，われらがここで堅く決心するため，またこの国家をして，神のもとに，新しく自由の誕生をなさしめるため，そして人民の，人民による，人民のための政治を，地上から絶滅させないためであります。

（高木八尺・斉藤光訳『リンカーン演説集』岩波文庫）

|解説| アメリカ合衆国が拠って立つ自由と平等の原則
ゲティスバーグは南北戦争最大の激戦地である。ここを国立墓地にする記念式典でリンカンが行った3分ほどの短い演説はあまりにも有名である。想像してみて欲しい。拡声器もない広場で，詰めかけた多くの群衆を前に戦死者をいたみ，戦いの意義，つまりは貴い犠牲の上に守り育てるべき民主主義の本質を語らねばならない。凝縮された言葉"The government of the people,by the people,for the people"はこうして生まれたのだ。国民主権に基づく民主政治の原理をあらわすこの一節は日本国憲法前文に受け継がれている。探してみよう。

10 ワイマール憲法　1919年

第109条　1　すべてのドイツ人は，法律の前に平等である。

　2　男子および女子は，原則として同一の公民権を有し，および公民としての義務を負う。

第151条　1　経済生活の秩序は，すべての者に人間たるに値する生活を保障する目的をもつ正義の原則に適合しなければならない。この限界内で，個人の経済的自由は，確保されなければならない。

第153条　1　所有権は，憲法によって保障される。その内容およびその限界は，法律によって明らかにされる。

　3　所有権は，義務を伴う。所有権の行使は，同時に公共の福祉のためにすることを要する。

第159条　1　労働条件および経済条件を維持し，かつ，改善するための団結の自由は，各人およびすべての職業について，保障される。この自由を制限し，または妨害しようとするすべての合意および措置は，違法である。

第161条　1　健康および労働能力を維持し，母性を保護し，かつ，老齢，虚弱および，生活の転変にそなえるために，国は，被保険者の適切な協力のもとに，包括的保険制度を設ける。

（高木・末延・宮沢編『人権宣言集』岩波文庫）

公共の扉

導入の **Quest**

MainQuest
メイン　クエスト

大統領と総理大臣（首相）の違いは何だろう？

◆政治の権限を握るのは？（2024年2月時点）

	元 首		
アメリカ	【権限】バイデン大統領		ハリス副大統領
フランス	【権限】マクロン大統領		アタル首相
ロシア	【権限】プーチン大統領		ミシュスティン首相
台湾	【権限】頼清徳総統		蕭美琴副総統
中国	【権限】習近平国家主席		李強首相
ドイツ	シュタイン・マイアー連邦大統領	【権限】ショルツ首相	
イギリス	チャールズ3世	【権限】スナク首相	

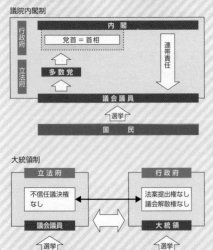

議院内閣制

大統領制

大統領とは，国家元首，つまり国を代表する人を指す。一方，総理大臣は英語でプライムミニスター（prime minister）といい，ミニスター（prime minister＝大臣）の中のプライム（prime＝首位），大臣の中で一番偉いという意味になる。つまり大臣たちのまとめ役，「行政府の長」である。

言葉の意味を見ると，大統領の方が総理大臣よりも偉いと感じるかもしれない。しかし，実際はそれぞれの国の伝統によって違ってくる。世界には大統領と首相の両方がいる国もある。

大統領制の代表的な国はアメリカで，世界で例外的に首相がいない大統領だけの国。大統領は首相の力も有している。アメリカ大統領は国家統合の象徴であると同時に首相の権限も兼ねているため，絶大な権力がある。フランスやロシア，韓国は大統領と首相の両方がいるが，権限は圧倒的に大統領が持っている。その一方で，ドイツやインドは大統領はいるものの，政治の実権はなく国家元首というシンボルとしてだけの存在である。

大統領に対して首相は，間接選挙によって選出される行政府の長である。そして首相は国家元首ではなく，国家元首となるのは国王や女王である。なお先進国の国王や女王は，政治の実権を持っておらず，政治の実権を持っているのは，行政の長である首相であり，この政治体制を議院内閣制と呼ぶ。

そもそも「議会」というものは「国王」と対抗しようという形で始まった。一人ひとりが国王に対抗しても圧倒的な力の差で潰されてしまうが，自分たちの代表を選び，自分たちの代表で国王と対等な力を持とうというのが，議会の始まりである。

このように大統領制か議院内閣制か，つまりその国の政治体制はその国の姿や歴史を反映していることが多いのである。

|解説 大統領制と議院内閣制

議院内閣制であるイギリスでは，首相をはじめ行政権を担う内閣は全員国会議員から選ばれる。伝統的に上院におかれていた最高裁判所は独立したが，違憲立法審査権は持たない。これに対して大統領制をとるアメリカの場合は，行政権を担う大統領はもちろん，内閣を構成する各省の長官も議員ではない。大統領は間接選挙によって国民から選出され，議会に責任を負わないので議会から不信任されることはない反面，議会を解散する権限も持たない。法案を提出する権限もない。裁判所の違憲立法審査権が判例によって確立している点も，イギリスとの大きな違いである。

Think

「大統領制と議院内閣制」のどちらがリーダーシップを発揮できると思いますか？　具体例をもとに考えよう。

1 イギリスの議院内閣制度

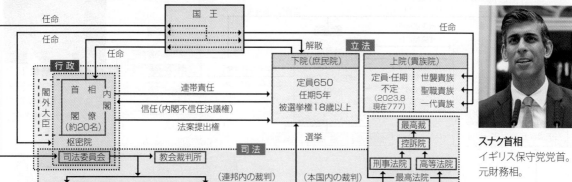

（行政）

閣外大臣

首相
閣僚（約20名）
内閣
枢密院

司法委員会 → 教会裁判所

領事裁判所 | 植民地海事裁判所 | 自治領裁判所

国王

任命

解散 | 立法

下院（庶民院）
定員650
任期5年
被選挙権18歳以上

上院（貴族院）
定員・任期不定
（2023.8 現在777）
世襲貴族
聖職貴族
一代貴族

連帯責任
信任（内閣不信任決議権）
法案提出権

選挙

（連邦内の裁判）　（本国内の裁判）

司法

最高裁
控訴院
刑事法院 | 高等法院
最高法院
治安判事裁判所 | 県裁判所

国民（18歳以上に選挙権）

スナク首相
イギリス保守党党首。
元財務相。

公共の扉

2 イギリスの政治機構の特色

特色	立法権と行政権が融合した議院内閣制，立憲君主制，不文憲法など。いずれも民主政治を求める歴史のなかで形成された。
憲法	統一した憲法典がなく，マグナ‐カルタや権利章典などの法律や判例，慣習が憲法としての役割を果たす不文憲法。普通の法律と同じ手続きで改正できる軟性憲法。
元首	国王　政治的な実権を持たないため「君臨すれども統治せず」と表現される。
立法	上下両院の二院制。上院議員は任命制，下院議員は小選挙区制で選出。1911年の議会法で下院優位の原則が確立。下院に内閣不信任決議権がある。
行政	下院の第一党の党首が首相に任命され，首相が国会議員のなかから大臣を指名して内閣を構成する。内閣は下院の信任を基礎に行政権を行使し，下院に対して連帯責任を負う。

政府側　議長席　野党側

ソードライン

ウェストミンスター宮殿内　イギリスの下院（庶民院）議場

3 議院内閣制の成立

　それまで国王は，みずから任命した大臣に国の統治に当たらせていたが，やがて大臣たちは王の控えの間の「小さな部屋」（内閣）に集まって合議するようになった。そして大臣たちの中で経験や年齢によって指導的地位にあるものが，「第1の大臣」（首相）と呼ばれるようになった。当時の議会には，血縁や人的関係で集まったトーリー党，ホイッグ党と呼ばれる二つの党派があったが，国王は議会で優勢ないずれかの党派から大臣を任命するようになった。このようにして国王は議会を大臣にたいして従順にしようとしたのであるが，やがて逆に，議会で優勢な党派の指導者が首相になり，首相が大臣を任命するようになる。それとともに，国王の大臣任命権は名目だけの権利となってしまった。こうして，いわゆる議院内閣制が成立する。　　　　（河合秀和『比較政治・入門』有斐閣アルマ55）

|解説| 議院内閣制はイギリスから
内閣は国民の意思を代表する議会から生まれ，議会に対して責任を負う。これを議院内閣制と言う。この議院内閣制はイギリスで成立した。イギリスは早くから市民階級が形成されており，ピューリタン革命と名誉革命の2つの革命を経て，1721年に議院内閣制が確立した。現在は日本やドイツ，スウェーデンなどの国でも採用されている。

Column イギリスの司法制度改革

　イギリスは民主政治の母国の一つだが，同時に伝統的な制度が残る国でもある。その象徴が，内閣の法務大臣，上院の議長，司法権のトップを兼職し，三権に関与する大法官だった。国内やEUから三権分立を明確にすべきだとの批判が強く，1997年就任した労働党のブレア首相は司法制度改革を進めた。皮切りは大法官の服装だった。胸まで届くカツラと豪華なガウン，タイツという中世風の姿で上院議長を務めてきたが，背広で良いことにした。2003年に大法官府が改組され，2005年には上院議長の議員による互選制を導入，2007年には法務省が創設され下院議員が大法官に任命された。大法官の呼び名は残ったが権限は大幅に縮小された。従来のイギリスでは最高裁判所は上院に置かれ，呼び名も"House of Lords"上院（貴族院）常任上訴委員会とよばれていたが，2009年10月には議会から独立した最高裁判所（Supreme Court）が発足，司法制度改革は区切りをつけた。2005年憲法改革法でこうした改革の大枠が定められている。不文憲法の国イギリスだが実質的には憲法の大きな改正にあたるだろう。

4 アメリカの大統領制

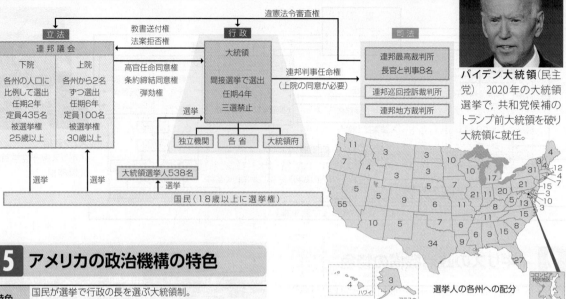

違憲法令審査権

立 法	行 政

連邦議会

教書送付権
法案拒否権

大統領

下院
各州の人口に
比例して選出
任期2年
定員435名
被選挙権
25歳以上

上院
各州から2名
ずつ選出
任期6年
定員100名
被選挙権
30歳以上

高官任命同意権
条約締結同意権
弾劾権

間接選挙で選出
任期4年
三選禁止

連邦判事任命権
（上院の同意が必要）

司 法

連邦最高裁判所
長官と判事8名

連邦巡回控訴裁判所

連邦地方裁判所

選挙

独立機関　各 省　大統領府

選挙　選挙

大統領選挙人538名

選挙

国民（18歳以上に選挙権）

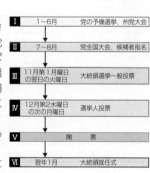

バイデン大統領（民主党）2020年の大統領選挙で，共和党候補のトランプ前大統領を破り大統領に就任。

選挙人の各州への配分

5 アメリカの政治機構の特色

特色	国民が選挙で行政の長を選ぶ大統領制。 独立性が高い州が統合した連邦制（United States）。
憲法	1787年，フィラデルフィアの憲法制定会議で制定。厳格な三権分立制，連邦制，強大な大統領制などを定める，国家としては最古の成文憲法。権利章典は1791年に追加。
立法	二院制で上院がやや優位。上院は大統領の最高裁判事や高官の任命と条約締結に同意権，大統領を含む公務員に対し弾劾権を持つ。上院議長は副大統領。下院は予算先議権を持つ。
大統領	国の元首にして行政府の最高責任者であり，軍の最高司令官。官吏任命権，議会への教書送付権，法案拒否権など権限は強大だが，法案の提出権や下院の解散権はない。
行政府	大統領府はホワイトハウス中心に補佐官と専門的な政策機関からなり大統領を補佐。各省の長官から構成される内閣は大統領の諮問機関。このほか60以上の独立行政機関がある。
司法	判例で裁判所の違憲法令審査権が確立している。連邦裁判所以外に，州ごとに州憲法に基づく裁判所制度がある。
その他	共和党と民主党の二大政党制。 モンテスキューが主張した三権分立が徹底して制度化されており，強大な大統領制のもとでも抑制と均衡が機能している。

解説　アメリカの大統領選挙
大統領候補は共和党と民主党のそれぞれの党員投票で選ばれ，本選挙に立候補する仕組みになっており，副大統領候補は大統領候補者が指名することになっている。4年に一度，11月第一月曜日の翌日となる火曜日に一般投票が行われ，18歳以上の有権者が州ごとに「選挙人（全土で538人・区割りは上図）」を選び，選挙人が大統領を選ぶ間接選挙である。ただし，選挙人は事前に投票する候補者を誓約しており，実質的には直接選挙といえる。

Ⅰ	1～6月	党の予備選挙，州党大会
Ⅱ	7～8月	党全国大会，候補者指名
Ⅲ	11月第1月曜日の翌日の火曜日	大統領選挙一般投票
Ⅳ	12月第2水曜日の次の月曜日	選挙人投票
Ⅴ		開　票
Ⅵ	翌年1月	大統領就任式

Column　アメリカ大統領の権限と選挙

　大統領はアメリカただ一つの全国民から選ばれる公職であり，したがって全国民を代表して行動することが期待されている。…大統領は形式的には各州の選挙人（その人数は各州の上下両院議員の数と同じ，選挙方法は州によって異なる）によって選挙されるが，各選挙人はどの候補者に投票するかをあらかじめ表明しており，その選挙人は一般有権者の投票によって選ばれる。したがって形式的には間接選挙ではあるが，実質的には一般投票による直接選挙であり，ほとんどの有権者は大統領は国民が直接に選挙するものと意識している。

（河合秀和『比較政治・入門』有斐閣アルマ55）

6 アメリカ政治の現状（冷戦終結後）

年	大統領	上院		下院	
		民主党	共和党	民主党	共和党
89～91	ブッシュ	55	45	260	175
91～93		56	44	267	167
93～95	クリントン	57	43	258	176
95～97		47	53	204	230
97～99		45	55	207	227
99～2001		45	55	211	223
01～03	G.ブッシュ	48	51	204	229
03～05		48	51	205	228
05～07		44	55	202	231
07～09		51	49	236	199
09～11	オバマ	58	41	255	178
11～13		53	47	193	240
13～15		55	45	200	232
15～17		44	54	188	247
17～19	トランプ	48	52	193	240
19～21		45	53	235	199
21～23	バイデン	51	49	213	222

[表の見方]　　　部分は民主党大統領と，議会の民主党多数時。議席数は選挙（11月）翌年1月の会期開幕時。上院定数は1945～59年96，59～61年98，61年以降100。下院定数は45～59年435，59～61年436，61～63年437，63年以降435。第3政党と欠員数は除く。

解説　アメリカの上下院議員の状況を確認しよう
大統領制をとっているアメリカでは，大統領と議会の多数派が同じ党とは限らない。例えば民主党のオバマ政権の最後は上院・下院ともに共和党が議会を占めており，ねじれが生じていた。

7 中国の権力集中制

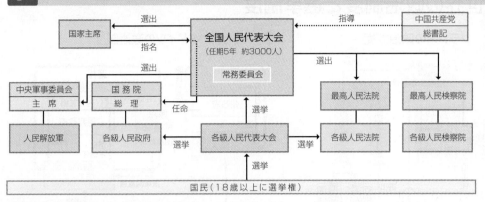

シーチンピン
習近平国家主席
2013年の全人代において国家主席に選出された。2018年からは2期目，2023年から3期目の国家主席として政権運営を担っている。

公共の扉

8 中国の政治機構の特色

特色	国家権力が人民代表大会に集中する権力集中制を採用。社会主義体制で，共産党が国の活動全般に指導力を持つ。
憲法	1982年制定。第1条で「人民民主主義独裁の社会主義国家」と規定。改革開放路線にそって88，93，99年に部分改正。
元首	国家主席　全国人民代表大会で選出され，任期5年。連続2期まで。共産党のトップである総書記が兼務することも多い。
立法	全国人民代表大会（全人代）　一院制の最高の国家権力機関であり，すべての権力が集中する（権力集中制）。地方や軍の代表約3000人で構成される。常設機関として常務委員会がある。
行政	国務院　行政の最高機関で，国務院総理（首相）は国家主席の指名に基づき全国人民代表大会が任命。閣僚は首相が指名。
司法	人民法院　最高裁にあたる最高人民法院は全人代に責任を負い，各級の人民法院は各級の国家権力機関に責任を負う。
その他	中国共産党が指導的政党と規定されており，事実上の一党制。統帥権（軍の指揮権）は中央軍事委員会にあるが，実質的には構成員がほぼ共通している共産党中央軍事委員会がもつ。

中国13億人の
頂点に立つ7人
（政治局常務委員）　　　●番号は序列

①習近平(70)
中国共産党総書記，
国家主席

③趙楽際(66)
全人代常務
委員長

⑤蔡奇(67)
中央書記処書記

⑦李希(67)
中央紀律検査
委員会書記

中国共産党の組織
総書記 1人
委員 7人 政治局常務
政治局員24人
中央委員・中央委員候補
200人
2306人
党員8,900万人

②李強(64)
首相

④王滬寧(68)
全国人民政治
協商会議主席

⑥丁薛祥(61)
副首相

|解説| チャイナセブン
中国共産党は，2022年10月，習近平国家主席を党トップの総書記とする異例の3期目の体制が発足した。新たな最高指導部（政治局常務委員）＝チャイナセブンと呼ばれる7人が選出され習氏による一強体制はさらに強固となった。今後は21世紀半ばまでの目標である「社会主義現代化強国」の実現を目指していくことになる。さらに党規約には，習氏の地位と党中央の権威を守る（擁護）とする「二つの擁護」が明記され，習氏への服従が示された。台湾問題や米中関係の対決姿勢も変化はみられない。

9 全国人民代表大会

　形式的には，村から省に至る各級の人民会議があり，中央には全国人民会議（注：全国人民代表大会のこと）がある。議員は，下部の組織から上級へと選ばれていく。全国人民会議の議員は約3000，任期は5年である。旧ソ連の場合と同じく，議員数はあまりに多く，会期はあまりに短く，実質的な審議は行われていない。……理論上は，155名の委員からなる全国人民会議常務委員会が最高の機関であり，その議長が中国の国家元首（国家主席）である。しかし国家主席の権力が党と軍隊を掌握することに依拠していることはいうまでもない。

（河合秀和『比較政治・入門』有斐閣アルマ55）

全人代が開催される天安門広場の西側に位置する人民大会堂

|解説| 中国の政治体制を知ろう
共産党一党独裁体制の中国では，長年，毛沢東や鄧小平らカリスマ的指導者が，圧倒的な権力を背景に後継者を指名してきた。しかし党内から革命第1世代が姿を消す中，個人への権力集中を避ける集団指導体制に移行。習・新体制は，新中国になって初めて集団体制下の指導部交代となった。最高指導者となった習総書記は，毛沢東から数えて「第5世代」の指導者グループにあたり，就任演説では「よりよい生活へのあこがれを満たすことが，我々の目標だ」と述べた。世界第2の経済大国になった中国だが，貧富の格差は広がり，汚職や政治腐敗，環境破壊などを背景に各地で住民の抗議デモが相次ぐ。習氏の演説は，経済成長優先の中で生じたひずみを意識したものと受け止められた。習体制は2020年までに国内総生産（GDP）と，個人の所得を倍増させる目標を掲げるが，企業家や共産党幹部といった既得権層に集まる富を，農民や労働者にも行きわたらせる経済改革ができるかが課題となる。

テーマ学習　世界の政治制度と選挙制度

1　フランス　フランスの政治制度

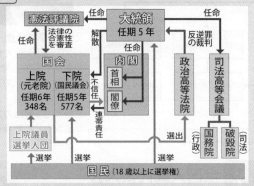

解説　フランスの半大統領制度

内閣は議会に対し責任を負うが，首相と各大臣は大統領が任命し議会に議席はない。大統領は議会に優越し，大統領や首相はデクレという行政立法や委任立法などを通じて大きな影響力を発揮する。半大統領制である。司法裁判所と行政裁判所を分けているのも英米法の司法制度とは異なる。

フランスの大統領選挙と国民議会総選挙

〇**フランスの大統領選挙**　フランスの大統領選挙では，18歳以上のフランス国籍を持つ者はだれでも被選挙資格を持つ。投票の仕組みは単記2回投票制で，第1回投票のみで選出されるには，絶対多数（有効投票総数の50％＋1票）を得る必要がある。どの候補者も絶対多数を得られなかった場合は，上位2人の候補者の間で第2回投票が行われる。その結果，単純多数（最も多数の票）を得た候補者が当選となる。この2回投票制では，勝ち上がる候補者の顔ぶれ次第で有権者の行動が変わる（国民議会選挙も同様）。

〇**フランスの国民議会選挙**　フランス国民議会選挙は5年に一度実施され，大統領選の翌月に毎回行われている。577議席を小選挙区制で改選。1回目投票で過半数を得た候補者がいない場合，得票率12.5％以上を獲得した候補者が2回目投票に進む。

Column　昔は2回投票制が普通だった。

手間と費用がかかる「2回投票制」。現在でも実施しているのは，先進国ではフランスだけである。だが，20世紀初めころまでは，ヨーロッパの多くの国々で2回投票制が行われていた。

もともとの発想は，「一部の人々の支持だけで当選者を決定するのではなく，なるべく多くの人々の意見で，できれば全員一致で当選者を決めたい」ということだった。

ローマ教皇の選挙では，今でも選挙権をもつ枢機卿たちが一部屋に籠もり，誰かが3分の2以上の票を獲得するまで無記名投票を繰り返すコンクラーベが行われている。議員選挙では，その簡略形として「2回投票制」が考えられたと言われる。その後，欧州では「比例代表制」が普及したため，フランスだけ2回投票制が残った。

2　ドイツ　ドイツの政治制度

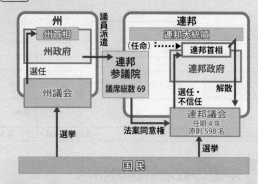

解説　ドイツの政治制度

ドイツでは国家元首としての大統領は存在するが，政治的権限のない名誉職であり，政治制度としては事実上の議院内閣制である。連邦大統領は連邦会議により選出される。首相のみ議会から選出され，議会に対して責任を負うのも首相だけである。首相の権限は強く，下院の実質的解散権，大臣の任免権などを有している。連邦議会は首相への不信任権を有するが後継の首相の指名も必要である（建設的不信任制度）。

3　ドイツの選挙制度の特徴

〇**ドイツの比例代表制度**　ドイツの下院にあたる連邦議会の選挙は4年に1度行われる。政権は連邦議会の多数派で形成される。選挙権は18歳以上で小選挙区と比例代表の2種類の投票が並行して行われる。有権者はまず，在住する

Column　パリテ法

男女平等（同数）の政治参画を規定しているフランスの法律。選挙の候補者を男女同数にすること，候補者名簿を男女交互に記載することなどを政党に義務付けている。パリテは，フランス語で「均等・同数」という意味である。1999年，「議員職・公職への男女の平等なアクセスを法律で促進させる」という旨の条項（パリテ条項）を憲法改正で付け加え，翌2000年に罰則規定を含む法律を実現させた。その後，政治家・有権者の間にパリテの思想が浸透していったこと，段階的に厳罰化が進められたことなどで，女性候補者・女性議員の数とも徐々に増加している。

なお，このパリテ法は原則的に地方議員選挙でも適用されている。

南仏マルセイユの街中に貼られた地方選挙のポスター
候補者が男女ペアで並んでいる（2015年3月）

選挙区 (全国299選挙区) の議員を単純小選挙区制で選ぶ。次に政党への投票が行われ，残りの299議席が政党の得票率に応じて分配される。

　比例選挙での議席は，各政党が作成した名簿の順に割り当てられる。ドイツでは，比例代表制で5%以上得票するか，小選挙区で3名以上の当選者がいないと議席が割り振られない。ワイマール憲法時代にナチスが台頭した反省から，小規模で過激な政党が力を持たないようにするための方策である。連邦議会の議席数は毎回の選挙で変動する。2回の投票の結果，政党ごとの議席に不均衡が生じると議席数を増やすためである。

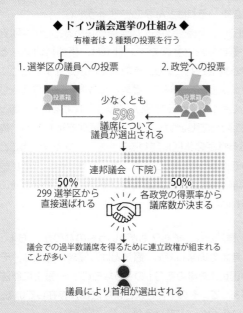

◆ ドイツ議会選挙の仕組み ◆

有権者は2種類の投票を行う

1. 選挙区の議員への投票　　2. 政党への投票

少なくとも
598
議席について
議員が選出される

連邦議会 (下院)

50%　　　　　　　　50%
299選挙区から　　　各政党の得票率から
直接選ばれる　　　　議席数が決まる

議会での過半数議席を得るために連立政権が組まれることが多い

議員により首相が選出される

|解説| **ドイツの選挙制度の特徴を考えよう**
例えば，キリスト教民主同盟 (CDU) が小選挙区で110議席を，比例代表で100議席を獲得したとする。この場合，CDUは比例代表でさらに10議席を手に入れることができる。有権者は時に，小選挙区で特定の議員を選んだあと，比例代表ではその議員の所属政党ではない党を選ぶ場合があるからだ。この追加の10議席を「超過議席」と呼ぶ。しかし，これではCDUは本来獲得した議席よりも10議席多く獲得することになり，不公平が生じる。この不公平を解消するため，得票率に応じて，すべての党に「調整議席」が与えられる。この例では，各党の比例での獲得議席がそれぞれ10%増えることになる。このような理由で，連邦議会は定数よりも実数が多くなることが通常となっている。

4 どのような選挙制度が求められているのか?

○日本の選挙制度を考えてみよう

　「ガラケー」という言葉がある。まさしく日本の選挙の仕組みは「ガラパゴス」といえる。例えば「投票の時，候補者の名前を投票用紙に書く『自書式』」を採用している国は先進国では日本ぐらいしかない。

　マークシートを使った記号式にすれば，集計ミスは減るし，

Column オーストラリアの議会議員選挙 優先順位付きの投票?

　オーストラリアの下院議会議員選挙 (ちなみに2019年選挙の投票率は，なんと91.89%) では「優先順位付連記投票」が採用されている。過半数を獲得した立候補者が確定するまで，最下位を削っていく方式である。その方式を理解し，どのような効果があるか考えてみよう。

　この写真が投票用紙である。立候補者の名前の前に，四角い枠があり，○や×を付けるのではなく，当選させたい順に1から番号を付ける。

　開票では，まず，投票用紙で優先順位が1番と書かれた候補者に票を振り分ける。

　仮に候補者が4人で，投票総数が1000票だったとしよう。過半数は501票，それを獲得すると当選になる。

　ところが①のような投票結果だと過半数当選者はいない。

候補者	A	B	C	D
集計①回目 (優先順位1)	350票	300票	100票	250票

　次に，最下位だったCの票を，ほかの候補者に振り分ける。Cに投票した人のうち，「Dを2番」とした人が50人，「Bを2番」とした人が40人，「Aを2番」とした人が10人いたとすると，②のようになる。

候補者	A	B		D
集計②回目 Cからの再配分	350票 ＋ 10票	300票 ＋ 40票		250票 ＋ 50票
合計	360票	340票		300票

　それでも過半数に達した候補がいないので，今度はこの時点で最下位のDの候補の票を同じように振り分ける。

　③のようになれば，Bが過半数を上回ったので，Bの当選となる。

候補者	A	B		
集計③回目 Dからの再配分	360票 ＋ 130票	340票 ＋ 170票		
合計	490票	510票 当選		

　有権者から見れば，最も支持している候補者が当選しなくても，その次に支持している候補者が当選する可能性が出てくるのがこの制度の特徴である。また，票が何度も配分されるため，いわゆる「死票」も減ることになる。

集計スピードは早くなる。書き間違えや関係のない余計なことを余白に記入する「無効票」も大幅に減らせるはずだ。しかし，「自分の名前を書いてもらいたい」という政治家が少なくない，などの理由から，世界でも珍しい自書式投票が今も続いている。ネット投票を求める若者の声を聞くことが多いが，エストニアではすでに解禁されている。これからどのような選挙制度を作っていくのか，知恵を絞っていく必要があるだろう。

導入のQuest

MainQuest（メインクエスト）

立憲主義とはなんだろう？

SubQuest（サブクエスト）

次の中で，みんなで決めてはいけないことはどれだろう。考えてみよう。

A 文化祭のクラスの出し物
B 遠足のバス内でのレクレーションの内容
C 掃除当番の決め方
D クラスの生徒一人ひとりの放課後の過ごし方
E 1年生全員の自習する時間

SubQuest（サブクエスト）

次に示す2つの資料からも立憲主義について，自分なりの考えをまとめてみよう。

　民主主義は少数意見を尊重するといっても，最終的な決定は多数決で行われます。それだけに，少数者が不当に不利益を被ることのないようにしなくてはなりません。そのためには，民主主義において最高の決定権を持つ国民（国民の代表者）が多数を持って少数の権利を侵害したり制限したりすることが起こらないように，事前にどのような権力をもってしても侵すことのできないものとして個人の尊厳があるあることを法で定めたものです。この個人の尊厳のことを「みんなで決めてはならないこと」と表現し，憲法においては「人が生まれながらに持つ権利」である基本的人権を尊重することが大原則となっているのです。

（長谷部恭男『憲法とは何か』岩波新書）

NHK・みんなと私の憲法
https://www3.nhk.or.jp/news/special/
minnanokenpou/index.html

　「みんなのことはみんなで決める」これは民主主義の基本的な考え方ですが，「みんなで決めてはいけないこと」もあります。それはどんなことでしょうか。

　集団での意思を決めるには全員で決めることが原則であり，それが民主主義です。社会は，価値観の異なる人々から構成されており，その人々が決定を下すためには，十分な話し合を経て，最終的には多数決で決定をします。しかし，決める内容が「個人」に関わることであった場合はどうでしょうか。どれだけ議論を重ねても，個人やある特定の集団に関わることをみんなで決めることはあってはならないことです。ましてや，その決定が個人の尊厳を侵したり，ある人々が不当に不利益を被ることであればなおさらです。

　憲法とは，そもそもどういうものなのか。ちょっと考えてみましょう。憲法とは，簡単に言えば，その国の「法律の親分」のようなもの。一番上に憲法があって，その下にさまざまな法律が存在している，というイメージでしょうか。

　でも，憲法は単に「法律の親分」ではないのです。法律は国民ひとりひとりが守るべきものですが，憲法は，その国の権力者が守るべきものだからです。

　そもそも憲法は，国家権力を制限して，国民の自由と権利を保障するものです。たとえばイギリスでは，十七世紀，国王と議会がたびたび対立しました。国王が勝手な振る舞いをして国民を苦しめることが多く，これに怒った議会のメンバーは，国王の力を制限する「権利の章典」を制定しました。これは「名誉革命」と呼ばれています。国王の力を，憲法のもとで制限してしまおうというものでした。「王様だって，守るべきルールはある」というわけです。その後も，議会が国王と対立しながら，少しずつ国王の力を減らし，議会が力を持つようになりました。このように，国家権力を制限する憲法にもとづいて政治を行うことを「立憲主義」と言います。

（池上彰『憲法はむずかしくない』ちくまプリマー新書）

1 大日本帝国憲法体制の歩み

	年	できごと
専制政府の出現	1868	五箇条の誓文（明治維新）
	71	廃藩置県
	73	征韓論争→西郷ら下野，徴兵令公布
	74	民撰議院設立の建白（国会開設を要求）
	77	西南戦争　士族反乱の収束
自由民権運動	80	国会期成同盟結成→自由民権運動の高揚
	81	国会開設の詔　自由党の結党
	82	軍人勅諭
	84	秩父事件・福島事件(82)など自由民権運動の激化
自由党解党	85	内閣制度の制定
	87	保安条例公布→自由民権運動の衰退
	89	大日本帝国憲法発布（伊藤博文らが起草）
明治憲法体制の確立	90	第1回帝国議会　民党の抵抗　教育勅語発布
	94	日清戦争（〜95）おこる　国家主義の台頭
	98	隈板内閣（大隈重信・首相，板垣退助・内相の初の政党内閣）→4か月で崩壊
	1900	治安警察法公布→大衆運動の弾圧　軍部大臣現役武官制の採用
	01	社会民主党の結党（初の社会主義政党）→禁止
	04	日露戦争（〜05）おこる
	06	日本社会党の結党（初の合法的社会主義政党）
	10	韓国併合　大逆事件（社会主義の弾圧）
大正デモクラシー	12	美濃部達吉，天皇機関説発表　第1次護憲運動 → 藩閥政府への攻撃
	13	軍部大臣現役武官制の緩和
	14	対ドイツ宣戦布告（第一次世界大戦への参戦）
	16	吉野作造，民本主義を提唱
	10	米騒動　原敬内閣成立（本格的政党内閣）
	19	普選運動おこる
	20	日本初のメーデー→労働・農民運動の高揚
	22	日本共産党の結党
	24	第2次護憲運動→政党政治の確立
	25	治安維持法公布　衆議院議員選挙法の改正（普通選挙制の導入）
ファシズム体制	30	統帥権干犯事件　軍の圧力強まる
	31	満州事変おこる
	32	5.15事件→政党政治の終焉
	35	天皇機関説の排撃（国体明徴）運動　美濃部達吉の貴族院議員辞職
	36	2.26事件　軍部大臣現役武官制の復活
	37	日中戦争おこる
	38	国家総動員法の公布
	40	日独伊三国同盟締結　大政翼賛会の発足（政党の解体）
	41	太平洋戦争開始
	45	日本，ポツダム宣言を受諾　無条件降伏

|解説| **大日本帝国憲法の制定前の動きを確認しよう**

自由民権運動が全国的な広がりを見せる中で，さまざまな立場の人たちが，それぞれあるべき国のかたちを思い描いて作った憲法を私擬憲法という。起草当時20歳代半ばだった自由党左派の植木枝盛（写真）が作成した「東洋大日本国国憲按」には，自由権を幅広く保障し，抵抗権，革命権を明記するなどの急進的な要素と，皇帝（天皇）に兵馬ノ大権（統帥権）を認めるなどの君主制的な要素が併存していた。死刑の廃止や連邦制の採用など，今日の私たちの目からしても斬新な内容も盛り込まれている。

植木枝盛 1857 〜 92
自由民権運動の活動家。土佐藩士の家に生まれ，廃藩後は板垣退助や明六社の影響を受けて自由民権運動に加わる。天賦人権論を解き，私擬憲法草案の一つである「東洋大日本国国憲按」を起草した。主著に『民権自由論』など。

2 大日本帝国憲法下の政治機構

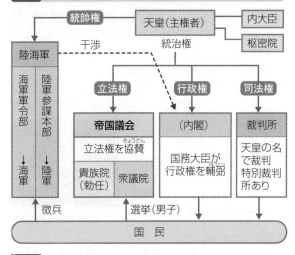

|解説| **大日本帝国憲法の外見的立憲主義とは？**

議会を設置し司法権を独立させるなど近代国家の体裁（外見的に）は整えたが，実質は神聖不可侵とされた天皇が統治権を総攬する（一手に握る）しくみになっていた。また，天皇のもつ統帥権（軍の最高指揮権）は議会も国務大臣も干渉できないと解されていて，軍部の独走をゆるす原因となった。

3 天皇機関説

「私の著書に於いて述べておりまする見解…所謂機関説ともうしますのは，国家それ自身を1つの生命であり，それ自身に目的を有する恒久的の団体，即ち法律学上の言葉を以て申せば，1つの法人と観念いたしまして，天皇は此の法人たる国家の元首たる地位に在まし，国家を代表して国家の一切の権利を総攬し給い，天皇が憲法に従って行わせられまする行為が，即ち国家の行為たる効力を生ずると云うことを言い現すものであります。…ややもすれば絶対無制限なる万能の権力が天皇に属していることがわが国体の存するところであると言う者があるのでありまするが，私はこれをもってわが国体の認識において，大いなる誤りであると信じているものであります。」

|解説| **美濃部達吉の貴族院演説**

1935（昭和10）年，憲法学者で貴族院議員でもあった美濃部達吉が，右翼や軍部から攻撃されていた天皇機関説について弁明した演説。「統治権そのものは法人である国家に属し，天皇はその最高機関として統治権を行使する」と大日本帝国憲法を立憲主義的に解釈する天皇機関説は，大正デモクラシー期には最も有力な憲法学説として確立されていた。美濃部の反論にもかかわらず，天皇機関説問題を内閣を攻撃するために利用する政党の動きもあったことから，政府は「国体明徴声明」をだして天皇機関説を誤りと断定するに至り，美濃部は貴族院議員を辞職する。これ以後，治安維持法が強化され，思想統制が徹底して進められていく。

法的主体

4 治安維持法

第1条 <u>国体ヲ変革シ又ハ私有財産制度ヲ否認スルコト</u><u>ヲ目的トシテ結社ヲ組織シ又ハ情ヲ知リテ之ニ加入シタ</u><u>ル者ハ10年以下ノ懲役又ハ禁錮ニ処ス</u>

　　1928年　緊急勅令により改正

第1条 <u>国体ヲ変革スルコトヲ目的トシテ結社ヲ組織シタ</u><u>ル者又ハ結社ノ役員其ノ他指導者タル任務ニ従事シタ</u><u>ル者ハ死刑又ハ無期若ハ5年</u><u>以上ノ懲役又ハ禁錮ニ処シ情</u><u>ヲ知リテ結社ニ加入シタ者</u><u>又ハ結社ノ目的遂行ノ為ニス</u><u>ル行為ヲ為シタル者ハ2年以</u><u>下ノ懲役又ハ禁錮ニ処ス</u>

治安維持法反対集会

|解説| **治安維持法の改正**

普通選挙制の実施にあわせて制定され，後に勅令によって最高刑が死刑になった。天皇制や資本主義体制の変革をめざす思想・運動を取り締まったが，拡大解釈により宗教活動や自由主義的思想まで弾圧の対象になった。

5 ポツダム宣言

6〔軍国主義の除去〕　吾等ハ無責任ナル軍国主義カ世界ヨリ駆逐セラルルニ至ル迄ハ平和，安全及正義ノ新秩序カ生シ得サルコトヲ主張スルモノナルヲ以テ日本国<u>国民ヲ欺瞞シ之ヲシテ世界征服ノ挙ニ出ツルノ過誤ヲ犯サシメタル者ノ権力及勢力ハ永久ニ除去セラレサルヘカラス</u>

8〔領土の制限〕　「カイロ」宣言ノ条項ハ履行セラルヘク<u>又日本国ノ主権ハ本州，北海道，九州及四国並ニ吾等ノ決定スル諸小島ニ局限セラルヘシ</u>

9〔軍隊の武装解除〕　<u>日本国軍隊ハ完全ニ武装ヲ解除</u>セラレタル後各自ノ家庭ニ復帰シ平和的且生産的ノ生活ヲ営ムノ機会ヲ得シメラルヘシ

10〔戦争犯罪人の処罰・民主主義的傾向の復活強化〕　吾等ハ日本人ヲ民族トシテ奴隷化セントシ又ハ国民トシテ滅亡セシメントスルノ意図ヲ有スルモノニ非サルモ吾等ノ<u>俘虜</u>ヲ<u>虐待</u>セル者ヲ含ム<u>一切ノ戦争犯罪人ニ対シテハ厳重ナル処罰ヲ加ヘラルヘシ日本国政府ハ日本国国民間ニ於ケル民主主義的傾向ノ復活強化ニ対スル一切ノ障礙ヲ除去スヘシ</u>。言論，宗教及思想ノ自由並ニ基本的人権ノ尊重ハ確立セラルヘシ

12〔占領軍の撤収〕　前期諸目的カ達成セラレ且日本国国民ノ自由ニ表明セル意志ニ従ヒ平和的傾向ヲ有シ且責任アル政府カ樹立セラルルニ於テハ連合国ノ占領軍ハ直ニ日本国ヨリ撤収セラルヘシ

|解説| **ポツダム宣言とは**

アメリカ，イギリス，中国（のちにソ連が加わる）が発表した，日本に無条件降伏を勧告する共同宣言で，非軍事化，基本的人権の確立，民主主義的傾向の復活強化など，戦後処理に関する基本方針が示された。

6 日本国憲法の制定過程

1945	7.26	◇ポツダム宣言発表
	7.28	鈴木貫太郎首相ポツダム宣言を黙殺と発表
	8.6	◇広島に原子爆弾投下
	8.8	◇日ソ中立宣言を破りソ連対日宣戦を布告
	8.9	◇長崎に原子爆弾投下
	8.10	国体の護持を条件にポツダム宣言受諾を決定
	8.11	◇究極の政治形態は日本国民の自由意志によるとアメリカ政府回答
	8.14	**ポツダム宣言受諾**
	8.15	「終戦の詔書」　天皇の肉声によるラジオ放送
	10.11	◇マッカーサー，幣原内閣に五大改革を指示し憲法の自由主義的改正を示唆
	10.27	憲法問題調査委員会（松本委員会）第一回総会
	12.26	憲法研究会「憲法草案要綱」発表
1946	1.1	天皇「人間宣言」 詔書で自らの神格性を否定
	2.1	毎日新聞，憲法問題調査委員会改案をスクープ
	2.3	◇マッカーサー，三原則を示し GHQ 案作成を指示
	2.8	政府，憲法改正要綱（松本案）を GHQ に提出
	2.13	◇GHQ，松本案を拒否し GHQ 案を政府に手交政府と GHQ の間で憲法案をめぐる交渉
	2.22	閣議で GHQ 案受け入れを決定
	2.26	◇極東委員会第1回会合（ワシントン）
	3.6	政府，GHQ 案を手直し「憲法改正草案要綱」発表
	4.10	衆議院議員総選挙（20 歳以上男女の普通選挙）
	4.17	政府，「日本国憲法草案」発表
	6.20	政府，第 90 回帝国議会に憲法改正案を提出
	8.24	**憲法改正案，衆議院本会議で修正可決**
	10.6	憲法改正案，貴族院本会議で修正可決
	10.7	衆議院，貴族院の回付案を可決
	11.3	**日本国憲法公布**
1947	**5.3**	**日本国憲法施行**

＊◇は連合国側の動きを示す

|解説| **マッカーサー三原則**　　GHQ案作成に際して，マッカーサーが示した三原則は，①日本国の最高位としての天皇の地位（→資料8），②戦争放棄，③封建的制度の廃止の三つ。マッカーサー - ノートともいわれる。

7 大日本帝国憲法と松本案の比較

大日本帝国憲法	松本案（おもな内容）
第3条　天皇ハ神聖ニシテ侵スヘカラス	天皇ハ至尊ニシテ侵スヘカラス
第5条　天皇ハ帝国議会ノ協賛ヲ以テ立法権ヲ行フ	天皇ハ帝国議会ノ協賛ヲ以テ立法権ヲ行フ
第11条　天皇ハ陸海軍ヲ統帥ス	天皇ハ軍ヲ統帥ス
第31条　本章ニ掲ケタル条規ハ戦時又ハ国家事変ノ場合ニ於テ天皇大権ノ施行ヲ妨クルコトナシ	（削除。次の規定を設ける）日本臣民ハ本章各条ニ掲ケタル場合ノ外凡テ法律ニ依ルニ非スシテ其ノ自由及権利ヲ侵サルルコトナシ
第55条　国務各大臣ハ天皇ヲ輔弼シ其ノ責ニ任ス	国務各大臣ハ天皇ヲ輔弼シ帝国議会ニ対シ其ノ責ニ任スル
第57条　司法権ハ天皇ノ名ニ於テ法律ニ依リ裁判所之ヲ行フ	司法権ハ天皇ノ名ニ於テ法律ニ依リ裁判所之ヲ行フ

|解説| **憲法改正案を比較しよう**

政党や民間の研究団体などを含めて戦後発表された憲法改正案はいくつかあるが，政府が作成した松本案は明治憲法に最も近い保守的なものであった。新聞がその内容をスクープすると国内から批判の声があがっただけでなく，GHQに憲法草案作成を決断させる契機ともなった。

8 天皇制存続に関するGHQの意図

マッカーサーのアイゼンハワーあて電報 〔1946年1月25日〕

　…天皇を告発するならば，日本国民の間に必ずや大騒乱を惹き起こし，その影響はどれほど過大視してもしすぎることはなかろう。天皇は，日本国民統合の象徴であり，天皇を排除するならば，日本は瓦解するであろう。……すべての統治機関の機能が停止し，開化した営みの大部分がとまり，そして，地下運動による混乱・無秩序状態が山岳地域や辺地でのゲリラ戦に発展していくことも考えられなくもない。

　…占領軍の大幅増強が絶対不可欠となるであろう。最小限にみても，おそらく100万の軍隊が必要となり，無期限にこれを維持しなければならないであろう。

(山極・中村編『資料日本占領1　天皇制』大月書店)

|解説| 天皇制存続への背景を知ろう

終戦当時，アメリカ国内だけではなく，ソ連やオーストラリアなど連合国内部にも天皇の戦争責任を問う声が強かった。マッカーサーは，日本の占領を円滑に進めるために天皇制の存続が望ましいと考えていた。そのため，憲法問題の方針が決定される極東委員会が機能し始める前に，連合国が受け入れられるかたちで天皇制を存続させた憲法草案が日本国民の名で出されることを強く望んだ。GHQが改正を急がせた背景にはこのような事情もあった。

9 第90帝国議会[*]における主な修正

前 文	国民の総意が至高なものであることを宣言し →主権が国民に存することを宣言し
第1条	(象徴天皇の地位は) 日本国民の至高の総意に基く→主権の存する国民の総意に基く
第9条	①日本国民は，正義と秩序を基調とする国際平和を誠実に希求し，(追加) ②前項の目的を達するため，(追加)
第25条	①すべて国民は健康で文化的な最低限度の生活を営む権利を有する (追加)
第27条	①すべて国民は，勤労の権利を有する。 →すべて国民は，勤労の権利を有し，義務を負ふ。
第66条	②内閣総理大臣その他の国務大臣は，文民でなければならない (追加)

[*]日本国憲法制定時の国会

|解説| 日本国憲法改正案の何が修正されたのか

第1条の「日本国民の至高の総意」という表現は，GHQ案に明記されていた「人民主権」を政府があいまいな表現に書き換えた部分であったが，国会の審議を通じて国民の代表者の手で改めて明文化された。第25条の生存権など重大な修正が行われたところに注目したい。

10 憲法に対する世論調査

憲法改正案に対しての世論調査

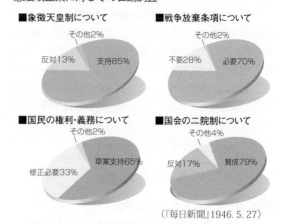

■象徴天皇制について
その他2%
反対13%　支持85%

■戦争放棄条項について
その他2%
不要28%　必要70%

■国民の権利・義務について
その他2%
修正必要33%　草案支持65%

■国会の二院制について
その他4%
反対17%　賛成79%

(『毎日新聞』1946.5.27)

|解説| 改正された日本国憲法の内容について国民はどう思っていたのか

象徴天皇制と国民主権，戦争放棄，基本的人権の保障など日本国憲法の基本原理は，旧憲法の原則の根本的な変更であったにもかかわらず，国民の圧倒的な支持を得ていたことがわかる。

11 憲法改正の手続き

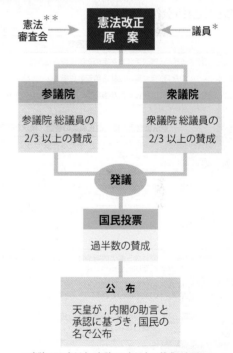

憲法[**]審査会 → 憲法改正原案 ← 議員[*]

参議院　参議院 総議員の 2/3 以上の賛成

衆議院　衆議院 総議員の 2/3 以上の賛成

発議

国民投票　過半数の賛成

公 布　天皇が，内閣の助言と承認に基づき，国民の名で公布

[*]衆院 100 名以上，参院 50 名以上の賛成が必要
[**]衆参両院の憲法審からの提案

|解説| 日本国憲法の改正手続きを知ろう

日本国憲法は，普通の法律に比べて特に厳格な手続きが求められる硬性憲法である。主権者である私たち国民の投票で，過半数の賛成を得ることも条件である。

テーマ学習　憲法改正を考える

80年近くの時間がたった憲法

○日本国憲法の改正への動き　1946（昭和21）年に公布された日本国憲法は，人間に例えれば「喜寿」に近づいた。日本国憲法については，優れた憲法であると高く評価する意見がある一方で，わが国固有の価値に基づいたものに改正すべきだという意見や，環境権の保障など社会の変化に応じた内容を加えるべきだという意見もあって，特に近年，議論が活発になっている。

憲法改正の手続き

第96条［改正の手続，その公布］
1　この憲法の改正は，各議院の総議員の3分の2以上の賛成で，国会が，これを発議し，国民に提案してその承認を経なければならない。この承認には，特別の国民投票又は国会の定める選挙の際行はれる投票において，その過半数の賛成を必要とする。
2　憲法改正について前項の承認を経たときは，天皇は，国民の名で，この憲法と一体を成すものとして，直ちにこれを公布する。

憲法改正までの流れ		
これまでの流れ	2007年5月	憲改手続きを定めた国民投票法が成立
	8月	衆参両院に憲法審査会設置
	2010年5月	国民投票法が施行
	憲法審査会で憲法改正原案の審査，議決が可能に	
国会で審議	憲法改正原案提出	衆院の100人以上，または参院の50人以上の賛成が必要
	国会審議	衆参の審査会で審議し，出席委員の過半数で可決
	本会議採決	衆参とも議員の「過半数」に引き下げ検討 ※得られなければ廃案
	憲法改正案の発議	投票日は発議後60〜180日以内で，国会が議決
国民が判断	国民への周知期間	憲法改正案の内容や賛成・反対意見，投票方法などを国民に知らせる
	国民投票の実施	投票権は18歳以上で，テーマごとに賛成か反対の文字を○で囲む
	開票	有効投票総数の過半数の賛成で承認 ※得られなければ廃案
	憲法改正	天皇が直ちに公布

○改正手続きについて確認しよう　日本国憲法は一般の法律よりも改正手続きが厳格な硬性憲法である。その発議には「各議院の総議員の3分の2」以上の賛成が必要だ。近年は改正に前向きな国会議員の割合が高まっているが，そのなかにもさまざまな意見があるので改正案をまとめ上げ発議に至ることは難しい。

ここで改正に必要な手続きである国民投票について整理してみよう。
・投票権者は18歳以上の日本国民
・改正案は関連する事項ごとに分けて発議する
・国会発議後は，60〜180日間ほどの期間を経た後に国民投票を行う
・投票は改正案ごとに賛成か反対かの二者択一方式
・有効投票数の過半数で憲法改正案は成立
・最低投票率は定めない
この法律には法律家などから次のような批判がある。
・最低投票率を定めていないので，投票率が低ければ少数の国民の賛成で憲法が改正されてしまうおそれがある。
・最短で60日という周知期間は，国民が改正案を理解し十分に議論を深めるためには短すぎるのではないか。
などである。

憲法改正の争点とはどのようなものか

これまでに行われてきた日本国憲法の改正論議は，その党派性や立場によって様々である。自衛隊の国軍化（合憲化），交戦権の否認，徴兵制の復活，天皇制の元首化などから，自衛隊の廃止，天皇制の廃止，そして護憲派の現状維持，人権や平和維持を強化する護憲的改憲などがある。その主な考えは，以下のように分類することができる。
・論憲：世界情勢などを考慮して将来の憲法像を自由に議論しようというもの
・創憲：勝手な解釈を許さない基本法を創造的につくりあげていこうとするもの
・加憲：現憲法に環境権などの新しい理念を加えるというもの
・活憲：憲法をより具体的に活かしていこうというもの
・修憲：現状に適したように憲法を修正していこうというもの
・護憲：現在の憲法を遵守して維持していこうというもの

憲法改正についての世論の動向は?

衆議院の憲法審査会で，自民党は改正の候補として3つの項目を示した。
(1) 自然災害発生時，国会議員の任期を特別延長できるなどの緊急事態条項
(2) 歳入と歳出のバランスを保つ，財政規律条項
(3) 環境権などの新しい人権規定
中でも自民党は，国民の生命や財産を守るために必要であり，世界のほとんどの国の憲法には緊急事態条項があることを理由に，首都直下型地震などに備えるための条項の検討を急ぐべきだと主張しているが，野党は意見が分かれている。

Column 衆議院選挙（2021年）
憲法改正をめぐる各党の立場

約70年前，現在の「日本国憲法」が施行された。三大原則は「国民主権」「基本的人権の尊重」「平和主義」。これまで，改正されることがなかった憲法。選挙の争点として，憲法第9条を中心に各党の立場を整理しよう。

> 改正に賛成・前向きなのは，「自民党」「日本維新の会」「国民民主党」。自民党と連立政権を構成している「公明党」はどちらかといえば慎重な立場。一方，反対なのは「共産党」「立憲民主党」「社民党」となっている。

●各党の主張

「**自民党**」は時代の要請に応えられる憲法を制定するため力を尽くすとしている。「国民主権」「基本的人権の尊重」「平和主義」の基本原理は堅持し，①自衛隊の明記②緊急事態対応③参議院の合区解消④教育充実の4項目を掲げて，憲法改正への取り組みをさらに強化すると主張している。

「**公明党**」は9条1項，2項は堅持，自衛隊明記は慎重に議論するという立場をとり，自民党とは温度差がある。憲法制定時には想定されなかった新しい理念や，憲法改正でしか解決できない課題が明らかになれば必要な規定を付け加える「加憲」を検討すべきであるとしている。

「**日本維新の会**」も改正に前向きで，非常事態に対処するため政府の権限を一時的に強化する「緊急事態条項」を新たに憲法に設けることのほか，教育の無償化，統治機構改革の追記を検討する。政府や行政による恣意的な憲法解釈を許さないよう，憲法裁判所を設置することも提案している。しかし第9条に関しては明確な立場を表明していない。

「**国民民主党**」は新たな時代に即した人権の保障を憲法で定めるため，国会で建設的な憲法論議を進めるとしている。「日本維新の会」同様，第9条についてははっきりした意志を表していない。

「**共産党**」は，自民党の改憲案に反対し，断念に追い込むという立場をとる。前文を含む全条項を厳格に守り，平和的・民主的条項の完全実施を求める。

「**立憲民主党**」は国民の権利拡大に寄与する観点から憲法論議を進めるとしているが，自衛隊の明記については憲法の基本原理に反するので反対している。

「**社民党**」は憲法は変えるべきでないという立場である。憲法の理念を暮らしに生かすことが最優先であると主張し，2015年に成立した安保法案は違憲であるとして，廃止を目指している。

今回の選挙結果から，今後，国会での改憲に向けた議論が進められていくのかもしれない。各党の主張を主権者の立場から検証し，判断していく必要があるだろう。

(jiji.com 2021.10.19, NHK選挙Web2021.10)

憲法改正をめぐる各国の制度

	憲法制定年	過去の改正件数	発議の方法	改正の決議	備考
日本	昭和21(1946)	0	衆議院・参議院の総議員の3分の2以上の賛成	国民投票による過半数の賛成	国会の定定数は3分の1であるが，憲法改正の発議には，総議員の3分の2以上の賛成が必要である。
アメリカ	1787	6	連邦議会の上下両院の3分の2以上の賛成または3分の2以上の州議会の発議に基づき連邦議会が招集する憲法会議による提案	4分の3以上の州議会の賛成または4分の3以上の州の憲法会議の賛成	改正前の条文を削除せず，改正後の条文を付加するため，改正ではなく修正と呼ばれる。連邦議会の定定数は過半数。
イギリス	—	—	—	—	不文憲法のため，他国と比較できない。
フランス	1958	24	首相の提案を受けた大統領または首相の提案を受けた国会議員	上下両院の過半数の賛成の後国民投票による過半数の賛成または上下両院合同会議の有効投票の5分の3の賛成または国民投票による過半数の賛成	国民投票による過半数の賛成のみで成立する方法は，通常の法律の制定方法を憲法に拡大して適用したもの。

(国立国会図書館資料等より作成，2019年2月現在)

導入のQuest

MainQuest（メイン クエスト）

アファーマティブ-アクションは逆差別なのだろうか？

日本国憲法第14条は，法の下の平等が明記されており，それを具現化するために，例えば，仕事上の採用や昇進などで男女の差をつけてはいけないという，男女雇用機会均等法がある。しかし日本は国会議員に占める女性の割合が非常に低く，大きな課題となっている。（→p.145参照）

SubQuest（サブ クエスト）

議会の構成員数を男女同数に近づけることのメリットは何だろう。

諸外国の国会議員に占める女性の割合の推移

日本の国会議員に占める女性割合は上昇傾向にあるものの，諸外国との格差は大きい。

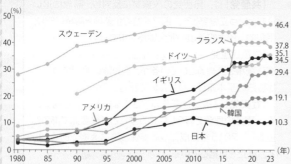

（備考）1．IPU資料により作成。調査対象国は2022年6月現在185か国。
　　　　比較のために同一時点の数値を用いているため，日本の数値は本文中のものとは異なる。
　　　2．下院又は一院制議会における女性議員割合。
　　　3．ドイツは1985年までは，西ドイツの数字。

②女性の社会参加度＜GGI（ジェンダーギャップ指数）＞

順位	国名	値
1	アイスランド	0.908
2	フィンランド	0.860
3	ノルウェー	0.845
4	ニュージーランド	0.841
5	スウェーデン	0.822
10	ドイツ	0.801
15	フランス	0.791
22	イギリス	0.780
25	カナダ	0.772
27	アメリカ	0.769
63	イタリア	0.720
79	タイ	0.709
83	ベトナム	0.705
92	インドネシア	0.697
99	韓国	0.689
102	中国	0.682
115	ブルキナファソ	0.659
116	日本	0.650
117	モルディブ	0.648

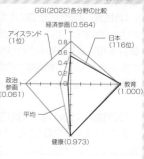

（内閣府男女共同参画局資料 2022）

経済分野	労働力率，同じ仕事の賃金同等性，所得推計，管理職に占める比率，専門職に占める比率
教育分野	識字率，初等・中等・高等教育の各在学率
政治分野	国会議員に占める比率，閣僚の比率，最近50年の国家元首の在任年数
健康分野	新生児の男女比率，健康寿命

解説 GGI（Gender Gap Index）

世界経済フォーラムが各国の男女間の格差を数値化しランク付けしたもの。経済・教育・保健・政治分野のデータから算出され，0が完全不平等，1が完全平等を意味し，性別による格差を示す。日本では，2015年8月に，女性管理職の割合に数値目標の設定などを義務づける「女性活躍促進法」が成立した。政府は，「2020年までに指導的地位に女性が占める割合を30％にする」目標を掲げていた。

SubQuest（サブ クエスト）

女性の議員の割合を増やすために，クオータ制やパリテ法という制度がある一方で，逆差別であるという反対意見もある。

①クオータ制（アファーマティブ-アクション）

・女性の割合を，あらかじめ一定数に定めて積極的に起用する制度。例えば，国会議員の3割を女性枠にという議席数そのものの割り当てのほか，政党に立候補者を同数にするという候補者の割り当てなどがある

効果：女性議員比率の世界平均が20年で約2倍へと上昇。現在139か国で施行

歴史：1970年代に北欧を中心に政党が自主的に党則にクオータ制を盛り込む。1990年代に法的クオータ制がラテンアメリカ諸国で導入，現在はヨーロッパで法的クオータ制が増加中

●台湾は議席割当と候補者クオータ制を組み合わせて（女性議員比率38.1%）増加，韓国も法的に候補者クオータ制を導入（女性議員比率は17.0%）した。

②パリテ法

・選挙の候補者を男女同数とすることを定めたフランスの法律。議員に男女の平等なアクセスを促進することが目的

効果：女性議員比率が大幅に増加

歴史：パリテ法の制定（2000年）

　　　→候補者を男女半々とするよう政党に義務づけた

※そもそも，人類は女性と男性の混成であり普遍的にダブルなのだから当たり前という考え。女性は社会的少数者ではないという考え。他の少数者も，男女に分かれることから，この法律ができた。

※クオータ制は，社会の少数者の権利を保障する方法。しかし女性は少数者なのか，他の少数者（民族など）への配慮が足りないのではないかという批判がある。

1 日本国憲法が保障するおもな人権

（　）内は日本国憲法の条数を示す

総則的規定	● 人権の永久不可侵性	(11,97)
	● 人権保持の責任，人権の濫用の禁止	(12)
	● 個人の尊重，幸福追求権の保障	(13)

平等権	● 法の下の平等	(14①)
	● 家庭生活における両性の本質的平等	(24)
	● 選挙権の平等	(44)

	精神の自由	● 思想・良心の自由	(19)
		● 信教の自由	(20)
		● 集会・結社・表現の自由	(21)
		● 学問の自由	(23)
自由権	人身の自由	● 奴隷的拘束・苦役からの自由	(18)
		● 法の正当な手続きの保障	(31)
		● 被疑者の権利	(33~35)
		● 拷問・残虐刑の禁止	(36)
		● 刑事被告人の権利	(37~39)
	経済の自由	● 居住・移転・職業の選択の自由	(22)
		● 財産権の不可侵	(29)

社会権	● 生存権	(25)
	● 教育を受ける権利	(26)
	● 勤労の権利	(27)
	● 勤労者の団結・団体交渉・団体行動権	(28)

基本的人権を確保する権利	参政権	● 公務員の選定・罷免権	(15)
		● 最高裁判所裁判官の国民審査	(79)
		● 地方特別法の住民投票	(95)
		● 憲法改正の国民投票	(96)
	請求権	● 請願権	(16)
		● 国家賠償請求権	(17)
		● 裁判を受ける権利	(32)
		● 刑事補償請求権	(40)

右側：
● 一般原則としての公共の福祉 (12,13)
公共の福祉
● 経済の自由についての公共の福祉 (22,29)

新しい人権	● プライバシーの権利 ● 環境権 ● 知る権利 ● 自己決定権など

国際的人権保障	● 世界人権宣言（1948年採択） ● 国際人権規約（1966年採択） ● 人種差別撤廃条約（1965年採択） ● 女子差別撤廃条約（1979年採択） ● 子どもの権利条約（1989年採択）など

解説 日本国憲法の人権規定

総則的規定は，憲法の規定するすべての人権に妥当する人権の基本的性格について定めている。とくに幸福追求権は，憲法に列挙されていない新しい人権の根拠となる包括的基本権と解されている。憲法には，多様で広範な人権が規定されているが，新しい人権の主張や様々な条約による人権の国際的保障など，人権保障は大きな広がりをみせている。

2 私人間における人権保障

直接適用説	憲法の人権規定が，私人間にも直接適用される
間接適用説	憲法の人権規定の趣旨が，民法90条（公序良俗）など私法の一般条項を介して，適用される

＊判例や通説は間接適用説の立場である

解説 憲法は私人間問題に対応するのか

もともと憲法は国家権力による不当な侵害から国民を守るためのものである。しかし人権は国民と国民との間（私人相互間）で侵害されたり，現代社会では企業その他の私的団体（社会的権力）が，国民の人権を侵害する事例も増えた。そこで私人間における人権侵害にも，憲法の人権保障を直接的・間接的に及ぼすべきだと考えられるようになった。

3 法律と年齢

法律と年齢　（　□　高校生の間に得られる法律上の能力）

年齢	事項
胎児	不法行為による損害賠償請求（民721条），相続能力（民886条），受遺者たる資格（民965条）
0歳以上	司法上の権利能力（民1条の3）
13歳以上	性行為への同意（刑176，177条）
14歳以上	刑事責任能力（刑41条）
15歳以上	遺言能力（民961条），養子縁組同意能力（民797条）
16歳以上	普通二輪・原付免許（道交88条1項），民事訴訟証人宣誓能力（民訴201条2項）
17歳	児童福祉法の適用上限年齢（同法4条）
18歳以上	死刑可（少年51条1項），婚姻（民731条），普通免許（道交88条1項），銃砲刀剣所持許可（銃刀5条1項），**選挙権（公選9条）**，民事成年（民3条），帰化（一般）（国籍5条1項）
19歳以上	サッカーくじ購入（スポーツ投票9条），大型免許（特例）（道交88条1項）
20歳以上	飲酒（未成年者飲酒禁止法1条），喫煙（未成年者喫煙禁止法1条），大型免許（道交88条1項）

＊下線の項目は，2022年4月1日より18歳以上となった　（『目で見る憲法（第3版）』）

解説 未成年に人権は保障されるのか

人権の享有主体について，一定の資格を与えたり能力を認めるとき，法律上一定の年齢に達したことを要件とする例がみられる。一般に子どもは精神的・肉体的に未発達で，大人（成年）と比較して十分な判断能力をもたないことから，保護の対象とされたり，一定の人権が制約されることもある。しかし，未成年といっても，その年齢や発達段階に応じて人権を制約すべきであって，未成年という理由だけで，人権を一律に制約することは許されない。

4 公共の福祉

公共の福祉の2つの意味	
①人権の内在的制約としての原理	
12,13条の公共の福祉	すべての人権には，他者の人権を侵害してまで行使できないという制約が内在している。
②人権の政策的制約としての原理	
22,29条の公共の福祉	経済の自由については，社会的・経済的政策上の見地から，積極的な制約が認められる。

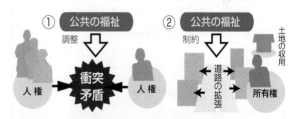

解説 公共の福祉について考えてみよう

人権の行使には，他人の人権との関係でおのずと一定の制約が内在している。これが人間相互の衝突や矛盾を調整する①人権の内在的制約としての公共の福祉である。しかし，経済の自由の行使については，社会的・経済的政策の展開，国民生活の安全や秩序の維持，経済の調和のとれた発展などを確保するため，より積極的な制約が認められている。これが②人権の政策的制約としての公共の福祉である。しかし，人権保障の基礎にある「個人の尊重」の理念からすれば，《公共の福祉＝個人の利益に優先する「国家や社会全体の利益」》と考えるべきではない。

法的主体

5 法の下の平等

> 第14条〔法の下の平等〕
> ① すべて国民は、法の下に平等であつて、人種、信条、性別、社会的身分又は門地により、政治的、経済的又は社会的関係において、差別されない。

①法の内容と適用の平等

法の内容の平等	国会が国民を差別するような法律を作ってはならない
法の適用の平等	行政機関や裁判所が法律を適用するにあたって国民を差別してはならない

②形式的平等と実質的平等

形式的平等	すべての国民を法律上等しく取り扱い、各人に機会の平等を保障する
実質的平等	形式的平等により生じる結果の不平等を解消するために、特定の国民を法律上優遇し、機会を得る条件の平等を保障する

|解説| 「平等」という価値の違い

平等原則は、何よりも人はそれぞれ違うからこそ、平等に取り扱われなければならないという形式的平等を要請する。その上で合理的理由がある場合に限り、取り扱いの違いが許される。

Column 外国人の人権保障

人権が、人が生まれながらにもっている権利とされる以上、「権利の性質上日本国民のみをその対象としていると解されるものを除き」人権保障は、日本に在留する外国人にも等しく及ぶ（1978年の最高裁判決）。

ただ、この問題を考える際に注意しなければならないのは、一口に外国人といっても、観光旅行で一時的に日本に滞在する外国人、仕事や留学のために比較的長期間在留する外国人、日本を生活の本拠とする永住外国人など、さまざまな立場の違いがあることである。これらをひとくくりにして、外国人の人権保障を語るのは、適当ではない。

在留外国人数の割合（2022年末現在）

インドネシア 3.2%
ネパール 4.5%
ブラジル 6.8%
フィリピン 9.7%
韓国 13.4%
特別永住者 7.1%
ベトナム 15.9%
中国（台湾含む）26.7%
その他 19.8%
在留外国人総数 307.5万人

（法務省「在留外国人統計」より）

|解説| 在留外国人数の内訳

第二次世界大戦以前から日本に居住し、サンフランシスコ平和条約の発効（1952年）にともなって日本国籍を離脱した後も、日本に在留している台湾・朝鮮半島出身者とその子孫、韓国・朝鮮人籍の人に特別永住者が多いことは、戦前の日本の植民地支配の歴史と深い関わりがある（中国には台湾を含む）。

6 性別による差別

①日産自動車男女別定年制事件

事件の概要	それまでの勤務会社が日産自動車株式会社へ吸収合併された際、「男子55歳、女子50歳の定年」を定める同社の就業規則により退職を命じられた女性従業員が、雇用関係存続の確認を求めた。
争点	定年について男女間に年齢差をもうけることは、不合理な差別にあたるか。
判決	①東京地裁判決（1973年） 男女別定年制は、民法90条に違反して無効である。 ②東京高裁判決（1979年） 不合理な性差別の禁止は民法90条の公序の内容をなし、男女別定年制に合理性がない。 ③最高裁判決（1981年） 就業規則中の女子の定年を男子より低く定めた部分は、もっぱら女子であることのみを理由とした性別のみによる不合理な差別にあたり、民法90条に反し無効とし、会社側の上告を棄却した。

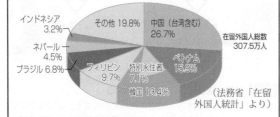

男女の定年差別無効 日産自の上告棄却 最高裁初の判断

> 民法 第90条
> 公の秩序又は善良の風俗に反する法律行為は無効とする。

|解説| 男女別定年制は不合理な差別なのか?

日産自動車は、一審判決後定年を男60歳、女55歳に延長、さらに二審判決後、女子の定年を60歳に引き上げ不平等を解消した。現在では、事業主が募集・採用、配置・昇進、定年・解雇について、労働者が女子であることを理由として、男子と差別的取り扱いをすることは、男女雇用機会均等法で禁止されている。なお、判決は、私人間の人権保障について、間接適用説をとった。

②夫婦別姓訴訟

事件の概要	夫婦別姓での結婚を認めない民法750条や戸籍法74条の規定は、憲法に違反するとして、東京の会社社長などが国を訴えた。今回の訴えでは、民法750条の合憲性を争うとともに、別姓で提出した婚姻届が、戸籍法74条に基づき不受理となったことについて、戸籍法の合憲性を争うものだった。
判決	最高裁判所大法廷（2021年6月23日） 上告を退ける決定をし、民法や戸籍法の規定は憲法に違反しないという合憲の判断を示した。その後、ほかの訴えについても相次いで退け社長側の敗訴が確定した。3人の裁判官はその補足意見で、国民の意識は「国会において評価されることが原則だ」と指摘。まず国会が男女別姓による婚姻などについて議論することが重要だとした。

> 第24条
> ① 婚姻は、両性の合意のみに基いて成立し、夫婦が同等の権利を有することを基本として、相互の協力により、維持されなければならない。
>
> 民法 第750条（夫婦の氏）
> 夫婦は、婚姻の際に定めるところに従い、夫又は妻の氏を称する。
>
> 戸籍法 第74条
> 婚姻をしようとする者は、左の事項を届書に記載して、その旨を届け出なければならない。
> 一 夫婦が称する氏　二 その他法務省令で定める事項

|解説| 選択的夫婦別姓制度（選択的夫婦別氏制度）　夫婦が望む場合には、婚姻後も夫婦がそれぞれ婚姻前の姓（氏）を称することを認める制度をいう。

民法第750条、民法第739条第1項、戸籍法第74条により、夫婦は婚姻時にいずれか一方が必ず姓を改めなければならないという夫婦同姓制度が採用されている。こうした規定が、憲法第13条や、同14条①、同24条に反するのではないかという形で議論されてきた。今回は、婚姻の自由を定めた憲法24条が、婚姻をめぐる具体的な制度構築は一次的に国会の合理的な裁量に委ねている点を重視したと思われる。

法的主体

7 社会的身分による差別

①尊属殺重罰規定違憲判決

事件の概要	14歳から15年間にわたって、実の父親に夫婦同様の関係を強いられてきた被告人は、職場の同僚との結婚を望んだところ、父親に監禁・虐待されたため、思いあまって、酒に酔って寝ていた父親を絞殺し、自首した。
争点	尊属殺を普通殺（刑法199条）より重く罰する刑法200条の規定は、法の下の平等に反しないか。
判決	①宇都宮地裁判決（1969年）　刑法200条を違憲無効とし、199条を適用して、心神耗弱や情状を酌量の上、刑を免除。 ②東京高裁判決（1970年）　刑法200条を適用して無期懲役とした上で、最大限に減軽し、懲役3年6か月の実刑判決。 ③最高裁判決（1973年）　尊属殺に関する刑法200条の法定刑は、普通殺に関する「199条の法定刑に比し著しく不合理な差別的取扱いをするもの」と認め、刑法200条を違憲無効とし、199条を適用して懲役2年6か月、執行猶予3年を判決。

最高裁、初の違憲判決
「尊属殺重罰」の判例変更
親殺し三件、減刑
「法の下の平等」に違反
十四一一の大法廷
刑法改正、早急

解説 親を殺すことは、他の殺人より罪が重いのか?
最高裁が法律の規定を違憲と判断した初めての判決。15名の裁判官の判断は、14対1であった。8人の裁判官は尊属殺が、「通常の殺人に比して一般に高度の社会的道義的非難を受けて然るべきであるとして、このことを処罰に反映させていても、あながち不合理であるとはいえない」とし、尊属殺を特に重く罰すること自体は不合理な差別ではないが、200条の刑の加重の程度が極端であって、目的達成の手段として不合理であるため、違憲であるとした。また6人の裁判官は、200条の刑の加重自体が違憲であるとした。この違憲判決以降、200条の適用はなく、1995年の刑法改正で尊属殺規定（下記）は削除された。

刑法第199条 人ヲ殺シタル者ハ死刑又ハ無期若シ
普通殺　クハ3年以上ノ懲役ニ処ス（当時）
第200条 自己又ハ配偶者ノ直系尊属ヲ殺シタル
尊属殺　者ハ死刑又ハ無期懲役ニ処ス（当時）

解説 直系尊属とは、
父母・祖父母のように直線的に連なる血縁者のうち、自分より前の世代にある者をいう。子・孫などの直系卑属と対になる。尊属殺は、自己または配偶者の直系尊属を殺害すること。

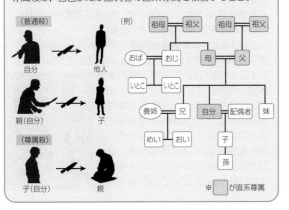

（普通殺）
自分　他人
親（自分）　子

（例）
祖母 祖父　　祖母 祖父
おば　おじ　　母　父
いとこ　いとこ
義姉　兄　自分　配偶者　妹
めい　おい　　子
　　　　　孫

（尊属殺）
子（自分）　親

※　が直系尊属

②国籍法違憲判決

事件の概要	結婚していない日本人の父とフィリピン人の母10組の間に生まれた子ども10人（8〜14歳）が、出生後父から認知を受けたことを理由に法務大臣宛に国籍取得届を出した。しかし、両親の婚姻を要件とする国籍法3条1項の規定を満たしていないとされた。そこで、同規定は不合理な差別で、法の下の平等を定めた憲法第14条に反するとして、日本国籍を有することの確認を求めた。
争点	出生後認知を受けた非嫡出子（結婚していない男女の子ども）の国籍取得について、父母の婚姻を要件とすることは、憲法第14条に違反しないか。
判決	①東京地裁判決（2005年）　父母の婚姻を国籍取得の要件とする国籍法の規定は、法の下の平等に反し違憲。 ②東京高裁判決（2006年）　国籍法の規定について、日本人の父が認知をすれば非嫡出子も国籍を取得できると解釈することは、裁判所が立法することになり、許されない。 ③最高裁判決（2008年）　出生後に父から認知されても、父母が婚姻していないことを理由に日本国籍を認めない（父母の婚姻を国籍取得の要件とする）国籍法の規定は、憲法第14条に違反するとし、10人全員に日本国籍を認めた。

国籍法による子どもの国籍取得
日本人の父　外国人の母
結婚して出産　未婚だが出生前認知　出生後に認知して結婚　未婚で出生後に認知
改正後
最高裁「法の下の平等に反する」と違法判決

解説 日本国籍を取得できるの? できないの?
国籍法では、日本人の父と外国人の母の間に生まれた子どもの日本国籍は、出生前に父母が結婚していたり、父が胎児の認知をした場合は出生時に取得できる。次に、出生後でも父が認知するとともに父母が結婚した場合は（嫡出子となり）取得できる。しかし、出生後の父の認知だけで、諸事情で父母が結婚しない（できない）場合は、（非嫡出子のままであるから）取得できなかった。判決では、このことが憲法第14条が定める「法の下の平等」に反するとされた。判決後2008年12月に国籍法は改正された。認知があれば、父母の婚姻は関係なく届け出で日本国籍を取得できる。

Column 国民の義務

e-Tax

憲法は国民の義務として、①保護する子どもに普通教育を受けさせる義務（第26条）、②勤労の義務（第27条）、③納税の義務（第30条）を定めている。また、国は統治権の作用として、憲法で禁止されていない限り、法律によって、これら以外の義務を国民に課すことができる。

NHK for School
国民の義務
https://www2.nhk.or.jp/school/movie/clip.cgi?das_id= D0005311247_00000

国税庁・納税の義務
https://www.nta.go.jp/taxes/kids/hatten/page14.htm

8 部落差別（同和問題）

同和対策審議会（同対審）答申（1965）より

いわゆる同和問題とは，日本社会の歴史的発展の過程において形成された身分階層構造に基づく差別により日本国民の一部の集団が経済的・社会的・文化的に低位の状態におかれ，現代社会においても，なおいちじるしく基本的人権が侵害され，

特に近代社会の原理として何人にも保障されている市民的権利と自由を完全に保障されていないという，最も深刻にして重大な社会問題である。

その特徴は，多数の国民が社会的現実としての差別があるために一定地域に共同体的集団を形成していることにある。最近この集団的居住地域から離脱して一般地区に混在するものも多くなってきているが，それらの人々もまたその伝統的集団の出身なるがゆえに陰に陽に身分的差別のあつかいをうけている。集落をつくっている住民は，かつて「特殊部落」「更新部落」「細民部落」など蔑称でよばれ，現在でも「未解放部落」または「部落」などとよばれ，明らかな差別の対象となっているのである。

年	事　項
1871	穢多（えた）非人解放令（太政官布告第61号）
72	「壬申戸籍」施行（旧身分も併記）
1922	全国水平社創立　「水平社宣言」。日本農民組合結成
40	全国水平社解散（大和報国運動へ転換）
46	部落解放全国委員会結成
55	部落解放委員会，「部落解放同盟」と改称
63	狭山事件（部落の青年を殺人罪見込み逮捕）
65	「同和地区に関する社会的経済的諸問題を解決するための基本的方策」（同和対策審議会答申）
69	「同和対策事業特別措置法」公布→82年，失効
77	狭山事件で最高裁，上告棄却→再審請求へ
82	「地域改善対策特別措置法」公布（1987.4失効）
87	「地域改善対策特定事業に係る国の財政上の特別措置に関する法律」公布
97	「人権擁護施策推進法」（2002.3.失効）
2000	「人権教育及び人権啓発の推進に関する法律」
02	「人権教育・啓発に関する基本計画」

解説 部落差別解消に向けた国の取り組み

同対審答申に基づいて，2002年まで33年間にわたって特別立法による施策によって行われた。特別対策としての同和行政が終了したことをうけ，その後の同和問題に関わる差別意識解消に向けた取り組みは，ほかの差別問題とともに，人権教育・啓発推進法（2000年）により進められることになった。しかしながら，結婚における差別，差別発言，差別落書き等の事象は依然として発生しており，法務省の人権擁護機関は，このような人権侵害に対し，人権相談・人権侵害事件の調査・処理を通じて，その被害の救済や予防を図っている。

9 民族差別－アイヌ民族に対する差別－

二風谷（にぶだに）ダム裁判

事件の概要	北海道日高支庁平取町の二風谷（びらとり）ダム建設をめぐり，アイヌ民族である地権者2人が，アイヌ民族の遺跡・祭祀場などが収用対象地になっており，民族の文化を考慮しない土地収用は，土地の適正利用を収用の要件とする土地収用法に違反するとして，北海道収用委員会を相手取り，土地収用裁決の取り消しを求めた。
争点	アイヌ民族の聖地に行われるダム建設は，先住少数民族としての存在と尊厳を否定するものか。
判決	札幌地裁判決（1997年）　国は，先住少数民族であるアイヌ民族独自の文化に最大限の配慮をしなければならないのに，必要な調査を怠り，本来最も重視しなければならない諸価値を不当に軽視ないし無視して事業認定したのであるから，それに基づく収用裁決は違法である。しかしすでに，ダム本体は完成していることから，北海道収用委員会の収用裁決を取り消すことは公共の福祉に適合しないので，請求を棄却する。

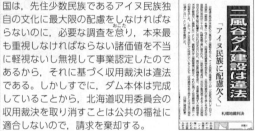

解説 アイヌ民族の人権

1997年にアイヌ文化振興法が成立し，アイヌの人々の民族としての誇りの重要性を認めるまで，日本政府は北海道旧土人保護法（1899）により，アイヌの人々を「旧土人」の蔑称で呼び，日本人（和人）との区別を明確化してきた。判決は，政府がアイヌ民族を先住民族と認めないなかで，アイヌの人々を先住民族と認定し，国際人権規約や憲法第13条に言及しつつ，土地収用について裁量権を逸脱した違法があるとした。2008年6月，アイヌ民族をとりわけ北海道に先住し文化の独自性を有する民族と認め，政府に総合的施策を促す国会決議が行われた。これを受けて，政府は「アイヌ民族が先住民族である」との認識を初めて表明，2019年には「アイヌ民族支援法」が施行した。

Column 障がい者の社会参加

「すべての障害者は，社会を構成する一員として，社会，経済，文化その他あらゆる分野の活動に参加する機会を与えられるものとする」（障害者基本法3条）と規定しているが，現実には，障がいのある人々は，様々な物理的・社会的障壁のために不利益を被ることが多く，その自立と社会参加が阻まれている状況にある。また，障がい者への偏見や差別意識が生じる背景には，障がいの発生や症状についての理解不足の場合が多くある。

2013年6月に障害者差別解消法（障がいを理由とする差別の解消の推進に関する法律）が成立した（2016年4月1日より施行）。同法は，障害者基本法の理念を具体化するために，①障がいを理由とした差別的取扱や権利の侵害の禁止，②行政機関や事業者が社会的障壁（バリア）を取り除くために合理的配慮をすること，③国や地方公共団体による差別解消のための啓発活動の取り組みなどについて定めている。

10 在日外国人に対する差別

日立就職差別事件（朴訴訟）

事件の概要	在日朝鮮人である朴鐘碩（パク・チョンソク）さんは，1970年6月，横浜市にある日立製作所ソフトウェア工場の従業員募集に応募，筆記・面接試験を受け採用通知書を受け取った。在日朝鮮人なので，求められている戸籍謄本は提出できないことを会社に電話で連絡したところ，「一般外国人は雇わない方針だ」と即座に解雇を言い渡された。その後，再三にわたり交渉したが，誠意ある態度は示されなかった。そこで，この解雇処分は在日朝鮮人を唯一の理由としたもので無効であるとして，同年12月に横浜地裁に提訴した。
争点	民間企業による国籍を理由とした採用拒否・内定取り消しは違法か。
判決	**横浜地裁判決（1974年）** 労働契約は採用通知書を出した時点で成立している。在日朝鮮人がおかれている歴史的社会的背景を考えると，出生以来使用している日本名を使用したからといって企業が解雇する理由にはならない。しかも，本件の解雇は原告が在日朝鮮人であることを決定的理由としているので，労働基準法第3条に抵触し，民法第90条（公序良俗）にも反し無効であると述べ，日立側の主張を退けた。

|解説| 根強い在日外国人への差別

在日韓国・朝鮮人は，日本人と違って大企業にはほとんど就職できず，零細企業や個人企業で働き，その職種も肉体労働や販売などがおもで，労働条件も悪いことが多い。なお，外国人による犯罪の増加や強制退去者の再入国防止のため2007年出入国管理及び難民認定法が改正され，11月20日から外国人（外交特権を有する者，政府招待者，特別永住民，16歳未満の者を除く）は，入国審査にあたって原則として，両手の人差し指の指紋採取と顔の写真撮影が義務化された。

11 感染症患者に対する差別

ハンセン病国家賠償訴訟

事件の概要	1907年制定の法律「癩予防ニ関スル件」に始まり，1996年の「らい予防法」廃止まで，90年に及ぶ国の隔離政策のなかで，療養所への入所を強制され，一般社会から隔離された元ハンセン病患者ら127人が著しく人権を侵害されたとして，1998年，熊本地方裁判所に国家賠償請求の訴えを起こした。同様の訴訟は東京，岡山地裁でも起こされた。
争点	国が政策としてハンセン病患者を療養所に強制的に隔離したことの是非。
判決	**熊本地裁判決（2001年）** 遅くとも1960年の時点において，ハンセン病は隔離政策を用いなければならない疾患ではなくなり，すべての療養所入所者及び患者について隔離の必要性が失われた。隔離政策はハンセン病患者及び元患者に対する差別・偏見の作出・助長に大きな役割を果たしたのであって，国には「らい予防法」の廃止まで隔離政策の抜本的な変換を怠った国家賠償法上の違法性及び過失がある，として総額18億2380万円の支払いを国に命じた。

|解説| 法律問題ではなく人権問題

判決を受け，国側は世論や厚生労働大臣の「法律問題よりも人権問題」との主張を重視して控訴を断念し，2001年以降，熊本，岡山，東京で次々と和解が成立した。ハンセン病は1873年にノルウェー人のハンセンが発見した「らい菌」による感染症である。わが国では不治の病と考えられ，感染者を終生隔離するという，厳しい政策がとられた。しかし，「らい菌」の感染力は弱く，感染しても発病する可能性は極めて低い。治療法が確立した1960年代以降は世界的に在宅治療が主流になったが，国内では1996年の「らい予防法」廃止まで隔離政策が続けられた。現在も，療養所入所者の多くは，高齢化やこれまでの長期間にわたる隔離などで家族との関係を断たれ，社会復帰が困難な状況にある。

法的主体

ⓒolumn 税法上の結婚差別？

結婚の有無によって生まれた子の相続分に違いを設けた（嫡出でない子の相続分を嫡出子の半分とする）民法の規定について，最高裁は「法の下の平等に反する」と違憲判決を下した（2013年9月4日）。しかし，同じひとり親家庭でも，結婚歴の有無によって課税や保育料などに負担が生じる国の制度に，未婚のひとり親家庭が苦しんでいる。

寡婦控除は，所得税法で定める所得控除の一つで，1951年に戦争で夫を失った妻の支援のために設立された（1981年に父子家庭にも拡大）。離婚や死別でひとり親となったときの経済的配慮として措置されたものである。

保育料や公営住宅の家賃は，収入から所得控除などを差し引いた所得に応じて決まる。だが，所得税法は未婚のひとり親を寡婦控除の対象としていないことから，税金に加え保育料や公営住宅の家賃も重い。そこで，自治体の中には，保育料などに寡婦控除を「みなし適用」して減額するようになったところもある。児童扶養手当の支給や

母子及び寡婦福祉法は，未婚の一人親も対象にしている。

「みなし適用」に踏み切った自治体は，「子は親を選べない」「未婚の一人親世帯と何ら変わりない」など，多くが制度の矛盾をあげている。

一方，適用していない自治体は，「所得税法上の『寡婦』の定義に従う」「市の負担が増える」などとしている。

（『朝日新聞』2013.9.22）

2021年度の厚生労働省調査によると，母子家庭のうち，未婚の母の割合は10.8％（夫との死別は5.3％）に上る。2020年の税制改正により「ひとり親」の定義が定まり，控除対象ともなった。

導入の Quest

MainQuest
メイン　クエスト

**トランスジェンダーの人の使用トイレを制限する
ルールに合理性はあるか?**

SubQuest
サブ　クエスト

「LGBT」「SOGI（性的指向・性自認）」
って何だろう。

「LGBT」とは，レズビアン（女性同性愛者），ゲイ（男性同性愛者），バイセクシュアル（両性愛者），トランスジェンダー（性同一性障がい者を含む，心と出生時の性別が一致しない人）のアルファベットの頭文字を取った言葉で，「性的少数者の総称」として用いられることもある。

「SOGI」とは，性的指向（好きになる性，Sexual Orientation），性自認（心の性，Gender Identity），それぞれの英訳のアルファベットの頭文字を取った，「人の属性を表す略称」です。異性愛の人なども含めすべての人が持っている属性を言う。

女性として女性を好きな人		男性として男性を好きな人
◆ レズビアン ◆ Lesbian **L**	**G**	◆ ゲイ ◆ Gay
◆ バイセクシュアル ◆ Bisexual **B**	**T**	◆ トランスジェンダー ◆ Transgender
異性を好きになることもあれば，同性を好きになることもある人		生まれたときに割り当てられた性別とは異なる性別を生きる人（性同一性障害を含む）
◆ シスジェンダー ◆ Cisgender 性別に違和感のない人		◆ ヘテロセクシュアル ◆ Heterosexual 異性を好きになる人

SubQuest
サブ　クエスト

右の事例から，少数者の人権について考えよう。「トイレを制限するルールに合理性はあるか?」について「トイレを制限するルールを作ることについて」「トイレを制限するルールを作らないことについて」のメリット・デメリットを整理・検討してみよう。

【事例】
トランスジェンダーであり，国家公務員である原告は，勤務する経済産業省に対し自らが性同一性障がいであることを伝えるとともに，次の異動を契機に女性職員として勤務したい旨の要望を申し入れ，女性の身なりでの勤務や，女性用トイレの使用等の要望事項を伝えた。経産省は説明会を実施し，原告は，説明会が開催された翌週から，女性の服装で勤務するようになり，執務階から2階以上離れた認められた女性用トイレを日常的に使用するようになった。その後，国家公務員法に基づき，執務階の女性トイレ使用や女性職員と同等の処遇について，人事院に行政措置を求めたが，認められなかった。

原告は，女性用トイレの使用など制限を受けていることに関し，国の対応（人事院の判定）は違法だと訴えた。

|解説| 2023年7月11日，【事例】について最高裁の判断があった。二審・東京高裁の判決を破棄し，「使用制限に問題はない」と判断した人事院の判定を違法とする原告の訴えが認められた。裁判官5人全員一致の結論だった。性的少数者の職場環境をめぐり，最高裁が判断を示したのは初めて。人事院の判定は取り消され，経産省も対応の見直しを迫られる。東京高裁も東京地裁も性的少数者の権利が不当に差別することは許されない，という立場での判断ではあったが，高裁判決では，多数者である女性職員の法的利益をも含む指摘となった。最高裁判決では，原告が当該処遇にあたった約5年あまりの間，特段の問題行動がなかったにもかかわらず，経産省がその処遇の見直しなどに取り組まなかったことなどに触れている。

Think

少数者の人権（個人の利益）と多数者の不安（周囲の迷惑）とのバランスについてどのように考えますか?

【事例】の訴訟における，東京地方裁判所と東京高等裁判所の判断を比較してみよう。

東京地裁判決（2019年）	原告勝訴	「個人がその真に**自認する性別に即した社会生活**を送ることができることは**重要な法的利益**」と指摘。トイレの使用制限は「法的利益の制約に当た」り違法であると判断した。
東京高裁判決（2021年）	原告敗訴	「自らの**性自認に即した生活**を送ることは法律上保護された利益だ」と述べる一方，「経産省は他の職員が有する性的差恥心や性的不安なども併せて考慮し，**全職員にとって適切な職場環境を構築する責任**を負っている」と指摘。トイレの使用制限は違法ではないとした。

1 思想・良心の自由ー三菱樹脂訴訟ー

> **第19条〔思想及び良心の自由〕**
> 思想及び良心の自由は，これを侵してはならない。

事件の概要	大学を卒業したTさんは，三菱樹脂（株）に就職したが，3か月の試用期間が終了する直前，入社面接試験の際，学生運動に関係していたことを隠していたとして，本採用しない通告を受けた。そこで，本採用拒否は，憲法14，19条に違反し無効だと，訴えを起こした。
争点	思想・信条の自由（19条）による差別に当たるか。私人相互間に憲法上の権利保障が及ぶか。
判決	① **東京地裁判決（1967.7.17）** 本採用拒否は解雇権の濫用である。　　　（原告勝訴） ② **東京高裁判決（1968.5.12）** 信条による差別の禁止は，憲法14条，労基法3条で定められている。入社試験の際，政治的思想，信条に関係ある事項を申告させることは，公序良俗に反して許されない。（原告勝訴） ③ **最高裁判決（1973.12.12）** 憲法は，思想，信条の自由や法の下の平等を保障すると同時に，22条，29条等で財産権の行使，経済活動の自由をも保障している。企業者は雇用の自由を有し，思想，信条を理由として雇入れを拒んでも違法とはいえない。本採用の拒否は雇入れ後の解雇にあたり，信条を理由とする解雇は労働基準法3条違反となる。（破棄差し戻し）

|解説| 私人間に思想・良心の自由は適用されるのか

　本訴訟は，私人間の人権保障をめぐる代表的な事例であり，憲法は私人間には直接適用されないとの判決が出された。なお本件は和解が成立し，Tさんは1976年に職場復帰をしている。ちなみに公立高校の入学考査の面接では，「支持政党」や「尊敬する人」など，思想・信条にかかわる事項は尋ねないことになっている。

2 信教の自由ー剣道実技拒否訴訟ー

> **第20条〔信教の自由〕**
> ③ 国及びその機関は，宗教教育その他いかなる宗教的活動もしてはならない。

事件の概要	公立の工業高等専門学校に在籍していた，エホバの証人の信者である生徒が，宗教上の理由で必修科目である体育の剣道の実技への参加を拒否したことで，2年連続原級留置となった。そのため，学則に基づき退学処分を受けた。そこで，退学処分の取り消しを求めて，生徒本人と両親が訴えを起こした。
争点	宗教的中立をとる公教育の場で，個人の信教の自由はどこまで配慮されるのか。
判決	**最高裁判決（1996.3.8）** 信仰上の真摯な理由から剣道実技に参加できない学生に対し，レポートの提出等代替措置をとることは，20条3項の政教分離の原則に違反しない。　　　（原告勝訴）

|解説| 信教の自由と政教分離が衝突

　学校が生徒に単位を与えずに留年処分をすれば個人の信教の自由を害することになり，逆に学校が生徒を留年処分にしない（=特別に留年処分を免除する）となれば政教分離に反することとなるといった点がポイントとなる。なお裁判所は，校長の生徒に対する処分の決定は校長に裁量権があると判断した一方，レポートなどの代替措置を取ることが出来たと判決で述べている。

3 政教分離ー違憲判決ー

> **第20条〔信教の自由〕**
> ① 信教の自由は，何人に対してもこれを保障する。いかなる宗教団体も，国から特権を受け，又は政治上の権力を行使してはならない。

■愛媛玉ぐし料訴訟

事件の概要	愛媛県は1981年から86年にかけて，靖国神社や護国神社の例大祭やみたま祭りに玉ぐし料・供物料等として合計166,000円を公金から支出した。これに対し，住民が知事らを相手取って住民訴訟を起こした。
争点	両神社への玉ぐし料の支出は，宗教的活動か。この支出は，憲法89条に違反するか。
判決	**最高裁判決（1997.4.2）** 玉ぐし料の奉納は，宗教的活動にあたり，違憲である。 （13人の多数意見。2名の裁判官の反対意見あり）

■空知太神社訴訟

事件の概要	北海道砂川市が市有地約1500m^{2}を空知太神社に無償で提供していることに対して，住民らが神社施設の撤去と土地の明け渡しを求めた。
争点	これは憲法20条1項が禁止する宗教団体に対する特権の付与に当たるか。憲法89条に違反するか。
判決	**最高裁判決（2010.1.20）** 社会通念に照らして総合的に判断すると違憲である。 （9人の多数意見。1名の裁判官が合憲判断）

■津地鎮祭訴訟

争われた行為	判決
津市が市立体育館の起工にあたり，神道に則り地鎮祭を行い，費用（7,663円）を公金から支出。市議会議員が市長を訴えた。	1967.3　津地裁　　合憲 1971.5　名古屋高裁　違憲 1977.7　最高裁　　合憲 起工式は宗教的活動にはあたらない。（裁判官5名が反対）

|解説| 政教分離　　最高裁は，愛媛玉ぐし料訴訟で，津地鎮祭訴訟で示された目的効果基準を厳格に適用した。宗教的行為に当たるか否かは，その行為の目的（宗教的なものか，世俗的なものか）と効果（特定の宗教を助長するものか否か）で判断するというものだ。空知太神社訴訟では，一般人の目から見て特定の宗教に便益や援助を与えていると評価されるかどうかで違憲の判断がなされた。（→p.139孔子廟訴訟）

■政教分離をめぐる訴訟

訴訟	争われた行為	判決
自衛官合祀訴訟	殉職した自衛官の遺族の意志に反して，自衛隊県連が県護国神社へ合祀した。遺族が「信教の自由」や「政教分離の原則」に違反するとして国と県連を訴えた。	1979.3　山口地裁　　　違憲 1982.6　広島高裁　　　違憲 1988.6　最高裁大　　　合憲 合祀の申請は県連の単独で行われ，国は補助的であるため「政教分離」には違反しない。
箕面忠魂碑訴訟	箕面市が，忠魂碑を，代替地を買って移設し，その敷地を市遺族会に無償で貸与したことと，市の教育長が慰霊祭に参列したことに，住民が訴訟を起こした。	1982.3　83.3　大阪地裁 違憲 1987.7　大阪高裁　　　合憲 1993.2　最高裁　　　　合憲 本件忠魂碑は，記念碑として一般に認識されており，宗教施設に該当しない。慰霊祭への参列も宗教的活動にはあたらない。
靖国神社参拝訴訟	2001年に小泉首相が，公用車を使い，「内閣総理大臣」と記帳し，靖国神社に参拝した。	各地で訴訟が起こされ，高裁でも判断がわかれた 2005.9.29　東京高裁合憲 2005.9.30　大阪高裁違憲 2006.6.23　最高裁　憲法判断をせず

4 表現の自由と報道

第21条〔集会・結社・表現の自由，検閲の禁止，通信の秘密〕
① 集会，結社及び言論，出版その他一切の表現の自由は，これを保障する。
② 検閲は，これをしてはならない。通信の秘密は，これを侵してはならない。

■博多駅テレビフィルム提出命令事件

事件の概要	デモ隊と機動隊との衝突の様子を撮したテレビフィルムを，裁判所が証拠として提出するように命じたことに，放送局が特別抗告した。
争点	取材・報道の自由は，憲法で保障されるか。裁判所によるフィルムの押収は，憲法21条違反か。
判決	**最高裁判決（1969.11.26）**　報道のための取材の自由は21条の精神に照らし，十分尊重に値する。しかし，公正な刑事裁判の実現のため，取材の自由がある程度制約を受けてもやむをえない。（原告敗訴）

|解説| 国民の知る権利と報道の自由

国民の知る権利を保障するため，報道機関の報道の自由，さらに，取材源の秘匿を含んだ取材の自由が保障されることは重要である。

5 表現の自由と教科書－教科書裁判－

事件の概要	家永三郎氏が執筆した高等学校教科書「新日本史」が，文部省（現文部科学省）の検定で不合格あるいは条件付合格処分を受けたことに対し，1965年から3回にわたって，処分の取り消しと国家賠償を請求した。
争点	教科書検定制度は，表現の自由・教育の自由を侵害し，憲法21条②の禁止している検閲にあたるか。
判決	**■第二次訴訟東京地裁判決（1970.7.17）**　教師の教育の自由は保障される。教科書検定制度は違憲とはいえないが，運用を誤ると表現の自由を侵害する。本件不合格処分は検閲に該当し，教育基本法に違反する。（最高裁で差し戻され，高裁で原告敗訴） **■第三次訴訟最高裁判決（1997.8.29）**　教科書検定制度それ自体は学問の自由などを侵害せず検閲にもあたらない。裁量権の範囲を逸脱した見過ごせない誤りとして4カ所を違法とし，国に40万円の賠償を命じた。

ご支援ありがとう
家永先生・弁護団
THANK YOU FOR ALL
WINNING JUDGMENT
8・29

|解説| 教科書裁判の意義

32年間にわたって争われた家永訴訟は，教育行政の在り方と日本の歴史認識について，人々の関心を喚起した。教科書検定そのものは違憲とされなかったが，検定制度の運用の見直しが進められ，その影響は大きかったといえる。

6 人身の自由と刑事手続きの流れ

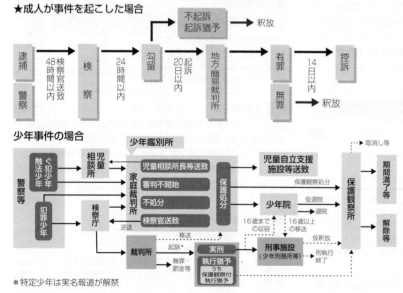

★成人が事件を起こした場合

逮捕・警察 →48時間以内 検察官送致→ 検察 →24時間以内→ 勾留 →20日以内 起訴→ 地方・簡易裁判所 → 有罪／無罪 →14日以内→ 控訴／釈放

不起訴・起訴猶予 → 釈放

少年事件の場合

警察等（触法少年／ぐ犯少年／犯罪少年）→ 相談所・児童相談所／家庭裁判所／検察庁 → 少年鑑別所・児童自立支援施設等送致・保護処分・少年院・保護観察所 など

＊特定少年は実名報道が解禁

|解説| 少年法と少年審判

20歳未満の者による犯罪は，少年法によって，まず，すべて家庭裁判所に送られる。家裁では，少年審判が開かれ，非行事実が認められると，保護処分となる（ただし，14歳以上で刑事処分が相当と認められると，検察官に送致される）。また，少年審判は非公開で行われ，本人と特定できるような記事等の掲載が禁止されている。少年は未熟で，環境による影響を受けやすく，また，立ち直る可能性があることを十分配慮しているのである。少年法は2000年と07年（08年に一部）改正され，厳罰化がすすんだ。2022年4月からは18歳に成年年齢が引き下げられることに伴い少年法が改正され，18・19歳は「特定少年」として少年法が適用されることとなった。（→p.322，少年法）

逮捕状（通常逮捕）

第18条〔奴隷的拘束及び苦役からの自由〕
何人も，いかなる奴隷的拘束も受けない。又，犯罪に因る処罰の場合を除いては，その意に反する苦役に服させられない。

第31条〔法定の手続の保障〕
何人も，法律の定める手続によらなければ，その生命若しくは自由を奪はれ，又はその他の刑罰を科せられない。

第36条〔拷問及び残虐刑の禁止〕
公務員による拷問及び残虐な刑罰は，絶対にこれを禁ずる。

法的主体

7 人権擁護機関

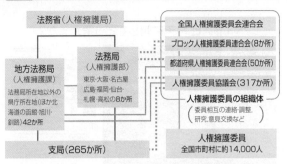

```
法務省(人権擁護局) ─── 全国人権擁護委員会連合会
                      ブロック人権擁護委員連合会(8か所)
地方法務局            法務局         都道府県人権擁護委員連合会(50か所)
(人権擁護課)        (人権擁護部)     人権擁護委員協議会(317か所)
法務局所在地以外の   東京・大阪・名古屋
県庁所在地(ほか北   広島・福岡・仙台・    人権擁護委員の組織体
海道の函館・旭川・   札幌・高松の8か所    (委員相互の連絡・調整,
釧路)42か所                          研究,意見交換など)

支局(265か所)                      人権擁護委員
                                  全国市町村に約14,000人
```

(法務省人権擁護局HP)

|解説| 人権を守る様々な組織

国の機関として人権擁護に取り組んでいる法務省人権擁護局,その地方支分部局である法務局,地方法務局及び支局と,法務大臣が委嘱する人権擁護委員とを合わせて,「法務省の人権擁護機関」と呼んでいる。法務省及び法務局は,人権擁護委員が組織する人権擁護委員連合会及び人権擁護委員協議会と協力して,様々な人権擁護活動を行っている。

8 えん罪(無実の罪)

2009年6月,東京高検は,足利事件(1990年)の犯人として17年半服役していた菅家さんの刑の執行の停止を認め,釈放した。菅家さんには,2010年3月,再審公判で無罪の判決が言い渡された。

菅家利和さん釈放
逮捕から17年半ぶり 足利事件,無罪公算大

逮捕当時には最先端技術であったDNA鑑定(1000人に一人程度を特定)を最大の物的証拠として有罪が確定した菅家さんが,科学の進歩でより正確さを増したDNA再鑑定(4兆7000億人に一人を特定)によって無罪の公算をかちえたケースである。

なぜ,やってもいない事件を自白してしまったのか。「刑事たちの取り調べが厳しい。髪の毛を引っ張ったり,足をけられたり,『白状しろ,早くしゃべって楽になれ』と言われた。抵抗しきれなかった」菅家さんは追及的・強圧的な取り調べで自白してしまったと告白している。

|解説| 取り調べの可視化

えん罪はあってはならないことであるが,2003年の志布志選挙違反では,逮捕された12人全員が無罪となった事案がある。その他にも2007年には富山県で服役後に真犯人が現れ無罪となったほか,2011年には,布川事件(茨城の強盗殺人事件)で無期懲役確定後,2人の再審無罪が確定するなど,えん罪はなくなっていない。

なおえん罪の温床として,代用監獄(代用刑事施設)での取り調べの問題が指摘されている。そこで,警察・検察の取り調べを全面的に録画/録音する「捜査の可視化」について2011年から試行された。

9 営業の自由―薬事法距離制限違憲訴訟―

第22条〔居住・移転及び職業選択の自由,外国移住及び国籍離脱の自由〕
① 何人も,公共の福祉に反しない限り,居住,移転及び職業選択の自由を有する。
② 何人も,外国に移住し,又は国籍を離脱する自由を侵されない。

事件の概要	原告は,医薬品の販売業を営むための営業許可の申請を広島県知事にしたが,薬事法とそれに基づき薬局の配置基準を定めている条例(既設店舗から約100mの距離を保つ)に反しているとして不許可となった。そこで,処分の取り消しを求める訴えを起こした。
争点	薬事法の規定は,憲法22条に違反しているか。
判決	**最高裁判決 1975.4.30** 薬事法の薬局適性配置規制は,国民の生命及び健康に対する危険の防止であるが,その規制を行わないと薬局が乱立し,不良医薬品が供給されたりするという理由では,必要かつ合理的とはいえない。よって,薬事法の規定は憲法に違反し,無効である。(原告勝訴)

10 財産権の保障―知的所有(財産)権―

第29条〔財産権〕
① 財産権は,これを侵してはならない。
② 財産権の内容は,公共の福祉に適合するやうに,法律でこれを定める。(③略)

形のないモノでも,発明(特許権)やデザイン(意匠権),著作物(著作権)などは知的財産として保護されるべきである。しかし,高度情報化社会の今,これら知的財産権の侵害が危惧されている。自分でつくったHPにキャラクターを無断で貼り付けたり,ヒット曲を取り込んだりしていないだろうか? インターネットオークションでの海賊版出品も問題になっている。2002年に成立した知的財産基本法では,知的財産の創造,保護,活用を推進していくことがうたわれている。

ポケモンの秘密

©Nintendo・Creatures・GAME FREAK・TV Tokyo・ShoPro・JR Kikaku
©Pokémon

著作権管理ビジネスは,大きな利益を生み出している。知的財産権に関わる事件の控訴審として,東京高裁に,知的財産高等裁判所が設置されている(2005年)。

著作権	著作者人格権(公表するかどうか,作品の内容を変えさせない権利)
	著作権(上映・展示・演奏,複製権) ・著作者の死後70年保障 ・実演家などは著作隣接権をもつ

(公社)著作権情報センター・学ぼう著作権
http://kids.cric.or.jp/intro/01.html

(公社)著作権情報センター・はじめての著作権講座
https://www.cric.or.jp/qa/hajime/

法的主体

表現の自由を考える

誰のための表現の自由か?

民主主義は表現の自由がなくては成り立たないが、その一方、民主主義が表現の自由を抑圧することもある。民主主義は、話し合いによって合意を見出すというシステムであるが、どうしても合意に至らない場合は、(中略)本来の民主主義のプロセスをなおざりにして、数にものをいわせて少数意見を排除するという事態が「民主主義」の名の下に生じることがある。民主主義はそれを乱用すれば、少数意見を唱える者たちの表現の自由を容易に抑圧することができるのである。それゆえ、真の民主主義を求める者たちは、少数意見や反対意見を唱えることの自由を尊重してきた。「**私はあなたの意見には反対だが、あなたがそれを主張する権利はあくまで擁護する**」というフランスの哲学者**ヴォルテール**の言葉や、「**我々と同じ意見をいう自由ではなく、我々が忌み嫌う意見に自由を認めることが、何より重要なのである**」というアメリカ最高裁判事**ホームズ**の言葉は、健全な民主主義にとって重要なのは、少数者や反対者の表現の自由であるということを端的に言い表している。　　　(国際人権ひろば No.148 より)

新型コロナと表現の自由

○新型コロナ　感染症の拡大に伴い、緊急事態宣言が発令されて、私たちの生活は一変した。感染拡大を防ぐため「密」を避けることが求められ、スポーツ観戦やコンサートなど大人数でのイベントは中止、また大幅な制限がかかるようになった。また同調圧力から市民が監視し合う「自粛警察」と呼ばれる現象も起きた。「ある程度の集会の自粛はやむを得ない」との声がある一方で、自粛警察のような互いを監視しあうような社会は健全ではない。感染症拡大の阻止という社会的目的と、万人に認められるべき尊重されるべき集いの自由、その折り合いをどのようにつけていくか、大きな課題を突き付けられている。

解説　感染症と人権　日本国憲法第21条は「集会、結社及び言論、出版その他一切の表現の自由は、これを保障する」と定めている。「感染症拡大を防ぐために集会の自粛はやむを得ない」とする一方で、行動自粛が言論そのものの委縮につながることが懸念されている。表現の自由以外にも生存権、労働三権、財産権など、感染症の拡大は憲法について多くの課題を突き付けている。

ヘイトスピーチに対してどう考えるか?

「差別撤廃 東京大行進」(2013年9月, 東京)　法務省作成ポスター

○ヘイトスピーチ対策法　「本邦外出身者に対する不当な差別的言動の解消に向けた取組の推進に関する法律」(ヘイトスピーチ対策法)が2016年6月、成立した。特定の民族や人種に対する憎悪をあおる表現をヘイトスピーチというが、この法律では、外国出身者で適法に居住している人への差別的言動を対象にしており、アイヌの人々や不法滞在者に対する差別につながってしまうのではとの心配の声もある。また、国などの啓発活動についての責務が規定されているものの、ヘイトスピーチを行った人に対する罰則等はない。

解説　ヘイトスピーチの実態　日本では2000年代半ばに在日韓国・朝鮮人を標的にした団体が結成され、その後東京の新大久保や大阪の鶴橋などでデモや街宣活動を展開するようになった。2014年最高裁は、人種差別条約で禁じる人種差別に当たるとして損害賠償を命じた。また、国連人種差別撤廃委員会は、日本政府に対して2014年、ヘイトスピーチを規制する法律の制定を勧告したが、国内では、正当な言論を委縮させ、表現の自由を制限する恐れがあるとの反対意見もあった。ヨーロッパ諸国では、差別的発言に対して、懲役や罰金刑を科す厳しい規制が行われる。

SNSの利用と表現を考えよう

○SNSでの表現　ツイッター、フェイスブック、ユーチューブはトランプ前アメリカ大統領のアカウントを凍結した。これをきっかけに、「表現の自由」は誰が規制すべきかという重要な問題が表面化している。日本でもSNSで誹謗中傷を受けていた女子プロレスラーが亡くなったことをきっかけに、政府において誹謗中傷に関する議論が加速した。SNSは誰でも意見を匿名で気軽に投稿でき、その内容は瞬時に他の利用者に拡散もされる。しかし自由さゆえの危険性もおおいに含んでいる。人権を傷つけられた被害者の救済と表現の自由の両立。簡単ではないが、情報技術進展に伴う法整備など時代に即した対策が求められている。

解説　プロバイダー責任制限法　投稿による人権侵害への対応を定めたプロバイダー責任制限法が2002年に施行した。被害者側がネット事業者(プロバイダー)に投稿の削除を求め、応じない場合、投稿者の特定につながる情報開示を求め、裁判に移行する制度である。

死刑制度を考える

死刑の執行は毎年行われているの?

日本では,現在18の犯罪の最高刑が死刑であるが,世界では死刑廃止国が増えている。死刑制度とは,刑罰とは何か考えてみよう。

○刑事訴訟法によって定められている死刑制度　刑事訴訟法によると,死刑は,原則として裁判で刑が確定してから6か月以内に,法務大臣が命令し,その日から5日以内に執行される。実際は,死刑確定者は数年から10年以上も拘置所で過ごすことが多い。執行の日を,本人は当日まで知らない(現在,死刑が確定している者は107名である〈2022年12月〉)。なお,2010年の刑訴法改正で,最高刑が死刑の殺人罪などは公訴時効が廃止された。

＊2011年,2020年,2023年の執行数は0件

年次	執行数
1990〜92	0
1993〜95	15
1996〜98	16
1999〜2001	10
2002〜04	5
2005〜07	14
2008〜10	24
2012	7
2013	8
2014	3
2015	3
2016	3
2017	4
2018	15
2019	3
2021	3
2022	1

死刑制度の存続か廃止か?

○死刑の合憲性　死刑は残虐な刑罰かとその合憲性が争われた裁判で,最高裁判所は,「生命は尊貴である。一人の生命は,全地球よりも重い。死刑は,まさにあらゆる刑罰のうちで最も冷厳な刑罰であり,またまことにやむを得ざるに出ずる窮極の刑罰である。それは言うまでもなく,尊厳な人間存在の根元である生そのものを永久に奪い去るものだからである。」が,「一般に直ちに残虐な刑罰に該当するとは考えられない。」と述べた(1948.3.12)。一方,国連自由権規約委員会は,2008年,日本政府に対して死刑制度廃止を勧告した。

死刑存置論	死刑廃止論
・人を殺した者が,その生命を奪われるのは,公平性からいっても当然。 ・凶悪犯罪の被害者や遺族の感情から,死刑は必要。 ・死刑には,特別な威嚇作用があり,犯罪の防止に役立つ。 ・死刑に代わりうる刑罰がない。 ・世論も支持している。 ・死刑判決を受け再審無罪となったのは昔のことで,現在は,厳正に執行されている。	・死刑は,残虐な,人道主義に反する刑罰である。 ・死刑は国家による殺人で,人命尊重主義から許されない。 ・死刑には特別の犯罪抑止効果はない。 ・犯罪者の教化・矯正の可能性を奪う刑罰である。 ・誤判の可能性があり,間違って執行されるととりかえしがつかない。 ・生命を奪う極刑なのに,適用に一貫性がなく,不公平。 ・刑務官などの人間性を無視するものである。 ・死刑廃止は,国際的な潮流となっている。

死刑制度に関する国際的な動向について調べよう

❶国際条約

国際人権規約　市民的及び政治的権利に関する国際規約
　(1966 国連採択→ 1979 日本批准)

第6条　生命に対する固有の権利

　1　すべての人間は,生命に対する固有の権利を有する。この権利は,法律によって保護される。何人も,恣意的にその生命を奪われない。

　2　死刑を廃止していない国においては,死刑は,犯罪が行われたときに効力を有しており,かつ,この規約の規定及び集団殺害犯罪の防止及び処罰に関する条約の規定に抵触しない法律により,最も重大な犯罪についてのみ科することができる。この刑罰は,権限のある裁判所が言い渡した確定判決によってのみ執行することができる。

死刑廃止条約(第二選択議定書)
　(1989 国連採択→ 1991 発効※日本は未批准)

第1条　死刑の廃止

　1　何人も,この選択議定書の締約国の管轄内にある者は,死刑を執行されない。

　2　各締約国は,その管轄内において死刑を廃止するため権限のある裁判所が言い渡した確定判決によってのみ執行することができる。

❷死刑廃止国の広がり(2022.12月現在)

死刑全廃止国	112か国
法律上または事実上死刑廃止国	144か国
死刑存置国	55か国

(Amnesty International のホームページより)

|解説| 死刑廃止の国際的動向と国内世論　2022年には,世界の3分の2を超える144か国が事実上死刑を廃止しており,死刑の執行があったのは20か国だった。フランスでは,2007年に憲法を改正し,死刑廃止を明記した。日本で2019年に行われた世論調査(1572人対象)では,「死刑もやむを得ない」と容認した人が80.8%,「死刑は廃止すべきである」と回答したのは9.0%と,日本では死刑存置派が多数派である。英独仏やフィリピンでは,死刑廃止時の世論は,廃止派を存置派が上回っていた。

●司法の国際化と死刑

　1996年には死刑廃止国はたった26か国だったが,現在,世界の半数を超える国々がすべての犯罪に対して死刑を廃止,3分の2以上の国々が事実上死刑を廃止している。アメリカでは27州と連邦が死刑を存置しており,2022年には18人が処刑された。死刑廃止を明記した条約である米州人権条約には南北アメリカの13か国が,平時における死刑の廃止をうたった欧州人権条約第6議定書には46か国が,あらゆる状況下における死刑廃止をうたった同条約第13議定書には43か国が批准している(2012年7月現在)。

MainQuest メイン クエスト

「生活保護費の切り下げ」は正義か？

法的主体

国が2013〜15年に生活保護基準額を引き下げたのは，生存権を保障した憲法25条に反するとして，福岡県内の受給者約80人が減額決定の取り消しを求めた訴訟の判決が福岡地裁で2021年5月にあった。裁判長は，国による引き下げは妥当として，原告側の請求を棄却した。

争点となったのは，国が2013年に決めた「生活扶助費」の基準額の引き下げ。衣食や光熱費など日常生活に必要な費用にあたるが，国は「08〜11年に物価の指数が4.78％下落した」とし，下落率を反映させるとして基準額を引き下げ，生活保護費を3年かけて計約670億円削減した。原告側は，引き下げによって生活を切り詰めなければならず，憲法25条が定める「健康で文化的な最低限度の生活を営む権利」を侵害されたと主張していた。

同様の訴訟は全国29地裁（原告計約900人）で起こされている。2021年2月の大阪地裁では原告が勝訴したが，20年6月の名古屋地裁と21年3月の札幌地裁は原告側の請求を棄却している。

SubQuest サブ クエスト

左の事例にある，生活保護基準額の引き下げについて，賛成の立場と，反対の立場についてその根拠を考えよう。

>>> ・ 生活保護受給者数と保護費の推移 ・ <<<

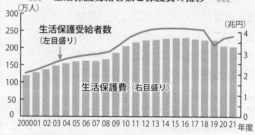

>>> ・ 支給される保護費のイメージ ・ <<<

最 低 生 活 費	
年金，児童扶養手当等の収入	支給される保護費

生活扶助基準額の例 （令和5年4月1日現在）

	東京都区部等	地方郡部等
3人世帯（33歳,29歳,4歳）	158,760 円	139,630 円
高齢者単身世帯（68歳）	77,980 円	66,300 円
高齢者夫婦世帯(68歳，65歳)	121,480 円	106,350 円
母子世帯（30歳，4歳，2歳）	190,550 円	168,360 円

※児童養育加算等を含む。

SubQuest サブ クエスト

「社会権」は実質的な平等を実現するための権利ということだが，頑張った人と頑張らなかった人との間に差がつくのは当たり前ではないか。それは，頑張った人の努力の結果だし，頑張らなかった人の責任だと思う。
どうして国が介入してその差を解消しなければいけないのだろうか。

確かに，自分自身の努力によって，あるいは自分自身の責任に，よって差がつく場合もあるね。

人の一生は，みんなが同じスタートラインに立って「よーい，ドン！」で一斉にスタートする，運動会の障害物競走とは違うと思う。それに，みんなに平等に同じ障害物が用意されているわけではないでしょう。

障害物がない人もいるかも。障害物が乗り越えやすい人，乗り越えるのが大変な人もいるかもしれないね。

それに誰もが生まれる時代や場所を選べない！

だとすると，人と差ができるのは，生まれた時代や場所，病気の有無など，自分の意思ではコントロールできない偶然や「運」などによるものかなあ。

そうだね。だから国が介入して，「社会権」によってその差の解消を図っていくというのは，国家による施しなどではなく，当然主張することのできる正当な権利といえるんだ。

>>> ・ 人権の類型 ・ <<<

自由権
（国家からの自由）
国家権力の介入を排除

参政権
（国家への自由）
国政へ参加

社会権
（国家による自由）
国家権力の介入を要求

1 生存権 －朝日訴訟－

第25条〔生存権，国の社会的使命〕
① すべて国民は，健康で文化的な最低限度の生活を営む権利を有する。
② 国は，すべての生活部面について，**社会福祉**，社会保障及び公衆衛生の向上及び増進に努めなければならない。

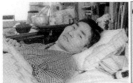

●当時の生活保護基準（年間数量）
肌着（0.5枚）	パンツ（1枚）
タオル（2本）	足袋（1足）
ぞうり（2足）	ちり紙（12束）
理髪料（12回）	新聞（12部）
切手（12枚）	等で計算

事件の概要	重症の結核患者であった朝日茂さん（写真）は，国立岡山療養所に入所し，生活保護法による医療扶助と生活扶助（最高月額600円）を受けていた。その後，35年間も音信不通だった実兄から月額1500円の仕送りを受けることになったのだが，市社会福祉事務所長は生活扶助を打ち切り，600円を日用品費として朝日さんに渡し，残りの900円を医療費の一部に当てるという保護変更決定を行った。これに対し，朝日さんは，県知事・厚生大臣（現厚労大臣）に対して不服申し立てを行ったが，却下された。そこで，その却下処分の取り消しを求めて，1957年に行政訴訟を起こした。
争点	生活扶助の金額が，憲法25条の「健康で文化的な最低限度の生活を営む」に足りるものか否か。
判決	①**東京地裁判決（1960.10.19）** 原告勝訴（厚生大臣の処分取り消し） 厚生大臣の生活保護基準では，療養に必要な果物などの補食もとれず最低限度の生活水準に達していない。 ②**東京高裁判決（1963.11.4）** 一審判決の取り消し（朝日さんの請求，認められず） 月額600円という基準は少ないが，厚生大臣の処分を違法とまではいえない。 ③**最高裁判決（1967.5.27）** 訴訟は終了（生活保護受給権は一身専属的な権利なので，朝日さんの死亡により訴訟は終わった） なお，念のため憲法25条①は，すべての国民が健康で文化的な最低限度の生活を営めるように国政を運営すべき事を国の責務として宣言したもので，直接個々の国民に具体的権利を付与したものではない。生活保護基準の設定は，厚生大臣の裁量にゆだねられている。

|解説| 健康で文化的な生活を営む権利とはどのようなものだろう

「この訴訟は，人間の生きる権利，生命の尊厳を守り通す事を主張するものです…」と語った朝日茂さん。最高裁は，憲法25条がプログラム規定説であるとの立場をとり，朝日さんの主張は退けられた。しかし，この裁判は社会の注目を集めた。そして，日用品費の基準額は，1961年には47%も引き上げられ，さらに1967年には2700円と大幅増になった。2013年5月に，生活保護の受給が158万世帯（過去最高），215万人を突破し，財政上の問題にもなっている。

2 生存権 －堀木訴訟－

事件の概要	障害者福祉年金（当時）を受給していた全盲の堀木文子さんが，児童扶養手当の受給資格の認定を請求するも退けられたため，児童扶養手当法の併給禁止規定が憲法一四条の平等や二五条の生存権に反するとして起こした裁判を堀木訴訟という。
争点	障害年金と児童手当の併給禁止は認められるか否か？
判決	**最高裁判所　1982.7.7** 日本国憲法第25条は国の責務を宣言したもので，どのような立法措置を講ずるかは立法府の裁量での範囲である。（原告敗訴）

|解説| 障害年金と児童手当の併給禁止は認められるのか？

「健康で文化的な生活水準」の具体的内容は何か。堀木訴訟では「国の財政事情を無視することが出来ず」政策的判断が必要とされた。第一審では原告の主張が全面的に認められ，併給禁止は憲法違反であると原告側が勝訴したが，第二審では憲法第25条の生存権はプログラム規定であるとして原告の請求を棄却した。また最高裁も「健康で文化的な生活限度の生活についての具体的な措置については立法府の広い裁量にゆだねられている」と原告の請求を棄却し，原告の敗訴が確定した。なお第一審判決後の1973年，児童扶養手当法の改正により，併給は認められた。

3 障がい者と生存権

■学生無年金障がい者訴訟

事件の概要	大学在学中に障がいを負った原告が，障害基礎年金の受給申請をしたが，認められなかった。1989年に改正されるまでの国民年金法は，20歳以上の学生について任意加入で，原告は加入していなかった。
争点	20歳の障がい者に対し，障害基礎年金が支払われないのは，憲法第25条，憲法第14条に違反するか。
判決	**最高裁判決（2005.3.25）** 「障がい者に対して何らかの所得保障措置が講じられるべきことは憲法第25条の要請であるという余地はあるとしても，所得保障の方法には様々な者があり得るのであって，生活保護法には障がい者に対する所得保障についての配慮をしていることは明らか」

|解説| 国会が法律を作らないという不作為が話題となった生存権訴訟である。

Column クーラーはぜいたく品？

1994年の盛夏，埼玉県桶川市の79歳の女性が倒れて入院した。この人は，生活保護を申請したとき，市によってクーラーを取り外されていたのだ。生活保護受給者は，クーラーや車を所有してはいけないのか？

新たに生活保護を受ける世帯について，熱中症予防が特に必要な者がいるなどの条件を満たす場合，62,000円を上限に冷房器具購入費の支給が認められている（2023年4月現在）。また，現在は，70%の普及率があるものは認めるという基準が柔軟に判断され，通勤用の車の所有など認められている場合がある。

4 労働基本権

労働基本権とは，勤労権や労働三権（団結権・団体交渉権・争議権）という，労働者の地位向上のための権利のことである。しかし，日本では，公務員の労働三権は制限されている。

■全逓東京中央郵便局事件

事件の概要	1958年の春闘で，全逓労働組合役員が郵便局員に争議行為をそそのかしたとして，起訴された事件。
判決	**最高裁判決（1966.10.26）賛成8・反対4** 公務員の争議権の制限は，合理性の認められる必要最小限度にとどめるべきで，正当な争議行為は刑事免責される（被告人は無罪）。

■全農林警職法事件

事件の概要	1958年，全農林労組幹部が争議行為のあおり行為を行ったとして，起訴された事件。
判決	**最高裁判決（1973.4.25）賛成8・反対7** 公務員は，その地位の特殊性と職務の公共性などを理由として「国民全体の共同利益」のため，一律かつ全面的な制限をうける（上告棄却，被告人の有罪確定）。

■全逓名古屋中郵事件

事件の概要	郵政省の職員でかつ全逓執行役員が，中央本部の指示に従って，勤務時間内に職場大会を行ったため，郵便物不取り扱いの罪などで訴えられた。
判決	**最高裁判決（1977.5.4）** 公務員及び三公社その他の公共的職務に従事する職員は特殊な地位にあり，その職務は公共性を有するので，国民全体の共同利益の保障という見地から，その争議行為を禁止しても憲法第28条違反ではない（高裁の判決を破棄，被告人の有罪確定）。

|解説| 公務員の労働基本権

上記の事件は，公務員の団体行動権の制限が違憲か否かについて争われたものである。現在，消防職員などは団結権すら認められていないが，ILOの勧告を受けて，団結権付与が検討されている。

Column ビッグイシューと生活保護 ホームレスの自立と仕事

2003年に大阪で販売が開始された雑誌『日本版ビッグイシュー』が，創刊18周年を迎えた（もともとイギリスで1991年に始まった活動である）。これまで，15都道府県で867万冊を売り上げた雑誌は，他の雑誌とは違う特徴がある。それは，1冊450円のうち230円が，販売員であるホームレスの収入になるということである。1,911人のホームレスが販売し，うち203人が自立を果たした（2019年9月現在）という。

ビッグイシューは，家を失った人に仕事を提供し自立を応援する社会的企業（Social Business）としての成功例といえるだろう。雑誌は売れなければ，つまり，買う人がいなければホームレスの人の収入にはならない。この18年間で売り上げを伸ばせたのは，社会のなかで，弱者に対する自立支援に共感する人が増えたともいえるだろう。

---

5 教育を受ける権利・学習権

第26条〔教育を受ける権利，教育の義務〕
① すべて国民は，法律の定めるところにより，その能力に応じて，ひとしく教育を受ける権利を有する。
② すべて国民は，法律の定めるところにより，その保護する子女に普通教育を受けさせる義務を負ふ。義務教育は，これを無償とする。

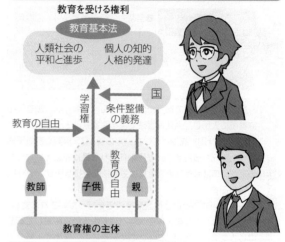

教育を受ける権利

（『図解による法律用語辞典』自由国民社）

|解説| 教育を受ける権利と義務について改めて考えよう

教育基本法は，教育の機会均等，義務教育，教育行政などについて規定した「教育憲法」ともいわれる法律である（1947年制定）。安倍政権は「教育再生」の一環として2006年，改正教育基本法を成立させた。前文で「公共の精神を尊」ぶことや「伝統の継承」が明記され，第2条の教育の目標に「我が国と郷土を愛する態度」を養うことが盛り込まれた。

---

6 教育を受ける権利・院内学級

入学式　デジカメワークショップ　調理実習
お習字　お話会　七宝焼き

長野県立こども病院の院内学級（http://nagano-child.jp/overview/hospital_schoolより）

|解説| 入院中の子どもたちの教育

院内学級とは，学校教育法第75条の「…疾病により療養中の児童及び生徒に対して，特殊学級を設け…教育を行うことができる。」に基づいて病院内に設置される病弱・身体虚弱の特殊学級のことで，長期入院中の子どもたちの教育を受ける権利を保障するために設けられている。文部科学省によると，病弱・身体虚弱の子どもを対象にした特別支援学級は小中学校で計1153学級（2009年）。院内学級もこれに含まれるが，院内学級の数は把握ができていない。

法的主体

7 参政権　在外国民の選挙権

■在外国民選挙権訴訟

事件の概要	① 1996 年に行われた衆議院議員総選挙の際，海外に居住していた日本人が選挙権を行使できなかったことは違憲・違法だったとして，慰謝料を請求した。② 1998 年に改正された公職選挙法の下でも，衆参院選で選挙区選出議員の投票ができないことは違憲・違法であるとして，その確認請求をした。
争点	改正前の公職選挙法は，憲法第 15，43，44 条に違反し，違憲か。法改正後も選挙権行使が制限されているのは違憲か。
判決	**最高裁判決（2005.9.14）** 憲法は国民に対して投票の機会を平等に保障している。それゆえ，国民の選挙権やその行使を制限することは，やむを得ない事由がなければ許されない。改正前の法が在外国民の投票を全く認めていなかったことと，改正後も比例代表に限定しているのは違憲。

|解説| 最高裁は，国会が正当な理由なく，10 年以上在外国民が選挙権行使の機会を確保するための立法を怠ったことから，国家賠償請求を認め，各人に対し5,000 円の支払いを命じた。この判決後，選挙区選出議員の選挙もできるよう公職選挙法の改正が行われた（なお，地方選挙や最高裁裁判官の国民審査は，在外投票の対象外である）。

8 請願権ー君も請願できるー

> **第16条〔請願権〕**
> 何人も，損害の救済，公務員の罷免，法律，命令又は規則の制定，廃止又は改正その他の事項に関し，平穏に請願する権利を有し，何人も，かかる請願をしたためにいかなる差別待遇も受けない。

|解説| 誰でもできる「請願」について知ろう
未成年者でも，外国人でも，在監者でも，国会や裁判所，地方公共団体などに，集めた署名を提出するなど平穏に請願することができる。請願権は，国家の行為を期待するもの（国家機関には実行義務はないが）であると同時に，参政権的な性質もある。2017年，松本工業高校（松本市）の生徒37人が，通学に使う鉄道と自転車の利用環境に関する請願2件を松本市議会に提出。市議を招いた授業をきっかけに，高校生目線で身近な問題への要望をまとめたという。

9 国家賠償請求権

> **第17条〔国及び公共団体の賠償責任〕**
> 何人も，公務員の不法行為により，損害を受けたときは，法律の定めるところにより，国又は公共団体に，その賠償を求めることができる。

明治時代の旧郵便法を引き継いだ郵便法をめぐる裁判で，最高裁判所は，郵便局員の送達ミスで生じた損害について，国の賠償責任の範囲を極めて狭く制限している郵便法の規定には違憲・無効の部分があるとした（2002.9.11）。その後，国会は郵便法を改正した。

|解説| 大日本帝国憲法下では認められていなかった権利で，憲法17条に基づき，1947年に国家賠償法が制定され，認められるようになった。公務員の違法行為や，国や地方公共団体が管理している営造物（河川や道路，建物など）の安全管理ミスで国民が損害を受けたとき，その賠償を求めることができる。

10 刑事補償請求権

主な刑事補償の例

事件名	身体拘束日数	補償金総額
島田事件	12,668 日	119,079,200 円
免田事件	12,599 日	90,712,800 円
松山事件	10,440 日	75,168,000 円
財田川事件	10,412 日	74,966,400 円

|解説| 大日本帝国憲法にはなかった権利である。初の死刑確定者に対する再審無罪判決を受けた免田栄さんは，24歳から58歳までを獄中で過ごした。金銭的な補償はされても，過ぎ去った時間は取り戻せない。足利事件で17年半拘束された後再審無罪となった菅家利和さんには，2011年，刑事補償金約8000万円が支払われた。

11 隣人訴訟

> **第32条〔裁判を受ける権利〕**
> 何人も，裁判所において裁判を受ける権利を奪はれない。

買い物に行く母親が同じくらいの子どもがいる近所の家に預けたが，子ども達はため池で遊び，預けた家の子は溺れ死に，預かった家の子は無事だった。…預けた親が訴訟提起し，津地裁で500万円あまりの損害賠償認容判決を得た（1983.2.25）。被告は控訴したが，この判決が報道されると，特に原告に対し嫌がらせ等がなされ，訴えを取り下げざるを得なかった。……この事件での世間の反応として多かった「恩を仇で返すとはなにごとか」という反応は，法意識が社会に浸透していないことを露呈するものといえる。　　　（記念講演「法化社会と法律家の役割」新堂幸司）

導入の Quest

MainQuest（メイン／クエスト）

人権とはなんだろう？　また，どのような
人権課題があるのだろうか？

　人権とは，私たちが幸せに生きるための権利で，
人種や民族，性別を超えて万人に共通した一人ひと
りに備わった権利です。人権は，西欧社会の近代化
の中ではぐくまれた考え方です。特に第二次世界大
戦の反省から，人権の重要性は国際的に高まってい
きました。1948年12月10日，国際連合（国連）は
世界人権宣言を採択しました。この宣言は，すべて
の人間が人間として尊重され，自由であり，平等で
あり，差別されてはならないことを定めており，国際
社会の基本的ルールの大きな柱となっています。
　日本国憲法でも人権に関して世界人権宣言とほと
んど同じ内容を定めています。人権は，私たちの日
常生活のいちばん基本のルールといえるでしょう。
しかし，ともすれば私たちは「人権はややこしい，む
ずかしいもの」と思っているのではないでしょうか。
そのため，私たちの日常生活では，まだまだ定着し
ていないようです。私たちの日常生活の場面は，家
庭・地域，職場・学校などがあり，それぞれの場面
に応じた判断の基準があります。その基準の中で，
最優先される基本のルールとして，誰もが人権の考
え方を尊重するようになれば，人権が私たちの日常
生活の中に「文化」として定着し，豊かで暮らしやす
い社会が実現するのではないでしょうか。
　　　　　（人権教育啓発推進センター HPより）

人権課題の一例

人権課題の一例
①女性の人権
②子どもの人権
③高齢者の人権
④障がい者の人権
⑤同和問題
⑥外国人の人権
⑦HIV感染者・ハンセン病患者等の人権
⑧アイヌの人々の人権
⑨刑を終えて出所した人の人権
⑩犯罪被害者の人権
⑪インターネットによる人権侵害

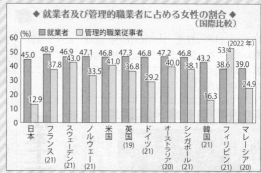

◆ 就業者及び管理的職業者に占める女性の割合 ◆（国際比較）（2022年）

就業者：日本45.0 フランス48.9 スウェーデン46.9 ノルウェー47.1 米国46.8 英国47.3 ドイツ46.8 オーストラリア47.2 シンガポール46.8 韓国43.2 フィリピン53.4 マレーシア39.0

管理的職業従事者：日本12.9 フランス37.8 スウェーデン43.0 ノルウェー33.5 米国41.0 英国36.8 ドイツ29.2 オーストラリア40.0 シンガポール38.1 韓国16.3 フィリピン38.6 マレーシア24.9

日本(21) フランス(21) スウェーデン(21) ノルウェー(21) 米国(21) 英国(19) ドイツ(21) オーストラリア(20) シンガポール(21) 韓国(21) フィリピン(21) マレーシア(20)

働く環境の中で，日本の女性の地位について他国と比べてみよう。

◆ 外国人労働者相談コーナー等における相談状況 ◆
平成21年1月～12月　該当局計

区分 相談者	相談者数	相談内容（相談件数）							
		合計	賃金	解雇その他契約一般	労災請求	労働時間	研修・技能実習制度	安全衛生	その他
外国人労働者	16,967	20,897	5,395	4,581	1,358	1,075	301	46	8,141
使用者等	485	533	79	67	19	4	34	0	330
合　計	17,452	21,430	5,474	4,648	1,377	1,079	335	46	8,471

（注）1人の相談者から複数内容の相談があった場合，それぞれを1件としている。

日本における外国人労働者の就業環境について，この表を読み
取ってみよう。

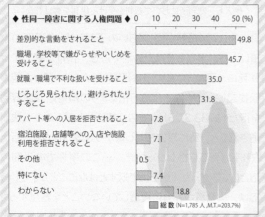

◆ 性同一障害に関する人権問題 ◆

	(%)
差別的な言動をされること	49.8
職場，学校等で嫌がらせやいじめを受けること	45.7
就職・職場で不利な扱いを受けること	35.0
じろじろ見られたり，避けられたりすること	31.8
アパート等への入居を拒否されること	7.8
宿泊施設，店舗等への入店や施設利用を拒否されること	7.1
その他	0.5
特にない	7.4
わからない	18.8

総数（N=1,785人，M.T.=203.7%）

（2017年10月，内閣府調査）

Think

人権が尊重され，守られて
いく社会にしていくために
は，どのような方策がある
だろうか。

1 プライバシーの権利

—「石に泳ぐ魚」出版差し止め訴訟—

事件の概要	芥川賞作家の柳美里（ユウ ミリ）さんが月刊誌に発表したデビュー小説「石に泳ぐ魚」をめぐり，知人の女性が，登場人物のモデルとして，顔の障害や身内の逮捕歴等を公表され，プライバシーの権利が侵害されたとして，柳さんと出版社を訴えた。
争点	プライバシーの権利の侵害にあたるか。表現の自由との関係はどうか。
判決	**最高裁判決（2002.9.24）** 小説の発表により，公的立場にない女性の名誉，プライバシー，名誉感情が侵害された。小説が出版されれば，女性の精神的苦痛が増加し，重大で回復困難な損害を被らせる恐れがあるとして，単行本化や戯曲・映画化等の差し止めと，総額130万円の慰謝料の支払いを認めた東京高裁判決（2001.2.15）を支持した。

|解説| 最高裁が，人格権に基づいて，小説の出版差し止めを初めて認めた判決である。表現の自由に基づき書かれた，芸術性・文学性が高い作品でも，個人の人格的尊厳を侵してはならない。

地裁レベルで初めてプライバシーの権利を認めた「宴のあと」（三島由紀夫の小説）事件（東京地裁1964.9.28.）では，プライバシーの権利を「私生活をみだりに公開されないという法的保障」ととらえていた。

「宴のあと」 政治家と料亭の女将との出会いから破局までの実際を題材にしたモデル小説。これに対して政治家はプライバシーの侵害を理由に謝罪広告と損害賠償を請求し提訴した。

2 個人情報保護法

「行政機関の保有する情報の公開に関する法律」（2001年4月施行）未成年者でも，外国人でも行政機関が保有する情報の開示請求を認めている。国民が能動的に情報を得ることが可能になり，政府の説明義務（アカウンタビリティ）がより果たされるといえる。

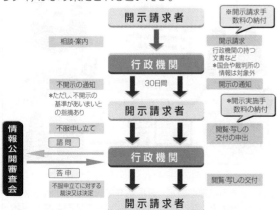

|解説| 情報公開制度はこれまで地方公共団体が先行しており，1998年にはすべての都道府県と政令指定都市で情報公開条例が制定されていた。情報公開法には「知る権利」が明記されていない。

3 知る権利—情報公開（開示）請求権—

ケース1 まったく心当たりのないDMが届いたら…

ケース2 行政機関が持つ情報を確認するには…

*市民から行政の決定に対して不服申し立てがあった時

（『朝日新聞』2003.5.24）

|解説| 行政機関の保有する電子計算機処理に係わる個人情報保護法（1988年制定）により，公務員の個人情報の不正利用や漏えいについては罰則があったが，民間企業は規制されていなかった。2003年に，個人情報を取り扱う民間企業も規制する個人情報保護法が成立した。マイナンバーの適用に際して法改正され，個人情報保護委員会が2016年1月より設置された。

住民基本台帳ネットワークシステム

2002年から始まった，国民の基本4情報（氏名・生年月日・性別・住所）に11桁の番号を割り当て，オンラインで一元管理する仕組みが住基ネットである。マイナンバーが施行されても併存することになっている。

|解説| パスポートの発給や年金受給などの本人確認事務等に利用されている。ネット犯罪が多発する中，プライバシーの侵害の恐れがあるとして，接続を拒否していた自治体もある。

マイナンバー法の成立（2013年5月24日）

平成25（2013）年，第2次安倍内閣において「行政手続における特定の個人を識別するための番号の利用等に関する法律（マイナンバー法）」が成立した。同法では12ケタの個人番号の名称を「マイナンバー」とし，2015年秋から，全国民，法人及び長期滞在の外国人に番号を付与し，氏名・住所・生年月日・性別・マイナンバーを記載したカードを発行すること，平成28（2016）年から，社会保障・税・災害対策の行政手続きで，利用されることになった。また，改正法の成立で，2018年から預金口座にも番号を適用することが可能となった。2021年3月からはマイナンバーカードを健康保険に適用できるなど，コスト削減や不公平の是正が期待される一方，個人情報漏えいや番号の不正取得などが懸念されている。

4 知る権利－外務省公電漏えい事件－

事件の概要	沖縄返還交渉に関する極秘電信文の内容が、衆議院予算委員会で暴露されたことから、電信文を漏らした事務官とそれを入手した新聞記者が秘密漏えいの罪で起訴された。
判決	**最高裁判決（1978.5.31）** 真に報道の目的であり、手段・方法が相当であれば、正当な業務行為であり、報道のための取材の自由も十分尊重に値する。しかし、本件の取材行為は不相応なもので違法である。 （事務官も新聞記者も有罪）

|解説| 最高裁は、国民の知る権利に奉仕する報道・取材の自由は尊重すべきとしたが、一方で保護されるべき秘密文書があることを認め、報道の自由の限界を示した。

5 アクセス権－サンケイ新聞事件－

事件の概要	自由民主党がサンケイ新聞に、共産党を批判する意見広告を出したことに対して、共産党が新聞社に、無料で同一スペースの反論文の掲載を求めた。
争点	憲法第21条に基づく反論権は認められるかどうかが争点となった。
判決	**最高裁判決（1987.4.24）** 反論権の制度は確かに、名誉やプライバシーの保護に資するものがある。しかし一方、民主主義社会において極めて重要な新聞等の表現の自由に対し重大な影響を及ぼす。具体的な成文法なく、反論文掲載請求権を認めることはできない。

|解説| マスメディアへのアクセス権の一つである反論権について、最高裁は法律がないので、認められないとした。

6 忘れられる権利

　自分の名前で検索すると表示される、過去の逮捕に関する記事の削除を求めて、2017年、埼玉県の男性がグーグルを訴えた事件で、最高裁は検索結果自体を「表現」ととらえ、検索サービスには「今の社会で重要な役割がある」とした。そして「検索サービスの役割と、プライバシーを比べてみて、プライバシーを守ることの方が、明らかに大事な場合」削除できる、という考え方を示した。

今回の裁判では、男性が犯した罪が児童買春であり、最高裁は「社会的に強い非難の対象」とし、検索結果は「削除できない」とした。「忘れられる権利」という表現はしなかったが、ネット上の個人情報の削除について、一つの指針となっている。

考慮するべき要素
❶ 書かれた事実の性質や内容
❷ 公表されることによる被害の程度
❸ その人の社会的地位や影響力
❹ 記事などの目的や意義
❺ 掲載時の社会的状況とその後の変化
❻ 記事などでその事実を書く必要性

|解説| 忘れられる権利の意味
「忘れられる権利」とは、いつまでもインターネット上に残っている個人情報を、個人の意思で削除することができる権利をいう。2011年、フランスの女性が、自分の名前で検索すると30万を超えるサイトに過去の自分の映像が出てくることから、検索大手のグーグルに対し削除を求める訴訟を起こした。原告が勝訴したことで注目されるようになり、その後、2016年にEUデータ保護規則では「削除権（消去権）」として保障されている。一方で、知る権利や表現の自由を侵害すると主張する声もある。

Column 特定秘密保護法の概要

　特定秘密保護法とは　日本の安全保障に関して、国が特に秘密が必要な機密情報（①防衛、②外交、③スパイ活動防止、④テロ防止に関する情報）を閣僚らが「特定秘密」として指定し、これを漏えいした公務員らに10年以下の懲役など厳罰を科すもの。特定秘密として指定したものは5年間で更新することができる。上限は60年間。ただし例外規定が設けられるので、機密が永久に開示されない恐れもある。

　この法律の特徴は、罰則規定が厳しくなっていることだ。公務員でも民間でも特定秘密を漏した人には、最高で懲役10年および1000万円以下の罰金が科せられる。現行の国家公務員法の守秘義務違反は懲役1年以下、自衛隊法違反でも懲役5年以下である。また、新聞記者や市民団体のメンバー、フリーライターなどが機密情報を入手しても、漏えいをそそのかしたとみなされた場合は最高で懲役5年が適用される。例えば、家庭での特定秘密に関わる会話を、その後、誰かに話したとすると、それでも家宅捜索が実行される可能性がある。

　国民の知る権利と国家機密の保護については、主要各国にも対応する法制度があるが、日本とは異なり、第三者機関が政府の機密管理を監視している。日本では「原則60年

以内」とする指定期間も、最長25年で自動解除される米国（スパイ防止法）などに比べても長い（イギリスは20年、ドイツは30年）。

（『東京新聞』2013.11.22、共同通信配信2014.10.14など）

7 環境権ー大阪空港公害訴訟ー

事件の概要	 大阪空港付近の住宅（大阪府豊中市，1990年ごろ） 大阪国際空港の離発着コース直下の住民らが，航空機の騒音・振動・排気ガスによって被害を受けたとして，国に対し，夜間（午後9時から翌朝7時まで）の空港使用の差し止めと，過去及び将来の損害賠償を求めた。
争点	公共性ないし公益上の必要性のある事業の差し止めは認められるか。
判決	① **大阪地裁判決（1974.2.27）** 　人格権にもとづき，午後10時から翌朝7時までの差し止め請求を認めた。また，過去の損害賠償を認めた。 ② **大阪高裁判決（1975.11.27）** 　「個人の生命，身体，精神および生活に関する利益は，各人の人格に本質的なものであって，その総体を人格権という」と述べ，人格権に基づく差し止め請求を認めた。午後9時以降の飛行機の発着禁止を含む住民らの請求を全面的に認めるものだった。 ③ **最高裁判決（1981.12.16）** 　住民らの差し止め請求は「不可避的に航空行政権の行使の取消変更ないしその発動を求める請求を包含することとなる」ため不適法とし，夜間の飛行差し止めを認めない逆転判決だった。住民らには過去の損害賠償は認めた。

|解説| 大阪空港公害訴訟の意義

この裁判は，騒音公害裁判の先例となった。その後の，名古屋新幹線訴訟（名古屋高裁1985年），厚木基地訴訟（最高裁1993年），横田基地訴訟（1993年），新横田基地訴訟（2002年）などでも，過去の損害賠償は認めるが，将来分は認めず，差し止め請求は退ける結果となっている。また，これまで環境権そのものを認めた最高裁判決はない。

■国立マンション訴訟

事件の概要	東京都国立市の大学通りに建設中の14階建てのマンション（高さ最高点43.65m）に対して，周辺住民らが景観保護のため，上層部の撤去と慰謝料を求めた。
争点	景観利益は保護されるものか。
判決	**最高裁判決（2006.3.30）** 　良好な景観に近接する地域内に居住する者が有する景観の恵沢を享受する利益は法律上保護に値する。 　本件のマンションの建設は景観利益を違法に侵害する行為には当たらない。

8 環境権　ー嫌煙権ー

「たばこの煙は健康にも悪いし，嫌だ！」そう思った人々が公共の空間における喫煙の制限を求めているのが**嫌煙権**である。日本では，1978年に新幹線ひかりに禁煙車両を求める署名運動が起こり，注目されるようになった。2003年5月からは**健康増進法**が施行され，官公庁やデパート，駅などでは全面禁煙が進められている。また，2018年7月に同法は改正され，望まない受動喫煙を防止するためのルールができた。2003年，WHO総会で，**たばこ規制枠組み条約**が採択された（2005年2月発効，2020年6月現在 締約国182）。この条約は，健康危害の警告表示を包装面の30％以上とすること，5年以内にたばこ広告を禁止すること，未成年者が自動販売機から入手できないようにすることなどを盛り込んでいる。

法的主体

|解説| 2002年10月に，東京都千代田区の生活環境条例が，全国ではじめて路上禁煙地区での歩きたばこ・ポイ捨てを禁止し，違反者には2万円以下の過料を定めた。
千代田区の路上喫煙禁止のマーク（右）

健康増進法で決められたルール

多くの施設において屋内が原則禁煙に	20歳未満の方は喫煙エリアへ立入禁止に	屋内での喫煙には喫煙室の設置が必要に

（2020年4月1日より改正健康増進法が施行）

■鞆の浦景観訴訟

|解説| 広島県鞆の浦（写真）では，歴史的景観保全を主張する住民らによる埋め立て工事差し止め請求が，2009年，広島地裁で認められた。広島県は判決を不服として控訴していたが，2012年には最終的に，架橋工事を撤回し終結した。行政に差し止めを命じたという判決は全国初。

9 自己決定権

法も公認、同性結婚式！ ■オランダ

オランダで世界初の同性間の結婚を認める法律が発効した1日、アムステルダムで4組のカップルが挙式した。市議会の本会議場で愛の誓いをかわしたあと、みんなでウエディングケーキに入刀した＝写真、ロイター。

（『朝日新聞』2001.4.2）

|解説| 憲法13条を根拠に主張されているものに、自己決定権がある。自分の生命や身体のことを自分で決めていいのだろうか。家族を持つ権利は？ 子どもを持つ権利は？ これらは、生命科学の進歩が著しい現在、大きな問題となっている。また、もっと身近な所では、髪型や服装などのライフスタイルに関する決定も含まれるという考えもある。

10 性的少数者の権利

レインボーフラッグを掲げるデモ参加者

　LGBT（レズビアン、ゲイ、バイセクシュアル、トランスジェンダー）の権利（→p.100）が注目される出来事が続いている。2015年5月には、アイルランドで国民投票をへて、「婚姻は性別を問わない2人による」との文言が憲法に明記されることとなった。6月には、アメリカ連邦最高裁判所が、全州で同性婚を認める（それまで13州で禁止していた）判断をし、注目された。このように、2001年以降、同性婚を認める国は増え、36か国超となっている（2023年2月現在）。

　日本では法的には認められていないものの、147の自治体（2021年12月末現在）が同性カップルに対して証明書を発行し、「婚姻に相当する関係」であると認める条例を制定、施行している。これを受け、携帯電話などで家族割引が適用されたり、一部企業で家族手当が支給されたりしている。また、日本で戸籍上の性別を変更するには生殖能力をなくす手術を受ける必要がある、とする法律の規定があるが、最高裁判所大法廷は「憲法違反だ」という決定を出した（2023年10月）。

11 外国人の地方参政権

先進諸国における外国人の地方参政権

（定住型）永住または一定期間の定住を条件	
スウェーデン、デンマーク、フィンランド、オランダ、アイルランド、リトアニア、スロバキア、ノルウェー、アイスランド、（ロシア、イスラエル）	選挙権と被選挙権
ベルギー、ルクセンブルク、エストニア、スロベニア、ハンガリー	被選挙権はEU市民のみ
ニュージーランド、（韓国）	被選挙権は国民のみ
スイス、アメリカ、オーストラリア	一部の州や自治体
（互恵型）お互いの国だけで認め合う	
ドイツ、フランス、イタリア、ギリシア、オーストリア、キプロス、チェコ、ラトビア、ポーランド、ブルガリア、ルーマニア、スペイン、ポルトガル	
（伝統型）旧植民地出身者にも認める	
イギリス、マルタ	EU市民と一部の旧植民地
カナダ	一部の州

赤字：永住外国人にも認める　緑字：EU市民に限り認める（EUは域内で相互に地方参政権を認める条約がある）
青字：EU市民＋αに認める

（外国人参政権.com実行委員会　ホームページ）

|解説| 外国人の地方参政権の是非
国籍にもとづく国政参政権に対し、居住にもとづく地方参政権は、「国民」ではないが「住民」ではある在留外国人にも認めることが可能であり、資料にあるように先進国ではほとんどの国で認められている。そんな中、日本では最高裁判所が1995年の判決の中で、法律をもって付与することは憲法上禁止されているものではない、と判示したが、まったく認めていない状況が続いている。

Column 後絶たぬ「外国人お断り」

●日本で暮らす外国人に対する差別の例
・アパートの賃貸契約や入居を拒否される
・子どもが学校で「ガイジン」と呼ばれていじめられる・電車やバスで隣り合った日本人が、自分を避けるように離れていく
・たびたび警察官に職務質問されては、不法滞在の嫌疑をかけられる

●国籍や民族、肌の色による差別をなくすため、海外ではこんな工夫が…
・外国人差別防止や人権養護教育などを盛り込んだ「外国人処遇基本法」を制定し、「不合理な差別などを防ぐ措置への努力」を国や自治体に求めている（韓国）
・人権平等委員会が寄せられた訴えを調査し、差別を確認すれば話し合いを提案。それでも解決しなければ改善命令を出し、裁判になれば訴訟費用の支援や証拠の提供もする（イギリス）　（『朝日新聞』2008.10.5）

法的主体

「女性の権利」について考えてみよう

男女共同参画社会の実現が21世紀の最重要課題と言われている今,女性の権利について考えてみよう。

●女性の働きやすい,暮らしやすい社会へ

女子差別撤廃条約(1979年採択)批准のため

・国籍法の改正(1985年施行)

　　父系主義　→　父母両系主義

・男女雇用機会均等法(1986年施行)

　　定年・解雇等の差別禁止

・高校家庭科の男女共修(1994年実施)

女性の社会進出の進行により

・育児休業法(1992年施行)

　　→育児・介護休業法の完全実施へ(1999年)

　　1歳(半)未満の子の育児のための休暇(男女労働者)

　　要介護家族の介護のための休暇(男女労働者)

・男女雇用機会均等法・労働基準法の改正(1997年)

　　募集・採用・配置・昇進での差別禁止

　　女性の深夜労働の禁止規定の削除

・男女雇用機会均等法改正(2006年)

育児・介護休業法の改正 (2005年, 2010年施行)

・男女共同参画社会基本法(1999年)

　　「男女が,互いにその人権を尊重しつつ責任も分かち合い,性別にかかわりなく,その個性と能力を十分に発揮することができる社会」その実現のための施策の策定と実施は国の責務とし,内閣府に男女共同参画会議が置かれた。

|解説| 厚生労働省は,2002年,固定的な性別による役割分担意識にもとづく男女労働者間の事実上の格差解消のための企業の積極的な取り組み(ポジティブ・アクション)が,女性の能力を最大限生かすためには不可欠であるとする提言を発表した。

女性の働きやすい,暮らしやすい社会へ

(1)セクシュアル-ハラスメント(性的嫌がらせ)の禁止

改正男女雇用機会均等法に,事業主のセクハラ防止義務が盛り込まれた(1999年施行)。セクハラには,働きづらくさせる環境型と,職場の地位の上下関係を利用した対価型がある。2019年5月には女性活躍・ハラスメント規制法が成立。パワハラ・セクハラ・マタハラを「行ってはならない」と明記した。

(2)ストーカー規制法(2000年施行,2021年改正)

https://www.npa.go.jp/cafe-mizen/index.html

(3) DV防止法 (2001年施行,最終改正2023年)

「配偶者からの暴力の防止及び被害者の保護に関する法律」

配偶者からの暴力(精神的暴力,性的暴力を含む)や脅迫で生命・身体が危険

↓

配偶者暴力相談支援センター等　または警察へ通報(発見者・医師など)

被害者の申し立て

↓

被害者の保護命令

(配偶者・元配偶者・同居あるいは元同居の交際相手につきまといや電話,メールを禁じる,住居から退去させる)

被害者の子への接近禁止命令(1年間)

↓ （＊2019年の改正で児童虐待と関連するDV被害者の適切な保護が明記された。）

禁止命令違反・・・1年以下の懲役

|解説| DV防止法の意義

その保護対象者は女性に限らない。しかし,女性の被害者が多いのはなぜか。内閣府男女共同参画局は,「民間企業で働く女性の約2/3が年収300万円以下」「家事・子育て・介護が女性の役割とされ,仕事と家庭の両立が困難」という状況が,女性が家庭内暴力から逃れ,安全に暮らすことを困難にしているとしている。

「女性に対する暴力をなくす運動ポスター(男女共同参画局)」

●リプロダクティブ・ヘルス／ライツ (性と生殖に関する権利)

・子どもを産むか産まないか／いつ,何人産むか

1994年のカイロ国際人口会議では,人口の安定化と持続可能な開発のために,すべての女性個人とカップルがこのことを決定できるとした。妊娠・出産等に関する自己決定権と考えられる。発展途上地域では女性の地位向上の観点から主張されるのに対し,先進国では生殖補助医療が進歩しており,女性の権利としての側面もある。

Column 家族のあり方と女性

家族のあり方をめぐる二つの訴訟,民法における「夫婦同氏」の規定(第750条「夫婦は,婚姻の際に定めるところに従い,夫又は妻の氏を称する」)と,女性のみに「再婚禁止期間」を定めた規定(第733条1項「女は,前婚の解消又は取消しの日から六箇月を経過した後でなければ,再婚をすることができない」)が憲法に反するかどうかが争われている。2015年の訴訟で最高裁は,女性だけ6か月間の再婚禁止期間を定めた規定は,100日を超える部分を「違憲」とした。これを受けて,2016年に民法が改正され,女性の再婚禁止期間は100日に短縮された。さらに2024年施行の改正民法で廃止に至った。夫婦同氏制度も,国際的には廃止されてきている。

導入の**Quest**

メイン クエスト **MainQuest**

「日本国憲法第9条」にノーベル平和賞を授与しよう
という動きがある。これについて考えてみよう！

ノーベル賞の種類と基準

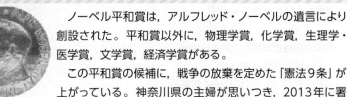

賞の名前、下段が選考組織	対象となる人（経済学賞を除いてノーベルの遺言に基づく）
生理学・医学賞 カロリンスカ研究所	生理学および医学の分野で最も重要な発見をした人
物理学賞 スウェーデン王立科学アカデミー	物理学の分野で最も重要な発見あるいは発明をした人
化学賞 同	化学の分野で最も重要な発見あるいは改良をした人
文学賞 スウェーデンアカデミー	文学の分野で理想主義的な傾向の最も優れた作品を創作した人
平和賞 ノルウェー・ノーベル賞委員会	国家間の友好，常備軍の廃止または削減，および平和会議の開催や振興のために最大または最善の仕事をした人
経済学賞 スウェーデン王立科学アカデミー	経済学上の優れた理論を作り出した人

ノーベル平和賞は，アルフレッド・ノーベルの遺言により創設された。平和賞以外に，物理学賞，化学賞，生理学・医学賞，文学賞，経済学賞がある。

この平和賞の候補に，戦争の放棄を定めた「憲法9条」が上がっている。神奈川県の主婦が思いつき，2013年に署名を呼びかけたことに端を発し，大学教授などが推薦した。平和賞の選考は，ノルウェーが国際紛争解決の仲介に積極的だったことから，ノルウェー国会の任命したノーベル賞委員会が決めている。この委員会が推薦を受理したのが2014年であり，以後，毎年推薦している。現在は，「憲法9条にノーベル平和賞を」実行委員会（事務局・神奈川県）が中心となり，活動をしている。一方で，2015年には，集団的自衛権の行使を容認する安全保障関連法案が成立するなど憲法9条の平和主義をめぐる状況は激変している。憲法9条の他にも，被爆者らでつくる日本原水爆被害者団体協議会（日本被団協）も平和賞の候補となっている。戦争の放棄や核兵器の問題など，日本だからこそ世界に訴えられることがある。

（『朝日新聞』2016.10.8 などより）

サブ クエスト **SubQuest**

なぜ日本国憲法に「第9条」が盛り込まれたのか，次の資料から考えてみよう。

「あたらしい憲法のはなし」

いまやっと戦争はおわりました。二度とこんなおそろしい，かなしい思いをしたくないと思いませんか。…

そこでこんどの憲法では，日本の国が，けっして二度と戦争をしないように，二つのことをきめました。その一つは，兵隊も軍艦も飛行機も，およそ戦争をするためのものは，いっさいもたないということです。これからさき日本には，陸軍も海軍も空軍もないのです。これを戦力の放棄といいます。「放棄」とは「すててしまう」ということです。しかしみなさんは，けっして心ぼそく思うことはありません。日本は正しいことを，ほかの国よりさきに行ったのです。世の中に，正しいことぐらい強いものはありません。

もう一つは，よその国と争いごとがおこったとき，けっして戦争によって，相手をまかして，じぶんのいいぶんをとおそうとしないということをきめたのです。…これを戦争の放棄というのです。

サブ クエスト **SubQuest**

平和主義を訴える他の国の憲法と，「第9条」の違いはあるだろうか。

ドイツ共和国基本法（1949）第26条①
諸国民の平和的共同生活を妨げ，特に侵略戦争の遂行を準備するのに役立ち，かつ，そのような意図をもってなされる行為は違憲である。このような行為は，これを処罰するものとする。　＊侵略戦争のみの放棄を規定

コスタリカ共和国憲法（1949）第12条
①常設制度としての軍隊は廃棄される。警備及び公共秩序の維持のために必要な警察隊が設置される。
②大陸協定によるか，もしくは国の防衛のためにのみ，軍隊を組織できる。いずれの場合も，軍隊は文民の権力に服する。

＊大陸協定によれば軍隊はもてるのだが，すでに50年以上も軍隊を設置していない国として，注目されている。

解説 憲法比較から考える
日本国憲法第9条は，その第1項で「国際紛争を解決する手段」である侵略戦争を禁止している。また第2項で戦力の放棄と交戦権を否認していることから，自衛戦争をも禁止していると，多くの憲法学者は解釈している。諸外国にも，平和に関連する規定がある憲法をもつ国は120か国以上ある（西修『日本国憲法を考える』による）が，日本ほど徹底した規定をもつ国はほかにない。

法的主体

1 憲法第９条の政府解釈の変化

西暦	憲法第９条に関する出来事	政府の解釈
1945	・ポツダム宣言	
1950	・朝鮮戦争勃発　・警察予備隊発足	**吉田首相の衆議院答弁（1946）** 戦争放棄に関する憲法草案の規定は，直接には自衛権を否定してはおりませぬが，第９条第２項に於いて一切の軍備と国の交戦権を認めない結果，自衛権の発動としての戦争も，また交戦権も，放棄したものであります。
1951	・サンフランシスコ平和（対日講話）条約調印　・日米安全保障条約締結	
1952	・警察予備隊を保安隊へ改組	
1954	・日米相互防衛援助（MSA）協定締結　・防衛庁設置　・自衛隊発足	**自衛権についての政府統一見解（1954）　吉田茂首相** 第９条は，独立国としてわが国が自衛権を持つことを認めている。したがって自衛隊のような自衛のための任務を有し，かつその目的のため必要相当な範囲の実力部隊を設けることは，なんら憲法に違反するものではない。
1957	・国防の基本方針を閣議決定	
1960	・日米安全保障条約改定（新日米安全保障条約）	
1965	・アメリカ，ベトナム戦争本格介入	
1971	・非核三原則を国会決議	
1976	・防衛費のGDP1%枠を閣議決定	**「戦力」に関する政府統一見解（1972）　田中角栄首相** 戦力とは文字通り戦う力である。憲法第９条第２項が保持を禁止しているのは，自衛のための必要最小限度を超えるものである。
1987	・防衛費，GDP1%枠を外し，総額明示方式に	
1989	・冷戦終結（マルタ会談）	
1991	・湾岸戦争→自衛隊の掃海艇をペルシャ湾へ	
1992	・PKO協力法制定→自衛隊をカンボジアへ	**集団自衛権に関する政府見解（2001）　小泉純一郎首相** 我が国が国際法上集団的自衛権を有していることは，主権国家である以上当然であるが，集団的自衛権を行使することは，憲法第９条の下において許容されている範囲を超えるもので許されない。
1995	・新防衛計画の大綱を閣議決定	
1997	・新ガイドライン（日米貿易協力のための指針）策定	
1999	・周辺事態法などガイドライン関連法制定	
2001	・同時多発テロ　・テロ対策法制定	**集団的自衛権と憲法についての政府見解（2006）安倍晋三首相** 日米同盟がより効果的に機能し，平和が維持されるようにするため，いかなる場合が憲法で禁止されている集団自衛権の行使に該当するのか，個別具体的な例に即し，よく研究していく。
2003	・米英，イラク攻撃　・有事関連３法制定　・イラク復興支援特別措置法制定	
2004	・自衛隊のイラク派遣（多国籍軍への参加）　・有事関連７法制定	
2007	・防衛庁が防衛省に格上げ	
2008	・補給支援特別措置法制定	**集団的自衛権も行使可能（安倍内閣閣議決定2014.7）　安倍晋三首相** わが国と密接な関係がある他国に対する武力攻撃が発生し，これによりわが国の存立が脅かされ，国民の生命，自由及び幸福追求の権利が根底から覆される明白な危険がある場合，集団的自衛権の行使が認められる。
2009	・海賊対処法制定	
2014	・防衛装備移転三原則を策定　・集団的自衛権の行使容認を閣議決定	
2015	・新ガイドライン，安全保障関連法制定	

法的主体

解説 憲法第9条の解釈（自衛隊の存在）には，どのような変遷があったのだろうか?

　憲法第9条の解釈の中心は「戦力」の概念である。政府解釈は①自衛力とは「自衛のための必要最小限度の実力」で，②自衛力の行使は，防衛目的に限られ，実力の限界は国際情勢や軍事技術の進歩で流動するので，具体的に示すことはできず，③自衛隊は国会が制定した自衛隊法に基づいて設置したので合憲だ，というものである。政府は，次第に憲法の条文とは関係のない「自衛のため」という言葉を使って，自衛隊を合憲化していった（解釈改憲）。また法改正などで自衛隊の行動範囲が広げられただけでなく，2014年には閣議決定で集団的自衛権の行使が可能になるなど，新しい「**解釈改憲**」がなされている。

2 憲法第９条をめぐる裁判

	事件の概要	判決要旨	解　説
砂川事件	1957年，東京都砂川町（現在の立川市）で米軍の使用する立川飛行場の拡張に反対する学生，労働者が，政府の測量に反対してデモを実施。立ち入り禁止区域内に立ち入ったため，日米安保条約３条に基づく行政協定にともなう刑事特別法２条違反で起訴。	■東京地裁（「伊達判決」）1959.3.30 ＜一部無罪＞ 　米軍の駐留は違憲で，被告人は無罪である。 　米駐留軍は，憲法第９条２項によって保持を禁じられた戦力に該当する。 ■最高裁（跳躍上告）1959.12.16 ＜破棄差戻し＞ 　**憲法が禁止している戦力は，わが国が指揮権，管理権を行使しうる戦力で，外国の軍隊は該当しない。** 　安全保障条約は，高度の政治性を有し，司法裁判所の審査には原則としてなじまない。	最高裁判所は，わが国の固有の権能として自衛権を認めたうえで，在日米軍は憲法が禁じる戦力にあたらないとした。日米安保条約については，**統治行為論**を採用し，「一見極めて明白に違憲無効であると認められない限りは，裁判所の司法審査権の範囲外」として，憲法判断を避けた。 立川基地拡張の中止を訴える地元砂川町の女性たち（1957年）
長沼ナイキ基地訴訟	1968年，北海道夕張郡長沼町の馬追山に，航空自衛隊の地対空ミサイル（ナイキ）基地を建設するため，防衛庁（当時）が求めた「水源涵養保安林の指定」の解除を認めたことに，地元の住民らが処分の取消を求めて訴訟を提起。	■札幌地裁（「福島判決」）1973.9.7 ＜原告勝訴＞ 　**自衛隊は規模・装備・能力の点からも，憲法第９条に違反している。**よって，「保安林解除処分」は「公益上の理由」を欠き違法である。 ■札幌高裁　1976.8.5　＜原告敗訴＞ 　引水施設などの代替施設の完成により，原告住民の不利益は解消し，訴えの利益は消滅した。自衛隊は，一見明白に侵略的とはいえず，**統治行為に属し司法審査の対象とはならない。** ■最高裁　1982.9.9　＜原告の上告棄却＞	自衛隊の合憲，違憲について，最高裁判所は，憲法判断を回避した。 　また，第一審では，平和的生存権を認めたのに対し，控訴審では，「裁判規範として，なんら現実的，個別的内容をもつものとして具体化されているものではない」と，認めなかった。
百里基地訴訟	1958年，茨城県の航空自衛隊百里基地の建設をめぐり，土地所有権を国と基地反対派の住民が争って訴えた民事裁判。反対派の住民は，憲法第９条違反，平和的生存権侵害の土地売買の行為は無効であると主張。	■水戸地裁　1977.2.17 ＜国側勝訴＞ 　自衛隊は規模・編成から見て明らかに違憲とはいえない。国の行為は，土地売買という私的行為で，自衛隊が合憲・違憲かは無関係。 ■東京高裁　1981.7.7　＜控訴棄却＞ ■最高裁　1989.6.20　＜上告棄却＞ 　**憲法第９条は，本件のような私法上の行為には直接適用されない。**	この裁判は，31年間という長期裁判であることと，自衛隊の合憲，違憲論を初めて正面から最高裁に持ち込んだ点で注目された。しかし，最高裁は，自衛隊の合憲性についての憲法判断を回避した。

解説 憲法第9条をめぐる司法判断

　牧場経営者が陸自の射撃演習を中止させようと通信連絡線を切断した恵庭事件では，札幌地裁は憲法判断を行わなかった（1967年）。このように，裁判所の憲法判断回避の傾向は定着したと言える。その背景には，国民の間にも自衛隊の存在が既成事実として定着してきたこともあるが，自衛隊の規模が拡大してきており，もし裁判所が自衛隊の違憲判決を下した場合，予想される混乱（例えば，自衛官約23万人が職を失う）が自衛隊発足時とは比べられないほど大きくなり，司法判断しにくい構造がある。そうしたなか，2008年のイラク特措法に基づく航空自衛隊のバグダッドへの空輸活動は，憲法第9条1項に違反するとの判断が名古屋高等裁判所であった。

3 集団的自衛権

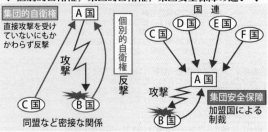

◆ 個別的自衛権，集団的自衛権，集団安全保障の違い ◆

解説 個別的自衛権と集団的自衛権の違いを確認してみよう

個別的自衛権とは，自国が他国から攻撃されたとき，自分の国を守る権利。集団的自衛権とは，自国が直接攻撃を受けていなくても，同盟国など密接な関係のある国が攻撃を受けた場合，自国が攻撃されたとみなして共に反撃する権利。

4 自衛隊の任務と活動　自衛隊法

自衛隊の任務に関する概念図

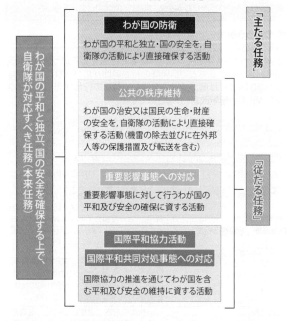

解説 自衛隊法に基づく自衛隊の仕事とはどんなものだろう。

自衛隊の任務は，自衛隊法3条の規定により，「主たる任務」と「従たる任務」に分けられている。「主たる任務」とはわが国を防衛するために行う防衛出動である。「従たる任務」には，「必要に応じ，公共の秩序の維持に当たる」ためのものと，「主たる任務の遂行に支障を生じない限度」において，「別に法律で定めるところにより」実施するもの（いわゆる第2項の「従たる任務」）の2つがある。「公共の秩序に関わる」案件が警察機関のみでは対処困難な場合に自衛隊が対応する任務である治安出動や海上における警備行動のほか，弾道ミサイル等に対する破壊措置，領空侵犯に対する措置など。

　別法による活動として重要影響事態に対応して行う活動（後方支援活動），国際平和協力活動（国際平和協力業務や国際緊急援助活動），国際平和共同対処事態に対応して行う活動（協力支援活動等）がある。

5 自衛隊の任務と活動　平和安全法制

（『朝日新聞』2015.7.17による）

解説 自衛隊の実際の仕事を確認してみよう

2015年9月，自衛隊法などの10法を一括改正する「平和安全法制整備法」と他国軍の後方支援を随時可能にする「国際平和支援法」が成立した。2014年，政府が憲法解釈を変更する閣議決定を行い，集団的自衛権の行使を容認する憲法解釈の変更をしたことをふまえた改正である。これにより，日本が武力攻撃されていなくても，密接な関係にある国が攻撃を受けた場合で，存立危機事態の際，必要最小限度の武力行使ができることとなる。また，自衛隊の活動範囲も広がり，米軍など他国軍への後方支援（たとえば空中給油や弾薬提供など）が，日本周辺に限らず可能になる。

6 自衛隊・防衛問題に関する世論調査

自衛隊に期待する役割

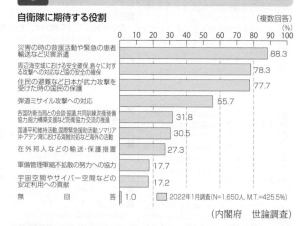

（複数回答）

（内閣府　世論調査）

解説 国民は自衛隊の存在にどんなことを期待しているのだろうか？

災害派遣活動と国の安全確保について期待すると回答した割合は，2015年・18年の調査に引き続いて高い数値となった。実際，東日本大震災では，1年間で延べ1074万人が人命救助，輸送支援，生活支援，原発への放水などを行っている。近年頻発している自然災害（地震や台風，洪水被害など）に対しても，延べ100万人規模での災害復旧活動が行われている。

7 シビリアン-コントロール（文民統制）

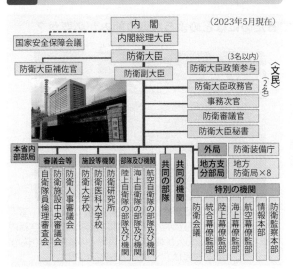

（2023年5月現在）

組織図：
- 内閣
  - 国家安全保障会議
  - 内閣総理大臣
    - 防衛大臣
      - 防衛大臣補佐官
      - 防衛副大臣
      - 防衛大臣政策参与（3名以内）〈文民〉
      - 防衛大臣政務官（2名）
      - 事務次官
      - 防衛審議官
      - 防衛大臣秘書官
    - 本省内部部局
      - 審議会等
        - 自衛隊員倫理審査会
        - 防衛施設中央審議会
        - 防衛人事審議会
      - 施設等機関
        - 防衛大学校
        - 防衛医科大学校
        - 防衛研究所
      - 部隊及び機関
        - 陸上自衛隊の部隊及び機関
        - 海上自衛隊の部隊及び機関
        - 航空自衛隊の部隊及び機関
      - 共同の部隊
      - 共同の機関
    - 外局：防衛装備庁
    - 地方支分部局：地方防衛局×8
    - 特別の機関
      - 防衛会議
      - 統合幕僚監部
      - 陸上幕僚監部
      - 海上幕僚監部
      - 航空幕僚監部
      - 情報本部
      - 防衛監察本部

解説 シビリアン-コントロールとは？

「文民」について，政府は，①旧陸海軍の職業軍人の経歴を有する者で軍国主義的思想に深く染まっていると考えられる者　②自衛官の職に在る者以外の者と解している。

Column 防衛大綱から国家防衛戦略（2022年閣議決定）

中国の軍事的台頭，北朝鮮のミサイル戦略，ロシアのウクライナ軍事侵攻などを背景に「戦後最も厳しく複雑な安全保障環境のただ中にある」との現状分析のもと，政府は1976年以来見直していた「防衛大綱」にかえて「国家防衛戦略」を新たに策定した。防衛費を25％以上増額し，対抗措置としての兵器購入にも踏み切った。

防衛大綱の変遷

大綱	背景	防衛力のあり方
「51大綱」1976年	・東西冷戦が緊張緩和・拡大する防衛費を抑制する必要性	「基盤的防衛力構想」日本が周辺地域の不安定要因とならないよう，独立国としての必要最小限の防衛力を保有
▼19年ぶり「07大綱」1995年	・冷戦の終結・阪神大震災や国連平和維持活動への自衛隊派遣	基盤的防衛力構想は踏襲。「大規模災害への対応」や「より安定した安全保障環境の構築への貢献」を追加
▼9年ぶり「16大綱」2004年	・米国同時多発テロ・大量破壊兵器や弾道ミサイルの拡散の脅威	基盤的防衛力構想の有効な部分は継承。新たな脅威や多様な事態に対処するため，多機能で弾力的な実効性ある防衛力を目指す
▼6年ぶり「22大綱」2010年	・中国の軍事的台頭・民主党政権の誕生	基盤的防衛力から脱却。各種事態を実効的に抑止，対処するために機動性や即応性を重視した「動的防衛力」を構築
▼3年ぶり「25大綱」2013年	・第2次安倍政権の誕生・中国軍の海洋進出拡大・東日本大震災の発生	海上，航空優勢を確保し，状況に応じて機動的に展開できるよう陸海空自衛隊の統合運用をより徹底する「統合機動防衛力」を構築
▼5年ぶり「30大綱」2018年	・宇宙，サイバー，電磁波という新領域の重要性が増大・トランプ米政権の誕生・北朝鮮の核・ミサイル開発の進展	統合機動防衛力を深化。陸海空の従来領域に新領域を組み合わせた領域横断作戦に向けた「多次元統合防衛力」を構築
国家防衛戦略「防衛大綱」から大転換（2022年12月）	・国際社会は新たな危機の時代に突入・インド太平洋地域に深刻な事態の発生可能性高まる	相手の能力と戦い方に着目した防衛力の抜本的な強化。国全体の防衛体制の強化。同盟国・同志国等との協力方針。（10年程度の期間を念頭）

---

8 日本の防衛関係費

①防衛関係費の推移

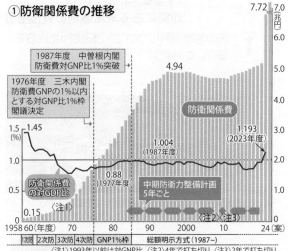

- 1976年度　三木内閣　防衛費GNPの1％以内とする対GNP比1％枠閣議決定
- 1987年度　中曽根内閣　防衛費対GNP1％突破
- 防衛関係費の対GDP比〈注1〉
- 防衛関係費
- 1.45（1958年度）
- 0.15
- 0.88（1977年度）
- 1.004（1987年度）
- 4.94
- 1.193（2023年度）
- 7.72
- 中期防衛力整備計画 5年ごと〈注2〉〈注3〉

（グラフ縦軸左：％、右：兆円 0〜7.0）

グラフ下段：1次防｜2次防｜3次防｜4次防｜GNP1％枠｜総額明示方式（1987〜）

〈注1〉1993年以前は対GNP比。〈注2〉4年で打ち切り。〈注3〉2年で打ち切り。
（防衛省資料などによる）

②主な国の軍事費（防衛費）の比較

各国の防衛費 （2022年）		GDPに占める割合
アメリカ	7666	3.1
中国	2424	1.2
イギリス	700	2.2
インド	666	1.9
フランス	544	2.0
日本	481	1.1

（億ドル）（％）

〈世界国勢図会2023/24〉

解説 自衛隊の予算はどのくらいかかっているのだろう？

自衛隊の定員は現在約25万人（現員約23万人）である。また，戦闘機（F-15J/DJは一機121.5億円）285機（航空自衛隊）や，潜水艦（一隻504億円）16隻（海上自衛隊），戦車（90式は1両9.6億円）850両（陸上自衛隊）などの装備をもっている。2022年末，自民党岸田政権は防衛計画の見直しを行い，相手の能力と戦い方に着目して，防衛する能力をこれまで以上に抜本的に強化する国家防衛戦略をその方針とした。反撃能力（敵基地攻撃能力）の強化では，5年間で1.5倍の43兆円を予算計上する。

③自衛隊の主要装備とその価格

（防衛ハンドブック2023）

陸上自衛隊 15.1万人	装甲車	約990両	戦車　約15億円／両
	水陸両用車	約52両	
	作戦用航空機	約300機	
	地対艦誘導弾部隊	5個連隊	
	地対空誘導弾	6個群／1個連隊	
	戦車	約450両	
	主要火砲	約340門／両	（10式戦車）
	機動戦闘車	164両	
海上自衛隊 4.5万人	艦艇	138隻	護衛艦　約476億円／隻
	護衛艦	48隻	潜水艦　約647億円／隻
	潜水艦	22隻	
	その他艦艇	68隻	
	作戦用航空機	約190機	
航空自衛隊 4.7万人	作戦用航空機	約400機	戦闘機 F-35A　約116億円／機
	戦闘機	約330機	
	偵察機	—	
	輸送機	約40機	
	空中給油・輸送機	約10機	
	早期警戒管制機等	約20機	
	地対空誘導弾	6群	

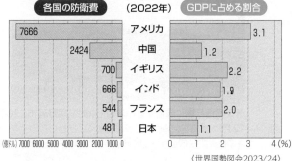

沖縄を考える

沖縄にある米軍基地の負担を軽減するためにはどのような取り組みが必要か？

1 次の写真資料について，読み取った内容を整理してみよう。

普天間飛行場（沖縄県宜野湾市） 市街地に囲まれており，「世界で一番危険な飛行場」とも言われている。

普天間飛行場に隣接する小学校（沖縄県宜野湾市，2009年12月） 体育館に向かって校庭を歩く子どもたちの上を，隣接する普天間飛行場から離陸する軍用機が飛んでいる。

アメリカ軍ヘリ墜落事件（沖縄県宜野湾市，2004年） 普天間飛行場から飛び立ったヘリが，隣接する沖縄国際大学構内に墜落し，乗組員3人が負傷した。民間人の負傷者は出なかったが，現場の検証はアメリカ軍のみで行われた。

沖縄米兵少女暴行事件への抗議集会の参加者（1995年10月21日） 8万5000人が県民総決起大会に詰め掛けた。
（沖縄県宜野湾市海浜公園）

2 沖縄に米軍基地が集中していることについて確認してみよう。

（嘉手納）
空軍：第18航空団
陸軍：第1-1防空砲兵大隊　など

（2023年3月現在）

（トリイ）
陸軍：第1特殊
部隊群（空挺）
第1大隊
第10支援群

シュワブ
海兵隊：
第4海兵連隊

ハンセン
海兵隊：第12海兵連隊　など

コートニーなどの海兵隊施設・区域
海兵隊：第3海兵機動
・展開部隊司令部

トリイ
嘉手納

普天間

那覇

ホワイトビーチ地区
海軍：港湾施設　など

（普天間）
海兵隊：第36海兵航空群

基地および
訓練区域

0　20km

（「沖縄から伝えたい。米軍基地の話。
Q&A Book 令和5年版」）

■米軍専用施設面積の割合

長崎県 1.8%
山口県 3.3%
東京都 5.0%
神奈川県 5.6%
青森県 9.0%

北海道 1.6%
広島県 1.3%
その他 2.0%

沖縄県 70.4%

◆ 日本の米軍専用施設面積と沖縄県がしめる割合の推移 ◆

本土の米軍専用施設面積

74.74

58.75

沖縄県の米軍専用施設面積

米軍専用施設面積のうち沖縄県が占める割合

38.15

70.26

195960 65 70 72 78 82 87 92 97 2002 07 12 16 17 18 19 20 23（年）

（「沖縄から伝えたい。米軍基地の話。Q&A Book 令和5年版」）

解説 なぜ米軍基地は沖縄に集中しているのだろうか。

本土では，日本の主権回復後，米軍が起こした事件・事故等による米軍への不満が高まり，また米軍基地拡張への反対運動も起き基地が縮小した。しかし沖縄では，米軍統治下で基地の拡張や機能強化が進み，復帰後も本土と比べて，基地の整理・縮小が進まなかった。さらに，沖縄の基地負担軽減について，日本政府は，「移設先となる本土の理解が得られないこと」を理由としてあげており，沖縄に米軍基地が集中していることについては，軍事的な理由だけでなく政治的な理由が強く影響を与えている。

法的主体

3 なぜ米軍は沖縄にいるのだろうか。地理的な特徴から考えてみよう。

沖縄の位置

- ── 旧型輸送機の航続距離（那覇から約700km）
- ── 那覇から1500km
- ── 新型輸送機（オスプレイ）の航続距離（那覇から約3900km）

0 1000km

軍別構成割合（軍人数）

	本土		沖縄県	
陸軍	1,070人	9.8%	1,547人	6.0%
海軍	1,208人	11.1%	2,159人	8.4%
空軍	6,371人	58.6%	6,772人	26.2%
海兵隊	2,220人	20.4%	15,365人	59.5%
計	10,869人		25,843人	

※平成23年6月末

解説 なぜ米軍は沖縄にいるのだろうか。
地理的な特徴から考えてみよう。まず，沖縄には海兵隊の割合が高いことに注意したい。紛争頻発地や大規模自然災害頻発地は，海岸線から200km以内の地域が多く，海岸線側からアクセスした方が時間的にも距離的にも有利な場合が大半である。そのため東南アジア全体の緊急事態に対処する緊急展開地上軍と位置づけられている海兵隊基地として沖縄が存在していると考えられている。

4 こうした状況について，沖縄の人たちが困っていることや解決したい課題はどんなことだろう。

日米地位協定の内容

条	内　容
3①	米国は，使用を許された施設・区域において，それらの設定・運営・警護・管理の権利を有する。
7	米軍は，日本政府管轄下の公益事業等を優先的に利用できる。
11②	米国が軍隊で使用するための日本に持ち込む資材や備品には，一切関税がかからない。
12③	米軍が日本国内で物資を調達する場合，物品税・揮発油税などが免除される。
17③	米軍の構成員が公務執行中に犯した罪については，米軍当局が第一次の裁判権を有する。
17⑥	日本が裁判権を有するような犯罪を米兵が犯しても控訴までの間は，米国側が拘禁する。

解説 日米地位協定の課題とは。
日米安全保障条約の下，日本における米軍人の扱いを定めた日米地位協定には米側に有利な規定が多く，米軍の事故や米軍人の犯罪が発生するたびに摩擦の火種となっている。1995年におきた米兵による少女暴行事件の際に，実行犯である3人が日本側に引き渡されなかったことから，大規模な県民集会が開かれた。また，2004年に米軍ヘリが沖縄国際大学に墜落した際，現場検証等は米軍のみで行われた。さらに，2021年には発がん性が疑われる汚水を普天間飛行場から下水道へ排水した。この汚水の排出については協議中だったこと，さらに米軍基地への立ち入り検査ができないことなど，多くの課題が指摘されている。政府は地位協定の改定に否定的だが，各国では改定が進んでいる。

湧水の汚染（沖縄県宜野湾市，2020年） 米軍基地内には，発がん性が疑われる物質が保管されており，米軍基地近くの湧き水の飲用は禁止されている。

ヨーロッパ各国との比較

	国内法	管理権	訓練・演習	航空権事故
日本	原則不適用	立入り権明記無し	航空特例法等により規制できず	捜索等を行う権利を行使しない
ドイツ	原則適用	立入り権明記立入りパス支給	ドイツ側の承認が必要	ドイツ側が現場を規制，調査に主体的に関与
イタリア	原則適用	基地はイタリア司令部の下伊司令官常駐	イタリア側の承認が必要	イタリア警察が証拠品を押収
ベルギー	原則適用	地方自治体の立入り権確保	自国軍よりも厳しく規制	（未確認）
イギリス	原則適用	基地占有権は英国英司令官常駐	英側による飛行禁止措置等明記	英国警察が現場を規制，捜索

解説 色々な国の事例を知ろう。
上記の他に，オーストラリアでも，米兵などに対する検疫や米軍の航空機の整備などに対して国内法を適用している。そのため米軍は，オーストラリアにヘリコプターを配備する際，同国の基準を満たすために20日もかけて機体を解体・洗浄し，オーストラリア検疫当局の検査を受けている。フィリピンでもアメリカとの地位協定により，米軍の演習などでのフィリピン環境法の遵守が明記されている。実際の運用でも，米軍の有害物質の取扱いにはフィリピン側の許可が必要とされており，フィリピンの国内法が適用されている。
このような事例から，自国の法律や規則を米軍に適用させているのは，ヨーロッパ各国だけではないことが分かる。

この湧き水は
飲料用水では
ありません
宜野湾市 環境対策課

22 国際平和と日本の安全保障

導入の Quest

MainQuest（メイン クエスト）

国際社会の中で，日本はどのように自国の平和を守るのか？

SubQuest（サブ クエスト）

なぜ日本は安保条約を結んだのだろう。
安保条約の条文や歴史から読み取ろう。

えり：日本が太平洋戦争に負けて再独立を果たす間に世界情勢が大きく変化しました。

悠也：アメリカを中心とした資本主義国と，ソ連を中心とした社会主義国が対立した冷戦が始まったんだよね。

日米安全保障条約への動きと安保体制

❶日米安全保障体制の歴史

旧日米安全保障条約（1952~1960年）

目的 占領軍の撤退による日本の軍事的空白を避ける

無期限

引き続き日本に駐留してください

防衛力が不十分な日本が，米軍に基地を提供し，引き続き駐留するように希望

駐留はしますが，日本を守る確約はしません

日本の防衛義務は明記せず。米軍は海外からの攻撃だけでなく，日本国内の内乱にも介入することができる

えり：そんな中，アメリカは占領政策を転換しています。具体的には，民主化優先から，経済的自立を援助する方針に転換したんです。

新日米安全保障条約（1960年〜）

目的 日本と米軍との相互協力で安全保障を維持

10年ごとに自動延長

基地とお金を提供します

共同防衛，基地提供，思いやり予算の供与（条件に規定はないが，1978年〜米軍駐留経費の一部を日本が負担している）

日本を守りますが，日本側（自衛隊）も協力してください

日本の施政下の領域が攻撃を受けた場合，米軍に共同防衛の義務が発生

詩乃：日本の国力を高めて，資本主義陣営の有力な国家に育てあげようとしたんだよね。そのためには，世界の国々と講和条約を締結して，敗戦で失った日本の主権を回復することが必要だったんですね。

❷日米安全保障条約の内容

前文	締結の目的	日米両国は，国連憲章がみとめている，自分で自分を守る権利を持つ。両国は「極東」の平和と安全のため，この条約を結ぶ。
1条	国連憲章との関係	両国は，国連憲章に従って，国際紛争を平和的に解決させる。軍事力は用いない。
3条	自衛力の維持・発展	両国は，武力攻撃に対する自衛力を，憲法の規定に従う条件で維持し発展させる。
5条	共同防衛	両国は，日本施政下の領域で，どちらかの国が他国から武力攻撃を受けた時，共同で防衛する。
6条	基地許与	米軍は日本国内で施設・区域（基地など）を利用できる。（詳しくは日米地位協定で規定）

先生：そうですね。アメリカ軍による安全保障のもとで，吉田首相は日本の「経済復興」を優先させたいと考えたのです。吉田茂は後にこう語っています。「貿易を盛んにすること，あるいは外国のマーケットをもう少し開拓する。私の時には金のかかる軍備はアメリカ持ち」と。一方，アメリカは社会主義国である北朝鮮の侵攻によって始まった朝鮮戦争に危機感を持ち，日本を「資本主義陣営のとりで」にしようと考えたのです。

解説 旧安保条約からの改正

旧安保条約は，サンフランシスコ講和条約と同時（1951年）に結ばれ，アメリカ軍が日本国内に駐留することを認めていた。ただ，アメリカの日本防衛義務が不明確なこと，日本の自主性がないことなどに対する批判も出て，政府・与党内に改定論が強まった。そこで，1960年，岸内閣は新日米安全保障条約（現行の「安保条約」）に調印した。条約の承認をめぐる国会の審議の過程では，院内外で激しい反対があった。自民党単独採決で衆議院を通過した30日後，新安保条約は自然成立した。新安保条約は1970年以降自動延長されている。

安保闘争（1960年6月）

Think!

吉田首相の考えた，経済優先の日本社会の回復によって，日本の平和はどのように守られたのでしょうか。

1 在日米軍駐留費（思いやり予算）

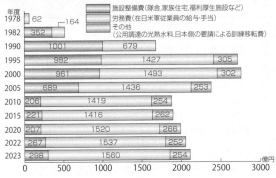

年度	施設整備費（隊舎,家族住宅,福利厚生施設など） 労務費（在日米軍従業員の給与・手当） その他（公用調達の光熱水料,日本側の要請による訓練移転費）		
1978	62	164	
1982	352		
1990	1001	679	
1995	982	1427	305
2000	961	1493	302
2005	689	1436	253
2010	206	1419	254
2015	221	1416	262
2020	207	1520	266
2022	267	1537	252
2023	298	1560	254

◆ 米軍への「思いやり予算」規模のイメージ ◆

2023年度だけで
2,112 億円

福利厚生費 **254** 億円

光熱水道費 電気,ガス,（水道料など） **234** 億円

労務費 （給与・手当）基地従業員の人件費 **1,296** 億円

施設整備費 住宅建設・改修 **298** 億円

夜間訓練移転 **13** 億円

（『防衛白書』2023）

在日米軍の住宅施設（神奈川県横浜市） ゲートの向こうはアメリカ。アメリカの住宅事情に合わせ米兵の住宅が建てられている。

解説 安保条約で日本の負担はどのくらいあるのだろう?
急激な円高ドル安を背景として，1978年から，在日米軍の駐留に係わる経費を日本が負担するようになった（これを思いやり予算と呼ぶ）。これは原則5年ごとに，日米両政府が特別協定を結んで予算づけしている。2022年度から5年間の在日米軍駐留経費の日本側負担（思いやり予算）は，新しい特別協定で，単年度あたり2110億円に増やす方針となった。自衛隊と米軍の共同訓練などにかかる費用の項目を新たに設け，政府は日本側負担の通称を新たに「同盟強靱化予算」と呼ぶとしている。名称から日米同盟の強化に資する経費と位置づけた。

三沢（青森県）空軍／第35戦闘航空団 海軍
佐世保（長崎県）海軍／佐世保艦隊基地隊
岩国（山口県）海兵隊／第12海兵航空群 海軍／F/A-18戦闘機など（空母艦載機）
車力（青森県）陸軍
座間（神奈川県）陸軍・第一軍団（前方）・在日米陸軍司令部
経ヶ岬（京都府）陸軍
横田（東京都）在日米軍司令部 空軍・第5空軍司令部・第374空輸航空団
相模原（神奈川県）第38防空砲兵旅団司令部
厚木（神奈川県）海軍
横須賀（神奈川県）在日米海軍司令部 海軍・横須賀基地隊基地隊

在日米軍の分布（本土）（2023.3現在）

2 新ガイドライン　冷戦後の日米

冷戦後の日米安保体制の強化

1996　日米安全保障共同宣言（日米安保体制の再定義）
　…アジア・太平洋地域の安定と繁栄へ

1997　日米防衛協力のための指針（新ガイドライン）
　…日本の軍事的役割の拡大・強化

1999　ガイドライン関連法（周辺事態法・改正自衛隊法・改正日米物品役務相互提供協定）制定

2015　日米防衛協力のための指針（ガイドライン）見直し
　…日米防衛協力の「切れ目のない」確保，宇宙・サイバーも含めた協力の拡大

2016　平和安全法制整備法（国際平和協力法・重要影響事態法・自衛隊法など（10法））と国際平和支援法の施行

　1996年の日米首脳会談で，「日米安全保障共同宣言」が発表された。不安定性・不確実性を抱えるアジア太平洋地域の平和と安全の維持のため，21世紀も日米のパートナーシップが極めて重要であるとしたものだ。これを受け，ソ連を仮想敵国としていたガイドライン（1978年）の見直しが行われ，翌97年，日米両国は「日米防衛協力のための指針」（新ガイドライン）を策定した。平素からの日米協力のほか，日本に対する武力攻撃が差し迫っている場合及び攻撃がなされた場合の共同対処行動と，日本周辺事態での協力について盛り込まれた。

上記1998年のミサイル発射実験のあと，2006年7月にも北朝鮮は7発の同実験を行い，10月には核実験実施を発表した。

■周辺事態安全確保法

　1999年，ガイドライン関連法が制定された。北朝鮮の核開発疑惑など，朝鮮半島の動向が注目されているのを受け，「周辺事態」への対応をまとめたものである。

　政府は，周辺事態に際して，自衛隊による後方地域支援（給水，給油，食事の提供，輸送など），後方地域捜索救助活動，船舶検査活動を行える。上記の活動の実施前に，国会の承認を得なければならない。
　国は，地方公共団体や民間に協力を依頼できる。

■重要影響事態法

　2015年の法改正で，日本周辺に限っていた対象地域や支援内容を拡大した。

　そのまま放置すれば，日本への武力攻撃の恐れがある状況の時，米軍や外国の軍隊を後方支援する。これまでは認めていなかった弾薬の提供や戦闘準備中の戦闘機への給油もできる。また，緊急の必要がある場合は，国会の承認は事後でも可能。

法的主体

自衛隊の海外派遣は国際貢献か？

法的主体

国際紛争と日本の動きを対応させて考え PKO協力法制定の背景を読み取ろう

(1990年)		(2001年)	(2003年)
湾岸戦争		9.11 米同時多発テロ	イラク戦争
	1992年	2001年	2003年
	PKO協力法	テロ特措法	イラク特措法

「PKO協力法の成立の経緯」

　1990年の湾岸危機を契機に，日本の人的貢献の側面における国際協力の在り方及び国内体制の未整備が厳しく問われた。そして，「国際連合平和協力法案」の廃案等の紆余曲折を経て，1992年6月，「国際連合平和維持活動等に対する協力に関する法律」(PKO協力法)が成立した。(衆議院資料)

日本のPKO協力法の変遷を読み取ろう

(1) 制定当時は「参加5原則」の厳密な適用

(2) 2001年改正

①武器の使用による防衛対象の拡大

　第24条の武器の使用に係る防衛対象に，自己と共に現場に所在するその職務を行うに伴い自己の管理の下に入った者の生命又は身体を加えること。

②自衛隊法第95条の適用除外の解除

　自衛隊法第95条の適用除外を解除し，第9条第5項の規定により派遣先国で国際平和協力業務に従事する自衛官に対し，武器等の防護のための武器の使用を認めることとすること。

③PKF (平和維持隊) 本体業務の凍結の解除

　自衛隊の部隊等が行う国際平和協力業務のうちPKF (平和維持隊) 本体業務への参加の凍結を規定している特例規定を廃止すること。

(3) 2015年改正

　自衛隊が行う活動に「駆け付け警護」と「宿営地の共同防護」が追加された。

①「駆け付け警護 (下図参照)」は，自衛隊が外国でPKO活動をしている場合に，自衛隊の近くで活動するNGOなどが暴徒などに襲撃されたときに，襲撃されたNGOなどの緊急の要請を受け，自衛隊が駆け付けてその

日本のPKO参加5原則	①当事者間の停戦合意　　②当事国の同意 ③中立・公平 ④武器使用は正当防衛の場合のみ ⑤上記①～③の3原則が崩れれば撤収か中断 〈注〉⑤は日本独自のもの
主な業務	・選挙の監視　　　　・被災地の復旧作業 ・医療活動　　　　　・被災民の救援 ・警察や行政事務に関する助言や指導 **[参加凍結を解除]** 2001.12 法改正 (担当は自衛隊のみ) ・武装解除などを行う平和維持軍 (PKF) への参加 **[新たに追加]** 2015.PKO協力法改正 ・国連が直接関与しない平和維持などの活動にも参加可能に ・住民を守る治安維持活動 ・離れた場所に駆けつけて他国軍や民間人を警護 (駆けつけ警護) ・任務を遂行するための武器使用

(参考)　PKF (平和維持隊) 本体業務

A. 武力紛争の停止の遵守状況の監視又は紛争当事者間で合意された軍隊の再配置若しくは撤退若しくは武装解除の履行の監視

B. 緩衝地帯その他の武力紛争の発生の防止のために設けられた地域における駐留及び巡回

C. 車両その他の運搬手段又は通行人による武器 (武器の部品を含む。Dにおいて同じ。)の搬入又は搬出の有無の検査又は確認

D. 放棄された武器の収集，保管又は処分

E. 紛争当事者が行う停戦線その他これに類する境界線の設定の援助

F. 紛争当事者間の捕虜の交換の援助

G. AからFまでに掲げる業務に類するものとして政令で定める業務

(官邸HPより)

保護にあたるもの。

②「宿営地の共同防護 (下図参照)」は，自衛隊と他国の部隊の共同宿営地が暴徒などによる襲撃を受けた場合，一緒にいる自衛隊と他国の部隊が共に危険と判断し，連携して防護活動を行うもの。(官邸HP)

3 ポスト9.11時代の日本の防衛政策

■テロ対策特別措置法—show the flag—

同時多発テロの後，日本政府は20日間のスピード審議でテロ対策特別措置法を成立させ，アメリカの支援に乗り出した。初めて自衛隊を戦時に国外へ派遣させることが可能になったのである。

> **法律の概要**
> ・自衛隊は，米軍などの活動を支援
> ・公海上や戦闘行為が行われていない外国で活動
> ・武器の使用は限定的（自己や同僚隊員，管理下に入った被災民などの防護のためにのみ可）
> ・基本計画（閣議決定）の国会での承認は，自衛隊派遣後20日以内

|解説| テロ特措法の問題点を考えよう。

この法律に基づき，インド洋に補給艦（米英など11か国の艦艇に給油）や護衛艦（輸送や護衛，情報収集）が派遣された。自衛隊が収集し提供した情報をもとに，米軍がミサイルを撃ち落としたら，憲法の禁じている「集団的自衛権の行使」になるのではないか，また，「非戦闘地域」の定義があいまいではないかと，批判された。時限立法だったが，延長され続け，2007年11月期限切れで失効となった。その後，インド洋での活動を復活させるための補給支援特別措置法が，衆議院の2/3以上の再可決により成立し，2008年から施行された。補給活動は同法が失効した2010年1月に終了した。

Column 非核2.5原則?? ～日米核密約～

岡田克也外相は2010年3月9日，日米の密約に関する外務省調査結果と有識者委員会の検証報告書を公表した。併せて公開された機密文書から，政府が1968年に核兵器搭載の疑いのある米艦船の寄港・通過を黙認する立場を固め，その後の歴代首相や外相らも了承していたことが判明。寄港の可能性を知りながら，「事前協議がないので核搭載艦船の寄港はない」と虚偽の政府答弁を繰り返していた。非核三原則は佐藤栄作首相の67年の表明直後から空洞化していたことになる。（中略）

機密文書は歴代首相や外相への説明に用いられており，余白には当時の佐藤首相が読んだことや，田中角栄，中曽根康弘，竹下登の各氏らが首相在任時に説明を受けたことを示す記載がある。また，添付された89年のメモには，首相就任直後の海部俊樹氏に説明したと記されている。

(2010年3月10日　朝日新聞朝刊を一部改変)

|解説| 日本が世界に宣言した「非核3原則」も，実質は「非核2.5原則（＝「持たず，作らず」は守ったが，「持ち込ませず」は空洞化されていた）」だったことが分かった。日米安保条約，自衛隊の海外派遣を含めて，日本の防衛政策を考えると同時に，政府は国民に都合が悪いことを隠す体質があることに注意を払いたい。

■イラク復興支援特別措置法—boots on the ground—

米英軍による攻撃終了後のイラクへの自衛隊派遣を認めるイラク復興支援特別措置法が，2003年7月，与党3党の賛成多数で成立した。国連の枠組みの外で，初めて，相手国の同意なしの自衛隊派遣が可能になったのである。

> **法律の概要**
> ・自衛隊は，「非戦闘地域」で活動
> ・イラク国民への人道・復興支援および治安維持活動に当たる米英軍などへの後方支援活動
> ・武器の使用は限定的（自己や同僚隊員，管理下に入った被災民などの防護のためにのみ可）
> ・基本計画の国会での承認は，自衛隊派遣後20日以内

|解説| イラク特措法の問題点を考えよう。

米英のイラク攻撃の大義だった大量破壊兵器が見つからない中で，イラク復興支援特別措置法は強行採決された。イラクでは，ブッシュ米大統領が戦闘終結宣言をし（2003.5.1.），フセイン元イラク大統領の拘束・処刑（2006.12）後も，兵士や外国人の殺害や誘拐，国連事務所や警察，市場などへの爆弾テロやパイプラインの破壊などが続いた。イラクへの主権移譲後も，民族・派閥間の対立は続いた。2010年8月の米軍の戦闘部隊撤退までの米軍の戦死者は4,416人（民間人は含まれず）となった。

4 有事法制

防衛庁制服組が有事に必要な検討（三矢研究）を始めて40年目の2003年，北朝鮮の核開発疑惑などから脅威を感じる人が増えたことを背景に，武力攻撃事態対処法など有事関連3法が成立，翌年国民保護法を含む有事関連7法が成立した。武力攻撃が発生したあるいは武力攻撃が予測される場合に，個別的自衛権を使って国を守る手順が示されたのである。

2015年の改正武力攻撃事態法では，集団的自衛権の行使容認により，その内容が大きく変わった。

■武力行使の新3要件

> ① 密接な関係にある他国への武力攻撃が発生し，日本の存立が脅かされ，国民の生命，自由及び幸福追求の権利が根底から覆される明白な危険がある（存立危機事態）。
> ② 我が国の存立を全うし，国民を守るために他に適当な手段がない。
> ③ 必要最小限度の実力行使にとどまる。

|解説| 有事に備えるとはどういうことだろう。　有事法制とは「いずれかの国が日本と周辺の制空権，制海権を確保した上で，地上軍を日本本土に上陸侵攻させ，国土が戦場と化す事態を想定した法制」であるとされる（2002年2月8日，第154回本会議における答弁）。有事関連3法とは「武力攻撃事態対処法（攻撃を受けたときに政府がどう動くかの基本ルール）」「自衛隊法改正（自衛隊の活動をしやすくする）」「安全保障会議設置法改正」をいう。

23 国会と立法権

導入の Quest

MainQuest　メイン　クエスト

国会や国会議員はどのような活動をしているのだろうか？

SubQuest　サブ　クエスト

次の資料から，国会や国会議員の仕事を確認してみよう。
国会は通常，1年間で何日くらい開催されているだろう。

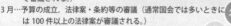

青字：通常国会の会期 ― 赤字：臨時国会の会期

1月…通常国会（常会）の召集，開会式：総理大臣の施政方針演説や関係大臣の演説，各議派からの質問，予算案の提出

2月…予算案の審議（衆議院で先に審議し，議決されると参議院で審議される。）

3月…予算の成立，法律案・条約等の審議（通常国会では多いときには100件以上の法律案が審議される。）

12月…臨時国会の会期終了

11月…決算の提出（秋の臨時国会で提出が慣例，1月の通常国会に提出することもある決算の概要報告・質疑）

10月…各会派からの質問，補正予算の審議，法律案・条約等の審議

本会議の採決

4月…法律案・条約等の審議

5月…法律案・条約等の審議，会期延長の検討

6月…通常国会の会期終了

国会議事堂の裏手には，衆参両院の議員のための議員会館があり，国会議員の事務所として使われる。

9月…臨時国会の召集，開会式，内閣総理大臣の所信表明演説

8月… 地元での活動や海外視察など

7月…

参院選は，近年は7月実施が慣例。

冬 春 秋 夏

国会議員の1日

本会議あり（火曜日）

8：00～ 9：00	政務調査会
9：20～ 9：40	秘書とスケジュール確認うち合わせ
10：00～12：00	経済産業省とのうち合わせ（議員会館）
12：40～13：00	代議士会
13：00～15：30	本会議
15：30～17：00	原子力問題調査特別委員会
18：30～20：00	地元にて国政報告会
20：30～21：30	秘書とネット配信テレビのうち合わせ
22：00～23：00	ネット配信テレビ生出演

解説　国会と国会議員の仕事とは？

国会は「国権の最高機関」として法律や予算の制定，内閣総理大臣の指名などを行っている。通常国会や臨時国会などで，年間200日程度開催されている。国会議員の一番の仕事は法律を作ることであるが，国会のメンバーとして，法律案の提出や審議，内閣総理大臣の指名や内閣不信任決議案の採決に関わっている。

SubQuest　サブ　クエスト

国民主権の行使にはどのような方法があるのだろう。

〈注〉（ ）内の数字は憲法の条数

① 選挙
・国会議員 (43)
・自治体の首長・議員 (93)

2007年国民投票法制定
② 国民投票
・憲法改正 (96)

③ 住民投票
・特別法の制定 (95)

国　民

④ 世論
・集会，デモ行進，ビラまき，署名運動，マスコミへの投書など (21)

⑤ 国民審査
・最高裁判所裁判官の国民審査 (79)

⑥ 地方自治における直接請求権

⑦ 請願権 (16)

参政権・請願権　選挙権①だけでなく，被選挙権や②③⑤の権利を参政権という。また法規の制定などを請願する権利なども主権行使の重要な手段である。

住民投票啓発ポスター（1949年）

高校生1万人署名

私たちのまちとくらし

特別区設置住民投票 5月17日（日）

＊1949年「広島平和記念都市建設法」（特別法）に基づき，住民投票が同年7月7日に行われた。広島市民の過半数以上の賛成を得て，平和記念日である8月6日に公布・施行

1 日本の統治機構

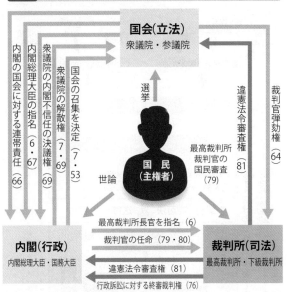

```
            国会(立法)
            衆議院・参議院
                ↑
```

内閣の国会に対する連帯責任（66）
内閣総理大臣の指名（6・67）
衆議院の内閣不信任の決議権（7・69）
衆議院の解散権（7・69）
国会の召集を決定（7・53）

違憲法令審査権（81）
裁判官弾劾権（64）

選挙

世論

国民（主権者）

最高裁判所裁判官の国民審査（79）

最高裁判所長官を指名（6）
裁判官の任命（79・80）
違憲法令審査権（81）
行政訴訟に対する終審裁判権（76）

内閣(行政)
内閣総理大臣・国務大臣

裁判所(司法)
最高裁判所・下級裁判所

（　）内の数字は日本国憲法の条数。

|解説| 三権分立を確認しよう!

日本国憲法は，主権者である国民を代表する国会を「国権の最高機関」（憲法41条）とし，内閣が国会に対して連帯して責任を負うイギリス型の議院内閣制を採用している。また，裁判所に違憲法令審査権を与えるアメリカ型の司法制度を導入し，人権保障の強化をはかっている。

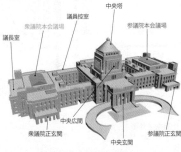

中央塔
参議院本会議場
衆議院本会議場
議員控室
議長室
衆議院正玄関
中央広間
中央玄関
参議院正玄関

2 国会の地位

国民代表機関（日本国憲法　第43条）
国会の両議院は「全国民を代表する議員」で組織される。したがって，議員は自分の選挙区など国民の一部を代表するのではなく，国民全体の利益を考えて行動しなければならない。

国権の最高機関（日本国憲法　第41条）
国会が国の政治機構のなかで最高の地位を占める機関であるという意味ではなく，国会は主権者を直接代表するという意味で，国政の中心的地位を占める重要な機関である（**国会中心主義**）という趣旨である。

唯一の立法機関（日本国憲法　第41条）
国の立法は国会が独占し，国会以外の機関による立法は認められない（**国会中心立法の原則**）。また国会による立法は，国会以外の機関の関与なしに行われる（**国会単独立法の原則**）。

|解説| 日本国憲法に「国会は国権の最高機関」と規定されている理由はどのような理由なのだろうか?

通説は，国会が主権者たる国民の代表機関であることに敬意を払って「最高機関」と称しただけのものであり，「国権の最高機関」という文言に法的意味はないと解している。ただし，国会が三権相互の関係を総合調整する地位にあり，所轄不明の国家権力はすべて国会に帰属することになる，という積極的な意味が含まれていると解する説もある。その他，憲法の文言通り，国会こそが国家機関のうちで最高の機関であり，他の国家機関に優越する権能を有している機関であるとの説もある。

国会議事堂には右と左の玄関があり，それぞれ参議院と衆議院に分かれている。

3 国会の組織 （2023年　第211回国会（常会）現在）

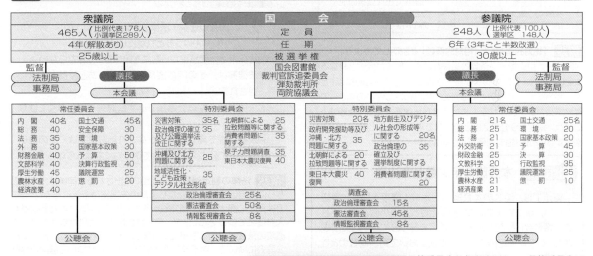

衆議院	国　　会	参議院
465人（比例代表176人 小選挙区289人）	定　員	248人（比例代表100人 選挙区148人）
4年（解散あり）	任　期	6年（3年ごと半数改選）
25歳以上	被選挙権	30歳以上

国会図書館
裁判官訴追委員会
弾劾裁判所
両院協議会

監督
法制局
事務局
議長
本会議

衆議院 常任委員会

内　閣	40名	国土交通	45名
総　務	30	安全保障	30
法　務	35	環　境	30
外　務	30	国家基本政策	30
財務金融	40	予　算	50
文部科学	40	決算行政監視	40
厚生労働	45	議院運営	25
農林水産	40	懲　罰	20
経済産業	40		

衆議院 特別委員会

災害対策	35名	北朝鮮による拉致問題等に関する	25
政治倫理の確立及び公職選挙法改正に関する	35	消費者問題に関する	35
沖縄及び北方問題に関する	25	原子力問題調査	35
地域活性化・こども政策・デジタル社会形成	35	東日本大震災復興	40

政治倫理審査会	25名
憲法審査会	50名
情報監視審査会	8名

公聴会
公聴会

参議院 特別委員会

災害対策	20名	地方創生及びデジタル社会の形成等に関する	20名
政府開発援助等及び沖縄・北方問題に関する	35	政治倫理の確立及び選挙制度に関する	35
北朝鮮による拉致問題等に関する	20	消費者問題に関する	20
東日本大震災復興	40		

調査会

政治倫理審査会	15名
憲法審査会	45名
情報監視審査会	8名

参議院 常任委員会

内　閣	21名	国土交通	25名
総　務	25	環　境	20
法　務	21	国家基本政策	20
外交防衛	21	予　算	45
財政金融	25	決　算	30
文教科学	20	行政監視	35
厚生労働	25	議院運営	25
農林水産	21	懲　罰	10
経済産業	21		

監督
法制局
事務局
議長
本会議
公聴会
公聴会

|解説| なぜ「委員会」があるのだろうか?

国会は議員定数，任期，被選挙権，選出方法の異なる衆議院と参議院の二院によって構成されている（二院制・両院制）。議員は必ずどれか1つ以上の常任委員会に所属しなければならない。本会議は衆議院・参議院それぞれの議員が全員で構成する会議であり，各議院の意思決定機関であるが，国会の審議は効率化を目的に，委員会を中心に行われる（委員会中心主義）。

予算委員会は何をする?　　予算委員会は内閣が提出する予算案の審議を行う。予算は一年間の国政の在り方を決めるもので，予算案の作成と予算の執行は内閣の責任で行われるため，予算内容だけでなく，執行主体である内閣の政策方針や行政各部の対応さらには閣僚の資質の問題などが問われることになる。そのため，結果として予算委員会では国政のあらゆる重要事項が審議される。

4 国会の種類

種類	回数	召集要件	会期	主な議題
常会 (通常国会)	毎年 1回	1月中に召集	150日間	翌年度予算の審議など
臨時会 (臨時国会)	不定	内閣または,いずれかの院の総議員の4分の1以上の要求	両議院一致の議決による	予算・外交その他,国政上臨時に必要な議事
特別会 (特別国会)	不定	衆議院が解散された後,総選挙の日から30日以内	同上	内閣総理大臣の指名など
参議院の 緊急集会	不定	衆議院の解散中に,国に緊急の必要が生じた場合,内閣が求める	不定	国政上緊急に必要な議事*

* 次の国会開会後,10日以内に衆議院の同意が必要。

解説 総議員4分の1以上から要求された臨時国会の招集を内閣は拒否できるのか? 憲法53条にはどちらかの議院の総議員の4分の1以上から要求があれば,内閣は臨時会を召集しなければならないと規定されている。しかし,2021年の菅・岸田内閣は,臨時国会召集を求める要求書を出してから2か月以上たっても招集しなかった。

5 衆議院の優越

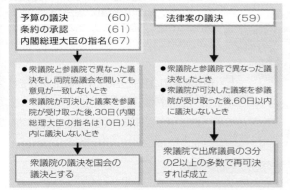

予算の議決 (60)
条約の承認 (61)
内閣総理大臣の指名 (67)

● 衆議院と参議院で異なった議決をし,両院協議会を開いても意見が一致しないとき
● 衆議院が可決した議案を参議院が受け取った後,30日(内閣総理大臣の指名は10日)以内に議決しないとき

→ 衆議院の議決を国会の議決とする

法律案の議決 (59)

● 衆議院と参議院で異なった議決をしたとき
● 衆議院が可決した議案を参議院が受け取った後,60日以内に議決しないとき

→ 衆議院で出席議員の3分の2以上の多数で再可決すれば成立

解説 「絶対的優越」と「相対的優越」を説明してみよう。
内閣総理大臣の指名や予算の議決などで,参院が衆院と異なる議決をした場合,衆院の議決が優先されることを「絶対的優越」と呼ぶ。衆院の議決が優先されるため,両院の話し合いの場として両院協議会が必ず開かれる。また衆参が法律案で異なった議決をした場合,衆院が3分の2以上の多数で再可決すると衆院の議決が優先することを「相対的優越」と呼ぶ。

Column 本会議の定足数と表決数

憲法では,国会の本会議の定足数(議事を開き,審議を行い,議決をなすために必要とされる最小限必要とされる出席者数)と表決数(意志決定を行うのに必要な賛成表決数)について定めている。表決において可否同数のときは,議長が決する(第56条)。

	定足数	評決数
通常の議案	総議員の1/3以上	出席者の過半数
資格の争訟・秘密会・議員の除名・衆議院の再決議	総議員の1/3以上	出席者の2/3以上
憲法改正の発議	総議員の2/3以上	総議員の2/3以上

※委員会の定足数は委員の半数以上,議事は過半数で決定する(国会法第49・50条)

6 法律ができるまで

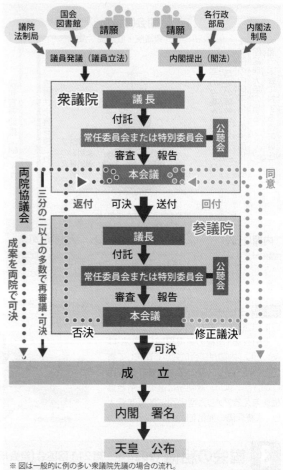

※ 図は一般的に例の多い衆議院先議の場合の流れ。参議院から先に審議することもある。

? 国会の仕事・法律を作ることについて ①～④のうちどれが正しいだろうか

①法律案は,衆議院から審議を始めなくてはならない。
②法律案は,その院の議長に渡されたあと委員会審議に回される。
③法律案は,委員会審議で必ず公聴会を開かなくてはならない。
④衆参両院で異なる議決がなされた法律案は,その扱いについて必ず両院協議会を開かなくてはならない。

解説 法律の制定過程 国会に提出される法律案は,衆参どちらに提出してもよい(ただし予算の先議権は衆院にある)。ここでは衆院に提出された例で説明する(参院に提出されたら衆参を入れ替えて読み込むこと)。衆院議長に提出された法律案は,衆議院の議長が適切な委員会に付託し,審議が行われる。憲法では公聴会について,総予算及び重要な歳入法案については開かなければならない(51条②)としているが,それ以外の法案では必須のものではない。委員会で採択された法律案は,本会議に回されて採択される。可決された法律案は参議院に送付され,同様に審議されて本会議で採択される。参議院も可決すれば法律として成立する。参議院で修正可決した場合は,衆議院に回付され,衆議院が同意すれば法律として成立する。参議院が否決した場合には,衆議院が出席議員の3分の2以上の多数で再可決するか,両院協議会を開いて成案を得たのち,両院で成案が可決されると法律として成立する。

臨時国会の召集については,岡山地裁が,開催要求に対する召集について,内閣は「単なる政治的義務ではなく,憲法上の法的義務」を負うとの判決を出している。

政治的主体

7 国政調査権

目的	法律をつくるためや行政を監督するため。
方法	委員会が，政府当局や関係者から説明を聞いたり，資料を要求したり，証人や参考人に質疑したり，委員を派遣して現地調査したりする。
限界	①行政権や司法権の制約 ②国民の人権保障の制約

喚問された証人が「記憶にない」「刑事訴追を受ける恐れがあるためお答えできない」などの答弁をすることがある。

|解説| 国政調査権に限界はないのだろうか？ また，課題はないのだろうか？ 国会が広く国政に関する権能を行使できるように，各議院に国政調査権を認め，証人喚問や記録の提出を求める権限を与えている（憲法62条）。出頭，証言または書類提出を求められた者が，正当な理由なくこれを拒否したり偽証を行うと，刑罰が科される。国政全般を調査の対象とするが，その対象や方法については，権力分立制や人権尊重の原理から制約があると考えられる。例えば，裁判の内容の当否を批判する調査や，犯罪捜査に重大な支障をおよぼすような方法による調査はできない。

8 国会議員の特権と身分保障

特権	歳費特権 (49)	一般国家公務員の最高額以上の歳費（国会法35）
	不逮捕特権 (50)	会期中は逮捕されない（院外の現行犯である場合およびその院の許諾がある場合を除く）（国会法33）
	免責特権 (51)	院内での演説・表決について，院外で責任を問われない
身分保障	議席を失う場合	①任期が満了の場合 (45・46) ②衆議院の解散（衆議院議員のみ）(54) ③資格争訟の裁判による場合 (55) ④除名の議決（所属院の）があった場合 (58) ⑤被選挙資格を失ったとき（国会法109） ⑥当選無効の判決が出た場合

国会議員が受け取る歳費・諸手当（数字は2023年6月現在）

歳費（税込み）	月額 129万4000円
期末手当（税込み）	年間 約624万円
調査研究広報滞在費（非課税）	月額 100万円
立法事務費（会派手当）	月額 65万円
その他	ＪＲ無料パスと東京と選挙区間の航空券（月に3往復分）支給など 秘書3名（1名は政策秘書）の給与の国費支給 議員会館，議員宿舎，公用車の利用など

？ 国会議員の身分と特権，歳費と仕事について
①〜④のうちどれが正しいだろうか

①国会議員は，原則として会期中は逮捕されない。
②国会議員は，国会内の演説や表決について，国会の外で責任を問われない。
③自分が所属していない院で，除名の議決があったとき，国会議員は議席を失う。
④裁判で，選挙人資格を失う判決が出た場合，国会議員は議席を失う。

|解説| 国会議員の身分と特権
国会議員は，国民の代表として国政を行う上で重要な権限を行使する。国会議員の特権は，その自由で独立した活動を保障するために定められたものである。歳費は国会議員の勤務に対する報酬である。国会議員の任務を考えたとき，その内容や多寡については賛否が分かれるところである。2010年8月には歳費自主返納法が成立した。

9 議員立法と内閣提出法

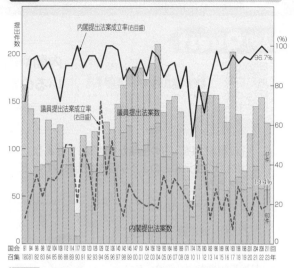

|解説| 議員は法律を提案し，政策を進めることができるのだろうか？ 国会に法律案を提出できるのは，内閣と国会議員である（議員提案の場合は，予算を伴う法案は衆院で50名以上，参院で20名以上の賛成が必要）。グラフから読み取れるように内閣提出法案が，提出数・成立率ともに議員立法を圧倒している。内閣提出法案の原案は各省庁で作成され，必要に応じて関係省庁や与党との調整，審議会への諮問，公聴会での意見聴取などを経て，最終的には内閣法制局の官僚による審査を経て法律案となる。これが閣議で決定されると国会に提出される。行政機能が拡大するにつれ，法律案の作成には，ますます高度な専門知識が必要になっている。議員立法も可能であるが，その作成過程では専門的知識を有し行政事務に精通した官僚の手を借りて法律案を作成するという「逆転現象」が見られることが多い。行政国家が象徴的に現れた例といえるだろう。

Column 国会に対する主権者の活動 請願

請願は，憲法で保障された国民の権利です。請願しようとする者は，議員の紹介によって請願書を各議院の議長あてに提出します。提出された請願は委員会で審査のうえ，その内容が妥当と思われるものは本会議で採択され，その中で内閣において措置することが適当と認めたものは内閣に送られます。内閣は送られた請願の処理経過を毎年各議院に報告することになっています。

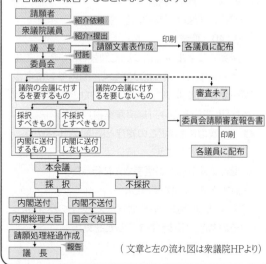

（文章と左の流れ図は衆議院HPより）

政治的主体

24 内閣と行政権

政治的主体

導入の Quest

Main Quest メイン クエスト

内閣や内閣総理大臣，行政はどのような仕事をしているのだろうか?

SubQuest サブ クエスト

行政の仕事を1日の生活から確認してみよう。私たちの生活にどのような行政が関係しているだろうか。

①7：00　朝ご飯

私たちが毎日食べている，お米や魚，肉…。これらをつくる日本の農業や漁業を支え，日本の「食」を守っているのが，「農林水産省」です。

②7：30　学校にいく準備

顔を洗ったり，歯をみがいたりする時にこまめに蛇口を閉めたりして「エコ」を心がけている。水不足の問題もふくめて，地球がかかえる様々な環境問題に，世界の国と一緒に取り組んでいるのが，「環境省」です。

③8：00　登校

登校で歩く道路を作ったり，直したりするのは「国土交通省」の担当です。他にも，自動車やバス，鉄道，船，飛行機といった，我々の生活に欠かせない交通を担当しています。

④8：20　学校に到着

学校の管轄は，「文部科学省」です。

⑤8：40　授業

授業でエネルギーについて勉強しました。エネルギーを輸入に頼るだけでなく，国内でもエネルギーが作れるように，太陽光発電などの開発を進めたりしているのは，「経済産業省」です。

? 次のことはどこの省庁と関連しているか考えてみよう

⑥風邪気味なのでお医者さんに行った。

⑦診療費をATMで下ろした。

⑧家族で，海外旅行で必要なパスポートの話をした。

⑨そのあと，家族全員でテレビを見た。

SubQuest サブ クエスト

憲法上，行政権は内閣に属している。では，内閣はどのように成立するのだろう。

（　）内は憲法の条数

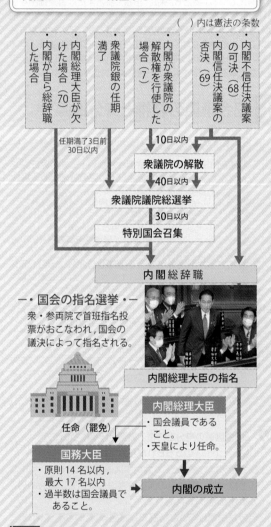

- 内閣が自ら総辞職した場合
- 内閣が衆議院の解散権を行使した場合（7）
- 内閣総理大臣が欠けた場合（70）
- 衆議院銀の任期満了
- 内閣信任決議案の否決（69）
- 内閣不信任決議案の可決（68）

任期満了3日前30日以内 → 衆議院の解散

10日以内 → 衆議院の解散

40日以内 → 衆議院議院総選挙

30日以内 → 特別国会召集

→ **内閣総辞職**

―・国会の指名選挙・―

衆・参両院で首班指名投票がおこなわれ，国会の議決によって指名される。

内閣総理大臣の指名

内閣総理大臣
- 国会議員であること。
- 天皇により任命。

任命（罷免）

国務大臣
- 原則 14 名以内，最大 17 名以内
- 過半数は国会議員であること。

→ **内閣の成立**

解説　内閣はどのように成立するのだろう

国会で首班指名選挙が行われて（憲法67条①），もっとも得票の多かった議員が内閣総理大臣に指名される。議決については衆議院の決定が優先される。その後，総理大臣官邸で国務大臣の選考・任命を行い（組閣），内閣が発足する。

Think!

最近の内閣はどのような経緯で成立しているか，調べてみよう。

1 議院内閣制のしくみ

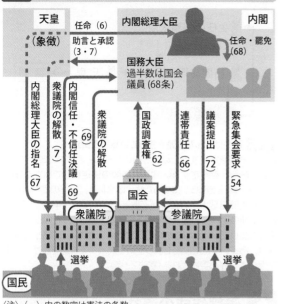

〈注〉（　）内の数字は憲法の条数。

解説 議院内閣制とはどのようなしくみだろうか?

議院内閣制は，議会（立法府）と政府（行政府）の分立を前提に，内閣が行政権を行使することについて，議会の信任にもとづいて存立し，議会に連帯して責任を負う政治制度である。具体的には，衆議院で不信任を議決されたときは，衆議院を解散するか，あるいは総辞職をしなければならない。このように内閣の組織と存続の基礎を国会に置く制度を議院内閣制と呼んでいる。

Column 連帯責任がある以上，閣議の決定方式は「全会一致」である。

定例閣議のようす（2013年）

内閣がその職権を行うのは，内閣総理大臣が主宰する閣議による（内閣法第4条）。すべての国務大臣が参加し，非公開で行われ，決定は全員一致である。

閣議は，通常は火曜日と金曜日の午前中に首相官邸にある閣議室で開かれる（定例閣議）。国会開会中は，国会内の閣議室で行う。必要に応じて開く臨時閣議や，一堂に会することなく書類を持ち回って全大臣の署名をとる持ち回り閣議も行われる。

閣議における意思決定は，**閣議決定**（憲法又は法律により内閣の意思決定が必要とされる事項や，法令上規定がない場合でも特に重要な事項について決定），**閣議了解**（各府省所管に属する事項で他府省にも関係するなどその影響を及ぼす），**口頭了解**（関係閣僚会議の設置や特殊法人などの人事に関することなどで，閣議書を作成せずに口頭で了解する事項）がある。

2 内閣と行政権

（2024年1月現在）

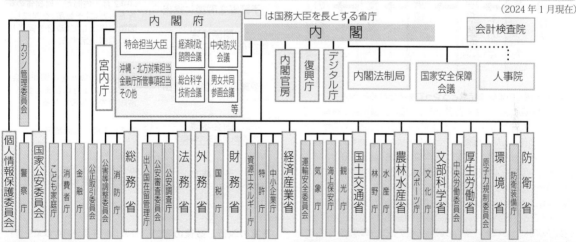

解説 議院内閣制とはどのようなしくみだろうか

憲法上，行政権は内閣に属するとされている（第65条）ので，国の行政事務はすべて内閣の責任で行われる。しかし，これは具体的な事務をすべて内閣が自ら行うというのではなく，内閣の下に設置された各省庁や委員会などが分担・管理・遂行するということである。1999年に中央省庁等改革関連法が成立し，中央省庁は2001年1月から，現在の1府12省庁に再編成された。

中央官庁街　永田町と霞が関には，国会議事堂や首相官邸をはじめ中央官庁が集まっている。このあたりを歩いてみると，政治をもっと身近に感じることができるだろう。

3 内閣の権限

権限	条文	内容
法律の執行・国務の総理	73①	目的にかなった法律の執行を行い, 行政の事務一般を統括・管理する。
外交関係の処理	73②	重要な外交関係に関する事務を処理。(通常の外交事務は外務大臣が主管)
条約の締結	73③	国家間の文書による合意を締結。
官吏に関する事務の掌理	73④	内閣の支配下にある公務員に関係する事務を処理する。
予算の作成	73⑤	予算を作成し, 国会に提出する。
政令の制定	73⑥	憲法や法律を実施する命令を制定する。
恩赦の決定	73⑦	刑罰を失効させる等の決定を行う。
天皇の国事行為への助言と承認	3 7	天皇の国事行為の実質的決定権は, 内閣が有する。
国会の召集	7	国会の召集を行う (臨時会は第53条)。
参議院の緊急集会の要求	54	衆議院の解散中, 国に緊急の必要があるとき, 参議院議長に請求する。
最高裁判所長官の指名	6	内閣の指名に基づいて天皇が任命する。
その他の裁判官の任命	79 80	長官以外の最高裁判所の裁判官と下級裁判所の裁判官を任命する。

解説 内閣にはどのような権限があるだろうか
内閣は, 行政権の中枢として, 憲法73条に示された事務の行政に関わる広範な権限をもつ。また, 憲法3条, 7条で天皇の国事行為への助言と承認, 79条, 80条で裁判官の任命権がある。

4 条約の締結の手続き

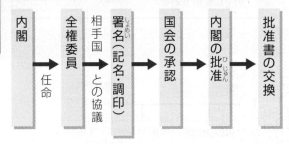

内閣 →(任命)→ 全権委員 →(相手国との協議)→ 署名(記名・調印) → 国会の承認 → 内閣の批准 → 批准書の交換

解説 外国との条約締結はどうやって進められるろうか
条約は国家間の文書による合意であり, 協定, 議定書, 憲章など名称のいかんを問わない。条約締結は内閣の権限であるが, まず, 内閣の任命した全権委員 (全権委任状を付与された代表者) が相手国と交渉を行い, 条約文を作成し署名 (記名調印) する。その後に内閣が批准を行い, 相手国と批准書の交換を行うことにより条約が発効する。多国間条約については, すべての国の批准が困難なこともあり, ある一定割合の国や特定の国が批准すれば発効することが多い。条約締結に必要な国会の承認は, 原則として批准の前に行われる。条約の締結に対する国会の承認については, 衆議院の優越が認められている (p.128参照)。

条約への署名
2013年10月10日, 水銀の輸出入などを国際的に規制する「水俣条約」が採択された。署名する岸田外相 (当時)。

5 政令の制定

主任の国務大臣 →(政令案の提出 / 署名)→ 内閣総理大臣 → 天皇 → 官報
決定 / 開催 / 連署 / 公布
閣議

解説 政令はどんな役割を担っているだろうか
内閣は法律を実施するためや法律の委任にもとづいて政令 (内閣による命令) を制定する。政令は内閣の決定だけで成立するが, その執行責任を明らかにするため, 政令には, 主任の国務大臣の署名と内閣総理大臣の連署が必要とされる (憲法74条)。政令には, 法律の実施に必要な細則を定めるもの (執行命令) と, 法律の委任を受けて制定されるもの (委任命令) とがある。また, 罰則を設け, あるいはまた役務を課し権利を制限する規定を設けるには, 法律の委任が必要とされる (憲法73条)。

6 予算作成の流れ

概算要求 各省府庁が「概算要求」を財務省に提出	①5・6〜8月 各省庁が, 次年度1年間に必要な金額を算出し, 予算要求としてまとめ, 財務省に提出する。
予算編成作業 財務省が, 「概算要求」を査定・調整	②9月〜12月 財務省が各省庁から提出された金額や内容が妥当かどうかなどを調べて, 査定・調整し, その結果を内閣に報告する。
予算案を閣議に提出 **閣議決定** 予算案を最終調整して, 閣議決定する	③12月 内閣が, 財務省の報告をもとに「予算案」を作成し, 閣議に提出して「政府予算案」として閣議決定する。
予算案を国会に提出	④1月 予算案を内閣が国会に提出し, 1月に召集される通常国会で話し合われる。
国会審議 衆議院・参議院で審議する	⑤1〜3月 国会審議
予算成立 予算案が衆参両院で可決されれば, 予算成立	⑥3月中旬〜下旬 国会で新年度の予算が成立

予算の執行, 政策の実施 4月, 新年度予算の政策を実行

解説 予算の審議方法を確認しよう
予算案は, まず衆議院予算委員会で審議され (予算案は衆議院に先議権がある), 関係者などから意見を聴いて (公聴会), 衆議院本会議にて採決される。続いて, 参議院でも同様のことが行われるが, 参議院が衆議院と異なった議決をしたときは, 衆議院の議決が優先される (衆議院の優越)。4月までに予算が決まらないときは, 「暫定予算」という一時的な仮の予算を作る。また, 大きな災害が起きたり, 社会経済の状況が変わり, 議決した予算の修正が必要となった場合には「補正予算」を作成し, 予算を組み替える。

7 内閣総理大臣の権限と仕事

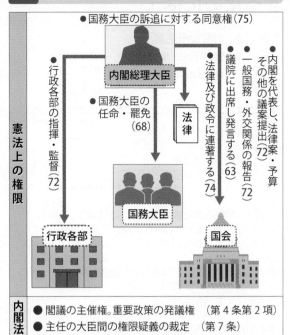

憲法上の権限

- ●国務大臣の訴追に対する同意権(75)
- ●行政各部の指揮・監督(72)
- 内閣総理大臣
- ●国務大臣の任命・罷免(68)
- 法律
- 国務大臣
- 行政各部
- 国会
- ●内閣を代表し、法律案・予算その他の議案提出(72)
- ●一般国務・外交関係の報告(72)
- ●議院に出席し発言する(63)
- ●法律及び政令に連署する(74)

内閣法上の権限

- ●閣議の主催権。重要政策の発議権 （第4条第2項）
- ●主任の大臣間の権限疑義の裁定 （第7条）
- ●行政各部の処分又は命令の中止権 （第8条）
- ●内閣総理大臣の臨時代理者の指定権 （第9条）
- ●主任の国務大臣の臨時代理者の指定権（第10条）

|解説| 内閣総理大臣の持つ権限について確認しよう

内閣総理大臣は、内閣の一体性と統一性を確保するために諸種の権限をもち、指導力を発揮する。内閣の国会への議案提出権や行政各部に対する指揮監督権も、内閣総理大臣が「内閣を代表して」行使する。図中の中止権とは、内閣の方針が決定するまで行政各部の処分や命令を中止させる権限である。明治憲法下では、内閣総理大臣は「同輩中の主席」に過ぎず、そのため軍部の独走などを止めることができなかった。日本国憲法ではその反省から、内閣総理大臣の権限を大きく定めている。

8 独立行政委員会

おもな委員会	職務内容	職務の性質
公正取引委員会	独占禁止法の運用	中立性の確保、専門知識に基づく公正な処理、慎重な手続き
国家公安委員会	国の公安に係わる警察運営等	中立性の確保
公害等調整委員会	公害紛争の調整等	専門知識に基づく公正な処理、関係行政機関間の適切な調整
中央労働委員会	労働関係の調整等	労使間の相対立する利害の調整
人事院	国家公務員の勤務条件の改善・人事行政	中立性の確保

|解説| 独立行政委員会の役割は何だろうか?

中立的な立場で公正な行政を行うことを目的に導入されている。内閣の所轄にあるが、①職務の性質上内閣から独立して活動を行う、②職務執行のため裁決や審決などの準司法的権限や規則の制定などの準立法的権限をもつ、③合議制の行政機関であるという特徴をもっている。

Column 副大臣って何してる?

副大臣は、国会活性化法（1999年）により従来の政務次官を廃止して設けられたポストで、内閣府と各省に置かれる。通常、国会議員が充てられ、任命は内閣が行う。各省の大臣の命をうけて政策や企画に参画し、大臣不在の場合にはその職務を代行する。国会答弁に立つ機会もあり、政策決定システムを従来の官僚主導から政治主導するのがねらいである。省庁の縦割り行政を廃するため、省庁間の政策調整を行う副大臣会議（写真）も設置された。

9 内閣総理大臣の危機管理に関する権限

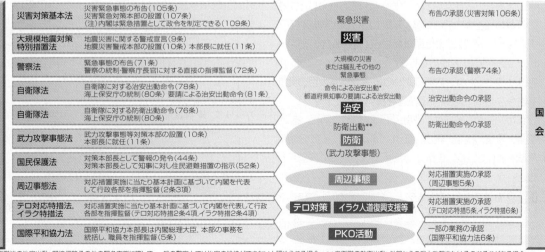

内閣総理大臣			国会
災害対策基本法	災害緊急事態の布告（105条）災害緊急対策本部の設置（107条）(注)内閣は緊急措置として政令を制定できる（109条）	緊急災害 **災害** 大規模の災害または騒乱その他の緊急事態	布告の承認（災害対策106条）
大規模地震対策特別措置法	地震災害に関する警戒宣言（9条）地震災害警戒本部の設置（10条） 本部長に就任（11条）		
警察法	緊急事態の布告（71条）警察の統制・警察庁長官に対する直接の指揮監督（72条）		布告の承認（警察74条）
自衛隊法	自衛隊に対する治安出動命令（78条）海上保安庁の統制（80条）要請による治安出動命令（81条）	命令による治安出動* 都道府県知事の要請による治安出動 **治安**	治安出動命令の承認
自衛隊法	自衛隊に対する防衛出動命令（76条）海上保安庁の統制（80条）	防衛出動** **防衛** （武力攻撃事態）	防衛出動命令の承認
武力攻撃事態法	武力攻撃事態等対策本部の設置（10条）本部長に就任（11条）		
国民保護法	対策本部長として警報の発令（44条）対策本部長として知事に対し住民避難措置の指示（52条）		
周辺事態法	対応措置実施に当たり基本計画に基づいて内閣を代表して行政各部を指揮監督（2条3項）	**周辺事態**	対応措置実施の承認（周辺事態5条）
テロ対応特措法、イラク特措法	対応措置実施に当たり基本計画に基づいて内閣を代表して行政各部を指揮監督（テロ対応特措2条4項,イラク特措2条4項）	**テロ対策** イラク人道復興支援等	対応措置実施の承認（テロ対応特措5条,イラク特措6条）
国際平和協力法	国際平和協力本部長は内閣総理大臣、本部の事務を統括し、職員を指揮監督（5条）	**PKO活動**	一部の業務の承認（国際平和協力6条）

*自衛隊法の治安出動: 間接侵略その他の緊急事態に際して、一般の警察力では治安の維持ができないと認められる場合 **自衛隊の防衛出動: 外部からの武力攻撃またはそのおそれがある場合

（『目で見る憲法第3版』より）

行政の民主化・効率化するためには？

1 日本の「官僚組織」を確認しよう。

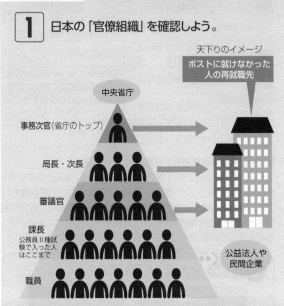

天下りのイメージ
ポストに就けなかった人の再就職先

中央省庁

事務次官（省庁のトップ）
局長・次長
審議官
課長
公務員Ⅱ種試験で入った人はここまで
職員

公益法人や民間企業

解説 ピラミッド構造の官僚組織 「キャリア官僚」といわれる人たちは，国家公務員総合職試験に合格した幹部候補生たちであり，中央省庁の主要なポストをおさえていく。こうしたキャリア官僚たちのトップに立つのが各省庁の「事務次官」ただ1人であり，この地位をめざして，同じ年に試験に合格したキャリアたちはしのぎを削る。この出世レースがピラミッドの構造となるのである。レースから脱落する者，自ら辞める者などが，地方自治体や外郭団体，民間企業などに異動していくことで，この構図が成り立ち，「天下り」につながることもある。

官僚の権限は強い？「行政国家化現象」とは

19世紀末以降，自由主義経済の発達の中で，恐慌や失業問題がおこり，社会的不平等，格差が大きくなった。このような状況を是正するために，国家が国民生活に積極的に介入することが要請され「行政国家（＝大きな国家）」が形成され始めた。第二次世界大戦後，さらに国家には複雑・多様な役割が求められ，それに応じた規模の行政組織と専門的な知識・経験に基づいた判断が不可欠となって，行政国家化現象がさらに進展した。その一例が「委任立法」の増加である。委任立法とは，細かい内容は法律で定めず，内閣の定める政令や各省大臣の発する省令などに詳細を委ねる法律を指す。

また，日本の省庁は，許可，認可，免許，承認，指定，確認，検査，検定，届出，証明，認証など，多数の規制権限を有している。こうした規制行政を総称して許認可行政という。

解説 許認可権とは何だろう？ 許認可行政は，経済的活動の公正の確保や国民の権利の保護，生活上の安全の確保などの目的で実施されている。例えば，電気通信事業を営む，あるいは医師や調理師などには免許が必要とされていることなどである。製品の規格を定め安全を確保するために，検査，検定や認証が行なうなどが行なわれている。

議員立法と内閣提出法案

◆ 法案の提出・成立状況 ◆（1～201 国会通算）

内閣提出 10,064 件　議員提出 5,955 件
衆 4,041 件　参 1,914 件

全提出数 16,019 件

62.8%　25.2%　11.9%

成立した法律　8,681 件（86.3%）　1,386 件（34.3）　232 件（12.1）

不成立となった法案　1,383 件（13.7%）　2,655 件（65.7）　1,682 件（87.9）

（注）1～201 国会における成立率の中には，継続審査法律案で成立したものも含む。（　）内は各提出数に対する成立割合。

解説 内閣提出法案と議員立法を比べてみよう 第1回から第201回国会における内閣提出法案と議員立法を比べてみると，全法案に占める内閣提出法案の比率は62.8%であり，法案の約3分の2を占めている。また，法案成立率も86.3%と高率である。それに対して議員立法の提出率は34.3%，成立率も衆参平均で27.1%である。複雑化する社会に対応するための法案作成は，省庁によるものが多くなっていることが分かる。ただし，臓器移植法のような議員個人の倫理・宗教観に関わるような法案は，議員立法で成立している。

委任立法の事例

児童扶養手当法（1961年・**法律**第238号）
父母が婚姻を解消した児童，父が死亡した児童等が育成される家庭生活の安定と自立促進に寄与するため，当該児童について児童扶養手当を支給。

児童扶養手当法施行令（1961年・**政令**第405号）
手当を支給する児童の条件，手当の額などについての定め

児童扶養手当法施行規則（1961年・**厚生省令**第51号）
手当支給の認定や請求の届出の様式などの定め

児童扶養手当法施行令第五条に規定する主たる生業の維持に供するその他の財産
（1961年・**厚生省告示**第402号）
具体的な算定の基準などの定め

解説 なぜ委任立法があるのだろう？
国会を国の唯一の立法機関としている憲法の趣旨からは，包括的な白紙委任は許されないが，専門的・技術的な事項に関する能力や社会経済の変化に対する迅速な対応という面で議会に限界があり，一定の範囲で委任立法を認める立場が有力である。ただし，委任しようとする事項が給付であったり，規制の対象者や内容など国民の権利義務に直接かかわる事項である場合には，委任の基準の明確性がより強く求められる。

行政の許認可権

◆ 許認可等の省庁別内訳 ◆（2017年4月1日現在）

文部科学省 473件（3.1）
その他 2,520件（16.3）
国土交通省 2,805件（18.1）
財務省 842件（5.4）
農林水産省 1,770件（11.4）
15,475件（100%）
厚生労働省 2,451件（15.8）
経済産業省 2,261件（14.6）
金融庁 2,353件（15.2）

2 行政機構や制度を見直し効率化などを目指した「行政改革」とは

郵政民営化のしくみ

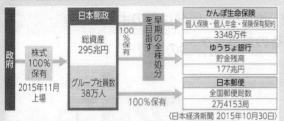

〈日本経済新聞 2015年10月30日〉

解説 郵政民営化は、なぜ「効率化」なのだろう?
30万人以上と言われる郵政職員を民間とすることで大幅な国家公務員の削減に繋がり、行政のスリム化になるというのが第一の理由である。しかし、最大の理由は、それまで政府部門の財政投融資等に使われていた資産(=郵便貯金など)を、民間部門に流せるようにして、より資金が自由に市場に流れるようにすることがあげられている。

行政改革の歩み

年	できごと
1981	第二次臨時行政調査会(第二次臨調:会長・土光敏夫)が、臨時行政調査会設置法に基づき設置される。
84	総務庁発足。総理府の外局として行政管理庁と総理府本庁を統合した。
85	日本電信電話公社(電電公社)および日本専売公社(専売公社)の民営化が実施される(それぞれ日本電信電話会社(NTT)および日本たばこ産業株式会社(JT))。
87	日本国有鉄道(国鉄)の分割、民営化を実施。六つの旅客鉄道会社(JR東日本など)と貨物鉄道会社、国鉄清算事業団が発足。
93	第三次行革審の最終答申を受けて171項目の許認可の整理合理化が実施。
95	行政手続法が制定。「公正・透明な行政手続法制の整備に関する答申」による策定。
99	情報公開法が制定。
99	地方分権一括法が制定(機関委任事務の廃止や国の関与に関するルールなどを内容とする)。
2001	中央省庁を1府12省庁に再編する各省庁設置法や内閣府設置法が成立、実施。
	独立行政法人通則法により、57法人が設立(研究機関や博物館など)。
03	郵政3事業の公社化がなされ、日本郵政公社が設立。
04	国立大学を国立大学法人化。
05	四道路公団の分割、民営化が行われ、六つの株式会社(首都高速道路株式会社など)が発足。
07	郵政民営化法(2005年)に基づき、日本郵政公社が日本郵政グループ5社に分割民営化された。
09	行政刷新会議が設置され、国の予算・制度・事業のいわゆる「事業仕分け」を実施。
12	郵政民営化法改正により、4社へ再編される。
18	水道法改正(民間との連携をはかり基盤強化をめざす)。

解説 行政改革とは? 主な内容は次の4点である。①国の行政組織制度、地方制度、公務員制度、税財政制度などの改革。②行政省庁の統廃合、新設など。③人事、定員の削減、経費の縮減など。④事務事業の縮小などの責任領域の変更である。

新たな幹部人事決定の仕組み

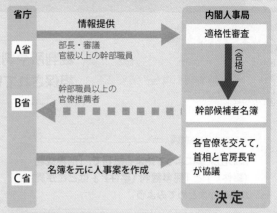

解説 内閣人事局とは? 内閣人事局は、国家公務員の人事管理に関する戦略的中枢機能を担う組織として、関連する制度の企画立案、方針決定、運用を一体的に担っている。特に、大きな権限は、これまで各官庁が行なっていた幹部職員人事を一元的に管理することである。そのため、幹部職員が「官邸の意向を読むようになった」と言われている。

行政の民主化の方法

国政調査権	憲法第62条で保障された衆参両議院が国政について調査する権限で、証人の出頭や記録の提出を求めることができる。司法権の独立の尊重などの限界はあるが、行政を監視して民主化をはかるための有力な手段である。地方議会に認められた事務調査権も同様の趣旨といえる。
行政委員会	戦後アメリカから導入された合議制の行政機関で、高い公平性や専門性のために一般の行政機関からある程度独立しており、準立法的・準司法的権能をもつ。人事院や公正取引委員会、地方自治体の教育委員会や選挙管理委員会などがある。
情報公開制度	政府や地方自治体など行政機関が持つ情報を開示させる制度。行政のあり方を国民の監視のもとに置くという意味で、行政の民主化にとって不可欠の制度である。1982年の山形県金山町に始まり、全国の多くの地方自治体が情報公開条例を制定した。政府は1999年に情報公開法を制定したが、不開示とされる情報の範囲などをめぐり、残された問題も多い。
オンブズマン(パーソン)	国民の苦情をうけて、中立的な立場から行政機関を調査し、必要な措置を講ずる官職。スウェーデンに始まり、約30か国が導入している。日本では1990年に川崎市が導入し、以後いくつかの地方自治体で条例化されている。日本各地で地方自治体の監視を行っている「市民オンブズマン」はNPOであり、公的機関ではない。

Think!
人口10万人当たりの公務員数を、先進国(例えばG5)で比較し、日本の公務員数を確認し、「大きな政府」を目指すのか、「小さな政府」を目指すのかを考えよう。

政治的主体

導入の Quest

MainQuest （メイン クエスト）

裁判所や判決（裁判）への信頼はどのように担保されているのだろうか?

SubQuest （サブ クエスト）

次の出来事によって始まる裁判で、「刑事裁判（事件）」と「民事裁判（事件）」はどこが異なるのかまとめてみよう。

裁判はこう始まる!

タローさんは運転中、交差点の赤信号を見落として、青信号で横断中のハナコさんをはね、全治6か月のけがを負わせた。

このとき、加害者タローさんの責任を問うため、あるいは被害者ハナコさんの被った損害（治療費や慰謝料など）を救済するために、どのような裁判が始まるのだろうか。

【刑事裁判】（裁判員裁判の場合）

刑事裁判は、罪を犯して起訴された人（被告人）の有罪・無罪、有罪の場合はどんな刑を科すかを判断する裁判。検察官が公益を代表して起訴を行い、裁判所に刑罰を求める。被告人は弁護人（弁護士）を依頼し、その援助を受けることができる。

上の例では、検察官が被告人（加害者であるタローさん）に対して「懲役□年」を求刑（刑務所に□年入れることを求める）し、それに対し被告人と依頼を受けた弁護人が、無実または刑罰を減らすことなどを争っている。

*なお、民事裁判の一種に行政裁判がある。これは、国や地方公共団体などの行政機関の違法・不当な処分に対して、被害の回復を求める裁判である。

【民事裁判】

民事裁判は、金銭の貸借や損害賠償など日常生活で起こる権利・義務についての争いを解決する裁判。私人の訴えにより裁判が開始される。訴えた人を原告、訴えられた人を被告といい、代理人（弁護士）を選任することができる。

上の例では、原告（被害者ハナコさん）が被告（加害者タローさん）に対して「治療費や慰謝料を払ってほしい」などと求めて争っている。

Think!

タローさんが起こした事故は「1回」なのに、なぜ「2回」裁判を受けなくてはならないのだろうか?

1 司法権の独立

（　）内は憲法の条数

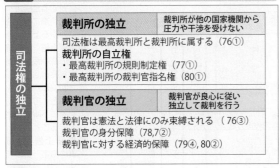

裁判所の独立	裁判所が他の国家機関から圧力や干渉を受けない

司法の独立

- 司法権は最高裁判所と裁判所に属する（76①）
- **裁判所の自立権**
  - ・最高裁判所の規則制定権（77①）
  - ・最高裁判所の裁判官指名権（80①）
- **裁判官の独立**　裁判官が良心に従い独立して裁判を行う
  - 裁判官は憲法と法律にのみ束縛される（76③）
  - 裁判官の身分保障（78,7②）
  - 裁判官に対する経済的保障（79④,80②）

解説 司法（人を裁くこと）の権利はどのように定められているだろうか
司法権の独立は，①全体としての裁判所が，政治的部門から独立して活動することができるという裁判所の独立と，②実際に裁判を行う裁判官が，他の何者からも圧力や干渉を受けないという裁判官の独立を内容とする。裁判所の自立権は裁判所の独立を強化し，また，裁判官の身分保障や経済的保障は，裁判官の地位が脅かされないことで，裁判官の職権行使の独立を確保しようとするものである。

2 裁判官の身分保障

（　）内は憲法等の条数

- ● **裁判官がやめなければならない場合**
  - ①定年（最高裁・簡易裁判所は70歳，他は65歳）（裁判所法50）
  - ②裁判で心身の故障のため職務を行えないと決定されたとき（78）
  - ③弾劾裁判で罷免の宣告を受けたとき（78）
  - ④国民審査で罷免されたとき（最高裁のみ）（79）
  - ⑤任期（10年）の終了（ただし再任可。下級裁判所のみ）（80）
- ● **行政機関による裁判官の懲戒処分の禁止（78）**
- ● **相当額の報酬の保障とその減額の禁止（80）**

解説 裁判官の身分はどのように定められているのか
裁判官の職権の独立を確保するためには，裁判官が安心して職務を行うことができるよう，その身分をしっかり保障しておくことが必要である。裁判官は，憲法に定められた事由以外で罷免されることはないし，裁判官の懲戒（戒告または1万円以下の科料）は，裁判所の裁判によって行われる。

3 裁判官の任命

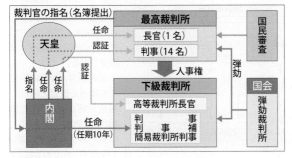

解説 裁判官の任命には外部からの関与が絶対にないのだろうか
最高裁長官は，内閣の指名に基づいて天皇が任命する。その他の最高裁判事は，内閣で任命（憲法第6条）し，天皇が認証する。裁判所法は「識見の高い，法律の素養のある」満40歳以上の者としているが，5人までは法律家である必要はない（裁判所法第41条）。下級裁判所の裁判官は，最高裁の指名した者の名簿によって，内閣が任命する（憲法第80条）。高等裁判所長官の任命は，天皇の認証事項である。

4 裁判公開の原則

　もし，自分が事件の当事者として裁判を受ける立場になったとき，裁判が誰も見ていない密室で行われるとしたらどうだろうか？

　多くの人が，裁判が本当に公正に行われるだろうかと，不安になるであろう。また，非公開の裁判では，判決に対する信頼も損なわれてしまう。法廷後方には傍聴席が設けられており，誰でも傍聴することができる。裁判は一般市民に公開されるのである。

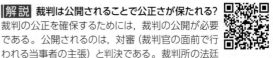

裁判所の開廷表　2017年から裁判の開廷表（どのような裁判がいつ開催されるかがわかる）が電子化されている。webサイトから開廷表を確認できるようにもなっている。裁判傍聴などに活用してみよう。

解説 裁判は公開されることで公正さが保たれる？
裁判の公正を確保するためには，裁判の公開が必要である。公開されるのは，対審（裁判官の面前で行われる当事者の主張）と判決である。裁判所の法廷後方には傍聴席が設けられており，誰でも傍聴できる。ただし，プライバシー保護など一定の理由がある場合には，裁判官の全員一致で，対審は非公開にできる（憲法第82条）。

Column 「時効」

　皆さんは「時効」と聞くと，「犯人がある一定期間捕まらないと，刑罰を科せられないことだな」と刑事（刑事法）上の時効だけを考えてしまうが，私法（民事）上の時効もある。「なぜ，時効という制度があるのか，その存在理由」を考えてみよう。

　1. 刑事（刑事法）上の時効

　一定期間が経過したことにより，刑罰権を消滅させること。「刑の時効」と「公訴時効」とがある。なお，2010年の法改正で，人を死亡させた犯罪に対して「適正な公訴権の行使を図るため」として，法定刑に死刑が含まれるか否かによって，公訴時効の廃止やその期間延長などの大きな変更が行われた。

　2. 私法（民事）上の時効

　取得時効と消滅時効とがある。前者は長期間にわたって他人の物（たとえば土地）を占有する者に権利（所有権など）を与える制度であり，後者は一定期間行使されない権利（主要なものは債権）を消滅させる制度である（民法167条により，債権は，10年間行使しないときは消滅する）。

政治的主体

5 日本の裁判制度・三審制

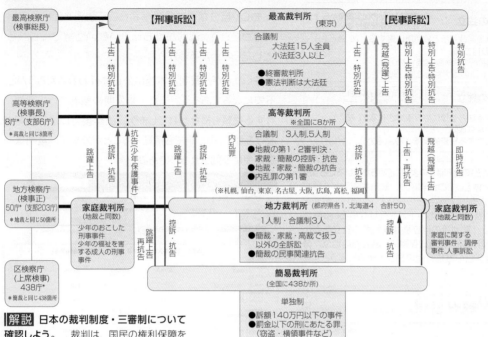

最高検察庁
(検事総長)

【刑事訴訟】

最高裁判所
(東京)

【民事訴訟】

合議制
大法廷15人全員
小法廷3人以上

●終審裁判所
●憲法判断は大法廷

高等検察庁
(検事長)
8庁*(支部6庁)
*高裁と同じ8箇所

高等裁判所
※全国に8か所

合議制 3人制,5人制
●地裁の第1・2審判決・家裁・簡裁の控訴・抗告
●地裁・家裁・簡裁の抗告
●内乱罪の第1審
(※札幌, 仙台, 東京, 名古屋, 大阪, 広島, 高松, 福岡)

地方検察庁
(検事正)
50庁*(支部203庁)
*地裁と同じ50箇所

家庭裁判所
(地裁と同数)
少年のおこした刑事事件
少年の福祉を害する成人の刑事事件

地方裁判所 (都府県各1, 北海道4 合計50)

1人制・合議制3人
●簡裁・家裁・高裁で扱う以外の全訴訟
●簡裁の民事関連抗告

家庭裁判所
(地裁と同数)
家庭に関する審判事件・調停事件,人事訴訟

区検察庁
(上席検事)
438庁*
*簡裁と同じ438箇所

簡易裁判所
(全国に438か所)

単独制
●訴額140万円以下の事件
●罰金以下の刑にあたる罪, (窃盗・横領事件など)

解説 日本の裁判制度・三審制について確認しよう。
裁判は, 国民の権利保障を慎重に行うために, 通常3回まで受けられるしくみ (三審制) になっている。控訴・上告が行われなければ, 原判決 (一つ前の段階の裁判で下された判決) が確定する。控訴審 (第二審) では, 裁判所は第一審と同様の方法で事実認定を行うが, 上告審の裁判所は, 原則として原判決で認定された事実に拘束され, 法律問題に関する審理のみを行う。

裁判は, 憲法に定める例外を除いて, 最高裁判所と4つの下級裁判所しか行うことができない。軍法会議, 皇室裁判所, 行政裁判所など明治憲法下で設けられた特別裁判所 (特別な身分の人, または事件について裁く裁判所) の設置は禁止されている (憲法76条)。例外として, 国会の両議院が行う議員の資格争訟の裁判 (憲法55条) と弾劾裁判所が行う裁判官の弾劾裁判がある (憲法64条)。

●**控訴** 第一審判決に対する上訴。
●**上告** 第二審判決に対する上訴。
●**特別上告** 民事事件で高等裁判所が上告審として下した判決に, 違憲を理由として最高裁判所に不服申し立てすること。
●**跳躍上告** 刑事事件の第一審の判決に対して, 控訴を経ずに直接最高裁判所に申し立てる上告。また民事事件で地方裁判所や簡易裁判所の第一審判決に対して, 控訴を省略して行われる上告 (民事事件では「飛越上告 (飛躍上告)」 というのが通例)。
●**抗告** 裁判所の決定・命令に対する上訴。
●**特別抗告** 他に不服申し立て手段のない裁判所の決定・命令に, 違憲を理由として最高裁判所に上訴すること。

Column 最高裁判所の法廷

最高裁判所は, 終審裁判所として裁判の最終的判断を下す。最高裁判所においては, 事件は通常5人の最高裁判所判事で構成される3つの小法廷で審理されるが, 憲法問題を含むような事件については, 15人全員の最高裁判所判事で構成される大法廷が審理する。

最高裁判所▶
小法廷

◀最高裁判所
大法廷

6 検察審査会制度

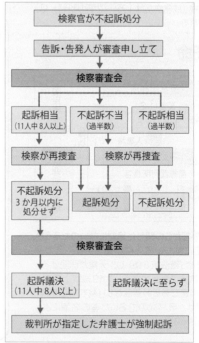

検察官が不起訴処分
↓
告訴・告発人が審査申し立て
↓
検察審査会
↓
起訴相当 (11人中8人以上) / 不起訴不当 (過半数) / 不起訴相当 (過半数)
↓
検察が再捜査 / 検察が再捜査
↓
不起訴処分 3か月以内に処分せず / 起訴処分 / 不起訴処分
↓
検察審査会
↓
起訴議決 (11人中8人以上) / 起訴議決に至らず
↓
裁判所が指定した弁護士が強制起訴

解説 検察審査会とは
裁検察審査会制度は, 選挙権を有する国民の中からくじで選ばれた11人の検察審査員が, 検察官が被疑者 (犯罪の嫌疑を受けている者) を不起訴にしたことの当否を審査する制度である。

被害者などからの申立てや職権で審査を開始し, 審査が終わると, ①起訴相当(起訴すべきである), ②不起訴不当 (さらに詳しく捜査すべきである), ③不起訴相当 (不起訴は相当である)との議決を行う。①には8人以上, ②③には6人以上の賛成が必要で, 審査過程は非公開である。

7 最高裁判所の違憲判決

違憲とされた法律・行為 （判決年月日）	根拠となる憲法条文	違憲の理由	判決後の措置
刑法200条の尊属殺重罰規定 （1973.4.4）	14条 〔法の下の平等〕	尊属殺は普通殺に比べ法定刑が著しく重く，不合理な差別である。	判決以降，検察は200条で起訴せず，国会は1995年に同条を削除。
薬事法6条の薬局開設の距離制限規定（1975.4.30）	22条〔職業選択の自由〕	距離制限は必要で合理的な規制といえず，営業の自由に違反する。	国会は1975年中に63条を削除。
公職選挙法の別表第1等の衆議院議員定数配分規定 （1976.4.14）1：5 の格差 （1985.7.14）1：4.4の格差	14・44条〔議員・選挙人の資格と法の下の平等〕	議員1人あたりの選挙人の数に格差があり，投票価値の不平等を招いている（事情判決で選挙は有効）。	国会は1986年に格差を1：3以内に是正。しかしその後格差は拡大した。
森林法186条の共有林分割制限規定（1987.4.22）	29条〔財産権の保障〕	持分価額による共有林の分割請求制限は不合理で財産権を侵す。	国会は1987年中に186条を削除。
愛媛県の玉串料公費支出 （1997.4.2）	20条・89条〔政教分離，公金支出の制限〕	愛媛県による靖国神社への玉串料と公金支出は政教分離原則に違反する。	知事に支出相当額を県に返還するよう命ず。提訴以降，県は公費支出を中止。
郵便法68条，73条の損害賠償制限規定（2002.9.11）	17条〔国の賠償責任〕	郵便局の過失の程度によって国の損害賠償責任を免除・制限する規定には合理的根拠がない。	国会は2002年中に国の賠償範囲を拡大した郵便法の改正を行った。
公職選挙法付則8項の在外投票制限規定（2005.9.14）	15条・43条・44条〔普通選挙，議員・選挙人の資格と法の下の平等〕	在外日本人の選挙権を衆参両議院の比例代表選挙に限定することには合理的理由がない。	国会は2006年に選挙区選挙にも投票できるよう，法改正を行った。
国籍法3条1項の国籍取得要件規定（2008.6.4）	14条 〔法の下の平等〕	出生後認知された未婚の日本人父と外国人母の子について，両親の婚姻を国籍取得の要件とすることには合理的理由がない。	国会は2008年12月に，両親の婚姻は国籍取得の要件としないとする旨の法改正を行った。
北海道砂川市の市有地を神社へ無償提供（2010.1.20）	20条・89条〔政教分離，公金支出の制限〕	砂川市が市有地を無償で空知太神社に使わせていることは，政教分離を定めた憲法に違反する。	市は宗教施設を1か所に集約し，その敷地を有償で貸する方針を発表した。
民法900条第4号但書の非嫡出子の法定相続分規定（2013.9.4）	14条 〔法の下の平等〕	非嫡出子の法定相続分を嫡出子の2分の1とすることには，合理的な根拠がない。	国会は2013年12月に法改正を行い，非嫡出子の相続分を嫡出子と同等にした。
民法第733条1項の再婚禁止期間規定（2015.12.16）	14条 〔法の下の平等〕	女性のみに6か月の再婚禁止期間を求めるのは，現代では必要なく過剰で違憲である。	2016年6月8日，民法は改正され，再婚禁止期間が100日に短縮された
那覇市が管理する土地を孔子廟に無償提供（2021.2.24）	20条 〔政教分離〕	孔子を祀った孔子廟のために，市が管理する公園の土地を無償で提供していることは，政教分離原則に違反する。	那覇市は孔子廟を運営する宗教団体に土地の使用料を請求。
国民審査法8条の最高裁判官の国民審査の在外投票制限（2022.5.25）	15条1項・79条2項・3項〔公務員選定罷免権，最高裁判所裁判官の国民審査〕	国民審査権を制限するのにやむを得ない事由があるとはいえず，違憲である。	2023年2月17日に改正法が施行，在外投票が可能となった。

＊2023年には，戸籍上の性別を変更するためには生殖能力がないことを条件とし，事実上手術を必要とする性同一性障害特例法の規定について，違憲であるという判決が出ている。

政治的主体

解説 違憲法令［立法］審査権とは

憲法の最高法規性と基本的人権を保障するためには，憲法に違反する権力の行使を審査し，無効とするしくみが必要である。憲法81条は，具体的事件を審理する中で，「一切の法律，命令，規則又は処分が憲法に適合するかしないかを決定する」権限（違憲法令［立法］審査権）をすべての裁判所に与えている。最高裁判所は，この権限を持つ終審裁判所であることから，「憲法の番人」と呼ばれる。しかし，最高裁判所においても，「高度に政治的な国家行為については，その性質上，裁判所の司法審査の対象とはならない」という統治行為論を採用して，憲法判断を回避したことがあり，「司法消極主義」のあらわれだとの批判がある。

Column 法テラスって，どんなところ？

法トラブルに直面した時，自治体，弁護士，司法書士，警察，支援団体など，相談窓口がバラバラなために必要な情報にたどり着けない，経済的に余裕がなく相談できない，近くに専門家がいないなどの理由から，法律の専門家の助けを得られないとの問題があった。そんな時，どこでも誰でも法的なトラブルの解決に必要な情報やサービスの提供を受けられるようにしようという構想のもと，総合法律支援法にもとづき，2006年4月10日に，政府の全額出資によって設立された。正式名称は，日本司法支援センターで，通称「法テラス」。

「法テラス」とは，「法で社会を明るく照らす」「日当りの良いテラスのように皆様が安心できる場所にする」という意味の愛称。全国に50の事務所，11の支部，37の地域事務所などが置かれている。

法テラスって，何をしているの？
〜法テラスの主な業務〜

日本司法支援センター　法テラス
相談をご希望の方へ
https://www.houterasu.or.jp/madoguchi_info/index.html

①情報提供
②民事法律扶助
③国選弁護等関連業務
④司法過疎対策
⑤犯罪被害者支援

（「ほうてらす」2018.8，vol.43より）

テーマ学習　国民の司法参加　もしもあなたが裁判員に選ばれたら？

政治的主体

1 司法制度改革とは何だろう?

◆ 司法制度改革とは何だろう? ◆

従　来

- 裁判に時間がかかりすぎる。
- 先進国のなかでも法曹人口が少なすぎる。
- 市民の司法参加がほとんどない。

≋改革≋

司法制度改革推進計画 [2002年3月]

①裁判制度の改革
- 裁判のスピードアップ
  →刑事裁判に「公判前整理手続き」、「即決裁判」を導入
- 高度な専門知識を要する裁判への対応
  →知的財産高等裁判所を東京高裁に設置
- 人権擁護の充実
  →日本司法支援センター（法テラス）の設置（2006年）
  目的…全国どこでも簡単に法律サービスが利用可能に。
  運営…総合法律支援法に基づく準独立行政法人「日本司法支援センター」を拠点とし、全国50か所に地方事務所を設置。
  業務…①情報提供　②民事法律扶助　③司法過疎対策　④犯罪被害者支援　⑤国選弁護業務

②法曹人口の拡大…法曹養成に特化した法科大学院の設置
●新しい法曹養成制度

③国民の司法参加…裁判員制度の導入

④その他の司法制度改革…
被害者参加制度（2009年） 犯罪被害者が検察官とともに意見陳述・証人尋問・被告人質問ができるようにする制度。従来軽視されてきた犯罪被害者の権利を尊重したもの。
重大犯罪の公訴時効廃止（2010年） 殺人など「(法定刑の最高が) 死刑に当たる罪」について、公訴時効を廃止した。

裁判員裁判の新受人員割合と罪名別終局人員割合(2022)

98.6%	1.4 ←
裁判員裁判対象事件以外の事件 58,664人	裁判員裁判対象事件 839人

25.1%	16.2	9.3	8.8	11.4	29.2

殺人 189人　強盗致傷 189人
現住建造物等放火 70人　傷害致死 86人
(準) 強制わいせつ致死傷 66人　その他 220人

|解説| 裁判員制度の対象事件は?
裁判員裁判は、「死刑又は無期若しくは禁錮に当たる罪」や「故意に犯罪行為で被害者を死亡させた罪」に関する事件など、国民の関心の高い一定の重大な犯罪事件の第一審を対象に行われている。裁判員やその家族に危害が加えられる恐れがあり、裁判員の関与が非常に難しいような例外的な事件については、裁判官だけで裁判を行うことができる。

刑事裁判

裁判員裁判
①裁判員　6人
②裁判官　3人
③裁判官書記官
④検察官
⑤弁護人
⑥被告人

2 裁判員裁判とはどのようなしくみだろう?

○裁判員制度とは?　裁判員制度は、原則として国民の中から選ばれた6人の裁判員が刑事裁判に参加し、3人の裁判官とともに、被告人が有罪か無罪か、有罪であれば、どのような刑にするのかを決定する制度である。2009年5月から実施され、これまでに1万人以上の被告人に判決が言い渡されている。

国民が刑事裁判に参加することで、様々な知識や経験を持つ国民の視点や感覚が審理に反映される。また、犯罪について、一般市民がその常識に照らして「疑問の余地はない」と確信して初めて有罪になるというしくみによって裁判に対する国民の理解が深まり、司法への信頼が高まっていくことが期待されているのである。

誰が裁判員に選ばれるのでしょうか?

○裁判員選任手続き
裁判員は、18歳以上の有権者 (衆議院議員の選挙人名簿に登録された人) の中からくじによって無作為に選ばれる。2022年の場合、裁判員は4,413人 (補充裁判員1,527人) 選出され、裁判員になる確率は有権者の約17,773人に1人 (約0.01%) であった。

裁判員に選ばれたら原則として辞退できないが、70歳以上の人や学生・生徒、重い病気や家族の介護・養育などやむをえない事由がある場合などには辞退が認められる場合がある。

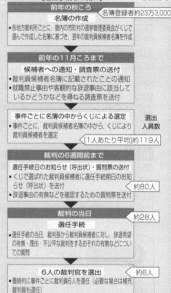

【選任手続きの流れ】 2022年

前年の秋ごろ　名簿の作成 名簿登録者約23万3,000
- 各地方裁判所ごとに、管内の市町村の選挙管理委員会がくじで選んで作成した名簿に基づき、翌年度の裁判員候補者名簿を作成

前年の11月ころまで　候補者への通知・調査票の送付
- 裁判員候補者名簿に記載されたことの通知
- 就職禁止事由や客観的な辞退事由に該当しているかどうかなどを尋ねる調査票を送付

事件ごとに名簿の中からくじによる選定 選出人員数
- 事件ごとに、裁判員候補者名簿の中から、くじにより裁判員候補者を選定　[1人あたり平均]約119人

裁判の6週間前まで　選任手続日のお知らせ (呼出状) の送付 約80人
- くじで選ばれた裁判員候補者に選任手続期日のお知らせ (呼出状) を送付
- 辞退事由の有無などを確認するための質問票を送付

裁判の当日　選任手続 約28人
- 選任手続の当日、裁判長から裁判員候補者に対し、辞退希望の有無・理由・不公平な裁判をするおそれの有無などについての質問

6人の裁判官を選出 約6人
- 最終的に事件ごとに裁判員6人を選任 (必要な場合は補充裁判員も選任)

裁判員裁判を比較してみる　(州によって異なることがある)

	アメリカ (陪審)	裁判員裁判 (日本)	ドイツ (参審)
対象事件 (刑事事件)	被告人が否認している事件で陪審裁判を選択した場合	重大な犯罪事件の第一審	原則全ての事件 (被告人の選択権はない)
構成	○裁判官 1名 ○陪審員 12名	○裁判官 3名 (1名) ○裁判員 6名 (4名)	地裁○裁判官 3名 ○参審員 2名
選任方法	選挙人名簿等により無作為抽出された候補者のなかから、当事者が質問手続により選出	選挙人名簿より無作為に選出された者からくじなどで選ぶ	市町村が作成した候補者名簿に基づき、区裁判所の選考委員会が選任
任期	事件ごと	事件ごと	5年間
評決方法	全員一致が必要	単純多数決 (p.141 資料参照)	裁判官と参審員をあわせた 2/3 以上の特別多数決
評議権限	陪審員のみで評議、評決を行う	裁判官と裁判員はともに評議し、評決及び量刑を行う	裁判官と参審員はともに評議し、評決及び量刑を行う

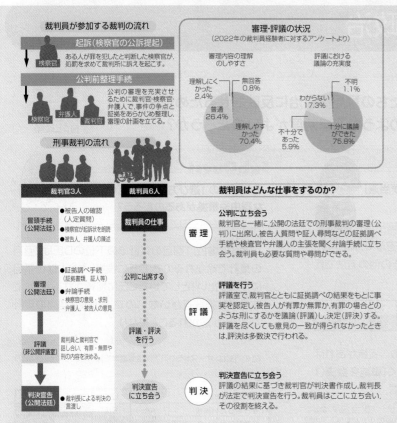

裁判員が参加する裁判の流れ

起訴（検察官の公訴提起）
ある人が罪を犯したと判断した検察官が、処罰を求めて裁判所に訴えを起こす。

公判前整理手続
公判の審理を充実させるために裁判官・検察官・弁護人で、事件の争点と証拠をあらかじめ整理し、審理の計画を立てる。

刑事裁判の流れ

裁判官3人	裁判員6人
	裁判員の仕事
冒頭手続（公開法廷） ●被告人の確認（人定質問） ●検察官が起訴状を朗読 ●被告人、弁護人の陳述	
審理（公開法廷） ●証拠調べ手続（証拠書類、証人等） ●弁論手続 ・検察官の意見・求刑 ・弁護人、被告人の意見	公判に出席する
評議（非公開評議室） 裁判員と裁判官で話し合い、有罪・無罪や刑の内容を決める。	評議・評決を行う
判決宣告（公開法廷） ●裁判長による判決の言渡し	判決宣告に立ち会う

審理・議議の状況
（2022年の裁判員経験者に対するアンケートより）

審理内容の理解のしやすさ
- 理解しやすかった 70.4%
- 普通 26.4%
- 理解しにくかった 2.4%
- 無回答 0.8%

評議における議論の充実度
- 十分に議論ができた 75.8%
- わからない 17.3%
- 不十分であった 5.9%
- 不明 1.1%

裁判員はどんな仕事をするのか？

審理 公判に立ち会う
裁判官と一緒に、公開の法廷での刑事裁判の審理（公判）に出席し、被告人質問や証人尋問などの証拠調べ手続や検査官や弁護人の主張を聞く弁論手続に立ち会う。裁判員も必要な質問や尋問ができる。

評議 評議を行う
評議室で、裁判官とともに証拠調べの結果をもとに事実を認定し、被告人が有罪か無罪か、有罪の場合どのような刑にするかを議論（評議）し、決定（評決）する。評議を尽くしても意見の一致が得られなかったときは、評決は多数決で行われる。

判決 判決宣告に立ち会う
評議の結果に基づき裁判官が判決書作成し、裁判長が法廷で判決宣告を行う。裁判員はここに立ち会い、その役割を終える。

【多数決の例】

【事例】被告人が殺人を犯したかどうかについて、意見が分かれた。

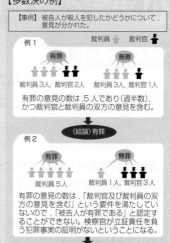

例1　裁判員　裁判官

有罪：裁判員3人、裁判官2人　無罪：裁判員3人、裁判官1人

有罪の意見の数は、5人であり（過半数）、かつ裁判官と裁判員の双方の意見を含む。

〈結論〉有罪

例2

有罪：裁判員5人　無罪：裁判員1人、裁判官3人

有罪の意見の数は、「裁判官及び裁判員の双方の意見を含む」という要件を満たしていないので、「被告人が有罪である」と認定することができない。検察官が立証責任を負う犯罪事実の証明がないということになる。

〈結論〉無罪

【評議における多数決の方法】
　裁判官と裁判員の全員が議論を尽くしても、意見が一致しない場合は、多数決で結論を決める。
　裁判員の意見は裁判官と同じ重みをもつが、裁判員だけで被告人に不利な判断（有罪の判断）をすることはできない。不利な判断を行う場合には、多数決において裁判官と裁判員の双方の意見を含んでいなければならない。無罪の判断は裁判員だけで行える。

---

3 裁判員経験者の意見を聞いてみよう！

〇裁判員裁判の経験者　これまでに約1.4万件の裁判員裁判が行われ、約7.9万人が裁判員として参加した。裁判員裁判経験者から意見を聞いてみよう！

①法律の知識が全くない状態ですので、裁判員裁判に参加してお役に立てるか不安に感じていましたが、必要な知識は、裁判官が詳しく説明してくれましたので、知識がないことで困ったことはありませんでした。

②仕事を休むために、私の代わりとなる方と調整する必要がありますので、その辺りが大変でした。

③生活の中では想像ができない出来事を考えないといけないので、非常に葛藤がありましたが、裁判官の方々のサポートや評議の中で、何をどのように考えていけばいいのか話し合う中で乗り越えることができたと思います。

④裁判員が終わって日常の生活に戻ってから、本当に判決は良かったのかなとか、もしかしたら違った結論もあったのかなということを考える機会が増えたと思います。

⑤裁判というと、すごく難しいイメージがあったんですけれども、実際に参加してみると検察官も弁護人も非常に分かりやすい資料で説明をしていただいたなと思っています。

⑥裁判について勉強できただけでなく、事件が起きた時にはいろいろな背景があるんだよっていうのを、判決だけに目が行きがちなんですけど、その結論が出るまでにはいろいろな話を聞いて、いろいろな過程があってというのを知ることができたことがすごく良い経験だったと思います。

4 裁判員制度の課題は？

〇10年を超えた裁判員制度　2009年にスタートした裁判員制度は10年以上が過ぎ、裁判員経験者からは、判決に「市民感覚が反映された」との声が多く上がっているが、課題も浮かび上がっている。

①対象となる事件
・覚せい剤密輸事件は、普通の市民感覚ではあまりに非日常的で、市民は意見を出しにくい。
・性犯罪は「同じ女性として考えると、被害者にとって、裁判員に被害を知られるのは耐えがたいと思う」ので対象からはずしては。
・死刑の多数決はプロの裁判官にゆだねたい。被告人の生命にかかわる判決に市民が巻き込まれては困る。

②裁判員の心のケア
・死刑判決の被告人のことが、しばらく頭から離れなかった。
・証拠調べで見た写真などで、裁判員が心的障害を負うケースがあった。

③守秘義務の範囲
・守秘義務の対象・内容が時間の経過とともに曖昧になってくる。
・夫にも話せないのは精神的につらい。

④裁判員の裁判はどこまで尊重されるのか
・裁判員裁判の量刑が上級審で覆されることがたびたびある。

26 選挙と政党政治

導入のQuest

MainQuest

私たちの意見を政治に反映させるためには，どのような選挙制度がよいのだろうか？

SubQuest

選挙では「得票が1票でも多い人が当選」は当たり前のことなのだろうか？

衆議院議員の選挙は「小選挙区」選挙で，「得票が1票でも多い人が当選」となるが，その他の方法で代表を決める方法はないのだろうか？

表1

●単純多数決	18人	12人	10人	9人
投票先	A氏	B氏	C氏	D氏

（1）**表1**の投票結果は，相対的に多数の支持があれば「代表」となる，という考え方に基づく「単純多数決（1票でも得票が多い人が当選）」方式で，
→（ ① ）が当選する。

（2）一方，代表に過半数の支持は必要ないのか？　という意見もあるだろう。そのため「過半数付多数決（当選には投票の過半数が必要）」がある。しかし**表1**の結果では当選者はいなくなり，代表を選出できなくなる。そこで「決選投票付多数決（1回目の投票で過半数を獲得する候補者がいないときは，上位2名による決選投票を行う）」が提案されている。

表2

●決選投票付	18人	12人	10人	9人
1回目の投票先	A氏	B氏	C氏	D氏
2回目の投票先	A氏	B氏	B氏	B氏

31人

表2では，1回目の投票では当選者が出ず，決選投票で18名はA氏に投票したが，他の31名はB氏に投票する結果となり
→（ ② ）が当選する。

（この方式は，フランス大統領選挙で採用されている。cf.p86）

（3）しかし決選投票で，A・B両氏以外の候補者に投票したかった人もいるだろう。そこで，「繰り返し最下位消去ルール付多数決（1回目の投票で過半数を獲得した候補者がいない場合は，最下位の候補者を除いて再集計を行う。そこでも過半数獲得者がいない場合は，2回目の最下位を除いて3回目の集計を行う，といったように，過半数獲得者が出るまで集計を繰り返す）」方法が提案されている。

（投票の際，当選させたい順に1番から順番をつけて投票する方法。ボルダールールも同じ。）

SubQuest

それぞれの「選び方」には，どのような理由や根拠があるのだろう？

表3の場合，1回目の集計で最下位のD氏は2回目の集計で除かれるので，D氏に投票した9人は「2番目に投票したい」としていたC氏に加算される。それでも過半数獲得者がいないので，同様に3回目の集計ではB氏が除かれることになり
→（ ③ ）が当選する。

（この方式は，オーストラリア下院議員選挙で採用されている。cf.p87）

表3

1回目投票と集計	18人	12人	10人	9人
1番投票したい候補	A氏	B氏	C氏	D氏
2番目に投票したい候補	D氏	D氏	B氏	C氏 ②
3番目に投票したい候補	C氏	C氏 ③	D氏	B氏
4番目に投票したい候補	B氏	A氏	A氏	A氏
2回目集計	18人	12人	19人	
②の票がC氏に移動	A氏	**B氏**	C氏	
3回目集計	18人	**31人**		
③の票がC氏に移動	A氏	**C氏**		

（4）多数決と異なり「満足度」から当選者を選ぶ方法として「ボルダールール（例えば**表3**のように4人立候補している場合，1位にしたい人に4点，2位にしたい人に3点と得点を割振って，合計得点で当選者を決める）」が提案されている。**表3**では，A氏は18人×4点＋（12＋10＋9人）×1点＝103点となる。他の候補も同様に計算すると
→（ ④ ）が当選する。

（この方式は，ドイツの州議会議員選挙で採用されている。）

ここまで4つの投票方式を紹介したが，すべて選挙結果が異なっている。投票方法は他にも，アメリカ大統領選挙の「ウィナー・テーク・オール」方式がある(cf.p84)。それぞれの選挙方法の「根拠」を比較検討してもらいたい。

Think!

私たちの代表者を決める方法はどのような制度が良いだろうか？

[答 ①はA氏 ②はB氏 ③はC氏 ④はD氏]

1 政党ができるとき

定義	・政治において，**共通の理念**をもち，政権獲得をめざして集団で活動すること。
起源	・世界的な起源は，17世紀のイギリスにおけるトーリー党とホイッグ党。近代へと時代が移るにつれ，権力の獲得にあたって，権勢によって優劣を決定する時代から，議会における言論による時代へと変化し，**政党**が出現した。 ・日本における近代政党の起源は，**板垣退助**の自由党と**大隈重信**の立憲改進党。 **大隈重信**（1838~1922） **板垣退助**（1837~1919） ・政党の発生原因は，長期的で構造的なもの（階級，宗教，地域などの対立）と，その時々の政治の争点を中心とした短期的で一時的なものの二つに分けることができる。
機能	・政治過程における**多様な利益を集約**し，特定の政策形成の回路にのせる機能がある。 ・国民や利益集団（圧力団体）の利益に基づいて出された要求を，政策決定の場におけるいくつかの政策選択肢にまとめあげ，優先順位を決定する。そして選挙のときに政権をとった際に実現する約束を**マニフェスト**（**政権公約**）として示し，候補者を立て，**政権の獲得**をめざす。
憲法規定のある国	・**フランス　第4条〔政党および政治団体〕** 政党および政治団体は，選挙による意思表明に協力する。政党および政治団体は，自由に結成され，自由にその活動を行う。政党および政治団体は，国民主権と民主主義の原理を尊重しなければならない。 ・**ドイツ　第21条〔政党の憲法的地位〕** 政党は，国民の政治的意思形成に協力する。政党の結成は自由である。政党の内部秩序は，民主制の諸原則に合致していなければならない。政党は，その資金の出所および用途について，並びにその財産について，公的に報告しなければならない。

|解説| 政党とはなんだろう　イギリスの政治家E.バークは「政党とは，ある特定の主義または原則において一致している人々が，（中略）公民的利益を増進せんがために協力するべく結合した団体である」としている。共通の主義・主張を持ち，その実行のために政権獲得をめざす政治集団ともいえる。国政への参与によって，国民の一部の利益ではなく，国民全体の利益を増進することを目的とする。

Column 政治資金のルール

　政治に対するパンフレットを作って配布する，体育館を借りて演説会を行うなど，政治活動にはお金がかかる。そのお金を寄付などだけでは賄えないことが多いので，国民一人あたり約250円分，合計約320億円を政党助成金として各政党に税金から補助している。このような政治資金については，国民の税金を使うことがベストなのか，政治のためのお金はどうやって集めるべきなのかを考えてみたい。また集め方や収支決算の方法などは政治資金規正法に決められている。

　この法律がどのくらい政治資金の運営を正しくしているのか調べてみよう。

政治資金規正法

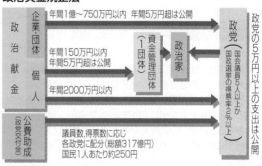

|解説| 政治資金規正法によるしくみ
政治資金の流れを公開して政治活動の公正を確保し，民主政治の健全な発達をはかる目的で政治資金規正法が制定された。制限する「規制」ではなく，悪いところを正す「規正」であるのはそのような理由だからである。「金権腐敗」政治への国民の強い怒りを背景に，政治資金規正法はたびたび改正されてきた。1994年改正では，政治家個人への献金が禁止され，政党への献金も管理が強化された。同時に政党助成法が制定され，一定の条件を満たす政党に対して税金から政党交付金を支出することになった。1999年改正では，政治家の政治資金管理団体への企業・団体からの献金が禁止され，個人献金に限定された。こうして政治資金の流れを個々の政治家から政党中心へ変える改革が進んだ。

政治的主体

2 政党政治の形態

現在までの日本の政党の変遷は p.357 を参照

	長　　所	短　　所	代表的な国
二大政党制	①政権が安定しやすい ②政権の交代が容易である ③政治責任の所在が明確になる ④与野党が相互に牽制しあえる ⑤争点が明確になり有権者が判断しやすい	①国民の多様な意思を反映できない ②政策が大きく異なると政権交代によって政策の一貫性が失われる（実際には政党間に大きな政策の差がなくなる傾向がある）	アメリカ（民主党・共和党） イギリス（労働党・保守党） ※イギリスでは自民党などが一定の議席を持つので純粋な二大政党制ではない
多党制	①国民の多様な意思を政治に反映できる ②連立政権によって政治腐敗を防止できる ③連立の組み替えによる政権交代が可能	①連立政権によって政局が不安定になる ②失政の責任の所在が不明確になる ③少数党の発言権が強くなることがある	フランス，イタリア ドイツ（二大政党に近い） 日本（一党優位型）
一党制	①長期にわたり政権が安定する ②強力な政策運営が可能 ③政策の一貫性が保ちやすい	①国民に選択の余地がない ②独裁によって権力の腐敗を招きやすい ③民主的な政権交代が不可能	中華人民共和国，北朝鮮 ※中国は複数政党制だが，事実上共産党の一党制

|解説| 政党政治といわれるものにもいろいろある
政党政治の形態は一応上のように分類できるが，各国の文化や選挙制度とも関係しながら実際にはさまざまな形態がある。例えば，多党制といっても小党分立に近いものもあれば，二大政党と複数の小党という場合もある。また，それぞれに長所・短所があるので，どの形態がよいと決めつけられるものでもない。

3 選挙区制度の比較

	小選挙区制（選挙区の定員１名）	大選挙区制（選挙区の定員複数名）	比例代表制（得票率に応じ議席配分）
長所	①候補者をよく知ることができる ②大政党に有利で政権が安定する ③選挙区が小さく選挙費用が少ない	①少数派も代表を出す可能性がある ②死票が少ない ③新人が当選の機会を得やすい	①民意が比較的正確に反映される ②中小政党の候補者も当選しやすい ③ゲリマンダーは行えず公平である
短所	①少数意見が政治に反映されにくい ②地域的な視点が優先されやすい ③＊ゲリマンダーの危険がある	①選挙費用がかさむ ②小党乱立による政局不安定の危険 ③同一政党内の戦いは派閥の一因に	①小党乱立の弊害の可能性が高まる ②政党中心で候補者個人が埋没しがち ③選挙区が広く多額の費用がかかる

Column 選挙区制度による得票率と議席数の関係

◎議席数100の議会を持ち，A党〜D党の4政党が活動する小国を想定しよう。

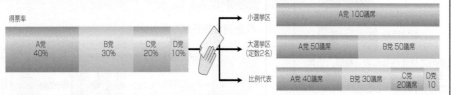

得票率
A党 40% / B党 30% / C党 20% / D党 10%

小選挙区　A党 100議席
大選挙区（定数2名）　A党 50議席　B党 50議席
比例代表　A党 40議席　B党 30議席　C党 20議席　D党 10

得票率が同じ場合でも，選挙制度によって結果がまるで違ってしまうことに注意したい。もちろん実際には，これほど極端な結果にはならないだろう。

例えば，A党が農村部，B党，C党が都市部に支持基盤がある場合，大選挙区の例では農村部でA党が2名の候補者を出して議席を独占したり，反対に都市部でB党とC党で議席を分け合うことがありうるだろう。そうした要素があれば，小選挙区制の例ではA党が75議席，B党が25議席というような結果になるかもしれない。一般的に，小選挙区制は二大政党につながりやすく，比例代表制は多党制になりやすい傾向があるといわれる。

＊ゲリマンダーとは，自分の党の候補者に有利なように不自然な形で選挙区を変更すること。1812年，アメリカのマサチューセッツ州のゲリー知事が，自党に有利な選挙区を作ったが，その形が不自然で，伝説の火トカゲ（サラマンダー）に似ている（下図）ところから造語された。

政治的主体

4 選挙権の拡大

	選挙権の制限		人口比
制限選挙（男子）	明治23年（1890） ◆25歳以上の男子 ◆直接国税15円以上納税		約1.1%
	明治35年（1902） ◆25歳以上の男子 ◆直接国税10円以上納税		約2.2%
	大正9年（1920） ◆25歳以上の男子 ◆直接国税3円以上納税		約5.5%
男子普通選挙	昭和3年（1928） ◆25歳以上の男子		約19.8%
完全普通選挙	昭和21年（1946） ◆20歳以上の男女		約48.7%
	平成28年（2016） ◆18歳以上の男女		約83.3%

＊法改正後初めて実施された国政選挙の年次と人口比

解説 18歳選挙権の実施

2015年の改正公職選挙法により，2016年から選挙権年齢が「18歳以上」に引き下げられた。

5 主要国の普通選挙の確立

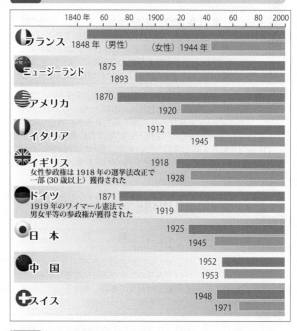

1840年　60　80　1900　20　40　60　80　2000

フランス　1848年（男性）　（女性）1944年
ニュージーランド　1875　1893
アメリカ　1870　1920
イタリア　1912　1945
イギリス　1918　女性参政権は1918年の選挙法改正で一部（30歳以上）獲得された　1928
ドイツ　1871　1919年のワイマール憲法で男女平等の参政権が獲得された　1919
日本　1925　1945
中国　1952　1953
スイス　1948　1971

解説 男女平等な選挙権の獲得

欧米諸国といえども，身分や収入，人種や性別による制限選挙から普通選挙に移行した時期は，そう古いものではない。特に女性参政権（かつては婦人参政権といった）が認められるようになるのは，男子普通選挙よりも後のことが多く，妻は夫に従うものという考え方が，洋の東西を問わず一般的であったことがうかがえる。

Column 日本の女性議員は少なすぎるのだろうか?

国会議員数（下院）の男女比の国際比較 (2023年1月1日現在)

順位	国	女性比率
①	ルワンダ	61.3%
②	キューバ	53.4
③	ニカラグア	51.7
④	アラブ首長連邦	50.0
④	ニュージーランド	50.0
㉟	フランス	37.8
㊺	ドイツ	35.1
㊽	イギリス	34.5
66	アメリカ	29.4
⑫	韓国	19.1
⑯	日本	10.3

（注）参議の女性比率は26.7%で、この数値は88位に相当する。

〈注〉○数字は順位。 (内閣府男女共同参画局資料による)

政治分野における男女共同参画の推進に関する法律
〜男女の候補者の数ができる限り均等となることを目指す法律ができました〜

法律の概要	(平成30年5月23日交付・施行)
目的	政治分野における男女共同参画を効率的かつ積極的に推進し男女が共同して参画する民主政治の発展に寄与すること
基本原則	①衆議院,参議院及び地方議会の議員の選挙において,男女の候補者の数ができる限り均等となることを目指して行われること ②男女がその個性と能力を十分に発揮できること ③家庭生活との円滑かつ継続的な両立が可能となること
責務等	①国・地方公共団体は,政党などの政治活動の自由及び選挙の公正を確保しつつ,必要な施策を策定し,実施するよう努める（実態の調査及び情報収集など,啓発活動,環境整備,人材の育成等） ②政党などは,所属する男女のそれぞれの公職の候補者の数について目標を定める等,自主的に取り組みよう努める

ルワンダの国会議員（下院） 2018年9月19日に5年間の任期を宣誓した、80人の新しい国会議員とポール=カガメ大統領（正面、右から8番目）。世界で最も女性議員の割合が高い議会で、その割合は61.3%（49人）である。

日本の国会議員（衆議院） 国会議員における女性議員の割合が1桁となっている日本の衆議院。参議院における女性議員の割合は26.8%（66人／246人中）となっている。

日本の国会議員（衆院）に占める女性割合は低く,186か国中164位だった（2023年）。「政治分野における男女共同参画の推進に関する法律」により,男女の候補者数をできる限り均等とすることを各政党が目指すことなどが基本原則となっているが,2021年の衆院総選挙の立候補段階では,自民党9.8%（33人）,公明党7.5%（4人）,立憲民主党18.3%（44人）,共産党35.4%（46人）,国民民主党29.6%（8人）などであった。全立候補者1051人のうち女性は186人,割合は17.7%だった。また,全ての当選者465人中,女性は45人で,割合は9.7%となり,10.1%だった前回選挙（2017年）を下回っている。2021年には政党の積極的な取組や国と地方の施策の強化を促す改正が行われた。

政治的主体

6 一票の格差とその変化

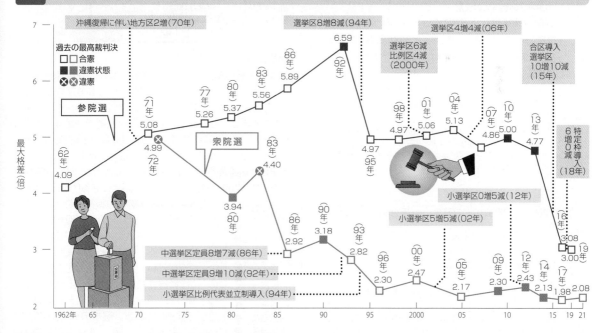

解説 衆議院と参議院に分けて,「一票の格差」を年代別に確認しよう。また格差が是正したように見えるが,その理由を調べてみよう。さらに「平等権」を厳しく守らせる立場から,現在存在している格差は受け入れられるか考えてみよう。

145

日本の選挙制度

衆議院議員総選挙

●投票のしくみ

*得票数が同数の場合は、くじによって当選者を決定する。

	立候補	選挙戦	投票	開票	当選者
小選挙区選出議員 289人	289選挙区 本人、もしくは推薦人が届け出る	個人の選挙戦を行う 甲山一男に	立候補者個人名を書く 甲山一男	得票数の最も多い者が当選* 甲山一男 乙川一子 丙田一美	289人
比例区選出議員 176人	政党が提出する名簿に載ること（順位あり） ○○党 1 渡部A男 2 鈴木B助 3 村田C彦	政党の選挙戦を行う 乙党に	政党名を書く 乙党	各党別の獲得票をドント方式で配分し、名簿順位の上位者から当選者を決める** 乙党 1 乙川一子 2 乙川二子 3 乙川三子	176人

候補者名簿を提出できる政党は、①所属国会議員が5人以上、②直近の国政選挙で得票率が2%以上、③（比例区の場合）比例代表名簿の登録人数が比例ブロック定員の20%以上、以上の①〜③のいずれかを満たしていなければならない。

（**）名簿順位が同一とされている重複立候補者は、惜敗率によって当選順位を決める。

●小選挙区比例代表のしくみ

1. 立候補の届け出
   - ・立候補者は、小選挙区立候補者・比例区立候補者・重複立候補者（小選挙区、比例区（両方に立候補））の三種類
   - ・政党に所属しない候補者は、比例区に立候補することはできない
   - ・比例区の立候補者には、政党の定めた当選順位がつけられる（拘束名簿）
   - ・重複立候補者同士は、順位を同一順位にすることができる
2. 投票
   - ・投票は選挙区と比例区とに一票ずつ、合計二票投じる
   - ・選挙区では候補者名、比例区では政党名を自署する
3. 小選挙区の当選人の決定
   - ・小選挙区候補者は、各選挙区ごとに一位になった者が当選[1]
   - ・重複立候補者が当選した場合は、比例区の当選権を失う
   - ・重複立候補者が落選した場合は、惜敗率[2]を算出する
4. 比例区の当選人の決定
   - ・各党の得票に基づき、ドント式で配分する
   - ・同一順位のつけられた重複立候補者は、惜敗率の高い者から当選者を確定する[3]

※1：法定得票数（有効投票数の6分の1）に満たない場合は当選できない
※2：惜敗率とは、「自分の得票数÷当選者の得票数」
※3：重複立候補者の小選挙区での得票が法定得票数（10分の1）×100（%）に満たない場合は当選できない

惜敗率

小選挙区	1位得票数		2位得票数		甲党候補の惜敗率	当落状況
A	a	500	ア	400		小選挙区で当選●
B	b	600	イ	500		小選挙区で当選●
C	c	700	ウ	600		小選挙区で当選●
D	d	600	エ	300		小選挙区で当選●
E	オ	500	e	300	（300÷500）×100＝60%	落選 ●
F	カ	600	f	300	（300÷600）×100＝50%	落選 ●
G	キ	700	g	500	（500÷700）×100＝71%	落選 ●
H	ク	500	h	400	（400÷500）×100＝80%	復活当選●
I	ケ	600	i	500	（500÷600）×100＝83%	復活当選●
J	コ	700	j	400	（400÷700）×100＝57%	落選 ●

●選挙区割り（2022年改正）
（小選挙区 289人、比例区 176人）

北海道 8 ／ 北海道 12
東北 12
北陸・信越 10
中国 10
九州 20
近畿 28
青森3 秋田3 岩手3 山形3 宮城3 福島4
石川3 富山3 新潟4 群馬5 栃木5 茨城7 北関東 19
福井3 岐阜5 長野5 埼玉16 山梨2 東京30
島根鳥取 広島6 岡山6 兵庫12 大阪19 奈良3 三重4 滋賀4 京都6 愛知16 静岡8 神奈川20
山口3 和歌山2
長崎3 佐賀2 福岡11 熊本4 大分3 宮崎3 鹿児島4
愛媛4 香川3 徳島3 高知2
沖縄4
四国 6 東海 21 東京都 19 南関東 23

●惜敗率

衆議院議員総選挙では、小選挙区選挙の立候補者を比例代表選挙の名簿にも載せることができる（重複立候補）。さらに、各小選挙区に出馬した候補の比例名簿順位を同じにすることもできる。このとき、選挙後に当選者を決定する基準になるのが、「当該選挙区における有効投票の最多数を得た者に係る得票数に対する割合」である惜敗率である。小選挙区で落選した候補者のうち、惜しい戦いをした者から順に比例区で当選（復活当選）させることができるようになる仕組みである。

惜敗率＝（当該候補者の獲得票数÷当該小選挙区の当選者の獲得票数）×100（%）

ある比例区のなかにA〜Jまで10の小選挙区があるとする。甲党からはA〜Jにそれぞれa〜jが立候補し、全員が甲党の比例名簿順位の1位に登録されたとしよう。甲党のライバル乙党からもA〜Jの選挙区にそれぞれア〜コが立候補している。選挙の結果、甲党のa〜dは小選挙区で当選し、比例区選挙では甲党に2名の当選が振り分けられたとする。

政治的主体

参議院議員通常選挙

●投票のしくみ

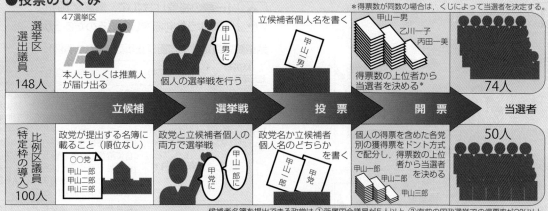

*得票数が同数の場合は，くじによって当選者を決定する。

| | 立候補 | 選挙戦 | 投票 | 開票 | 当選者 |

選挙区 選出議員 148人：47選挙区／本人，もしくは推薦人が届け出る／個人の選挙戦を行う／立候補者個人名を書く／得票数の上位者から当選者を決める*／74人

比例区議員（特定枠の導入）100人：政党が提出する名簿に載ること（順位なし）／政党と立候補者個人の両方で選挙戦／政党名か立候補者個人名のどちらかを書く／個人の得票を含めた各党別の獲得票をドント方式で配分し，得票数の上位者から当選者を決める／50人

候補者名簿を提出できる政党は ①所属国会議員が5人以上，②直前の国政選挙での得票率が2%以上，③「選挙区」「比例代表」合わせて候補者が10人以上，のいずれかを満たしていなければならない。

●選挙区割り

（選挙区148人）

※各選挙では定数の半数ずつ改選されます。

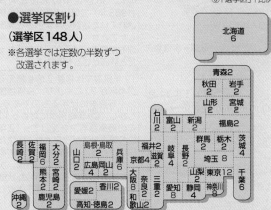

北海道 6
青森2
秋田2 岩手2
山形2 宮城2
石川2 富山 新潟2 福島2
長崎2 佐賀2 大分2 福岡 山口2 島根・鳥取2 京都 兵庫6 岐阜2 長野2 群馬2 栃木2 茨城4
宮崎2 熊本2 広島岡山4 滋賀2 埼玉 山梨2 東京12 千葉6
沖縄2 鹿児島 愛媛2 香川2 大阪8 奈良2 三重2 愛知8 静岡4 神奈川
高知・徳島2 和歌山

特定枠の導入 比例区では「特定枠」として，優先的に当選させる候補者を名簿に記載する拘束名簿式の方法が導入される。選挙の際は，特定枠に記載されている候補者が上位となり名簿順に当選（拘束名簿式）する。その他の名簿記載者は，その得票数の最も多い者から順に当選（非拘束名簿式）となる。

●選挙区比例代表のしくみ

1. 立候補の届け出
   ・立候補者は，選挙区立候補者・比例区立候補者の二種類
   ・政党に所属しない候補者は，比例区に立候補することはできない
   ・比例区の立候補者は，立候補時点では順位を定めない（非拘束名簿）

2. 投票
   ・投票は選挙区と比例区とに一票ずつ，合計二票投じる
   ・選挙区では候補者名，比例区では候補者名または政党名を自署する

3. 選挙区の当選人の決定
   ・選挙区候補者は，各選挙区ごとの定数以内に入った者が当選※1

4. 比例区の当選人の決定
   ・各党の比例区候補者の得票と党に対する得票を合計し，ドント式で配分する
   ・特定枠に割り振ったあと候補者名で投じられた票の多い者を上位とする
   ・当選順位に基づいて，上位から当選者を確定する

※1：法定得票数（有効投票数の6分の1）に満たない場合は当選できない

●ドント方式

比例代表選挙で各政党の得票に応じて議席を配分する方法の一つで，ベルギーの法学者ドントが考案した。日本では衆議院と参議院の比例代表選挙で採用されている。その方法は，以下のとおりである。

1. 各政党の得票数を1，2，3，…と整数で順に割り，商を求める。
2. 求めた商の大きい順に，議席を定数まで配分する。

政党		A	B	C	D
得票数		10000	8500	6000	3500
商と議席配分	除数1のとき	10000…①	8500…②	6000…③	3500…⑥
	2のとき	5000…④	4250…⑤	3000…⑧	1750
	3のとき	3333…⑦	2833…⑨	2000	1167
	4のとき	2500…⑩	2125	1500	1500
配分議席数		4	3	2	1

4つの政党A，B，C，Dに10議席を割り振る例で考えてみよう（①～⑩）。

解説 参議院は，一回の通常選挙で定数の半数が改選されるため，各選挙区（都道府県）ごとの議員定数は，必ず偶数になっている。このため，人口が最も多い東京都と，最も少ない鳥取県では，人口は約20倍も差があるのに，議員定数は4倍しかない。これを解消するために，二つ以上の県で一つの選挙区をつくる，「合区」の制度を導入した。鳥取・島根，高知・徳島がそれぞれ合区となった。1983年に比例区選挙が実施される以前は，「全国区」の選挙が行われ，全国的知名度の高い人物が議員になることができたが，比例区に変わってからは，参議院の政党化が進み，二院制の意義が失われたとの指摘もある。

政治的主体

議員定数の是正とアダムズ方式

一票の格差の現状を知り，新しい選出方法（アダムズ方式）を理解しよう！

1 一票の格差とは何だろう?

A 選挙区（有権者 5 万人）

棄権　得票率

30%　50%

10000 票　20%

25000 票

10000 票で落選。たくさんの人に応援してもらったのに。

B 選挙区（有権者 1 万人）

棄権　得票率

30%　50%

2000 票　20%

5000 票

5000 票で当選！みなさんのためにがんばります！

〇一票の重さ　各選挙区の議員定数と有権者数の比率は，選挙区ごとに異なる。その比率の違いを一票の格差といい，有権者の一票が持つ重要度（重さ）の違いであるとも言える。平等選挙という選挙原則に反しているとして，さまざまな裁判も提起されている。

〇一票の格差を確認しよう

　2021 年の衆議院議員選挙の有権者数から見た一票の格差の実際の数字を見てみよう。

◆ 衆院小選挙区の「1 票の格差」◆

		選挙区	有権者数（人）	格差（倍）
大きい選挙区	1	東京13区	482,445	2.086
	2	東京10区	482,214	2.085
	3	東京 9 区	480,926	2.079
	4	東京22区	480,847	2.079
	5	東京 8 区	479,076	2.071
小さい選挙区	1	鳥取 1 区	231,313	1.000
	2	鳥取 2 区	234,822	1.015
	3	長崎 3 区	237,188	1.025
	4	福島 4 区	237,897	1.028
	5	宮城 4 区	238,340	1.030

（総務省資料）

2021 年衆議院議員総選挙における一票の格差　2017 年に「0増6減」の選挙区割りの見直しをおこなったことから，格差は 2 倍以下（1.99 倍）になっていた。しかし，2021 年 10 月の選挙時点では，有権者数が最大だった東京 13 区と最少だった鳥取 1 区では 2 倍以上（2.086 倍）となっている。アダムズ方式での新たな選挙区割りの実施は 2022 年以降となる。

2 「一票の格差」に対して，最高裁判所はどのような判断をしているのだろうか?

衆議院議員定数不均衡是正訴訟（おもな判例）

総選挙施行年月　格差	判決（評決）	判決理由
1972 年 12 月 33 回総選挙 4.99 倍	1976 年 4 月 大法廷	選挙による投票価値の平等は憲法の平等原則の要請であり，格差が一般的に合理性を有すると到底考えられない程度に達し，合理的期間内における是正が行われない場合に違憲となる。約 5 倍の格差は合理性を有するとは到底考えられない。ただし事情判決の法理を援用し，選挙は無効にしない。
	違憲・事情判決	
1983 年 12 月 37 回総選挙 4.40 倍	1985 年 7 月 大法廷	格差が拡大の一途をたどっていたのに，36 回選挙の大法廷判決（1983 年）で既に違憲状態が指摘されていた定数のまま選挙を実施したことは，国会に認められた合理的期間内に是正が行われなかったと評価せざるを得ない。
	違憲・事情判決	
2012 年 12 月 46 回総選挙 2.425 倍	2013 年 11 月 大法廷	12 年総選挙は格差 2 倍を超える選挙区が 72 にも上り，投票価値の平等要求に反するものである。しかし，09 年総選挙に対する 11 年の最高裁判決を受けて，12 年に公職選挙法が改正され，同法が施行される前に解散総選挙が実施されたという事情を鑑みれば，次回総選挙では格差が縮小した状態で行われるのであり，是正の取り組みがなされたと言える。
	合憲＝違憲状態	

参議院議員定数不均衡是正訴訟（おもな判例）

選挙施行年 格差	判決	判決理由など
2013 年 第 23 回選挙 4.77 倍	2014 年 11 月 26 日 大法廷 違憲状態 （15 人中 11 人の多数意見）	4.77 倍の格差は，違憲の問題が生ずる程度の著しい不平等状態であったが，国会の裁量権の限界を超えるとは言えず，違憲とは言えない。都道府県単位の選挙区を改めるなど，現行の仕組み自体の見直しが必要。
2016 年 第 24 回選挙 3.08 倍	2017 年 9 月 27 日 大法廷 合憲 （15 人中 11 人の多数意見）	2010 年，13 年の参院選を，最高裁が違憲状態と判断したことを受けて，15 年に公職選挙法を改正し選挙区を 10 増 10 減したこと，また立法府の決意として，改正法の附則には 2019 年に向けた抜本的な見直しについて，引き続き検討していく姿勢が示されていたことも評価した。
2019 年 第 25 回選挙 3.00 倍	2020 年 11 月 18 日 大法廷 合憲 （15 人中 10 人の多数意見）	2019 年参院選における最大 3.00 倍の格差は，「国会の格差是正の姿勢が失われたと断じることはできない」と判断され合憲となった。特定枠の導入，埼玉選挙区の 2 増などの公選法改正が認められた。「条件付き合憲」1，「違憲状態」1，「憲法違反」3 の意見があった。

政治的主体

3 衆議院議員選挙の改革

○**司法判断と選挙制度**　衆議院議員選挙制度の改革が進んできたのは，最高裁が2009年以降の衆議院選挙を3回連続で「違憲状態」と判断し，立法府による改革を促したことによる。

　2014年の選挙区選挙の「1票の格差」は2.13倍だったが，2015年11月の最高裁判決では，2倍を判断の目安としており，違憲状態との判断となった。さらに格差の是正に向け，最高裁は各都道府県に無条件で1議席を与え，それから人口に応じて議席を配分するという，現在までの定数配分の方法などである「1人別枠方式」の見直しも求めた。

衆院選1票の格差と最高裁判断

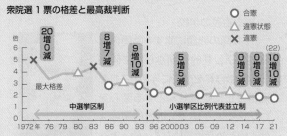

○凡例：合憲　△違憲状態　×違憲

○**立法府の対応**　これを受けて，衆院選挙制度調査会は，議席配分の方法として

①都道府県間の1票の格差ができるだけ小さく，

②都道府県ごとの議席の変動が小さい，

などの基準を設けて検討し，アダムズ方式による議席配分が望ましいとの答申を2016年1月に出した。

2022年から採用されるアダムズ方式とは

　アダムズ方式とは議員定数を人口に比例して配分するための計算方法の1つ。18〜19世紀のアメリカで州と人口が増えるなか，下院の定数を各州にどう配分するかが問題となり，第6代大統領を務めたアダムズ氏が1830年代に提唱した方式である。

　ポイントは「小数点以下」の扱い。定数を人口比例で配分するには，総人口を総定数で割って定数1当たりの**基準人口**を出し，その値で各州の人口を割って定数を求める。その際，小数点以下の端数が出るが，その端数の扱いによって定数が変わってくる。

●**計算方法**

	人口（万人）
A県	250
B県	200
C県	10
合計	460

A・B・C3県の議員定数は5である。3県の人口は460万人で，議員1人当たりの平均人口は**92万人**である。

切り上げ

	人口（万人）	÷92万	→議員配分
A県	250	2.71…	3
B県	200	2.17…	3
C県	10	0.10…	1
合計	460		7

①各県の人口を議員1人当たりの平均人口で割り，小数点以下を切り上げる。すると，議席の合計が7になり，定数である5を超えてしまう。

4 衆議院区割りの見直し

○**選挙法の改正とアダムズ方式の導入**

　この答申をもとに，2016年5月，改正公職選挙法が成立した。この改正法により，衆議院議員の定数は10人削減された。また衆議院小選挙区選出議員の選挙区間における人口較差の是正措置（2倍未満）について，各都道府県の区域内の選挙区の数を2020年以降，10年ごとに行われる国勢調査の結果に基づき，いわゆるアダムズ方式で配分することとされた。

		アダムズ方式導入は2段階で進む
2016年	4月28日	自公が提出した公職選挙法改正案など関連法案が衆院通過
	5月20日（半年程度）	衆院選挙制度改革関連法案が成立〈15年簡易国税調査をもとに「0増6減」などとし，区割り審が新たな区割り策定。定数も10減〉
17年1月〜		通常国会に新区割りの関連法案を提出
	6月19日以降	区割り法が公布，7月19日から施行。その後の衆院選は新たな定数と区切りで実施
		①「0増6減」などの見直し完了
	10月22日	新区割りでの衆院選実施
20年		国勢調査
21年		20年国勢調査公表を踏まえ「アダムズ方式」で見直し
22年	2月	新たな定数と区割りの方針策定
		②アダムズ方式による見直し 10増10減
	6月	区割り改定案を勧告
	11月	10増10減の区割り成立

○**「一票の格差」の是正に向けて**　2022年6月，2020年の国勢調査の結果を受けて，衆議院議員選挙区画定審議会は，衆議院小選挙区の選挙区改定に関し，小選挙区の「10増10減」など合わせて25都道府県，140選挙区の区割り案を岸田総理大臣に勧告した。政府は同年10月の閣議で，この区割り案を盛り込んだ公職選挙法の改正案を決定。臨時会（第210国会）での審議を経て11月18日，参院本会議で可決・成立した。次の総選挙から適用される（→p.146）。今回の区割り案で1票の格差は1.999倍となり，見直し前の最大2.096倍から改善される。

　例えば，定数5を人口がそれぞれ250万人と200万人と10万の3つの県に割り振る場合，定数1当たりの基準人口は92万人。単純計算なら定数は**2.7・2.2・0.1**になる。**小数点以下を一律に切り上げるのがアダムズ方式である**ので切り上げると，定数が**3・3・1**となり，総定数の5を超えてしまう。そこで総定数内に収まるよう基準人口を調整して計算するのである。最終的には定数5に収まるよう，**2・2・1**の割り振りとなる。

切り上げ

	人口（万人）	÷125万	→議員配分
A県	250	2	2
B県	200	1.6	2
C県	10	0.08	1
合計	460		5

②割る数を増やしていき，議席の合計が5になる数を探す。各県の人口を125万で割ったとき，議席の合計が5となった。このように議席配分を決定する。

政治的主体

MainQuest
メイン　クエスト

地方自治の本旨とは？　その一つは「自分たちが住む地域のことは自分たちで決める」という「住民自治」である。

SubQuest
サブ　クエスト

合併の是非をなぜ住民投票で決めたのだろう？また（選挙権は18歳なのに），この住民投票はなぜ12歳以上に投票資格を広げたのだろう。

SubQuest
サブ　クエスト

ブライスの「地方自治は民主政治の最良の学校」，トックビルの「自由な人民の力が宿るのは自治体において」という言葉は，どのような意味だろう。

住民投票条例とその実際

全国で初めて中学生が参加した住民投票が2003年5月11日長野県平谷村（塚田明久村長）で行われた。合併の是非を問うもので投票資格を12歳まで引き下げた。中学生は25人のうち24人が投票。全体の投票率は88.49％だった。即日開票の結果，合併賛成が7割以上を占め，同投票条例によって村長は「投票結果を尊重する」ことになった。（中略）同村は人口610人（11日現在）と県内最少で，中学生，高校生を含む当日投票資格者は530人。投票は合併先を絞らず「合併する」「合併しない」の二者択一とした。

住民投票は，塚田村長が「小さな村の在り方に中学生の意思も反映させたい」と昨年12月，村議会に条例案を提案し，可決された。村長は模擬議会など計3回の勉強会を開き，中学生にも村の現状などを説明していた。

（「毎日新聞」2003.5.11）

民主主義の学校

「…共同の問題に関する共同の利益，及び公共的義務ならびに個人的義務の自覚を市民に与え，これを適格公正に処理せんとする関心をもたせた。…第二に地方的制度は他人のためだけではなく，他人と一緒に能率的に働き得るような教育を人に付与する。…**地方自治は民主政治の最良の学校**，その成功の最高の保証人なりと言う格かくげん言の正しいことを示すものである。」

（ブライス『近代民主政治』）

「…**自由な人民の力が宿るのは自治体において**である。自治的な制度の自由に対する関係は小学校が学問に対して持つ関係と同じである。自治的な制度は，自由を人民の手のとどくところにおく。自治的な制度は，人民に自由を平和的に行使することをおぼえさせ，自由を用うることに習熟させる。…」

（トックビル『アメリカの民主政治』）。

解説 日本国憲法の規定から，それが定める地方自治の本旨を読み取ろう

団体自治とは，地域を基礎に設けられた団体が，国から独立して地域の課題を処理すること。フランスやドイツで発達した概念。

住民自治とは，地域の課題をその地域の住民の意思に基づいて処理すること。イギリスやアメリカで発達した概念。

地方特別法の住民投票とは，1つの地方公共団体のみに適用される特別法は，法律の定めるところにより，その地方公共団体の住民の投票において過半数の同意を得なければ，国会は，これを制定することができない。

団体自治
憲法第94条〔地方公共団体の権能〕
地方公共団体は，その財産を管理し，事務を処理し，及び行政を執行する権能を有し，法律の範囲内で条例を制定することができる。

憲法第92条〔地方自治の基本原則〕地方公共団体の組織及び運営に関する事項は，地方自治の本旨に基いて，法律でこれを定める。

住民自治
憲法第93条〔地方公共団体の機関，その直接選挙〕2項地方公共団体の長，その議会の議員及び法律の定めるその他の吏員は，その地方公共団体の住民が，直接これを選挙する。

地方特別法の住民投票
憲法第95条

地方自治法
第5章〔直接請求権〕

具体化

Think!

自分の住んでいる地方自治体で，これまで行われた直接請求権がないか調べてみよう。

1 住民投票の実際

■ 住民投票の主な種類

住民投票で問われる内容	法令根拠	結果の法的拘束力
国会がその地方公共団体のみに適用される特別法 (地方自治特別法) を制定しても良いか。	日本国憲法第95条 他	あり
議会を解散するか。議院・首長を解職するか。	地方自治法	あり
政令指定都市を特別区に再編するかどうか。(例：大阪都構想)	大都市地域特別区設置法	あり
特定の問題について賛成か反対か。	条例	なし

注：この他，市町村合併特例法によって，合併協議会の設置を問う住民投票 (法的拘束力あり) の実施が認められている。

■ 条例により実施された主な住民投票

反対 / 賛成 数字は割合

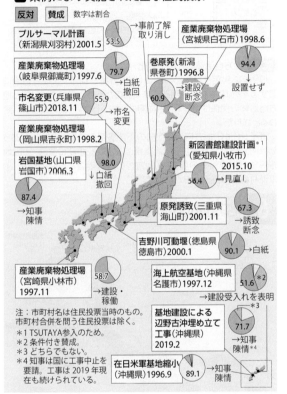

- プルサーマル計画 (新潟県刈羽村) 2001.5 — 53.5 →事前了解取り消し
- 産業廃棄物処理場 (岐阜県御嵩町) 1997.6 — 79.7 →白紙撤回
- 市名変更 (兵庫県篠山市) 2018.11 — 55.9 →市名変更
- 産業廃棄物処理場 (岡山県吉永町) 1998.2 — 98.0 →白紙撤回
- 岩国基地 (山口県岩国市) 2006.3 — 87.4 →知事陳情
- 産業廃棄物処理場 (宮崎県小林市) 1997.11 — 58.7 →建設・稼働
- 産業廃棄物処理場 (宮城県白石市) 1998.6 — 94.4 設置せず
- 巻原発 (新潟県巻町) 1996.8 — 60.9 →建設断念
- 新図書館建設計画※1 (愛知県小牧市) 2015.10 — 56.4 →見直し
- 原発誘致 (三重県海山町) 2001.11 — 67.3 →誘致断念
- 吉野川可動堰 (徳島県徳島市) 2000.1 — 90.1 →白紙
- 海上航空基地 (沖縄県名護市) 1997.12 — 51.6※2 →建設受入れを表明
- 基地建設による辺野古沖埋め立て工事 (沖縄県) 2019.2 — 71.7※3 →知事陳情※4
- 在日米軍基地縮小 (沖縄県) 1996.9 — 89.1 →知事陳情

注：市町村名は住民投票当時のもの。市町村合併を問う住民投票は除く。
※1 TSUTAYA参入のため。
※2 条件付き賛成。
※3 どちらでもない。
※4 知事は国に工事中止を要請。工事は2019年現在も続けられている。

|解説| どのような内容が住民投票にかけられたのだろうか？その具体例や結果を確認しよう。

住民投票の実施については，憲法では地方自治特別法に対する住民投票が，法律では地方自治法上の議会解散や議員・長の解職の直接請求による住民投票などに限られている。そのため，特定の課題について住民の賛否を問うため，自治体が条例を制定してその条例に基づき住民投票を行うことが少なくない。条例による住民投票は，大きく「市町村合併に関するもの」とそれ以外の「地域の重要な課題に関するもの (重要争点型)」に分けることができる。全国初の重要争点型住民投票は，1996年，新潟県巻町での原子力発電所建設の是非を問うものであり，他にも吉野川河口堰 (徳島県) や産廃処理場の建設 (宮崎県小林市ほか) などが実施された。ただし条例による住民投票は，その結果に法的拘束力が無い (例えば「投票数の過半数の意思を尊重しなければならない」など) ものがほとんどである。そのため，法的拘束力についてや，あらかじめ住民投票の要件 (年齢や外国籍の住民の投票を認めるか) 等を定めておく「常設型住民投票条例」について議論がおきている。

2 国と地方自治体のちがい

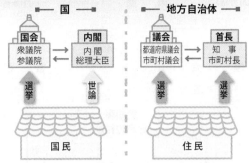

→ 不信任決議，← 解散権 (国の場合は衆議院のみ) など

|解説| 国と地方自治体の違いは？　地方自治体では，首長と議会議員をそれぞれ住民が直接選挙で選ぶ「二元代表制」を採用している。これに対して国では，選挙された国会議員から内閣総理大臣が選出される (議院内閣制)。この制度の違いから，国では与野党関係が生まれ，内閣は国会に対して連帯して責任をとることになる。対して二元代表制では，ともに住民を代表する首長と議会が相互の抑制と均衡によってある種の緊張関係を保ちながら，議会が首長と対等の機関として，その地方自治体の運営の基本的な方針を決定 (議決) し，その執行を監視し，また積極的な政策提案を通して政策形成の舞台となることが求められている。

3 直接請求制度とその分類

請求の種類	必要署名数	請求先	取り扱い
① 条例の制定・改廃の請求 (74)	有権者の50分の1以上	首 長	首長は20日以内に議会にかけて，その結果を公表
② 監査の請求 (75) ※1		監査委員	監査結果を公表し，首長・議会に報告
③ 議会の解散 (76,79,85)	有権者の3分の1以上※2	選挙管理委員会	住民投票にかけて，過半数の同意があれば解散
④ 議員・首長の解職 (80〜85)			住民投票にかけて，過半数の同意があれば解職
⑤ 主要公務員の解職 (86〜88)		首 長	議会にかけて，3分の2以上の出席で4分の3以上の同意があれば解職

※1 財務に関する監査については，別に住民監査請求(242条)がある
※2 有権者総数40万人以下についてはその3分の1，同40万人以上80万人以下についてはその6分の1，同80万人超についてはその8分の1を乗じた数を，おのおの合算した数である。
(上表の①〜⑤に対応)

イニシアティブ (国民〈住民〉発案)	①条例の制定・改廃請求，②監査請求
レファレンダム (国民〈住民〉投票)	地方特別法に対する住民投票
リコール (国民〈住民〉解職)	④・⑤首長などに対する解職請求，③議会の解散請求

|解説| 「自分で決める制度 (＝直接請求権)」はなぜ，地方自治に多いのだろう

さまざまな直接請求制度が用意されていることは地方自治の大きな特徴である。住民が身近な地域の政治に直接参加し，アイディアを出し合うことは，民主主義が健全に育つための土台になる。なお，憲法が定める最高裁判所裁判官の国民審査はリコール，憲法改正の国民投票はレファレンダムの一種といえる。

4 地方自治のしくみと仕事

〈地方分権〉

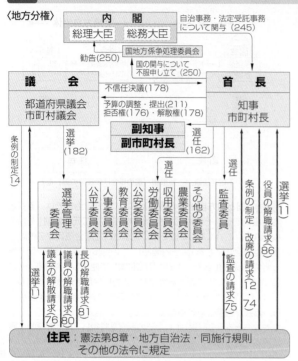

内のの数字は地方自治法の条数をあらわす

住民：憲法第8章・地方自治法・同施行規則 その他の法令に規定

（　）内の数字は地方自治法の条数をあらわす

|解説| **明治憲法下での地方自治とのちがい**
大日本帝国憲法には地方自治の規定がなく，府県知事は内務省の官吏が天皇から任命されて中央から派遣されていた。市町村長は上級機関の監督下にあり，議会の権限も弱かった。日本国憲法では地方自治に1つの章（第8章）を設けて地方自治を保障し，地方自治法の制定によって住民が直接地方自治に参加する道が開かれそのしくみも整えられた。

5 地方自治体の財源

2021年度 総額 128兆2911億円

一般財源 50.5%		特定財源 49.5%			
地方税 33.1%	地方交付税 15.2%	国庫支出金 25.0%	地方債 9.2%	その他 15.2%	

地方譲与税等 ほか2.3%

	自主財源	地方税を中心とする,自主的に賦課徴収できる財源
	依存財源	国から公布されたり割り当てられたりする,自治体の裁量の幅がせまい財源

（『地方財政白書』2023）

|解説| **地方自治体の活動のための財源は?**
地方自治体の住民から徴収する住民税などの「地方税」の他，国から地方自治体間の格差を埋める「地方交付税」を配布される。また「国庫支出金」として社会保障や教育などに使い方を限定したいわゆる補助金もある。地方財政を考えるとき，自主財源と依存財源という見方だけではなく，一般財源と特定財源という見方もある。地方税や地方交付税，地方譲与税などが，地方自治体の裁量として使途を決められる「一般財源」であり，国庫支出金や地方債などは，国などから使途をあらかじめ決められている「特定財源」である。

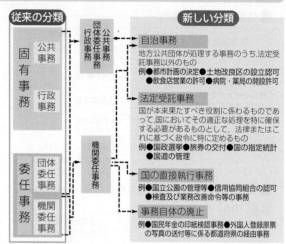

|解説| **地方自治体の仕事の変化**
1999年に制定されたいわゆる「地方分権一括法」は地方自治に関する475の法律を一括改正するものだった。これにより国と地方自治体の関係は「上下・主従関係」から「対等・協力関係」に変わるとされた。

ポイントは①地方自治体を国の下部機関化するとの批判があった機関委任事務を廃止し自治事務と法定受託事務に整理 ②国地方係争処理委員会の設置 ③地方への権限委譲と規制の緩和 ④市町村合併の推進 などである。

6 地方財政の現状

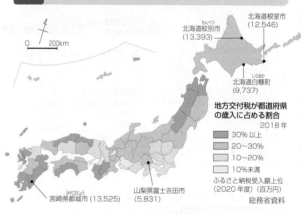

国と地方公供団体の租税配分（2021年度）

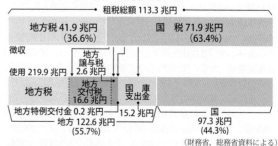

（財務省，総務省資料による）

|解説| **3割自治の現実** 地方分権一括法により自治事務が拡大し仕事量は増大したが，自治体の自主財源は少ないのが現状である。地方財政の中核をなす地方税が歳入の3割から4割にすぎないため，「三割自治」と呼ばれることがある。

政治的主体

7 地方の借金

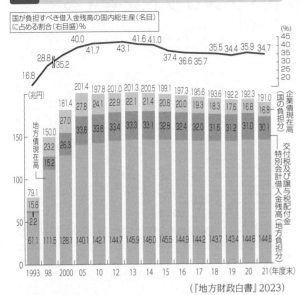

国が負担すべき借入金残高の国内総生産（名目）に占める割合（右目盛）%

（『地方財政白書』2023）

|解説| 財政再成団体とは?

これまでの制度では深刻化するまで財政状況が明らかにならなかった。そのため、「地方公共団体の財政の健全化に関する法律」が2009年に施行された。同法では、議会への報告等を義務づけて情報開示を徹底するとともに、早期健全化基準を設け、基準以上となった地方公共団体には財政健全化計画の策定を義務づけて自主的な改善努力などを促している。2022年現在、再生団体は北海道夕張市である。

8 三位一体の改革

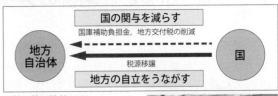

三位一体の改革とは

	(2004～06年度)
国庫補助負担金改革	約4.7兆円
地方交付税改革	約△5.1兆円
税源移譲	約3兆円

△はマイナス 〈総務省資料〉

三位一体の改革の成果

「三位一体の改革」の推進に関する話しあい（2002年全国知事会）

|解説| 三位一体の改革とは?

そもそも地方税と国税の割合が約4対6であることに地方財政がきびしい原因があることは明らかである。国と地方の関係を見直し、地方分権を進めるために改革が必要だという「総論」には多くの人が賛成する。「地方にできることは地方で」として、2003～06年度にかけて取り組まれたのが「三位一体の改革」である。

その目的は、①国から地方への税源の移譲、②国庫支出金の削減、③地方交付税の見直しの3つを同時に進めることであった（国庫支出金とは、使い道を指定して国から与えられる財源であり、地方交付税は、地方自治体間の格差を解消するために使い道を指定せずに与えられる財源）。

政治的主体

Column 日本の地方の現状　地図から読み取ろう

|解説| 合計特殊出生率とは、15～49歳までの女性の年齢別出生率を合計したもので、一人の女性がその年齢別出生率で一生の間に生むとしたときの子どもの数に相当する。

合計特殊出生率
2019年
- 1.8以上
- 1.6～1.8
- 1.4～1.6
- 1.4未満

厚生労働省資料

|解説| 消滅可能性都市とは、20～39歳の女性の数が、2040年までに5割以下に減ると予想された自治体を指す。日本創成会議の予想で、国の推計より厳しい結果である。

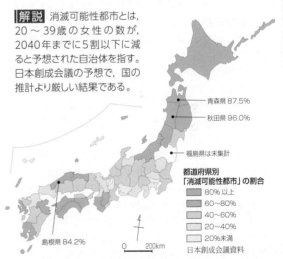

都道府県別
「消滅可能性都市」の割合
- 80%以上
- 60～80%
- 40～60%
- 20～40%
- 20%未満

日本創成会議資料

　2つの日本地図から、一般的に3大都市圏は合計特殊出生率と消滅可能性都市の割合が低いことが読み取れる。この関係が消滅可能性都市の増加、ひいては日本の人口減少の要因となっている。推計によると、2040年には全国896の市区町村が消滅可能性都市に該当する。また人口減少の要因は、20～39歳の若年女性の減少と地方から3大都市圏（特に東京圏）への若者の流出である。つまり晩婚化・晩産化・未婚化が進んでいる（＝出生率の低い）東京

圏に20～39歳の女性が流入する現状を放置すると、日本全体の出生率が低下し、人口減に拍車がかかることになる。この現象は地方都市の消滅だけが問題ではない。40年までに東京圏では高齢化が進み、生産年齢人口は6割に低下する。高齢化した東京圏では医療・介護サービスが大幅に不足し、逆に地方はサービス過剰になると予想されている。このような課題の対策は、子どもを産み、育てる環境の整備と地方の活性化である。具体的策を考えてほしい。

ふるさと納税のメリット・デメリットを考える

ふるさと納税とは

2008年，地方税法の改正によって「寄附金税額控除制度」が定められ，都道府県や市区町村に対して寄附金を納めることによって，自身の納税額から控除を受けられる制度が「ふるさと納税」である。総務省はこの制度の意義を，税に対する国民の意識の高まり，ふるさとなどを応援したいという地域支援，自治体間の競争の3点としている。

一般的に自治体に寄附をした場合は，確定申告を行うことでその寄附金額の一部が，所得税や住民税から控除される仕組みとなっている。しかし，ふるさと納税では原則として自己負担額の2,000円を除いた全額（上限額の設定有）が控除対象となり，手続きの簡便さからも，節税などを意識した利用者が増加している。

ふるさと納税のメリットとデメリット

ふるさと納税を納める側には，節税の効果や納税（寄附金）に対するお礼品（返礼品）の楽しみなどが，メリットとしてあげられる。ふるさと納税を納めてもらった自治体は，それを自主財源として，行政サービスの拡充を図ることができる。また，返礼品などに地元の特産品を活用し，全国にアピールできる機会となってもいる。近年では，自然災害などによって被害を受けた自治体などへ，災害復興の寄附として寄せられることも多くなっている。

ある市のHPより（一部改変）

ふるさと納税は，故郷への恩返しという「想い」から創られた制度と言われています。

「故郷の自治体に税金を納めたい」という思いには「故郷への恩返し」という想いが，そして，「故郷への恩返し」の背景には，過疎化，産業衰退，人口減少，高齢化，消滅自治体，財政難に喘ぐ故郷（地方）を憂い，何とかしてあげたいという想いがあったのではないでしょうか。

地方は，それぞれ様々な問題を抱えていますが，その根底にある大きな要因は，首都一極集中による首都圏と地方の税収格差であり，それを自治体の頑張りで是正できる唯一の制度がふるさと納税であると私たちは考えています。

制度創りに携わった方のお話によると，当時，官僚はふるさと納税制度には大反対で抵抗は非常に激しかったそうです。なぜ反対したのかというと，政府（官僚）が税を徴収して，政府（官僚）が配分するのが公正であると考えていたからです。官僚は非常に優秀ですので，現在の本市のように政府（官僚）のコントロールの効かない自治体が発生するのを予期していたのかも知れません。

この制度（税?）の趣旨がはじめのように伝えられ，徐々にこれが「ふるさと納税の本来の趣旨」であるかのように認知が広がっていきました。そのため，総務省による返礼品規制が始まっていったのです。

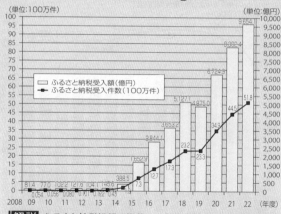

解説 **ふるさと納税総額の推移** 制度の始まった2008年度は寄附総額約81億円で，利用件数も約5万件だったが，多くの自治体が寄附への返礼品などに工夫を凝らし，2021年度には約8,300億円，約4500万件にまで拡大した。

一方デメリットとして，ふるさと納税を行った住民の住む自治体は，税金の控除によって，本来，地元に入る税金が，損なわれているともいえる。また，自治体間の競争として，高額な返礼品や特産物ではない商品の提供などが問題となり，総務省による新基準が導入されてきている。

制度の仕組みを把握して，ふるさと納税をどのように活用することが自分の考えに合っているかなど，改めて考えてみよう。

自治体によるふるさと納税についての意見チラシ

（ある区のお知らせ）

9 法定外税

主な法定外税

（2023年4月現在）

		法定外税	法定外税設置の自治体	税収
法定外普通税	都道府県	核燃料物質等取扱税	青森県	194億円
		核燃料税	福井県，愛媛県，佐賀県，島根県，静岡県など10道県	257
		石油価格調整税	沖縄県	9
	市町村	核燃料物質等取扱税	茨城県	12
		別荘等所有税	熱海市（静岡県）	5
		使用済核燃料税	薩摩川内市（鹿児島県）伊方市（愛媛県）柏崎（新潟県）	16
		狭小住戸集合住宅税	豊島区（東京都）	5
法定外目的税	都道府県市町村	産業廃棄物税等	三重県，鳥取県，岡山県，広島県，青森県など27道府県	69
		宿泊税	東京都，大阪府，福岡県	15
		環境未来税	北九州市（福岡県）	9
		使用済核燃料税	玄海町（佐賀県）	4

〈注〉税収は2021年度決算額。全国合計は634億円で，地方税収額の0.15%を占める。
（総務省資料）

解説 法定外税とは?
地方自治体が条例を制定して導入する独自税。税収を特定目的に使う「法定外目的税」と，使途を限らない「法定外普通税」がある。地方分権一括法で法定外目的税が認められ，法定外普通税も総務大臣の許可制から協議・同意制となっている。

10 地方公共団体の区分と種類

（2023年4月現在）

都道府県　1都1道2府43県

普通地方公共団体 ※その組織，事務，権能等が一般的，普遍的なもの	市町村	◉政令指定都市　現在：20市 要件：人口50万以上の市のうちから政令で指定（事務処理の拡大行政区の設置などの特例有）大阪・名古屋・京都・横浜・神戸・北九州・札幌・川崎・福岡・広島・仙台・千葉・さいたま・静岡・堺・新潟・浜松・岡山・相模原・熊本
		◉中核市　現在：62市 要件：人口20万以上の市の申出に基づき政令で指定（政令指定都市の準じた事務処理や権限を有する）
		◉施行時特例市　現在：23市 地方自治法の一部を改正する法律（平成26年法律第42号）による特例市制度の廃止（平成27年4月1日施行）の際，現に特例市（人口20万以上の市の申出に基づき政令で指定）である市
		◉その他の市　現在：792市 要件：人口5万以上ほか
		◉町村　現在：743町，183村
特別地方公共団体		特別区　現在：東京23区 ※大都市の一体性及び統一性の確保の観点から導入されている制度 地方公共団体の組合／財産区／地方開発事業団 ※特定の目的のために設置されるもの

地方自治法第1条の3，第8条，第252条の19，第252条の22，旧第252条の26の3による）

Column 地方創生と規制改革（構造改革特区・総合特区・国家戦略特区）

国家戦略特区の10エリア

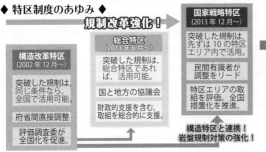

◆ 特区制度のあゆみ ◆

規制改革強化！

構造改革特区（2002年12月〜）
突破した規制は，同じ条件なら，全国で活用可能。
府省間直接調整
評価調査委が全国化を促進。

総合特区（2011年6月〜）
突破した規制は，総合特区であれば，活用可能。
国と地方の協議会
財政的支援を含む，取組を総合的に支援。

国家戦略特区（2013年12月〜）
突破した規制は，先ずは10の特区エリア内で活用。
民間有識者が調整をリード
特区エリアの取組を評価，全国措置化を推進。

構造特区と連携！岩盤規制対策の強化！

養父市 Yabu
関西圏（大阪府，兵庫県，京都府）Kansai Area
広島県・今治市 Hiroshima/Imabari
福岡市・北九州市 Fukuoka/Kitakyusyu
沖縄県 Okinawa
仙北市 Senboku
仙台市 Sendai
新潟市 Niigata
東京圏（東京都，神奈川県，千葉市，成田市）Tokyo Area
愛知県 Aichi

●1次指定　●2次指定　●3次指定
[地方創生特区]　[地方創生特区 第2弾]

地方創生事業の一環として，全国からの提案募集を通じ，現場から寄せられた規制改革のニーズを実現するため，政府ではこれまで構造改革特区，総合特区，国家戦略特区の3つの特区制度を措置してきた。

・構造改革特区（2002年度に創設）　実情に合わなくなった国の規制について，地域を限定して改革することにより，構造改革を進め，地域を活性化させることを目的とする。一旦措置された規制改革事項であれば，全国どの地域でも活用できる制度。地域の取組の妨げとなる規制を取り除くツールとなる。

・総合特区（2011年度に創設）　地域の包括的・戦略的な取り組みを，オーダーメードで総合的（規制・制度の特例，税制・財政・金融措置）に支援する制度。地域からの規制改革等の提案を受け，特区ごとに設置する「国と地方の協議会」でプロジェクト推進に向け協議していく。

・国家戦略特区（2013年度に創設）　活用できる地域を厳格に限定し，長年にわたり改革ができていない「岩盤規制」の改革に突破口を開くことを目指した制度。成長戦略の実現に必要な，大胆な規制・制度改革を実行し，「世

国家戦略特区の指定地域とその例：まちのこども園代々木公園（東京都渋谷区，2017年開園）都市公園法により公園内施設が限定されていたが，占有面積基準を満たすことで，都市公園内に保育所等の設置が可能になった。

界で一番ビジネスがしやすい環境」を創出することを目的に創設。規制の特例措置の整備や関連する諸制度の改革等を，総合的かつ集中的に実施するもの。

Think!
地方創生事業に必要な規制改革とはどのようなものだろうか。それぞれの特区制度について，その規制改革の目的などもあわせて，調べてみよう。

導入のQuest

MainQuest

人道的危機に国際社会はどう対応すべきなのだろうか？

SubQuest

主権国家で構成されている国際社会では，内政不干渉の原則を前提としている。しかし，内戦や迫害によって，多くの人々の人権が侵害され，命が危機にさらされるような人道的危機では国際社会はどのように対応すべきなのだろうか？

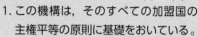

国際連合憲章
第2条
1. この機構は，そのすべての加盟国の主権平等の原則に基礎をおいている。
7. この憲章のいかなる規定も，本質上いずれかの国の国内管轄権内にある事項に干渉する権限を国際連合に与えるものではなく，また，その事項をこの憲章に基く解決に付託することを加盟国に要求するものでもない。但し，この原則は，第7章に基く強制措置の適用を妨げるものではない。

ホテルルワンダ ルワンダ内戦における実話が映画化された。この映画の舞台である1994年のルワンダの内戦では，3か月で80〜100万人の人々が虐殺された。この間，国連や国際社会は十分な対応が取れなかった。

NATOによるユーゴ空爆 爆破された弾薬庫。1999年，セルビア共和国内のコソボ自治区のアルバニア系住民への迫害を止めるための「人道的介入」だとして，NATO（北大西洋条約機構）軍がユーゴ（セルビア）を78日間，空爆した。NATOの武力行使に対しては，国連安全保障理事会からの承認を得ていなかったこと，内政不干渉の原則に反する行為だといった批判があり，国際社会で論争となった。

人道的介入(Humanitarian In tervention)とは，ある国の住民を，非人道的行為から保護するために，別の国が強制的に介入することをいいます。他国への介入は国連憲章2条7項の「内政不干渉の原則」に反するのだけれど，人道のためなら国際法上の違法性は妨げられる(正当化する)という考えに基づいている。

リビアへのNATOの軍事介入
2011年，41年間の独裁体制下であったリビアでも「アラブの春」が波及し民主化活動が広がった。それに対し政府は民主化運動を弾圧し，内戦へ発展した。国連安全保障理事会は一般市民の保護のためにあらゆる必要な措置をとることを加盟国に承認し，それに基づきNATO軍はリビア上空に飛行禁止空域を設けて，空爆をおこなった。この行動の根拠となったのが「保護する責任」である。

保護する責任(Responsibility to Protect, RtoPまたはR2P) 人々の保護は国家の責任であるが，国家が果たせない場合には国際社会が人々の保護の責任を果たすという考え。2005年の世界サミットで合意され，リビア危機の時には安保理でこれを根拠に武力行使を容認したが，シリアなどの人道的危機に対しては安保理が分裂し対応できていない。

ロンドンで中国政府へ抗議するウイグル人 中国国内でウイグル人への人権侵害が問題となっているが，中国政府は内政干渉であるとして国際機関の調査に消極的である。

Think

国家間の相互依存が深まり，情報が瞬時に国境を超える時代に，主権国家や国際社会の原則やあり方はどのように変化していくのだろうか？

1 ウェストファリア体制

16世紀のヨーロッパでは，それぞれの国は固有の「領土」によって分断されてはいなかった。…また，ローマ教皇を頂点とするキリスト教も大きな影響力を持っていた。…三十年戦争（1618～1648年）を終結させるために締結されたウェストファリア条約は，教皇権や皇帝権を弱体化させ，領邦諸侯は自国の法律制定や外交交渉にあたる「主権」を獲得した。こうして，各国が領土も主権も確定され，ヨーロッパ国際政治はこれら平等な各国からなるという「ウェストファリア体制」が成立した。

（村田晃嗣他『国際政治学をつかむ』有斐閣より）

|解説| ウェストファリア体制と国民
ウェストファリア体制の初期には，近代的な意味での「国民」という意識は存在しなかったが，その後，18～19世紀にかけてのヨーロッパでは，宗教や言語，歴史などの民族としてのアイデンティティを共有する「国民」という概念がそれぞれの国で定着するようになり，「国民国家」が形成されていった。現在では，「国民 (nation)」は，「その国の構成員（国籍をもつ人）」，「民族」などさまざまな意味をもち，国によって重視される部分が異なっている。

2 国家の三要素

1. 国民（人民）…国家を構成する人（国籍を有する人）
2. 領域　　　…領土・領空・領海
3. 主権

主権の3つの意味

①国家権力そのもの
　立法・司法・行政など，国家が統治を行うための権力を総称する。
　＜例＞日本国憲法第41条「国会は国権の最高機関であって，国の唯一の立法機関である。」

②国家権力の最高独立性
　国家権力が国内的に最高であり，対外的に独立していること。
　＜例＞日本国憲法前文「…自国の主権を維持し，他国と対等関係に立たうとする各国の責務であると信ずる」

③国家の最終決定権
　国内における最高権力。国の政治のあり方を最終的に決定する権力のこと。
　＜例＞日本国憲法前文「…ここに主権が国民に存することを宣言し，この憲法を確定する。」

|解説| ボダンの『国家論』
16世紀フランスの政治学者ボダンは，主権の概念を最初に理論づけた。主権は国家権力であり，絶対恒久の権力と規定し，神と自然法の他はいかなる制限も受けないものだとした。また，国家秩序維持のためには主権が必要だと説き，国王の権力を擁護した。

3 国家の領域

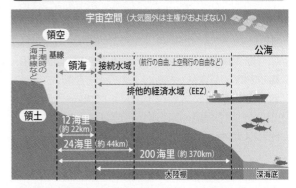

領　海　沿岸国の主権が及ぶ海域であり，他国船がその海域を航行するためには，その沿岸国が定める無害通航に関する法令の遵守が必要。領海の基線から12海里（約22km）以内の海域。

排他的経済水域（EEZ）　海底と地下の資源に関して，沿岸国に経済的な管轄権が与えられているが，他国船の航行に対しては自由通行となっている海域。領海の外側において，領海の基線から200海里（370km）以内の海域。

接続水域　沿岸国が密輸や不法入国を取り締まる権利を有する。領海に接続して領海線から12海里外側まで設定可能。

公　海　特定の主権国家に属さず各国が自由に航行できる海域。

|解説| 海洋法条約と領域
領域の中心は領土であり，領海と領空がこれに付属する。領海は1982年に採択された国連海洋法条約でその幅が12海里と規定され，海洋は国際的に上記の通りに分類された。2国間の排他的経済水域が重なる場合には，両国の領域からの中間地点までを排他的経済水域とする。わが国と韓国の間では，「暫定水域」を設け，共同で資源管理を行うことで合意している。

4 国際社会の拡大

年	会議・国際機構	参加国数（うちAA諸国）
1899	第1回ハーグ平和会議	5 26 ■AA
1907	第2回ハーグ平和会議	5 44
1920	国際連盟原加盟国	7 42
1945	国際連合原加盟国	12 51
1960	国際連合加盟国	48 99
1990	国際連合加盟国	93 159
2000	国際連合加盟国	111 189
2014	国際連合加盟国	113 193

|解説| 国際社会の拡大とアジア・アフリカ
国家を基本的な構成単位とする国際社会は，19世紀から20世紀にかけて拡大してきた。国際紛争平和的処理条約やハーグ陸戦条約が採択された1899年の第1回ハーグ平和会議では，参加国26のうち，アジア・アフリカ（AA）諸国はわずか5（日本，中国，オスマン，ペルシャ，シャム），非ヨーロッパが2（アメリカとメキシコ）であった。第2回会議は，ラテンアメリカ諸国が大量に参加したため，参加国44に激増している。1960年には新しく独立したアフリカ諸国が大量に国連に加盟したため，AA（アジア・アフリカ）諸国は激増した。その後も，新たに独立を果たしたAA諸国の加盟が相次ぎ，現在では加盟国の過半数がAA諸国である。

5 現代の国際社会

　ウェストファリア体制では，諸（主権）国家が唯一の主要なアクターであったが，現代の国際体系では，国家以外に，**政府間組織，トランスナショナルな組織，超国家組織**と呼ばれる組織が，主要なアクターとして台頭している。
政府間組織：複数の政府の代表によって構成される組織
　　　　国際連盟・国際連合が典型的なもの。
トランスナショナルな組織：政府代表を含まない民間の団体
　　　　複数国にまたがって組織されるもの。
　　　　営利活動を目的　→多国籍企業
　　　　非営利活動を目的　→宗教団体，労働団体，
　　　　学術団体，NGOなど
超国家組織：複数の国家によって構成されながら，構成する国家を超越する政治的権威をもつ組織
　　　　（EUはかなりの程度その性格を備えている）
（加茂利男他『現代政治学』有斐閣による分類）

トランスナショナルな組織の例
● NGOの取り組み
　国境を越えて影響力を及ぼすことができる活動
　①特定分野における専門性（医療や地雷除去技術など），
　②政府が対応できないような特定の分野や地域への対応能力，
　③行動の迅速性
　④活動の「中立性」への信頼，
　⑤掲げる価値の正当性への社会の支持　など
　　＊トランスナショナルな活動を行うNGOのなかには，国連の経済社会理事会（ECOSOC）との協議関係をもつものもある。（協議資格をもつNGOは1990年代前半に1000弱であったのが，2019年9月時点で5,450団体）。
（村田晃嗣他『国際政治学をつかむ』有斐閣より）

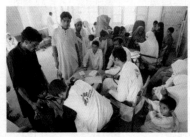

パキスタンで活動する国境なき医師団

|解説| **トランスナショナルな組織・NGO（非政府組織）**
NGOは，政府の組織ではなく，国益にとらわれずに平和や人権，環境などの幅広い分野で国境を越えて活動している民間団体である。グローバル化の進展，インターネットの発達，それとともに国際的な関心をもつNGOが国連との連携を求め，国連の側でもパートナーシップを拡大する必要に迫られたことから，その活動が拡大している。今日のグローバルな問題に取り組むにあたって，国連本体や分野別の専門機関だけでは不十分とする認識があるためとも言える。例えば，国際NGOの国境なき医師団は，国際的な医療・人道援助団体で，緊急医療援助を主な目的として，1971年にフランスで設立された。年間約4700人以上の医師，看護師，助産師らを派遣して救援活動を行っている。

6 国際法の父グロチウス

グロチウス　1583〜1645
オランダの自然法学者。22歳の時オランダ東インド会社から意見を求められたのをきっかけに「海洋自由論」を著した。国際法成立にもっとも重要な役割を果たした。
主著：『海洋自由論』（1609年），『戦争と平和の法』（1625年）

　戦争を行うためにも，また戦争中においても，同じように守らなければならない諸国間に共通な法が存在することは，きわめて確実である。…なぜなら，ひろくキリスト教世界を通じて，…戦争に対する抑制の欠如がみられるからである。…まったく理由なしに，武器に訴えることが行われている。そして，ひとたび武器がとられるや，もはや，神の法も人の法もまったく無視され，あたかも，どのような犯罪を犯しても差支えない錯乱状態が公然と法令によって許されたかのような有様を呈している。
（『戦争と平和の法』岩波書店）

|解説| 「国際法の父」
三十年戦争の悲惨さを目のあたりにしたグロチウスは，『戦争と平和の法』を発表して，戦時といえども各国が守るべき規範が存在することを自然法の考え方から説き，「国際法の父」と呼ばれるようになった。

7 国際法の分類

● 成立形式による分類 ●	
国際慣習法（不文国際法）	**成文国際法**
公海自由の原則 外交官の特権 （現在では条約化）　など	条約，協約，協定， 取り決め，議定書， 宣言，覚書，交換公文　など

● 適用時による分類 ●	
平時国際法	**戦時国際法**
国家領域 外交使節 条約の一般的効力 紛争の解決　など	交戦者の資格 占領政策 捕虜の取り扱い 中立の条件　など

|解説| **慣習国際法と条約**
慣習国際法(国際慣習法・不文国際法)は，国際社会における慣習が法的に認められたもので，成文(文章)の形式をとらず，すべての国を拘束する。近年，成文化されてきたものも多い。一方，条約(成文国際法)は，条約締結国のみを拘束し，条約・協定・議定書・宣言などの種類がある。

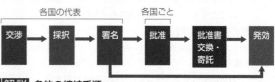

交渉　→　採択　→　署名　→　批准　→　批准書交換・寄託　→　発効
各国の代表　　　　　　　各国ごと

|解説| **条約の締結手順**
採択は，参加国すべての同意が必要（国際会議では3分の2以上の多数決による）。署名は，条約文を確定する行為。批准は，国家が条約に拘束されることへの同意を，国家元首などの権限ある機関が表示する行為。民主的なコントロールを行うため，立法府(議会)の承認が必要とされることが多い。政治性が小さい条約などは，署名だけで発効するものも多い(署名発効条約)。

8 戦時国際法と平時国際法

おもな戦時国際法 〈 〉内は通称名。年は採択年。

1856年	〈パリ宣言〉海戦に関するパリ宣言　海上における捕獲原則や封鎖の要件などを規定
64年	〈第1回赤十字条約〉戦地における軍隊中の負傷兵の状態改善に関するジュネーブ条約
99年	〈ハーグ条約〉第1回ハーグ平和会議（万国平和会議）で採択された諸条約 ・陸戦の法規慣習に関する条約　初の交戦規則の法典化 ・気球からの空爆禁止宣言 ・炸裂性弾丸（ダムダム弾）禁止宣言
1907年	〈ハーグ条約〉第2回ハーグ平和会議で採択された諸条約 ・陸戦の法規慣習に関する条約　第1回会議の条約の改定 ・武力行動の開始に関する条約 ・中立国の権利義務に関する条約
25年	〈ジュネーブ議定書〉窒息性ガス、毒性ガスまたはこれらに類するガスおよび細菌学的手段の戦争における使用の禁止
29年	捕虜の待遇に関する条約
49年	〈1949年のジュネーブ4条約〉「戦争犠牲者保護のための国際条約決定のための外交会議」で採択された諸条約 ・戦地にある軍隊の傷者および病者の状態の改善に関する条約〈第1条約、陸の条約〉 ・海上にある軍隊の傷者、病者および難船者の状態の改善に関する条約〈第2条約、海の条約〉 ・捕虜の待遇に関する条約〈第3条約、捕虜の条約〉 ・戦時における文民の保護に関する条約〈第4条約、文民保護の条約〉
71年	〈生物兵器禁止条約〉
77年	国際的武力紛争の犠牲者の保護に関するジュネーブ諸条約に追加される議定書〈第1追加議定書〉 非国際的武力紛争の犠牲者の保護に関するジュネーブ諸条約に追加される議定書　〈第2追加議定書〉
93年	〈化学兵器禁止条約〉
97年	〈対人地雷禁止条約（オタワ条約）〉
2008年	〈クラスター爆弾禁止条約（オスロ条約）〉
17年	核兵器禁止条約

|解説| **戦時国際法**

戦時に適用される国際法で、交戦国間の関係を律する交戦法規と、交戦国と中立国との関係を律する中立法規として制定された。やがて毒ガスや細菌兵器の使用禁止などの戦闘手段の制限や、捕虜や傷病兵、文民の保護などの法規を定められていった。近年では、「国際人道法」という概念が使われるようになってきている。

おもな平時国際法

1865年	万国通信条約
74年	国際郵便条約（ベルン条約）
1930年	国籍法抵触条約　国籍の抵触を調整する
44年	国際民間航空条約（シカゴ条約）
59年	南極条約　南極地域の平和利用・領土主権の凍結
61年	外交関係に関するウィーン条約
67年	宇宙条約　宇宙空間の平和利用
69年	条約法の関するウィーン条約
82年	国際連合海洋法条約

|解説| **平時国際法**

交通・通信技術の発展や経済活動の国際化に伴って、国境を越える個人に関わる国際法や、領域や経済活動、外交関係を含むさまざまな関係を調整する国際法の成文化が進められた。国家間だけでなく、国際機関の主導によって国際法の制定が増加しているのは、より普遍的な国際法整備へのステップといえる。

9 国際司法裁判所（ICJ）

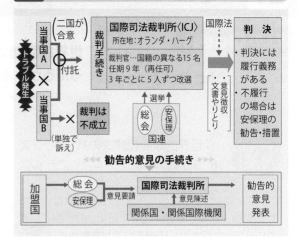

|解説| **国際司法裁判所の紛争解決**

国連の主要機関の一つである国際司法裁判所では、①国のみが当事者となる（個人は当事者になれない）、②紛争当事国の双方が国際司法裁判所での紛争解決に合意していることが必要、③判決は一審のみ、というかたちで行われる。2021年末の時点で、それまでに出された判決が165件、係争中の裁判が17件である。また、国家間の紛争に対する判決とは別に、国連総会や安保理をはじめとする国際機関の要請により、いかなる法律的問題についても勧告的意見を出すことができる。1947年から2021年までに20件の勧告的意見が出され、核兵器による威嚇・核兵器の使用の合法性に対する勧告的意見など、国際社会に大きな影響を与えたものもある。

10 国際刑事裁判所（ICC）

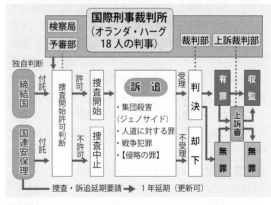

|解説| 紛争中であっても放置できないような非人道的な行為を、国際社会全体にとっての重大な犯罪として、それに関わった個人を訴追・処罰するための国際裁判所。1990年代に国連が時限的に設置したルワンダ国際戦犯法廷、旧ユーゴスラビア国際戦犯法廷を受け、1994年の国連総会で常設国際刑事裁判所設置草案の作成が勧告、1998年にローマ外交官会議で「国際刑事裁判所ローマ規程」が採択、2002年に発効し、2003年に設立。2007年10月日本も加盟。裁判は、①批准国より選出された18名の裁判官により構成、②起訴が承認されたら容疑者への逮捕状が発給され、5人の判事が裁判を行うため召集、③刑は罰金刑か有期刑に限られ、最高刑は終身刑、④裁判権を行使するにあたり、条約当事国の主権や国内裁判所における刑事裁判権行使との調整が必要。

世界的課題に立ち向かうために，何が必要とされているだろう。資料を読み取って考えをまとめてみよう。

世界的な問題解決のパラドックス
国連事務総長　アントニオ＝グテーレス

いま，我々が国際関係の正念場にいることは明らかだ。グローバルな意思決定は手詰まりの状態で，その核心部分に根本的なパラドックスが存在する。

一方で，世界の指導者の多くは，共通の脅威を認識はしている。新型コロナウイルス感染症，気候問題，規制を受けない技術開発といったものだ。何かしらの対応が必要だと同意はしている。だが，その共通の理解に対して，共通の行動が伴っていないのだ。

実際，分断はますます深まり，あらゆる所で発生している。不公平で不平等なワクチンの提供，貧困層に不利な世界の経済システム，気候危機に対する全く不十分な対応，分断によって利益を得るデジタルテクノロジーやメディアの状況，そして世界中で急速に拡大している社会不安や混乱がある。

共通の課題があるという診断結果を世界が認めているのに，なぜ適切な治療ができないのだろうか。

二つの根本的な原因がある。まず一つ目に，外交政策が国内政治の投影になりがちなことがある。私は首相を務めた身として，国際的な問題が国内政治に乗っ取られることがあるのを知っている。国益は，より大きな世界的な利益に容易に勝りうる。（中略）

二つ目には，いまのグローバルな組織や枠組みの多くが時代遅れであるか，単純に弱く，必要な改革が地政学的な分断によって妨げられている。例えば世界保健機関（WHO）の権限は，地球規模のパンデミックへの対応の調整に必要な権限では全くない。より権限を持つ国際組織は，国連安全保障理事会のように分断によって無力化されているか，多くの国際金融機関のように非民主的だ。（中略）

パンデミックが教えてくれたように，私たちの運命は一蓮托生だ。誰かを取り残すとき，我々は全員を取り残す危険を冒している。最も脆弱な地域が，グローバル政策のパラドックスによる最初の犠牲者となる。しかし，あらゆる場所のあらゆる人々が，直接脅威にさらされているのだ。

朗報は，我々がこの地球規模の課題に対してできることがあるということだ。人類が引き起こした問題は，人類によって解決できる。昨年9月，私はこれらの問題に関するリポートを発表した。この報告書「私たちの共通の課題」は，ガバナンスの課題に取り組み，21世紀の多国間主義を再活性化するために世界を団結させるロードマップであり，出発点だ。

（『朝日新聞』2022.2.18）

解説 「国連」とはどのようなものだろうか?

「国連とは正式名称を「国際連合(the United Nations = UN)」といい，世界の平和と経済・社会の発展のために協力することを誓う国々が集まった機関です。」

「国連の活動は世界の隅々にまで及んでいます。平和維持活動，難民支援や災害救援 といった人道支援などがよく知られていますが，その他にも国連とそのシステムは，私たち一人ひとりの生活を改善し，世界をよりよい場所にするため，様々な活動に取り組んでいます。

国際の平和と安全の維持，人権の擁護と推進，経済社会開発の推進の三本柱に沿って，これらを密接不可分なものととらえ，多岐にわたる活動を世界中で行っています。」（国連広報センター「国連のはたらき」より）

Think

「国連」の果たす役割について，これまでとこれからでは変化していくだろうか。自分の考えを整理していこう。

政治的主体

国際分野

1 勢力均衡と集団安全保障

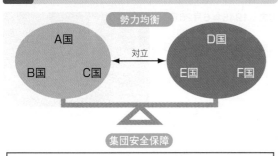

勢力均衡

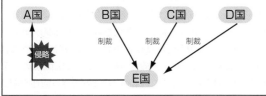

集団安全保障

|解説| 勢力均衡と集団安全保障の違い
敵対する国からの攻撃を抑制するため軍備の拡張や第三国との軍事同盟を結んだ(勢力均衡政策)。しかし、どこか1か所で始まった戦争が連鎖的に広がっていく危険性がある(第一次世界大戦)。集団安全保障では、対立する国も含めて国際機構を作り、戦争を違法化し、もし破った国があれば集団で制裁することで抑止する。

2 ウィルソンの14か条

ウィルソン 1856～1924
アメリカ大統領(任期1913～21,民主党)。第一次世界大戦への参戦を決断し、大戦の行方を決定づけた。大戦末期には「14か条の平和原則」を発表し新世界秩序を掲げ、大戦後のパリ講和会議で、国際連盟の創設に尽力した。

1　講和交渉の公開・秘密外交の廃止
2　海洋(公海)の自由
3　関税障壁の撤廃(平等な通商関係の樹立)
4　軍備縮小
5　植民地問題の公正な処置(民族自決の一部承認)
6　ロシアからの撤兵とロシアの政体の自由選択
7　ベルギーの主権回復
8　アルザス=ロレーヌのフランスへの返還
9　イタリア国境の再調整
10　オーストリア=ハンガリー帝国内の民族自治
11　バルカン諸国の独立の保障
12　オスマン帝国支配下の民族の自治の保障
13　ポーランドの独立
14　国際平和機構の設立

|解説| ウィルソンの「14か条の平和原則」
1918年、ウィルソンが連邦議会への年頭教書で発表した原則。翌19年のパリ講和会議で、この原則に沿う形で世界最初の国際平和機構として国際連盟の創設が決定されたが、アメリカは孤立主義(モンロー主義)をとる議会などの反対で加盟しなかった。

3 国際連盟規約

前文
締約国は戦争に訴えないという義務を受諾し、各国間の開かれた公明正大な関係を定め、各国政府間の行為を律する現実の規準として国際法の原則を確立し、組織された人々の間の相互の交渉において正義を保つとともにいっさいの条約上の義務を尊重することにより、国際協力を促進し各国間の平和と安全を達成することを目的として、この国際連盟規約に合意する。
第8条 【軍備縮小】
平和を維持するためには、国の安全と、国際的な義務遂行のための共同行動実施とに支障がない最低限度まで、その軍備を縮小する必要があることを承認。
第10条 【領土保全と政治的独立】
連盟各国の領土保全および現在の政治的独立を尊重し、かつ外部の侵略に対しこれを擁護することを約す。
第11条 【戦争の脅威】
戦争または戦争の脅威は、連盟加盟国のいずれかに直接の影響がおよぶか否かを問わず、すべての連盟全体の利害関係事項であることをここに声明する。国際的平和を擁護するために適当かつ有効と認められる措置をとる。事務総長は、加盟国の請求に基づき、連盟理事会の会議を招集する。
第16条 【制裁】
戦争に訴えた連盟加盟国は、当然他のすべての連盟加盟国に対して戦争行為を行ったものとみなされる。他のすべての連盟加盟国は、その国とのいっさいの通商上または金融上の関係の断絶、自国民とその違約国国民との間のいっさいの交通の禁止をただちに行う。

|解説| 国際連盟規約に見る連盟の課題
世界最初の国際平和機構として設立された国際連盟であったが、①総会・理事会ともに議決は全会一致制を採用したため有効な決定が行いにくい、
②制裁手段として非軍事的制裁しかない、という欠陥をかかえていた。さらに、アメリカの不参加や日本、ドイツなどの途中での脱退、ソ連の除名などもあり、第二次世界大戦の発生を防ぐことができなかった。

4 パリ不戦条約

第1条　締約国は、国際紛争解決のために戦争に訴えることを非難し、かつ、その相互の関係において**国家政策の手段として戦争を放棄すること**を、その各々の人民の名において厳粛に宣言する。
第2条　締約国は、相互間に発生する紛争又は衝突の処理又は解決を、その性質または原因の如何を問わず、平和的手段以外で求めないことを約束する。
(第3条　略)

|解説| パリ不戦条約
(ケロッグ・ブリアン条約)
正式名称は「戦争放棄ニ関スル条約」。1928年8月28日に米・英・独・日本を含む15か国により調印。フランス外相のブリアンとアメリカ国務長官ケロッグが呼びかける。「国家政策の手段として戦争の放棄」を宣言し、戦争の違法化を明確にした。これにより正当な唯一の武力行使の根拠は自衛権の発動のみとなった。

5 国際連合成立の経緯

大西洋憲章	1941年8月

アメリカ大統領ローズヴェルトとイギリス首相が会談し、領土不拡大・民族自決・自由貿易などの原則を発表。その中に全般的で恒久的な集団安全保障機構の設立が含まれた

モスクワ宣言	1943年10月

アメリカ・イギリス・ソ連の外相会談で、戦後に国際的な平和機構の樹立で合意

ダンバートン・オークス会議	1944年8月〜10月

アメリカ・イギリス・ソ連・中国が、大西洋憲章やモスクワ宣言の合意を受け、新たな国際機構＝国際連合の憲章草案を作成

ヤルタ会談	1945年2月

アメリカ大統領ローズヴェルト、イギリス首相チャーチル、ソビエト連邦のスターリンの会談
安全保障理事会で用いられる投票制度（5大国の拒否権）の合意

サンフランシスコ会議	1945年4月〜6月

50か国が参加し国連憲章を採択

|解説| より強力な集団安全保障の構築

国際連盟は、日本（1933）、ドイツ（33）、イタリア（37）が脱退し、第二次世界大戦の勃発を止められなかった。その背景には理事会・総会での「全会一致の原則」、制裁が経済制裁のみという組織上の問題点があった。第二次世界大戦が始まると連合国側は、国際連盟の反省に基づき新たな国際平和機構の設立を目指した。

6 国際連盟と国際連合

	国際連盟 (League of Nations)	国際連合 (United Nations)
設立	1920年	1945年
本部	ジュネーヴ（スイス）	ニューヨーク（アメリカ）
加盟国	原加盟国42か国 米国不参加、ソ連加盟遅延、日・独・伊脱退	米・英・仏・中・ソ（ロ）の五大国を含む51か国が原加盟。現在、193か国が加盟
主要機関	総会、理事会（英・仏・伊・日の常任理事国）事務局、常設国際司法裁判所 国際労働機関	総会、安全保障理事会（米・英・仏・中・ソ（ロ）の常任理事国と10非常任理事国）経済社会理事会、信託統治理事会、事務局、国際司法裁判所
表決手続	総会・理事会：全会一致制	総会：多数決制 （重要事項は2/3以上） 安全保障理事会：5常任理事国を含む9か国の多数決 （常任理事国には拒否権）
制裁措置	経済封鎖（通商・金融上の関係断絶、交通の禁止）	経済制裁のほか、安保理による軍事行動も可能

|解説| 国際連盟と国際連合の比較

国際連盟・国際連合ともに、地球規模の集団安全保障のための国際機構であるが、成立過程や加盟国、表決手続や制裁措置などに大きな違いがある。なお、第二次世界大戦中、連合国の敵であった国々（日本・ドイツ・イタリアなど）に対する国連憲章の条項（旧敵国条項、第53条・第107条）は現在も残されている。

7 国際連合憲章 （→p.314参照）

署名　1945年6月26日
（サンフランシスコ）

発効　1945年10月24日

前文

われら連合国の人民は、

われらの一生のうちに二度まで言語に絶する悲哀を人類に与えた戦争の惨害から将来の世代を救い、基本的人権と人間の尊厳及び価値と男女及び大小各国の同権とに関する信念をあらためて確認し、正義と条約その他の国際法の源泉から生ずる義務の尊重とを維持することができる条件を確立し、一層大きな自由の中で社会的進歩と生活水準の向上とを促進すること並びに、このために、寛容を実行し、且つ、善良な隣人として互に平和に生活し、国際の平和及び安全を維持するためにわれらの力を合わせ、共同の利益の場合を除く外は武力を用いないことを原則の受諾と方法の設定によって確保し、すべての人民の経済的及び社会的発達を促進するために国際機構を用いることを決意して、これらの目的を達成するために、われらの努力を結集することに決定した。

よって、われらの各自の政府は、サン・フランシスコ市に会合し、全権委任状を示してそれが良好妥当であると認められた代表者を通じて、この国際連合憲章に同意したので、ここに国際連合という国際機構を設ける。

第1条　国際連合の目的は、次のとおりである。

1　国際の平和及び安全を維持すること。そのために、平和に対する脅威の防止及び除去と侵略行為その他の平和の破壊の鎮圧とのため有効な集団的措置をとること並びに平和を破壊するに至る虞のある国際的の紛争又は事態の調整又は解決を平和的手段によって且つ正義及び国際法の原則に従って実現すること。（2〜4略）

第39条　安全保障理事会は、平和に対する脅威、平和の破壊又は侵略行為の存在を決定し、並びに、国際の平和及び安全を維持し又は回復するために、勧告をし、又は第41条及び第42条に従っていかなる措置をとるかを決定する。

第51条　この憲章のいかなる規定も、国際連合加盟国に対して武力攻撃が発生した場合には、安全保障理事会が国際の平和及び安全の維持に必要な措置をとるまでの間、個別的又は集団的自衛の固有の権利を害するものではない。この自衛権の行使に当って加盟国がとった措置は、直ちに安全保障理事会に報告しなければならない。また、この措置は、安全保障理事会が国際の平和及び安全の維持又は回復のために必要と認める行動をいつでもとるこの憲章に基く権能及び責任に対しては、いかなる影響も及ぼすものではない。

政治的主体

国際分野

8 国際連合とその役割

1. 総会（General Assembly） 2023年12月現在の加盟国＝193か国

1. 構成…全加盟国の代表による　2. 投票権…各国1票
3. 組織‥主要委員会（6），常設・手続委員会・その他の総会下部機関
4. 表決…重要事項を除く一般の事項の表決は，単純多数。重要事項（平和と安全保障に関する勧告，新加盟国の承認，予算事項）の表決は3分の2以上の多数
5. 通常総会…通常会期は毎年9月の第3火曜日から開会
6. 特別総会…安全保障理事会の要請，加盟国の過半数の要請，過半数の同意を得た1加盟国の要請のうちいずれか
7. 緊急特別総会…常任・非常任の別なく安保理の9か国の要請，加盟国の過半数の要請，過半数の同意を得た1加盟国の要請のうちいずれかによる。24時間以内に招集される
8. 任務と権限…●国際の平和と安全の維持にかかわる協力・軍縮・軍備規制についての勧告
●国際法の発達・法典化，人権の実現，国際協力の推進を勧告
●国連予算の審議・承認，分担金の割当て
●各理事会の理事国を選挙で選出，国際司法裁判所裁判官の選出，安保理の勧告による事務総長の任命
●紛争や国連に影響を及ぼす問題・国連憲章の範囲内の問題について審議，勧告は安保理審議中を除いて可能

2. 安全保障理事会（Security Council） [現在の非常任理事国]

1. 構成……5 常任理事国（中国，フランス，ロシア，イギリス，アメリカ）と10非常任理事国（2年ごとに5か国を改選。改選は地域バランスの原則に基づいて行われ，アジア・アフリカ地域から3か国，東欧，南米・カリブ海地域から各1か国が選出）
2. 決定手続き……各理事国1票で15理事国のうち9理事国の賛成が必要
3. 拒否権……実質事項の決定には，常任理事国すべての賛成が必要（大国一致の原則）。常任理事国に拒否権有り
4. 任務と権限…●事務総長の任命を総会に勧告
●総会とともに国際司法裁判所の裁判官の選出
●国際の平和と安全の維持●紛争の調査・解決法の勧告
●軍備規制のための方式の立案●侵略行為の確認
●侵略の防止，阻止のための経済制裁など非軍事的措置実施の勧告
●侵略国への軍事行動

3. 経済社会理事会（Economic and Social Council）

1. 構成…54か国で構成　2. 任期…3年，毎年任期を終えた18か国を選出
3. 表決…各理事国1票制，単純多数で決定
4. 会期…ニューヨークとジュネーヴで毎年2か月ずつ開会
5. 補助機関…1 機能委員会（8）　統計・人口開発・社会開発・女性の地位・麻薬・犯罪防止刑事司法・開発のための科学技術・国連森林フォーラム
2 地域委員会（5）
3 常設委員会（3）
4 専門機関
6. 任務と権限…●国際経済，社会問題などに関し国連や加盟国に対して政策立案
●人権の尊重と順守の促進
●国際的な経済，社会，文化，教育，保健，その他関連分野の調査・報告・勧告
●専門機関の活動を調整すること
●理事会が取り扱う事項と関連があるNGOと協議するなど

4. 信託統治理事会（Trusteeship Council） 1994年より活動停止

任務と権限…●信託統治地域住民の生活向上と自治あるいは独立の達成を促進する
●信託統治地域について，施政国による報告，協議，統治地域からの請願の検討，特別視察などを行う

5. 国際司法裁判所（International Court of Justice）

6. 事務局（Secretariat） [現在（2022.12）の事務総長　アントニオ＝グテーレス]

1. 構成…事務総長（Secretary-General）と2万5000人を超える国際公務員による
2. 事務総長　選出…安保理の勧告により総会が任命　任期…5年　役割…国際の平和と安全についての問題の安保理への注意喚起，国際紛争の調停役
3. 任務と権限…●国連業務の遂行，計画や政策の実施
●国政問題の研究，演説文書の通訳・翻訳，報道機関への情報提供など

解説　国連の役割と組織

国連を表す英語United Nationsは，第二次世界大戦で日本やドイツなど枢軸国と戦った「連合国」の意味で，連合国主体で創設されたことを表している。軍事的色彩が強いため日本では政治的配慮から「国際連合」と訳されたという。

◆国連人権理事会
「人権委員会」に代わり2006年設置。
理事国は47か国。任期3年2期まで。

◆国連貿易開発会議（UNCTAD）
◆国連薬物犯罪事務所（UNODC）
◆国連環境計画（UNEP）
◆国連開発計画（UNDP）
◆国連人口基金（UNFPA）
◆国連児童基金（UNICEF）
◆国連人権高等弁務官事務所（OHCHR）
◆国連難民高等弁務官事務所（UNHCR）
◆国連訓練調査研修所（UNITAR）
◆国際連合大学（UNU）
◆国連世界食糧計画（WFP）
◆国連人間居住計画（UN-HABITAT）
◆国連国際婦人調査訓練研修所（INSTRAW）
◆国連パレスティナ難民救済事業機関（UNRWA）

2023～24年任期：
日本，モザンビーク，エクアドル，マルタ，スイス
2024～25年任期：
アルジェリア，ガイアナ，韓国，シエラレオネ，スロベニア

◆軍事参謀委員会
◆国連休戦監視機構（UNTSO/1948）
◆国連兵力引き離し監視隊（UNDOF）
◆国連レバノン暫定隊（UNIFIL）
◆国連ルワンダ支援団（UNAHIR）
◆旧ユーゴスラヴィア国際刑事裁判所など

〈地域委員会〉
・ヨーロッパ経済委員会（ECE/ジュネーヴ）
・ラテンアメリカ・カリブ経済委員会（ECLAC/サンチアゴ）
・アジア太平洋経済社会委員会（ESCAP/バンコク）
・西アジア経済社会委員会（ESCWA/ベイルート）
・アフリカ経済委員会（ECA/アジスアベバ）

〈常設委員会〉
1. 計画調整委員会
2. 非政府組織（NGO）委員会
3. 政府間機関交渉委員会

◆国際電気通信連合（ITU）
◆世界気象機関（WMO）
◆万国郵便連合（UPU）
◆世界知的所有権機関（WIPO）
◆国際労働機関（ILO）
◆国際通貨基金（IMF）
◆国際復興開発銀行（世界銀行）（IBRD）
◆国際開発協会（第2世界銀行）（IDA）
◆国際金融公社（IFC）
◆多国間投資保証機関（MIGA）
（世界銀行グループ：IBRD，IDA，IFC，MIGA）
◆世界保健機関（WHO）
◆国連教育科学文化機関（UNESCO）
◆国際海事機関（IMO）
◆国連食糧農業機関（FAO）
◆国際農業開発基金（IFAD）
◆国連工業開発機関（UNIDO）
◆国際民間航空機関（ICAO）
◆世界貿易機関（WTO）（1995年1月発足）

◆国際原子力機関（IAEA）
（国連の支援のもとに設立。毎年総会へ報告。必要に応じて安保理及び経済社会理事会へも報告。）

9 国連加盟国の推移

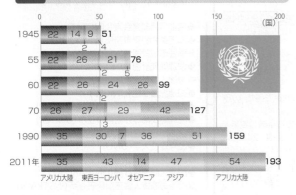

	アメリカ大陸	東西ヨーロッパ	オセアニア	アジア	アフリカ大陸	合計
1945	22	14	9	2	4	51
55	22	26	2	21	5	76
60	22	26	2	24	26	99
70	26	27	3	29	42	127
1990	35	30	7	36	51	159
2011年	35	43	14	47	54	193

|解説| 加盟国数の増加とその背

国連への加盟申請は，事務総長に対して行い，安保理審査委員会での審査を経て，安保理で採択する。安保理の可決後，総会の3分の2以上の賛成で加盟が認められる。1945年に原加盟国51か国でスタートし，55年にイタリア，56年に日本，73年には東西ドイツが加盟し第二次世界大戦の敗戦国すべてが加盟。60年代には，独立したアフリカ諸国が加盟し発展途上国の発言力が強まった。冷戦終結後，91年に南北朝鮮が同時加盟，ソ連解体によりバルト三国など独立した国の加盟も相次いだ。2002年には東ティモールと永世中立国のスイスが加盟。11年に独立した南スーダンの加盟で現在の193か国になった。バチカン市国とパレスチナは未加盟だが総会に参加できるオブザーバー資格を有する。

10 国連による集団安全保障紛争解決システム

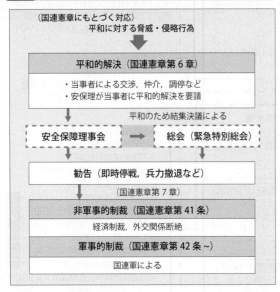

|解説| 国連の紛争解決

国連憲章は，武力紛争が発生したときの対処策として，仲介・調停などの平和的解決（第6章）と，非軍事的・軍事的措置（第7章）を規定している。ただ，憲章にもとづく本来の国連軍はまだ一度も編成されたことがない。それに代わって行われているのが，国連平和維持活動（PKO）である。この活動は，憲章に明確な規定はなく，第6章と第7章の間に位置することから「6章半活動」といわれている。

11 安保理の拒否権行使回数（年代別）

	中国	フランス	イギリス	アメリカ	ロシア	合計
1946-55	(1)	2	0	0	80	83
1956-65	0	2	3	0	26	31
1966-75	2	2	10	12	7	33
1976-85	0	9	11	34	6	60
1986-95	0	3	8	24	2	37
1996-2005	2	0	0	10	1	13
2006-15	6	0	0	3	10	19
2016-21	7	0	0	0	15	22
2022	1	0	0	0	3	4
2023	1	0	0	2	3	6
合計	20	18	32	83	155	308

|解説| 国際連盟と国際連合の比較

戦後の東西冷戦の中で，1950年代から60年代にかけてはソ連（現ロシア）が，1970年代から80年代から90年代にはアメリカとイギリスが拒否権を行使することが多かった。そのため，冷戦の時代に安保理は，平和に対する脅威の存在などの認定や，それに対する強制措置の決定という機能を十分に果たすことができなかった。

12 国連緊急特別総会

会期年月	内　容	招集要請国（拒否権行使国）
第1会期 1956.11	スエズ問題。英・仏・イスラエル軍のスエズ即時撤退要求決議案採択。	安保理（英・仏）
第2会期 1956.11	ハンガリー問題。ソ連軍の即時撤退とハンガリー難民救済決議案採択。	安保理（ソ連）
第3会期 1958.8	レバノン・ヨルダン問題。アラブ提出の自主解決と米・英軍早期撤退決議案採択。	安保理（米・ソ）
第4会期 1960.9	コンゴ問題。国連を通さない軍事援助の停止を求めたAA諸国決議案を採択。	安保理（ソ連）
第5会期 1967.6	中東問題。イスラエルによるエルサレム旧市街の一方的併合を非難する決議採択。	ソ連（なし）
第6会期 1980.1	アフガニスタン問題。ソ連軍など外国軍隊即時撤退を求める決議案採択。	安保理（ソ連）
第7会期 1980.7	パレスティナ問題。イスラエル軍の全占領地区から無条件撤退要求の決議採択。	セネガル（米）
第8会期 1981.9	ナミビア問題。ナミビア不法占拠・弾圧を続ける南アフリカ共和国への非難決議案採択。	ジンバブエ（米・英・仏）
第9会期 1982.1	イスラエル制裁問題。シリア領ゴラン高原併合を無効とし制裁決議採択。	安保理（米）
第10会期 1997.4	イスラエル住宅地問題。東エルサレムでのユダヤ人入植計画を非難する決議採択。その後，2023年まで休会しながら継続している。	カタール（米）
第11会期 2022.3	ロシアによるウクライナ侵攻を議題とし，ロシア軍の即時撤退などを求めた。侵攻は継続し，10月の緊急特別総会では4度目の決議が143か国の賛成で採択された。	安保理（ロシア）

|解説| 平和のための結集決議

1950年，国連総会で「平和のための結集決議」が採択された。それは，五大国の拒否権行使で安保理が責任を果たせない場合には，総会が3分の2の多数決で，加盟国に武力行使を含む措置を勧告でき，また，総会が会期中でない場合には，安保理の7か国（現在は9か国）の要請，加盟国の過半数の要請などで24時間以内に緊急特別総会を招集することができるとするものである。緊急特別総会は表のように11回開催された。

13 国連平和維持活動（現在活動中のミッション）

名　称	派遣期間
❶ 国連休戦監視機構（UNTSO）	1948.6〜現在
❷ 国連インド・パキスタン軍事監視団（UNMOGIP）	1949.1〜現在
❸ 国連キプロス平和維持隊（UNFICYP）	1964.3〜現在
❹ 国連兵力引き離し監視隊（UNDOF）	1974.5〜現在
❺ 国連レバノン暫定隊（UNIFIL）	1978.3〜現在
❻ 国連西サハラ住民投票監視団（MINURSO）	1991.4〜現在
❼ 国連コソボ暫定行政ミッション（UNMIK）	1999.6〜現在
❽ 国連コンゴ民主共和国安定化ミッション（MONUSCO）	2010.7〜現在
❾ 国連アビエ暫定治安部隊（UNISFA）	2011.6〜現在
❿ 国連南スーダン共和国ミッション（UNMISS）	2011.7〜現在
⓫ 国連中央アフリカ多面的統合安定化ミッション（MINUSCA）	2014.4〜現在

（『世界国勢図会』2021/22ほか）

解説 PKOと日本

日本は，1988年に政務官（国連職員として派遣された一般職国家公務員）を初めて国連の平和維持活動に派遣した。その後，1992年の国連平和維持活動等協力（PKO等協力）法の制定で，92年6月のカンボジアへの自衛隊を含む要員の参加を皮切りに，モザンビークなどに派遣している。シリア・ゴラン高原の国連兵力引き離し監視軍（UNDOF）への自衛隊の参加は96年からで，中東地区で初であった。

現在のミッション数：11
　警察要員：6,917　　　軍事要員：56,803
　文民要員：13,268　　司令部要員：1,770（日本：4）
※日本は国連南スーダン共和国ミッションに人員派遣中

14 PKOによる紛争解決システム

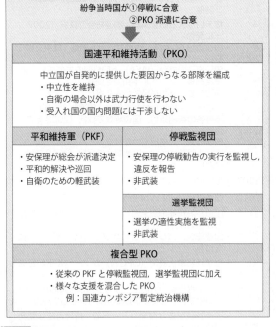

（国連憲章に規定されない対応）
紛争当事国が①停戦に合意
　　　　　　②PKO派遣に合意
↓

国連平和維持活動（PKO）

中立国が自発的に提供した要因からなる部隊を編成
・中立性を維持
・自衛の場合以外は武力行使を行わない
・受入れ国の国内問題には干渉しない

平和維持軍（PKF）	停戦監視団
・安保理が総会が派遣決定 ・平和的解決や巡回 ・自衛のための軽武装	・安保理の停戦勧告の実行を監視し，違反を報告 ・非武装
	選挙監視団
	・選挙の適性実施を監視 ・非武装

複合型PKO
・従来のPKFと停戦監視団，選挙監視団に加え
・様々な支援を混合したPKO
　例：国連カンボジア暫定統治機構

解説 国連の紛争解決

PKOに対しては，1988年にノーベル平和賞が贈られた。PKOは，東西冷戦の終結後には内戦の解決のために設立される場合などが増えたため，単なる停戦監視などにとどまらず，人道活動の支援，選挙の実施，戦後復興の支援など，複合的な役割を担うようになった（第2世代のPKOとよばれる）。なお，1992〜93年には，国連憲章第7章にもとづき自衛の範囲を超える武力行使を認めるPKOも，ソマリアなどに派遣されたが（第3世代のPKO），失敗に終わった。

15 平和構築のステップ

紛争	国際社会の支援
和平調停	双方の当事責任者への働きかけ
停戦合意	・停戦の監視 ・軍隊の撤退の監視
和平合意	・人道・復興支援 ・武装解除 ・難民支援 ・警察への支援 ・社会基盤整備 ・経済インフラ整備 ・選挙の実施 ・行政事務の遂行

持続可能な平和

解説 ガーリの「平和への課題」と平和構築活動

　1992年に第6代国連事務総長（任期92〜96年）に就任したエジプトのブトロス・ガーリは報告書『平和への課題(Agenda for Peace)』（92年6月）で，冷戦終結後の紛争解決への対応と国連PKOの強化を提唱した。その中で「平和構築Peacebuilding」という用語が初めて使用された一般的に広がっていった。

　「平和構築」とは，和平合意の締結後に回復された平和を維持し，紛争の再発を防止するために平和を強化するための国家・社会制度の構築を意味している。具体的には，当事国政府とその国民を主体として，国連などの国際機関や国際NGOを含む国際社会も関与しつつ，武装解除などの軍事部門をはじめ，難民の帰還，紛争当事者の和解，国内法や司法制度などの整備，経済復興，生活・社会基盤の再建など広範囲にわたる活動が行われる。

ブトロス＝ガーリ 1922〜2016
国連の事務総長は通常，2期10年勤めることが多いが，ガーリ氏はアメリカの支持が得られず，1期で事務総長を退いた。ソマリアやルワンダの紛争の対応にあたり，PKOの活動に熱心に取り組んだ。

政治的主体

国際分野

国際連合の活動（〜1945年から現代まで〜）

左側に縦書きで「政治的主体」「国際分野」

事務総長	年代	出来事
①トリグブ・リー《ノルウェー》（1946〜）	1945	・サンフランシスコ会議で国連憲章署名 ・10月24日，国連憲章発効により，国連創設
	1947	・国連総会，パレスチナ分割案を承認
	1948	・国連兵力監視機構（UNTSO）を中東に派遣 ・国連総会，世界人権宣言を採択
	1950	・朝鮮戦争。安保理，北朝鮮撤退決議 ・国連総会，「平和のための結集」決議を採択
②ダグ・ハマーショルド《スウェーデン》（1953〜）	1954	・国連難民高等弁務官事務所（UNHCR）がノーベル平和賞受賞
	1956	・第1回緊急特別総会（スエズ運河危機），開催。 ・初の国連平和維持軍，国連緊急軍（UNEF），設置。 ・日本，国連加盟
	1960	・国連総会，植民地独立付与宣言を採択
	1961	・ハマーショルド事務総長，コンゴで墜落事故死。
③ウ・タント《ミャンマー》（1962〜）	1965	・ユニセフ，ノーベル平和賞を受賞 ・人種差別撤廃条約，国連総会で採択（1969年に発効）
	1966	・国際人権規約（自由権，社会権），国連総会で採択（1976年に発効）
	1968	・核不拡散条約（NPT），採択
	1969	・国際労働機関（ILO）がノーベル平和賞受賞
	1971	・国連総会，中国代表権を中華人民共和国に認める
④クルト・ワルトハイム《オーストリア》（1972〜）	1972	・国連人間環境会議，ストックホルムで開催
	1974	・第6回特別総会，新国際経済秩序の樹立に関する宣言 ・国連総会，PLOをパレスチナ人民の代表として認める
	1975	・第1回世界女性会議（メキシコ・シティー）
	1978	・第1回国連軍縮特別総会
	1979	・女性差別撤廃条約，国連総会で採択（1981年に発効）
	1980	・世界保健機関（WHO），天然痘の撲滅を宣言
	1981	・国連難民高等弁務官事務所（UNHCR），ノーベル平和賞受賞（2度目）
⑤ハビエル・ペレス・デ・クエヤル《ペルー》（1982〜）	1982	・国連海洋法条約，採択（1994年に発効）
	1984	・拷問禁止条約，国連総会で採択（1987年に発効）
	1985	・第3回世界女性会議（ナイロビ）
	1987	・オゾン層破壊物質に関するモントリオール議定書，採択
	1988	・第3回国連軍縮特別総会 ・国連平和維持活動，ノーベル平和賞受賞
	1989	・国連移行支援グループ（UNTAG），ナミビアに展開。1990年3月21日にナミビア独立 ・児童権利条約，国連総会で採択（1990年に発効）
	1990	・安保理，イラクのクウェート撤退要求。多国籍軍の軍事行使容認決議 ・移住労働者権利条約，採択（2003年に発効）
	1992	・国連環境開発会議（地球サミット），リオデジャネイロで開催。 ・気候変動枠組条約など採択 ・ブトロス＝ガーリ事務総長，「平和への課題」を提出

事務総長	年代	出来事
⑥ブトロス・ブトロス＝ガーリ《エジプト》（1992〜）	1993	・カンボジアで，国連監督のもとに選挙実施。国連カンボジア暫定統治機構（UNTAC），展開（1992-93） ・安保理により旧ユーゴスラビア国際刑事裁判所設置 ・国連総会，人権高等弁務官を設置
	1994	・国連開発計画（UNDP）の「人間開発報告」が「人間の安全保障」を提唱 ・南アフリカ，総選挙を経て，国連総会に復帰 ・国際人口開発会議，カイロで開催 ・国連安保理，ルワンダ国際刑事裁判所を設置
	1995	・世界社会開発サミット（コペンハーゲン）
	1996	・包括的核実験禁止条約（CTBT），国連総会で採択
⑦コフィー・アナン《ガーナ》（1997〜）	1997	・気候変動枠組条約・第3回締約国会議，「京都議定書」採択（2005年に発効）
	1998	・国際刑事裁判所ローマ規程が採択（2002年に発効）
	2000	・国連平和活動パネル報告（ブラヒミ報告） ・国連ミレニアムサミットで，ミレニアム宣言を採択。（翌2001年，ミレニアム開発目標（MDGs）を設定〜2015年） ・国際組織犯罪防止条約，国連総会で採択（2003年発効）
	2001	・世界人種差別撤廃会議（南アフリカ，ダーバン） ・国連とアナン事務総長，ノーベル平和賞を受賞
	2002	・持続可能開発サミット（ヨハネスブルク），開催
	2003	・バグダッドの国連事務所で爆弾テロ ・国連腐敗防止条約，採択（2005年に発効） ・世界情報社会サミット（第1 phase），ジュネーブ開催
	2005	・核テロリズム防止条約，国連総会で採択（2007年に発効） ・国連創設60周年，世界サミット開催　成果文書採択 ・国際原子力機関（IAEA）と同機関のエルバラダイ事務局長，ノーベル平和賞を受賞 ・国連総会，平和構築委員会を設立
	2006	・グローバル反テロリズム戦略，国連総会で採択 ・障害者の権利条約，国連総会で採択（2008年に発効） ・国連総会，人権理事会を設立 ・強制失踪防止条約，国連総会で採択（2010年に発効）
	2007	・先住民の権利宣言，国際総会で採択
	2010	・国連総会，UN Womenを設立
⑧潘基文《大韓民国》（2007〜）	2012	・国連持続可能開発会議（リオ+20），開催。「私たちが望む未来」採択 ・国連総会，パレスチナにオブザーバー国家の地位を付与
	2013	・化学兵器禁止機関（OPCW）がノーベル平和賞受賞
	2014	・国連エボラ緊急対応ミッション（UNMEER）を公衆衛生に関する初の国連ミッションとして設置
	2015	・国連持続可能な開発サミットで，持続可能な開発目標（SDGs）を採択 ・国連気候変動枠組条約（COP21），パリ協定締結
	2016	・世界人道サミット開催（イスタンブール）
⑨アントニオ・グテーレス《ポルトガル》（2017〜）	2019	・気候行動サミット開催，パリ協定の実効性を協議
	2020	・国連75周年，SDGs達成のための「行動の10年」開始
	2021	・私たちの共通の課題を発表
	2022	・国連緊急特別総会　ロシアへの非難決議
	2023	・「地球沸騰の時代」声明

国連の直面する課題

私たちの共通の課題
(Our Common Agenda)
12のコミットメントの
大切な提案

国連広報センター
「私たちの共通の課
題」サイトにリンク

新たな「平和への課題」 グローバル・デジタル・コンパクト
気候変動対策 宇宙空間に関する対話
持続可能な開発 複雑化した危機のための緊急対応プラットフォーム
ハイレベル諮問委員会 将来世代に関する宣言

ハイレベルな追跡

教育変革サミット　　未来のサミット　　世界社会サミット

「私たちの共通の課題」のビジョン

グテーレス国連事務総長は,事務総長としての2期目に向けたビジョンとも言える「私たちの共通の課題」を2021年9月に発表した(国連創設75周年に寄せられた宣言より)。

その中で「今こそ,長期的な視点で考え,若者とその後の世代のためにより多くのことを果たし,今後の課題へより良く備えるとき」として,未来世代への影響を考慮して政策と予算が決定されるよう様々な提案を行った。

1. 誰一人取り残さない

2. 私たちの地球を守る

3. 平和を促進し紛争を予防する

4. 国際法を遵守し公正を確保する

5. 女性と女児を中核に据える

6. 信頼関係を築く

7. デジタル分野での協力を改善する

8. 国連をアップグレードする

- 元国家元首・政府首脳が率いるハイレベル諮問委員会による、グローバルな公共財のガバナンスの改善
- 年齢、ジェンダー、多様性に配慮しながら人々を中心に据えたシステム横断型の政策
- 国連創設75周年に寄せられた宣言および「私たちの共通の課題」に基づき、デジタルを含め更なる傾聴、参加、協議
- 国連システム内でのジェンダー・パリティー（男女比同率）を2028年までに実現する
- 事務総長科学諮問委員会を再設置する
- イノベーション、データ、戦略的先見性、結果重視、行動科学を含め、国連2.0に向けた「変化の五重奏」

9. 持続可能な資金調達を実現する

10. パートナーシップを強化する

11. 若者の声を聞き共に取り組む

12. 備える

国連広報センター「12のコミットメント」のサイトにリンク

国連の財政に関する課題

国連通常予算の分担率

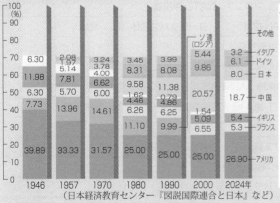

（日本経済教育センター『図説国際連合と日本』など）

国連の予算総額の推移

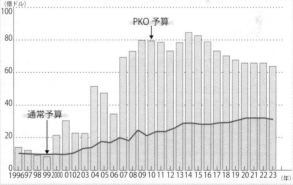

解説 国連の予算とその構成

国連の予算は大きく分けて,通常予算（1月から翌年12月までの2か年予算）とPKO予算（7月から翌年6月までの1か年予算）で構成される。その分担金は,加盟各国の経済力などをもとにした分担金に依存している。分担金の比率は,国民総所得を基礎にして,3年ごとに見直される。分担金を最も負担することになっているアメリカは発言力を強化するため滞納することもある。

なお,2年以上の分担金の滞納は国連総会での投票権を失うことが国連憲章で規定されている(第19条)。2022年に国連事務総長からその警告を受けたのは以下の8か国。

アンティグア・バーブーダ / コンゴ共和国 / ギニア / イラン / パプアニューギニア / スーダン / バヌアツ / ベネズエラ

政治的主体

国際分野

167

30 米ソ冷戦とその終焉

世界は「冷戦」によって二分されたのだろうか?

アメリカを中心とする西側資本主義陣営とソ連を中心とする東側社会主義陣営の対立が深まり,大国同士が大量の核兵器を保有し,にらみ合う冷たい戦争(冷戦)が進行した。東西「冷戦」の対立が終息するまでの,世界の大きな流れをつかもう。

西暦	東側諸国の出来事	西側諸国の出来事
1945	ヤルタ会談/第二次世界大戦終結/国際連合成立	
1946		チャーチル 鉄のカーテン演説
1947	コミンフォルム結成	トルーマン=ドクトリン,マーシャルプラン発表
1948	朝鮮民主主義人民共和国成立/ソ連,ベルリン封鎖	大韓民国成立
1949	ソ連初の原爆実験/経済相互援助会議(COMECON)成立	北大西洋条約機構(NATO)成立
1950	中ソ友好同盟相互援助条約	朝鮮戦争勃発
1951		サンフランシスコ講和条約/日米安全保障条約締結
1952		アメリカ 初の水爆実験
1953	スターリン死去/東ベルリンで反ソ暴動	南北朝鮮休戦協定調印
1954		周・ネルー平和五原則　アメリカ ビキニ水爆実験
1955	ワルシャワ条約機構成立	アジア・アフリカ会議　西ドイツ NATO 加盟
1956	ハンガリー動乱	
1957	中ソ共同宣言	欧州経済共同体(EEC)発足
1959	キューバ革命	米ソ首脳会談
1961	ベルリンの壁建設/中ソ論争激化	第1回 非同盟諸国会議
1962		キューバ危機
1963	中ソ対立激化	部分的核実験停止条約調印(PCBT:米・英・ソ)
1964	中国初の原爆実験	フランス,中国と国交回復
1965		ベトナム戦争(〜75)　アメリカの北ベトナム爆撃開始
1966	中国文化大革命始まる(〜1976)	フランス,NATO 軍脱退
1967		ASEAN 成立　ヨーロッパ共同体(EC)発足
1968	チェコ事件/中ソ国境紛争(1969)	核拡散防止条約調印
1971	国連の中国代表権の変更	戦略兵器制限交渉(SALT)開始(1970)　金・ドル交換停止
1972		東西ドイツ基本条約 SALT I 調印　ニクソン 中国訪問,日中共同声明
1975	南北ベトナム統一	第1回 先進国主脳会議(サミット)開催
1978		日中平和友好条約
1979	ソ連軍,アフガニスタン侵攻(〜89)	SALT II 調印　米中国交樹立宣言
1980		イラン・イラク戦争(〜88)
1982		フォークランド紛争(英・アルゼンチン)
1983	ソ連,大韓航空機撃墜	アメリカ,グレナダ侵攻
1986	チョルノービリ原発事故	米ソ首脳会談(レイキャビク)
1987		INF 全廃条約調印
1989	天安門事件/東欧民主化革命	ベルリンの壁崩壊/マルタ会談
1990	東西ドイツ統一/全欧安保協力会議(CSCE)開催	

政治的主体

国際分野

1 ヤルタ会談とヤルタ体制

チャーチル　ローズベルト　スターリン

F.ローズベルト 1882～1945
第32代アメリカ大統領(1933～45)。ニューヨーク州知事をつとめ，民主党から出馬し1933年に大統領に就任。大恐慌に際してニューディール政策を推進。第二次世界大戦が始まると，チャーチルと大西洋憲章を宣言し，国際連合設立の基礎を確立。1944年に4度目の大統領選で勝利するも，大戦終結前に急死した。

スターリン 1878～1953
ソ連の最高指導者。ジョージア出身。1924年レーニンの死後，権力を握り，工業化と農業の集団化を推進し，1936年には社会主義憲法を制定。一方で反対派を粛清として大量処刑。1939年に独ソ不可侵条約を締結。1941～45年の独ソ戦では最高司令官として指導。死後，フルシチョフによりその独裁体制を批判された。

|解説| ヤルタ会談のチャーチル・ローズベルト・スターリン
第二次世界大戦末期の1945年2月，連合国の米英ソの首脳がソ連のクリミア半島のヤルタに集まり，戦後処理の基本方針となるヤルタ協定を締結。東欧諸国の扱い，ドイツの分割占領，ソ連の対日参戦が決定。戦後の米ソ二大国による勢力均衡と対立という冷戦体制を「ヤルタ体制」というのは，このヤルタ協定を起点としているからである。

2 チャーチルの「鉄のカーテン」演説

チャーチル 1874～1965
イギリスの首相(1940～45，1951～55)。保守党に所属。南ア戦争など植民地各地の戦闘に従軍。1900年から下院議員。第一次世界大戦をはさんで商相・内相・海相・陸相・植民地相を歴任。第二次大戦勃発後の1940年，挙国一致内閣を組織し首相となり，指導力を発揮。著書「第二次大戦回顧録」で1953年ノーベル文学賞を受賞。

いまやバルチック海のシュテッテン(シュチェチン)からアドリア海のトリエステまで，一つの鉄のカーテンがヨーロッパ大陸を横切っておろされている。このカーテンの背後には，中部及び東部ヨーロッパの古くからの首都がある。ワルシャワ，ベルリン，プラハ，ウィーン，ブダペスト，ベオグラード，ブカレスト，ソフィア，これらすべての有名な都市とその周辺の住民たちは，ソ連の勢力圏内に入っている。
（『世界の歴史』中央公論社）

|解説| 「鉄のカーテン」
イギリスのチャーチル元首相が，1946年にアメリカ・ミズーリ州フルトンのウェストミンスター大学で行った演説の一節。東欧諸国の社会主義化とソ連の閉鎖性を批判し，西側陣営の結束を訴え，東西冷戦の始まりを象徴する言葉となった。

3 NATOとWTO

成立	北大西洋条約機構 NATO 1949年	ワルシャワ条約機構 WTO 1955年
加盟国	西側の軍事同盟 アメリカ, カナダ, イギリス, フランス, ベルギー, デンマーク, イタリア, アイスランド, オランダ, ルクセンブルク, ノルウェー, ポルトガルの12か国でスター卜 *のちにギリシャ, トルコ, 西ドイツ, スペインも加入	東側の軍事同盟 ソビエト連邦, ブルガリア, チェコスロバキア, 東ドイツ, ハンガリー, ポーランド, ルーマニア, アルバニアの8か国でスタート (中国はオブザーバー) *アルバニアは, 1968年のソ連のチェコ侵攻に抗議して脱退 *1991年に解体

|解説| ヨーロッパにおける東西対立
ソ連はナチスドイツから解放した東欧諸国に社会主義政権を成立させ影響力を強め，これがアメリカや西欧諸国との溝を深めていった。1949年アメリカと西欧諸国は北大西洋条約機構を結成し，それに対抗してソ連と東欧諸国はワルシャワ条約機構を1955年に結成。いずれも加盟国に攻撃があった場合は全加盟国が軍事的に援助する軍事同盟であった。(→p.189参照)

4 米ソの核兵器の配備

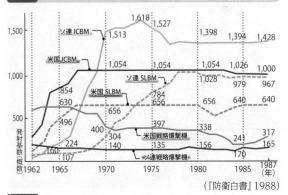

（『防衛白書』1988）

|解説| 米ソの兵器開発
冷戦の進行に伴い，米ソは原子力爆弾から水素爆弾へとより強力な核兵器を開発するだけでなく，その運搬手段として核兵器を搭載した戦略爆撃機や，ICBM（大陸間弾道ミサイル。地上から発射し敵国までを射程とする長距離ミサイル），SLBM（潜水艦から発射する弾道ミサイル）の開発と配備を競うようになった。

5 デタント（緊張緩和）から新冷戦へ

解説　アジア・アフリカ会議（バンドン会議，1955年）
1955年，インドネシアのバンドンでアジア・アフリカの29か国の代表が集まって開催された。第二次世界大戦後に植民地から独立したアジア・アフリカの新興国の連帯と，米ソ両陣営に距離を置く第三の勢力として存在を示した。基本的人権の尊重と民族自決，植民地主義反対，平和共存など「平和十原則」を採択した。

解説　キューバ危機（1962年）
1959年のキューバ革命以来，アメリカとキューバの関係が悪化。ソ連はキューバへの支援の一環として，キューバにソ連のミサイル基地の建設を始める。アメリカはキューバの海上封鎖を行って建設を阻止しようとし，米ソ全面核戦争の危機が生じた。最終的にはソ連が基地を撤去し，米ソ間で直通電話（ホットライン）が設置され，「雪解け」の契機となった。（写真は1962年11月，積荷を調べるためソ連の貨物船に停船を求める米海軍駆逐艦（手前））

解説　「プラハの春」とチェコ事件（1968年）
1968年，チェコスロバキアでは「人間の顔をした社会主義」を掲げ，社会主義体制の中での民主化・自由化を目指す改革政策（「プラハの春」）が推進された。これを社会主義体制全体の危機と考えたソ連のブレジネフ政権は，ソ連を中心とするワルシャワ条約機構5ヶ国で軍事介入し弾圧した。このソ連の行動に対して，西側陣営だけでなく中国など社会主義国の中からも強く批判された。

解説　ハンガリー動乱（1956年）
第二次世界大戦後，東欧諸国はソ連の衛星国として強い影響下に置かれた。1953年にソ連のスターリンが死去，56年2月にその後継者フルシチョフがスターリン批判を行うと，それに刺激され東欧諸国ではソ連の支配から脱する動きが強まった。ハンガリーでは民衆のデモを契機に民主化・自由化へと転換しようとしたが，ソ連軍の軍事介入で弾圧された。

解説　ベトナム戦争（1965年〜73年）
ベトナムは1954年に再植民地化をめざすフランスに勝利したが南北の分断国家になる。社会主義勢力の拡大を阻止するためアメリカは南ベトナムを支援。60年には南ベトナムで反米・反政府を掲げる南ベトナム解放民族戦線が結成。65年，これを支援する北ベトナムへ米軍は空爆を行いベトナム戦争が始まる。ゲリラ戦による戦局の泥沼化や世界規模の反戦運動に直面し，アメリカは73年にベトナムから撤退。南北ベトナムは75年にベトナム社会主義共和国として統一。アメリカはこの戦争で国内外での威信を喪失した。

解説　ソ連のアフガニスタン侵攻（1979年〜89年）
1979年，ソ連のブレジネフ政権は，社会主義を掲げる親ソ派政権を支援するためにアフガニスタンへソ連軍を侵攻させた。ソ連軍に対しイスラーム原理主義勢力などがゲリラ戦を展開し長期戦化。ソ連のアフガニスタンへの侵攻に対し，西側陣営を反発し80年のモスクワオリンピックには約60か国がボイコット，70年代のデタントから80年代の新冷戦への転機となった。アフガニスタンは荒廃し多くの難民が発生。ゴルバチョフ政権による撤退までの10年間で多くのソ連兵も犠牲となり，ソ連崩壊の一因となった。

政治的主体

国際分野

6 ゴルバチョフとペレストロイカ（改革）

ゴルバチョフ　1931～2022
ソ連最後の最高指導者。1985年に共産党書記長に就任。「ペレストロイカ」をスローガンに国内経済の再建と民主化へ向けた大胆な政治改革に取り組む一方、「新思考外交」を掲げて軍縮・緊張緩和を推進し、東欧の民主化革命と冷戦の終結に貢献した。90年に共産党一党独裁を放棄し大統領制を導入、初代大統領に就任。91年8月保守派のクーデター失敗後に指導力を失い、12月ソ連の解体とともに大統領を辞任。

ソ連経済停滞の原因
・社会主義経済の停滞　・技術革新の遅れ
・言論統制・軍拡競争による軍事費の膨張
・硬直化した官僚制
・アフガニスタン侵攻の長期化
・チェルノブイリ原発事故

ペレストロイカだ！ゴルバチョフの改革
・独立採算制による企業の自由化
・米国との平和共存と軍縮・複数政党制の導入
・グラスノスチ（情報公開）による言論の自由化

|解説| ペレストロイカ
「ペレストロイカ」は、ロシア語で「建て直し」を意味し、ゴルバチョフが推進した政治・経済改革を象徴するスローガン。ゴルバチョフは、停滞する社会主義経済を再建するため中央集権的指令型経済を改め、企業の自由化によって経済活動の活性化を目指した。また、「グラスノスチ（情報公開）」を進め、これまで共産党一党独裁体制の中で国民に隠されていた事実が報道され、言論・出版の自由化が促進され、政治の民主化をもたらした。

7 東欧民主化革命と冷戦終結

1989年のヨーロッパ

1月	ハンガリー、集会・結社の自由化 → 10月 市場経済・複数政党制による民主制の憲法採択
4月	ポーランド、自主労組「連帯」合法化 → 6月 国会議員選挙で「連帯」圧勝。
9月	ハンガリー・オーストリア国境開放 →東ドイツから西側へ大量亡命 ポーランド、非共産勢力主導の連立政権成立。
10月	東ドイツ、反政府デモが広がり、ホネカー書記長解任
11月	東ドイツ、ベルリンの壁の開放→ 90年 東西ドイツ統一 チェコスロバキア、プラハで連日のデモ→ヤケシュ書記が辞任 → 12月　民主化運動の指導者ハベルが大統領に就任（ビロード革命）
12月	米ソ首脳、マルタ会談で冷戦終結を宣言
12月	ルーマニア、デモが激化→チャウシェスク大統領夫妻処刑

|解説| 冷戦終結の背景

ゴルバチョフの新思考外交により米ソの協調と軍縮への政策転換の一因として経済的な問題が挙げられる。米国は貿易赤字と財政赤字という「双子の赤字」を抱え、レーガン政権の軍拡路線は負担となっていた。ソ連も社会主義経済が停滞する中で、アフガニスタン侵攻の長期化や新冷戦により軍事支出の増大に対応できなくなっていた。また、ゴルバチョフは1987年に東欧諸国への内政不干渉を明言したことにより、1989年には東欧各国で改革や民主化革命が進行した。
1989年12月、地中海マルタ島沖で、アメリカのブッシュ大統領とソ連のゴルバチョフ書記長が会談を行い共同記者会見で冷戦の終結を宣言した。

政治的主体

8 戦後ドイツの分断と統一　ベルリンの壁

ベルリンの壁の建設

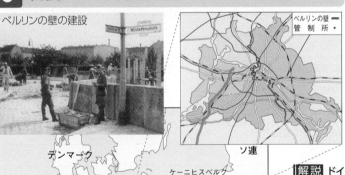

ベルリンの壁　━━
管制所　・

ベルリンの壁の崩壊

デンマーク
ソ連
ケーニヒスベルク
キール
オランダ
ベルリン
ポツダム
ポーランド
ベルギー
デュッセルドルフ
ドレステン
ボン
フランクフルト
チェコスロバキア
フランス
ミュンヘン
スイス
オーストリア

1945年5月9日の東部境界線	-----
アメリカの占領地域	
イギリスの占領地域	
フランスの占領地域	
ソ連の占領地域	
4国分割化のベルリン	

|解説| ドイツの分断とベルリンの壁

第二次世界大戦後、ドイツは米・英・仏・ソ4か国による分割直接占領下に置かれ、ソ連占領地に位置した首都ベルリンも4ヶ国により分割占領された。1948年6月、米英仏の占領地区での通貨改革に対抗するためにソ連はベルリンの米英仏占領地域（西ベルリン）への陸上の交通・輸送を封鎖（ベルリン封鎖）。49年には米・英・仏の占領地区が西ドイツ、ソ連の占領地区が東ドイツとして独立。西ベルリンは東ドイツ領内の「陸の孤島」となった。61年、東ドイツは西側への亡命を防ぐために西ベルリンを囲む壁を建設（最終的に高さ3m強、全長約155km）し東西冷戦の象徴となった。89年11月9日、東ドイツは国内外の旅行の自由を発表し、東西ベルリン市民は壁を打ちこわし自由に往来した。90年10月1日に東西ドイツの統一が実現され、ベルリンはその首都となった。

国際分野

導入のQuest

MainQuest（メイン クエスト）

「冷戦の終わり」は世界に平和をもたらしただろうか?

SubQuest（サブ クエスト）

ソ連の崩壊により東西両陣営の対立という構造は過去のものとなった。しかし，世界の各地で民族や宗教といったものに起因する戦争・紛争が絶えることはない。「冷戦」の終わりによって，あぶり出された対立には，どのような解決の道があるだろうか。

西暦	世界の出来事
1990	東西ドイツ統一。イラク軍 クウェート制圧。
1991	湾岸戦争勃発。ソ連邦解体。ワルシャワ条約機構解体。
1992	国連環境開発会議（地球サミット）。ボスニア紛争（～95）
1993	イスラエルパレスチナ暫定自治で正式調印。EU 発足。
1994	ルワンダ大虐殺。
1995	世界貿易機関（WTO）発足。オーストリア・フィンランド・スウェーデンが EU に加盟。ザイール（現コンゴ民主共和国）でエボラ出血熱発生。
1997	アジア通貨危機。香港，英から中国に返還。
1999	欧州連合単一通貨「ユーロ」導入。NATO，ユーゴ空爆。
2000	初の南北朝鮮元首直接会談。国連ミレニアムサミット。イスラエルパレスチナ暫定自治破綻。プーチン ロシア大統領に就任。
2001	米 9.11 同時多発テロ。アフガニスタン攻撃（～21）
2002	東ティモールの独立。バリ島で爆弾テロ
2003	アジアで SARS 集団発生。イラク戦争（～11）
2004	東欧 10 か国が EU 加盟。
2005	ロンドン同時多発テロ。
2008	リーマンショックにより米国発の世界的な金融危機（金融恐慌）。
2009	アメリカ合衆国大統領にバラク・オバマが就任。「プラハ演説」。
2010	ノーベル平和賞に中国の民主活動家 劉暁波氏。ギリシャ財政危機からユーロ危機に。
2011	「アラブの春」。シリア内戦が始まる。南スーダンの独立。
2012	中国国家主席に習近平氏就任。
2014	ウクライナ危機（ロシア，クリミア半島併合）。イスラム国（IS）台頭。
2015	米国とキューバが 54 年ぶり国交回復。パリ同時テロ 130 人死亡
2016	英国，欧州連合（EU）から離脱決定。米オバマ大統領がキューバ訪問。世界でテロ頻発。
2017	トランプ米大統領が就任。北朝鮮が 6 回目の核実験 弾道ミサイル発射。中国 習近平氏「1 強」確立。
2018	史上初の米朝首脳会談。
2020	新型コロナウイルス感染症の世界的流行へ。
2021	米軍，アフガニスタンから撤退。タリバン政権復活
2022	ロシア，ウクライナへ侵攻
2023	イスラエルとハマスの対立が激化。フィンランドが NATO に加盟

政治的主体

国際分野

1 ソ連崩壊とCISの誕生

ソ連時代の国境
- リトアニア
- エストニア
- ラトヴィア
- ロシア
- ベラルーシ
- ウクライナ
- カザフスタン
- ウズベキスタン
- キルギス
- タジキスタン
- トルクメニスタン
- アゼルバイジャン
- モルドヴァ
- グルジア(現ジョージア)
- アルメニア

独立国家共同体(CIS)

|解説| ソ連解体とCIS（独立国家共同体）

ペレストロイカと東欧民主化革命はソ連国内の各共和国の独立意識を高めていった。1991年，ソ連の枠組みの中で共和国の自主性を認める新連邦条約が作成されたが，調印直前の八月クーデターとその失敗によりソ連共産党は解散，ソ連大統領ゴルバチョフの権威失墜，バルト三国をはじめとする各共和国が独立を宣言していった。12月にバルト三国を除く11の共和国の首脳会談で，ソ連の消滅とゆるやかな国家連合であるCIS（独立国家共同体）の創設を宣言（アルマアタ宣言）。翌年には集団安全保障条約を締結。現在，CIS加盟国は9か国，集団安全保障条約加盟国は6か国。

|解説| ソ連八月クーデターとその失敗　1991年8月

ソ連再編をめざす新連邦条約に反対するソ連共産党保守派は，条約調印直前にゴルバチョフを監禁し，権力掌握を宣言し，モスクワ中心部に戦車部隊を出動させモスクワ放送を占拠。これに対しロシア共和国大統領エリツィンは市民に抵抗を呼びかけ市民デモが多発し全国でストライキが広がった。結局クーデターは失敗に終わり3日で終息した。この事件により主導権はゴルバチョフからエリツィンへ移り，ソ連の解体へ進んでいった。

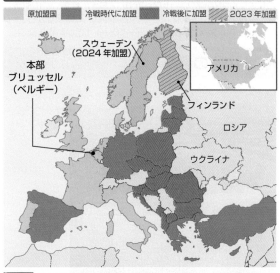

2 ヨーロッパのおもな国際機構

OSCE協力のためのパートナー(11)

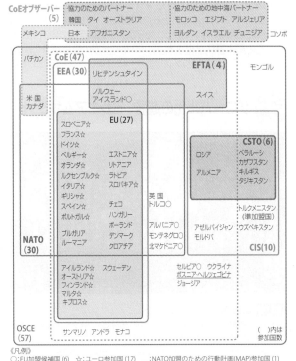

CoEオブザーバー(5)
メキシコ

協力のためのパートナー：韓国　タイ　オーストラリア
協力のための地中海パートナー：モロッコ　エジプト　アルジェリア
日本　アフガニスタン　ヨルダン　イスラエル　チュニジア
コソボ

バチカン

CoE(47)
EEA(30)　リヒテンシュタイン
ノルウェー
アイスランド○

米国
カナダ

EU(27)
- スロベニア☆
- フランス☆
- ドイツ☆
- ベルギー☆
- オランダ☆
- ルクセンブルク☆
- イタリア☆
- ギリシャ☆
- スペイン☆
- ポルトガル☆
- ブルガリア
- ルーマニア
- エストニア☆
- リトアニア☆
- ラトヴィア☆
- スロバキア☆
- チェコ
- ハンガリー
- ポーランド
- デンマーク
- クロアチア
- アイルランド☆
- オーストリア☆
- フィンランド☆
- マルタ☆
- キプロス☆
- スウェーデン

EFTA(4)
スイス
モンゴル

英国
トルコ○

アルバニア○
モンテネグロ○
北マケドニア○

CSTO(6)
- ロシア
- アルメニア
- ベラルーシ
- カザフスタン
- キルギス
- タジキスタン
- トルクメニスタン(準加盟国)
- アゼルバイジャン
- ウズベキスタン
- モルドバ

CIS(10)

セルビア○　ウクライナ
ボスニア・ヘルツェゴビナ
ジョージア

NATO(30)

OSCE(57)　サンマリノ　アンドラ　モナコ

( )内は参加国数

《凡例》
○:EU加盟候補国(6)　☆:ユーロ参加国(17)　＿:NATO加盟のための行動計画(MAP)参加国(1)

《略語解説》
CoE (Council of Europe)：欧州評議会 (47)　**CIS** (Commonwealth of Independent States)：独立国家共同体 (10)　**CSTO** (CollectiveSecurity TreatyOrganization)：集団安全保障機構 (7)　**EEA** (European Economic Area)：欧州経済領域 (31)　**EFTA** (European Free Trade Association)：欧州自由貿易連合 (4)　**EU** (European Union)：欧州連合 (27)　**NATO** (North Atlantic Treaty Organization)：北太西洋条約機構 (30)　**OSCE** (Organization for Security and cooperation in Europe)：欧州安全保障協力機構 (57)

3 NATO加盟国 (31か国)

原加盟国　冷戦時代に加盟　冷戦後に加盟　2023年加盟

スウェーデン(2024年加盟)
本部ブリュッセル(ベルギー)
アメリカ
フィンランド
ロシア
ウクライナ

|解説| NATO（北大西洋条約機構）の拡大

原加盟国は12か国 (→p.169) だが，冷戦終結後には東欧諸国を中心に加盟が相次いだ。2022年にはロシアのウクライナ侵攻を受けてフィンランドが加盟し，スウェーデンも2024年に加盟した。

|解説| OSCE（全欧安全保障協力機構）

1975年，緊張緩和を背景に全欧州諸国に米国・カナダを加えた35か国の首脳が参加した第1回の全欧安全保障協力会議 (CSCE) が開催されヘルシンキ宣言が採択された。この宣言では，国境の不可侵と武力による変更の拒否，人権尊重，人や情報の交流の自由化などの原則を掲げられた。第2回会議は冷戦終結後の1990年に開催され，冷戦の終結が確認され，人権・法の支配・市場経済をヨーロッパ共通の価値とし民主主義の強化をうたったパリ憲章を採択。1995年には常設機構としてOSCE（全欧安全保障協力機構）が発足。現在，欧州を中心に57か国の対話・協力の場である。

政治的主体

国際分野

4 湾岸戦争と多国籍軍

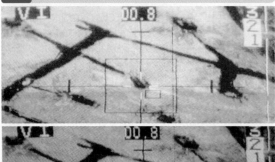

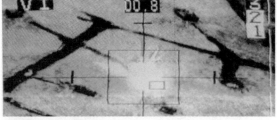

|解説| 湾岸戦争

イラクのフセイン政権は1990年8月「歴史的にみて自国の領土である」と主張し，隣国クウェートに侵攻・占領した。イラクはイラン・イラク戦争（1980～88）による財政の悪化からクウェートの大規模な埋蔵石油資源の獲得を狙ったものだった。冷戦終結後の状況下で米ソが一致団結し，国連の安保理でイラクのクウェートからの即時撤退決議，対イラク武力行使容認決議などを次々と成立。この国連決議を受け，1991年1月に米国を中心とする34カ国の多国籍軍によるイラク空爆で開戦。多国籍軍の圧倒的な軍事力によりイラクがクウェートから撤退し2月末に停戦。この戦争では，空爆の実況中継映像が世界へ配信され，その映像から「テレビゲームのような戦争（ニンテンドーウォー）」といわれた。

5 中国の発展

深圳
1980年代
と2018年

|解説| 中国の台頭

1970年代末に実権を握った鄧小平の下で，「四つの現代化（農業・工業・国防・科学技術）」のため，改革開放政策が推進された。具体的には，人民公社の解体と市場原理の導入，経済特区の設置，海外企業の誘致などを積極的に行い，1993年の憲法改正では「社会主義市場経済」と明記するようになった。1990年代半ば以降，豊富な労働力を低賃金で確保できる中国に多くの外国企業が進出し，工業生産が大幅に伸びた結果，安価な製品が大量に世界各地へ輸出され「世界の工場」と呼ばれるようになった。

6 イスラエル・パレスチナ暫定自治協定とその破綻

ラビン 1922～95
イスラエル首相(1974～77，92～95)。英国委任統治領パレスチナのエルサレム生まれ。軍人で1967年の第三次中東戦争ではイスラエル軍を指揮し勝利に導く。政治家に転身し二度首相を務める。外相のペレスと共に1993年に中東和平を推進。95年，和平反対派のユダヤ人青年に暗殺される。

アラファト 1929～2004
パレスチナ解放機構（PLO）議長。カイロ大学在学中にパレスチナ学生同盟議長となり，卒業後クウェートで建設技師として働くかたわらゲリラ組織参加。1969年にPLO議長に就任しアラブ各地でパレスチナ民族運動を指導。1993年の協定に基づきパレスチナ暫定自治政府が成立すると大統領に選出された。

|解説| ノルウェーの外相の仲介によるオスロ合意に基づき，イスラエルとPLOが1993年ホワイトハウスで中東和平へ向けた協定を締結した。この協定により，イスラエル軍が一部の占領地から撤退し，パレスチナ暫定自治政府が成立し，ガザとヨルダン川西岸で自治を開始した。しかし，和平反対勢力のテロの応酬や各地で両者の衝突事件が相次ぎ，2000年に双方の衝突が激化，02年のイスラエル軍のヨルダン川西岸への大規模侵攻で事実上崩壊した。

7 グローバル化の進展　ミレニアムサミット

|解説| 国連ミレニアム・サミット

米ソ冷戦終結後，国連は地球規模の諸課題の解決へ向けて積極的に活動するようになった。2000年9月には189の国連加盟国の首脳が一堂に会する国連設立以来最大規模の国連ミレニアム・サミットを開催。この会議で採択されたミレニアム宣言では，平和と安全，開発と貧困，環境，人権とグッドガバナンス（良い統治）などを課題として掲げ，21世紀の国連の役割に関する明確な方向性を提示した。また，2015年まで国際社会が取り組む国際開発目標として「ミレニアム開発目標（MDGs）」も採択された。この「ミレニアム開発目標」の後継となったのが「持続可能な開発目標（SDGs）」である。

政治的主体

国際分野

8 9.11同時多発テロ事件とアフガニスタン・イラク戦争

ハイジャックされた航空機2機が乗客ごと突入し，炎上するニューヨークの世界貿易センタービル。

|解説|9.11同時多発テロ事件とアフガニスタン・イラク戦争

2001年9月11日，ハイジャックされた4機の民間旅客機を利用してアメリカ国内で同時多発テロ事件が起き，一般市民約3000人が犠牲となった。アメリカは，この事件の黒幕としてイスラーム原理主

国連安保理 各国の立場

国連事務総長
ドイツ
フランス
ギニア（議長国）
中国
メキシコ
チリ
パキスタン
カメルーン
ブルガリア
ロシア
アンゴラ
スペイン
シリア
アメリカ
イギリス

- ■ 常任理事国（拒否権あり）
- ● 対イラク武力行使容認決議に賛成
- ● 新決議反対
- ● 棄権
- ● 未定

2003年5月1日 イラク戦の終了を発表（USSリンカーン号上にて）

義組織アルカイーダと，それを保護するアフガニスタンのタリバン政権へ攻撃を起こった（アフガニスタン戦争）。2003年には，大量破壊兵器の保有（現在ではそうした事実は認められていない）を理由に，イラクのフセイン政権への攻撃をおこなった（イラク戦争）。

|解説|ユニラテラリズム（単独行動主義）

2003年アメリカはイラクに対して国連安全保障理事会の決議を経て攻撃を行おうとした。しかし，フランス・中国・ロシア・ドイツなどは反対したため決議は採択されなかった。アメリカ大統領ブッシュは「テロリストや独裁者の脅威から平和を守るためには自衛権行使で先制攻撃をためらわない」としてアメリカの判断でイラク攻撃を開始した。国連などでの合意やルールに基づく多国間主義に対し，このような自国の理念や国益を優先し行動することをユニラテラリズムという。

政治的主体

9 中東をめぐる対立と抗争

年	中東地域のおもな出来事
2000	パレスチナで第二次インティファーダ
2001	米国同時多発テロ（911事件）。米国がアフガニスタンのタリバン政権を攻撃
2003	米国によるイラク戦争でフセイン政権崩壊，米国が占領（〜11撤退）
2006	イスラエル，レバノン侵攻
2008	イスラエル，ガザ空爆
2011	「アラブの春」チュニジア，エジプト，リビアで民衆運動により長期政権倒れる。バーレーン，ヨルダン，モロッコでも民主化が進む
2012	シリア内戦激化
2014	「IS／イスラム国」イラク・シリアで勢力拡大。イスラエル，ガザ侵攻
2015	イエメン内戦激化。イランと米英独中ロの6か国の間でイランの核開発を制限する合意→18トランプ政権，合意から離脱し，米とイランの対立激化
2020	アブラハム合意（イスラエルとアラブ首長国連邦，バーレンと国交樹立）
2021	米国のアフガニスタン撤退→タリバン政権復活
2023	ハマス，イスラエルへ攻撃→イスラエル，ガザへ侵攻

国際分野

エジプトの民衆による抗議行動（2011年）

イスラエルによるガザへの攻撃（2008年）

大国化する中国

中華人民共和国の主な指導者

毛沢東（マオ=ツェートン）1893〜1976
抗日戦争で共産党の主導権を握り，第二次国共内戦で勝利し49年に中華人民共和国の建国を宣言。建国後は最高指導者として国家主席などを務め，個人崇拝の対象となった。文化大革命（1966〜76）など国内の混乱の原因にもなった。

鄧小平（トン=シャオピン）1904〜97
1920年代前半に共産党入党。周恩来の側近として活躍したが数度にわたって失脚。77年に実権を握ると「四つ（工業・農業・科学技術・国防）の現代化」を目的に改革・開放政策を推進し経済発展の基礎を築いた。89年には天安門事件で民主化運動を弾圧する一方，92年には「社会主義市場経済」を提唱した。

習近平（シー=チンピン）1953〜
父親は共産党功労者。上海市幹部などを経て2012年に共産党総書記，翌13年に国家主席，国家中央軍事委員会主席に就任。軍の近代化を進めると共に，発展した経済力を背景に一帯一路構想や海洋進出に力を入れている。18年の憲法改正で，2期10年までだった国家主席の任期制限を撤廃し長期政権を狙っている。

中国の経済的な進展
◆名目GDPの推移◆

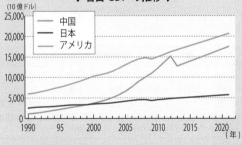

（10億ドル）
- 中国
- 日本
- アメリカ

GDPの国際比較（米・中・日）名目GDPの推移を比較した（米ドル換算）

中国の繁栄 北京オリンピック。夏季（2008年）と冬季（22年）の2度のオリンピックを実施した。（2008年，夏季オリンピック）

対外的な動き　一帯一路構想

◆中国の「一帯一路」構想のイメージ図◆

※中国中央テレビなどから

●**一帯一路とは** 中国の習近平（シー・ジンピン）国家主席が2013年に提唱した，中国と欧州をつなぐ広域経済圏構想。かつての交易路シルクロードに沿ったもので，重要な国家戦略でもある。中国から中央アジアを経由して欧州へと陸路で続く「シルクロード経済ベルト」を「一帯」，南シナ海からインド洋を通り欧州に続く「21世紀の海上シルクロード」を「一路」と呼んでいる。インフラ投資などを通じて中国と沿線の国の経済を発展させる一方，親中国圏を広げようとする狙いがあるとされる。

　中国政府は一帯一路構想を資金面で支える政府系ファンド「シルクロード基金」を設立。関係国がインフラ整備に向けて資金を確保できるよう，アジアインフラ投資銀行（AIIB）の設立も主導した。AIIBの加盟国・地域は100を超える。 （日本経済新聞　2021年2月7日）

中国における民族問題

- ▨ 漢族
- ▨ 漢族と少数民族の混在地域
- ▨ 少数民族

新疆ウイグル自治区／内蒙古自治区／北京／西蔵自治区／四川省／雲南省／貴州省

多民族国家・中国 中国は，人口の90%以上を占める漢族と，55の少数民族で構成される多民族国家である。5つの民族自治区をはじめ民族自治州，民族自治県が設定され，国土の60%以上の面積を占め，自治権が認められてきた。その一方で，経済開発などによる中央政府の介入の強化や漢族の人口の増加に対して反発も起きている。1951年に中国に編入されたチベットでは，59年に中国の支配に反発する動乱をきっかけに，ダライ・ラマ14世をはじめ多くの人々が国外へ逃れ，インドに亡命政府を樹立した。イスラム教を信仰するトルコ系民族のウイグル族は，ソ連崩壊後のイスラム系の中央アジア諸国の独立に触発され独立運動が高まった。それに対して中国政府は厳しい取り締まりを行い，2010年代以降には国際問題化している。

政治的主体

国際分野

中国の海洋進出

凡例：
- 中国
- フィリピン
- マレーシア
- ブルネイ
- ベトナム

■海域
300万平方キロ以上

■原油と天然ガス
石油、天然ガスの埋蔵量は豊富とみられる。

台湾
南沙諸島（スプラトリー諸島）の領有権を主張
スカボロー礁＊
フィリピンが主張するEEZ＊＊
西沙諸島（パラセル諸島）おおよその位置
南沙諸島（スプラトリー諸島）
＊2012年以降中国が実効支配
＊＊排他的経済水域

南シナ海で領有権を主張する海域

南シナ海の人工島
中国は資源の豊富な南シナ海の大部分について，独自に設定した境界線「九段線」を根拠に重要な貿易航路に対する歴史的権利を正当化して，ベトナム，フィリピン，マレーシア，ブルネイ，台湾と領有権を争っている。

◉中国による埋め立てが進む南沙諸島

南シナ海の南沙諸島群のミスチーフ礁にある人工島の中国の構造物や建物が見られる。中国は，「九段線」として知られる広大な海域の領有権を主張し，人工島の建設や哨戒活動を通じてその主張を既成事実化しようとしてきた。中国は大がかりな軍事インフラを整備してきたが，目的は平和的だと強調している。米軍の最高司令官によれば，係争中の南シナ海に建設したいくつかの人工島のうち少なくとも3つを完全に軍事化し，対艦ミサイルシステム，対空ミサイルシステム，レーザーと妨害装置，戦闘機で武装させ，近くで活動するすべての国を脅かすますます攻撃的な動きをしていると語った。

（2022年3月20日，時事通信）

香港と「一国二制度」の行方

◉香港の一国二制度　アヘン戦争（1840〜42）をきっかけにイギリスの植民地だった香港は，1997年に中国へ返還された。返還後の香港は特別行政区として，外交と国防以外の高度な自治権が認められ，今後50年（2047年まで）にわたり，現行の社会・経済制度や自由貿易港の地位などを維持する「一国二制度」を適用されることが定められていた。

しかし2014年，香港政府トップの行政長官の選挙から，中国へ批判的な候補者の事実上の排除を中国政府が決めたことに対し，香港の学生や市民が反発し，2か月余りにわたる抗議運動を展開した（雨傘運動）。

◉一国二制度の変質　2019年には，容疑者の身柄を中国本土へ引き渡せるようにする条例の改正への抗議運動が起こり，やがて大規模な民主化運動へと発展した。そのデモには最大で200万人（計算上，香港住民の4人に1人以上）が参加したといわれる。運動が長期化する中で，警察隊と激しく衝突，デモも過激化していった。2020年，コロナ感染防止を理由に街頭での集会を違法化，6月には香港国家安全維持法（国安法）を制定し，民主派関係者が次々と逮捕された。2021年6月には，1989年の天安門事件が契機となって出現し30年近く香

香港紙アップルデイリー，最終号を発行　「雨の中での悲しいお別れ。われわれはリンゴを支持する」と大きく示された最終号の1面。（2021年6月23日）

6月23日に発行停止を発表した香港の民主派紙「蘋果（ひんか＝りんご）日報」は，中国共産党を厳しく批判し続け，香港の報道の自由を象徴する存在だった。1997年の中国への返還後，中国資本が報道機関に浸透する中でも「反共」の旗を掲げ続けた。だが資産凍結という当局の弾圧に耐えきれなかった。中国の習近平指導部が掲げる「国家の安全」の名のもと，一国二制度で保障されたはずの報道の自由は失われた。

（毎日新聞　2021年6月23日）

港の報道の自由の象徴であった日刊紙『リンゴ日報（アップルデイリー）』が廃刊に追い込まれた。さらに，立法議会の選挙法を改定し民主派を排除，2022年には中国が推す治安機関のトップが行政長官に就任した。

アメリカ・分断社会の形成と実態

イラク，アフガニスタン戦争による疲弊

ワシントン郊外のアーリントン墓地ではアフガン戦争の戦死者を収容する区画がある(2021年11月11日，退役軍人の日)

2021年8月30日，アフガニスタン(カブール)から撤退するアメリカ兵。数日後，イスラーム原理主義組織タリバンは暫定政権樹立を宣言した。

◉疲弊するアメリカ　　同時多発テロ直後，ブッシュ大統領(2001~08)への支持率は90%を記録し，イラク戦争開戦後も支持率は70%に達した。しかし，イラク・アフガニスタン戦争が長期化し，戦死者や心的外傷後ストレス障害(PTSD)に苦しむ帰還兵の増加などにより，07年には大統領の支持率は30%を下まわった。

◆ アメリカにおける3つの戦争 ◆

	ベトナム戦争	イラク戦争	アフガン戦争
期　間	1965~75年	2003~11年	2001~21年
戦　費	*約9000億ドル	7000億ドル超	2兆2610億ドル
米兵死者数	58,220人	4,486人	約2,500人
その他死者数	約335万人	約12万1千人	約16万5千人

＊戦費は現在のドルに換算して算出

(『日本経済新聞』2021.8.31 など)

米国発の世界金融恐慌

◉リーマンショック　　アメリカでは，1990年代末からIT産業を中心に好景気が続き，住宅価格も高騰。低所得者層向けの住宅ローンであるサブプライムローンや，そのリスクを分散した金融派生商品への投資が広がった。しかし，住宅価格の下落により2008年にアメリカ4位の大手投資銀行(証券会社)リーマンブラザーズが破綻(リーマン・ショック)。これがきっかけに株価が暴落(2008年1年間の株式相場の下落はアメリカ36%，イギリス33%，日本42%。新興国でもロシア72%，中国・上海65%，インド52%)，世界的な金融危機および世界同時不況が広がった(世界金融恐慌)。米国内では失業率は10%を越え，09年には失業数は860万人に達した。

「ウォール街を占拠せよ」をスローガンに繰り広げられたオキュパイ運動　PHOTO：MIKE SEGAR / REUTERS / AFLO (2011年)

◉「ウォール街を占拠せよ!」　　2011年，金融の中心であるニューヨークのウォール街近くで，「ウォール街を占拠せよ」を合い言葉に「1%の金持ち，99%の貧困」「富裕層に課税を!貧困層に食べ物を」をスローガンに掲げ，若者を中心とする格差拡大やグローバリズムへの抗議運動が広がった。SNSを通じて若者たちの運動は，世界金融恐慌による不況の中で，全米の主要都市だけでなく，100か国・地域の1000都市へと広がった。

政治的主体

国際分野

アメリカ国内の所得格差の推移

●米国の経済格差　経済活動における富の集中により，米国民の所得や資産の水準に大きな差が生じている。高所得層への増税や低所得層に対する減税など，国民の経済活動に政府

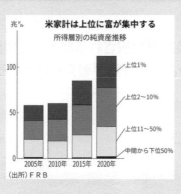

が積極的に関与して富の再分配を進めることが改善策として挙げられる。米国の貧富の差は年々広がっている。1980年以降に米国経済を復活させた新自由主義が所得格差を生じさせたとの見方がある。直近では新型コロナウイルスの感染拡大で格差はさらに広がった。コロナ禍で対面業務が原則の飲食やサービス業の業績が大きな打撃を受け失業者が増えた一方，株などを保有する富裕層の資産価値が増えたためだ。

（日本経済新聞　2021年1月21日）

分断と大統領選挙

●2回の大統領選挙で見えるもの　2016・20年の二回の大統領選挙はわずか差の結果となり，米国社会の分断を象徴しているといってよいだろう。東西海岸部の都市では民主党が票を獲得し，一方でラストベルト（錆びついた地域）とよばれる中西部から北東部に位置する鉄鋼・石炭・自動車などの過去の主要産業が衰退した工業地帯では共和党が支持を集めた。各党の予備選挙でも，

	候補者	政党	得票数	得票率	勝利した州の数	獲得選挙人
2016	トランプ	共和党	60,071,650	43.6%	30州	306
	ヒラリー	民主党	60,467,245	46.8%	21州	232
2020	バイデン	民主党	81,283,786	51.3%	26州	306
	トランプ	共和党	74,222,552	46.8%	25州	232

Black Lives Matter（「黒人の命は大切」）のデモ　2013年頃から，アメリカ各地で白人警官による過剰な暴力でアフリカ系アメリカ人が死亡する事件が続出するとSNS上で#BlackLivesMatterというハッシュタグが拡散し，それを合言葉とするアフリカ系アメリカ人に対する暴力や構造的な人種差別に抗議する集会やデモが行われるようになった。20年のジョージ・フロイド殺害事件をきっかけに全米的なデモ・暴動に発展した（写真は20年5月29日ボストンでのデモ）。

国会議事堂を襲撃した人々　2021年1月6日，トランプ大統領の支持者が「前年の大統領選挙で不正があった」と訴え，選挙結果の認定手続きを妨害しようと連邦議会を襲撃した。

民主党では民主社会主義と称するサンダースが支持を集め，共和党では非主流派であった自国第一主義を唱える実業家のトランプが大統領候補となった。大統領に就任後，トランプは自分に不利なニュースは「フェイクニュース」と切り捨て，SNSを通じて自分の意見を展開し支持を訴える一方で，反対する人々を攻撃し分断を更に深めていった。その結果は21年のトランプ支持派による連邦議会襲撃だったといえよう。

179

32 核兵器と軍縮の問題

導入の **Quest**

メイン クエスト
MainQuest

核兵器禁止条約が採択されるなか，被爆国である
日本ではどのような行動が考えられるだろうか？

「核兵器禁止条約」をめぐる構図

（『朝日新聞』2016.10.29より）

| 賛成 122か国 | 核保有国主導の核軍縮が進まないことの不満 | 反対 38か国 | 禁止条約は安全保障のバランスを崩すと懸念 | 棄権16か国 | 欠席など16か国 |

サブ クエスト
SubQuest

核兵器禁止条約は，どのような国々が積極的に関わって成立したのだろうか。地図や文章を読み取ろう。

2017年7月7日，ニューヨークの国連本部で行われた会議で，核兵器禁止条約が採択された。会議に参加した124か国のうち賛成122か国，反対1か国，棄権1か国であった。9か国の核保有国は条約に反対し会議には不参加。日本は，安全保障上の問題から条約に反対。20年10月に批准国が50か国を超え，21年1月に発効した。

2010年頃から，核拡散禁止条約（NPT）で約束された核軍縮が停滞している状況に不満を持つ国々や世界各地のNGOが中心に，核兵器を法的に禁止しようとする動きが広がり，3度にわたる核兵器の非人道性を考える国際会議を開催，核軍縮に関する国連作業部会の開催，国連での核兵器禁止条約に向けた交渉会議を経て国連での採決となった。

まとめ

核兵器廃絶へ向けて，どのような行動が必要なのか考えてみよう。

核兵器廃絶国際キャンペーン（ICAN）

核兵器禁止条約を推進した世界のNGOの連合体。スイスのジュネーブに国際事務局があり，2017年10月現在，101か国から468団体が参加。17年，ノーベル平和賞を受賞。授賞式では被爆体験を世界へ訴えてきたカナダ在住のサーロー節子氏がスピーチをした。

|解説| 核兵器禁止条約（TPNW）の概要

前文　被爆者（ヒバクシャ）に言及　被爆者の苦しみと被害に触れ，人道の諸原則の推進のために，核兵器廃絶に向けて被爆者などが行ってきた努力にも言及。

第1条　核兵器の開発，実験，使用，使用の威嚇などを禁止　核兵器の開発，実験，製造，取得，保有，貯蔵，移譲，使用，使用の威嚇などの活動を，いかなる場合にも禁止。

第4条　核保有国の加盟を規定　定められた期限までに国際機関の検証を受けて核兵器を廃棄する義務を果たすことを前提に，核保有国も条約に加盟できると規定。

第8条　条約について話し合う会議を開催　その運用などについて話し合う締約国会議や再検討会議の開催を定め，いずれの会議にも，条約に加盟していない国やNGOなどをオブザーバーとして招請する。（参考　広島市HP　原爆・平和のサイト）

政治的主体

国際分野

1 核兵器保有の現状

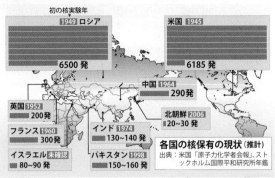

各国の核保有の現状（推計）
出典：米国「原子力学者会報」、ストックホルム国際平和研究所年鑑

- 初の核実験年
- 米国 1945 **6185 発**
- 1949 ロシア **6500 発**
- 中国 1964 **290 発**
- 英国 1952 **200 発**
- 北朝鮮 2006 **20〜30 発**
- フランス 1960 **300 発**
- インド 1974 **130〜140 発**
- イスラエル 未確認 **80〜90 発**
- パキスタン 1998 **150〜160 発**

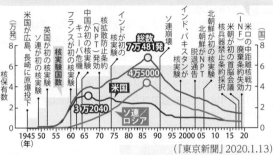

総数 7万481発
4万5000
3万2040
米国
ソ連／ロシア

1945 50 55 60 65 70 75 80 85 90 95 2000 05 10 15 20（年）

（『東京新聞』2020.1.13）

解説 核兵器国と非核兵器国の状況

核兵器不拡散条約（NPT）によって5か国のみを「核兵器国」と認めたことは，すでに地球上に核兵器が存在しているという現実を受け入れたのであり，そのような前提に立った上で核軍縮・核不拡散を目指している。しかし現実には，NPT第6条で締約国に「誠実に核軍縮交渉を行う」ことを義務付けているものの，核兵器国5か国の核軍縮交渉や実行・実績は，INF全廃条約（中距離核戦力全廃条約，1987年締結）やSTART I（戦略兵器削減条約，1991年締結）に限定されている。現在に至るまで核兵器の全廃は実現せず，核実験は8か国によって行われ，9か国が核保有をしているのが現状である。

3 核拡散防止条約（NPT）

〔採択 1968.7.1　発効 1970.3.5 ／日本批准 1976〕

◆ 核拡散防止条約（NPT）の3つの柱 ◆

国際社会の平和と安全

- **核軍縮** 核兵器保有国が核兵器を減らすための取り組み … CTBT FMCT
- **核不拡散** 核兵器やその関連技術がこれ以上世界に拡散しないための取り組み … IAEA
- **平和的利用** 締約国が原子力を平和的に利用する権利 … 原子力協力協定

○核兵器の不拡散義務

(1)「核保有国」（アメリカ・ロシア・イギリス・フランス・中国）は，「非核保有国」（それ以外の国）に核兵器の譲渡を行ってはならない。（第1条）

(2)「非核保有国」は，新たな核兵器を保有・製造してはならない。（第2条）

(3)「非核保有国」は，国際原子力機関（IAEA）と査察を含む保障措置協定を結ぶ。（第3条）

○原子力の平和利用の権利承認（第4条）
○「核保有国」の核兵器軍縮交渉の義務（第6条）

解説 NPTをめぐって

この条約では，米国，ロシア（当時はソ連），英国，フランス，中国の5か国を「核保有国」としてその核兵器保有を前提とする一方，それ以外の国々を「非核保有国」として核兵器の保有・製造の禁止，核の平和利用（原子力発電）へのIAEAによる査察の受け入れを義務づけることで核兵器の拡散防止を目的としている。5年ごとに運用検討会議が開催され，95年には条約の無期限延長が決定した。しかし，条約で核保有国に義務づけられた核軍縮交渉の成果はINF全廃条約やSTARTIに限定され，包括的核実験禁止条約（CTBT）も発効されず，核兵器用核分裂性物質生産禁止条約（カットオフ条約：FMCT）の合意も進んでいない。2005年と15年の運用検討会議では核保有国と非核保有国の一部で意見が対立し，合意文書の採択ができなかった。

政治的主体

2 核兵器と軍縮をめぐる動き

年	できごと
1945	米，広島・長崎へ原爆投下
1955	ラッセル・アインシュタイン宣言 / 第1回原水爆禁止世界大会
57	国際原子力機関（IAEA）が発足
63	米英ソ，部分的核実験禁止条約調印，同年発効
68	核不拡散条約（NPT）採択，70年発効
72	米ソ，第1次戦略兵器制限条約（SALT I）調印
79	米ソ，SALT II に調印
87	米ソ，中距離核戦力（INF）全廃条約調印，88年発効
91	米ソ，第1次戦略兵器削減条約（START I）調印，94年発効
93	米ロ，START II調印（未発効） / 南アフリカ，核兵器の廃棄を表明
95	NPTを無期限延長
96	国際司法裁判所，核兵器使用は国際法に反するとの勧告的意見 / 国連総会が包括的核実験禁止条約（CTBT）採択
99	米上院がCTBT批准拒否
2001	米，弾道弾迎撃ミサイル制限条約からの一方的脱退をロシアに通告
2002	米ロ，戦略攻撃兵器削減条約（モスクワ条約）調印，03年発効

年	できごと
2003	北朝鮮がNPT脱退を宣言（→06年に最初の地下核実験実施） / リビアが核兵器開発計画を全面廃棄
05	国連総会で核テロ防止条約採択 / 第7回NPT再検討会議開催，進展なく閉幕
09	4月，米ロ，START I の後継条約の締結で合意。オバマ米大統領がプラハで演説 / 5月，北朝鮮が2度目の地下核実験実施を公表 / 9月，オバマ大統領が国連安保理の首脳級会合を主催，「核兵器のない世界」を目指す決議採択
10	4月，核セキュリティ・サミット開催（12,14,16年にも開催）。米ロ，新戦略兵器削減条約（新START）に署名，11年発効
17	国連で核兵器禁止条約が採択
18	トランプ米大統領がINF全廃条約の破棄を離脱を表明，19年失効
21	1月，核兵器禁止条約が発効 / 2月，新STARTが5年間延長（2026年まで）
22	1月，核保有国5か国による「核戦争を防ぎ，軍拡競争を避けることについての共同声明」発出 / 6月，第1回核兵器禁止条約締約国会議。80か国以上参加
23	12月，核兵器禁止条約第2回締約国会議で「政治宣言」採択。59か国とオブザーバー35か国が参加

国際分野

4 包括的核実験禁止条約（CTBT）

〔採択 1996.9.10　未発効，日本批准 1996〕

【経過】　ジュネーブ軍縮会議で採択できなかった同条約案が，オーストラリアなどによって国連総会に提出され，圧倒的多数で採択された（反対3・棄権5）。

【包括的核実験禁止条約の概要】

(1)宇宙空間，大気圏内，水中，地下を含むあらゆる空間における核兵器の実験的爆発及び他の核爆発を禁止する。

(2)この条約の趣旨及び目的を達成し，この条約の規定の実施を確保する等のため，包括的核実験禁止条約機関（CTBTO）を設立する。

(3)条約の遵守について検証するために，国際監視制度，現地査察，信頼醸成措置等から成る検証制度を設ける。

【意義】　核兵器の開発や改良を行うためには，核実験の実施が必要と考えられており，CTBTは従来の部分的核実験禁止条約（PTBT）が禁止の対象としていない地下核実験を含む，すべての核実験を禁止するという点において，核軍縮・不拡散上で極めて重要な意義を有する。

CTBT 発効要件国（44 か国）の現状　（2021 年 2 月現在）
未署名国／　3 か国
インド　パキスタン　北朝鮮　　　　　　　　（ほか 8 か国）
署名・未批准国／　5 か国
アメリカ　イスラエル　イラン　中国　エジプト　（ほか10 か国）
批准国／　36 か国
イギリス　コロンビア　チリ　フランス　コンゴ民　ドイツ　ロシア　スイス　トルコ　アルジェリア　スウェーデン　日本　アルゼンチン　スペイン　ノルウェー　イタリア　スロバキア　ハンガリー　ウクライナ　ベルギー　バングラデシュ　オーストラリア　南アフリカ　フィンランド　オーストリア　ブラジル　オランダ　ルーマニア　ブルガリア　カナダ　ペルー　ベトナム　韓国　メキシコ　インドネシア　ポーランド

┃解説┃ CTBTの現状

1996年の国連総会で採択され，2021年現在，署名国は185か国，批准国は170か国。しかし，条約の発効には44か国の発効要件国（核保有国と，潜在的な核開発能力国）すべての批准が必要とされ，現在まで未発効のままである。批准国は1999年以降，2年ごとに発効促進会議を開催，同会議が開催されない年には，日本を中心とした有志国が「CTBTフレンズ」として外相共同声明を発表している。

包括的核実験禁止条約（CTBT）発効促進会議で演説する岸田外務大臣(当時)。(2013年9月27日，米国・ニューヨーク)

5 非核兵器地帯と核保有国

世界の非核兵器地帯

モンゴル非核兵器地位
1998年国連承認

中央アジア非核地帯条約
2009年発効　5か国
（セメイ条約）2006年締結

南太平洋非核地帯条約
1986年発効 16か国・地域
（ラロトンガ条約）1985年締結

ラテンアメリカおよびカリブ地域核兵器禁止条約
1968年発効　33か国
（トラテロルコ条約）1967年締結

アフリカ非核兵器地帯条約
2009年発効　54か国
（ペリンダバ条約）2006年締結

東南アジア非核兵器地帯条約
1997年発効　10か国
（バンコク条約）1995年締結

■核兵器保有国　■非核兵器保有国

┃解説┃ 非核地帯条約

非核地帯条約では，その地域内における核兵器の製造・実験・配備を禁止するとともに，地域外の核保有国もその地域での核実験・配備・使用を禁止している。地域の軍拡競争や核拡散を防ぎ，地域の安全保障を強化することを目的としている。モンゴルは1国で「非核兵器国の地位」が認められている。

政治的主体

国際分野

6 オバマ米大統領のプラハ演説

「核兵器を使用したことのある唯一の核兵器保有国として，米国は行動する道義的責任がある。（中略）米国だけではうまくいかないが，米国は指導的役割を果たすことができる。今日，私は核兵器のない世界の平和と安全保障を追求するという米国の約束を，明確に，かつ確信をもって表明する。この目標は，すぐに到達できるものではない。おそらく私が生きている間にはできないだろう。忍耐とねばり強さが必要だ。しかし我々は今，世界は変わることができないと我々に語りかける声を無視しなければならない」。

|解説| 「核なき世界」へ向けて

2009年に就任したオバマ大統領（09〜17，民主党）は，同年4月5日にチェコの首都プラハで演説を行い，米国が「核兵器を使用したことがある唯一の国として」「道義的責任がある」ことを認め，「核兵器のない世界の平和と安全を追求する」先頭に立つことを誓約し，「核なき世界」に向けた核廃絶構想を提唱した。オバマ政権では，国家安全戦略における核兵器への依存度を減らし，包括的核実験禁止条約（CTBT）への批准の表明，核拡散防止条約（NPT）体制の強化，核を利用したテロに対する国際協力のための核セキュリティ・サミットの開催などに努めた。16年には現職の米大統領として初めて，被爆地の広島を訪問し「核なき世界」への取り組みを改めて訴えた。

7 核兵器をめぐって

①核抑止論と「核の傘」

核抑止論とは，圧倒的な破壊力を持つ核兵器を保有することで，戦争を抑止する力となるという考え方。核兵器を使用しようとした場合，自国も相手国からの核兵器による破滅的な被害を覚悟しなければならず，そのため最終的には核兵器の使用を思いとどまるという論理で，「恐怖の均衡」ともいえる。「核の傘」とは，非核保有国が自国の安全を核保有国の核戦力に依存すること。核保有国が同盟国に対して，核兵器によって安全を保障することを「拡大抑止」という。

②国際司法裁判所の勧告的意見

1996年7月，国際司法裁判所は，WHO（世界保健機関）および国連総会からの諮問に対して，「核兵器による威嚇または使用は，武力紛争に適用される国際法，特に人道法の原則と規則に一般的に反する」と違法性を指摘しつつ，「国家の存亡にかかわるような自衛の極限状況では，最終的な結論は出せない」との留保をつけた勧告的意見を表明した。

③「核戦争に勝者はありえず，核戦争は決して戦ってはならない」

この言葉は1985年にレーガン米大統領とソ連のゴルバチョフ共産党書記長の共同声明に盛り込まれ，後の核軍縮交渉につながった。核兵器禁止条約の発効1年となる2022年1月，米国，中国，ロシア，英国，フランスの核保有5大国首脳がこの言葉を明記し核戦争防止をうたう異例の共同声明を発表した。

8 終末時計

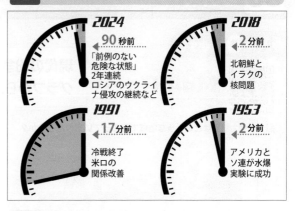

|解説| 終末時計の残りは？

アメリカの原子力科学者会報（Bulletin of the Atomic Scientists）が1947年以降定期的に発表しているもの。核戦争などによる人類の終末を午前0時とし，その終末までの残り時間を「あと何秒（分）」という形で示す。現在の残り「90秒」は終末への残り時間がこれまでで最も少ない状況である。

9 兵器禁止条約

	採択年	加盟数	条約の内容
生物兵器禁止条約（BWC）	1972年（75年）	178	微生物や細菌によって相手を殺傷する兵器。日本は1082年に批准。
特定通常兵器使用禁止制限条約（CCW）	1980年（1983年）	125	過剰な傷害，無差別の効果を発生させると認められる通常兵器の使用を禁止，制限する内容。日本は2004年に批准。
化学兵器禁止条約（CWC）	1993年（97年）	192	人間や動物に対する殺傷能力のある化学物質を使った兵器。開発・生産・貯蔵も禁止する内容。日本は1995年に批准。
対人地雷禁止条約（オタワ条約）	1997年（99年）	162	対人地雷の全面禁止と保有地雷の廃棄，生産・貯蔵・使用・移譲も禁止する内容。日本は1998年に批准。
クラスター爆弾禁止条約（オスロ条約）	2008年（10年）	102	親爆弾に詰められた多数の子爆弾が飛散し広範囲かつ無差別に破壊する兵器。生産・貯蔵・使用・移譲も禁止する内容。日本は2009年に批准。
核兵器禁止条約	2017年（21年）	68	核兵器の開発・実験・保有・使用等を全面的に禁止する内容。国連での採決で122か国の賛成を得た。核保有国の米・ロ・中・英・仏は参加していない。日本も未批准。（署名92）

10 新兵器の開発

人間が操作する兵器
ドローンなどの
無人攻撃機や
無人陸上兵器

AIなどの自らの判断で
標的を選び，攻撃する兵器
（自律型致死兵器システム〈LAWS〉）

|解説| 遠隔操作やAIなどによるロボット兵器は自国の兵士の犠牲を減らせるというメリットがある一方で，人が人を殺す罪悪感から解放されることで戦争のハードルが下がってしまうことや，コンピューターウイルスなどによって誤作動を起こすことなどが指摘されている。また，現在は軍事技術と民間で使われる技術の境界線がどんどんとあいまいになっている。

導入の Quest

メイン クエスト
MainQuest

> 現代の紛争はどのような特色があるのだろうか？
> グラフから読み取れることを考えてみよう。

図1 武力紛争はどのような地域で起こっているのだろうか？

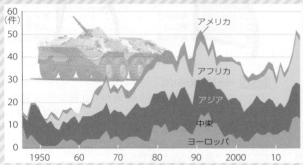

（一般社団法人平和政策研究所資料　2020.7.31）

図2 どのような紛争で犠牲者がでているのだろうか？

組織暴力による死亡者数（タイプ別）

（「Journal of Peace Research」2021,Vol. 58）

国連の警告「紛争と暴力の新時代」（2020年）

「75年前に国連が創設されてから，紛争と暴力の性質は大きく変わっています。紛争は犠牲者こそ少なくなっているものの，長引く傾向にあり，しかも国家間ではなく，国内の集団間で発生することのほうが多くなっています。世界では，殺人が増えている地域がある一方で，ジェンダーを理由とする暴力も増加しています。

これとは別の動きとして，技術の進歩によってロボットやドローン，ライブストリーミングの兵器化や，サイバー攻撃，ランサムウェア，ハッキングなどが見られるようになりました。その一方で，国際協力は停滞し，あらゆる形態の紛争と暴力を予防，解決できる能力が世界的に低下しています。」

（国連広報センターHP「Issue Briefs — さまざまな課題」）

サブ クエスト
SubQuest

> 図1・2から，どのような地域で紛争が起きているだろうか？　それはどのような地域と言えるだろうか？

国際社会を含めて，どのような社会にも「対立・紛争（conflict）」は存在している。問題なのは，その「対立・紛争」が原因となって暴力が行使され，武力紛争へと発展し，多くの人を巻き込み犠牲とすることである。現在の武力紛争は，どのような地域で，どのような形態が多いのかを探ることで，その解決策や予防策を考える糸口にならないだろうか。

サブ クエスト
SubQuest

> 軍事費はどのように変化しているのだろうか？

スウェーデンのストックホルム国際平和研究所（SIPRI）によると2021年の世界の軍事支出が2兆1130億ドル（約271兆6472億円）で，初めて2兆ドルを超えた。トップ5は米国，中国，インド，英国，ロシアの順で，総額が全体の62%を占めている。サウジアラビアは8位，日本は9位。

図3 主要国の軍事費はどのように推移しているのだろうか？

1990 ～ 2021

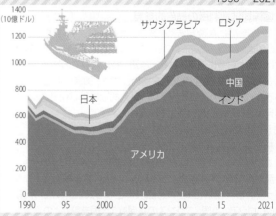

（SIPRI databases ／ストックホルム国際平和研究所）

政治的主体

国際分野

1 世界の紛争

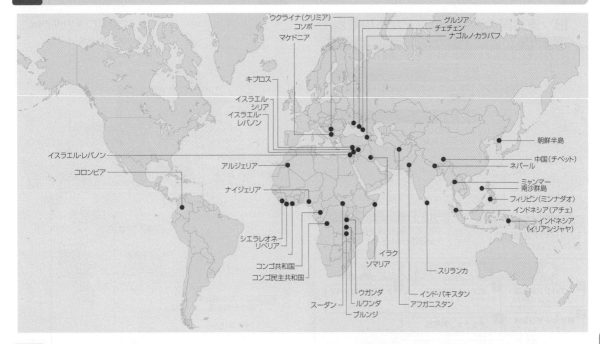

ウクライナ（クリミア）
コソボ
マケドニア
グルジア
チェチェン
ナゴルノ・カラバフ
キプロス
イスラエル・シリア
イスラエル・レバノン
朝鮮半島
中国（チベット）
ネパール
イスラエル・レバノン
コロンビア
アルジェリア
ナイジェリア
ミャンマー
南沙群島
フィリピン（ミンダナオ）
インドネシア（アチェ）
インドネシア（イリアンジャヤ）
シエラレオネ
リベリア
コンゴ共和国
コンゴ民主共和国
イラク
ソマリア
スリランカ
ウガンダ
ルワンダ
ブルンジ
スーダン
インド・パキスタン
アフガニスタン

解説 世界における対立の構図

これまで，社会の混乱や紛争の原因は，その根本に経済的な問題があるにせよ，一般的に「宗教」の違い，「人種あるいは民族」の違い，「イデオロギー」の違いの三つの面での相違が，対立を深める原因と考えられている。このような対立（紛争）のタネは，世界中の様々な地域や社会にあるだろう。「宗教」，「人種あるいは民族」，「イデオロギー」の相違による対立を解消する方法として，例えば，多文化共生社会について，私たちができることを考えてみることはできないだろうか。

ボスニア・ヘルツェゴビナの内戦　戦火の中逃げる人々（1993年）

2 旧ユーゴ紛争

ハンガリー
スロベニア
クロアチア
ルーマニア
ザグレブ
ボイボディナ
ボスニア・ヘルツェゴビナ
ベオグラード
サラエボ
セルビア
スプリット
モンテネグロ
コソボ
ドゥブロブニク
ティトーグラード
スコピエ
ティラナ
マケドニア
アルバニア

分布色　民族
スロベニア人
クロアチア人
セルビア人
ムスリム
モンテネグロ人
アルバニア人
マケドニア人
その他の民族

旧ユーゴスラビア各国の民族構成

スロベニア：スロベニア人91%，クロアチア人3%，セルビア人3%

クロアチア：クロアチア人78%，セルビア人12%，他10%

ボスニア・ヘルツェゴビナ：ボスニア人（イスラム教徒）44%，セルビア人31%，クロアチア人17%

ユーゴスラビア：セルビア人63%，アルバニア人14%，モンテネグロ人6%，ハンガリー人4%

解説 旧ユーゴ紛争

1990年代，ユーゴスラビア連邦の解体に伴い激しい紛争が起きた。「ユーゴスラビア」は「南のスラブ人」を意味し，第二次世界大戦後にチトーの指導のもとで独立を回復し「7つの国境，6つの共和国，5つの民族，4つの言語，3つの宗教，2つの文字，1つの国家」と形容される多民族の連邦国家であった。チトーの死後（1980年），経済危機が深刻化する中で，共和国・民族間の対立が表面化し，連戦終結後に連邦は解体され，以下の紛争が起き，多くの犠牲者を出した。

1991年　スロベニア紛争（十日間戦争）
：スロベニア共和国の連邦からの離脱・独立に伴い，スロベニア共和国軍とセルビア人主導のユーゴ連邦軍による紛争

1991～95年　クロアチア内戦
：クロアチア共和国の独立に対し，クロアチア共和国軍と，連邦軍の支援を受けたクロアチア国内のセルビア人勢力との内戦

1992～95年　ボスニア・ヘルツェゴビナ紛争（ボスニア紛争）
：92年にボスニア・ヘルツェゴビナの独立に伴う，ムスリム系，セルビア系，クロアチア系の住民による内戦。首都サラエボは4年近く包囲された。この紛争で死者25万人以上

1996～99年　コソボ紛争
：セルビア共和国内のコソボ自治州で独立をめざすイスラム教徒に対しセルビア主導のユーゴ政府が弾圧。それを阻止するために，NATO軍がセルビアを空爆。ユーゴ軍がコソボから撤退

3 旧ソ連諸国での地域紛争

旧ソ連諸国の混乱とロシアからの離脱

バルト3国
2004年に北大西洋条約機構(NATO)と欧州連合(EU)に加盟

ベラルーシ
20年以上,大統領の独裁に抗議運動を展開

ウクライナ
2014年のクリミア半島併合などでロシアに反発

モルドバ
2020年の大統領選で親ロ派が敗れる

キルギス
2020年の議会選挙後の混乱で大統領が辞任

◆ カフカス地方の民族紛争 ◆

1 アブハジア共和国
アブハジア人 VS グルジア人

2 南オセチア自治州
オセチア人 VS グルジア人

3 北オセチア共和国
オセチアキリスト教徒 VS イングーシイスラム教徒(少数派)

4 チェチェン共和国
チェチェンイスラム教徒 VS ロシア政府

5 ナゴルノ・カラバフ
アルメニア人 VS アゼルバイジャン人

ジョージア
2008年にロシアと軍事衝突し国交断絶

アゼルバイジャンとアルメニア
係争地ナゴルノ・カラバフを巡り2020年に衝突

|解説| 旧ソ連地域で多発する民族対立

広大な旧ソ連は多民族国家であった。「民族自決」の原則により15の共和国、それ以外にも少数民族の自治共和国や自治州が設立され、「自由な民族の同盟」を建前としていた。しかし、スターリン時代のバルト三国の併合や国境線の強引な線引き、強制移住やロシア人の流入などにより、多くの民族が不満を持つようになった。1991年のソ連解体でその問題が表面化した。また、2000年以降のプーチン政権が旧ソ連地域への影響力を強めようとしていることに対して反発も広がっている。

チェチェン紛争 ロシア連邦内のチェチェン共和国はジョージアに隣接するイスラム系住民が中心の共和国で、石油も産出する。1991年にロシアから独立を宣言したが、それに対しロシアは独立を認めず2度の紛争になり、2009年に独立派を弾圧し紛争を終結させた。

4 アフリカにおける地域紛争

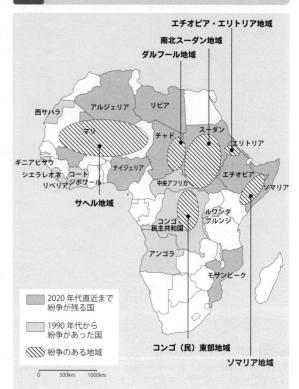

```
エチオピア・エリトリア地域
南北スーダン地域
ダルフール地域

西サハラ   アルジェリア   リビア
           マリ          チャド   スーダン   エリトリア
ギニアビサウ                              エチオピア
シエラレオネ コート           中央アフリカ        ソマリア
リベリアジボワール                  ルワンダ
サヘル地域          コンゴ      ブルンジ
                   民主共和国
           アンゴラ
                        モザンビーク
```

- 2020年代直近まで紛争が残る国
- 1990年代から紛争があった国
- 紛争のある地域

0 500km 1000km

コンゴ(民)東部地域
ソマリア地域

(外務省資料など)

|解説| アフリカの内戦にはどのような背景があるだろうか?

アフリカの紛争の要因の一つは、植民地時代に西欧諸国によって国境線が引かれたため、民族的・文化的・宗教的に分断され国民国家を形成できなかったことが挙げられる。そのため、紛争が起こると国境を越えて拡大する傾向がある。また、独立後も独裁や一部の勢力による統治への不満、貧困や格差から原油・ダイヤモンド・レアメタルなどの数少ない貴重な資源の管理が紛争の原因となっている。更に、2000年代に入るとイスラーム過激派の影響を受けた反政府勢力の活動も活発化している。

シエラレオネの少年兵(2000年5月) 子ども兵士とは、武装グループの一員となり戦闘に参加させられる子どもたちを指す。少年のみならず少女も含まれ、12歳未満の子どももいる。軽量小型化した武器を取って戦うだけでなく、軍の先頭で弾よけや地雷の探索、スパイ、荷物の運搬や強制結婚の相手として利用される。紛争地で生き残るために志願する者もいるが、誘拐や強要される場合も多い。2015年には19か国で25万人以上が確認されている。

5 シリア紛争と難民の流出

シリア紛争の難民と国内避難民

(凡例) □ 難民 ■ 国内避難民

(万人)

(年)	難民	国内避難民
2011	2	0
2012	202	73
2013	652	247
2014	763	389
2015	656	487
2016	633	553
2017	631	615
2018	665	618
2019	661	615
2020	670	670

シリアの国内避難民 2011年の内戦開始から10年以上続く内戦によって約560万人以上が難民として周辺国へ避難している(トルコに363万人, レバノンに88万人, ヨルダンに66万人, イラクに24万人, エジプトに13万人。UNHCR, 2020年11月現在)。国境を越えずに国内で避難生活を送る「国内避難民」は約670万人以上で, 内戦前のシリアの人口約2200万人の半数以上を超えている。

(UNHCR: Refugee Data Finder 2011年〜2020年のシリア難民等の数)

|解説| シリア紛争の背景

2011年,「アラブの春」の影響を受け, シリア国内でも民主化運動が広がる。それに対して, 政府は軍・治安部隊を投入し弾圧を強めると, 双方の暴力がエスカレートし内戦へ発展。やがて諸外国の介入もあり, さまざまな勢力が分立し戦闘が激化。更に, 14年には過激派組織イスラム国 (IS) が勢力を拡大し, 状況がますます複雑化した。約10年で50万人以上が犠牲となっている。

Column 拡大するテロの脅威

2001年の米同時多発テロをきっかけに, 米国は「対テロ戦争」の幕を上げた。アフガニスタンやイラクを中心に各地に米軍が展開したにもかかわらず, この20年でむしろテロの脅威が広がったとの見方も強い。(中略)

テロとの戦いは一筋縄ではいかない。強引な武力介入は各地で反米感情を呼び, 過激派組織「イスラム国」(IS) など新たなテロ組織を生む一因にもなった。

米シンクタンク戦略国際問題研究所 (CSIS) によると, イスラム教の中で暴力を正当化するジハード主義組織の戦闘員は01年に比べて約4倍に増えたという。(中略)

ブラウン大のステファニー・サベル主任研究員は「暴力の背景には貧困やエリート層の腐敗, 米国への怒りなど構造的な問題がある。それを一律に『テロリスト』と名付けてしまうことで暴力の動機は見失われ, むしろ反発を生んで逆効果となっている」と指摘する。(中略)

ブルキナファソでは, 米国は09年から対テロ作戦への支援を名目に財政支援や軍事訓練を続けてきた。それに比例して, 現地政府の軍事費もこの10年で3倍超に増えた。だが過激派による襲撃は深刻化しており, 解決への道はみえない。

一方で, 過激派を放置すると暴力がさらに拡大するという指摘もある。米国防総省が管轄するアフリカ戦略研究センターによると, サヘル地域で12年6月末までの1年間に55件だった過激派による襲撃は, 21年の同じ時期には1333件へと24倍超に急増した。

同センターのダニエル・アイジンガ研究員は「欧米の介入で, 実際に複数の過激派グループが衰退した。軍事支援がなければ, 過激派による暴力はより大きなものになっていた可能性が高い」と指摘している。

(「朝日新聞デジタル」2021.9.11)

6 国際テロの現状 (2020年の主なテロ)

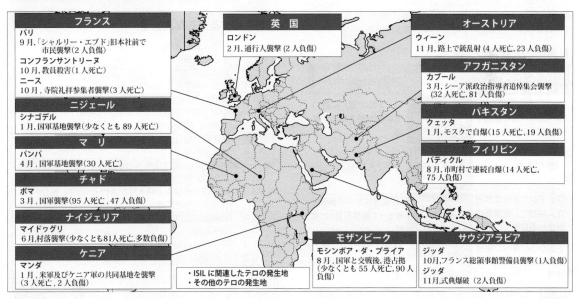

フランス
パリ
9月,「シャルリー・エブド」旧本社前で市民襲撃 (2人負傷)
コンフランサントリーヌ
10月, 教員殺害 (1人死亡)
ニース
10月, 寺院礼拝参集者襲撃 (3人死亡)

ニジェール
シナゴデル
1月, 国軍基地襲撃 (少なくとも89人死亡)

マリ
バンバ
4月, 国軍基地襲撃 (30人死亡)

チャド
ボマ
3月, 国軍襲撃 (95人死亡, 47人負傷)

ナイジェリア
マイドゥグリ
6月, 村落襲撃 (少なくとも81人死亡, 多数負傷)

ケニア
マンダ
1月, 米軍及びケニア軍の共同基地を襲撃 (3人死亡, 2人負傷)

英国
ロンドン
2月, 通行人襲撃 (2人負傷)

オーストリア
ウィーン
11月, 路上で銃乱射 (4人死亡, 23人負傷)

アフガニスタン
カブール
3月, シーア派政治指導者追悼集会襲撃 (32人死亡, 81人負傷)

パキスタン
クェッタ
1月, モスクで自爆 (15人死亡, 19人負傷)

フィリピン
パティクル
8月, 市町村で連続自爆 (14人死亡, 75人負傷)

モザンビーク
モシンボア・ダ・プライア
8月, 国軍と交戦後, 港占拠 (少なくとも55人死亡, 90人負傷)

サウジアラビア
ジッダ
10月, フランス総領事館警備員襲撃 (1人負傷)
ジッダ
11月, 式典爆破 (2人負傷)

・ISILに関連したテロの発生地
・その他のテロの発生地

|解説| 国際テロリズム テロリズムとは, 政治目的を達成するために, 暴力の使用や威嚇を組織的・集団的に行い人びとに広く恐怖や不安を作り出すこと。反政府組織や革命団体などだけでなく, 政府自身が主体になることもある。国際的な犯罪であるが, 自分にとって都合の悪い集団を「テロ」組織として弾圧を正当化することもある。

テーマ学習　台湾問題と米中の対立

緊迫する台中関係・台湾と中国の軍事演習

中国軍・台湾軍とも軍事演習を展開。相互にけん制しあっている。左は2022年7月28日，台湾軍が中国の侵攻を想定した水陸両用上陸訓練。右は2022年8月4日，台湾周辺での中国軍演習で，台湾海峡東部の指定地域を標的にした，長距離実弾射撃訓練。

台湾ってどんな国?

人口 **2360**万人	兵力 **21**万**5000**人	面積 **3**万**6000**平方キロ
貿易総額 **6151**億ドル（輸入量：3293億ドル）	名目GDP **6050**億ドル 一人当たり名目GDP **2**万**6528**ドル	政府認定先住民族 **16**民族

軍事予算 **107**億**6000**万ドル

政府認定先住民族 **16**民族

言語 中国語，台湾語，客家語など

大陸中国との距離と中間線

中国　福州市　東経122度　北緯27度
泉州市
台北
台湾
北緯23度　東経118度　中間線

データで見る台湾の「実力」2021年10月7日（ニューズウィーク日本版編集部）

|解説| 正式名称は「中華民国」。主な輸出品は電子製品，情報通信機器など。近年，名目GDPは世界20位台前半，一人当たりの名目GDPは世界30位台である。輸出・輸入相手国の1位は中国で，経済面では相互依存の関係にある。

台湾の二大政党の主張

蔡英文総統 （与党・民進党）		韓国瑜・高雄市長 （最大野党・国民党）
「一つの中国」を認めず。短期的な利益を目当てに中国に譲歩しない	対中政策	「一つの中国」に基づき中台対話を再開させる
受け入れない	「一国二制度」による中台統一	受け入れない
フェイクニュースなど介入深刻化。対策法の制定が不可欠	中国の選挙介入問題	「民進党は対中危機感をあおって選挙利用」と批判
中国から台湾への生産回帰を促進など実績を強調	経済関連	台湾経済は世界で孤立と強調。対中交流を促進

|解説| 1990年代に民主化が進み，96年には初めて総統直接選挙が実施。2000年には民進党の陳水扁が総統に当選。総統選挙や立法委員（国会議員）選挙で，国民党と民進党が競合している。

台湾をめぐる米中の主張

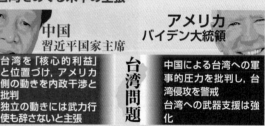

中国 習近平国家主席		アメリカ バイデン大統領
台湾を「核心的利益」と位置づけ，アメリカ側の動きを内政干渉と批判 独立の動きには武力行使も辞さないと主張	台湾問題	中国による台湾への軍事的圧力を批判し，台湾侵攻を警戒 台湾への武器支援は強化

|解説| 米議会は，1979年の米中国交正常化に伴う米台断交後も，台湾との同盟関係を維持するために台湾関係法を制定し，台湾を国家と同様に扱い，防衛兵器を供与できるとしてきた。これに対して「一つの中国」を掲げる中国は内政干渉にあたると非難している。

台湾をめぐるおもな出来事

1949年	中華人民共和国成立。国民政府，台湾へ逃れ，台湾全土に戒厳令を施行。
1950年	朝鮮戦争勃発。米国は第7艦隊を台湾海峡へ派遣。
1951年	米華共同防衛相互援助協定調印
1958年	金門島で中台両軍が砲撃戦。
1971年	中華人民共和国が国連加盟。台湾は「中国」代表権を失い，国連から脱退。
1979年	米中国交樹立，米台断交。米「台湾関係法」制定。
1987年	戒厳令解除。
1996年	台湾初の総統直接選挙で李登輝が当選。中国，事前に台湾近海でミサイル演習。米，台湾海峡へ空母派遣。
2000年	総統選で民進党の陳水扁が勝利（〜08）。独立へ向けた急進路線を取る。
2008年	総統選で国民党の馬英九が大勝（〜16）。対中融和路線へ転換。
2015年	初の中台首脳会談
2016年	総統選で民進党の蔡英文が圧勝（〜現在）。

|解説| 中華人民共和国は台湾をあくまでも中国の不可分な領土としている一方で，中華民国（台湾）は「名実ともに中国を代表する正統な国家」から「台湾地区のみを統治する民主主義国家」へと変化しつつあることが台湾問題をより複雑にしている。

ロシアのウクライナ侵攻 〜「プーチンの戦争」の行方

戦争の被害と難民

ウクライナ南部オデッサ州でロシア軍のミサイル攻撃で破壊された建物（ゲッティ＝共同）2022年7月1日

「強いロシア」の復活をめざして

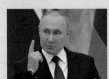

プーチン政権下の主な軍事作戦

第二次チェチェン戦争（1999年〜）
ロシア連邦内のチェチェン共和国の独立阻止のため派兵。親ロシア派による強権的な支配体制を確立。

ジョージア侵攻（2008〜）
旧ソ連のジョージア（グルジア）からの分離独立を求めた南オセチアとアブハジアを巡りロシアが住民保護を名目に軍事侵攻。2地域の独立を一方的に承認。

クリミア併合（2014〜）
ウクライナ領クリミア半島のロシア系住民保護の名目で侵攻。住民投票を経てロシアへ一方的に併合。

ウクライナ侵攻（2022〜）
ウクライナ東部へ軍事侵攻。

解説 1999年にエリツィン大統領の下で首相に就任したプーチンは、2000・04・12・18年と4度の大統領選挙に勝利（08〜12年は首相）。この間、ソ連崩壊後の混乱を収束させ原油やガスなどの資源輸出などによる経済成長によって国民の高い支持率を維持してきた。一方で、ロシア国内の批判者への弾圧や周辺への軍事作戦を行ってきた。

ウクライナとその周辺国

国外へ避難するウクライナの人たち ロシアのウクライナ侵攻により、女性や子どもを中心に900万人以上の住民が国外へ避難（2022年7月現在）。写真は、隣国ポーランドの首都ワルシャワの国立競技場で、公的サービスを受けられる登録証の手続きのために列を作る難民たち。（2022年3月、ポーランド・ワルシャワ）

ロシアとウクライナをめぐる問題

1954年	ソ連の指導者フルシチョフの決定によりクリミア半島の帰属がロシア共和国からウクライナ共和国へ
91年12月	ソ連崩壊、ウクライナは独立。国民投票で90%以上が独立支持。
94年12月	ウクライナは核兵器放棄、米英ロが同国の領土保全と安全保障を約束（ブダペスト覚書）
2005年1月	ウクライナで民主化運動を経て、親欧米派のユシチェンコ大統領が就任（オレンジ革命）
08年4月	NATO首脳会議でウクライナとジョージアの加盟問題について「将来の加盟国」にとどめる決定
10年2月	親ロシア派のヤヌコビッチ大統領就任
13年11月	ウクライナとEUの連合協定の交渉停止
14年2月	ウクライナ国内での抗議運動により、ヤヌコビッチ政権崩壊し親欧米派政権へ（マイダン革命）
14年3月	ロシア、クリミア半島を一方的に編入（クリミア危機）
14年4月〜	ウクライナ東部で政府軍と親ロシア系武装勢力の間で紛争（ロシアが軍を派遣したという報道も）。
21年秋	ロシア、ベラルーシ軍がウクライナ国境付近で合同演習
22年2月21日	ロシア、一方的にウクライナ東部2州を国家承認
22年2月24日	ロシア軍がウクライナ侵攻を開始

ロシアのウクライナ侵攻による世界的な影響

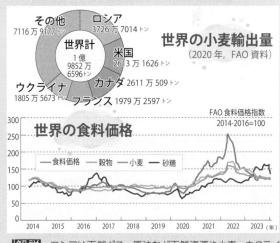

その他 7116万9177トン
ロシア 3726万7014トン
世界計 1億9852万6596トン
米国 2613万1626トン
ウクライナ 1805万5673トン
カナダ 2611万509トン
フランス 1979万2597トン

世界の小麦輸出量（2020年, FAO資料）

世界の食料価格

FAO食料価格指数 2014-2016=100

食料価格 穀物 小麦 砂糖

解説 ロシアは天然ガス・原油など天然資源や小麦、ウクライナは小麦の世界有数の輸出国であった。ロシアのウクライナ侵攻は世界的な原油価格や食料価格の高騰の大きな要因となり、世界経済に大きな影響を及ぼしている。

政治的主体

国際分野

イスラエル・パレスチナ問題

発生から70年以上経った現在も，周辺国を中心に500万人以上のパレスチナ難民が世界に存在している。国際社会はこの問題にどのように向き合うべきだろうか？

イスラエル・パレスチナ問題の経緯	
16世紀〜	オスマン帝国のパレスチナ支配　イスラム教徒，キリスト教徒，ユダヤ教徒の共存地域
1897	第1回シオニスト会議　ユダヤ人国家の建設をめざすバーゼル綱領決議→欧州でシオニズム高揚，欧州のユダヤ人のパレスチナ入植始まる
1914	第一次世界大戦（〜18）
15	フサイン・マクマホン書簡　英国がアラブ人の協力を得るため独立支持を約束
17	バルフォア宣言　英国がユダヤ人の協力を得るために国家建設を約束
20	英国がパレスチナを委任統治（〜48）→ユダヤ人が欧州からパレスチナへ流入増加
33	ドイツでナチス台頭→ユダヤ人への弾圧（ホロコースト）
39	第二次世界大戦（〜45）
47	**国連でパレスチナ分割案を採択**　パレスチナを分割し，ユダヤ人とパレスチナ人の二つの国家を建設し，聖地エルサレムは国際管理下におく
48	**イスラエル独立宣言**
	第一次中東戦争（パレスチナ戦争）（〜49）イスラエル勝利し分割案の1.5倍の地域を占領，パレスチナ難民発生
56	エジプトのスエズ運河国有化→第二次中東戦争（スエズ戦争）
67	第三次中東戦争（六日戦争）イスラエルがシナイ半島・ゴラン高原などを占領し支配地を約5倍に拡大，新たなパレスチナ難民発生
	国連安保理決議242号採択　イスラエルの占領地からの撤退求める
69	アラファトがPLOの議長に。PLOの急進化
73	第四次中東戦争（十月戦争）アラブ諸国がイスラエル支援国へ原油輸出制限→第一次石油危機
74	国連がPLOにオブザーバー資格
78	キャンプ・デービッド合意→イスラエル・エジプト平和条約（79）
82	イスラエルがレバノンへ侵攻
87	第一次インティファーダ始まる（〜93）占領地区でのパレスチナ人蜂起
91	湾岸戦争　中東和平会議
93	**パレスチナ暫定自治協定**　イスラエルとPLO相互承認
94	ガザとヨルダン川西岸でパレスチナ自治開始
95	ラビン首相暗殺
96	アラファトがパレスチナ自治政府議長に選出
2000	第二次インティファーダ　シャロンのエルサレムのイスラム聖地訪問への抗議運動
01	シャロン政権成立。占領地域のユダヤ人入植地拡大。パレスチナの自爆攻撃とイスラエルの報復攻撃→パレスチナ自治地域の一部を再占領（02）
02	**イスラエルが分離壁の建設**　→ 国連総会で建設中止決議（03）国際司法裁判所が壁の撤去を勧告（04）
06	パレスチナ総選挙で強硬派の**ハマスが勝利**→イスラエルがガザ攻撃・封鎖（〜09）
12	国連がパレスチナを「オブザーバー国家」へ格上げ
14	イスラエルがガザを空襲，地上侵攻
18	米国トランプ政権が大使館をエルサレムへ移転
20	イスラエルがアラブ首長国連邦（UAE）・バーレンと国交正常化
23	ハマスがイスラエルを攻撃。イスラエルの報復攻撃が激化

イスラエルとパレスチナの現状　イスラエルは4回にわたる中東戦争で次々と占領地を増やし，ヨルダン川西岸，ガザ地区，ゴラン高原，シナイ半島にはユダヤ人が入植し，居住区が広げられてきている。

イスラエルとパレスチナの現状

イスラエルは4回にわたる中東戦争でヨルダン川西岸，ゴラン高原，シナイ半島など占領地を拡大してきた。1993年の**パレスナ暫定自治合意**以降も，ヨルダン川西岸ではイスラエルが60%以上を軍事占領下におき，ユダヤ人入植地を拡大させ，2002年からは高さ8m，全長700キロの**「分離壁」**（上写真）を建設し，パレスチナ人の生活圏を分断し，行動の自由を制限している。入植者によるパレスチナ人への暴力も頻発している。ガザ地区では，**ハマス**の支配権が確立した2007年以降，封鎖が強化され最低限の食料・燃料・医薬品しか搬入できなくなり200万人のパレスチナ人が**「天井のない監獄」**の状態で生活を余儀なくされている。2008, 09, 12, 14, 21年とイスラエルはガザ地区に空爆や軍事侵攻を行ってきた。

イスラエル・パレスチナ間の主な争点

エルサレム：かつてヨルダンが統治していた東側を1967年に占領したイスラエルは，エルサレム全体を自分たちの首都とみなしている。一方でパレスチナは，パレスチナ人約35万人が住む東エルサレムは，いずれ樹立する自分たちの独立国家の首都とすることを主張。

入植地：イスラエルは1967年以来，占領したヨルダン川西岸地区などに入植地を設け，ユダヤ教徒のイスラエル人が計70万人在住。こうした入植地は国際法違反とされているが，イスラエルはこれに異議を唱え，入植地を温存しイスラエル主権下に併合をめざしている。

難民：国連総会決議149号（1948年）を根拠に，パレスチナ人は故郷への帰還権を主張するが，イスラエルはそのようなことをすれば国内人口の多数がパレスチナ人になり，イスラエルはユダヤ人国家でなくなってしまうとして，帰還権を認めていない。

パレスチナ難民　国連パレスチナ難民救済事業機関（UNRWA）の調べによると難民の多くは周辺諸国に止まっている。（「日本経済新聞」2015.10.21）

「イスラム原理主義」・「イスラム過激派」・「PLO（パレスチナ解放機構）」・「ハマス」の用語解説は→p349

政治的主体

国際編

朝鮮半島をめぐって

年（月）		出来ごと
1988	9	ソウルオリンピック開催。
1991	1	第1回日朝国交正常化交渉（2002年までに中断をはさみ12回）
	9	南北の国連同時加盟（9.17）
	12	南北高位級会談で「朝鮮半島の非核化に関する共同宣言（南北非核化共同宣言）」に仮調印（1992年1月20日に正式調印）。
1992	1	北朝鮮，国際原子力機関（IAEA）との間で保障措置協定を締結。
1993	2	北朝鮮，IAEAの特別査察を拒否。第1次核危機勃発。
1994	7.8	金日成国家主席，死去
	10	米朝，「枠組み合意」に調印。第1次核危機収束。
1995	3	朝鮮半島エネルギー開発機構（KEDO）設立。
1998	8	北朝鮮，「人工衛星搭載ロケット」（テポドン1号）発射。
2000	6	金大中大統領，北朝鮮を訪問し，金正日国防委員長と南北首脳会談開催。「南北共同宣言」に署名。
2002	5	日韓共催のサッカー・ワールドカップ開催（5.31-6.30）
	9	小泉首相が訪朝，金正日国防委員長と日朝首脳会談開催。日朝国交正常化交渉の開催で合意「日朝平壌宣言」に署名（9.17）
	10	拉致被害者5名が帰国（10.15）
2003	1	北朝鮮，NPTからの脱退を宣言。
	8	日本，米国，韓国，中国，ロシア，北朝鮮による第1回六者会合開催。
2005	2	北朝鮮，核保有を公式に宣言。
	9	第4回六者会合で共同声明採択。
2006	7	北朝鮮，弾道ミサイル発射。
	10	北朝鮮，1度目の核実験実施。
	12	金正日国防委員長，死去
2012	4	北朝鮮で金正恩氏が国防委員会第一委員長に就任。
	8	李明博大統領，竹島上陸。
2016	6	金正恩国防委員会第一委員長が国務委員長に就任。
2017	1	米国でトランプ政権発足
	5	韓国で文在寅政権発足
2018	2	平昌冬季オリンピック
	4	史上3度目の南北首脳会談が板門店で開催。朝鮮半島の完全非核化と朝鮮戦争の終戦をめざすことで合意，「板門店宣言」を発表
	6	米朝首脳会談がシンガポールで実施。朝鮮半島の非核化を約束
2019	2	米朝首脳会談がベトナム・ハノイで開催。交渉決裂
	5	北朝鮮が弾道ミサイル発射実験再開
	6	板門店で3回目の米朝首脳会談開催
2020	6	北朝鮮が開城の南北共同連絡事務所を爆破
2021	1	金正恩氏が党書記長に就任
2022		繰り返されるミサイル発射実験

板門店の軍事境界線を挟んで韓国の文在寅大統領（右）と握手する金正恩朝鮮労働党委員長。（2018年04月27日，韓国，板門店）

朝鮮民主主義人民共和国	
面積	12万km²
人口	2578万人（2020年）
GDP	約3210億ドル（2020年）
総兵力	約128万人
陸上兵力	約110万人
艦艇	約800隻・11万トン
作戦機	約550機

大韓民国	
面積	10万km²
人口	5183万人（2020年）
GDP	1兆6308億ドル（2020年）
総兵力	約60万人（在韓米軍約3万人）
陸上兵力	約46万人（在韓米軍約2万人）
艦艇	約230隻・26万トン
作戦機	約640機（在韓米軍約80機）

国連軍司令部
在韓米軍司令部
米第2歩兵師団司令部

朝鮮半島の状況　　（『防衛白書』2021など）

朝鮮半島をめぐる状況

　韓国と北朝鮮は，1953年の朝鮮戦争の休戦協定に基づく軍事境界線（38度線）を挟み，今なお対峙している。この間，韓国は1987年に民主化を宣言し，経済発展によりOECD（経済開発機構）加盟国（1996年）となった。一方，北朝鮮は朝鮮労働党の一党独裁体制の下，金日成（1912～94）・正日（1941～2011）・正恩（1984～）により最高権力者を世襲してきた。冷戦終結後の1991年には両国は国連に同時加盟，2000年には金大中韓国大統領が北朝鮮を訪問し，統一へ向けて協力と交流の活性化に向けた南北共同宣言を発表した。しかし，北朝鮮は，2006年以降，核実験とミサイル発射実験を繰り返し，06～17年にかけて国連安全保障理事会で11回の制裁決議が採択された。韓国の文在寅政権（17～22）の仲介で，トランプ米大統領（16～20）と金正恩委員長による三度の米朝首脳会談が行われたが決裂した。2022年に韓国は尹政権へと変わり，対北朝鮮政策を強硬姿勢に転換した。

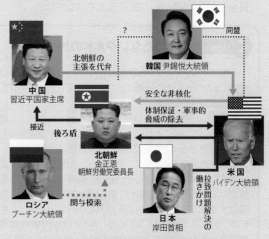

米中周辺国の構図（『読売新聞』2018.6.13ほか）

政治的主体

国際編

191

民族問題と多文化多民族

エスノセントリズムについて知ろう

エドワード・W・サイード 1935〜2003
パレスチナ出身で米国の大学で英文学・比較文学を長年教え、西洋における異文化である東洋の表象（イメージ）を批判的に検討した『オリエンタリズム』の著者として知られている。

　サイードによれば、現代の国際社会における**エスノセントリズム（自民族中心主義）**は、根強い偏見や自己中心主義といった、それさえ解消できれば、つまり相互理解が深まれば克服できるというものでは決してない。

　ある民族や文化にとって、他の民族や文化の存在が自己の存立をおびやかす「敵」、すなわち、永遠に共存することが不可能であるような絶対的な他者と認識されたとき、その民族は他の民族を抹殺する言説＝物語を編み上げはじめる。最初は意図して「政治」的にはじまったそれは、その民族が何世代にもわたる物語の伝承を重ねるにつれて、他の民族は完全に抹殺される。そうすると、もはやエスノセントリズムは、差別や偏見や誤解といったレベルではなくなってしまう。

　サイード以前、異文化間の誤解は「ステレオタイプ」にあるとよくいわれた。その特徴は、自民族や自文化以外の異文化や他者に対して誤った共同幻想を作り出すことにあるのだが、その幻想の基になっているのは、実はたった一人か二人の対人接触や、ほんの数時間か数日の異文化経験でしかないことが多い。おそるべき自己幻想。ここで私たちは、エスノセントリズムが、一人か二人にきざした恐怖感や危機意識が、一挙に全体主義としてある特定の文化から人間的なイメージの一切を奪うという、最悪な特質をもっていることを、決して忘れてはならない。

スコットランドの独立と住民投票

　2014年9月18日、スコットランドの住民を対象に、英国からの独立の是非を問う住民投票が行われた。

●スコットランドの地理

　グレートブリテン島北部の3分の1を占めるスコットランドは、英国(United Kingdom of Great Britain and Northern Ireland)を構成する4つの地域のひとつである。かつては「スコットランド王国」として独立国だったが、1707年にイングランド王国と合併し「連合王国」が成立。統合後も、宗教や生活・文化などの面でイングランドとは異なる地域アイデンティティが維持され、中央政府に対して「民族自決」や「自治」を求める動きが断続的に続いた。

●スコットランド市民の自治要求　特に、1980年代にスコットランド市民が総選挙で多数の支持を与えていなかった保守党政権が、スコットランドに大きな影響を与える政策を一方的に押し付ける構図が続き「民主主義の欠陥」と認識され、1980年代末よりスコットランドに自己決定権を確立するために、市民グループ、労働組合、地方自治体、宗教界の指導者らによって超党派のスコットランド憲政会議が設立され、スコットランド議会の設置を求める運動が広がり、1997年に労働党ブレア政権の下で、住民投票によりスコットランド議会が設置された。

Column 国を持たないクルドの民

　一般にクルディスタンと呼ばれるトルコ、イラン、イラクなどにまたがった山岳地帯に居住し、ペルシャ語系のクルド語を母語とする民族。

　イスラム以前からの言わば「先住民族」であるが、山間部に割拠していることから、民族規定の根幹であるクルド語には方言が多く、実際の意思の疎通には支障がある。代表的な方言である北部のクルマンジーと南部のソラーニーの2つのみが文語を有しているが、両者は異なる文字を使用している。人口は推定に頼らざるを得ないが、その幅は大きく、1980年代初頭まで1000万前後であったものが、現在は2500〜3000万と言われる。1991年湾岸戦争当時の諸推定の平均を挙げれば、総人口2100万、

トルコ東部に850万（トルコ人口の14%）、イラン北西部に600万（同9%）、イラク北部に300万（同15%）となっている（その他は、シリア北東部やアゼルバイジャンなどに居住）。スンナ派が多数を占めるが、シーア派諸派の信徒もいる。

2014年の独立をめぐる住民投票の背景には，北海油田の利権が中央政府に握られていることへの不満やロンドンへの一極集中による格差の問題，「分離独立」をマニュフェストに掲げたスコットランドの地域政党の支持拡大などが挙げられる。

投票結果は，残留支持が55.3%で，独立支持の44.7%を上回り，英国分裂の危機は回避された（投票率は84.6%）。しかし，2016年の英国のEU離脱を問う国民投票では，英国全体では離脱が多数となったのに対し，スコットランドでは残留が多数を占め，スコットランドと英国全体の差異がいっそう明白になった。

多数決による決定と少数民族の意志の対立は，民主主義における民族問題の大きな課題である。

多文化主義の広がり

●多文化主義とはなんだろう　多文化主義＝マルチ・カルチュラリズムMulticulturalismとは，さまざまな人種・民族・階層がそれぞれの独自性（アイデンティティ）を保ちながら，他者のそれも積極的に容認し共存していこうという考え方，立場である。米国のように様々な文化が互いに混じり合って同化し，結果として一つの独特な共通文化を形成していくという「人種のるつぼ＝メルティング・ポットmelting pot論」的な同化主義に対抗する考え方で，各民族の文化の独自性を尊重し，その並立共存を強調する「サラダ・ボウルsalad bowl論」とも呼ばれている。

●カナダとオーストラリアの多文化主義

英国の植民地であったカナダとオーストラリアでは，白人優位のもとでの同化主義が有力であった（オーストラリアでは白豪主義とよばれた）。しかし，カナダではケベック州でのフランス系住民の民族主義運動（ケベック問題）を契機に，1971年にはフランス語を英語と並ぶ公用語とすると同時に，国家の方針として民族や人種の多様性を尊重し，すべての人が平等に社会参加できるような国づくりを目指す多文化主義が宣言され，それはさらに1980年代には，アジア系を中心とする新しい移民を包み込む形での多文化主義政策へと発展し，88年には世界初の多文化主義法を制定した。多文化主義政策の下，現在のカナダには200を超

ケベック州の標式

える多様な民族が共存し，公用語の英語・フランス語以外にも，ドイツ語，イタリア語，中国語など様々な言語が日常的に使われ，新聞・雑誌などは40か国語以上で発行されている。トロント市では，救急車を呼ぶための緊急ダイヤルは100の言語に対応し，地元ケーブルテレビでは多言語放送がされている。

オーストラリアでもカナダにならい，1973年の白豪主義の放棄，75年の人種差別撤廃法の制定を通じて，多文化主義社会に向けた取り組みを本格化させていった。それは急増するアジア系移民への社会的対応であり，また周囲のアジア諸国との協力の必要という意味ももっていた。多文化政策は，統一的に行うことが望ましい必要最低限のサービスを連邦政府が担当し，住民の言語，文化，人種および宗教の多様性に対応した生活に密着する政策やプログラムを各州政府や地方自治体を展開している。

●多文化主義の展開　多文化主義の発想や政策の実施は，スウェーデンなど北欧諸国，イギリス，フランス，オランダなど西欧諸国にも広がっている。具体的には，教育，テレビ，放送，図書館などでは多言語での提供が公的に支持されたり，イギリスでは学校の給食にイスラム教徒のハラール・ミート（宗教的儀式を経て処理された家畜の肉）など少数民族向けの食材が用意され，シク教徒のターバンやイスラム教徒のスカーフといった民族独自の服飾が認められるなどの措置がとられている。

ただ注意すべきは，多文化主義はすべての文化の価値を等しく認める単純な文化相対主義ではない点である。それは，ナチズムやアパルトヘイトなどの人権を無視，抑圧する文化を認めないし，国家の統合を否定する民族独立運動を承認するものではない。多文化主義とは国家の統合の枠を前提としており，そのなかでの人権を伸長しようとするものであり，その限りにおいて民族集団の多様な価値と文化を推進するものである。

◆カナダの出身地域別民族構成（2006年）◆

- アフリカ及びアラブ諸国・西アジア 3%
- 南アジア 3%
- 先住民族 4%
- 東アジア・東南アジア・オセアニア 5%
- フランス 11%
- ヨーロッパ 23%（英国・フランス以外）
- 北米 24%（カナダ・米国他）
- 英国 25%
- 中南米・カリブ 2%

※カナダ統計局のデータを元に作成（概算値）

政治的主体

国際編

34 国際的人権の保障

導入の Quest

MainQuest （メインクエスト）

増え続ける難民について，私たちは
どのように関われるだろうか？

SubQuest （サブクエスト）

国連難民高等弁務官事務所（UNHCR）の資料
などから，難民の実際を読みとろう

主な国の難民認定数（2022年）

- トルコ 376万人
- コロンビア 184万人
- ウガンダ 153万人
- パキスタン 150万人
- ドイツ 126万人
- スーダン 110万人
- 日本 202人 （UNHCR年間報告書）

主な難民発生国（2022年末）

- シリア 655万人
- ウクライナ 568万人
- アフガニスタン 566万人
- ベネズエラ 545万人
- 南スーダン 230万人
- ミャンマー 125万人 （UNHCR年間報告書）

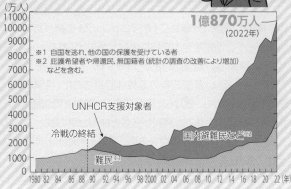

難民認定者数の推移（UNHCR年間報告書）

1億870万人（2022年）

※1 自国を逃れ，他の国の保護を受けている者
※2 庇護希望者や帰還民，無国籍者（統計の調査の改善により増加）などを含む。

UNHCR支援対象者
冷戦の終結
難民 ※1
国内避難民など ※2

難民選手団とオリンピック・パラリンピック

東京パラリンピックで入場する難民選手団（2021年8月24日，東京国立競技場）　国立競技場に最初に入場したのがパラリンピック難民選手団だった。選手団の代表選手は6人。出身4か国，4競技に出場する。旗手を務めたのは，シリア出身のアリア選手とアフガニスタン出身のアバス選手。

UNHCRの発表によると2022年末時点で，紛争や迫害により故郷を追われた人の数は1億840万人（国内避難民を含む）。UNHCRが支援対象としている難民だけでも2,940万人を超え，いずれも過去最高の水準となっている。日本での難民申請も2016年以降では，10,000人を越える時期もあった。

2022年の申請者数3,772人に対し，難民認定数は202人，難民とは認定せず人道的配慮で在留を許可した1,760人とあわせて増えているが，毎年数万人を受け入れている他の先進国と比べても極めて少なく，申請者に対する認定率も著しく低い。背景には，難民認定基準が他国に比べて「厳しすぎる」という指摘や，日本での不法滞在を取り締まる法務省出入国在留管理庁が難民認定を担当していることなどが挙げられる。世界各地で紛争などにより難民が増加する中で，人権保障として難民問題にどのように向かい合っていくべきか，問われている。

日本の難民申請者数と認定率の推移（2022年）

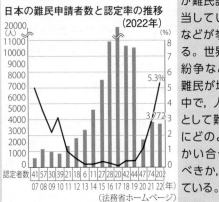

5.3%
3,772
認定者数 41 57 30 39 21 18 6 13 15 16 17 18 19 20 21 22（年）
07 08 09 10 11 12 13 14 15 16 17 18 19 20 21 22
（法務省ホームページ）

2016年夏，リオデジャネイロオリンピックでは，史上初の「難民選手団」が参加し，さらに2021年の東京パラリンピックでは，公式の「パラリンピック難民選手団」が初出場となった。こん棒投げに出場する旗手のアリアさんは，パラリンピック難民選手団初の女性アスリート。4歳の時に患った天然痘により脳に障がいが残り，身体的，知的障がいがある。「パラリンピックに出場できることを誇りに思います。夢を追うことの大切さを世界のすべての難民に伝えたい」と，記者会見で話した。世界で紛争や迫害により故郷を追われた人は2016年は6,500万人，現在は一億人を超えるまで増えている。パラリンピック難民選手団は，国際社会全体で取り組むべき難民問題への関心や，障がいを持つ人々に対する人権尊重の広がりを示した。

（UNHCR日本事務所ウェブサイトより）

政治的主体

国際分野

1 おもな国際人権条約

おもな国際人権条約　2022年4月現在

名　称	採択年	発効年	締約国数	日本の批准（批准年）
1926年の奴隷条約*	1926	1927	-	
米州人権宣言			1948年	
ジェノサイド条約*	1948	1951	152	
世界人権宣言			1948年	
捕虜条約（ジュネーブ条約）	1949	1950	196	○（1953）
文民条約（ジュネーブ条約）	1949	1950	196	○（1953）
人身売買禁止条約	1949	1951	82	○（1958）
ヨーロッパ人権条約	1950	1953	40	
難民の地位に関する条約（難民条約）	1951	1954	146	○（1981）
1926年の奴隷条約を改正する議定書*	1953	1953	61	
奴隷廃止条約に関する補足条約*	1956	1957	124	
子どもの権利宣言			1959年	
人種差別撤廃宣言			1963年	
人種差別撤廃条約	1965	1969	182	○（1995）
国際人権規約（社会権規約）	1966	1976	171	○（1979）
国際人権規約（自由権規約）	1966	1976	173	○（1979）
自由権規約選択議定書（個人通報制度）*	1966	1976	116	
難民の地位に関する議定書	1967	1967	146	○（1982）
女性差別撤廃宣言			1967年	
米州人権条約	1969	1978	12	
女性差別撤廃条約	1979	1981	189	○（1985）
アフリカ人権憲章（バンジュール憲章）	1981	1986	21	
拷問等禁止条約	1984	1987	173	○（1999）
子どもの権利条約	1989	1990	196	○（1994）
自由権規約第2選択議定書（死刑廃止条約）	1989	1991	90	
子どもの権利条約選択議定書（武力紛争での児童関与）	2000	2002	172	○（2004）
子どもの権利条約選択議定書（児童売買・買春等）	2000	2002	177	○（2005）
拷問等禁止条約選択議定書*	2002	2006	91	
障害者権利条約	2006	2008	185	○（2014）
強制失踪条約	2006	2010	68	○（2009）
社会権規約選択議定書（個人通報制度）*	2008	2013	26	

＊日本が未加盟の条約については仮称
（ヒューライツ大阪HP　http://www.hurights.or.jp/archives/treaty/un-treaty.html などより）

2 世界人権宣言（→p.324）

第3回国連総会採択　1948年

前文　人権の無視と軽侮とは，人類の良心を踏みにじった野蛮行為を生ぜしめ，一方，人間が言論と信仰の自由及び恐怖と欠乏からの自由とを享有する世界の到来は，一般の人々の最高の願望として宣言された（中略）すべての人民とすべての国が達成すべき共通の基準として，この世界人権宣言を，公布する。

第1条
　すべての人間は，生まれながらにして自由であり，かつ，尊厳と権利とについて平等である。人間は，理性と良心を授けられており，互いに同胞の精神をもって行動しなければならない。

3 国際人権規約

1966年採択→1976年発効

◇**A規約（社会権規約）（経済的・社会的および文化的権利に関する国際規約）**

第1条〔人民の自決の権利〕　①すべての人民は，自決の権利を有する。この権利に基づき，すべての人民は，その政治的地位を自由に決定し並びにその経済的，社会的及び文化的発展を自由に追求する。

第6条〔労働の権利〕　①この規約の締約国は，労働の権利を認めるものとし，この権利を保障するため適当な措置をとる。この権利には，すべての者が自由に選択し又は承諾する労働によって生計を立てる機会を得る権利を含む。

第11条〔生活水準の確保〕　①この規約の締約国は，自己及びその家族のための相当な食糧，衣類及び住居を内容とする相当な生活水準についての並びに生活条件の不断の改善についてのすべての者の権利を認める。…

第13条〔教育の権利〕　①この規約の締結国は，教育についてのすべての者の権利を認める。締結国は，教育が人格の完成及び人格の尊厳についての意識の十分な発達を指向し並びに人権及び基本的自由の尊重を強化すべきことに同意する。（以下略）

◇**B規約（自由権規約）（市民的及び政治的権利に関する国際規約）**

第2条〔人権実現の義務〕　①この規約の各締約国は，その領域内にあり，かつ，その管轄の下にあるすべての個人に対して，人権，皮膚の色，性，言語，宗教，政治的意見その他の意見，国民的若しくは社会的出身，財産，出生又は他の地位などによるいかなる差別もなしにこの規約において認められる権利を尊重し及び確保することを約束する。

第20条〔戦争宣伝の禁止〕　戦争のためのいかなる宣伝も，法律で禁止する。

|解説| 世界人権宣言と国際人権規約

第二次世界大戦後の1948年12月8日，第3回国連総会で「世界人権宣言（Universal Declaration of Human Rights）」が採択。前文と30条で構成。法的拘束力はなかったが，人権保障の基準として各国の憲法に生かされた。世界人権宣言の内容を国際的に法制化する目的で，国連での10年以上の審議の末に66年の国連総会で採択されたのが「国際人権規約」であり，発効まで10年を要した。「国際人権規約」は労働権，社会保障権，家庭の尊重や子どもの保護，医療保障，教育権などに関する社会権規約と，生命の尊重，拷問の禁止，公正な裁判の保障，身体の自由，思想・表現・集会の自由などに関する自由権規約，自由権規約に関する二つの選択議定書から構成されている。日本は79年に批准したが，「選択議定書」と社会権規約の中の公休日の給与支払い，スト権，高校・大学教育の無償化の3点を留保。2012年には高校・大学教育の無償については，留保を撤回した。

4 人種差別撤廃条約

（採択：1965年12月21日国連総会第20会期　発効：1969年1月4日）

　この条約の締約国は，…（中略）…人種的相違に基づく優越性のいかなる理論も科学的に誤りであり，道徳的に非難されるべきであり及び社会的に不正かつ危険であること並びに理論上又は実際上，いかなる場所においても，人種差別を正当化することはできないことを確信し，人種，皮膚の色又は種族的出身を理由とする人間の差別が諸国間の友好的かつ平和的な関係に対する障害となること並びに諸国民の間の平和及び安全並びに同一の国家内に共存している人々の調和をも害するおそれがあることを再確認し，…（中略）…あらゆる形態の人種差別の撤廃に関する国際連合宣言に具現された原則を実現すること及びこのための実際的な措置を最も早い時期にとることを確保することを希望して，次のとおり協定した。

第1条〔人種差別の定義〕　この条約において，「人種差別」とは，人種，皮膚の色，世系又は民族的若しくは種族的出身に基づくあらゆる区別，排除，制限又は優先であって，政治的，経済的，社会的，文化的その他のあらゆる公的生活の分野における平等の立場での人権及び基本的自由を認識し，享有し又は行使することを妨げ又は害する目的又は効果を有するものをいう。

第2条〔締約国の差別撤廃義務〕　①締約国は，人種差別を非難し，また，あらゆる形態の人種差別を撤廃する政策，及びあらゆる人種間の理解を促進する政策を，すべての適当な方法により遅滞なくとることを約束する。……

第3条〔アパルトヘイトの禁止〕　①締約国は，特に，人種隔離及びアパルトヘイトを非難し，また，自国の管理の下にある領域におけるこの種のすべての慣行を防止し，禁止し及び根絶することを約束する。

│解説│ 人権差別撤廃条約とアパルトヘイト
1963年に出された「人種差別撤廃宣言」を受け，1965年12月1963年の「人種差別撤廃宣言」に続き，1965年国連総会で採択された人種差別撤廃を国家に義務づける条約。日本は1995年に批准。この条約で指摘しているアパルトヘイトとは「分離」を意味する言葉で，特に南アフリカにおける白人が非白人を差別する極端な人種隔離政策・制度を指す。国内の抵抗運動や国際的な圧力により1991年にアパルトヘイト政策に関わる法律は廃止された。

ネルソン＝マンデラ 1918〜2013
南アフリカのアパルトヘイト反対運動の指導者。弁護士としてアパルトヘイト抵抗運動に関わり，1964年に国家反逆罪にて終身刑となり収監。90年に釈放され，94年に全人種が参加した最初の選挙で大統領に選出。差別撤廃・格差是正に取り組み人種・民族の融和をめざした。94年にノーベル平和賞受賞。

5 子どもの権利条約

（採択：1989年11月20日国連総会第44会期　発効：1990年9月2日）

　この条約の締約国は，……児童が，その人格の完全なかつ調和のとれた発達のため，家庭環境の下で幸福，愛情及び理解のある雰囲気の中で成長すべきであることを認め，極めて困難な条件の下で生活している児童が世界のすべての国に存在すること，また，このような児童が特別の配慮を必要としていることを認め，児童の保護及び調和のとれた発達のために各人民の伝統及び文化的価値が有する重要性を十分に考慮し，あらゆる国特に開発途上国における児童の生活条件を改善するために国際協力が重要であることを認めて，次のとおり協定した。

第12条〔意見表明権〕　①締約国は，自己の意見を形成する能力のある児童がその児童に影響を及ぼすすべての事項について自由に自己の意見を表明する権利を確保する。

第28条〔教育についての権利〕　①締約国は，教育についての児童の権利を認めるものとし，この権利を漸進的にかつ機会の平等を基礎として達成するため，特に，(a) 初等教育を義務的なものとし，すべての者に対して無償のものとする。

第32条〔経済的搾取などからの保護〕　①締約国は，児童が経済的な搾取から保護され及び危険となり若しくは児童の教育の妨げとなり又は児童の健康若しくは身体的，精神的，道徳的若しくは社会的な発達に有害となるおそれのある労働への従事から保護される権利を認める。

│解説│ 子どもを「保護の対象」から「権利の主体」へ
1959年の「子どもの権利宣言」を受け，89年の国連総会で「子ども（児童）の権利条約」が採択，翌90年に発効した。子ども（18歳未満のすべての人間）を権利の主体と位置づけ，大人と同様ひとりの人間としての人権を認めるとともに，成長の過程で特別な保護や配慮が必要な子どもならではの権利も定めている。日本も94年に批准し，文部省は体罰禁止や校則の見直しなど「一人ひとりを大切にする教育をすすめるように」通達を出した。2023年4月から「こども基本法」が施行。（→p.324参照）

『子どもの権利条約』が定める子どもの権利は，大きく分けて4つ。生きる権利，育つ権利，守られる権利，そして参加する権利。

生きる権利
住む場所や食べ物があり 医療を受けられるなど，命が守られること

育つ権利
勉強したり遊んだりして，能力を十分に伸ばしながら成長できること

守られる権利
暴力・虐待や搾取，有害な労働などから守られること

参加する権利
自由に意見を表したり，団体を作ったりできること

6 女子差別撤廃条約

(1979.12.18 国連34回総会採択　1981.9発効　日本1985.6批准)

　この条約の締約国は，…

　女子に対する差別は，権利の平等の原則及び人間の尊厳の尊重の原則に反するものであり，女子が男子と平等の条件で自国の政治的，社会的，経済的及び文化的活動に参加する上で障害となるものであり，社会及び家族の繁栄の増進を阻害するものであり，また，女子の潜在能力を自国及び人類に役立てるために完全に開発することを一層困難にするものであることを想起し，…（中略）社会及び家庭における男子の伝統的役割を女子の役割とともに変更することが男女の完全な平等の達成に必要であることを認識し，…女子に対するあらゆる形態の差別を撤廃するための必要な措置をとることを決意して，次のとおり協定した。

〔女子差別の定義〕

第1条　この条約の適用上，「女子に対する差別」とは，性に基づく区別，排除又は制限であつて，政治的，経済的，社会的，文化的，市民的その他のいかなる分野においても，女子（婚姻をしているかいないかを問わない。）が男女の平等を基礎として人権及び基本的自由を認識し，享有し又は行使することを害し又は無効にする効果又は目的を有するものをいう。

〔売買・売春からの搾取の禁止〕

第6条　締約国は，あらゆる形態の女子の売買及び女子の売春からの搾取を禁止するためのすべての適当な措置（立法を含む）をとる。

｜解説｜ 女子差別撤廃条約

国連は，女性の地位向上と男女の平等をめざしてきたが，なお女性に対する差別と偏見が存在している。そこで，男女の事実上の平等を保障するために1979年に国連総会で採択されたのが，女子差別撤廃条約（女子に対するあらゆる形態の差別の撤廃に関する条約）である。

前文で，「社会及び家庭における男子の伝統的役割を女子の役割とともに変更することが男女の完全な平等の達成に必要であることを認識し」と述べ，これまでの女性の役割論の考えを否定し，男女の完全な平等の達成を明確にしている。さらに，第2条で締約国の差別撤廃義務を，第6条で売買・売春からの搾取の禁止を，第11条で雇用における差別撤廃を規定している。

ニューヨークの国連本部で演説する16歳のマララさん（2013.7.12）

7 難民の地位に関する条約

採択1951・発効1954

第3条〔無差別〕　締約国は，難民に対し，人種，宗教，又は出身地による差別なしにこの条約を適用する。

第17条〔賃金が支払われる職業〕　①締約国は，合法的にその領域内に滞在する難民に対し，賃金が支払われる職業に従事する権利に関し，同一の事情の下で外国の国民に与える待遇のうち最も有利な待遇を与える。

第22条〔公の教育〕　①締約国は，難民に対し，初等教育に関し，自国民に与える待遇と同一の待遇を与える。

第33条〔追放及び送還の禁止〕　①締約国は，難民を，いかなる方法によっても，人種，宗教，国籍もしくは特定の社会集団の構成員であること又は政治的意見のためにその生命又は自由が脅威にさらされるおそれのある領域の国境へ追放し又は送還してはならない。

｜解説｜ 難民条約

難民条約とは1951年の「難民の地位に関する条約」と67年の「難民の地位に関する議定書」を指す。二度の大戦を教訓に条約では，難民(refugee)を「人種，宗教，国籍もしくは特定の社会的集団の構成員であることまたは政治的意見を理由に迫害を受けるおそれがあるという十分に理由のある恐怖を有するために，国籍国の外にいる者」と定義し，庇護を求める権利と差別されずに基本的人権を享受できること，生命や自由が脅威にさらされるおそれのある国へ強制的に追放したり，帰還させてはいけない「ノン・ルフールマン原則」を定めている。UNHCRを中心に支援活動が行われてきたが，90年代以降は内戦などで命の危険にさらされ国内外へ避難した人たちも支援の対象としている。経済的な理由によって国外へ移動した移民を「経済難民」と呼ぶことはあるが，難民条約の対象とする「難民」では区別されている。

7月12日は「マララ・デイ」

　マララ・ユスフザイさんの誕生日を記念して国連が定めたのが「マララ・デイ」だ。パキスタン北部出身の彼女は，女性への教育・就労を認めないタリバン政権の下で，女性でも教育を受ける権利があることを主張。そのために2012年10月通学バスに押し入った武装集団に頭を撃たれ重傷を負った。奇跡的に回復した13年7月の16歳の誕生日に，世界80か国以上から約600人の若者たちも参加する中，国連本部で以下のように演説を行い世界に大きな反響を与えた。

　「(親愛なる兄弟姉妹の皆さん，)何百万もの人が貧困，不正，無知に苦しんでいることを忘れてはなりません。何百万もの子どもたちが学校に通えていない現実を忘れてはなりません。(私たちの兄弟姉妹が，明るく平和な未来を待ち望んでいることを忘れてはならないのです。ですから，)本とペンを手に取り，全世界の無学，貧困，テロに立ちむかいましょう。それこそ私たちにとって最も強力な武器だからです。1人の子ども，1人の教師，1冊の本，そして1本のペンが，世界を変えられるのです。(教育以外に解決策はありません。教育こそ最優先です。)」

35 世界における日本の役割と課題

政治的主体

国際分野

導入の Quest

MainQuest
メイン　クエスト

国際社会には，どのような貢献の仕方があるのだろうか？　考えてみよう。

SubQuest
サブ　クエスト

次のような人たちはどのようなことを通じて，国際社会へ貢献しているのだろうか？

中満 泉（なかみつ　いずみ）さん
国連軍縮担当事務次長・上級代表。東京都出身。米国の大学院修了後，国連難民高等弁務官事務所（UNHCR）に入所。湾岸戦争やボスニア紛争の最前線で危機対応や人道支援に従事。国連平和維持活動（PKO）局で政策部長，アジア・中東部長，国連開発計画（UNDP）危機対応局長を歴任し，2017年より現職。著書に『危機の現場に立つ』（講談社，2018年）など。

赤根智子（あかね ともこ）さん
国際刑事裁判所（ICC）判事。愛知県出身。大学卒業後，検事に任官し日本各地で働く。検察官の身分のまま国連アジア極東犯罪防止研修所所長や外務省国際司法協力担当大使など国際司法協力の分野で活躍。2018年より現職。22年にはロシアのウクライナ侵攻による戦争犯罪などを担当。

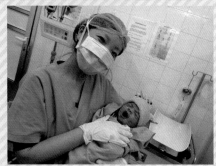

白川優子（しらかわ　ゆうこ）さん
国際NGO「国境なき医師団（MSF）」所属の手術室看護師。埼玉県出身。看護専門学校卒業後，県内の病院で7年間勤務。その後，オーストラリアへ渡り，現地の大学の看護学部卒業，看護師として約4年間働く。2010年よりMSFに所属し，スリランカ・シリア・南スーダン・イエメン・パレスチナなど9か国で17回の活動に派遣。現在はMSF日本事務局にて海外派遣スタッフの採用を担当。著書に『紛争地の看護師』（小学館，2018年）など。

大倉優枝（おおくら まさえ）さん
東京都出身。大学卒業後に国際協力機構（JICA）のJICA海外協力隊に応募し，小学校教育隊員としてザンビア・メヘバ難民居住区内小学校へ派遣。2018年から20年の2年間，コンゴ民主共和国やアンゴラなど周辺国からの難民が暮らす居住区の小学校で，現地の教員とともに，子どもたちに学習の意義と学ぶ楽しさを伝える。

SubQuest
サブ　クエスト

次の2つの例以外にも，どのようなことで国際貢献できるのか，考えてみよう。

●世界へ広がる母子健康手帳

妊娠中及び出産時の母子の状態，子どもの成長・健康状況を継続的に記録するための母子健康手帳。日本で第二次世界大戦後の1948年に導入され，日本を母子の死亡が最も少ない国の一つとするのに貢献した。JICAやジョイセフなどのNGOにより，1990年代からは母子の命と健康を守るためのツールとして発展途上国を中心にこの母子健康手帳の導入・普及の支援をするようになり，2020年現在には約50か国以上で使用されるようになっている。

●対人地雷除去のための特殊重機の開発

対人地雷禁止条約締結後も，世界中に1億個以上の対人地雷が放置され犠牲者を出している。その対人地雷の除去には，多くの費用と人員が必要であり，危険も伴う。ブルドーザーなどを生産している日本の重機メーカー（日建やコマツ）は，対人地雷除去をするための特殊重機を開発し，カンボジアなど世界各地へ提供している。

1 日本の領土と国境

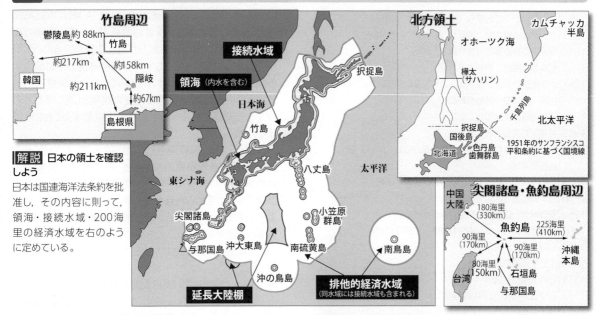

竹島周辺

鬱陵島 約88km — 竹島
約217km
約158km
韓国 — 約211km — 隠岐
約67km
島根県

解説 日本の領土を確認しよう

日本は国連海洋法条約を批准し、その内容に則って、領海・接続水域・200海里の経済水域を右のように定めている。

接続水域
領海（内水を含む）
日本海
択捉島
竹島
八丈島
太平洋
東シナ海
尖閣諸島
小笠原群島
与那国島
沖大東島
南硫黄島
南鳥島
沖の鳥島
延長大陸棚
排他的経済水域（同水域には接続水域も含まれる）

北方領土

カムチャッカ半島
オホーツク海
樺太（サハリン）
択捉島
千島列島
北太平洋
択捉島
国後島
色丹島
歯舞群島
北海道
1951年のサンフランシスコ平和条約に基づく国境線

尖閣諸島・魚釣島周辺

中国大陸
180海里（330km）
魚釣島
225海里（410km）
90海里（170km）
90海里（170km）
沖縄本島
80海里150km
石垣島
台湾
与那国島

2 北方領土について

1855年 日露通好条約（下田条約）
日本の国境を千島列島、ウルップ島と択捉島の間に定め、樺太は日露両国人混在で国境を限定せず。

1875年 樺太・千島交換条約
樺太全島をロシア領、千島列島のウルップ島から北へシュムシュ島まで18島を日本領とする。

1905年 日露講和条約（ポーツマス条約）
南樺太を日本領とする。

1943年 カイロ宣言（アメリカ、イギリス、中国）
日本から「第一次世界大戦開始以後奪取し、又は占領した太平洋におけるいっさいの島しょを剥奪」し、日本は「また暴力及び貪欲により日本国の略取したる他のいっさいの地域より駆逐せらるべし」と規定。

1945年 ヤルタ協定（アメリカ、イギリス、ソ連）
2月 ソ連の対日参戦の条件として「千島列島がソ連に引き渡されること」を米英が密約。

1945年 ポツダム宣言（アメリカ、イギリス、中国）
7月 「日本国の主権は本州、北海道、九州、四国並びにわれわれの決定する諸小島に局限」と宣言。

1945年 ソ連対日参戦 ソ連軍は9月までに四島を占領。翌年2月南樺太とともに領土編入を布告。

1951年 サンフランシスコ平和条約
「日本国は千島列島並びに…樺太の一部及びこれに近接する諸島に対するすべての権利、権原及び請求権を放棄する」と規定（ただし千島の帰属先は決めていない）。

1956年 日ソ共同宣言（鳩山・ブルガーニン）
松本・グロムイコ書簡で、平和条約交渉を国交再開後続けることを合意。その後、ソ連は平和条約締結後に日本の利益を考慮し歯舞・色丹を引き渡すと同意。

1960年 日米新安保条約調印
ソ連は同条約調印直後「日本領土から全外国軍が撤退しない限り歯舞・色丹を引き渡せない」と一方的に通告。

2001年 イルクーツク声明（森・エリツィン）
日ソ共同宣言の有効性と東京宣言を再確認。

2009年 改正北方領土問題等解決促進特別措置法が成立
四島を「わが国固有の領土」と規定。

2010年 メドベージェフ大統領が、ロシア元首として初めて四島の国後島を訪問。日本政府は遺憾の意を表明。

3 竹島・尖閣諸島について

●竹島問題

16C末 竹島（当時松島）を鬱陵島（当時日本名竹島）への寄港地として利用

1696 日本人の鬱陵島渡航禁止（竹島渡航は禁止されず）

1849 フランスの捕鯨船リアンクール号竹島を発見

1905 閣議で竹島と命名、島根県隠岐島司の所轄とする

1945 海軍省消滅に伴い、竹島は大蔵省所管になる

1952 韓国大統領李承晩、海洋主権宣言（李承晩ライン宣言）により竹島の領有を主張

1954 韓国が武装要員を竹島に常駐。

1965 日韓基本条約調印、竹島問題は紛争処理事項とされる

2008 文部科学省が中学校の学習指導要領で竹島について記載。

2012 イ・ミョンバク大統領が竹島に上陸。日本は3度目のICJへの共同提訴を韓国に提案、再び拒否される。

●尖閣諸島問題

1895 尖閣諸島が日本領として宣言され、翌年沖縄県八重山郡に編入

1969 台湾東北の海底に、石油・天然ガス埋蔵の可能性が国連の報告書で指摘される。

1971 台湾、中国が大陸棚に対する領有権を主張

1972 沖縄返還に伴い尖閣諸島の施政権が日本に戻る。日中国交正常化

1978 日中平和友好条約調印。尖閣諸島の日中間の帰属問題は「次世代に解決を委ねる」として棚上げ

1996 日本の右翼団体が尖閣諸島に灯台を設置。これに対して中国が抗議する

2004 中国の活動家7人が魚釣島に上陸。沖縄県警が逮捕の後、中国への配慮もあり強制退去処分になる

2010 尖閣諸島で中国漁船衝突事件。船長を逮捕のち釈放

2012 尖閣諸島の購入を閣議決定。所有権を個人から国に移転。中国の海洋巡視船が領海侵入。中国で反日暴動

解説 竹島と尖閣諸島

竹島は島根県隠岐郡隠岐の島町に属し、隠岐島の北西に位置する。東西の2主島と数10の岩礁からなり、その総面積は約23万平方mで東京ドームの約5倍。尖閣諸島は沖縄県八重山列島北北西、東シナ海南部に点在する島群で、主島の魚釣島とその周辺の北小島、南小島など8つの島からなる。竹島、尖閣諸島ともに無人島である。

政治的主体

国際分野

4 日本の外交年表

年	ことがら（赤色文字は対米関係）
1945	ポツダム宣言受諾（敗戦）。連合国による占領開始
1946	極東国際軍事裁判（東京裁判）開始
1950	朝鮮戦争開始。警察予備隊発足
1951	ILO加盟。サンフランシスコ平和条約調印
	日米（旧）安全保障条約調印
1952	日米行政協定調印
1953	基地反対運動全国で発生
1954	第五福竜丸事件。日米相互防衛援助協定（MSA）調印
	自衛隊発足
1955	GATT（ガット）加入。バンドン会議へ出席
1956	日ソ共同宣言。国連加盟
1960	安保闘争。日米（新）安全保障条約調印
1964	東京オリンピック。IMFに加入，OECD加盟
1965	日韓基本条約調印
1968	小笠原返還協定調印
1971	沖縄返還協定調印
1972	日中国交回復（日中共同声明）
1973	金大中事件
1978	日中平和友好条約調印
1982	中国，韓国が日本の教科書検定に対し抗議
1989	昭和天皇逝去。冷戦の終結
1990	日米構造協議（89〜）。カンボジア和平東京会議
1991	日朝国交正常化交渉開始。自衛隊掃海艇ペルシャ湾岸に派遣
1992	国連平和維持活動等協力法成立。自衛隊，カンボジアに派遣
1993	自衛隊，モザンビークに派遣
1996	日米安保条約の再定義（日米安保共同宣言）
1997	日米新ガイドライン策定
1999	新ガイドライン関連法制定
2001	アメリカで同時多発テロ事件。テロ対策特別措置法制定
2002	小泉首相の訪朝（拉致被害者5人の帰国）
2003	イラク戦争始まる。イラク復興支援特別措置法制定。自衛隊，イラクに派遣
2004	有事関連7法制定（国民保護法など）
2006	在日米軍の縮小を合意
2007	防衛省発足。テロ対策特措法失効
2008	アメリカ軍の原子力空母を横須賀に配備
2009	海賊対処法成立。海上自衛隊ソマリア沖へ
2011	東日本大震災，福島第一原発事故の発生
2012	尖閣諸島の国有化
2013	TPP交渉へ参加
2015	日米防衛協力のための指針の見直し
2016	平和安全法制整備法の成立
2018	韓国の徴用工訴訟で有罪判決。TPP11が発効

|解説| 戦後日本の外交方針

1956年，ソ連（当時）との国交が回復し，国際連合への加盟が認められた日本は，その外交方針を①自由主義諸国との協調，②国連中心主義，③アジア諸国との協力，の3原則に基づいて展開した。近年は国際情勢の動きが大きく変化している状況だが，アメリカやその他の自由主義諸国との緊密な連携，自由で開かれたインド・太平洋の実現，といった新たな外交課題も展開している。この間，中国・韓国などとの国交を回復した。

5 サンフランシスコ平和条約

〔署名：1951.9.8　発効：1952.4.28〕

連合国及び日本国は，両者の関係が，今後，共通の福祉を増進し且つ国際の平和及び安全を維持するために主権を有する対等のものとして友好的な連携の下に協力する国家の間の関係でなければならないことを決意し，よって，両者の間の戦争状態の存在の結果としていまなお未決である問題を解決する平和条約を締結することを希望するので，

日本国としては，国際連合への加盟を申請し且つあらゆる場合に国際連合憲章の原則を遵守し，世界人権宣言の目的を実現するために努力し，国際連合憲章第55条及び第56条に定められ且つ既に降伏後の日本国の法制によって作られはじめた安定及び福祉の条件を日本国内に創造するために努力し，ならびに公私の貿易及び通商において国際的に承認された公正な慣行に従う意思を宣言するので，

連合国は，前項に掲げた日本国の意思を歓迎するので，よって，連合国及び日本国は，この平和条約を締結することに決定し，……次の規定を協定した。

第1条　(a)　日本国と各連合国との間の戦争状態は，第23条の定めるところによりこの条約が日本国と当該連合国との間に効力を生ずる日に終了する。

(b)　連合国は，日本国及びその領水に対する日本国民の完全な主権を承認する。

第2条　(a)　日本国は，朝鮮の独立を承認して，済州島，巨文島及び鬱陵島を含む朝鮮に対するすべての権利，権原及び請求権を放棄する。

(b)　日本国は，台湾及び澎湖諸島に対するすべての権利，権原及び請求権を放棄する。

(c)　日本国は，千島列島並びに日本国が1905年9月5日のポーツマス条約の結果として主権を獲得した樺太の一部及びこれに近接する諸島に対するすべての権利，権原及び請求権を放棄する。

|解説| アメリカは日本を東アジアにおける西側資本主義陣営の重要な拠点と考え，日本の主権回復と再軍備を急いだ。そのため，講和条約は全面講和とはならず，会議に招聘されなかった国や招聘されても調印を拒否した国などがあり，それらの国々とは個別に平和条約を結んだ。

政治的主体

国際分野

6 日ソ共同宣言

〔署名：1956.10.19　発効：1956.12.12〕

1【戦争状態の終結】日本国とソヴィエト社会主義共和国連邦との間の戦争状態は，この宣言が効力を生ずる日に終了し，両国の間に平和及び友好善隣関係が回復される。

4【日本国の国連加入】ソヴィエト社会主義共和国連邦は，国際連合への加入に関する日本国の申請を支持するものとする。

9【平和条約・領土】日本国及びソヴィエト社会主義共和国連邦は，両国間に正常な外交関係が回復された後，平和条約の締結に関する交渉を継続することに同意する。ソヴィエト社会主義共和国連邦は，日本国の要望にこたえかつ日本国の利益を考慮して，歯舞群島及び色丹島を日本国に引き渡すことに同意する。ただし，これらの諸島は，日本国とソヴィエト社会主義共和国連邦との間の平和条約が締結された後に現実に引き渡されるものとする。

解説 1956年の日ソ共同宣言により，日本とソ連の国交が回復した。領土問題に関しては，平和条約締結後に，ソ連が日本に歯舞群島と色丹島を引き渡すことを規定している。また，この宣言の中でソ連が日本の国連加盟を支持したため，同年の日本の国連加盟が実現した。

7 日韓基本条約

〔署名：1965.6　発効：1965.12.18〕

第1条　両締約国間に外交及び領事関係が開設される。両締約国は，大使の資格を有する外交使節を遅滞なく交換するものとする。（後略）

第2条　1910年8月22日以前に大日本帝国と大韓帝国との間で締結されたすべての条約及び協定は，もはや無効であることが確認される。

第3条　大韓民国政府は，国際連合総会決議第195号（Ⅲ）に明らかに示されているとおりの朝鮮にある唯一の合法的な政府であることが確認される。

解説 この条約の締結により，日本と大韓民国（韓国）の関係が正常化された。また，この条約と同時に締結された日韓請求権協定によって，1080億円の経済援助と引きかえに韓国の日本に対する賠償請求権は放棄された。

8 日中共同声明

〔1972.9.29　北京で調印〕

1【国交正常化】日本国と中華人民共和国との間のこれまでの不正常な状態は，この共同声明が発出される日に終了する。

2【一つの中国】日本国政府は，中華人民共和国政府が中国の唯一の合法政府であることを承認する。

3【台湾】中華人民共和国政府は，台湾が中華人民共和国の領土の不可分の一部であることを重ねて表明する。日本国政府は，この中華人民共和国政府の立場を十分理解し，尊重し，ポツダム宣言第八項に基づく立場を堅持する。

5【賠償】中華人民共和国政府は，中日両国国民の友好のために，日本国に対する戦争賠償の請求を放棄することを宣言する。

8【平和友好条約】日本国政府及び中華人民共和国政府は，両国間の平和友好関係を強固にし，発展させるため，平和友好条約の締結を目的として，交渉を行うことに合意した。

日中国交正常化交渉にのぞむ，周恩来中国首相（左）と田中角栄首相。（1972年9月，北京）

9 日中平和友好条約

〔署名：1978.8.12　発効：1978.10.23〕

第1条　1　両締約国は，主権及び領土保全の相互尊重，相互不可侵，内政に対する相互不干渉，平等及び互恵並びに平和共存の諸原則の基礎の上に，両国間の恒久的な平和友好関係を発展させるものとする。

2　両締約国は，前記の諸原則及び国際連合憲章の原則に基づき，相互の関係において，すべての紛争を平和的手段により解決し及び武力又は武力による威嚇に訴えないことを確認する。

第2条　両締約国は，そのいずれも，アジア・太平洋地域においても又は他のいずれの地域においても覇権を求めるべきではなく，また，このような覇権を確立しようとする他のいかなる国，又は国の集団による試みにも反対することを表明する。

第3条　両締約国は，善隣友好の精神に基づき，かつ，平等及び互恵並びに内政に対する相互不干渉の原則に従い，両国間の経済関係及び文化関係の一層の発展並びに両国民の交流の促進のため努力する。

日本の戦後補償

1. 日本政府の戦後処理

　1951年のサンフランシスコ平和条約で、連合国のほとんどは日本に対する賠償請求権を放棄した。放棄しなかった以下の4カ国とも、同条約に基づく賠償協定が結ばれた。

　ビルマ(ミャンマー)(1955年・900億円)、ベトナム(1960年・140.4億円)、フィリピン(1956年・1980億円)、インドネシア(1958年・803.9億円)

　それ以外の国に対しては、賠償請求の放棄と引き替えに経済援助を行う協定を結んだ。

　タイ(1955年・1962年、150億円)、マレーシア(1967年、29億円)、シンガポール(1967年、29億円)、カンボジア(1959年、15億円)、ラオス(1958年、10億円)、モンゴル(1977年、50億円)、オランダ(1956年、36億円)、太平洋諸島(1969年、18億円)、台湾(571億円)など

　植民地だった韓国とは、1965年に日韓基本条約と同時に締結された日韓請求権協定で、韓国は請求権を放棄し日本は1080億円の経済協力をすることで合意した。戦争で最も大きな被害を受けた中国は、1972年の日中共同声明で賠償の請求を放棄した。日本はその後、ODA(政府開発援助)を通じて中国に多額の経済支援を行った。

2. 個人が補償を求める動きの活発化
　　(1990年代から)

　日本政府は、上記の条約や協定などにより旧交戦国などに対し国家レベル(政府間)で賠償をすませ、すべて解決済みという立場を一貫してとり続けている。しかし、1990年頃から戦争で被害を受けた個人が、自らの肉体的・精神的被害について日本政府に補償を求める裁判が相次いで提起されるようになった。人権意識の国際的な高まりなどが背景にあるといわれている。

①従軍慰安婦問題

　いわゆる「従軍慰安婦」とは日本軍兵士への性的奉仕を強いられていた人たちで、日本の植民地下にあった朝鮮半島や台湾出身の人が多く、他に東南アジアや中国、オランダの女性たちもいた。数は2万人から20万人といわれている。1990年代の前半から何人かの元慰安婦が名乗り出て日本政府に補償を求める裁判を起こした。協定等で法的に解決済みとする日本政府は、1995年に民間と共同で「アジア女性基金」を設立し、元慰安婦に対し、国民からの拠金による償い金(200万円)、総理大臣のお詫びの手紙、国による医療福祉事業などの償い事業を行った。(基金は2007年に解散。)

　しかし、元慰安婦や支援者の中には、日本政府の法的な国家補償ではないとしてこれを受け入れず、裁判や要

求を続ける人も多い。2011年には、韓国の憲法裁判所が、韓国政府が慰安婦問題について日本と外交交渉して解決しようとしない不作為は憲法違反である、という決定を下している。メディアの報道などにより感情的になる部分もあり、両国間の懸案となっている。

②中国人・韓国人の強制労働問題

　戦時中に日本に強制連行され働かされた中国人・韓国人の元労働者から、日本政府や日本企業を相手に訴訟が相次いで起こされている。

事例1 中国人の元労働者の西松建設に対する訴訟で、最高裁判所は2007年に賠償請求権を認めないとする判決を下したが、同時に被害の救済に向けた努力を期待することを付言した。それを受け同社は労働者への謝罪と2億5000万円の和解金の支払いに応じた。

中国人元労働者
の遺族たち

事例2 三菱マテリアルが2014年に、訴えていた中国人の元労働者らに対し、謝罪し1人あたり約200万円支払う和解案を示した。

事例3 韓国人の強制労働について、2012年に韓国の大法院(日本の最高裁にあたる)が「元徴用工らの日本企業への個人請求権は韓国では消滅していない」という判断を示した。

事例4 元徴用工が新日鉄住金に損害賠償を求めた訴訟で、2013年にソウル高裁が、元徴用工の個人請求権を認め1人あたり約890万円の支払いを命じる判決を下した。

　日本政府は、日中共同声明などで「解決済み」との立場であるが、事例1、2では、企業が海外でのビジネス展開への影響を考慮したと考えられている。事例3、4については、韓国政府も元徴用工の賠償請求権について日韓請求権協定で解決済みとしていることに反するものであるが、今後このようなケースは増えていくと思われる。

3. その他の戦後補償問題
元植民地出身の軍人・軍属

　日本の植民地だった台湾人や朝鮮人の軍人・軍属は、戦後サンフランシスコ平和条約で「日本国籍」を失ったため、恩給や遺族年金などを受け取れなくなった。台湾出身者については1987年に1人200万円の弔慰金・見舞金を支給する法律がつくられ、韓国についても2000年にほぼ同じ内容の法律がつくられた(3年間の時限立法)。

政治的主体

国際分野

10 日本が取り組むべき課題

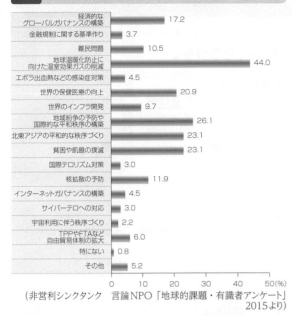

課題	(%)
経済的なグローバルガバナンスの構築	17.2
金融規制に関する基準作り	3.7
難民問題	10.5
地球温暖化防止に向けた温室効果ガスの削減	44.0
エボラ出血熱などの感染症対策	4.5
世界の保健医療の向上	20.9
世界のインフラ開発	9.7
地域紛争の予防や国際的な平和秩序の構築	26.1
北東アジアの平和的な秩序づくり	23.1
貧困や飢餓の撲滅	23.1
国際テロリズム対策	3.0
核拡散の予防	11.9
インターネットガバナンスの構築	4.5
サイバーテロへの対応	3.0
宇宙利用に伴う秩序づくり	2.2
TPPやFTAなど自由貿易体制の拡大	6.0
特にない	0.8
その他	5.2

（非営利シンクタンク 言論NPO「地球的課題・有識者アンケート」2015より）

|解説| 日本が今後果たすべき役割として，国際社会に向けた貢献や，地球的規模の課題解決に尽力すべきとする声が大きい。国際的な発信力を高めるためにも，課題解決に向けて，問題点の分析や異なる分野・発想力ある人々との交流などが，人材の育成にも繋がると考えられている。どのような課題があるか確認するとともに，自分で取り組む課題としても参考になるかもしれない。

Column 国際機関の日本人職員

日本の国連等の国際機関に対する財政的貢献に比べて，そうした機関に勤務する日本人職員は著しく少ない。国連関連機関における日本人職員数は現在，79名である。国連事務局に限ってみても，日本人職員数は，下にあるように国連予算の分担率や人口などから算出される「望ましい職員数」の3分の1程度でしかない。従来からいわれていることであるが，より多くの日本人が国際機関で活躍するようになることが期待される。

☆各国の国連事務局の職員数と望ましい職員数
（2018.12.31現在，外務省HPより）

順位	国名	職員数	望ましい職員数 下限〜（中位点）〜上限
1	米国	360	383 〜（451）〜 519
2	ドイツ	159	116 〜（136）〜 156
3	フランス	138	89 〜（105）〜 121
4	イタリア	136	71 〜（84）〜 96
5	英国	123	83 〜（98）〜 112
6	カナダ	109	56 〜（66）〜 76
7	中国	89	169 〜（199）〜 229
8	スペイン	76	48 〜（57）〜 66
9	日本	75	172 〜（203）〜 233
10	インド	62	46 〜（54）〜 62

政治的主体

11 JICAの海外協力（海外協力隊の活動）

種類	青年海外協力隊 海外協力隊	シニア海外協力隊
概要	アジア・アフリカ・中南米・大洋州・中東・欧州地域の人々のために，自分の持っている技術や経験を生かしてみたい。そうした強い意欲を持っている方が，現地の人々と同じ言葉を話し，ともに生活・協働しながら開発途上国の国づくりのために協力しています。	
活動分野 職種（例）	コミュニティ開発，コンピュータ技術，野菜栽培，電子工学，自動車整備，経営管理，青少年活動，スポーツ全般，理科教育，小学校教育，看護師，感染症・エイズ対策，障害児・者支援，日本語教師，ソーシャルワーカー，家畜飼育，保健師 など	
募集期／ 派遣期間	春募集・秋募集の年2回／原則2年間※	
対象年齢	20歳〜69歳	
派遣案件	一般案件 （幅広い経験・技能等で応募可能な案件） ※46歳以上の方は海外協力隊として派遣されます。	シニア案件 （一定以上の経験・技能等が求められる案件）
応募方法	職種応募	案件応募

海外協力隊には，このほか，中南米の日系社会に向けた，「日系社会青年海外協力隊・日系社会海外協力隊」や「日系社会シニア海外協力隊」もある。
海外での協力活動について調べてみることは，自分のキャリアを考えるときにも役立つかもしれない。

|解説| JICAの海外協力隊の活動
日本政府のODA予算により，独立行政法人国際協力機構（JICA）が実施する事業。開発途上国からの要請（ニーズ）に基づき，それに見合った技術・知識・経験を持ち，「開発途上国の人々のために生かしたい」と望む方を募集し，選考，訓練を経て派遣する。主な目的は，以下の3つ。
(1) 開発途上国の経済・社会の発展，復興への寄与
(2) 異文化社会における相互理解の深化と共生

(3) ボランティア経験の社会還元
青年海外協力隊は事業発足から50年以上という長い歴史を持ち，これまでにのべ4万人以上が参加している。募集期間は年2回（春・秋），活動分野は農林水産，保健衛生，教育文化，スポーツ，計画・行政など多岐にわたる。自分の持っている知識，技術，経験などを生かせるのがJICA海外協力隊の特徴で，派遣期間は原則2年間だが，短期派遣制度（1か月〜）もある。

国際分野

36 現代経済のしくみ　市場とその役割

導入のQuest

MainQuest　経済とは何だろうか。

　私たちは生きていく上でさまざまな経済活動を営んでいる。例えば，財やサービスを買ったり，働いてお金を稼いだりすること，また企業が利潤を追求して活動することも「経済」である。つまり，私たちは，経済活動を営む主体ということになる。

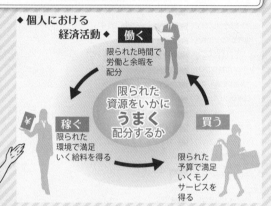

◆ 個人における経済活動 ◆

働く　限られた時間で労働と余暇を配分

限られた資源をいかに**うまく**配分するか

稼ぐ　限られた環境で満足いく給料を得る

買う　限られた予算で満足いくモノサービスを得る

SubQuest

経済の「希少性」について考えてみよう。「トレードオフ」とは何だろう?

　人々の欲求が無限であるのに対して，資源は有限である状況を資源の希少性という。道端の石ころは簡単に手に入るので

石ころはタダだが，ダイヤモンドの原石は人々が欲しいと思う量を入手するのが難しいため，原石が1カラット(0.2g)で約100万円にもなる。言い換えると，石ころは「希少性」が低く，ダイヤモンドは「希少性」が高いと言うことができる。この場合，資源には天然資源や資本（お金など），労働に限らず時間なども含まれる。
　右の例のように，何かを得ることによって何かを諦めなければならない時，両者はトレードオフの関係にあるという。経済的な選択をする際には，コスト-ベネフィット（費用と便益）を意識して判断しなければならない。

今夜楽しみにしていたゲームソフトをダウンロードしたけど，明日は定期テストがある，という場面。「今夜の時間」は限りがあるものなので，ゲームをするか，勉強するか選択しなければならない。

この選択によって，犠牲となった利益を「機会費用」というよ。時間をゲームに利用してテストの点数が悪くなったとすると，このテストの点数や追試験にかける時間が，機会費用ということになる。

SubQuest

経済における「効率」と「公正」とは何か?

　経済の見方・考え方に「効率」と「公正（公平性）」というものがある。「効率」とは，限られた資源をいかに効率的に配分するか，またコストをいかに削減し，最大限の効果を得るかという意味である。「公正」は，不平等や不公平な社会より平等で公平な社会の方が望ましく，豊かさは一部の人だけでなく，多くの人が共有するというものだが，唯一の答えがあるわけではない。また，価値判断を含むので判断も難しい。

Think!

例えば，新型コロナウイルスの10万円給付を「効率」と「公正」の視点で整理してみるとどうなるか，考えてみよう。

経済的主体

1 3つの経済主体と市場

経済循環～通貨，財・サービスの流れ

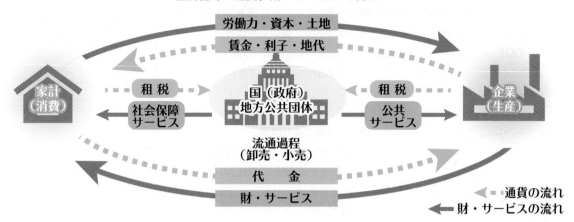

労働力・資本・土地
賃金・利子・地代

家計（消費）　租税　社会保障サービス　国（政府）地方公共団体　租税　公共サービス　企業（生産）

流通過程（卸売・小売）
代　金
財・サービス

◀┈┈ 通貨の流れ
◀── 財・サービスの流れ

|解説| 経済における3つの主体を確認しよう　現代の経済は3つの経済主体がそれぞれプレーヤーとして経済活動を行い，さらに互いに緊密に結びついて一国の国民経済を形成している。消費主体ともいえる家計は，企業には労働力・資本・土地という生産要素を提供して，賃金・配当・利子などの収入を得ている。そ

してこれを消費や貯蓄に振り向けている。また生産主体ともいわれる企業は，家計から上記の生産要素の提供を受けて，商品（財・サービス）を生産・販売して利潤を得ている。さらに政策主体ともいわれている政府は，租税をもとにさまざまな財政活動を行い，家計，企業の経済活動を調整している。

2 家計の姿（収入と支出）

二人以上の世帯のうち勤労者世帯の家計収支（平均，2022年）

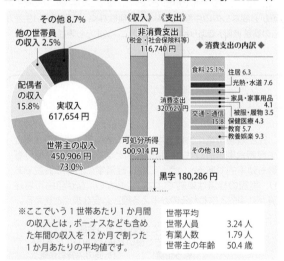

《収入》
その他 8.7%
他の世帯員の収入 2.5%
配偶者の収入 15.8%
実収入 617,654円
世帯主の収入 450,906円 73.0%

《支出》
非消費支出（税金・社会保険料等）116,740円
消費支出 320,627円
可処分所得 500,914円
黒字 180,286円

◆消費支出の内訳◆
食料 25.1%　住居 6.3
　　　光熱・水道 7.6
　　　家具・家事用品 4.1
　　　被服・履物 3.5
交通・通信 15.8　保健医療 4.3
　　　教育 5.7
　　　教養娯楽 9.3
その他 18.3

※ここでいう1世帯あたり1か月間の収入とは，ボーナスなども含めた年間の収入を12か月で割った1か月あたりの平均値です。

世帯平均
世帯人員　3.24人
有業人数　1.79人
世帯主の年齢　50.4歳

（『家計調査年報』2022）

|解説| 家計の姿を明らかにしよう
家計とは，消費のうえで同一の生計を立てている一つの単位である。消費支出を行うために所得を得ることが必要。
所得とは，生産活動に使用された労働や土地などに支払われる報酬で，所得の種類には賃金・利潤・利子・地代がある。
勤労所得とは，労働を提供した勤労者へ支払われる所得で，賃金やその他の手当をさす。
消費支出とは，個人や家計が生活を維持するために行う支出で生活費ともいわれる。
可処分所得とは，個人所得のうち，直接税や社会保険料などの生活費ではない支出分（非消費支出）を差し引いた残りの部分。個人が自由に使用できる所得である。

3 さまざまな価格と非価格競争

市場価格	商品が実際に市場で売買される価格をいう。需要・供給の関係で価格は上下する。
生産価格	A.スミスの自然価格，F.ケネーの必要価格に相当。商品の平均生産費用に平均利潤を加えたもの。
自由価格	競争価格・均衡価格ともいい，管理価格に対比される。完全自由競争市場で成立し，技術革新と生産性向上により低下する。
独占価格	狭義では1社独占の場合の価格だが，広義では寡占価格や管理価格も含む。商品の需要・供給のどちらかで競争が制限された場合に成立する価格。
寡占価格	市場が寡占状態のとき成立する価格。企業間に若干の競争状態は存在するが，企業協定をし価格協定をする場合に成立する。
管理価格	有力企業がプライス-リーダーとして価格を設定し，他の企業がそれにならう場合の価格。
統制価格	政策上の必要から政府によって統制される価格。公共料金（郵便・電気料金など）がこれにあたる。

|解説| さまざまな価格を比べてみよう
商品の販売競争には，商品の価格を下げて販売する「価格競争」と，価格以外の，例えば宣伝・広告・サービス，商品のデザインや新技術などによって他の商品との差別化を図って販売する「非価格競争」がある。多くの商品が，寡占市場を形成するようになると，企業による宣伝・広告が盛んになってくる。

デザインや機能に特化した家電製品（BALMUDA製品）

トースターなどの付加価値を高めて，通常の価格より高額な商品として販売し注目を集めた。機能やデザインなどに特化して「価格」での競争ではない差別化をはかった。

4 価格機構

●市場経済における価格は需要と供給で決まる

ある商品の需要量・供給量と価格の関係を示したものが**右図▶**である。価格が下がると需要量（買おうとする量）は増えるので，需要曲線は右下がりの曲線（DD）↘になる。また価格が上がると供給量（生産・販売しようとする量）は増えるので，供給曲線は右上がりの曲線（SS）↗になる。右図の場合，この商品の価格はP_E，供給量はQ_Eとなる。この時，E点を**均衡点**という。

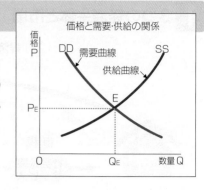

価格と需要・供給の関係

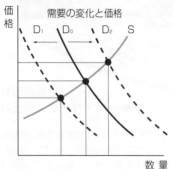

需要の変化と価格

●市場機構により資源（財・サービス）が配分される

もし価格が均衡価格（**左図のD$_0$やS$_0$**）より低ければ（**D$_1$やS$_2$**），超過需要が生じて価格は上がる。逆に価格が均衡価格より高ければ（**D$_2$やS$_1$**）超過供給が生じて価格は下がる。

このように需要と供給の関係で価格が変化し，需給が調節されることを**価格の自動調節機能**という。こうして超過需要（品不足）や超過供給（売れ残り）がなくなり，資源が無駄なく配分された状態を**資源の最適配分**という。

市場のはたらきによって，各人が自由に経済活動をしながら財やサービス（資源）の最適配分が実現されていくことを**市場機構（価格機構）**という。

解説 価格機構のしくみ 経済の基本的な問題の解決を市場（マーケット）に任せることを「市場経済」という。つまり，何を，どれだけ，どのような方法で，誰のために生産するかということについて，市場における私たちの自発的な取り引きによって解決しようということである。ここで，価格がシグナル（信号）となって，私たちの需要に応じた生産が行われ，限られた資源が必要なものの生産に投入され，無駄なく，効率が良い生産が行われる。これが「価格の調整機能」でありまた「市場メカニズム」とも呼ばれている。

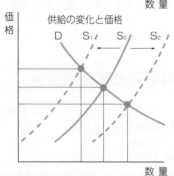

供給の変化と価格

経済的主体

Column 消費者余剰と生産者余剰の視点
～需要供給曲線から効率的な状態とは何か考えてみよう～

一般に，消費者は商品をより安い価格で買おうと考える。例えば，ある財について買い手が支払っても良いと思う金額が表1の通りであったとする。Aさんは100円まで，Bさんは80円まで，Cさんは70円まで，Dさんは50円まで払っても良いと考えていたが，実際はある財が50円で取り引きされている。このとき，Aさんは100円まで払っても良いと考えていたが50円で購入できたので50円の利益，すなわち消費者余剰を得たという。消費者余剰とは，ある財に対して買い手が支払っても良いと思っている金額から，実際に買い手が支払った金額を差し引いたものである。これは需要曲線と密接なつながりがあり，需要曲線の価格は買い手が支払っても良いと思う金額で表すことができる。すなわち，価格よりも上で需要曲線よりも下の部分の面積は，市場の消費者余剰ということができる。

反対に生産者余剰とは，ある財に対して売り手が売っても良いと思っている金額から，実際に売り手が売った金額を差し引いたものである。これは供給曲線と密接な繋がりがあり，供給曲線の価格は売り手が支払っても良いと思う金額で表すことができる。すなわち，価格よりも下で供給曲線よりも上の部分の面積は，市場の生産者余剰ということができる。

完全競争市場における均衡価格において，消費者余剰と生産者余剰を合わせた面積は最大となるため，資源配分が最も効率的であるという。これは経済学における仮説であり，実際の経済は単純ではない。しかし，なぜ自由市場経済が効率的と言われるのか考える際，必要な視点と言える。

表1　買い手が支払っても良いと思う金額		
買い手	支払っても良いと思う金額	財が50円であった時の消費者余剰
Aさん	100円	50円
Bさん	80円	30円
Cさん	70円	20円
Dさん	50円	0円

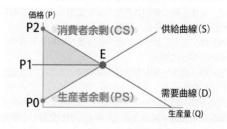

5 生産集中度（寡占市場）

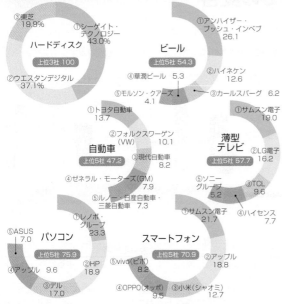

③東芝 19.9%
①シーゲイト・テクノロジー 43.0%
ハードディスク 上位3社 100
②ウエスタンデジタル 37.1%

ビール 上位5社 54.3
①アンハイザー・ブッシュ・インベブ 26.1
④華潤ビール 5.3
②ハイネケン 12.6
⑤モルソン・クアーズ 4.1
③カールスバーグ 6.2

自動車 上位5社 47.2
①トヨタ自動車 13.7
②フォルクスワーゲン（VW） 10.1
③現代自動車 9.5
④ゼネラル・モーターズ（GM） 7.9
⑤ルノー・日産自動車・三菱自動車 7.3

薄型テレビ 上位5社 57.7
①サムスン電子 19.0
②LG電子 16.2
③TCL 9.6
⑤ソニーグループ 5.2
④ハイセンス 7.7

パソコン 上位5社 75.9
①レノボ・グループ 23.3
②HP 18.9
③デル 17.0
④アップル 9.6
⑤ASUS 7.0

スマートフォン 上位5社 70.9
①サムスン電子 21.7
②アップル 18.8
③vivo（ビボ） 8.2
④OPPO（オッポ） 9.5
⑤小米（シャオミ） 12.7

（日経電子版 2023.9.6　世界シェアより）

|解説|世界市場でのシェア　現代の市場では，競争的な市場はむしろ少なく，少数の企業に生産が集中しているといえる。特に数社の有力企業による「寡占」は，さまざまな商品市場でみることができる。これらの有力企業は価格先導者（プライス-リーダー）として価格形成（管理価格）に大きな支配力を持っている。

6 独占の形態

独占の形態には，カルテル・トラスト・コンツェルンの3形態がある。カルテルは，同種産業内の独立した企業が競争制限の目的で形成するもの。トラストは，同一業種の企業が合併して新企業を組織すること。コンツェルンは，持ち株会社による株式支配によって異種産業の企業を支配すること。

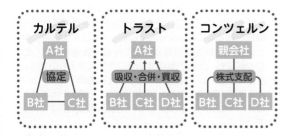

カルテル
A社
協定
B社　C社

トラスト
A社
吸収・合併・買収
B社　C社　D社

コンツェルン
親会社
株式支配
B社　C社　D社

|解説|独占　公正かつ自由な競争を促進するために制定されたのが「独占禁止法（正式名称：私的独占の禁止及び公正取引の確保に関する法律）」である。私的独占，不当な取引制限（カルテル・談合），不公正な取引方法などを禁止しており，国民経済の民主的で健全な発達，および消費者の利益を確保することを目的に，公正かつ自由な競争を促進している。現在ではトラストは行われていない。独占禁止法では不当なカルテルや持ち株会社についての規定がなされている。

7 市場の失敗と政府の失敗

市場の失敗		
外部性	財やサービスの生産と消費が，市場での交換に直接に関与しない人たちの経済厚生（豊かさや満足度）に影響をあたえる作用のこと ①プラスに作用する場合 **外部経済** ②マイナスに作用する場合 **外部不（負）経済** 	①例：新駅の建設による新駅周辺の経済活動の活性化。果樹園の造園による養蜂業者の蜂蜜生産量の増加，など
		②例：工場排水による河川の汚染による漁業への悪影響や，工場煤煙による周辺住民の健康被害（いわゆる公害）など →その対策として法規制や課税など**外部不経済の内部化**が行われている
公共財	料金の支払いをしない消費者にも，あたえずにおくことができない財（消費の非排除性）。また，複数の人が不利益なく同時に利用できる財（**消費の非競合性**）。	例：灯台や橋などは，利用する人や時間を選ばない（空いている道路も）。国防や警察，消防なども典型的な例
規模の経済	生産量が増えれば増えるほど，単位当たりの費用が低下すること。こうした特質を持つ産業を**費用逓減産業**という。もっとも規模の大きな1社による独占（**自然独占**）になることが多い	例：鉄道，通信，電力，ガスなどが典型例。自然独占により独占価格となるが，公共料金として制限されることもある
情報の非対称性	売り手と買い手の間で，商品についての情報や知識に偏りがある場合をいう。 財やサービスを配分する効率性が影響を受け，結果的に割高な財が出回る（**逆選択**）	例：中古車の販売において，売買される車の情報は，買い手には十分知り得ず（事故歴など）適切な価格とならない
政府の失敗		
	政府が「市場の失敗」への対策として，あるいは経済政策をとるうえで，政府による規制や介入が過大になる場合。 政府の過剰な市場介入が，市場の健全な機能を妨げることがある。	例：薬局業界がコンビニやインターネットで薬の販売をさせないようにしていたのは，政府による参入規制があるため

|解説|　市場が十分に機能している限り，市場経済では資源配分の最適性が保てるとされている。…しかし，現実の経済はこのとおりにはいかない。これらの条件が著しく損なわれた場合が「市場の失敗（Market Failure）」であり，上のようなものが考えられる。

資本主義経済の進展とその変容

資本主義経済のあゆみ　どんな出来事があっただろう

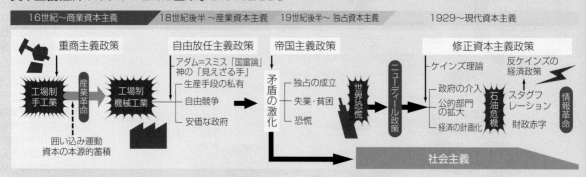

| 16世紀〜商業資本主義 | 18世紀後半〜産業資本主義 | 19世紀後半〜独占資本主義 | 1929〜現代資本主義 |

資本主義と社会主義の比較 それぞれの特徴を知ろう

資本主義経済		社会主義経済
土地などの生産手段は私的所有（私有財産制度）。	所有制度	生産手段の私有は廃止され，国有や協同組合による公有（社会的所有）。
利潤追求を目的とした商品生産が私企業を中心に行われ，自由競争が展開されている。今日では，政府による積極的な財政・金融政策を柱とする経済政策も実施されている（修正資本主義・混合経済体制）。	生産活動	国家の計画により生産が行われている（計画経済）。利潤の追求はなく，また自由競争も行われてない。しかし1960年代には「利潤方式」が導入された（ソ連）。また今日では私企業も公認され，中国は社会主義市場経済へ移行している。
需要と供給の価格機構により価格が決定されるが，今日では，市場における独占（寡占）により管理価格などが形成される。	価格	国家が生産量と国民の購買力を見て価格を決定する。しかし，供給不足からのインフレも発生しやすいので，今日では価格の自由化（市場による価格形成）も取り入れられている。
所得の格差は大きく，貧富の差が生じやすい。累進課税制度や社会保障などの実施により所得の再分配が行われ，所得格差の是正がはかられている。	所得の分配	労働量とその質により所得が分配され，所得の格差は小さい。今日では企業経営状況によって所得に違いが出るようになり，高収益の工場などでは，賃上げやボーナスの増額などもある。
景気変動により，倒産・失業は発生しやすいが，政府等の財政・金融政策によりその影響を和らげている。	景気・失業	国営企業なので倒産はなく，また計画経済なので景気変動もないので，倒産や失業者は発生しない。しかし今日では，企業の倒産や人員整理により失業者も発生する。

▌解説 どっちがいいのか？

資本主義経済は私有財産制・利潤追求を大きな柱に，また一方の社会主義経済は公有制と利潤追求を否定することが基本的なものであった。しかし現実には，2つの経済体制は今日までともに，それぞれの長所を取り入れながら経済運営を行ってきたという経緯がある。

Column 資本主義経済とは？

　日本をふくめいわゆる西側先進国の経済体制は資本主義と呼ばれます。Capitalismのイズムを主義と訳してそう言うのです。資本制経済は近代になって成立しました。…「人権宣言」（1789年，フランス）に見られるように，個々人には人としての不可侵の権利があるという自覚が切り開いたのです。

　しかし，その結果として現実に生まれた経済体制は，自由のなかでも営利活動の自由をこそもっとも重要視する経済体制，平等と博愛の実現には不熱心な経済体制でした。

　マルクス的に言えば，資本制経済は生産手段を私有する人々とそうでない人々とに社会が二分されている階級社会。

　…今日では労働者も株を買って出資者となっているケースが多くなっています。そして法人株主が支配する法人資本主義です。人間が資本を出す人と資本のない人に分裂しなくても経済は成り立つことを証明してしまった。そこに資本主義の歴史的意義があります。

（岸本重陳『経済のしくみ100話』岩波ジュニア新書）

Column 社会主義経済とは？

　歴史のなかでは多くの人々が社会主義に希望を託してきました。…その社会主義が空想から現実になったとき，どうだったか。…確立したスターリンの専制はソ連体制への疑問を育てずにはいませんでしたし，第二次大戦後，東欧と中国に社会主義政権ができて社会主義圏が成立したのちの現実も，社会主義の体制優位を実証するものではありませんでした。…ソ連では60年代初めのフルシチョフによる改革が頓挫したあと20年近くへて，80年代半ばからゴルバチョフによるペレストロイカ（再構築）路線が始まっています。

　社会主義経済の制度的特質は，生産手段の私有を廃し，国有や協同組合所有の形にすること，全社会規模で計画的生産を行うことにあります。それは資本制経済の欠点を克服するための工夫なのですが，個人や企業の創意工夫を妨げ，計画の作成・報告に追われて実際の生産の改善が進まないなどの欠点を露呈しています。…

　資本主義以上の自由を個々人に認めることができなければ，社会主義とは呼べないと私は考えます。

（岸本重陳『経済のしくみ100話』岩波ジュニア新書）

世界恐慌とその影響　その時どんなことが起こったのだろうか

世界恐慌の原因

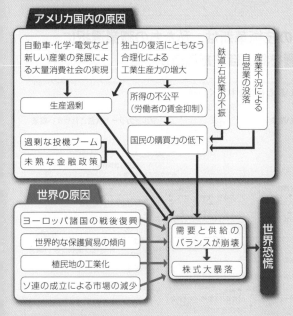

アメリカ国内の原因

- 自動車・化学・電気など新しい産業の発展による大量消費社会の実現
- 独占の復活にともなう合理化による工業生産力の増大
- 鉄道・石炭業の不振
- 産業不況による自営業の没落

→ 生産過剰

→ 所得の不公平（労働者の賃金抑制）

→ 過剰な投機ブーム
→ 未熟な金融政策

→ 国民の購買力の低下

世界の原因

- ヨーロッパ諸国の戦後復興
- 世界的な保護貿易の傾向
- 植民地の工業化
- ソ連の成立による市場の減少

→ 需要と供給のバランスが崩壊
→ 株式大暴落

→ 世界恐慌

大恐慌前後のアメリカの物価と生産の動き（1929年～34年）

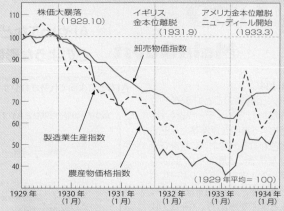

株価大暴落（1929.10）　イギリス金本位離脱（1931.9）　アメリカ金本位離脱ニューディール開始（1933.3）

卸売物価指数
製造業生産指数
農産物価格指数
（1929年平均＝100）

1929年（1月）　1930年（1月）　1931年（1月）　1932年（1月）　1933年（1月）　1934年（1月）

|解説| 恐慌の兆候がなかった?

イギリスにおいて最初の景気変動にみまわれたのは1825年。その原因は，無政府的な商品の過剰生産によるものであった。その後，景気変動は起こったものの自立的に景気は回復してきた。しかし1929年10月にアメリカ合衆国の証券市場（ウォール街）で株式が大暴落したことからはじまった世界大恐慌は，従来の不況とは異なり回復の兆しをみせなかったのである。

ニューディール政策

　世界恐慌に対してアメリカのローズヴェルト大統領が行った不況克服のための経済政策。政府が公共事業を実施するなど，経済に積極的に介入することにより不況からの脱出を図ろうとした。

　この政策については，イギリスの経済学者ケインズの，貨幣の裏づけのある有効需要を創出すべきだという考え方と同じである。これにより，資本主義は修正資本主義（混合経済）へと大きく変容，いわゆる「大きな政府」・「福祉国家」として歩むことになった。

フーバーダム（アリゾナ州とネバダ州の州境にある）

配給にならぶ失業者（1930年）　この恐慌でアメリカの失業者は25%にものぼった。

ケインズ理論と修正資本主義　新しい経済の理論

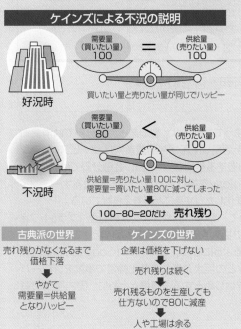

ケインズによる不況の説明

好況時
需要量（買いたい量）100 ＝ 供給量（売りたい量）100
買いたい量と売りたい量が同じでハッピー

不況時
需要量（買いたい量）80 ＜ 供給量（売りたい量）100
供給量＝売りたい量100に対し，需要量＝買いたい量80に減ってしまった

100－80＝20だけ　売れ残り

古典派の世界
売れ残りがなくなるまで価格下落
↓
やがて
需要量＝供給量となりハッピー

ケインズの世界
企業は価格を下げない
↓
売れ残りは続く
↓
売れ残るものを生産しても仕方ないので80に減産
↓
人や工場は余る

ケインズ理論

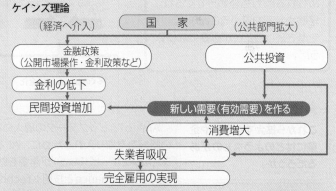

国家
（経済へ介入）　（公共部門拡大）

金融政策（公開市場操作・金利政策など）　公共投資

金利の低下

民間投資増加 ← 新しい需要（有効需要）を作る

消費増大

失業者吸収

完全雇用の実現

|解説| ケインズが主張した考え方を確認しよう

ケインズ以前の経済学（古典派経済学）では，商品が売れ残っても価格が下落して必ず売れるものと考えられていた。つまり，需要量と供給量は等しくなる。ケインズは，売れ残る商品がないように企業（供給者）は生産量を減らすため，過剰になった人員を削減したり，工場を閉鎖するなどのリストラを行うと考えた。これが，当時のケインズが主張した「不況の原因」である。

37 企業のしくみとその展開

導入の Quest

MainQuest

AIやIoTなどの技術革新は，私たちの職業選択にどのような影響をおよぼすだろうか？

AIとは

人工知能のこと。現在，世界はIoT，ビッグデータ，AIなどによる第四次産業革命にあると言われる。なお，これまでの産業革命には蒸気・水力による第一次，電気・エネルギーによる第二次，コンピュータ・ICTによる第三次がある。(→p.74)

AIによってなくなる職業，なくならない職業(右上)が話題になっているけれど，第四次産業革命によって「新しくできる職業」っていうのもあるかしら？

時代の変化によって，働き手に求められる能力も変わってくるね。経験や学習を深めることで，能力を磨き続けることが必要になりそうだ。

AIなどによって代替されやすい職と代替されにくい職

定型業務が多い職業

ホワイトカラーで代替されやすい職業 — ブルーカラーで代替されやすい職業

- 郵便配達，電話交換
- その他ドライバー
- 清掃
- 配達，倉庫作業
- 製造生産工程作業者
- トラックドライバー
- ビル・駐車場・マンション管理
- 販売店員
- 財務，会計，経理
- 一般事務
- 自衛官，警察官，警備
- ウエイター・ウエイトレス
- その他生活衛生関連職
- その他の事務
- 薬剤師
- 宿泊接客
- 調理師
- 農林水産関連職
- 公認会計士，税理士
- 総務
- タクシードライバー その他接客
- 理容師，美容師
- 印刷関連専門職 その他サービス職
- IT関連技術職
- 介護士

頭を使う業務が多い職業 ← → 体を使う業務が多い職業

- そのほか医療専門職 技師，理学作業療法士
- 文芸家，記者，編集者
- 管理職
- 家政婦
- 弁護士，弁理士，司法書士
- 医師，歯科医師
- 営業
- 建設作業者
- 企画・販促系事務
- ファッション関連職
- 経営企画
- 福祉相談指導専門員
- 美術家・デザイナー
- 小中高教員
- 看護師・保健師
- 保育士
- 塾講師
- その他エンジニア
- 建築施工管理・現場監督
- 機械保守・メンテナンス
- ソフトウェア関連技術職 建築設計
- 研究開発(化学・生物)
- 広告出版マスコミ専門職
- 研究開発(電気・電子・機械)

ホワイトカラーで代替されにくい職業 — ブルーカラーで代替されにくい職業

非定型業務が多い職業

現状放置	目指すべき姿

現状放置

市場喪失，仕事の量は減り，質も低下

- **海外に流出**
- **大きく減少** 従来型のボリュームゾーンである低付加価値な製造ラインの工具・営業販売・バックオフィス等はAIやロボット等で代替
- **多くの仕事が低賃金化**

AIやロボット等を創り，新たなビジネスのトレンドを創出する仕事
《例》グローバル企業の経営戦略策定トップレベルのデータサイエンティスト・研究開発 等
AIやロボット等を使って，共に働く仕事
《例》・様々なビジネスの企画立案・データサイエンティスト等のハイスキルの仕事のサポート業務(ビジネスプロセスの変化をオペレーションレベルに落とし込む橋渡役)・今後進展するカスタマイズ化された商品・サービスの企画・マーケティング
AIやロボット等と住み分けた仕事
《例》ヒューマン・インタラクション・人が直接対応することがサービスの質・価値の向上に繋がる高付加価値な営業・販売やサービス
AIやロボット等に代替されうる仕事

目指すべき姿

- **内外に集積**
- **新たな雇用ニーズに対応**

SubQuest

これから拡大する産業や企業にはどのようなものがあるだろうか。

Think!

興味がある企業や，業種について，現状や見通しなどを調べてみよう

AIやIoT，ビッグデータの導入によって，例えば，製造業・流通分野では消費者の嗜好等を取り入れるために，AIを活用した新たな消費者向けサービス(AIコンシェルジェサービスなど)が需要を創造する役割を担ったり，金融分野ではフィンテック(金融：Financeと技術：Technologyを掛け合わせた造語)によるオープンイノベーション(連携・協働)がさらに進化したりすることが考えられている。

一方，経済のグローバル化によって，サービスやシステムの基盤(プラットフォーム)を展開する巨大企業が国内外で拡大するため，企業は国内だけではなく，世界の企業と競争することが求められるようになる。GAFAM(Google, Amazon, Facebook, Apple, Microsoft)などの巨大企業も多角化経営で事業をグローバルに拡大するため，個人情報保護をはじめとする法整備とともに，国内産業の育成が求められる。

経済的主体

❶ 日本の企業形態

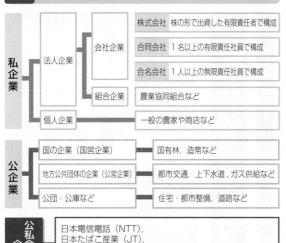

				株式会社	株の形で出資した有限責任者で構成
私企業	法人企業	会社企業		合同会社	1名以上の有限責任社員で構成
				合名会社	1人以上の無限責任社員で構成
		組合企業		農業協同組合など	
	個人企業			一般の農家や商店など	

公企業	国の企業（国営企業）		国有林，造幣など
	地方公共団体の企業（公営企業）		都市交通，上下水道，ガス供給など
	公団・公庫など		住宅・都市整備，道路など

公私合同企業	日本電信電話（NTT），日本たばこ産業（JT），日本銀行，商工中金，日本赤十字社 など

		出資者	経営者	持分譲渡	特 徴
①株式会社		有限責任の社員，1人以上	原則として取締役	原則として自由	所有と経営の分離。多数の株式を発行するため，大規模経営が可能に
持分会社	②合名会社	1人以上の無限責任社員	原則，全無限責任社員	原則として全社員の承認が必要	所有と経営の一致が原則。家族的経営に
	③合資会社	無限責任社員と有限責任社員	原則，全社員		所有と経営の一致が原則。家族的経営に
	④合同会社	1人以上の有限責任社員	原則，全有限責任社員		所有と経営の一致が原則。ベンチャー企業に

|解説| **会社法による企業類型について確認しよう**　家計・企業・政府という経済主体の中で，おもに生産を担当するのが企業（会社）である。企業と家計の関係は，企業が家計で消費するものを生産するだけでなく，生産するために重要な労働を家計から得る。そしてその労働に見合った賃金を家計は企業から得るという関係にもなっている。企業の種類には上図のようにさまざまある。大きく公企業と私企業にわかれるが，私企業が中心となり生産活動が行われている。経済活動における政府の役割も大きく，公企業だけでなく公私合同企業もある。会社法施行後は会社形態として有限会社の新規設立はできないが，現在も，特例有限会社として継続されている企業もある。

❷ 会社企業数・割合

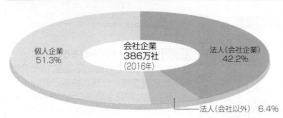

個人企業 51.3%	会社企業 386万社（2016年）	法人（会社企業）42.2%

└法人（会社以外）6.4%

（『日本国勢図会』2023/24）

|解説| わが国の企業の50％以上は，個人企業である。また，株式会社は全体の15％である。

Column **株式会社は，なんのために？**

●株式会社のはじまりは？

　株式会社のはじまりは，17世紀イギリスやオランダにできた「東インド会社」であるといわれている。この会社は，船を仕立てて東インド諸島や東南アジアに香辛料などを仕入れに行っていた。船を仕立てるには多額の資金が必要になるため，出資者を募って船を仕立て，無事帰還すれば儲かった利益を出資額に応じて「シェア」（分ける）する仕組みを作った。これが株式会社のはじまり。だから，今でも英語で株のことを「シェア」（share）という。

　ところで，船が途中で沈没したらどうなるか。そうなると出資金はもどってこない。しかし，それ以上の責任はない。もちろん，残された船乗りの家族の心配などすることもない。責任が有限であることをあらわすことばが「リミテッド」（有限）。英語で株式会社のことをリミテッド-カンパニー（limited　company＝Ltd）という。

●株式会社のしくみはどうなっているか？

　一般的な株式会社では株主が「株主総会」で，会社経営の専門家である「取締役」という人たちを選び，会社の経営を任せる。そして，取締役たちは，会社の経営の中心となる「社長，専務，常務」などを取締役会という会議で選び，会社を経営していく。さらに，「部長，課長，一般の社員」などの従業員が各部門で働くことで，会社は運営されている。

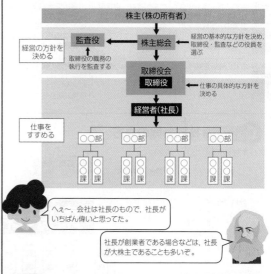

|解説| **株式会社の株式公開**　株式会社には「株式を公開していない会社（未公開会社）」と「株式を公開している会社（公開会社）」がある。「公開会社」は，証券取引所に株式を公開（上場）して，投資家がいつでも株式の売買ができる会社のことで，「未公開会社」とは株式を上場していない会社のこと。公開会社は上場することで様々な人たちからの資金調達が見込め，事業拡大がしやすい。

経済的主体

3 世界の大企業ベスト15

順位	前年順位	企業名（日本語）	国名	主な業種	売上高
1	1	ウォルマート	アメリカ	小売	611.3
2	6	サウジアラムコ	サウジアラビア	石油	603.7
3	3	国家電網（ステート・グリッド）	中国	電力配送	530.0
4	2	アマゾン	アメリカ	IT	514.0
5	4	中国石油天然気集団（ペトロチャイナ）	中国	石油	483.0
6	5	中国石油化学工業団（シノペック）	中国	石油	471.2
7	12	エクソン・モービル	アメリカ	石油	413.7
8	7	アップル	アメリカ	IT	394.3
9	15	シェル	イギリス	石油	386.2
10	11	ユナイテッド・ヘルス	アメリカ	保険	324.2
11	10	CVSヘルス	アメリカ	保険	322.5
12	19	トラフィグラ	シンガポール	資源商社	318.5
13	9	中国建築国際	中国	建築・不動産	305.9
14	14	バークチャー・ハサウェイ	アメリカ	保険	302.1
15	8	フォルクスワーゲン	ドイツ	自動車	293.7

（注）2022年総収入による。単位：10億ドル（『フォーチュン』2023）

4 企業のグローバル化

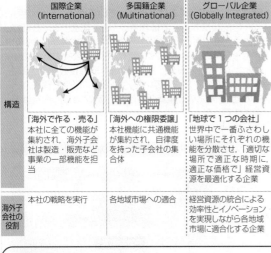

	国際企業 （International）	多国籍企業 （Multinational）	グローバル企業 （Globally Integrated）
構造	「海外で作る・売る」 本社に全ての機能が集約され、海外子会社は製造・販売など事業の一部機能を担当	「海外への権限委譲」 本社機能に共通機能が集約され、自律度を持った子会社の集合体	「地球で1つの会社」 世界中で一番ふさわしい場所にそれぞれの機能を分散させ、「適切な場所で適正な時期に、適正な価格で」経営資源を最適化する企業
海外子会社の役割	本社の戦略を実行	各地域市場への適合	経営資源の統合による効率性とイノベーションを実現しながら各地域市場に適合化する企業

5 企業の買収・合併

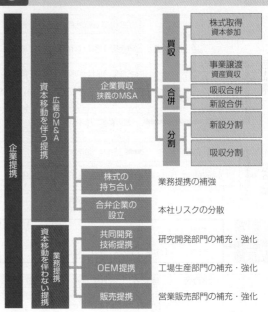

解説 M&Aにはどんな形があるのだろうか？

関連のない業種の企業を買収・合併して企業規模の巨大化をはかることも進められている。M&Aとは"Mergers（合併）and Acquisitions（買収）"の略である。つまり、2つ以上の会社が一つになったり（合併）、ある会社が他の会社を買ったりすること（買収）である。このM&Aの手法には株式譲受（株式譲渡）・新株引受・株式交換事業譲渡，合併，会社分割などの様々な手法がある。

解説 多国籍企業とグローバル企業

国境を越えた企業の活動範囲の拡大，多国籍企業化・グローバル企業化も進められている。グローバル化には，全世界を自分の市場として把握し，生産，流通，販売の各部門で「モノ，カネ，ヒト，情報」という経営資源を最適に配分する全地球的に事業を営む企業。たとえばアメリカ生まれだが，本社はスイスに，工場は中国に，研究開発部門はインドに，販売網はほとんど全大陸といった企業がイメージされる。

Column 株式新聞の見方

（『日本経済新聞』2014.10.29）

始値〔はじめね〕
前の日の最初に売買が成立したときの値段のこと。

高値〔たかね〕
前日最も高く取引が成立した値段。

安値〔やすね〕
前日最も安く取引が成立した値段。

終値〔おわりね〕
前日の最後に売買が成立したときの値段のこと。引値〔ひけね〕ともいう。

前日比〔ぜんじつひ〕
前日の終値とその日の終値との差のこと。

銘柄〔めいがら〕
取引の対象となる有価証券の名称。原則として1つの会社で1銘柄。

A〔100株単位の銘柄〕
売買単位が100株の銘柄。Bは1株，Cは10株，Dは50株単位。

・〔貸借銘柄〕
証券会社が証券金融からお金や株券を借りて信用取引に応じることができる銘柄。

売買高〔ばいばいだか〕
1日に取引が成立した株数を足した合計のこと。出来高ともいう。

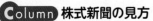

△は前日の終値よりも高かったとき、▲は前日の終値よりも安かったときにつく。

解説 株式新聞を読み取ろう

株式の流通は，その機能面の違いから発行市場と流通市場に分類される。発行市場は，株式会社が資金調達の目的で新規に発行する証券を投資家が取得する市場のことで，取引所のような具体的な市場はない。これに対して流通市場は，すでに発行された証券が，投資家から投資家に流通・売買される市場で，取引所が存在する。

経済的主体

6 企業の新しい時代

●CSR（企業の社会的責任）とは

　企業が，社会に対してさまざまな貢献をし，社会的責任を果たすことをCSR (Corporate Social Responsibility) ＝「企業の社会的責任」という。具体的には，製品・サービスの提供，雇用の創出，メセナ・フィランソロピー，環境問題への取り組みなどがある。

　これまでと違った観点から企業の社会的責任が議論されるようになっている。その一つが**ステークホルダー**との関係である。ステークホルダーは，顧客・株主・従業員など企業を直接取り巻く主体のほか。ステークホルダーは，顧客・株主・従業員など企業を直接取り巻く主体のほか，地域住民・求職者・金融機関・政府などの主体を加えたもの。企業は，**シェアホルダー**（株主）の利益の最大化をめざすだけでなく，ステークホルダーとの信頼関係をこれまで以上に大切にすることが求められている。

●コーポレート‐ガバナンス

　コーポレート‐ガバナンスの考え方は，上記①のように，株式会社を株主に最大の利益をもたらすような経営にしていくため，アメリカで提唱されたものである。株式会社は，株主のものと考えるが，実際の運営は経営者に託されている。これが「所有と経営の分離」。そのため株主は，経営者が株主に利益をもたらすような仕事をしているかどうかを監視しなければならない。株主は「社外取締役」（＝会社の最高権限者である「代表取締役」と直接の利害関係のない独立した有識者や経営者などから選任する取締役）を選び，取締役会が株主に利益をもたらすように監視していく。社外取締役は，会社内で出世して取締役になったわけではないので，「しがらみ」もなく，取締役会を充分に機能させていくために，CEO（最高経営責任者）にとって怖い存在になり，業績が悪ければ交代させるという圧力を経営者に実感させる。

●コンプライアンス

　コンプライアンスとは，「法令遵守」のことである。SOX法をもとに，企業が法令や各種規則などのルール，さらには社会規範などを守ることの重要性が指摘されるようになった。また，消費者への情報公開，過労死・セクハラなどの職場環境，公務員や政治家との関係など様々な面での企業倫理も求められるようになった。企業は，こうした様々な法律・規則・規範を全社員が遵守し，違反があった場合には，早期に発見し是正する体制をつくらなければならない。さらにいえば，企業は社会的責任（CSR）を果たすことが，社会に求められているといえるだろう。

企業を取り巻く法令

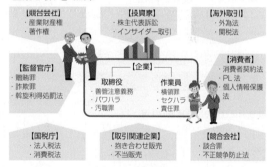

経済的主体

Column　貸借対照表を読もう

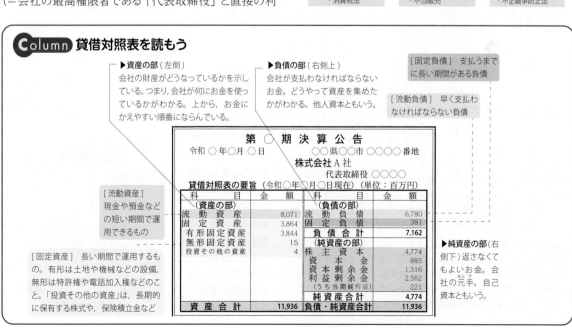

▶**資産の部**（左側）
会社の財産がどうなっているかを示している。つまり，会社が何にお金を使っているかがわかる。上から，お金にかえやすい順番にならんでいる。

▶**負債の部**（右側上）
会社が支払わなければならないお金。どうやって資産を集めたかがわかる。他人資本ともいう。

[固定負債] 支払うまでに長い間がある負債

[流動負債] 早く支払わなければならない負債

[流動資産] 現金や預金などの短い期間で運用できるもの

[固定資産] 長い期間で運用するもの。有形は土地や機械などの設備，無形は特許権や電話加入権などのこと。「投資その他の資産」は，長期的に保有する株式や，保険積立金など

第 ○ 期 決 算 公 告
令和○年○月○日　　　○○県○○市○○○○番地
株式会社A社
代表取締役 ○○○○

貸借対照表の要旨（令和○年○月○日現在）（単位：百万円）

科　目	金　額	科　目	金　額
（資産の部）		**（負債の部）**	
流　動　資　産	8,071	流　動　負　債	6,780
固　定　資　産	3,864	固　定　負　債	381
有 形 固 定 資 産	3,844	負 債 合 計	7,162
無 形 固 定 資 産	15	**（純資産の部）**	
投資その他の資産	4	株　主　資　本	4,774
		資　本　金	885
		資 本 剰 余 金	1,316
		利 益 剰 余 金	2,562
		（うち当期純利益）	221
		純 資 産 合 計	4,774
資　産　合　計	11,936	負債・純資産合計	11,936

▶**純資産の部**（右側下）返さなくてもよいお金。会社の元手。自己資本ともいう。

中小企業と起業・創業

MQ　日本経済における中小企業の役割についてこれまでとこれからを考えよう

中小企業とはどのような企業のことだろう

業　種	中小企業者（下記のいずれかを満たすこと）	
	資本金	常時雇用する従業員
①製造業・建設業・運輸業その他の業種（②〜④を除く）	3億円以下	300人以下
②卸売業	1億円以下	100人以下
③サービス業	5000万円以下	100人以下
④小売業	5000万円以下	50人以下

|解説| 中小企業の定義

中小企業基本法第2条第1項の規定に基づく「中小企業者」がその定義である。中小企業は，機動性や柔軟性を発揮して環境変化に対応し，活発な開廃業，新事業展開を通じて，我が国の産業の構造転換・活力維持に大きな役割を果たしてきた。1999年12月に改正された中小企業基本法により，中小企業が，自立した経営主体として，専門的知見を活かした多様な事業活動に積極的に取り組むことで，その成長・発展を図ること，すなわち，「多様で活力ある中小企業の成長・発展」が新たな政策理念となった。（『中小企業白書』2013）

大企業と中小企業の差はどこにあるだろう

年間休日総数ごとの企業数の割合

1,000人以上	69日以下〜119日 48.1%	120日以上 51.9%
300〜999人	53.1	46.9
100〜299人	65.3	34.7
30〜99人	72.1	27.9

（2022年　就労条件総合調査）

業種別正社員の平均賃金の状況

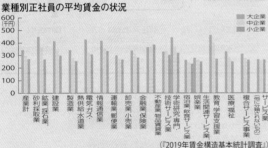

（『2019年賃金構造基本統計調査』）

企業の借入金依存度・自己資本比率（2019年度）

	借入金依存度	自己資本比率	1社あたり総資産（億円）
全規模	32.4(%)	42.1	6.37
大企業	30.8	44.8	1885
中規模企業	34.0	42.8	0.566
小規模企業	60.1	17.1	0.655

（注）ここでいう大企業とは資本金10億円以上，中規模企業とは資本金1千万円以上，1億円未満，小規模企業とは資本金1千万円未満の企業とする。

（『中小企業白書』2021）

|解説| 大企業と中小企業

賃金や待遇での差だけでなく，資金調達においても差が見られる。大企業は事業に必要な資金を金融機関から調達する（間接金融）ばかりではなく，株式や社債の発行によって調達している（直接金融）。中小企業は金融機関から借入金として調達する傾向が強い。

ベンチャー企業の起業（開業）と廃業

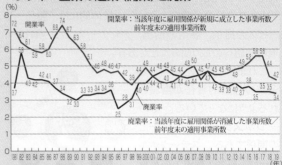

開業率：当該年度に雇用関係が新規に成立した事業所数／前年度末の適用事業所数

廃業率：当該年度に雇用関係が消滅した事業所数／前年度末の適用事業所数

（『中小企業白書』2021）

|解説| 廃業率と開業率

対前年度比で見る開業率は，1988年度をピークとして低下傾向だったが2000年代を通じて緩やかな上昇傾向で推移してきた。しかし2018年度に再び低下傾向に転じた。同廃業率は，全体に増加傾向で推移していたが，2010年度からは低下傾向である。景気の低迷や競争の激化などによって，廃業をよぎなくされる企業があることも推察される。

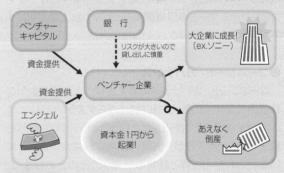

|解説| ベンチャー企業

独自のアイデアなどを生かして誕生したベンチャー企業が抱える大きな課題はビジネスに必要な資金を確保しにくい点である。日本ではベンチャーキャピタルやエンジェルがアメリカに比べて充分に発達していないことや銀行が貸出に慎重なことがその理由である。

下請けと系列 〜大企業と中小企業の関係〜

自動車生産の例のように，大企業は完成品の組立，中小企業は部品の生産という関係を持つことが多い。この関係を下請けという。下請けに当たる中小企業は部品の単価や納期に関して親会社の大企業から厳しく管理されている。

大企業は関連する中小企業の大株主になったり，役員を派遣するなどして中小企業を資金や人事の面で統制する。このような人とカネの面での大企業と中小企業の関係を系列という。

自動車産業のピラミッド構造

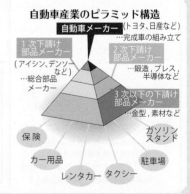

自動車メーカー（トヨタ，日産など）…完成車の組み立て
1次下請け部品メーカー（アイシン，デンソーなど）…総合部品メーカー
2次下請け部品メーカー…鍛造，プレス，半導体など
3次以下の下請け部品メーカー…金型，素材など

保険　カー用品　レンタカー　タクシー　駐車場　ガソリンスタンド

経済的主体

ソーシャルビジネスについて知ろう

\<ソーシャルビジネスとして取り組まれている社会問題の例\>

高齢者の介護
独自のプログラムで，高齢者の身体能力の回復を目指すリハビリ型デイサービス

子育て支援
遊びの体験を通じて，子どもたちの生きる力を育む放課後クラブ

商店街の空き店舗対策
若者の居住促進を図るため，商店街の空きビルを改修したシェアハウス賃貸

被災地復興
被災地のコミュニティ再生を目的に，地域内外の人々を呼び込むカフェサロン

女性活躍促進
子育て中の母親の社会進出を後押しする職業教育支援・技能教授

自然・環境保護
山林保護を目的として，観光客向けに植林体験や自然体験ツアーを企画・運営

途上国支援
技術指導により，途上国で雇用を創出し，フェアトレードを実践する洋服製造業

過疎地域の活性化
地域振興のために，地産品を用いた地域ブランド商品を開発する食品製造業

障がい者の就労支援
障がい者が働くためのパン工房を併設した就労継続支援事業所

○ソーシャルビジネスとは　現代におけるさまざまな社会問題の解決を目的としたビジネスのことをソーシャルビジネスという。解決にあたる身近な社会問題は，上図のように多岐に渡る。

　　経済産業省による定義
　　①社会性を持ったビジネスであること～利益追及だけのものではない
　　②事業性～同時に利益を追及する「事業」であること，
　　③革新性～新しいスタイルのビジネスであること

○ソーシャルビジネスとクラウドファンディング　こうしたソーシャルビジネスを展開する上で，事業資金を調達するための方法の一つが，クラウドファンディングである。金融機関から資金調達ができなかった際に，自社の取り組みやプロジェクト等をクラウド上でアピールすることで，資金調達が可能になることが考えられる。

◆ クラウドファンディングの仕組み ◆
非投資型（寄付型・購入型）

出資者　寄付・出資　仲介サイト　資金　企画者
商品・サービス《購入型のみ》　リターン・手数料
IDEA

|解説| クラウドファンディングも知ろう　インターネットを介して（クラウド上で）不特定多数の人々から資金調達することから，「クラウドファンディング」と呼ばれる。クラウドファンディングは，資金調達を検討している人が，インターネット上の資金調達サイトを利用して資金募集を行い，その資金募集ページを見た不特定多数の人々から出資を受けることとなる。

世界が認める SABAE の品質
福井県鯖江市　眼鏡フレームの生産

　福井県鯖江市は，福井県のほぼ中央に位置する人口約7万人の都市である。この地の6人に1人が地場産業である眼鏡産業に従事しているという。さらに，国内の眼鏡フレーム生産のシェアは，約94％（2009年）を占める。

　1905（明治38）年に創始者と呼ばれる増永五左衛門が，農閑期の副業として，少ない初期投資で現金収入が得られる眼鏡枠づくりに着目。当時眼鏡作りが盛んであった大阪や東京から職人を招き，近在の若者に眼鏡の製造技術を伝えたことが始まりである。当初は，「帳場」とよばれる各職人グループごとに眼鏡が作られ，その帳場ごとに職人が競い，腕を磨くことで分業独立が進み，現在のような一大産地が形成された。

　戦後の高度経済成長の中で，鯖江市は産地として成長し，眼鏡製造の機械化などにより生産効率を追求すると共に，品質の向上と技術開発に力を注いだ。世界で初めてチタンを用いたメガネフレームの製造技術の確立に成功し，1984年からは量産体制に入った。軽量かつ耐久性に優れるチタンは，人体アレルギー性が低く，頑丈かつ軽量で，人体に優しい眼鏡として世界に広がった。

ハイテク製品を支える職人技
山口県下松市　山下工業所

　山口県下松市は，大正時代に操業を開始した日立製作所が中核となって発展した，全国でも稀まれな鉄道車両ビジネスの集積地である。部品製造を請け負う多くの地元企業が，各社固有の技術を進展させ，専門性を生かした分業体制を構築しており，世界的にも高い技術を誇る日本の鉄道を裏方で支えている。日立製作所の協力会社のひとつとして，独自の打ち出し板金技術を持つ職人の会社が株式会社山下工業所である。同社は，第2回日本ものづくり大賞特別賞を受賞している。

　これは，「ハンマー一本で新幹線の「顔」を作り出してきた打ち出し加工技術」が評価されたものである。この技術は，他社に先駆けて自動車板金技術を応用し，素材をハンマーで叩き曲面を作り出す「打ち出し加工技術」を確立したことによる。新幹線をはじめ，リニアモーターカー等の先頭車両の製作（いわゆる「顔」の部分）に最適な加工方法として広く定着している。同社では0系から秋田新幹線で使われている新型車両・E6系までの前面の板金加工を担当。時速300キロが出せるよう計算された微妙な曲線を，職人がひとつひとつハンマーで金属板をたたいて製作する。

経済的主体

導入のQuest

MainQuest メイン クエスト

金融にはどのような役割があるだろうか?

資金余裕のある人から, 必要とする人へ融通することを金融という。高校生の皆さんは銀行に口座を持っているだろうか。もし預金をしている場合, 間接的に資金の貸し手になっている（間接金融）。資金調達は金融市場を通じて行われ, 資金の取引には通常, 金利（利子率）が生じる。

ここに, 貧困や格差に苦しむ人々に向けたサービス提供のために新たな事業を起こそうとする人がいるとしよう。もし, この人が金融によって資金提供でき, 社会的意義と収益性を兼ね備えたサービスを展開できたなら, 社会全体に良い影響を与えることになる。実はお金に関わる人であれば誰しも金融との接点があり, 金融は社会を豊かにするために役割を果たしていると言える。

SubQuest サブ クエスト

起業による資金調達には, どのような方法があるだろうか?

【間接金融】
事業計画書を作成し, 銀行などの金融機関から**融資**を取り付けるのが事業をスタートさせる上でも重要だと思う。

【直接金融】
株式の発行によって, 身近な人から**出資**を募って資金調達する方法がスタート時は適しているのではないかな。

出資
投資してもらう。事業で上がった利益に対して配当を行う。
- 公開
- ベンチャーキャピタルファンド
- 個人投資
- 親企業
  ・・・など

融資
投資してもらう。借り入れを行うこと。元本の返済に加え, 金利を支払う。
- 金融機関
- 公的な制度融資
- 消費者金融（ビジネスローン）
  ・・・など

社債
公募, 私募がある。期日に額面金額の償還に加え, 利息の支払いがある。

補助金/助成金
申請・応募して条件が合えば返済不要の資金援助が得られる。
- 公的助成金
  ・・・など

その他
クラウドファンディング, 寄付, 会費, ビジネスコンテスト賞金, ファクタリング（売掛債権流動化）など

出資と融資を比べてみよう。

	投資 （資金提供のかたち）	
	出資	融資
資金提供者	投資家（ベンチャーキャピタル・個人投資家など）	金融機関（民間銀行や日本政策金融公庫など）
資金提供者の目的	株式の売買差益（キャピタルゲイン）, 経営参加, 配当/優待など	支払い利息
返済の義務	なし	あり
貸借対照表での扱い	自己資本（純資産）	他人資本（負債）
資金提供者が重視するポイント	事業の成長性	返済の確実性

SubQuest サブ クエスト

クラウドファンディングによる資金調達とは?

ビッグデータの活用や, 情報技術を用いたフィンテックの発達により, 資金調達方法も多様化してきている。その中で近年注目されるのがクラウドファンディングである。クラウドファンディングとは, インターネット上で広く資金調達を呼びかけるもので, 寄付型, 購入型, 投資型などがある。また, ソーシャルレンディング（貸付型クラウドファンディング）なども広がっている。私たち一人ひとりが金融を通じて社会とどのように関わっているのか, 考えてみよう。

「この世界の片隅に」は, クラウドファンディング「MAKUAKE」でアニメ映画化費用の一部を調達している。

1. 片渕須直監督による『この世界の片隅に』（原作：こうの史代）のアニメ映画化を応援

Think!

金融が私たちの暮らしにどのように関係しているかを, 身近な例で確認してみよう。

経済的主体

1 資金の循環

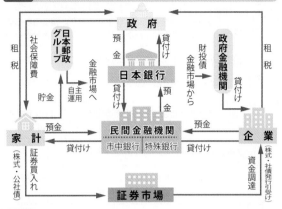

2 直接金融と間接金融

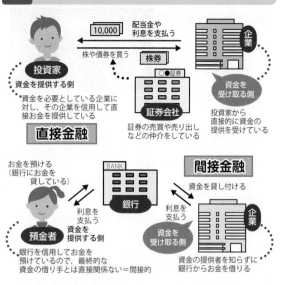

|解説| **直接金融と間接金融を知ろう**　直接金融とは，資金の貸し手が株式などを買うことによって，直接借り手に資金を融通すること。間接金融とは，貸し手と借り手の間で銀行などの金融機関が仲介すること。

3 日米の資金調達と家計の資産運用

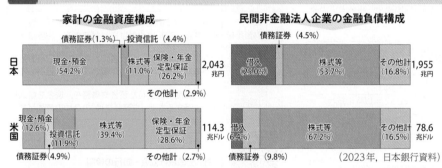

|解説| **日米の金融の状況を比較しよう**　ビッグバンにより，日本でも大企業を中心に資本市場から資金を調達するようになってきている。しかし，日本の家計資産は安全な預金・保険などでの資産の保有割合が高い。アメリカでの資産運用の中心は株式で，個人投資家による株式投資が盛ん。

4 日本の通貨制度

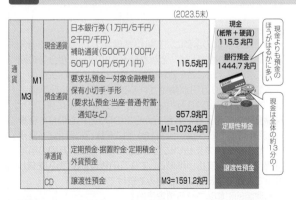

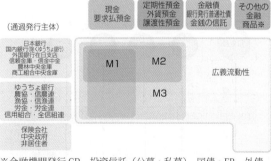

※金融機関発行CP，投資信託（公募・私募），国債・FB，外債
（日本銀行調査統計局『マネーストック統計の解説』2008年6月）

|解説| **日本の通貨制度について確認しよう**　通貨には現金通貨（日本銀行が発行する日本銀行券『紙幣』と政府が発行する硬貨）と預金通貨（普通預金・当座預金など）がある。2007年10月に発足したゆうちょ銀行が，国内銀行として制度上扱われるようになったことから，2008年6月，日本銀行は「マネーサプライ統計」を

「マネーストック統計」と名称変更し，定義も変更した（「M1」「M2」「M3」「広義流動性」という4つの指標に区分）。マネーストックとは，基本的に，通貨保有主体（全預金取扱機関）が保有する通貨量の残高であり，世の中に流通している貨幣の量を示す。

経済的主体

5 日本の金融機関

中央銀行	日本銀行		
民間金融機関	預金取扱金融機関	国内銀行	都市銀行：5　地方銀行：62
			第二地方銀行（旧相互銀行）：37
			信託銀行：11
			銀行持株会社：34
			その他：18（ゆうちょ銀行など）
		外国銀行在日支店：56	
		中小企業金融機関	信用中央金庫　信用金庫：254
			全国信用協同組合連合会
			信用組合：145
			労働金庫連合会　労働金庫：13
			商工組合中央金庫
		農林水産金融機関	農林中央金庫
			信用農業協同組合連合会：32
			農協：555
			全国共済農業協同組合連合会
			信用漁業協同組合連合会：9
			漁協：128（連合会）
	その他の金融機関	保険会社	生命保険会社：42
			損害保険会社：55
		証券金融機関	国内証券会社：273
			外国証券会社：9
			証券金融会社：1
		証券関連会社，消費者信用関係会社，事業者信用関係会社	

公的金融機関（政策金融機関）	国民生活金融公庫／中小企業金融公庫／農林漁業金融公庫	→（株）日本政策金融公庫に統合（2008年10月発足）
	国際協力銀行（国際金融部門）	→（株）国際協力銀行（2012年）
	沖縄振興開発金融公庫	→ 2032年以降に統合
	国際協力銀行（海外経済協力部門）	→ JICAと統合
	商工組合中央金庫／日本政策投資銀行	→完全民営化へ

住宅金融公庫→独立行政法人住宅金融支援機構 に継承（2007年3月〜）
公営企業金融公庫→地方公営企業等金融機構 に継承（2008年10月〜）

経済的主体

6 銀行の役割

銀行の固有業務	① 預金業務	預金者の資産を管理・保管する業務。預金者から信用を受けてお金を預かるところから，受信業務という
	当座預金	小切手，手形を商取引の決済として利用できる
	普通預金	出し入れ自由な金庫代わりに使える手軽な預金口座
	通知預金	まとまった余裕金の短期運用向け。7日間以上据え置いて引き出しの通知を2日前までに通知する
	定期預金	預金期間を定めた貯蓄性の高い預金
	② 貸付業務	企業や個人に資金を貸し出す業務。貸出先に信用を与えるところから，与信業務という
	手形割引	満期前の手形を第三者へ裏書譲渡し，満期日までの利息や手数料を差し引いた金額で売却すること
	手形貸付	金融機関を受取人，借り手取引先を振出人とする約束手形を発行させて金銭を貸し付けること
	証書貸付	借入金額，金利，期間，返済方法などを規定した証書を金融機関と交わすことによって借り入れる方法
	当座貸越	預金残高を超えて振り出した手形などを，一定限度内なら支払ってもらえるという借入れ方法
	コールローン	金融機関相互の貸付，借り入れのこと。「呼べば応える」というほど期間の短い資金の貸し借り
	③ 為替業務	振込や送金で債権や債務の決済を行う業務。現金を使わずに，支払いや受け取りができる。（決済業務）
	内国為替	国内にいる債権者や債務者に，銀行間の口座振替を使って取立や送金を行う，資金決済の仕組みのこと
	外国為替	海外との間で発生した債権や債務を，現金を輸送せずに決済すること。「立替」「交換」の2つの意味がある

（一社）全国銀行協会・銀行の役割
https://www.zenginkyo.or.jp/article/tag-h/3803/

Column 信用創造を考える

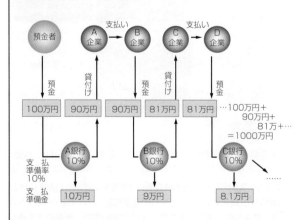

たとえば左図のように，支払い準備率10％の場合で考えよう（支払い準備率とは，金融機関が中央銀行に預金等の残高から預け入れることを義務付けられている比率のこと）。

A銀行に100万円が預金されるとA銀行は支払い準備金としてその10％の10万円を残して，90万円を他に貸し出せる金額として考える。A銀行からこの90万円を借りた企業（返済が可能であると信用された）は，B銀行に預金（当座預金）し，小切手で支払いに当てる。B銀行は90万円の当座預金をもとに，支払い準備として9万円残して81万円を貸し出すことができる。この仕組みで続けていくと

<理論的に創造される預金量>は，
<最初の預金額>÷<支払い準備率>，
すなわち→　100万円÷0.1＝1000万円　となる。
つまり最初に預金した100万円から，900万円が新しい貸付金として創造されたことがわかる。

9 日銀の役割

発券銀行 中央銀行 ↓ 市場	「発券銀行」 としての 役割	日銀は現金である紙幣を発行できる唯一の銀行である。日銀は紙幣の発行量を調整することができ，それによって景気をコントロールできるとされる金融政策を担当する。
銀行の銀行 各行の 当座預金 中央銀行 民間銀行	「銀行の銀行」 としての 役割	日銀は民間金融機関に対して，資金の貸借を行っている。日銀は民間金融機関から日銀当座預金（出し入れ自由で無利子）を預かっている。民間金融機関は現金が必要になった場合には，この預金から現金を受け取ることになる。また，金融機関どうしの資金の決済もこの日銀当座預金を使って行われる。日銀は民間金融機関に対する資金の貸出も行っており，その際に適応される金利が公定歩合であった。
政府の銀行 政府 預金 中央銀行 税金等 ↑↓	「政府の銀行」 としての 役割	政府の収入源である国税は，まず国庫にはいる。日銀はそれを保管・運用する役割を持ち，国庫金の出納を行う。また，国債の売買や利払いの業務も行う。

10 日本銀行法

[目的]

第1条　①　日本銀行は，我が国の中央銀行として，銀行券を発行するとともに，通貨及び金融の調節を行うことを目的とする。

[政策委員会の設置]

第14条　日本銀行に政策委員会を置く。

[通常業務]

第33条　日本銀行は，第1条の目的を達成するため，次に掲げる業務を行うことができる。

1　商業手形その他の手形の割引

2　手形，国債その他の有価証券又は電子記録債権を担保とする貸付け。

[国際金融]

第41条　①　日本銀行は，我が国の中央銀行としての外国中央銀行等又は国際機関との協力を図るため，これらの者との間で，次に掲げる業務を行うことができる。

1　本邦通貨をもって表示される預金に係る預り金

[日本銀行券の発行]

第46条　①　日本銀行は，銀行券を発行する。

②　前項の規定により日本銀行が発行する銀行券（以下「日本銀行券」）は，法貨として無制限に通用する。

|解説| 日銀法について　旧日銀法は1939年に制定され，98年にはそれを56年ぶりに改正。この改正で，財務大臣による日銀の業務全般への命令権をなくし，日銀の最高意思決定機関である政策委員会の権限を強めるなど，旧法に比べ政府からの独立性が高まった。

11 金融政策

中央銀行

	中央銀行は市中銀行に有価証券を売り，市中銀行から資金を吸い上げる		市中銀行は中央銀行から資金が借りにくくなり，企業への貸出しが減少		準備預金の割合を上げ，市中に出回る資金を減少させる	

インフレ傾向時
過熱抑制策　①　資金吸収オペ　②　引き上げ　③　引き上げ

公開市場操作　　　　公定歩合操作　　　預金準備率操作　　　市中銀行

デフレ傾向時
不況対策　資金供給オペ　引き下げ　引き下げ

| 中央銀行が市中銀行から有価証券を買い上げ，市中銀行へ資金を提供する | | 市中銀行は中央銀行から資金が借りやすくなり，企業への貸出が増加 | | 準備預金の割合を下げ，市中に回る資金を増加させる |

|解説| 日銀の金融政策　日本銀行が，インフレでもなくデフレでもない状態である「物価の安定」を実現させるために行う政策を「金融政策」という。金融政策は，金融市場での金利や資金の量に働きかけるもの。金融政策の主な手段は，従来，**①公開市場操作（オペレーション）**，**②公定歩合操作**，**③預金準備率操作**の3つに整理されることが一般だった。現在では，日本銀行の金融政策は，①の方法，短期金利（無担保コールレート・オーバーナイト物）の誘導目標値を定め，オペレーションによってこれを実現することが中心となっている。また，**かつて公定歩合と呼ばれていた基準貸付利率**は，補完貸付制度のもとで，コールレートの上限として短期金利市場の安定性を確保するという新しい役割を担うようになった。

日銀の公開市場操作①のしくみ

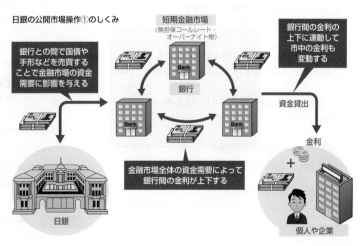

導入のQuest

MainQuest メイン クエスト

> 私たちはどのような税を納めることになっているのだろう。自分で所得税の計算してみよう。

企業などに勤めている給与生活者の場合，企業が従業員の所得税を税務署に納めることが一般的だ（源泉徴収制度）。私たちにとって，納税の手間がなくなるので楽ではあるが，これでは自分が負担する税額がどのようにしてきまるのかわからなくなってしまう。そこで，次の仮想例をもとに，所得税の税額がいくらになるのか，事例から明らかにしてみよう。

1. 所得金額を計算する
   給与所得を，**a表**（右上表）をもとに計算する
   3,560,000円
   雑所得は，440,000円（500,000円−60,000円）
   合計の所得金額は，　　　　　4,000,000円
   　　　　　　　　　　　　　　……①

2. 所得から差し引かれる（控除額・△）金額を計算する
   350,000円 + 40,000円 + 480,000円 + 30,000円
   　　　　　　　　　　　　　= 900,000円
   　　　　　　　　　　　　　……②

3. 課税される所得金額を計算する（①−②）
   4,000,000円 − 900,000円 = 3,100,000円

   b表（右下表）をもとに税額を計算すると，212,500円
   →千円未満の端数を切り捨てて，212,000円

4. 東日本大震災の復興のため所得税額に対して2.1%の課税（復興特別所得税，令和19年まで）を計算する
   212,000円×0.021 ＝ 4,452円

5. 納めるべき年間の所得税を計算する
   212,000円 + 4,452円 = 216,452円

6. すでにAさんは自分の給与所得などにもとづいて，企業を通じて 174,591円分の 所得税を納めていた。

7. 差額の 41,861円（＝ 216,452円−174,591円）を確定申告により，さらに納税しなければならない。

＊一定額以上の医療費がかかった人は，確定申告により税金を減らすことができる。

SubQuest サブ クエスト

> IT企業に勤めるAさんは副業でYou Tuberとして収入を得ている。確定申告を行わなければならないだろうか？

Aさんの収入の内訳

・IT企業社員として
　1年間の給与総額　　5,000,000円
・You Tuberとして，年間500,000円の副業収入（雑所得）
　　　　　（経費は60,000円）
△控除される社会保険料　350,000円
△控除される生命保険料　40,000円
　（毎月1万円生命保険料を払っている）
△基礎控除　　　　　　480,000円
　（合計所得2,400万円以下の納税者の場合）
△医療費控除　　　　　30,000円
　（年間で130,000円医療費がかかった）
＊生命保険料の控除，医療費控除を求めるための表はここでは略す。

a表　計算欄

給与等の収入金額（税込）（合計）　　　　　　　円　**A**

Aの金額	給与所得の金額
～550,999円	0円
551,000円～1,618,999円	A～550,000円　円
1,619,000円～1,619,999円	1,069,000円
1,620,000円～1,621,999円	1,070,000円
1,622,000円～1,623,999円	1,072,000円
1,624,000円～1,627,999円	1,074,000円
1,628,000円～1,799,999円	A÷4（千円未満の端数切捨て）　　　,000円 **B**×2.4+100,000円　　円
1,800,000円～3,599,999円	A÷4（千円未満の端数切捨て）　　　,000円 **B**×2.8−80,000円　　円
3,600,000円～6,599,999円	A÷4（千円未満の端数切捨て）　　　,000円 **B**×3.2−440,000円　　円
6,600,000円～8,499,999円	A×0.9−1,100,000円　　円
8,500,000円～	A−1,950,000円　　円

（右側に **B**，**C** のラベルあり）

＊1円未満の端数があるときは，その端数を切り捨てます。

b表　計算欄2（課税される所得金額に対する税額の計算）

Cの金額	課税される所得金額に対する税額
1,000円～1,949,999円	C×0.05　　円
1,950,000円～3,299,000円	C×0.1−97,500円　　円
3,300,000円～6,949,000円	C×0.2−427,500円　　円
6,950,000円～8,999,000円	C×0.23−636,000円　　円
9,000,000円～17,999,000円	C×0.33−1,536,000円　　円
18,000,000円～39,999,999円	C×0.4−2,796,000円　　円
40,000,000円～	C×0.45−4,796,000円　　円

（右側に **D** のラベルあり）

経済的主体

1 財政とそのしくみ

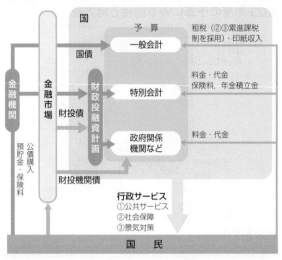

（『図説 日本の財政』2013）

解説 国および地方公共団体の経済活動のことを財政という。資本主義社会は市場経済が基本であり，企業と家計の経済活動が中心となる。市場経済を阻害（そがい）するような要因があったり，市場経済が人々に望ましい結果をもたらさないような場合（これを「市場の失敗」（→p.207）という）には，それを除去しなければならない。こうした，市場経済をうまく機能させ，市場経済で処理できないことを解決する役割は，政府に与えられている。

2 財政による景気調節のしくみ

ビルト-イン-スタビライザー（自動安定化装置）

		不 況	景気過熱
景気の状況		所得↓ →有効需要↓ →景気低迷	所得↑ →有効需要↑ →インフレ
ビルト-イン- スタビライザー （自動安定化装置）	累進 課税	所得↓ →実質的な減税	所得↑ →実質的な増税
	社会 保障	所得↓ →社会保障給付↑	所得↑ →社会保障給付 ↓
効果		所得↑ →有効需要↑ →景気刺激	所得↓ →有効需要↓ →景気抑制

※ビルト-イン-スタビライザーの効果は限定的

		不 況	景気過熱
フィスカル-ポリシー （裁量的財政政策）	税	減 税	増 税
	公共 投資	増やす	減らす
効果		景気をさらに刺激	景気をさらに抑制

※ビルト-イン-スタビライザー＋フィスカル-ポリシーでより効果を期待

解説 ビルト-イン-スタビライザーとは
「財政」自体にあらかじめ備わっている景気を自動的に安定させるプロセス（装置）のことをいい，累進課税制度や社会保障制度のことを意味する。好況時，不況時に，適切に機能してマネーストックを調節する。

3 一般会計 歳入・歳出内訳

2023年度予算（当初案）の項目別歳入と歳出

＜単位 億円（%）＞

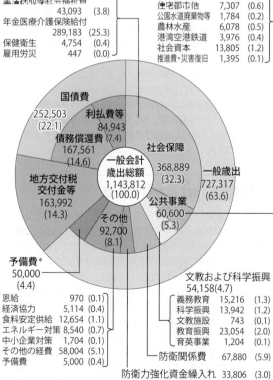

歳入

一般会計歳入総額 1,143,812（100.0）

公債金収入 356,230（31.1）
- 特例公債 290,650（25.4）
- 建設公債 65,580（5.7）

所得税 210,480（18.4）
法人税 146,020（12.8）
消費税 233,840（20.4）

租税および印紙収入 694,400（60.7）

その他 104,060（9.1）
その他収入 93,812（8.2）

- 揮発油税 19,990（1.8）
- 酒税 11,800（1.0）
- 相続税 27,760（2.4）
- たばこ税 9,350（0.8）
- 関税 11,220（1.0）
- 石油石炭税 6,470（0.6）
- 印紙収入 9,760（0.9）
- 電源開発促進 3,240（0.3）
- その他税収 690（0.1）
- 自動車重量税 3,820（0.3）

歳出

一般会計歳出総額 1,143,812（100.0）

少子化対策 31,412（2.8）
生活扶助等社会福祉費 43,093（3.8）
年金医療介護保険給付 289,183（25.3）
保健衛生 4,754（0.4）
雇用労災 447（0.0）

治水治山 9,544（0.8）
道路整備 16,711（1.5）
住宅都市他 7,307（0.6）
公園水道廃棄物等 1,784（0.2）
農林水産 6,078（0.5）
港湾空港鉄道 3,976（0.4）
社会資本 13,805（1.2）
推進費・災害復旧 1,395（0.1）

国債費 252,503（22.1）
- 利払費等 84,943（7.4）
- 債務償還費 167,561（14.6）

社会保障 368,889（32.3）
一般歳出 727,317（63.6）

地方交付税交付金等 163,992（14.3）

公共事業 60,600（5.3）

その他 92,700（8.1）

予備費* 50,000（4.4）

恩給 970（0.1）
経済協力 5,114（0.4）
食料安定供給 12,654（1.1）
エネルギー対策 8,540（0.7）
中小企業対策 1,704（0.1）
その他の経費 58,004（5.1）
予備費 5,000（0.4）

文教および科学振興 54,158（4.7）
- 義務教育 15,216（1.3）
- 科学振興 13,942（1.2）
- 文教施設 743（0.1）
- 教育振興 23,054（2.0）
- 育英事業 1,204（0.1）

防衛関係費 67,880（5.9）

防衛力強化資金繰入れ 33,806（3.0）

（＊新型コロナ及び原油・物価高騰対策に4兆円，ウクライナ情勢対応に1兆円）

（『財政金融統計月報』2023.5）

解説 歳入のうちの3割強は公債金収入であり，国の予算は借金に依存している。歳出のうち国債費と地方交付税交付金という国の自由にならない義務的経費が4割を占め，一般歳出は6割しかない。

4 課税原則

スミスの4原則

1. 公平の原則	収入に比例した納税
2. 明確性の原則	租税の支払い期日，金額等を明瞭にする
3. 支払い便宜の原則	納税にあたっては納税者の便宜をはかる
4. 最小徴税費用の原則	徴税費をできるだけ小額にする

ワーグナーの9原則

財政政策上の原則	
1. 課税の十分性	収入が十分であること
2. 課税の可能性	収入が弾力的であること
国民経済上の原則	
3. 正しい税源の選択	税源の選択を誤らないこと
4. 税種の選択	租税の転嫁を考えて税種を選択すること
公正の原則	
5. 課税の普遍性	負担が広く国民に分配されること
6. 課税の平等性	負担が公平に分担されること
税務行政上の原則	
7. 課税の明確性	租税が明確であること
8. 課税の便宜性	納税手続きが便利であること
9. 最小徴税費用	徴税費ができるだけ少ないこと

（ 大川政三編『財政論』有斐閣より）

解説 日本国憲法　第30条では「国民は，法律の定めるところにより，納税の義務を負ふ。」と記されている。では，国民の義務である納税は，「法の下に平等」であろうか。アダム＝スミスは課税の原則として，「公平の原則」・「明確性の原則」・「支払い便宜の原則」・「最小徴税費用の原則」の4つをあげている。税金を考えるときに，「公平な課税」は重要な要素となる。課税の「公平性」には，所得の高い人ほど多くの税を負担するという「垂直的公平」と，所得が同じ人は税負担も等しいという「水平的公平」のふたつがある。「水平的公平」の観点からは，どのような仕事をしていても，所得が等しければ，課税額も等しくなるはずである。しかし，現実にはわが国の税制は，税務当局の所得の捕捉率の難易差によって，サラリーマン9割（ク），商工業者などの自営業者6割（ロ），農業4割（ヨン）「ク・ロ・ヨン」とよばれる課税の不公平が存在するといわれている。

Column 「税」は社会の会費

　年金，医療などの社会保障・福祉や，水道，道路などの社会資本整備，教育や警察，消防，防衛といった**公的サービス**は，私たちの豊かな暮らしには欠かせないものですが，その提供には多額の費用がかかります。

　こうした「公的サービス」は，例えば，警察や防衛のように，特定の人だけのために提供することが困難なものや，社会保障や教育など，費用負担が可能な人への提供のみでは社会的に不適当なものであり，一般に，市場の民間サービスのみに依存すると，必要な量・水準のサービスが提供されません。

　このため，こうしたサービスの費用を賄うためには，皆さんから納めて頂く税を財源とすることで，公的に実施することが求められます。

　このように，みんなが互いに支え合い，共によりよい社会を作っていくため，**公的サービス**の費用を広く公平に分かち合うことが必要です。まさに，税は「**社会の会費**」であると言えます。

5 国税・地方税

2023年度の予算にみる国税と地方税

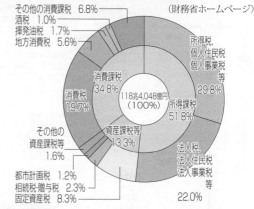

地方税の種類

	地方税	
	道府県税（都民税）	市町村税（特別区民税）
直接税	道府県民税・事業税・自動車税・不動産取得税・鉱区税・固定資産税（特例分）・自動車取得税・狩猟税・水利地益税	市町村民税・固定資産税・軽自動車税・鉱産税・特別土地保有税・都市計画税・事業所税・水利地益税・共同施設税・宅地開発税・国民健康保険税
間接税など	地方消費税・道府県たばこ税・ゴルフ場利用税・軽油引取税	市町村たばこ税・入湯税

6 直間税比率の国際比較

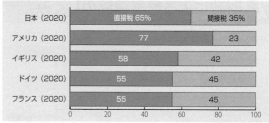

（ 財務省ホームページより）

7 日本の累進税制

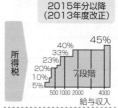

解説 日本の所得税は，所得の増加に応じて適応する税率を累進的に増加させていく超過累進税率である。税率構造は1986（昭和61）年まで最高税率70%・15段階となっていたが，87年に最高税率の引き下げが行われ，さらに89年からは最高税率50%・5段階となった。2007（平成18）年，税源移譲にともなう税制改正により，最高税率40%・6段階となった。なお，2013（平成25）年度税制改正において，課税所得4,000万円超について45%の税率が創設された。

財務省・個人所得課税の税率等の推移
https://www.mof.go.jp/tax_policy/summary/income/033.pdf

8 国民負担率と税収構成比の比較

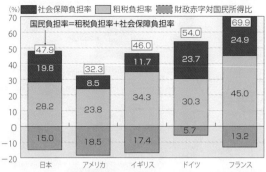

(2023 年財務省資料)　　　　　　　　　(2020 年度数値)

■ 社会保障負担率　□ 租税負担率　▨ 財政赤字対国民所得比

国民負担率＝租税負担率＋社会保障負担率

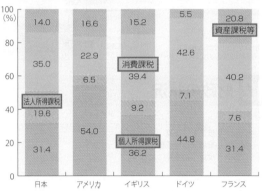

(2023 年 1 月現在数値)

|解説| 租税負担率は，国民経済全体としての税負担水準をみるもの。一般に国民所得額に対する国税と地方税の総額の割合をいう。

Column 消費税率8%→10%への引上げにより行われる主な施策

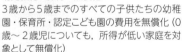

待機児童の解消
2020 年度末までに32万人分の受け皿を拡充

幼児教育・保育の無償化
3歳から5歳までのすべての子供たちの幼稚園・保育所・認定こども園の費用を無償化（0歳～2歳児についても，所得が低い家庭を対象として無償化）

高等教育の無償化
所得が低い家庭の真に支援の必要な子供たちに対し，授業料減免・給付型奨学金支給

介護職員の処遇改善
介護人材の処遇改善により，介護の受け皿を整備

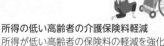

所得の低い高齢者の介護保険料軽減
所得が低い高齢者の保険料の軽減を強化

年金生活者支援給付金の支給
所得が低い年金受給者に対して，最大年6万円を給付

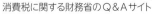

消費税に関する財務省のQ＆Aサイト

---

9 消費税制度

●消費税の基本的な仕組み

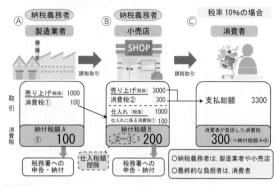

|解説| 「消費税の基本的な仕組み」を見てみよう。

　Ⓐの製造業者は，仮定として，他の業者から何ら原材料を仕入れることなく，製品を製造しているとしよう。消費税として，売り上げの1000に対する10%分の100を税務署に納税する。その上で，1000に消費税100を上乗せして1100でⒷの小売店に売る。Ⓑは，売り上げの3000に対する10%の消費税300を上乗せして，Ⓒの消費者に3300で製品を売る。ただし，Ⓑの小売店は，300の消費税から仕入れに要した消費税100を差し引いて，200を税務署に納税すれば良かった（この制度を**仕入税額控除**という）。なおⒶの製造業者が，年間の売り上げが1000万円以下の免税事業者の場合，今まではⒶは100に相当する消費税を税務署に納めなくてもよかった。

　しかし2023年10月から**インボイス制度**が導入されたことによって，Ⓐが**インボイス（適格請求書）**をⒷの小売店に送らないと，Ⓑが消費税分の300全体を納税しなければいけなくなる。すなわち仕入税額控除が受けられないのである。Ⓐは今まで通りの免税事業者を続けていると，取引先（この場合はⒷ）を失うおそれがあることが想像できる。一方，ⒶがインボイスをⒷに送るということは，Ⓐが納税業者になることを意味しており，Ⓐの税負担が増す。

　このように，インボイス制度は小規模な事業者（フリーの事業者など）に経済的な負担を強いることになる。

●インボイス（適格請求書）の見本

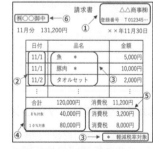

①適格請求書発行事業者の氏名又は名称及び登録番号
②取引年月日
③取引内容（軽減税率の対象品目である旨）
④税率ごとに区分して合計した対価の額及び適用税率
⑤税率ごとに区分した消費税額等
⑥書類の交付を受ける事業者の氏名又は名称

●軽減税率制度に対応したレシートのイメージ

　購入した商品・サービスによって，税率が異なる。適用税率は以下のようにレシートを見れば確認することができる。

財務省・「消費税」を知ろう
https://www.mof.go.jp/tax_policy/publication/brochure/zeisei3006/05.htm

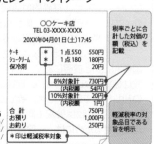

10 財政投融資とそのしくみ

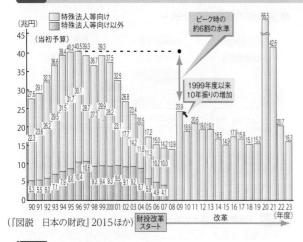

『図説　日本の財政』2015ほか

財投改革スタート　改革

財政投融資のしくみ

資金の返済を前提とした国民の
経済活動（事業）に対する資金サポート

解説 財政投融資とは

①租税負担に拠ることなく，独立採算で，②財投債（国債）の発行などにより調達した資金を財源として，③政策的な必要性があるものの，民間では対応が困難な長期・固定・低利の資金供給や大規模・超長期プロジェクトの実施を可能とするための投融資活動（資金の融資，出資）。

11 歳入に占める公債金収入の割合

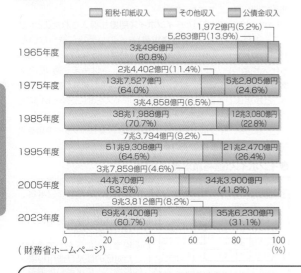

（財務省ホームページ）

12 財政の状況

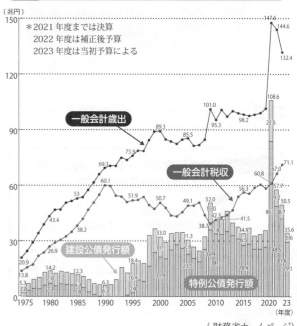

＊2021年度までは決算
　2022年度は補正後予算
　2023年度は当初予算による

（財務省ホームページ）

Column 財政破綻をはかるプライマリー-バランス

　財政が破綻しているかどうかということは，「財政が持続可能かどうか」ということである。このカギになるのが「プライマリー-バランス（基礎的財政収支）」の考え方である。プライマリー-バランスは，借金以外の通常収入で，通常支出をまかなった後に残る金額をみる。
　プライマリー-バランスが黒字であれば，黒字分を過去の国債利払いと償還にあて，債務はしだいに減っていくので財政は破綻しない。しかし，現在のように赤字が続くと，過去の利払いができないうえ，新たに赤字分の借金をせざるを得なくなり，財政は破綻に向かう。**プライマリー-バランスを均衡させるためには，一般歳出を切りつめるか，税収を上げ**

プライマリー-バランス（PB）の均衡化のイメージ

歳入	歳出	歳入	歳出
公債金収入 35.6兆円 【新たな借金の増加】	債務償還費 16.4兆円	公債金収入 【新たな借金の増加】	債務償還費 【過去の借金の減少】
	利払費等 8.5兆円		利払費等
税収等78.8兆円 （うち税収 69.4兆円） （その他税収 9.4兆円）	基礎的財政収支対象経費（PB対象経費）89.5兆円	税収 税外収入	基礎的財政収支対象経費

（数字は2023年度当初予算。百億円以下四捨五入）

るかの方法がとられなければならない。政府は国と地方のプライマリー-バランスの黒字化目標を2025年度としている。

（財務省ホームページ，『図説日本の財政』各年版　東洋経済新報社ほか）

経済的主体

財政赤字が増え続ける日本の財政をどう考えるか?

国債発行残高が増えるとどうなるか?

○国債とは 国の税収不足を補うために発行される債券のことで, つまりは国の借金。2024年3月末 (2023年度末) には長期債務残高は1,068兆円に達し, 地方を合わせると1,280兆円となる。2020年時点の国勢調査の総人口をもとに単純計算すると, 国民一人当たり約855万円の借金を抱えていることになる。借金というからには, いつかは返さなくてはならない。日本は今後, およそ1,200兆円の借金の元金とその利子を返済していかなければならない。1,200兆円にかかる利子は, 1分間で1,700万円以上, 1時間では10億円である。

○建設国債と特例国債 わが国の財政法では, 公共事業などの財源調達のためには, 財政法第4条の但し書きで, 「公共事業費, 出資金および貸付金の財源については, 国会の議決を経た金額の範囲内」で, 公債の発行が認められており, これが「建設国債」である。いっぽう, 政府は1975年, 税収不足から生じる赤字を埋めるため「赤字国債」の発行を認めるようになった。赤字国債は, その年度に限り国会が認める特例法案によって発行されるため「特例国債」ともいう。

「日本政府の借金」をどのように考えるか

財務省が作成した『日本の財政を考えよう』(2023年4月) によれば, 「日本の借金総額」は, 1068兆円 (2023年度末) に達すると言う。ここで言う, 「日本の借金総額」とは主に日本政府が発行する国債の残高を意味しているのだが, 果たして, 政府の発行する国債は「国の借金」なのであろうか。

国債等の保有者別内訳
(2022年度末 (速報))

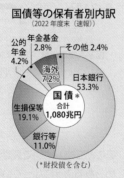

国債*
合計
1,080兆円

- 年金基金 2.8%
- 公的年金 4.2%
- その他 2.4%
- 海外 7.2%
- 日本銀行 53.3%
- 生損保等 19.1%
- 銀行等 11.0%

(*財投債を含む)

●**論点1)** 「国債の保有者別内訳」の円グラフ(財務省資料)を見ると, 日本政府の発行した国債のおよそ93% (「海外」の7%を除いた) は, 日本人, 日本の組織が所有している。私たちが国債を買うとそれは私たちにとっての資産である。したがって, 日本政府の借金＝日本国民の資産と考えられる。

●**論点2)** 「国債の保有者別内訳」の円グラフを見ると, 日本政府の発行した国債の約50%は日本銀行が保有している。また, 公的年金機関などもかなり保有している。これらの組織は, 見方によれば, 日本政府の「子会社」のようなものである。ある家庭で父親が100万円の借金をしているが, 有能な子どもがその父親に80万円貸しているならば, その家全体の借金は20万円に過ぎない。この考えを準用すれば, 日本政府の借金は, 例えば400兆円程度にまで減ると考えられる。

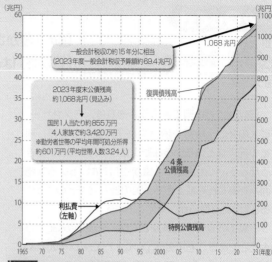

(兆円) / (兆円)

一般会計税収の約15年分に相当
(2023年度一般会計税収予算額69.4兆円)

1,068 兆円

復興債残高

2023年度末公債残高
約1,068兆円 (見込み)
国民1人当たり約855万円
4人家族で約3,420万円
※勤労者世帯の平均年間可処分所得
約601万円(平均世帯人数3.24人)

4条
公債残高

利払費
(左軸)

特例公債残高

1965 70 75 80 85 90 95 2000 05 10 15 23(年度)

|解説| 国債残高の推移
2020年度にはコロナ対策などで補正予算を繰り返し成立させ, 国債残高を大きく増加させた。将来世代の負担となる国債残高をどのように減少できるだろう。

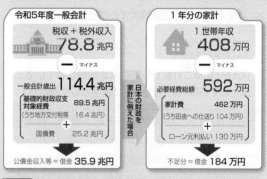

令和5年度一般会計

税収＋税外収入
78.8 兆円

― マイナス

一般会計歳出 **114.4** 兆円
基礎的財政収支対象経費 89.5 兆円
(うち地方交付税等 16.4兆円)
＋
国債費 25.2 兆円

公債金収入等＝借金 **35.9** 兆円

日本の財政を家計に例えた場合

1年分の家計

1世帯年収
408 万円

― マイナス

必要経費総額 **592** 万円
家計費 462 万円
(うち田舎への仕送り104万円)
＋
ローン元利払い 130 万円

不足分＝借金 **184** 万円

|解説| 国の財政を家計に例えると
一般会計の当初予算を手取り月収30万円, その他月収4万円の家計に例えて考えてみよう。年収に換算すると収入が408万円, 家計費は462万円, 差し引き54万円がプライマリー-バランスの赤字となる。これに, ローンの元利払い130万円をプラスした184万円が新たな借金になる。これでは借金を返済するどころか, 生活のために新たな借金をし続けることになっていることがわかる。国の予算では, 税収・税外収入78.8兆円と基礎的財政収支対象経費89.5兆円の差額10.7兆円がプライマリー-バランスの赤字となる。これに, 国債費を加えた35.9兆円が新たな借金となっている。

●**疑問点1)** 論点1) のように日本政府の借金が国民の資産であるならば, 「借金」を減らす政策は, 国民の資産を減らすことになるのではないか。

●**疑問点2)** 消費税を引き上げれば, 私たちの可処分所得は減ってしまう。国の「借金」を減らそうとする財政の健全化は国民に生活苦を強いることになるのではないのか。

こうした論点や疑問点は財政をめぐる1つの考えに過ぎない。こうした考えに対する反論もあるだろう。ポイントは, 財政の在り方や国債の捉え方に関しては, 一方的な見方をしないことなのである。

経済的主体

225

40 国民経済と国の豊かさ

導入の Quest

MainQuest（メイン クエスト）

国の「豊かさ」を表す指標は「GDP」で良いのだろうか？
「豊かさ」はどのようにしてあらわせるか考えてみよう。

「豊かさ」とは何であろう。それは，モノやサービスの多さ，所得や消費の様子，良好な環境，福祉の充実などいろいろな観点から考えることができるだろう。このように，「豊かさ」にはいろいろな側面があることを踏まえて，国の豊かさをどのようにあらわしたら良いか，考えてみよう。

一番わかりやすい豊かさとは，その国のGDPの大きさである。右の公式 [Y＝C＋I＋G＋(X−M)] は，GDPの大きさが，一国の消費 (C) や投資 (I)，政府支出 (G)，貿易収支 (X−M) の総額であらわされることを示している。したがって，国全体の消費や投資，政府支出，貿易黒字が増大すれば，GDPは増加し，その国の豊かさは増大することになる。

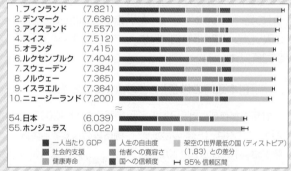

①個人や企業が財・サービスを購入する金額。個人の消費が主体。生活必需品・学習費・娯楽費など。

②企業の設備投資や工場建設，個人住宅建設など。将来の生産増加に寄与するためのもの。

④外国で生産された生産物を購入したもの。その分だけ国内生産物の需要は減少。国内にないもの，というその需要を補う。

$$Y = C + I + G + (X - M)$$

民間の消費　民間の投資　政府支出　輸出　輸入
GDP

GDPとは，国内で一定期間内に生産された財・サービスの総額。国の経済全体の規模を示す。

③中央政府や地方自治体による公共事業の費用，国防支出，政府職員給与。民間では行えない国が必要なもの。

④国内で生産された財・サービスの中で，外国に購入されたもの。対価としての収入を海外から得る。

SubQuest（サブ クエスト）

「GDP」にはこれまでも問題点が指摘されている。
果たしてGDPは「豊かさ」の指標として適切か？

GDPにはいくつかの問題がある。環境に負荷をかける私たちの消費や企業の投資もGDPにカウントされてしまうこと，金銭的な価値であらわすことのできない家事労働はGDPにカウントされないことなどである。

こうした問題点を克服する意図から，国民純福祉・国民福祉指標 (net national welfare, NNW) という指標が考案された (1973年発表)。これは，売り買いという取り引きにはなじまない余暇や家事労働，環境等の要素によって生み出された価値を考慮して国の豊かさを計測するものである。

国連が考案した「**幸福度指数**」も国の豊かさを図る指標となる。幸福度指数は，1人あたりGDP，社会的支援の有無，健康寿命，人生における選択の自由度，慈善行為への関与 (他者への寛容度)，政府や社会の安定度 (国への信頼度) といった指標を統計数値やアンケート調査結果から求めている。

現在，注目されている指標が，**グリーンGDP**だろう。これは，環境の悪化や自然資源の減少を貨幣価値で表現して，その分をGDPから引き算して求めたりする。例えば，過剰な温室効果ガスの排出を伴う所得はGDPから差し引く。

1. フィンランド	(7.821)	
2. デンマーク	(7.636)	
3. アイスランド	(7.557)	
4. スイス	(7.512)	
5. オランダ	(7.415)	
6. ルクセンブルク	(7.404)	
7. スウェーデン	(7.384)	
8. ノルウェー	(7.365)	
9. イスラエル	(7.364)	
10. ニュージーランド	(7.200)	
54. 日本	(6.039)	
55. ホンジュラス	(6.022)	

■一人当たり GDP　■人生の自由度　■架空の世界最低の国 (ディストピア)
■社会的支援　■他者への寛容さ　(1.83) との差分
■健康寿命　■国への信頼度　⊢⊣ 95% 信頼区間

国連幸福度指数　1位はフィンランド，日本は54位である。
(「World Happiness Report　2022」，figure 2.1)

このように，GDPが大きいことや経済成長率が伸びることには，他面で問題性をふくんでいることが広く認められるようになっている。この点を50年あまり前から問題視していた経済学者が，ドイツ生まれでイギリスで活躍したシューマッハ (1911 ～ 77) である。

「だれも彼もが十分に富を手に入れるまでは際限なく経済成長を進めるという考え方には，少なくとも2つの点，すなわち基本的な資源の制約か，経済成長によって引き起こされる干渉に自然が堪えられる限度か，あるいはその双方から見て重大な疑問がある」(『スモール・イズ・ビューティフル』1973年，講談社学術文庫 2017年より)

著書のなかで成長至上主義を批判し，経済成長が資源の制約問題を引き起こしたり，自然の許容限度に重大な負荷をかけると論じていたのである。

経済的主体

1 日本の国内総生産・国民所得

■GDP関連指標の概念の関係(2021年,名目)

(兆円)

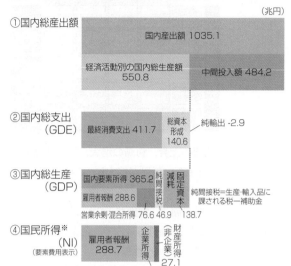

①国内総産出額
　国内産出額 1035.1
　経済活動別の国内総生産額 550.8 ／ 中間投入額 484.2

②国内総支出
　(GDE)
　最終消費支出 411.7 ／ 総資本形成 140.6 ／ 純輸出 -2.9

③国内総生産
　(GDP)
　国内要素所得 365.2 ／ 純間接税 ／ 減耗固定資本
　雇用者報酬 288.6 ／ 営業余剰・混合所得 76.6 ／ 46.9 ／ 138.7
　純間接税=生産・輸入品に課される税−補助金

④国民所得※
　(NI)
　(要素費用表示)
　雇用者報酬 288.7 ／ 企業所得 ／ 非企業財産所得 27.1 ／ 76.1
※海外からの純要素所得(26.7)を含む

(『国民経済計算年報』2021)

解説 国民経済計算の考え方のモデル図
国内総生産 (GDP) や国民所得 (NI) については，内閣府の経済総合研究所によって概念を整理したモデル図が作成されている。これらの指標が国民経済を図るモノサシとして考えられていることを確認しよう。

2 OECD諸国の国内総生産

	国内総生産 (億ドル)			1人あたり国民総所得 (ドル)	
	2019	2020	2021	2020	2021
アメリカ合衆国	214,332	208,937	233,151	64,310	70,081
日本	50,825	50,578	49,409	40,770	41,162
ドイツ	38,611	38,464	42,599	47,186	52,885
イギリス	28,264	27,642	31,314	40,114	46,338
フランス	27,155	26,303	29,579	39,573	45,535
イタリア	20,036	18,887	21,077	31,622	36,216
カナダ	17,415	16,440	19,883	43,093	51,741
韓国	16,465	16,379	18,110	32,193	35,329
オーストラリア	13,802	14,235	17,345	54,251	64,490
スペイン	13,934	12,815	14,278	27,570	30,216
メキシコ	12,564	10,734	12,728	8,033	9,956
オランダ	9,071	9,139	10,128	52,406	56,574
(参考)					
中国	143,429	147,228	177,341	10,160	12,324
インド	28,916	26,642	32,015	1,910	2,239
ロシア	16,929	14,835	17,788	9,927	11,960
ブラジル	18,478	14,447	16,090	6,667	7,305

解説 2021年のドル換算による日本の名目GDPは，アメリカ，中国に次いで第3位。1人あたりGDPはルクセンブルク，スイス，ノルウェーが上位を占め，日本はOECD加盟国中19位となった。
(『日本国勢図会』2023/24)

3 三面等価の原則

1 生産国民所得

(『国民経済計算年報』2021)

項目	実数 (千億円)		構成比	
	1980 年	2021 年	1980 年	2021 年
第 1 次産業	72.5	33.3	3.7%	0.8%
第 2 次産業	746.8	1,042.1	38.3%	26.6%
鉱業	10.6	2.0	0.5%	0.1%
製造業	538.9	770.4	27.6%	19.7%
建設業	197.3	269.7	10.1%	6.9%
第 3 次産業	1,236.1	3,011.7	63.4%	76.9%
電気・ガス・水道等	48.7	74.5	2.5%	1.9%
卸売・小売	330	659.2	16.9%	16.8%
金融・保険	118.8	208.6	6.1%	5.3%
不動産	151.3	367.3	7.8%	9.4%
運輸・郵便	122.9	146.0	6.3%	3.7%
宿泊・飲食サービス	356.1	61.0	18.3%	1.6%
公務	108.3	162.2	5.6%	4.1%
情報通信		206.7		5.3%
専門・科学技術等		407.7		10.4%
教育		144.5		3.7%
保健衛生・社会事業		406.8		10.4%
その他のサービス		167.4		4.3%
小計	2,055.4	4,087.1	105.4%	104.3%
輸入税・帰属利子など	-104.9	434.9	-5.4%	11.1%
海外からの純要素所得	-7.8	266.7	-0.4%	6.8%
国民所得	1,950.5	3,918.9	100%	100%
固定資本減耗	307.3	1,387.0		
間接税	176.9	505.3		
補助金	-35.9	36.0		
海外からの純要素所得	0.8	266.7		
統計上の不突合	2.2	-14.7		
国内総生産	2,401.8	5,493.8		

2 分配国民所得

項目	実数 (千億円)		構成比	
	1980 年	2021 年	1980 年	2021 年
1. 雇用者所得	1,303.7	2,887.5	66.8	73.7
賃金・俸給	1,159.9	2,443.4	59.5	62.3
雇主負担分	143.8	444.1	7.3	11.3
2. 財産所得	205.8	270.8	10.6	6.9
一般政府	-29.4	-4.4	-1.5	-0.1
対家計民間非営利団体	3.6	3.4	0.2	0.1
家計	231.7	271.8	11.9	6.9
3. 企業所得	441	760.6	22.6	19.4
民間法人企業	178.8	469.7	9.2	12.0
公的企業	7.4	10.9	0.4	0.3
個人企業	254.9	280.0	13.1	7.1
4. 国民所得 (1+2+3)	1,950.5	3,918.9	100%	100%

3 支出国民所得

項目	実数 (千億円)		構成比	
	1980 年	2021 年	1980 年	2021 年
民間最終消費支出	1,413.2	2,939.9	72.5%	75.0%
(1)家計最終消費	1395	2,857.5	71.5%	72.9%
(2)対家計民間非営利団体最終消費	18.2	82.3	0.9%	2.1%
政府最終消費	235.7	1,177.1	12.1%	30.0%
国内総資本形成	774.3	1,406.3	39.7%	35.9%
総固定資本形成	758.2	1,406.1	38.9%	35.9%
民間 住宅	153.2	208.3	7.9%	5.3%
企業設備	376.2	892.7	19.3%	22.8%
公的 住宅	8.9	5.0	0.5%	0.1%
企業設備	73.1	68.7	3.7%	1.8%
一般政府	146.9	231.4	7.5%	5.9%
在庫品増加	16.1	0.3	0.8%	0.0%
財貨・サービスの純輸出	-21.5	-29.5	-1.1%	-0.8%
国内総支出	2,401.8	5,493.8	123.1%	140.1%
(控除)				
固定資本減耗	307.3	1,387.0	15.8%	
間接税	176.9	505.3	9.1%	
補助金	-35.9	36.0	-1.8%	
海外からの純要素所得	0.8	266.7	0.0%	
統計上の不突合	2.2	-14.7	0.1%	
国民所得	1,950.5	3,918.9	100%	100%

4 景気循環の波

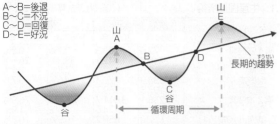

A～B＝後退
B～C＝不況
C～D＝回復
D～E＝好況

山A　山E　谷　谷B　C　D　長期的趨勢（すうせい）　循環周期

	周期	要因
コンドラ チェフ循環	平均50 ～60年	要因としては戦争，技術革新，などいろいろあげられているが，今日では技術革新に伴う長期波動説が有力
クズネッツ 循環	平均15 ～25年	人口の変化，住宅建設などに関連しているため建設循環ともよばれている
ジュグラー 循環	平均7 ～10年	その要因が設備投資に起因することから設備投資循環ともよばれている
キチン循環	3～4年 (40か月)	最も短期の循環で在庫投資の変動により発生する

5 経済成長率

$$経済成長率 = \frac{本年(度)国内総生産 - 前年(度)国内総生産}{前年(度)国内総生産} \times 100$$

$$実質GDP = \frac{名目GDP}{GDPデフレーター} \times 100$$

GDP　GDP
前年(度)　本年(度)

GDPデフレーター…基準値の物価を100とした時の指数。基準値より物価が10%上昇したなら110となる。＊実質GDPを計算して，経済成長率を求める式にあてはめれば実質経済成長率が求められる。
注：統計には暦年（1月～12月）と年度（4月～3月）の2種類あるので注意が必要。

|解説| 経済成長率は経済の規模が1年前と比べてどのくらい大きくなったかを計算したものである。一般的に，経済成長率が高いほど好景気といい，低いほど不景気と判断される。物価の上昇を考えない名目経済成長率と，物価上昇分を計算から除いた実質経済成長率がある。

6 フローとストック

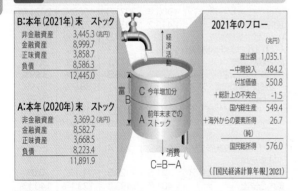

B：本年（2021年）末　ストック

	(兆円)
非金融資産	3,445.3
金融資産	8,999.7
正味資産	3,858.7
負債	8,586.3
	12,445.0

A：本年（2020年）末　ストック

	(兆円)
非金融資産	3,369.2
金融資産	8,582.7
正味資産	3,668.5
負債	8,223.4
	11,891.9

経済活動　富B　C今年増加分　前年末までのストック A　消費　C＝B－A

2021年のフロー

	(兆円)
産出額	1,035.1
－中間投入	484.2
付加価値	550.8
＋統計上の不突合	-1.5
国内総生産	549.4
＋海外からの要素所得（純）	26.7
国民所得	576.0

（『国民経済計算年報』2021）

|解説| **フローとは**
ある一定期間（例えば1年間）に生み出された付加価値の合計額で，ストックとはある時点（例えば年末）での総額である。そのため図のように，蛇口から注がれて流れ出るという経済活動の流れと，注がれた容器中にたまる水の量を社会資産などとして考えることができる。

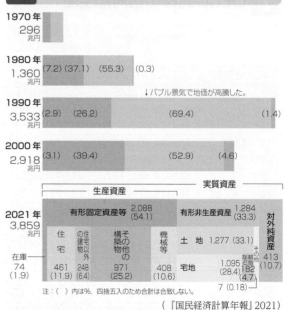

		好況	後退	不況	回復	
政府の役割	財政支出	最低↓	増加↗	最高↑	減少↘	財政政策
	租税	増税↗	減税↘		増税↗	
	公定歩合	高水準	引き下げ	低水準	引き上げ	金融政策
	預金準備率	高水準	下げる	低水準	上げる	
	公開市場操作	売却	買い上げ		売却	

好況……商品価値の上昇，利潤の増大，生産活動の活発化にともない雇用が拡大し，これらが最高に達する状態。

後退……生産活動や雇用，物価が下り坂にむかう状態。

不況……これらがもっとも落ち込んで，企業の倒産や失業者の増大がつづく状態。

回復……これらがふたたび上り坂にむかう状態。

（『入門の入門　経済のしくみ』日本実業出版社）

|解説| 資本主義経済において，景気変動は必然的におこる現象であるといわれている。基本的には，後退・不況・回復・好況の4局面を1サイクルとしている。そのため政府は，経済安定のために，それぞれの局面に対応する経済政策を実施している。

7 日本の国富

1970年
296兆円

1980年
1,360兆円 (7.2) (37.1) (55.3) (0.3)

1990年
3,533兆円 (2.9) (26.2) (69.4) (1.4)
↓バブル景気で地価が高騰した。

2000年
2,918兆円 (3.1) (39.4) (52.9) (4.6)

| 生産資産 | | | | | 実質資産 | | | |

2021年
3,859兆円

有形固定資産等 2,088 (54.1)　　有形非生産資産 1,284 (33.3)　　対外純資産

| 住宅 | 住宅以外の建物 | 構築物 | その他の | 機械等 | 土地 1,277 (33.1) | | |
| 461 (11.9) | 248 (6.4) | 971 (25.2) | | 408 (10.6) | 宅地 1,095 (28.4) | | 413 (10.7) |

在庫 74 (1.9)
182 (4.7)
7 (0.18)

注：（　）内は%。四捨五入のため合計は合致しない。

（『国民経済計算年報』2021）

|解説| **国富とは**
国民が作り出した価値のうち，消費せずに残った資産の総額。いわば，国全体の財産である。今日では厳密な定義があるが，おおむね「期末の国富＝期首の国富＋国民所得税ー消費」と考えると分かりやすい。なお，会計は1年単位で計るのが原則で，その始期を期首，終期を期末とよぶ。日本では，期首は4月1日，期末は3月31日とするのが普通である。

日本経済をデータで読み取ろう

❶ 経済成長率グラフ

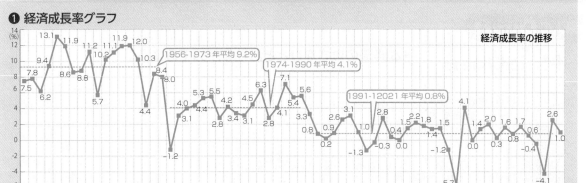

経済成長率の推移

❷ 物価と株価

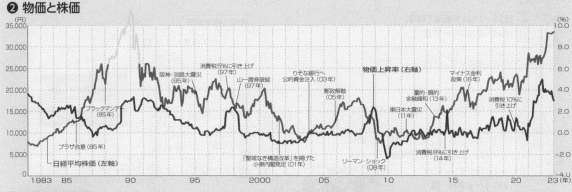

❸ 景気動向指数

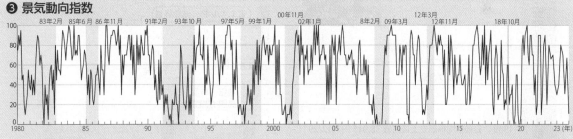

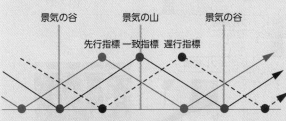

❹ 消費者物価と企業物価の推移

	先行系列	一致系列	遅行系列
1	最終需要財在庫率指数（逆サイクル）	生産指数（鉱工業）	第３次産業活動指数（対事業所サービス業）
2	鉱工業用生産財在庫率指数（逆サイクル）	鉱工業用生産財出荷指数	常用雇用指数（調査産業計）（事業所規模30人以上）
3	新規求人数（除く学卒）	耐久消費財出荷指数	実質法人企業設備投資（全産業）
4	実質機械受注（製造業）	労働投入量指数（調査産業計）	家計消費支出（勤労者世帯, 名目）
5	新設住宅着工床面積	投資財出荷指数（除く輸送機械）	法人税収入
6	消費者態度指数（二人以上世帯）	商業販売額（小売業）	完全失業率（逆サイクル）
7	日経商品指数（42種総合）	商業販売額（卸売業）	きまって支給する給与（製造業, 名目）（定期給与事業所規模30人以上）
8	マネーストック（M2）（前年同月比）	営業利益（全産業）	消費者物価指数（生鮮食品を除く総合）
9	東証株価指数	有効求人倍率（除く学卒）	最終需要財在庫指数
10	投資環境指数（製造業）	輸出数量指数	

┃解説┃ 日本経済をデータから読み取ってみよう

❶経済成長率からは日本という国の経済的な力が，❷株価の変化からは企業の活動動向が，❸景気動向指数からは，経済全体の景気の良し悪しが，❹物価の変化からは私たちの生活に関する状況が読み取れる。

経済的主体

41 日本経済の動き

導入のQuest

MainQuest（メイン クエスト）

日本経済の動きをひととおりながめてみよう。

経済的主体

1945年	戦後復興期	1945 マッカーサー来日	
		～46 農地改革 **1**	
		1946 傾斜生産方式 Column	→ 復金インフレ
		1949～ ドッジ-ライン **2**	
		1950～53 朝鮮戦争と特需 **3**	
1955年	高度経済成長期	1956 「もはや戦後ではない」	→ 都市に団地開発
		1958 東京タワー完成	→ 耐久消費財普及 **4**
		1964 東京オリンピック	
		1968 GNP がアメリカに次いで世界2位	
		1970 大阪万博（日本万国博覧会）開催	エネルギー革命（石炭から石油）
		1971～73 四大公害裁判判決 テーマ学習	
		1972 札幌オリンピック	
1973年		1973 石油危機 **6**	
	安定成長期		→ 省エネルギー 減量経営
		1983 東京ディズニーランド開園	
		（経済のソフト化・サービス化）	
1985年		1985 G5でプラザ合意	→ 急激な円高 リゾート開発
	バブル期		地価・株価高騰 Column
		1989 日経平均株価史上最高値 38,915円（12/29）	
1990年		（三菱地所 ロックフェラーセンター買収）	
	平成不況（デフレ）	1997 北海道拓殖銀行・山一證券破綻	→ バブル崩壊
		1998 長野オリンピック	
		2001 初めて政府がデフレを認定	→ デフレ経済
		2007 郵政民営化 **9**	
		2008 リーマンショック	
		（サブプライムローン問題）**10**	
		2012 東京スカイツリー開業	
	アベノミクス	2013 異次元の金融緩和	
		2017 インバウンド需要拡大 **12**	→ 観光立国政策
		（外国人観光客 2,000万人超）	
2019年		2019 消費税10%実施	
	コロナ禍	2020 新型コロナ感染症 緊急事態宣言 **13**	アベノマスク
		2021 東京オリンピック（無観客開催）	

♪りんごの唄（1945年発売）大ヒット
リンゴの歌

♪世界の国からこんにちわ（1967年発売）
♪虹と雪のバラード（1971年発売）

■私をスキーに連れてって（1987年公開）
♪恋人がサンタクロース（挿入歌）

♪LOVEマシーン（1999年発売）

♪うちで踊ろう（2020年配信）

1 農地改革

農家自小作別

数字は%、（　）内は万戸

	自作農	自小作農	小自作農	小作農	土地を耕作しない農家
1941年 (541万戸)	27.5 (149)	20.7 (112)	20.2 (109)	28.0 (152)	0.4 (2)
1949年 (625万戸)	55.0 (343)	3.0(17) 2.1(13)	27.8 (174)	7.3 7.8 (46) (49)	0.0 (0.07)

1ha以上(41年)・保有制度(49年)の貸付耕地所有農家

耕地自小作別

数字は%、（　）内は万ha

	自作地	小作地
1941年 (581万ha)	53.8 (313)	46.2 (268)
1949年 (496万ha)	86.9 (431)	13.1 (65)

（『現代日本経済史』有斐閣）

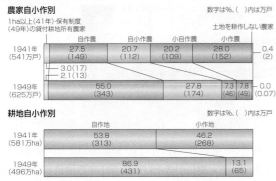

解説 戦前の日本農業は地主の所有する土地を小作農が借りて耕すという地主－小作農関係から成り立っていた。これが農民の貧困の温床であった。地主制を解体するために，1945年12月，GHQの後押しを受けて，改正農地調整法が成立し，地主の土地保有は5町歩（約5ha）までとなった（第一次農地改革）。しかし，イギリス，ソ連から改革が不充分であると批判を受け，1946年10月自作農創設特別措置法などが成立し，地主の土地保有は1町歩までに強化された（第二次農地改革）。農地改革により，自分の田畑を耕作する自作農が大幅に増加した。

2 ドッジ-ライン

池田蔵相　ドッジ

インフレの悪化や生産の停滞など経済の復興が順調に進まないため，1948年12月アメリカ政府はマッカーサーを通じて，吉田茂首相に経済安定九原則を指示する。これを実現するためにアメリカ政府は，デトロイト銀行頭取のジョセフ＝ドッジ（写真右）を日本に派遣する。ドッジによる経済政策をドッジ-ラインという。主な内容として，次の4つがあった。

① 超均衡予算（歳入が歳出よりも多い予算）の実現
② 歳出の抑制
③ 復興金融金庫の貸出の禁止（復金の貸出の資金は日銀から調達した資金であったため，インフレを引き起こしていた。）
④ 1ドル＝360円の固定為替相場制の設定

3 朝鮮戦争と朝鮮特需

特需の収入高

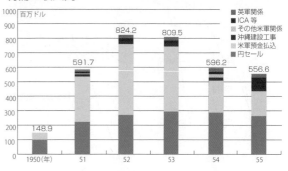

凡例：英軍関係／ICA等／その他米軍関係／沖縄建設工事／米軍預金払込／円セール

1950(年) 148.9
51 591.7
52 824.2
53 809.5
54 596.2
55 556.6

契約高順位（1950.6～55.6）

	サービス		物資	
1	建物の建設	107,641	兵器	148,489
2	自動車修理	83,036	石炭	104,384
3	荷役・倉庫	75,923	麻袋	33,700
4	電信・電話	71,210	自動車部品	31,105
5	機械修理	48,217	綿布	29,567

（『近代日本経済史要覧』東大出版会ほか）

解説 **特需とは**

アメリカ軍やアメリカ政府機関，在日アメリカ軍人がドル資金を使って，日本の業者から物資やサービスを購入することであり，1950年に勃発した朝鮮戦争をきっかけにして増大した（朝鮮特需という）。1960年代後半にもベトナム戦争にともなって特需がのびた。特需の内訳としては，自動車（トラック），兵器の修理，石炭，綿布などがある。アメリカからの特需

アメリカ軍用機の修理をする川崎市の工場

により，日本ではドッジ-ラインによる不況から，特需景気とよばれる好景気が訪れる。特に，繊維業界，金属産業の業績が伸びたことから，「糸ヘン景気」「金へん景気」といった言葉が流行した。

Column 傾斜生産方式（北海道　赤平炭鉱）

1946年12月，政府は戦災からの復興の決め手は鉄鋼と石炭の増産にあるとして，資金や原料をこれらの産業に集中させるという傾斜生産方式を決定した。傾斜生産方式を支援するために政府の金融機関である復興金融金庫は豊富に資金を貸し出した。

経済的主体

4 耐久消費財の普及

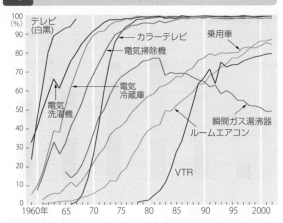

（『図説戦後史』筑摩書房など）

解説 高度経済成長期の特徴
家庭の耐久消費財の普及である。1960年代前半では白黒テレビ，電気洗濯機，電気冷蔵庫が代表で「三種の神器」と呼ばれた。60年代後半のいざなぎ景気の頃の代表が, car, cooler, colour televisionであり，「3C」と呼ばれた。耐久消費財の普及は家電メーカーや自動車会社の設備投資を促進したばかりではなく，こうした企業向けに原材料や機械を売る企業の設備投資も活性化するなど，投資の拡大や産業の重化学工業化に大きく貢献した。

5 高度経済成長の要因

国内的要因‥‥‥‥‥‥‥‥‥‥‥‥‥‥‥‥
①経済民主化などの戦後改革により自由な競争市場が確保され，かつ所得水準の向上は国内の消費市場を拡大させた。

②技術革新を積極的に行い，かつ，それに対応できる優れた労働力も豊富であった。

③企業間の競争や税制面での優遇によって設備投資が活発に行われた。

④国民の高い貯蓄率により企業の設備投資資金が確保された。

⑤政府の積極的な産業保護政策により，欧米からの先端技術の導入に対する援助や資金の融資，産業基盤の整備などが実施された。

⑥平和憲法の下，軍事支出を極小に抑え，民需中心の経済活動を展開することができた。

⑦終身雇用制，年功序列型賃金体系により労働者の会社に対する帰属意識を高めた。

国際的要因‥‥‥‥‥‥‥‥‥‥‥‥‥‥‥‥
①IMF・GATT体制の下で自由貿易の利益を享受できた。

②世界的にも経済発展が進行し，輸出拡大が可能だった。

③1ドル＝360円という固定為替相場は，生産性の向上により割安となり，国際競争力を高めることができた。

④石油などの原材料を比較的安価に輸入可能だった。

⑤朝鮮戦争やベトナム戦争等「特需」の恩恵を受けた。

6 石油危機とマイナス成長

買い占めによって棚から商品がなくなったスーパー

　第4次中東戦争に伴い，1973年10月アラブ産油国は原油価格を大幅に引き上げた。第1次石油危機の始まりである。原油価格は約4倍に上昇し，日本を始めとして，世界経済に深刻な打撃を与えた。先進各国はインフレーションと不況が同時に発生するスタグフレーションに陥った。日本では，石油価格の引き上げに乗じて多くの商品が便乗値上げの対象となった。また，トイレットペーパー，洗剤などを買い占めて，高くなった時に売るという買い占め・売り惜しみが横行した。石油危機をきっかけに，1974年度の日本の経済成長率は，戦後初めてのマイナスを記録した。

7 産業別就業者の割合の変化

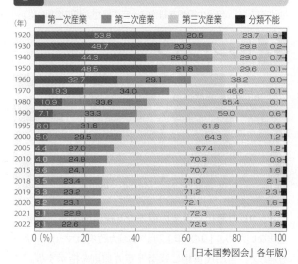

(年)	第一次産業	第二次産業	第三次産業	分類不能
1920	53.8	20.5	23.7	1.9
1930	49.7	20.3	29.8	0.2
1940	44.3	26.0	29.0	0.7
1950	48.5	21.8	29.6	0.1
1960	32.7	29.1	38.2	0.0
1970	19.3	34.0	46.6	0.1
1980	10.9	33.6	55.4	0.1
1990	7.1	33.3	59.0	0.6
1995	6.0	31.6	61.8	0.6
2000	5.0	29.5	64.3	1.2
2005	4.4	27.0	67.4	1.2
2010	4.0	24.8	70.3	0.9
2015	3.6	24.1	70.7	1.6
2018	3.5	23.4	71.0	2.1
2019	3.3	23.2	71.2	2.3
2020	3.2	23.1	72.1	1.6
2021	3.1	22.8	72.3	1.8
2022	3.1	22.6	72.5	1.8

（『日本国勢図会』各年版）

　経済が発展するにつれ，産業構造の比重は第一次産業（農林業，水産業）から第二次産業（鉱業，製造業，建設業）そして第三次産業（卸・小売業，金融業，運輸業，その他サービス業）へと移っていく（「ペティ・クラークの法則」）といわれている。わが国でも高度経済成長にともない第一次産業の比重が急速に低下する一方，第三次産業の比重が急増した。今日では，ものや資源といった「ハード」よりも，知識，情報，サービスを中心とする「ソフト」分野が相対的に高まり，いわゆる「経済のソフト化・サービス化」がすすんでいる。

8 バブル経済と平成不況

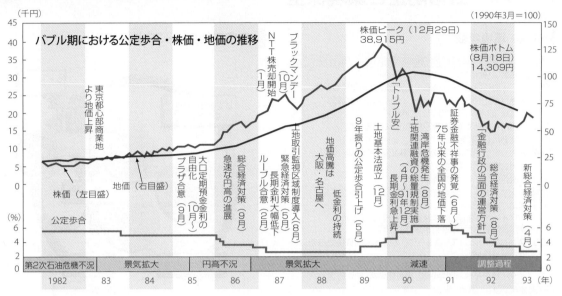

（千円） （1990年3月＝100）

バブル期における公定歩合・株価・地価の推移

株価ピーク（12月29日）38,915円

株価ボトム（8月18日）14,309円

- 東京都心部商業地より地価上昇
- 株価（左目盛）
- 地価（右目盛）
- 公定歩合
- プラザ合意（9月）
- 大口定期預金利の自由化（10月～）
- 急速な円高の進展
- 総合経済対策（9月）
- ルーブル合意（2月）
- 緊急経済対策（5月）長期金利大幅低下
- 土地取引監視区域制度導入（8月）
- NTT株売却開始（1月）
- ブラックマンデー（10月）
- 地価高騰は大阪・名古屋へ
- 低金利の持続
- 9年振りの公定歩合引き上げ（5月）
- 土地基本法成立（12月）
- 「トリプル安」
- 土地関連融資の総量規制実施（4月～91年12月）長期金利急上昇
- 湾岸危機発生（8月）
- 証券金融不祥事の発覚（6月～）75年以来の全国的地価下落
- 「金融行政の当面の運営方針」
- 総合経済対策（8月）
- 新総合経済対策（4月）

| 第2次石油危機不況 | 景気拡大 | 円高不況 | 景気拡大 | 減速 | 調整過程 |

1982 83 84 85 86 87 88 89 90 91 92 93（年）

（『通商白書』1993）

解説 地価上昇が深刻な社会問題になったことなどから，89年5月より日銀は金融引き締め政策を実施する。90年8月には公定歩合は6％にまで引き上げられた。加えて，1990年3月には大蔵省が銀行に対して不動産向け融資を規制する通達（不動産融資総量規制）を出す。こうした政策により90年代初めにバブル経済は崩壊する。バブル崩壊後，地価，株価が下落し続けるとともに，1999年からは消費者物価も持続的に下がるなどデフレが本格化した。バブル崩壊により，銀行の不動産業に対する過大な貸し付けは不良債権になっていく。

Column 地上げ

1987（昭和62）年7月16日，東京・西新橋に空き地が目立つ。バブル景気によって大規模な再開発事業が次々と進められたころ。値下がりしないという当時の土地神話が投機熱を加速させ，地価高騰が続いた。転売目当てで強引に土地を買いあさる「地上げ屋」が社会問題化した。

9 小泉構造改革

今，格差論争（が）ありますけれども。どの国にあってもどの時代にあっても格差はあるであろうと，格差がない社会，これは逆に変ではないかと，格差があっても必ずしも悪いことではないと。

小泉純一郎内閣が推進した構造改革は郵政民営化（郵便局での郵便，簡易保険，郵便貯金の事業を国営から民間企業の事業に移すこと，2007年10月実施）に代表されるように，小さな政府をめざす政策であり，このことから，新自由主義の考えに根ざしていた。

小泉構造改革の対象となったものは，郵政民営化を初めとする特殊法人の廃止や見直し，1000項目以上の規制緩和，地方分権を目的とした三位一体改革など多岐にわたったが，派遣労働の大幅な拡大（例えば，製造業への派遣を可能とする）に象徴されるように，小泉路線は人々の間の所得格差を助長したと指摘される。

公害防止と環境保全

公害・環境年表

年代	事　項
1890	足尾銅山(栃木県)鉱毒事件で渡良瀬川汚染
1891	田中正造代議士, 帝国議会で足尾銅山鉱毒事件を追及
1922	神通川(富山県)流域でイタイイタイ病の発病確認
1956	水俣病(熊本県水俣市)の公式発見
1961	四日市ぜんそく(三重県四日市市)の患者多発
1965	阿賀野川(新潟県)流域で新潟水俣病の発病確認
1967	四大公害訴訟第一号となる新潟水俣病の提訴 公害対策基本法制定(93年失効)
1968	大気汚染防止法, 騒音規正法制定
1970	光化学スモッグ, 東京で社会問題化
1971	環境庁設置 イタイイタイ病訴訟, 患者側勝訴, 被告控訴 新潟水俣病訴訟, 患者側勝訴, 判決確定
1972	ストックホルム(スウェーデン)の国連人間環境会議で「人間環境宣言」を採択 四日市ぜんそく訴訟, 患者側勝訴, 判決確定 イタイイタイ病訴訟控訴審, 患者側勝訴, 判決確定
1973	水俣病訴訟, 患者側勝訴, 判決確定 公害健康被害補償法制定
1975	大阪空港公害訴訟控訴審,「午後9時から翌朝7時までの飛行禁止」を命じる画期的判決
1976	川崎市(神奈川県)で全国初の環境アセスメント条例の制定
1979	琵琶湖(滋賀県)富栄養化防止条例制定
1981	大阪空港公害訴訟上告審, 夜間飛行差し止め請求却下
1992	リオデジャネイロ(ブラジル)で国連環境開発会議(地球サミット)開催
1993	環境基本法制定
1995	容器包装リサイクル法制定
1997	環境アセスメント(環境影響評価)法制定/COP3
1998	家電リサイクル法制定
1999	ダイオキシン類対策特別措置法制定
2000	循環型社会形成推進基本法制定
2001	環境庁, 環境省に昇格
2002	ヨハネスバーグ(南アフリカ)で環境開発サミット開催
2006	アスベスト新法制定
2007	東京大気汚染訴訟和解
2008	生物多様性基本法の制定
2009	水俣病救済法成立
2013	水俣条約調印
2020	プラスチック資源循環戦略としてレジ袋の有料化を義務化

羽田D滑走路(2004年の環境アセスメントをへて完成)

解説 1950〜60年代にかけて, 日本の高度経済成長と公害問題は密接に関わっていた。それまでは「公害」の概念すらなかったが, 相次ぐ企業の利潤追求至上主義により, あちらこちらで「公害」が発生した。しかし, その補償となると原因追及とその加害者側の責任程度を巡り, 裁判が長期化し, 被害者の拡大と被害者が亡くなってしまうというケースが多かった。公害が大きな社会問題として取り上げられるようになると, 企業も公害対策に投資をし, かつてのような産業公害は起こらなくなってきた。しかし, 国内では大都市への人口の集中により, 「都市公害」が問題になってきている。産業廃棄物やダイオキシンなどのゴミ処理を巡る問題が表面化した。80年代以降, 「環境問題」が世界規模の問題として注目されるようになった。21世紀に入りもはや「大量生産・大量消費・大量破壊」の時代は終わり, 有効な資源を利用しつつ環境にやさしい「持続可能な開発」のもとで「循環型社会」へと展開し, 企業も「環境」を一つの売りにするなど「環境ビジネス」が盛んになった。また, 消費者も「環境」をキーワードにした消費行動へとうつってきている。

循環型社会 〜3Rから5Rへ

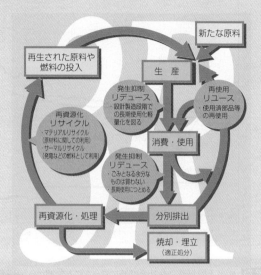

解説 循環型社会形成に欠かせないものが3Rである。3つの英単語の頭文字で示されたものであり, 以下の3つのことである。**リデュース(Reduce)**：設計の工夫などによって, 廃棄物そのものの抑制を抑えること。**リユース(Reuse)**：使用済みの製品や部品をそのまま再利用できるようにすること。**リサイクル(Recycle)**：製品や部品を資源として再利用すること。最近は, 5Rへ変化しつつある。ゴミになるものは買わない, もらわないリフューズ(Refuse)と製品を修理して長く使い続けるリペア(Repair)の2つが加えられながら, 循環型社会が形成されつつある。

Column 東京スカイツリーと環境アセスメント

環境アセスメント(環境影響評価)は, 開発事業を行う場合, それが自然環境に与える影響を事前に調査・予測・評価することである。1997年に環境アセスメント法が成立している。環境アセスメントは内容を公開して, 住民や関係自治体などの意見を聞くとともに各項目の専門家が審査することにより, 周辺環境に対して適切な配慮がなされるようにするものである。

2012年5月22日に開業した東京スカイツリーも, 当然, この手続きを経ている。2006年12月4日に調査計画書を提出し, これに基づいて調査・予測・評価がなされた。

この他にもさまざまな手続きを経て, 2008年5月30日に評価書が提出されている。ここでは規定のうち次の11項目, 大気汚染, 騒音・振動, 地盤, 水循環, 日影, 電波障害, 風環境, 景観, 自然との触れ合いの場, 廃棄物, 温室効果ガスを調査し, このほかに電磁波と風による発生音についても評価されている。

四大公害裁判（提訴順）

	新潟水俣病（第二水俣病）	四日市ぜんそく	イタイイタイ病	水俣病
提訴日/原告数	1967年6月12日／76人	1967年9月1日／12人	1968年3月9日／33人	1969年6月14日／138人
被　告	昭和電工	昭和四日市石油，三菱油化，三菱化成，三菱モンサント，中部電力，石原産業	三井金属鉱業	チッソ
発生地域	1964年頃から70年にかけ新潟県阿賀野川流域	1961年頃から三重県四日市市の石油コンビナート	大正時代から富山県神通川流域	1953年頃から60年にかけて熊本県水俣湾周辺
被害症状	手足のしびれ，目や耳が不自由になり死亡	気管支など呼吸器が侵され，ぜんそく発作が襲う	骨がもろくなり「痛い痛い」と叫んで死んでいく	手足のしびれ，目や耳が不自由になり死亡
原　因	工場廃水中の有機水銀に汚染された魚介類の摂取（メチル水銀中毒）	亜硫酸ガスの排出により大気が汚染され，その空気を吸うことで呼吸器に支障	鉱山からたれ流されたカドミウムに汚染された食べ物を摂取	工場廃水中の有機水銀に汚染された魚介類の摂取（メチル水銀中毒）
請求額	5億2,267万4,000円	2億58万6,300円	6,200万円（第1審） 1億5,120万円（控訴審）	15億8,825万円
おもな争点	因果関係，故意・過失責任	複合公害における因果関係，共同不法行為，故意・過失責任，損害算定法	因果関係	故意・過失責任
裁判所 判決日 判決額	新潟地方裁判所 1971年9月29日 2億7,779万円	津地方裁判所四日市支部 1972年7月24日 8,821万円	富山地裁（第1審） 1971年6月　5,700万円 名古屋高裁（控訴審） 1972年8月9日　1億4,820万円	熊本地方裁判所 1973年3月20日 9億3,730万円
判決内容 （法的根拠）	原告（被害者）側全面勝訴／疫学的因果関係の推認で立証されるとして，被告側の企業責任を追及（民法第709条[不法行為]）	原告（被害者）側全面勝訴／コンビナートの各企業の共同不法行為（民法第709，719条[不法行為，共同不法行為]）	1審・原告側全面勝訴→被告側控訴 控訴・被告側敗訴／疫学的因果関係の証明で損害賠償が可能（鉱業法第109条[無過失責任規定]）	原告（被害者）側全面勝訴／工場廃水は事前の安全確認が必要で，それを怠った企業責任を認める（民法第709条[不法行為]）

循環型社会形成推進のための施策体系

環境省・Re-Style
https://www.re-style.env.go.jp/restyle/

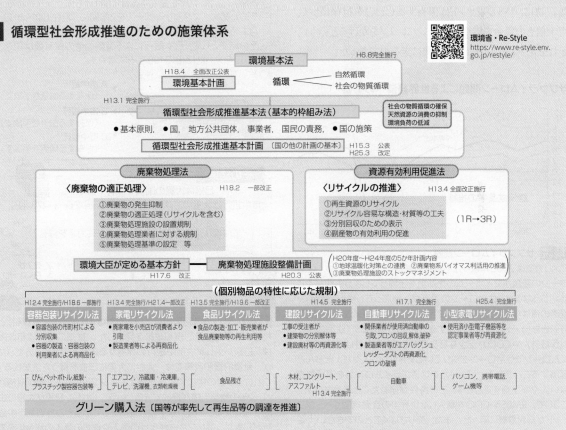

解説　日本における環境分野における施策体系

環境基本法と循環型社会形成推進基本法の内容をより具体化する方策のための体系一覧である。法律として規制の対象になっているものは少ない。私たちを取り巻く環境の諸問題を解決する最後の手段は，事業者（企業）や国民一人ひとりの行動にかかってきている。

経済的主体

10 サブプライムローン問題と世界経済

（→p.178参照）

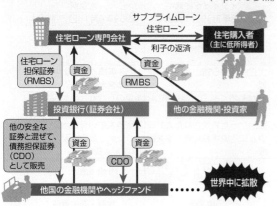

アメリカは，連邦準備制度理事会（FRB，アメリカの中央銀行に当たる）が低金利政策を採っていたために，住宅ローンの金利も低くなり，2000年以降，住宅購入が活発で，住宅価格も上昇していた。転売目的での住宅投機・土地投機も盛んになった。また，割安なCDO（債務担保証券）を買って，高くなれば売って利益を上げることができるため，世界中に拡散したCDOでの投機も盛んとなった。特に，ヘッジファンドは保有するCDOを担保にして，何十倍もの資金を借り（これをレバレッジをかけるという），それを元手にCDOなどの投機に走るのであった。

サブプライムローン問題による世界経済への影響

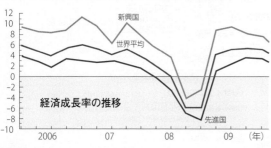

経済成長率の推移

|解説| **サブプライムローン問題**

アメリカでは2006年より住宅価格が暴落した。そのため，住宅ローンの残額がマイホームの売却額を上回ってしまう事態が生じた。こうなると，住宅ローンの返済が一端滞ってしまった時点で，返済の道はなくなってしまう。こうして，サブプライムローンを返済できないアメリカ人が急増する。しかし，RMBS（住宅ローン担保証券）やCDOが安全な証券であることの条件は，サブプライムローンで住宅ローンを借りているアメリカの人々が，きちんと返済することである。アメリカでサブプライムローンを返済できない人々が急増することは，この条件が崩れたことを意味する。こうして，RMBSやCDOを購入した世界中の金融機関やヘッジファンドが経営危機に陥った。また，売りさばくことのできない大量のCDOを抱えたアメリカの投資銀行も経営危機に陥った。こうして，サブプライムローン問題が世界経済を襲ったのである。

11 アベノミクス

大胆な金融政策という矢
インフレ目標2%
異次元の金融緩和（新量的緩和政策）

機動的な財政政策という矢
内閣発足後17日目に10兆円規模の経済対策
国土強靭化計画（防災、インフラの改修）

民間投資を喚起する
成長戦略という矢
投資減税の導入

|目標| デフレからの脱却　名目3%の経済成長
└→2%

|解説| 2012年12月に発足した安倍晋三内閣は，バブル崩壊後，日本経済が陥っていたデフレからの脱却を掲げ，その政策手段として，金融政策，財政政策，成長戦略を実施している。この3本の矢を柱とする経済政策はアベノミクスと命名された。この効果で，円安が進行し，株価も上昇傾向を見せた。しかし，その恩恵にあずかるのは，輸出に依存している大手企業であり，株式を保有する高所得者であるなど一部の企業や人々に過ぎない。また，2%のインフレ率の目標の実現に応じて，国債の金利の上昇が予想される。

主な内容

- 2%のインフレ目標を達成する（2年間のうちに）
- そのために，マネタリーベースを2年間に，現在（2012年12月末時点）より2倍の270兆円まで増やす
- その結果として，日本銀行による長期国債の保有額は現在（2012年末）より2倍の190兆円に増やす

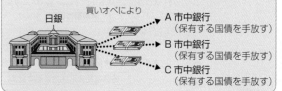

買いオペにより
→A 市中銀行（保有する国債を手放す）
→B 市中銀行（保有する国債を手放す）
→C 市中銀行（保有する国債を手放す）

その結果

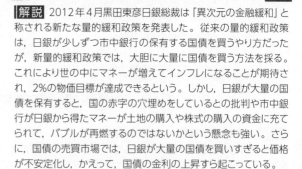

日銀は大量の国債を保有（190兆円），
市中銀行は大量のマネー（ベースマネー）を保有（270兆円）

市中銀行はどんどん企業や私たちにカネを貸せる

世の中にマネーが増えてインフレ状態

2%のインフレ達成

給料がふえた！

売上が良くなった！

|解説| 2012年4月黒田東彦日銀総裁は「異次元の金融緩和」と称される新たな量的緩和政策を発表した。従来の量的緩和政策は，日銀が少しずつ市中銀行の保有する国債を買うやり方だったが，新量的緩和政策では，大胆に大量に国債を買う方法を採る。これにより世の中にマネーが増えてインフレになることが期待され，2%の物価目標が達成できるという。しかし，日銀が大量の国債を保有すると，国の赤字の穴埋めをしているとの批判や市中銀行が日銀から得たマネーが土地の購入や株式の購入の資金に充てられて，バブルが再燃するのではないかという懸念も強い。さらに，国債の売買市場では，日銀が大量の国債を買いすぎると価格が不安定化し，かえって，国債の金利の上昇すら起こっている。

経済的主体

12 観光立国に向けたうごき

訪日外国人の推移

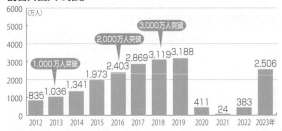

訪日外国人の旅行消費額

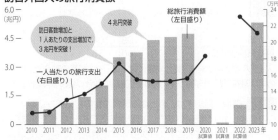

|解説| 観光立国へのうごき

2013年頃から，国の成長戦略の一つとして「観光」に力を入れる政策を展開し，来日した外国人観光客による消費活動（インバウンド消費）が景気を刺激していた。コロナ後の回復が期待されている。

|解説| 円安とそれを一要因とした商品の値上がりは日本銀行による超低金利政策の継続によるところが大きい。2013年4月から，アベノミクスの柱である量的質的金融緩和政策が未だに継続されており，そのため，為替市場では円売りドル買い傾向が基調となっているのである。日本銀行は，物価の安定を金融政策の最終目標に掲げているにもかかわらず，現在の消費者物価の上昇のなかでも，政策金利の引き上げを先延ばしにしていて，いまだに−0.1%である。庶民の生活の苦しさを省みずに，こうした円安政策を未だに継続していることに対しては批判が強い。

13 コロナ下での政府対策

主なコロナ対策の状況（2021年時点）

主要国の
コロナ対策の
GDPに占める割合
（2021年3月中）

国際通貨基金調べ
対策には融資も含む

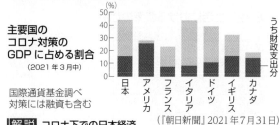

『朝日新聞』2021年7月31日

|解説| コロナ下での日本経済

3月中旬までに主要7か国（G7）のコロナ対策の規模は，資金繰り支援の融資などを加えると，日本が国内総生産（GDP）の44.2%と最大だった。ただ，巨費を投じたにもかかわらず，国民の不満は小さくない。支援を必要とする人に政府や自治体が迅速にお金を配れていないことが背景の一つにある。

国民1人当たり一律10万円の現金給付に始まり，様々なコロナ対策の実行で遅れが出たのはなぜか。その裏には，お金を早く配るデジタル基盤の弱さといった技術的な問題だけではなく，危機への備えを欠いた政府の「もろさ」がある。

14 円安とインフレの進行

外国為替市場では，2021年1月頃から円安方向に変わり，2023年には1ドル＝151円台にまで，円の価値が低下する状況になり，現在に至っている。円安や世界的な穀物需要の増加などが原因となって，消費者物価指数は2022年1月より上昇傾向を示し，ガソリンや生活物資の値上げラッシュが始まった。特に，ガソリン価格はついに，政府の補助金が継続されているものの，レギュラー価格で，180円／Lを超えるほどにまで上昇した（2023年8月）。

ガソリン小売価格

経済的主体

Column 中央銀行デジタル通貨（CBDC）

中央銀行（日本の場合は日本銀行）が発行するデジタル通貨を中央銀行デジタル通貨といい，ビットコインをはじめとする暗号資産の仕組みを活用した新通貨構想である。

日銀によれば，次の3つを満たすものが中央銀行デジタル通貨であるとしている。

(1) デジタル化されていること
(2) 円などの法定通貨建てであること
(3) 中央銀行の債務として発行されること。

現金を代替するようなデジタル通貨を中央銀行が発行することについては，民間銀行の預金や資金仲介への影響など検討すべき点も多いことなどから，主要中央銀行は慎重な姿勢とっている。しかし検証は徐々に広がっており，日本銀行でも2020年より具体的な取り組みについて検討が始まった。

他国の例では，スウェーデン国立銀行が開発しているe-krona（e-クローナ）やバハマ中央銀行が2020年から開始したサンドダラーなどがある（右図参照）。

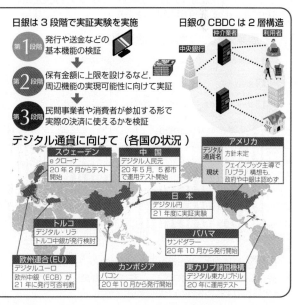

テーマ学習　農業と食料問題

■ 国民生活における農業の地位

	1960	1970	1980	2018
国内総生産（10億円）	16,681	75,299	245,547	548,367
うち農業総生産の割合（%）	9.0	4.2	2.4	1.0
輸出総額（10億円）	1,460	6,954	29,382	81,479
うち農産物輸出の割合（%）	4.3	2.0	0.7	0.7
輸入総額（10億円）	1,617	6,797	31,995	82,703
うち農産物輸入の割合（%）	38.5	19.0	13.0	8.0
農業就業人口（万人）	1,196	811	506	*201
総就業者に占める割合（%）	26.8	15.9	9.1	3.2
一般会計国家予算額（億円）	17,652	82,131	436,814	*997,218
うち農業関係予算の割合（%）	7.9	10.8	7.1	1.7

＊は2015年数値　　　　　（『日本国勢図会』2020/21）

|解説| 農業就業人口の割合は，この40年間で1/6に減少し，国内総生産に占める農業の地位も低下した。その分輸入農産物が増加したが，1960年度の場合，輸入総額の内2割にもなり，この当時は工業製品よりも国民に腹一杯食べさせることが課題であったために割合が高かった。

■ 日本の専業・兼業農家数の割合

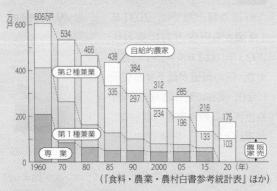

（『食料・農業・農村白書参考統計表』ほか）

|解説| 販売農家とは経営耕地面積30アール以上又は販売金額50万円以上の農家を指し，自給的農家はそれ未満を指す。販売農家は農家全体の約58.5%にあたる。また，販売農家のうち，高齢専業農家（65歳以上の世帯員）は約1割を占め，1990年に比べ，約9万戸増加している。

■ 農業労働力の高齢化（販売農家）

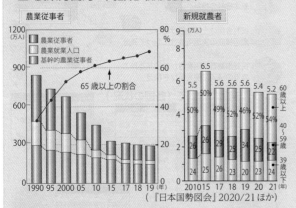

（『日本国勢図会』2020/21ほか）

|解説| 農村では，都市部以上に高齢化のスピードが速い。高齢化に伴い耕作放棄地も増加し，耕作条件が厳しい中山間地域（全耕地の4割を占める）で特に多い。

■ 食用農産物の自給率の推移

年度	1960	1970	1980	1990	2000	2021
米	102	106	100	100	95	98
小麦	39	9	10	15	11	17
大豆	29	4	4	5	5	7
野菜	100	99	97	91	81	79
果実	100	84	81	63	44	39
鶏卵	101	97	98	98	95	97
牛乳・乳製品	89	89	82	78	68	63
牛肉　　　（肉類）	96	90	72	51	34	38
豚肉	96	98	87	74	57	49
砂糖類（沖縄県を含む）	18	22	27	33	29	36
魚介類	110	108	104	86	53	57
供給熱量自給率	79	60	53	47	40	38

品目別の自給率は国内消費仕向量に対する国内生産量の割合で，総合自給率は国内消費仕向額に対する国内生産額の割合。（農林水産省HP）

|解説| 肉類の自給率は，餌となる飼料作物の自給率から考えるとこの値よりかなり低い。また，果実は輸入自由化などで外国産のものが輸入されることにより，1980年代以降急速に減少している。

■ 各国の食料自給率

2019年（日本は2021年度）	日本	アメリカ	イギリス	ドイツ	フランス	イタリア
穀類	29	116	97	101	187	61
食用穀物	63	167	94	114	183	72
うち小麦	17	158	99	125	200	62
粗粒穀物	1	111	104	83	194	52
豆類	8	172	53	13	79	39
野菜類	79	84	42	41	68	151
果実類	39	61	12	31	64	104
肉類	53	114	75	120	102	81
卵類	97	104	94	70	98	99
牛乳・乳製品	63	101	89	106	104	86
魚介類	57	64	65	27	29	17
供給熱量総合食料	38	121	70	84	131	58

（『日本国勢図会』2023/24）

|解説| 先進国の中でも，わが国は極端に食料自給率が低い。そのため，わが国の食生活は，海外に頼っていることから「食料安保論」がよく問題にされることがある。

Column　農業の6次化　〜農業と観光〜

第6次産業は農林水産業である第1次産業，製造業などの工業を主とする第2次産業，小売業などのサービス業を主とする第3次産業の融合（1次×2次×3次=6次）を目指して提唱された造語である。

資料：農林水産省作成

地域のコミュニティ機能を維持し，地域のにぎわいを実現させるためには，農林漁業者の所得の向上のみならず，地域における雇用の確保などが必要となる。このため，今後大きく成長する世界の食市場を取り込み，農林漁業者が主体となって取り組む6次産業化を推進するとともに，介護福祉，医療，観光分野などとの連携を強化していくことが重要になってきている。　（『食料・農業・農村白書』2014を元に作成）

経済的主体

■ 米の全体需給の動向と米政策

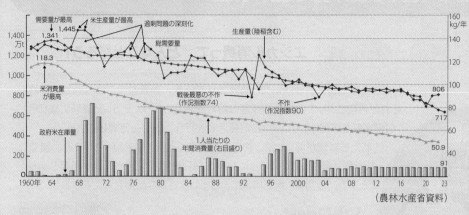

（農林水産省資料）

■ 日本の農産物貿易の動向

我が国と主な国の農産物貿易 (2017年)

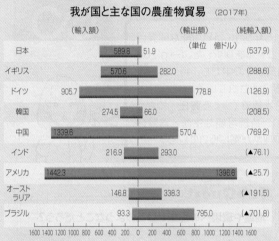

（輸入額）（輸出額）（純輸入額）（単位 億ドル）

	輸入額	輸出額	純輸入額
日本	589.8	51.9	(537.9)
イギリス	570.6	282.0	(288.6)
ドイツ	905.7	778.8	(126.9)
韓国	274.5	66.0	(208.5)
中国	1339.6	570.4	(769.2)
インド	216.9	293.0	(▲76.1)
アメリカ	1442.3	1396.6	(▲25.7)
オーストラリア	146.8	338.3	(▲191.5)
ブラジル	93.3	795.0	(▲701.8)

我が国と主な国の農産物輸入品 (2019年)

（とうもろこし）
アルゼンチン 1.4%　その他 1.2%
ブラジル 28.2%
アメリカ 69.3%
輸入総額 3,841億円

（大豆）
カナダ 13.7%　その他 1.6%
ブラジル 14.0%
アメリカ 69.3%
輸入総額 1,673億円

（小麦）
その他 1.6%
オーストラリア 17.7%
カナダ 34.8%
アメリカ 45.9%
輸入総額 1,606億円

（『食料・農業・農村白書』2019など）

農林水産省・食料自給率・食料自給力について
https://www.maff.go.jp/j/zyukyu/zikyu_ritu/011_2.html

経済的主体

Column 食料自給率は数字のマジック!?

「日本の食料自給率は約40%で，先進諸国中で最低である！」共通テストを控える高校生には必須項目である。しかし，本当だろうか。40%はカロリーベースでの数値であり，国産品で賄われた総熱量になる。国民1人1日当たりの国産供給熱量（850kcal）／国民1人1日当たり供給熱量（2259kcal）×100=38%（2022年度）での数値である。この場合，野菜や果実などは低カロリーのため，増産を試みても数字に反映されにくくなる。この算出方法を使っている国はほとんどない。他の先進諸国は生産額ベースで表しており，日本は国内生産額（10兆2,728億円）／国内消費仕向額（17兆7,034億円）×100=58%（2022年度）になる。

また，もうひとつ畜産物に注目したい。輸入飼料（エサ）分は外国産とみなし，差し引いて算出されている。国産の牛肉・豚肉・鶏肉はよく見かけ，私たちも食しているが，輸入飼料の割合が多く，自給率64%とも見える数値が17%と低い数値になっている。食料自給率に関するデータは多角的な視点からの考察が必要である。

カロリーベースと生産額ベースの食料自給率 (2022年度)

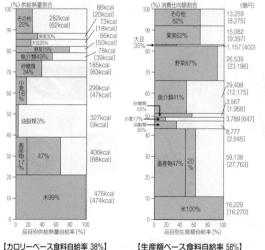

【カロリーベース食料自給率 38%】
総供給熱量 2,259kcal／人・日
国産供給熱量 850kcal／人・日

【生産額ベース食料自給率 58%】
国内消費仕向合計 17兆7,034億円
国内生産額合計 10兆2,728億円

凡例 輸入部分 輸入飼料部分（国産としてカウントせず） 自給部分
※ラウンドの関係で合計と内訳が一致しない場合がある。

239

導入のQuest

MainQuest エシカル消費って，どんなことだろう？

エシカル消費
SDGsの目標12「つくる責任 つかう責任」

人 ⇔ 社会

気づく・知る

つかい手 消費者 × つくり手 事業者

行動する

地域 ⇔ 環境

エシカル消費は倫理的消費とも呼ばれている。消費者庁では，「消費者それぞれが各自にとっての社会的課題の解決を考慮したり，そうした課題に取り組む事業者を応援したりしながら消費活動を行うこと」，と定義している。

私たちは喉が渇くと飲み物をお腹が空くと食べ物を買ったりする。誰でも消費活動をしていることになる。毎日の消費生活を見直す必要もありそうだ。今回は，商品購入におけるさまざまな配慮を考えてみよう！

SubQuest 右のマークはどんなことを意味しているかな？

12 つくる責任 つかう責任

国連では，2015年9月に持続可能な開発目標（SDGs）の17ゴールを採択した。（→p.286参照）エシカル消費はその中でも，特にゴール12に関する取り組みとされている。

ゴール12は日本語で「つくる責任　つかう責任」と表現され，持続可能な生産・消費形態の確保としての理念が掲げられている。

SubQuest 人・社会への配慮とは，どんなことだろうか？

皆さんが口にしたことのあるチョコレートの原料，カカオはどのような人が関わって生産しているのだろうか？もし，貧困に苦しむ子供たちが学校に行けずに，働きながらカカオを収穫しているとしたら，そのチョコレートは人・社会に配慮された商品と言えるだろうか？したがって，最近はフェアトレード（p.281参照）が注目されている。商品の裏側にあるストーリーに想いを巡らせることも大切である。

SubQuest 地域や環境への配慮とはどのようなことだろう？

皆さんは，最近，どこで買い物をしただろうか？

大規模駐車場を併設するショッピングモール？　インターネットを通じたオンライン販売？　現代の経済社会では，必要なモノ，欲しいモノを簡単に便利に購入することができる。しかし，私たちが暮らす日本は，豊かな自然に恵まれ，全国の地域社会にはさまざまな特産品がある。地域の商店で買い物をすることは地域を応援することであり，地域振興にもつながる。各地の伝統工芸品を購入したり，地元の食材を意識的に選んだりすることは，地域への配慮とも言えるだろう。自然災害が目立つようになってきた昨今だが，被災地の産品購入が被災地支援になることも覚えておこう。

また，そうした買い物をするとき，環境を意識することはあるだろうか？　エコバッグは常に携帯しているだろうか？　海洋汚染などを引き起こすプラスチック製買物袋の有料化は2020年7月にスタートした。資源や廃棄物を制約する必要があり，海洋プラスチック問題は深刻化の一途を進んでいる。

Think!
エシカル消費に関係する認証マークについて調べてみよう。消費生活を見直す一歩になる。

1 消費者の権利と責務

消費者が，安心して健康で文化的な消費生活を送るためには，消費者の安全の確保と公正な契約の確保，つまり消費者の権利の確保が不可欠である。

この消費者の権利を，アメリカのケネディ大統領が1962年「消費者の権利保護に関する大統領特別教書」でうたったことが，世界各国の消費者行政の基本理念になったといわれている。

ケネディ大統領の消費者の4つの権利

i 安全を求める権利　　ii 知らされる権利

iii 選ぶ権利　　　　　iv 意見を聞いてもらう権利

(1975年にフォード大統領がvを追加)

v 消費者教育を受ける権利

2 消費者問題関連年表

年	事 項
1946	食糧メーデー「米よこせ大会」
48	主婦連合会結成（不良マッチ追放運動の実施）
51	日本生活協同組合連合会結成
52	全国地域婦人団体連絡協議会（地婦連）結成
55	森永ヒ素人ミルク事件発生（西日本中心130人死亡）
56	全国消費者団体連絡会（全国消団連）結成
60	にせ牛缶（クジラを牛肉と偽った）事件発生
62	中性洗剤の有害論争起きる。サリドマイド事件（催眠剤服用による奇形児出生）発生
65	アンプル入り風邪薬によるショック死
66	ユリア樹脂製食器の販売を禁止（ホルマリン検出）
67	ポッカレモンの不当表示問題発生
68	消費者保護基本法公布。カネミ油症事件発生（→写真）。地婦連100円化粧品発売
69	欠陥車問題発生。人工甘味料チクロの使用を禁止
70	カラーテレビ二重価格問題で消費者5団体が不買運動。国民生活センター発足。キノホルム販売禁止
71	DDT・BHC等有機塩素系農薬の使用制限
72	PCBによる汚染魚問題発生。SF商法苦情続出
73	石油危機で物不足と狂乱物価始まる（チリ紙騒動）
74	AF2（殺菌剤）を全面禁止。灯油ヤミ・カルテル訴訟
79	合成洗剤追放運動。塩ビモノマー食品容器問題化
83	滋賀県で合成洗剤追放条例制定，'80年施行
85	水銀乾電池回収問題発生。サラ金規制法公布（二法）豊田商事・投資ジャーナルなど悪徳商法発生
89	消費税導入。鶴岡灯油訴訟，最高裁敗訴
91	証券会社の損失補てん問題。ダイヤルQ2苦情多数
94	米の不作により各地で米不足が発生。PL法公布
95	PL法施行，食品の日付表示，製造日から期限表示へ
97	公取委，再販指定商品（化粧品等）の指定取消
2000	雪印乳業食中毒事件
01	消費者契約法・特定商取引法施行，BSE発生
03	食品安全基本法施行，食品安全委員会設置
04	消費者基本法成立。振り込め詐欺問題
05	耐震構造偽装建築問題
06	アスベスト被害に対する救済法成立
09	消費者庁・消費者委員会設置
12	消費者安全調査委員会（消費者事故調）設置
15	食品表示法施行
18	民法改正，成年年齢が18歳に引き下げ
19	消費税率10%，軽減税率8%実施
20	新型コロナ感染症の世界的蔓延

3 消費者契約の基本

事業者に比べて，消費者は商品や取引に関する情報や事業者との交渉力の面で弱い立場にある。これをふまえて，消費者契約法では，

（ア）事業者の不適切な契約勧誘により消費者が誤認して契約した場合（事例1）や困惑して契約した場合（事例2）は契約を取り消すことができる。（不適切な勧誘による意思表示取消権）

（イ）契約内容が不当であれば，これを無効にすることができる。（事例3）（不当条項ルール）

→ こうした契約条項は全部または一部無効

4 消費者行政の新たな流れ

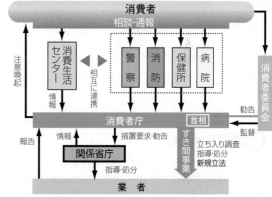

解説 消費者行政の強化と縦割り行政の打破をめざして，2009年9月1日に消費者庁が発足した。同庁は内閣府の外局に置かれ，その監視機関である「消費者委員会」は民間の専門家で組織され，内閣府内に設置される。消費者行政に関係する省庁は，農水省や厚労省など10省庁にまたがっている。消費者庁は関連各省庁に消費者被害についての情報を通知して行政的な対応を要請し，所管が不明確な「すき間事案」はみずから担当する。消費者委員会は消費者庁の対応に意見を述べ，各省庁の必要な対応を首相あてに勧告する役割をになう。

5 特定商取引の種類

	内容・具体例	おもな規制事項	クーリング・オフ
訪問販売	・販売員が自宅に来てモノやサービスを売る。 ・キャッチセールスを含む ・アポイントメントセールスを含む	・事業者は契約書を作成して消費者に交付すること ・強引な勧誘，ニセ情報による勧誘は禁止	クーリング・オフ **有** 8日間
通信販売	・郵便，インターネット，テレビ，新聞雑誌などを使った販売	・誇大広告は禁止 ・商品の価格や支払方法，支払時期など一定事項の表示を義務づける	クーリング・オフ **無**
電話販売	・電話をかけてモノやサービスを売る ・資格商法として利用されることがある	・事業者は契約書を作成して消費者に交付すること ・強引な勧誘，ニセ情報による勧誘は禁止	クーリング・オフ **有** 8日間
連鎖販売取引	・特定の商品を販売しながら，別の人を販売員に勧誘すれば収入が得られるというシステムを作って，販売組織を拡大していく	・事業者は契約書を作成して消費者に交付すること ・強引な勧誘，ニセ情報による勧誘は禁止 ・誇大広告は禁止	クーリング・オフ **有** 20日間
特定継続的役務提供	・エステサロン，語学教室，家庭教師学習塾を対象とする ・契約が長期に及ぶので途中解約のルールを定める。	・事業者は契約書を作成して消費者に交付すること ・強引な勧誘，ニセ情報による勧誘は禁止 ・誇大広告は禁止	クーリング・オフ **有** 8日間
業務提供誘引取引	・副業のチャンスがあると勧誘してその仕事に必要な商品を販売する（いわゆる内職商法）	・事業者は契約書を作成して消費者に交付すること ・強引な勧誘，ニセ情報による勧誘は禁止	クーリング・オフ **有** 20日間
訪問購入	・貴金属等の買取業者による自宅への強引な訪問買取り（いわゆる押し買い）	・事業者は名称，勧誘目的，物品の種類を説明し，勧誘を受ける意思を確認する ・取引を希望しない消費者には購入勧誘を禁止	クーリング・オフ **有**

|解説| 2001年6月訪問販売法が改正されるとともに，特定商取引法に法律の名称が変わった。訪問販売法では訪問販売だけを規制の対象としていたが，特定商取引法では他に，通信販売や電話販売なども加わった。特に，インターネットでの販売で消費者を保護する規制を明記している。ここにあげた特定商取引の中には悪質商法（→資料6）と組み合わせたものがあるので，充分注意しなければならない。

Column PL制度

　商品の大量生産によりさまざまな欠陥商品が出現し，多くの商品事故が発生するようになった。しかし，民法709条によれば，被害を受けた消費者は損害賠償を得るためには，製造者の故意または過失を証明しなければならなかった。これでは被害者が裁判で勝てる見込みはほとんどない。

　そこで，商品に欠陥が存在したことさえ明らかにできれば被害者が損害賠償を得ることができるというPL制度が必要となったのである。PL制度は企業側に無過失責任，欠陥責任を認める考えであり，「過失なければ責任なし」という近代民法の原則を修正したものである。

6 悪質商法の具体例

①商品を売るよりも，販売する会員を勧誘することに重点を置いているような商法

（該当する悪質商法）
・マルチ商法
・マルチまがい商法
（商品・サービス）
・浄水器,泡風呂,洗剤,寝具類など

※被害者が，やがて加害者になることも多い。

②街角でセールスマンが声をかけてくる商法

（該当する悪質商法）・キャッチセールス
（商品・サービス）・エステティックサロン,化粧品販売,自己開発講座,英会話教室など

※喫茶店や事務所に誘われ，気がつくと契約しているというケースも多い。無料体験というのもクセモノ。

③電話や手紙などで，『あなただけが選ばれた』などと，消費者の自尊心をくすぐる商法

（該当する悪質商法）
・アポイントメント商法
・DM商法,資格商法
（商品・サービス）
・英会話教室,各種資格,ミスコン,会員権

※安易に事務所や喫茶店に出かけないこと。また，簡単なアンケートだと言って契約させるケースもある。

④特定の会場あるいは家庭に消費者を集めて,集団心理を利用して商品を売りつける商法

（該当する悪質商法）
・パーティー商法
・SF(催眠)商法
（商品・サービス）
・寝具,鍋などの家庭用品,宝石類など

※安い品物の無料配付などで会場の雰囲気を盛り上げ,目的の商品をドサクサに紛れて買わすことが多い。

⑤新聞や雑誌で,利益や投資効果を誇大に宣伝する商法

（該当する悪質商法）
・儲かります商法
・アルバイト商法
・現物まがい商法
（商品・サービス）
・金,株などの投資,自販機,ワープロ

※簡単に儲かる商売やリスクの少ない投資など存在しないことを忘れずに。訪問販売にも多いパターンである。

⑥セールスマンが直接家庭を訪問する商法（訪問販売）で消費者の誤解や錯覚を利用する商法

（該当する悪質商法）・現物まがい商法・かたり商法・サービス商法
（商品・サービス）・寝具,消火器,金,株,不動産,新聞

※玄関を開けたら，消費者の負けである。

⑦運勢や心の不安,信仰心に取り入る商法

（該当する悪質商法）
・霊感商法
・霊視商法
（商品・サービス）
・開運の壺,多宝塔,印鑑,悪霊の除霊や供養など

※大事なのは支払った金額ではなく,供養する人や信仰する人の真摯な気持ちなのですが………？

（木元錦哉『悪質商法被害例と救済法』自由国民社）

経済的主体

7 クーリング-オフ

クーリング-オフでの通知の書き方

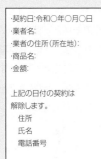 

- 契約日:令和○年○月○日
- 業者名:
- 業者の住所(所在地):
- 商品名:
- 金額:

上記の日付の契約は
解除します。
　住所
　氏名
　電話番号

郵便はがき

63円
ハガキ代
＋
320円
切手

宛先住所
××資格学校
代表者　　様

簡易書留

郵便局で扱う簡易書留または配達記録郵便を利用し販売会社に出そう。確実に通知を出した証拠が残る。令和○年○月○日と年月日を入れる。　コピーを取っておくとよい。

|解説| 悪質商法にひっかかって商品を買ってしまった場合でも,クーリング-オフ制度を使って,その商品売買の契約を取り消すことができる(資料5参照)。その際には,上の書式を参考に,書面にて売り手に通知する。ただし,店舗での対面販売や,通信販売にはクーリング-オフが適用されない。

8 自己破産の流れ

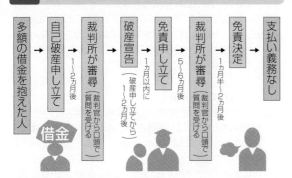

多額の借金を抱えた人 → 自己破産申し立て → 裁判所が審尋(1〜2カ月後)(裁判官から口頭で質問を受ける) → 破産宣告(1カ月以内に)(破産申し立てから1〜2カ月後) → 免責申し立て → 裁判所が審尋(5〜6カ月後)(裁判官から口頭で質問を受ける) → 免責決定(1カ月半〜2カ月後) → 支払い義務なし

借金

|解説| 多重債務に陥って返済が不可能になった時は裁判所に自己破産の申し立てをする方法が有効である。裁判所により破産宣告を受けた後,免責決定により免責が確定すると,借りていた元金や利息の支払いは免除される。

Column 母さん助けて詐欺 (振り込め詐欺)

「会社の金で株に手を出して失敗　横領で訴えられる　助けて!」
　50歳代の女性方に,息子を装った者から
「今日,会社に監査が入る。監査前にお金を戻せば何とかなる。300万円用意して!宅急便が家に向かう。」

「誰にも言わないで　不倫相手を妊娠させた　示談金を何とかして!」
　60歳代女性方に,息子を装った者から
「子どもができちゃった。相手は旦那さんがいる人で,旦那さんが怒っている。弁護士に入ってもらった。お金を送ってほしい。」

「お母さん,このままだと何されるか分からないよ…」

　息子から久しぶりの電話を装った者から懐かしいと思うのもつかの間,おびえた声で
「友だちの保証人になったらその友だちがいなくなってしまった。
　このままだと取り立て屋に何をされるか分からない,すぐにお金を振り込んでほしい。」

|解説| 家族を装うなどしてカネを奪い取る振り込め詐欺が後を絶たない。最近では,銀行のATMから現金を振り込ませる手口ばかりではなく,直接被害者の自宅に来て現金を奪い去る方法もあり,その手口は巧妙になっている。日頃から振り込め詐欺の手口を理解して,突然の電話などにも対応できるようにすることが必要である。

---

9 消費者相談の推移

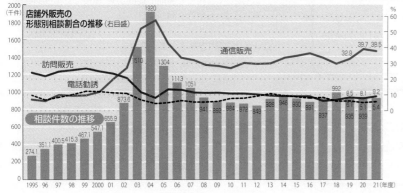

店舗外販売の形態別相談割合の推移(右目盛)
訪問販売
電話勧誘
通信販売
相談件数の推移

274.1 351.1 400.5 415.3 467.1 547.1 655.9 873.6 1510 1920 1304 1143 1051 841 884 872 849 928 946 930 891 937 992 935 939
8.5 8.1 9.2 8.1 8.1 5.4
32.9 39.7 38.5

1995 96 97 98 99 2000 01 02 03 04 05 06 07 08 09 10 11 12 13 14 15 16 17 18 19 20 21(年度)

|解説| 消費生活センターに寄せられる相談件数は,20・30代を中心に,近年増加の一途をたどっている。商品の購入や契約に際しては,テレビCM等の「なんとなくかっこいい」イメージだけに踊らされることなく,十分な知識と計画性をもって対処しなければならない。
(消費生活年報2022)

経済的主体

243

18歳は大人。多様な契約について知ろう

契約とはどんなことだろう?

〇次のうち, 契約にあたるものをすべて挙げよう!

①
自動販売機に硬貨を入れて, ジュースを買う

②
バス停に停車しているバスにICカードをかざして, 乗車する

③
最近, 体重が増えてしまったので, 目標体重を設定して, 家族に宣言する

④
ピザ店に電話をして, ピザの宅配注文をお願いする

⑤
D判定のため合格率があまり高くない大学に, 本気で勉強して合格することを友人に誓う

⑥
旅行先で重たく感じた荷物をコインロッカーに預ける

⑦
少し汚れた洋服をクリーニング店に出す

〇契約とは?　2人以上の当事者の申込と承諾によって成立する法律行為である。契約の当事者は, 締結した契約に拘束されることになり, 原則として取り消すことができない。契約も約束のひとつとみることもできるが, お互いに納得していること, つまり合意していることが重要になる。

お店 (売り手)　パンを100円で売ります!

私たち (買い手)　パンを100円で買います!!

〈契約の成立〉

このことを前提に, ①〜⑦の解答を確認していこう。

③と⑤は契約とは言えない。

③は自分が宣言をして目標体重になったとしても, それを見ていたり聞いていたりする家族は, 承諾に該当するような行為をしないかもしれない。「どうせ, できっこない」などと言ってまったく相手にされないことさえもある。互いの合意がここには存在しているとは言えない。⑤も同様に, 本人の誓いを聞いた友人との合意関係は存在していないので, 契約とは言えない。

②と④と⑦は契約である。

②はバス運転手がおり(自動運転ではないとする), バスはバス会社により運行されている。そこに本人は, 運賃を支払い, 乗車したいことを申し出ることになる(実際は無言で乗ることになるが)。バス運転手やバス会社が乗車を認めて承諾することで, 双方の合意が成立していると考える。

④も電話で対応するピザ店員がおり, ピザを焼くピザ店がある。そこに本人は, 口頭で注文を申し出たことになる。店員もお店ももちろん了解するので, 互いの合意が成立する。しばらく, 待っていると自宅においしいピザが到着することであろう。⑦も店員が洋服を受け取ることで, 料金を事前に支払うか, 事後に支払うかに関わらず, 互いの合意が成立しているとみてよいだろう。

①と⑥も契約であると考えられる。

①の自動販売機, ⑥のコインロッカーは, 共に相手の姿が見えにくい。しかし, 自動販売機もコインロッカーも利益を得る目的でそれらを設置している会社の存在がある。①では硬貨を投入して欲しい商品を選択してボタンを押すことを, ⑥では硬貨を投入して荷物を入れてドアを閉めることで, それぞれ本人が申出をしたことになり, 会社は承諾したことになり, お互いの合意が成立していると考えるのである。

契約は絶対に取り消せないのだろうか？

○成年年齢の引き下げと社会的な責任

2022年4月から民法が改正されて，成年年齢が20歳から18歳に引き下げられた。これにより，18歳は成年，「おとな」として扱われることになる。親ではなく，自分自身の判断でできることが増えてくるが，社会的な責任は自らが負うことになるので，注意が必要である。

○未成年である16歳，17歳であれば，未成年者取消権を有していることになる

これは，本来，締結した契約には履行する義務が生じ，それに拘束されることになるが，未成年者は保護者の同意を得ずに締結した契約を取り消すことができるようになっている。この権利を未成年者取消権という。成年年齢に達すると，親権の対象とはならなくなり，保護者による保護がなくなることから，この権利が失われる。

○18歳成年年齢で，自分自身でできることが増える

成年年齢になると，自分自身でできることが増える。つまり，一人で契約ができるようになると考えればよい。例えば，親と一緒に購入していたスマートフォンも一人で契約できるようになる。また，クレジットカードを作って利用したり，高額な商品を購入するためのローンを組んだりすることもできるようになる。

しかし，契約におけるトラブルは，後を絶たず，非常に多くの事例が報告されているので，チェックしておこう。

消費者契約法は，消費者を不当な契約から守る目的で2000年に成立し，2001年から施行されている。消費者と事業者では，持っている情報の質・量や交渉力に格差があるとして，消費者の利益を守るために契約の取り消しができる事例がある。

> 右の赤枠の項目は，消費者契約法で平成30年から改正された内容だよ！

おもな相談窓口は？
消費者の契約トラブルに巻き込まれたり，巻き込まれそうになったりしたら，**電話番号3桁188を押そう**。相談窓口を案内してくれる。
（消費者庁　消費者契約法パンフレットより）

消費者契約法で取り消しができる事例

うそを言われた（不実告知）

重要事項について事実と異なることを告げた。

例　「この機械を付ければ電気代が安くなる」と勧誘し，実際にはそのような効果のない機械を販売。

例　真実に反して「溝が大きくすり減っていて，このまま走ると危ない，タイヤ交換が必要」と告げ，新しいタイヤを販売。

> 溝が大きくすり減っていて，このまま走ると危ない！タイヤ交換が必要ですよ（ホントはそんなことないけど…）

不利になることを言われなかった（不利益事実の不告知）

消費者の利益となる旨を告げながら，重要事項について不利益となる事実を故意に告げなかった。

例　眺望・日照を阻害する隣接マンションの建設計画があることを知りながら，そのことを説明しないで「眺望・日照良好」と説明してマンションを販売。

> 眺望・日照良好！（そのうち隣に高層マンション建っちゃうけどね～）

平成30年改正で対象範囲が拡大
不利益となる事実を故意に告げなかった場合だけでなく，重大な過失によって告げなかった場合にも取消しが認められます。

必ず値上がりすると言われた等（断定的判断の提供）

将来における変動が不確実な事項について確実であると告げた。

例　将来値上がりすることが確実ではない金融商品を「確実に値上がりする」と説明して販売。

> 確実に値上がりしますよ

通常の量を著しく超える物の購入を勧誘された（過量契約）

消費者にとっての通常の分量を著しく超えることを知りながら，消費者契約の勧誘をした。

例　一人暮らしであまり外出せず，日常的に着物を着用することもない高齢の消費者に対して，事業者がそのことを知りながら，その消費者が店舗に訪れた際に勧誘し，着物を何十着も販売。

お願いしても帰ってくれない（不退去）

消費者が事業者に対し，退去すべき旨の意思を示したにもかかわらず事業者が退去しなかった。

例　消費者の自宅等において，消費者が何度も帰ってほしい旨を告げているのに勧誘を続けて販売。

> 今取り込み中なので…
> いやいや，こちらはいかがですか～？

帰りたいのに帰してくれない（退去妨害）

消費者が退去する旨の意思を示したにもかかわらず消費者を退去させなかった。

例　事業者の販売店等において，消費者が何度も帰りたい旨を告げているのに勧誘を続けて販売。

> 帰りたい
> いやいや，こちらはいかがですか～？

就職セミナー商法等（不安をあおる告知）

消費者が，社会生活上の経験が乏しいことから（※1），願望（※2）の実現に過大な不安を抱いていることを知りながら，不安をあおり，契約が必要と告げた。

例　就活中の学生の不安を知りつつ，「このままでは一生成功しない，この就職セミナーが必要」と勧誘。

> 就職できるか不安
> このままでは一生成功しない。このセミナーが必要

※1　消費者の年齢によって定まるものではなく，中高年であっても該当し得るものです。
※2　進学，就職，結婚，生計，容姿や体型などの願望が挙げられます。

デート商法等（好意の感情の不当な利用）

消費者が，社会生活上の経験が乏しいことから（※1）勧誘者に好意の感情を抱き，かつ，勧誘者も同様の感情を抱いていると誤信していることを知りながら，契約しなければ関係が破綻すると告げた。

例　ＳＮＳで知り合った男性と何度か連絡をして好きになった。宝石展示場に誘われて行ったところ，「買ってくれないと関係を続けられない」と男性から言われ契約。

> 別れたくない…
> 2人のこれからのために…

高齢者等が不安をあおられる（判断力の低下の不当な利用）

加齢や心身の故障により判断力が著しく低下していることから，現在の生活の維持に過大な不安を抱いていることを知りながら不安をあおり，契約が必要と告げた。

例　加齢により判断力が低下した消費者に対し，「投資用マンションを買わなければ，定期収入がなく今のような生活を送ることは困難である」と告げて勧誘。

> そうかしら…
> マンションを買わないと生活が苦しくなりますよ

霊感商法等（霊感等による知見を用いた告知）

霊感等の特別な能力により，消費者にそのままでは重大な不利益が生ずることを示して不安をあおり，契約が必要と告げた。

例　「私は霊が見える。あなたには悪霊がついておりそのままでは病状が悪化する。この数珠を買えば悪霊が去る」と告げて勧誘。

> 病状悪化…？
> この数珠を買えば悪霊が去り病状が良くなります

契約前なのに強引に代金を請求される等（契約締結前に債務の内容を実施等）

契約締結前に，契約による義務の全部又は一部を実施し，実施前の原状の回復を著しく困難にした。

例　事業者が，注文を受ける前に，自宅の物干し台の寸法に合わせてさお竹を切断し，代金を請求した。

> 断りにくい…
> さお竹はもう切ったから，買ってください

契約締結前に，契約締結を目指した事業活動を実施し，これにより生じた損失の補償を請求する旨等を告げた。

例　別の町の事業者から，マンション投資の勧誘で会ってほしいと言われ会ったが，「あなたのためにここまで来た，断るなら交通費を支払え」と告げ勧誘された。

> あなたのために
> 断るなら交通費払え！

導入のQuest

MainQuest（メイン クエスト）

アルバイトをするとき，どんなことに気を付けるべきか?

高校生になれば，学校で認められている場合，アルバイトをすることもあるだろう。最近，ブラックバイトという言葉を耳にするようになってきた。

ブラックバイトは，ブラック企業におけるアルバイトと捉えるとよい。アルバイトという弱い立場を上手く利用されることで，就業環境が劣悪な状況に追い込まれることがあることを理解しておこう。

SubQuest（サブ クエスト）

これから数年後，就職をする人がほとんどではないだろうか。ブラック企業から，どのように身を守れば良いだろうか?

ブラック企業とはサービス残業やパワーハラスメント（パワハラ），退職強要などの違法な行為が横行している会社である。政府は，2017年5月からブラック企業のリストを公表するなど，対策を進めている。しかし法律の網をくぐり抜け，過度な労働を強いる企業も存在する。入社後にブラック企業だったと気づく場合もあり，ブラック企業から自分で身を守る方法を手に入れよう。

ブラックバイトは法律によって定義されていることはないが，社会問題化しているので，具体的な事例でおさえておこう。

・働いた分の給料が未払い（支払われない）
・残業を強いられたが，その分の給料が支払われない
・ちょっとした失敗で，ひどく怒鳴られる
・正社員と同じ業務や責任を負わされる
・無理なシフトを組まれて，日常生活や学業に影響を及ぼす
・売り上げのノルマを課せられ，売れ残りの買取りを強制される
・バイトを辞めたいと申し出たが，代わりの人を連れてこないと辞めさせないと言われる

などがよく指摘されている。

ブラック企業に入ってしまったら…

今野晴貴さんの著書『ブラック企業』（文春新書）などをもとに構成

①自分が悪いと思わない
ブラック企業は，違法行為を「社員のせい」として正当化します。サービス残業は「お前の仕事が遅いからだ」といった具合です

②労働法を学ぶ
法律を学んでおけば，会社の違法行為に気づき，自分を責めずに済みます

③証拠・記録を残す
トラブルが起きた際に，被害を証明する手がかりになります。サービス残業が多ければ，出勤時間をノートにメモしましょう

④専門家を活用する
自分で解決できない時は，労働基準監督署のほか，弁護士やNPO，個人で加盟できる労働組合なども相談にのってくれます

映画『ブラック会社に勤めているんだが，もう俺は限界かもしれない』
ブラック企業で働くことになった元ニートの青年が，過酷な職場で働くことを通して，成長していく物語。（2009年公開：アミューズエンターテイメント）

1 労働三権

憲法第27条

1. すべて国民は，勤労の権利を有し，義務を負ふ。
2. 賃金，就業時間，休息その他の勤労条件に関する基準は，法律でこれを定める。
3. 児童は，これを酷使してはならない。

憲法第28条

　　勤労者の団結する権利及び団体交渉その他の団体行動をする権利は，これを保障する。

2 日本の公務員における労働三権の制限

公務員の種類	団結権	団体交渉権	団体行動権（争議権）
一般職	○	△	×
公営企業	○	△	×
独立行政法人	○	○	×
警察・消防・自衛隊	×	×	×

|解説| 公務員の労働三権

職務の公共性や特殊性から，国家公務員と地方公務員を問わずに，制約が課されている。一方でイギリスやフランスでは，軍人や警察官などの一部を除き，公務員の労働三権は保障されている。国際労働機関 (ILO) は，2002年に日本政府に対して，公務員の労働基本権の見直しを勧告したが，日本政府は「各国の実情に配慮すべき」と主張を除けている。

（「労働基本権に関する基礎的資料」衆議院憲法調査会事務局）

3 労働争議の調整

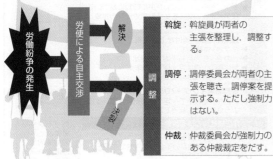

- **斡旋**：斡旋員が両者の主張を整理し，調整する。
- **調停**：調停委員会が両者の主張を聴き，調停案を提示する。ただし強制力はない。
- **仲裁**：仲裁委員会が強制力のある仲裁裁定をだす。

4 労働基準法のおもな内容

章	主な条項		その内容
総則	1条	労働条件の原則	人たるに値する生活を営むために必要な最低基準
	2条	労働条件の決定	労働者・使用者が対等の立場で決定する
	3条	均等待遇	国籍・信条・社会的身分などによる，労働条件の差別的取扱禁止
	4条	男女同一賃金の原則	男女間の賃金差別の禁止
	5条	強制労働の禁止	暴行・脅迫など不当な心身の拘束による強制労働の禁止
	6条	中間搾取の排除	法の許可なく，他人の就業に介入した利益獲得の禁止
	7条	公民権行使の保障	労働時間中に選挙権等の公民的権利の行使を保障
労働契約	15条	労働条件の明示	労働契約締結の際の使用者による労働者への労働条件（賃金・時間等）の明示義務
	19条	解雇制限	業務上の傷病と女子の産前産後の休業期間とその後30日間の解雇制限
	20条	解雇の予告	最低30日前の予告（または30日分以上の平均賃金支払い義務）
賃金	24条	賃金の支払い	現金で直接労働者に全額を，毎月1回以上，一定の期日に支払うこと
	26条	休業手当	使用者の責任による休業の場合，平均賃金の60%以上を支払うこと。
	28条	最低賃金	賃金の最低基準は，最低賃金法で規定
労働時間・休日等	32条	労働時間	1週間40時間以内，1日8時間以内労働
	35条	休日	毎週少なくとも1回の休日
	37条	時間外，休日及び深夜の割増し賃金	時間外，休日，深夜の労働に通常の賃金の25%以上の割増賃金の支払い①
	39条	年次有給休暇	6か月間継続勤務（8割以上出勤）の場合10日,2年半を超える継続勤務1年ごとに2日加算,最高20日（育休中は出勤扱い）②
年少者	56条	最低年齢	義務教育修了までの児童の使用禁止（例外あり）
	58条	未成年者の労働契約	親権者や後見人でも本人に代わっての契約不可
	61条	深夜業	満18歳未満の深夜業（午後10時～午前5時）の禁止
妊産婦等	65条	産前産後	産前は1子で6週間，多胎妊娠で14週間，産後は一律8週間の休業許可
	67条	育児時間	生後満1年未満の生児を養育する女性に1日2回，少なくとも30分
災害補償	75条	療養補償	業務上の負傷・疾病の際，企業が療養の費用を負担
	77条	障害補償	業務用の負傷・疾病のあと障害が残った場合，障害補償を支払う
	79条	遺族補償	業務上死亡の場合，遺族に賃金1000日分の遺族補償
就業規則	89条	就業規則作成及び届け出の義務	常時10人以上の労働者を使用する使用者に義務。 始業・終業時刻，休憩時間，休日，休暇，賃金の決定，支払方法，昇給
監督機関	97条	監督組織の職員等	厚生労働省に労働基準局，各都道府県に都道府県労働基準局，各都道府県管内に労働基準監督署

* 64条の2・3は，1999.4.1に撤廃され，女性の労働時間等の規制はとりはらわれた。①月60時間を超える時間外労働は50%以上の割増②時間単位年休制度創設（①②とも2010年4月施行）

5 労働組合法のおもな内容

目的	労働者が使用者との交渉で対等の立場 労働者の地位向上	1条
労働組合	・労働者が主体となって組織する	2条
	・労働条件の維持・改善，経済的地位の向上を主目的 　以下に該当しないこと ・使用者の経理上の援助を受ける ・共済事業や福利事業のみを目的とする	2条
不当 労働行為	・主として政治運動・社会運動を目的とするもの 使用者側の禁止事項 ・組合活動を理由として不利益な取扱い ・組合未加入を条件とした採用（黄犬契約） ・正当な理由なく団体交渉を拒否 ・労働組合の結成・運営への支配・介入 ・組合の運営に金銭的援助 ・労働委員会への申立などを理由とした不利益な取扱い	7条

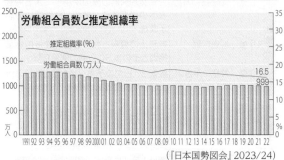

労働組合員数と推定組織率

推定組織率(%)
労働組合員数(万人)
16.5
999

万人 / %

1991 92 93 94 95 96 97 98 99 2000 01 02 03 04 05 06 07 08 09 10 11 12 13 14 15 16 17 18 19 20 21 22

（『日本国勢図会』2023/24）

6 過労死，長時間労働

労災保険給付の流れ

（『労働法』有斐閣アルマ）

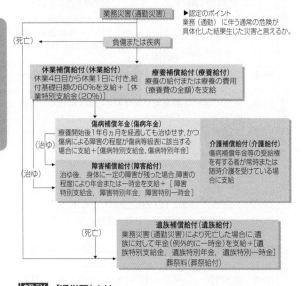

▶認定のポイント
業務（通勤）に伴う通常の危険が具体化した結果生じた災害と言えるか。

業務災害（通勤災害）

（死亡）

負傷または疾病

休業補償給付（休業給付）
休業4日目から休業1日に付き，給付基礎日額の60%を支給＋［休業特別支給金(20%)］

療養補償給付（療養給付）
療養の給付または療養の費用（療養費の全額）を支給

傷病補償年金（傷病年金）
療養開始後1年6ヵ月を経過しても治ゆせず，かつ傷病による障害の程度が傷病等級に該当する場合に支給＋［傷病特別支給金，傷病特別年金］
（治ゆ）

介護補償給付（介護給付）
傷病補償年金等の受給権を有する者が常時または随時介護を受けている場合に支給

障害補償給付（障害給付）
治ゆ後，身体に一定の障害が残った場合，障害の程度により年金または一時金を支給＋［障害特別支給金，障害特別年金，障害特別一時金］
（治ゆ）

遺族補償給付（遺族給付）
業務災害（通勤災害）により死亡した場合に，遺族に対して年金（例外的に一時金）を支給＋［遺族特別支給金，遺族特別年金，遺族特別一時金］
葬祭料（葬祭給付）
（死亡）

|解説| 「過労死」とは

世界的にも"KAROUSI"として流通している日本特有の社会現象である。「過労死」の多くは脳・心臓疾患による死亡であるが，近年仕事に起因するうつ病等による「過労自殺」も認定されるようになった。「週60時間以上働く長時間労働者は特に30代男性は4人に1人となっており，政府は「ワーク・ライフ・バランス憲章」を決定しているが，労働基準法等，労働時間について最低限守られるべき法律が守られていない現状では実効性がない」（『連合白書』2009）

7 労働紛争を短期に解決！労働審判制度

労働審判手続きの流れ

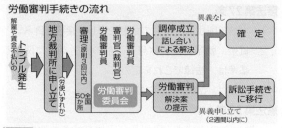

|解説| 労働審判制度

解雇や賃金不払いなど労働者個人と使用者とのあいだの紛争を速やかに解決することを目的に2006年4月からスタートした。全国50か所の地方裁判所に職業裁判官（労働審判官）一人と労働者側，使用者側が推薦する各一人の労働審判員の3人で構成される労働審判委員会が置かれる。労働者または使用者の申し立てで審理が始まり，審理は3回以内で，審理の上，紛争解決案（労働審判）を決める。その間話し合いで解決をめざす調停手続きも可能。この審判に対して2週間以内に当事者から異議が出ない時は確定する。当事者から異議が出されたときや，裁判をおこなうことが適当と労働審判委員会が判断したときは通常の裁判手続きになる。労働審判制度による調停や審判は裁判上の和解と同じで強制力を持ち，強制執行できる。

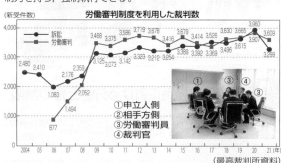

（新受件数）　労働審判制度を利用した裁判数

訴訟
労働審判

①申立人側
②相手方側
③労働審判員
④裁判官

2004 05 06 07 08 09 10 11 12 13 14 15 16 17 18 19 20 21 (年)

（最高裁判所資料）

|解説| 労働審判制度はアルバイトやパートも申し立てることができる。民事訴訟だと費用と労力，時間がかかるため多くの労働者が泣き寝入りしてきている。この制度を活用発展させ労働紛争で泣き寝入りのない社会にしていくべきだろう。

Column 働き方改革法成立 おもな内容

2018年6月，安倍晋三内閣が推し進める働き方改革関連法が成立した。その主な内容は，時間外労働の罰則付き上限規制と高度プロフェッショナル制度，同一労働同一賃金である。時間外労働については，上限を決めたことで，逆にその範囲での労働を認めたことにもなり，罰則規定との関係から問題視する声もある。

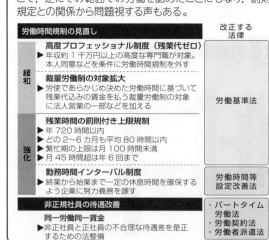

労働時間規制の見直し		改正する 法律
緩和	高度プロフェッショナル制度（残業代ゼロ） ▶年収約1千万円以上の高度な専門職が対象。本人同意などを条件に労働時間規制を外す 裁量労働制の対象拡大 ▶労使であらかじめ決めた労働時間に基づいて残業代込みの賃金を払う裁量労働制の対象に法人営業の一部などを加える	労働基準法
強化	残業時間の罰則付き上限規制 ▶年720時間以内 ▶どの2〜6ヵ月も平均80時間以内 ▶繁忙期の上限は月100時間未満 ▶月45時間超は年6回まで 勤務時間インターバル制度 ▶終業から始業まで一定の休息時間を確保するよう企業に努力義務を課す	労働時間等設定改善法
	非正規社員の待遇改善 同一労働同一賃金 ▶非正社員と正社員の不合理な待遇差を是正するための法整備	・パートタイム労働法 ・労働契約法 ・労働者派遣法

経済的主体

8 女性の年齢別労働人口比率

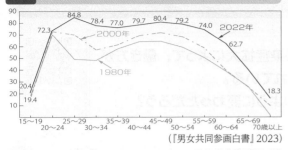

（『男女共同参画白書』2023）

|解説| 女性の年齢別労働力別人口比率は結婚・出産によって労働市場からいったん離れ，育児が一段落すると再び労働市場に戻ってくるM字型曲線となっていた。しかし近年はこのカーブが緩やかになっている。その背景には，ライフスタイルの変化，出産年齢の高齢化，職業に対する考え方の変化などが考えられる。

9 育児・介護休業法

事 項	内 容
育児・介護休業の対象者	・正社員 ・入社１年以上等の条件を満たせば，契約社員などの有期雇用者も取得可
育児休業	原則，子どもが１歳になるまでの期間 ＊保育園に入れないなどの理由があれば，最長２歳になるまで延長可
子の看護休暇	１年に５日（子が２人以上の場合は 10 日）まで。半日単位での取得が可能
介護休業	対象家族１人につき通算 93 日まで，３回を上限とし，介護休業を分割して取得可能
介護休暇	１年に５日（対象家族が２人以上の場合は 10 日）まで。半日単位での取得が可能
その他	・マタハラ・パワハラなどを防止する措置を講ずることを義務化 ・子どもが生まれる予定の労働者に育児休業等に関する制度を知らせる努力義務 ・育児目的休暇の促進

|解説| 仕事と家庭の両立支援を拡充し，ワークライフバランス（仕事と生活の調和）を実現するため，育児・介護休業法は2017年１月と10月に改正施行された。男性の育児休業取得率は，上昇傾向にあるものの，女性と比べると低水準にある。その理由としては，経済的な問題や職場への迷惑を考えると休暇を取りづらいといった事項が挙げられる。

10 男女雇用機会均等法（2017年改正）

①性別を理由とする差別の禁止
◆ 男女双方に対する差別的取扱いを禁止。
◆ 募集・採用，配置・昇進，昇進・降格・教育訓練，福利厚生，職種の変更・雇用形態の変更，退職の勧奨・定年・解雇・等差別的取扱いを禁止。
②間接差別の禁止
◆ 3つ（※）の措置について,合理的理由がない場合,間接差別として禁止。
※ 募集採用にあたって身長・体重・体力を要件とすること,総合職の募集採用にあたって転居転勤を要件とすること,昇進にあたって転勤経験を要件とすること
③妊娠等を理由とする解雇その他の不利益取扱いの禁止
④セクシュアルハラスメントの防止
⑤母性健康管理
⑥深夜業に従事する女性労働者に対する措置
◆ 子の養育・家族の介護の必要な労働者が請求した場合,残業させてはならない。
◆ 是正指導に応じない場合,企業名公表制度の対象となる。
⑦妊娠・出産・育児休業・介護休業等に関するハラスメント対策の義務化

11 女性の賃金は男性の７割強

一般労働者（パートを除く）の男女賃金格差

	平均年齢 （歳）	平均勤続年数 （年）	きまって支給する現金給与額 （千円）	所定内給与額 （千円）	年間賞与その他の特別給与額 （千円）
総数	43.7	12.3	340.1	311.8	884.5
女性	42.3	9.8	276.3	258.9	627.9
男性	44.5	13.7	376.5	342.0	1031.1

（『2022年賃金構造基本調査』）

12 ワークライフバランス

労働時間規制のEU指令の概要

●週あたりの平均労働時間の上限を 48 時間
●連続労働時間６時間あたり最低１回の休憩時間の付与
●24 時間あたりの休息時間を最低 11 時間として連続して毎日付与
●夜間労働時間の上限を 8 時間
●有給休暇は年間最低 4 週間付与
●１週間あたり最低 24 時間連続休息　（『連合白書』2010）

|解説| 内閣府は，仕事と生活の調和の実現のため，2007年「ワークライフバランス憲章」と行動指針を策定した。特に時間外労働時間を削減するのに上限の規制のない我が国は課題が多く，EUの指令等から学びたい。

Column オランダのワークシェアリング

ワークライフバランスにより豊かな生活を実現しているオランダ

オランダの夫婦による「1.5人」分の働き方
オランダでは，夫婦が共に短時間働いて,仕事と家庭を両立させ,豊かな生活を楽しんでいる。（これを2人で1.5人分働くという意味で,1.5人モデルという）

ワークシェアリングの二つの狙い

1.雇用を守る 皆で働いて仕事を分け合う	2.仕事と家庭の両立 夫婦で生活を楽しむ
・失業する人が少ない ・自らを生かせる場がある ・収入格差が少ない	・2人で子育てできる ・病気ケアや介護ができる ・自分の人生をエンジョイできる

世帯収入が増えて良い循環ができる
→ 家族世帯所得上昇
→ 家計消費増加
→ 経済活性化

日本とオランダ　労働環境などの比較

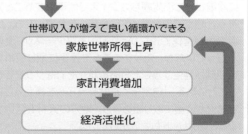

	オランダ	日本
週労働時間	27.4時間	30.9時間
女性就業率	77.0% （15〜64歳）	72.6% （15〜64歳）
1人あたりGDP （2022年）	69,578ドル	45,638ドル

44 雇用とそのあり方

導入の Quest

MainＱuest （メイン）（クエスト）

新型コロナウイルス感染症拡大によって，働き方が大きく変わったと言われている。
日本での働き方はどのように変わっただろう?

SubＱuest （サブ）（クエスト）

新しい働き方とされるテレワークとは?

日本テレワーク協会では，テレワークを「情報通信技術（ICT）を活用した，場所や時間にとらわれない柔軟な働き方」と定義している。さまざまな形態があり，最近では4つが主流となっている。

SubＱuest （サブ）（クエスト）

テレワークの主な4つの形態とは，どのようなものだろうか?

ワーケーション

本社

在宅勤務

モバイルワーク

サテライト・オフィス

・在宅勤務
自宅を就業場所にパソコンやスマートフォンなどを活用して仕事をすることである。通勤時間を完全カットし，移動による身体的負担軽減も図ることができる。

・モバイルワーク
電車や新幹線，航空機などでの移動中に仕事をすることである。仕事と合間にカフェの中でもすることができ，仕事の効率化が図れるとされる。

・サテライトオフィス
サテライト（衛星）は一般的にサテライトオフィス勤務のことを指す。本拠地である会社ではない場所に設置された小規模なオフィスで仕事をすることである。自宅での勤務（在宅勤務）を希望しても，仕事場所が確保できなかったり，インターネット環境が整っていなかったりすることで仕事に取り組めない問題が発生することもあるが，それをクリアできることになる。自宅近くにサテライトを構えることで育児や介護に取り組めるし，地方の人材を活用するなどのメリットも生み出している。

・ワーケーション
リゾートや温泉地などバケーションも楽しめる地域においてテレワークに取り組むことである。リフレッシュしながら，仕事に取り組むことができる。仕事で遠方に出張するとき，その前後に休暇を兼ねて，ワーケーションを取り入れることも可能である。

経済的主体

導入状況　テレワークの導入状況と導入形態　導入形態

企業におけるテレワークの導入が急速に進み，導入企業の割合は倍以上上昇した。いま今後導入予定がある企業を含めた割合は，6割近くに達している。

	0	20	40	60	80	100%
2020年	58.2				(n=2,221)	
	47.5	10.7		41.9		
2019年	29.6			(n=2,118)		
	20.2	9.4		70.4		
2018年	26.3			(n=2,106)		
	19.1	7.2		73.7		

テレワークを導入している
今後導入予定がある
導入していない，具体的な導入予定もない

（総務省　令和2年通信利用動向調査）

導入（予定）企業のうち，9割近くが在宅勤務を導入。

■ 2020年 (n=1166)
■ 2019年 (n=480)
□ 2018年 (n=427)

	在宅勤務	モバイルワーク	サテライトオフィス勤務
2020年	87.4	50.4	10.7
2019年	87.6	63.2	16.4
2018年		63.5	11.1
		33.4	

テレワークには，機密情報のセキュリティ対策や社内のコミュニケーション不足，勤務評定（業務管理）の難しさなど問題点も明らかになりつつある。

解説　コワーキングの広まり

コワーキングは「Co（共同）」＋「Working（働く）」を語源としている。近年，都市部ではこのコワーキングスペースが目立つようになってきた。通常のオフィスと異なるのは，共同で働く空間の中には，それぞれ違う立場や目的を持った人々が自分自身の作業を進めている点である。よって，まったく面識のない人々がそのスペースに集まって仕事をしているので，空間だけを共有している場合が多い。しかし，これを逆手に本来ならば交流できない人々とのコミュニケーションが図れるとして，上手な活用をしている人たちもいる。

1 労働力人口の推移

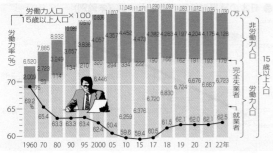

（「労働力調査」2022）

解説 失業者の状況は改善されつつあるが，「ワーキングプア」「ネットカフェ難民」などといわれる新たな雇用の問題が噴出している。ワーキング-プア(working poor) とは，就労しているにもかかわらず，所得が生活保護水準以下である人々のことである。アルバイト派遣・日雇い派遣などといわれる就労形態の場合，最低賃金法違反となる賃金も報告されている現状がある。また，ネットカフェ難民とは，家賃が払えず住む場所がないため，24時間営業のネットカフェなどで寝泊まりする新たな貧困層をいう。

2 失業率の推移

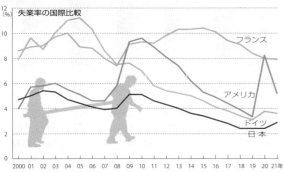

（『データブック国際労働比較2023』）

解説 高度経済成長期からバブル崩壊までの日本は，新卒一括採用や終身雇用などを背景に，他の先進国に比べて低い状況であった。しかしバブル崩壊後，企業のリストラによる人員削減，グローバル化の進展などの影響を受け，失業率は上昇した。近年は，高齢化による労働人口の減少や，景気の回復などを背景に，人手不足感が高まっており，失業率は低下傾向にある。

3 雇用者の概要

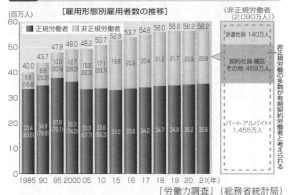

「労働力調査」（総務省統計局）

解説 1990年に2割であった非正規雇用の比率は4割となった。女性や高齢者の労働参加率が高まり，外国人や副業・兼業で働く人も増えた。雇用は増加したが，多くが平均所得以下の仕事である。（『連合白書』2023をもとに作成）

4 非正規労働の実情

雇用形態，性，年齢階級別賃金

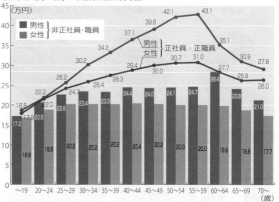

（令和4年度賃金構造基本統計調査）

解説 正社員と非正社員の間には賃金，福利厚生などの面で格差が生じている。例えば賃金について，正社員は年齢とともに賃金が上昇していくが(折れ線グラフ)，非正社員は横ばいであり(棒グラフ)，賃金カーブの差が大きい。

5 派遣労働者〜派遣の上限が3年(5年)に〜

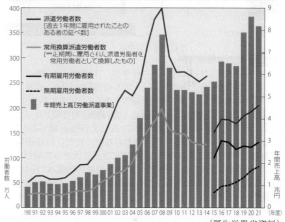

（厚生労働省資料）

解説 派遣労働のような「間接労働」は禁止という労働法の原則が崩壊し，「原則自由化」に転換し，さらに派遣期間を3年から5年に延長したり対象を拡大したりする改正労働者派遣法が成立し2015年9月から施行された。

Column 「新しい生活様式」と働き方改革

　戦後日本の社会では，終身雇用や年功序列賃金といった制度により，長時間労働に依存する雇用慣行が敷かれてきた。これを見直し，成果主義を導入することで，仕事の効率化を促そうとするのが「働き方改革」である。2018年には「働き方改革関連法」（→p.248コラム）として法整備され，2020年4月までに順次導入されてきた。こうしたなか，新型コロナウイルス感染症の拡大にともない，対人接触を避けるため，多くの企業でテレワーク・リモートワークの導入が急激に広まった。テレワークの実施率は18年段階で20%に届かなかった(総務省)が，20年3月以降，緊急事態宣言の発令後は全国でも30%近く，東京都では50%を超えた（厚労省／LINE）。外部的な影響はあるが，この変化は，旧来からの企業の組織や雇用を見直すきっかけともなっている。コロナ終息後もテレワークを希望する従業員も多く，「新しい生活様式」の働き方が，改めて求められている。

6 変形労働時間制・裁量労働制

労働時間制度でみる労働者割合（2022年）

週休制
- 週休1日制・1日半制 3.2%
- その他 10.1%
- 完全週休2日制 59.8%
- その他の週休2日制 26.9%

変形労働時間制
- 1年単位で適用 19.0%
- 未適用 47.9%
- 1ヶ月単位で適用 22.7%
- フレックスタイム制 10.3%

みなし労働時間制
- 適用 7.9%
- 未適用 92.1%

（令和4年就労条件総合調査）

制度改正〈労働契約法の改正〉のイメージ

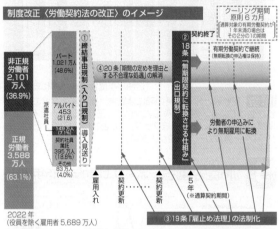

非正規労働者 2,101万人（36.9%）
- パート 1,021万人（48.6%）
- アルバイト 453（21.6）
- 派遣社員 149万人（7.1%）
- 契約社員嘱託 395万人（18.8%）
- その他 83万人（4.0%）

正規労働者 3,588万人（63.1%）

2022年（役員を除く雇用者 5,689万人）

① 締結事由規制（入り口規制）導入見送り
② 18条「無期限契約に転換させる仕組み」（出口規制）
④ 20条「期間の定めを理由とする不合理な処遇」の解消
クーリング期間 原則6カ月（通算対象の有期間契約が1年未満の場合はその2分の1の期間）
有期労働契約で継続（無期転換の申込権は保持）
労働者の申込みにより無期雇用に転換

雇用入れ／契約更新……契約更新／5年（※通算契約期間）
③ 19条「雇止め法理」の法制化

（連合作成、総務省「労働力調査（詳細調査）」）

解説 変形労働時間制

変形労働時間制には1ヶ月単位、1年単位、1週間単位の3種類があり、すべて労使協定の対象であり、「育休・介護を行う者・職業訓練等を受ける者などは必要な時間が確保できるよう配慮することが求められている。（労基則12条の6）」（「労働法」有斐閣アルマ）

　1ヶ月単位、1年単位など基本的に、たとえ1日8時間・週40時間を超えても時間外労働としては扱われない。ただし「1年単位変形制は、それが無制限になると労働者の生活に大きな支障が生じることにもなる。（中略）そのため、労働時間の限度は1日10時間・1週間52時間、連続労働日数の限度は原則6日、労使協定で特定期間として定められた期間については12日と定められている。」（「労働法」有斐閣アルマ）

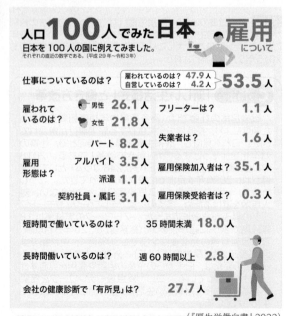

人口100人でみた日本 雇用について

日本を100人の国に例えてみました。
それぞれの直近の数字である。（平成29年〜令和3年）

仕事についているのは？ **53.5人**
雇われているのは？ 47.9人
自営しているのは？ 4.2人

雇われているのは？
- 男性 26.1人
- 女性 21.8人
- パート 8.2人

雇用形態は？
- アルバイト 3.5人
- 派遣 1.1人
- 契約社員・嘱託 3.1人

フリーターは？ 1.1人
失業者は？ 1.6人
雇用保険加入者は？ 35.1人
雇用保険受給者は？ 0.3人

短時間で働いているのは？ 35時間未満 18.0人
長時間働いているのは？ 週60時間以上 2.8人
会社の健康診断で「有所見」は？ 27.7人

（『厚生労働白書』2022）

7 雇用形態の比較

● 日本の雇用形態別の賃金カーブ（年齢別）

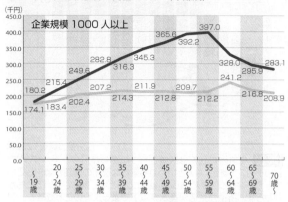

企業規模 1000人以上 （千円）

正社員（フルタイム）〈一般労働者（正社員・正職員）〉：
180.2, 215.4, 249.6, 282.8, 316.3, 345.3, 365.6, 392.2, 397.0, 328.0, 295.9, 283.1

契約社員等（フルタイム）〈一般労働者（正社員・正職員以外）〉：
174.1, 183.4, 202.4, 207.2, 214.3, 211.9, 212.8, 209.7, 212.2, 241.2, 216.8, 208.9

年齢区分：〜19歳、20〜24歳、25〜29歳、30〜34歳、35〜39歳、40〜44歳、45〜49歳、50〜54歳、55〜59歳、60〜64歳、65〜69歳、70歳〜

（厚生労働省『令和3年賃金構造基本統計調査』）

● 諸外国のフルタイム労働者とパートタイム労働者の賃金水準

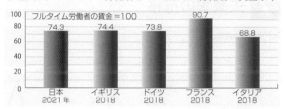

フルタイム労働者の賃金＝100
- 日本 2021年 74.3
- イギリス 2018 74.4
- ドイツ 2018 73.8
- フランス 2018 90.7
- イタリア 2018 68.8

（データブック国際労働比較2023）

解説

正社員と非正社員の間には賃金、福利厚生などの面で格差が生じている。例えば賃金については、正社員は年齢とともに賃金は上昇していくが、非正社員は横ばいであり、賃金カーブの差が大きい。またフルタイム労働者に対するパートタイム労働者の賃金水準は、欧米先進国に比べて低い。1993年のパートタイム労働法の制定などによって、正社員と非正社員の待遇差の改善は図られている。しかし格差は残っており、政府は働き方改革実現会議において対策を検討している。

8 最低賃金、生活保護を上回る

◆ 2023年度地域別最低賃金改定状況

都道府県名	最低賃金時間額【円】	都道府県名	最低賃金時間額【円】	都道府県名	最低賃金時間額【円】
北海道	960	石　川	933	岡　山	932
青　森	898	福　井	931	広　島	970
岩　手	893	山　梨	938	山　口	928
宮　城	923	長　野	948	徳　島	896
秋　田	897	岐　阜	950	香　川	918
山　形	900	静　岡	984	愛　媛	897
福　島	900	愛　知	1027	高　知	897
茨　城	953	三　重	973	福　岡	941
栃　木	954	滋　賀	967	佐　賀	900
群　馬	935	京　都	1008	長　崎	898
埼　玉	1028	大　阪	1064	熊　本	898
千　葉	1026	兵　庫	1001	大　分	899
東　京	1113	奈　良	936	宮　崎	897
神奈川	1112	和歌山	929	鹿児島	897
新　潟	931	鳥　取	900	沖　縄	896
富　山	948	島　根	904	全国平均	1004

（厚生労働省　2023年度地域別最低賃金改定状況より）

9 ワーキング-プア

　札幌市でタクシー運転手として働く40代の女性は生活保護を受けながら，ハンドルを握る。正社員でフルタイム勤務。給料は基本給だけの11万6千円，時給に換算すると辛うじて北海道の最低賃金667円を満たす程度だ。母子家庭で，息子は高校生。世帯単位で計算される生活保護費は，給料を上回る16万円になる。差額の4万円あまりを受け取る。（中略）全国平均で時給703円。この額で週5日，1日8時間働いても年収150万円に満たず，ワーキング-プア（働く貧困層）を生む原因の一つになっている。（中略）フランスでは全国一律時給8.71ユーロ（約1200円），低賃金の雇用に国が補助金を出す形で，最低賃金の引き上げが失業増につながるのを防いでいる。
（『朝日新聞』2009.9.6など）

|解説| 政府は全国一律最低賃金1,000円を目指すという。OECDやEUは平均所得50%以下の所得しかない状態を「貧困」と規定しており，フランス47%，オランダ46%，ルクセンブルグ50%，日本28%である。最低基準を決める国際基準は「生計費」である。

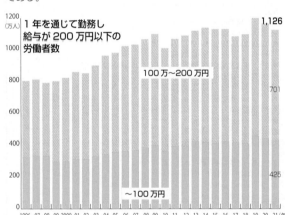

1年を通じて勤務し給与が200万円以下の労働者数

（国税庁 民間給与実態統計調査より）

Column 勝手にクビもう許さん！若者の労組が積極支援

　東京渋谷の牛丼チェーン店で働くフリーターの男性（28）は昨夏，店側からの言葉にあぜんとした。「店をリニューアルする。辞めてほしい」。別の店舗への異動も，新装後に再雇用する約束もない。勤務して約3年半。時給は1000円から1200円に上がり，月給は27万〜28万あった。妻（26）も正社員ではない。保育園の息子を抱え，同意するわけにはいかない。「法律的なことは知らなかったが，こんなクビ切りはおかしいと思いました」会社側に掛け合ってもらちがあかない。同様に解雇された学生ら5人とともに「首都圏ユニオン（東京都豊島区，組合員約280人）に入った。団体交渉を重ね，全員が復職。残業代の割増賃金の未払いがあった仲間は，それも手にした。フリーターを積極的に受け入れる労働組合が，あちこちに生まれている。」　　　（『朝日新聞』2007.1.22）

10 ブラック企業とは

これが「ブラック企業」だ！

① 入社後に選別競争
とりあえず働かせてみて，会社が「使えない」と判断したら「試用期間満了」を口実に解雇する。

② 残業代を払わない
タイムカードを改ざんするなどの書類をごまかす。月給を時給に換算すると最低賃金に満たないケースも。

③ 新卒の使い捨て
過労死寸前まで働かせる。研修時に「10km 歩いてこい」など理不尽な課題を出し，どんな命令でも「おかしい」と思わないようにする。

④ 退職時の嫌がらせ
失業手当の受給に必要な離職手続きをしなかったり，最終月の給料の支払いを拒否したりする。

⑤ 戦略的パワーハラスメント
本人が会社に行きたくないとおもうまで嫌がらせをする。「解雇」にはしたくないので，辞表を書くまで辞めさせたくない。

（NPO法人POSSE著『ブラック企業に負けない』旬報社）

|解説| ブラック企業の中には自ら辞めるように仕向ける会社もある。09年春に関西の中堅私大を卒業して大手IT企業に入ったNさん（26）は「左遷部屋」での研修が忘れられない。部屋には20〜50代の社員50人が集められ，ひたすら封筒を開ける作業をしていた。Nさんは同期100人と同じ作業をさせられた。リーマンショックで仕事が激減し，会社は「（研修は）受注が戻るまで」と説明した。作業中は私語が禁じられた。3日目くらいから気分が悪くなった。部屋から抜け出させるかどうかは「無作為抽出」で決まる。3ヶ月たっても脱出できなかった同期の女性は，人が変わったように暗くなり，自ら辞めた。研修といいつつ，実際は「新卒切り」だった。（『朝日新聞』2012.9.7）

クイズ‼ 知って得する働くルール

Q1. アルバイトはどんな場合に有給休暇が認められると思いますか？次の3つの中から正解を選んでください。
① 週に5日以上働いている場合
② 半年以上同じアルバイト先で働いている場合
③ アルバイトに有給休暇はない

【正解は②】
有給休暇が取れる要件は次の2点。
① 継続勤務年数が半年以上であること
② 全労働日数（所定労働日数）の8割以上出勤していること。たとえ週1日でも，6か月以上同じアルバイト先で働いている場合は，1日の有給休暇が取れます。

Q2. アルバイトをやめる時はどうすればよいと思いますか？
① 契約期間中は絶対やめられない
② 2週間前に通告すればやめられる
③ いつでも自由にやめられる

【正解は②】
退職願いを出してから実際に退職するまでに最低限必要な期間は2週間です。ただ，契約内容によって働く期間が決まっている場合，勝手な都合で退職してしまったら，損害賠償を求められるので，注意が必要です。

Q3. 本人の不注意で仕事中にケガをしたら，医療費は何%出してもらえると思いますか？
① 0%（本人の不注意なので医療費は出ない）
② 50%（本人の不注意でも医療費は半額出る）
③ 100%（医療費は全額出る）

【正解は③】
仕事中にケガした場合は，学生アルバイトでも医療費が100%出ます。たまたま半日だけ働いたアルバイトでも適用されます。病院で「バイト中のケガなので労災保険でお願いします」と言いましょう。

雇用と労働について契約の観点から考える

労働契約（雇用契約）についてどんなものかを知り，これからを考えよう

ブラック企業やブラックバイトに対抗するために，理解しておきたいこと

労働条件通知書を見てみよう！

○労働環境を知ること　私たちの多くは，将来，労働者になり，その労働は企業（会社）で行うことになる。このとき，皆さんはどんなことが気になるだろうか。具体例を挙げてみよう。

給料はいくらくらいなのか？　休日はどのくらいとれるのか？　仕事内容はどんなことをするのか？　働く場所はどこになるのか？　休日出勤はあるのか？　家族手当や住宅手当はあるのか？　賞与（ボーナス）はあるのか？　将来，昇給するのか？　転勤はあるのか?など，かなり多くの事柄が気になるだろう。

また，これらのことがどうなるか知ってから，仕事を始めるべきだろう。想像していたより，給料が低かったり，休みが取れなかったりすれば，仕事を辞めたくなってしまう。その会社はブラック企業かもしれないし，その仕事はブラックバイトかもしれない。そんなことに陥らないように，労働契約（雇用契約）によって定められている，自分の労働環境をしっかりと理解しよう。

労働契約とは何か？

○労働契約と労働条件通知書　労働者が使用者（雇い主）に対し，賃金や給料などの対価をもらって労働の提供を約束する契約のことである。賃金や労働時間などについて労働者と使用者間で結ばれる雇用上の条件が労働条件であり，この決定など労働契約に関わる基本的事項を定めた労働契約法がある。また，労働基準法では，使用者が労働者を採用するときは，賃金・労働時間その他の労働条件を書面で明示しなければならないとしている。

一般的には労働契約書（雇用契約書）を交わすことになる。これは，労働者と使用者双方が印鑑をつくスタイルになっているが，厚生労働省などは様式（テンプレート）を作成していないので，会社ごとに書面の形式は異なるようである。もう一つ，一般的なものに労働条件通知書がある。これは使用者が労働者に明示するものである。書面の交付を原則とし

ているが，書面が出力できればメールやFAX，SNSメッセージでも可能としている。

○労働環境を知ること　労働条件通知書は厚生労働省が様式を作成して公表している。各企業はこれを参考にしながら，労働者の労働条件を記入し，労働者に渡している。

労働条件の提示は，正規・非正規雇用に関係なく，すべての労働者になされることになっている。しがたって，皆さんがアルバイトをするときにも，この労働条件通知書や労働契約書が渡されることになる。

アルバイトを決めるときには，確認するようにしよう。この行為が最大のブラックバイト対策になるのだ！

労働条件通知書

年　月　日

＿＿＿＿＿＿　殿

事業場名称・所在地
使用者職氏名

契約期間	期間の定めなし、期間の定めあり（　　年　月　日～　　年　月　日） ※以下は、「契約期間」について「期間の定めあり」とした場合に記入 1　契約の更新の有無 ［自動的に更新する・更新する場合があり得る・契約の更新はしない］
就業の場所	
従事すべき 業務の内容	
始業 終業の時刻 休憩時間	1　始業・終業の時刻等 　始業（　時　分）　終業（　時　分） 2　休憩時間（　　）分 3　所定時間外労働の有無（　有　，　無　）
休　日	・定例日；毎週　　曜日、国民の祝日、その他（　　　　　　） ・非定例日；週・月当たり　　日、その他（　　　　　　） ・1年単位の変形労働時間制の場合一年間　　日
休　暇	1　年次有給休暇　6か月継続勤務した場合→　　　　日 　　　　時間単位年休（有・無） 2　代替休暇（有・無）
賃　金	1　基本賃金　イ　月給（　　　円）、ロ　日給（　　　円） 　　　　ハ　時間給（　　　円）、 　　　　ニ　出来高給（基本単価　　円、保障給　　円） 2　諸手当の額又は計算方法 　（　　手当　　円／計算方法：　　　　） 3　所定時間外、休日又は深夜労働に対して支払われる割増賃金率 　イ　所定時間外、法定超　月60時間以内（　　）％ 　　　　　　　　　　月60時間超　（　　）％ 　　　　　　所定超（　　）％ 　ロ　休日　法定休日（　　）％、法定外休日（　　）％ 　ハ　深夜（　　）％ 4　賃金締切日（　　）－毎月　日、（　　）－毎月　日 5　賃金支払日（　　）－毎月　日、（　　）－毎月　日 6　賃金の支払方法（　　　　） 7　労使協定に基づく賃金支払時の控除（無　，有（　　）） 8　昇給（　有（時期、金額等　　　）　，　無　） 9　賞与（　有（時期、金額等　　　）　，　無　） 10　退職金（　有（時期、金額等　　　）　，　無　）
退職に関する事項	1　定年制（　有（　歳）　，　無　） 2　継続雇用制度（　有（　歳まで）　，　無　） 3　自己都合退職の手続（退職する　日以上前に届け出ること）

※　以上のほかは、当社就業規則による。
※　労働条件通知書については、労使間の紛争の未然防止のため、保存しておくことをお勧めします。

経済的主体

254

ワークライフバランスについて考える

ワークライフバランスって，何だろうか？

〇なぜ，ワークライフバランスが必要なのか？　ワークライフバランスとは，文字の通り，ワーク（仕事）とライフ（生活）のバランスをとっていくことである。「仕事と生活の調和」と表現されることもある。長時間労働が恒常化すると，家事や育児，余暇などの時間が犠牲となる現状を打破しようとする試みでもある。

仕事は私たちの暮らしを支えて，生きがいや喜びをもたらす。しかし，私たちの生活には，家事や育児，余暇の楽しみ，近所付き合いなどが欠かせず，これらの充実が人生の生きがいを増やしてくれる。

しかし，日本社会の現状は…。毎日仕事に追われて，心身疲労から健康を害しかねなかったり，仕事と子育て，介護との両立に悩んだりと，仕事と生活の間で問題を抱えている人が多く見られる。

〇ワークライフバランスをどう実現するか？

自分自身の人生を充実させるには，自身の努力も必要であろう。しかし，一個人ができることは限られている。それがゆえに，ワークライフバランスは個人個人の問題と捉えるのではなく，社会の問題として，社会の枠で考えていく必要がある。

現代の社会は，社会経済構造の変化が著しく，人々の働き方に関する意識や行動，環境が適応しきれず，仕事と生活の両立を困難にしている現実がある。誰もが充実感を得て働き，職責を果たしながら，育児や介護，余暇，自己啓発の時間を確保して豊かな生活ができるように願っている。人々が経済的に自立し，性や年齢などに関わらず，意欲と能力を発揮できるようになれば持続可能な社会にも資するようになる。この実現は，一人ひとりが積極的に取り組めるよう，使用者（雇用する側）と政府（法整備等の実施）も一体となって，目指すべき社会の姿を示す必要がある。

ワークライフバランスの実現には，どんな取り組みがあるのか考えてみよう。

文部科学省・高校生のライフプランニング
https://www.mext.go.jp/a_menu/ikusei/kyoudou/detail/1411247.htm

働く
https://www.mext.go.jp/component/a_menu/education/micro_detail/__icsFiles/afieldfile/2018/11/21/1411248_2_1.pdf

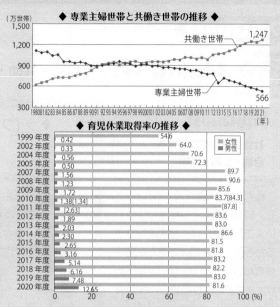

◆ 専業主婦世帯と共働き世帯の推移 ◆
（万世帯）　共働き世帯　1,247　専業主婦世帯　566
1980 81 82 83 84 85 86 87 88 89 90 91 92 93 94 95 96 97 98 99 2000 01 02 03 04 05 06 07 08 09 10 11 12 13 14 15 16 17 18 19 20 21（年）

◆ 育児休業取得率の推移 ◆

年度	男性	女性
1999年度	0.42	54.6
2002年度	0.33	64.0
2004年度	0.56	70.6
2005年度	0.50	72.3
2007年度	1.56	89.7
2008年度	1.23	90.6
2009年度	1.72	85.6
2010年度	1.38[1.34]	83.7[84.3]
2011年度	[2.63]	[87.8]
2012年度	1.89	83.6
2013年度	2.03	83.0
2014年度	2.30	86.6
2015年度	2.65	81.5
2016年度	3.16	81.8
2017年度	5.14	83.2
2018年度	6.16	82.2
2019年度	7.48	83.0
2020年度	12.65	81.6

ワークライフバランス実現のために

〇男性の育児休業取得は進んでいるか？　日本の昭和時代には，男性（父親）が育児をするという文化が乏しかったこともあり，女性（母親）が専業主婦として家事と共に育児に専念するという家庭が少なくなかった。次の資料からも専業主婦世帯が多かったことがわかる。

現在は男女が社会の対等な構成員として，自らの意思によって社会のあらゆる分野の活動に参画する機会が確保され，共に責任を担っていく男女共同参画社会を実現していかなければならない。

1992年に育児休業法（現在は育児・介護休業法に改正）が施行され，一定期間，子供の養育のために職場を離れることができるようになったが，男性の取得率が低いという問題がある。しかし，2021年における最新データでは，男性の育児休業取得率が12.65%と一年前から倍増となった。数値的にはまだまだ低水準であるが，このペースが維持されれば，女性の育児休業取得率に数年後に追いつけることになる。

🄒olumn　イクメン

イクメンとは，育児をするメンズ（男性）という意味があり，2010年には，ユーキャン新語・流行語大賞のトップテンに選出されたことがある。この頃は，まだ，育児をする男性がもてはやされたという実態を表していると言えよう。それから10年以上が経過している。イクメンという言葉が世の中から消えて，男性も当然，育児をするという時代は，もうそこまで来ているのかもしれない。

経済的主体

45 社会保障の意義と課題

導入の **Quest**

MainQuest メイン クエスト

自助・共助・公助について考えてみよう

SubQuest サブ クエスト

社会保障制度における 自助・公助・共助

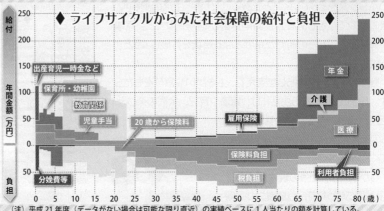

◆ ライフサイクルからみた社会保障の給付と負担 ◆

(注) 平成21年度（データがない場合は可能な限り直近）の実績ベースに1人当たりの額を計算している。

　私たちが人生を歩んでいく上で，自分自身ひとりだけで生きていくことが難しいことは理解できるだろう。自分だけでなく家族が病気になったり，障がいを持ったりすることもある。また，保護者が失業してしまうことさえある。こうしたとき個人の力だけでは限界があるため，社会全体で場合によっては将来の世代にまで渡って，助け合い，支え合おうとする仕組みが社会保障制度である。現在の日本では，少子高齢化が急速に進行しているため，この社会保障制度の財源をどのようにまかなっていくかという課題がある。

　社会保障制度を持続可能なものにするには，将来世代の受益と負担を考慮しなければならない。

　生活上直面するリスクには自分で備えたり，近隣住民などと互いに助け合ったりする上で，行政による対応が欠かせないことなどを，いわゆる自助・共助・公助が最も適切に組み合わされるようにはどのようにすればよいか，一人ひとりが考えていく必要がある。しかし，自助・共助・公助の定義は時代によって移り変わったり，リスクの種類によって変化したりするので，一律的に定義するのは難しいとされている。

SubQuest サブ クエスト

自然災害時のリスクで考える自助・共助・公助とは?

　2012年に成立した社会保障制度改革推進法第2条でも，「自助，共助及び公助が最も適切に組み合わせされるように留意しつつ」としながらも，自助・共助・公助それぞれの定義を明記していない。しかし自然災害時のリスクは，比較的明瞭にしやすいため，定義の変遷が少ないとされる。以下に簡潔な説明を挙げる。

① 自助：自分の身は自分で守ること
② 共助：地域や身近な人々同士で助け合うこと
③ 公助：国や地方公共団体の援助や支援

SubQuest サブ クエスト

厚生労働省『平成20年版　厚生労働白書』が示す自助・共助・公助とは?

　国民から見た社会保障の姿などを分かりやすく示すことを目的に，以下のような定義が示された。

① 自助：国民一人ひとりが自らの責任と努力によって営むこと
② 共助：個人の責任や自助努力のみでは対応できないリスクに対して，国民が相互に連帯して支え合うことによって安心した生活を保障すること（年金，医療保険，介護保険，雇用保険など）
③ 公助：自助や共助によっても対応できない困窮などの状況に対し，所得や生活水準・家庭状況などの受給要件を定めたうえで必要な生活保障を行うこと（公的扶助（生活保護）や社会福祉）

経済的主体

1 社会保障のあゆみは？

年	国	できごと
1601	英	エリザベス救貧法（囲い込み運動による無産者に労働を与える）
1833	英	工場法制定
1874	日	日本恤救（じゅっきゅう）規則の制定
1883	独	疾病保険法
1884	独	労働者災害保険法
1889	独	老齢・疾病保険法制定
1911	英	国民保険法（失業保険の始まり）
1935	米	社会保障法（「社会保障」という言葉がはじめて使用される）
1938	ニュージーランド	社会保障法（世界初の完備した社会保障法）
1942	英	ビバリッジ報告（「ゆりかごから墓場まで」の包括的社会保障制度）
1944	ILO 総会	「フィラデルフィア宣言」（所得保障と医療保障の確立を各国に勧告）
1946	英	国民産業災害保険法・国民保険法制定
1950	日	生活保護法（新法）制定
1952	ILO 総会	「社会保障の最低基準に関する条約」（102 号条約）採択
1964	ヨーロッパ8カ国	ヨーロッパ社会保障法典採択（ILO102 号条約よりも高水準をめざす）
1967	日	朝日訴訟最高裁判決
1977	米	障害者差別全廃
1997	日	介護保険法成立。2000 年より施行
2008	日	後期高齢者医療制度

（1883〜1889 独に「ビスマルクの社会政策」）

2 日本の社会保障制度は？

<table>
<tr><td rowspan="6">社会保険</td><td colspan="2">医療保険</td><td>国民全員がいずれかの医療保険に入り，病気やけがのとき，安く治療が受けられる。</td><td>○健康保険（一般民間被用者）
○船員保険（船員）
○共済組合（公務員など）
○国民健康保険（自営業者など）</td></tr>
<tr><td colspan="2">年金保険</td><td>国民全員がいずれかの年金保険に入り，老齢になったとき，年金が受けられる。</td><td>○国民年金（全国民に基礎年金として）
○厚生年金（船員含む一般被用者）
○共済年金（公務員など）</td></tr>
<tr><td rowspan="4">その他</td><td>雇用保険</td><td>雇用者全員が雇用保険に入り，失業したときに一定の期間保険がもらえる。</td><td>雇用保険
（一般民間被用者）</td></tr>
<tr><td>労災保険</td><td>雇用者全員が労災保険に入り，仕事でけがをしたり病気になったとき保険金が出る。</td><td>労働者災害補償保険
（一般民間被用者）</td></tr>
<tr><td>介護保険</td><td>40 歳以上の国民全員が介護保険料を支払い，介護が必要になったときサービスがうけられる。</td><td>介護保険
（40 歳以上の国民）</td></tr>
<tr><td colspan="2">公的扶助</td><td>生活保護</td><td>一家の働き手が死んだり，病気などで収入のない者に，国が最低限度の生活の保障をする。</td></tr>
<tr><td colspan="2">社会福祉</td><td>児童福祉
母子福祉
老人福祉
障害者福祉</td><td>国や地方自治体が，児童・母子・老人・障害者のために施設やサービスを提供する。</td></tr>
<tr><td colspan="2" rowspan="2">公衆衛生</td><td>公衆衛生</td><td>結核，伝染病予防，予防接種，精神衛生などがある。</td></tr>
<tr><td>環境政策</td><td>上下水道，廃棄物処理・清掃などがある。</td></tr>
</table>

|解説| 日本の社会保障制度

日本の社会保障制度は，すべての国民が何らかの医療保険，公的年金制度に加入し，保障を受けられる。これを国民皆保険・皆年金という。その構成は①社会保険 ②公的扶助 ③社会福祉 ④公衆衛生 の4部門からなる。このうち社会保険が社会保障の中核で，医療・年金・雇用・労災・介護の5つの保険制度からなる。しかし医療・年金の給付の格差やしくみ，財源など多くの問題がある。

3 公的年金制度のしくみ

（2021 年 3 月末）

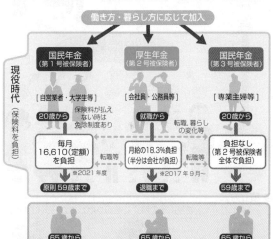

（『厚生労働白書』2022）

|解説| 日本の公的年金制度

日本の公的年金制度は，全国民（20 歳以上60 歳未満）が加入する「国民年金（基礎年金）」と，会社員や公務員などが加入する「厚生年金」の2階建てになっている。よって会社員などは「国民年金」と「厚生年金」の2つの合計金額を受け取ることができる。また公的年金に上乗せするために，任意に加入できる私的年金として，確定拠出年金などがある。確定拠出年金は税制優遇措置というメリットがある一方，運用に失敗すると給付金が減るというリスクもある。会社員や自営業者に限られていた確定拠出年金は，2017 年1 月より全ての現役世代が利用できるようになった。

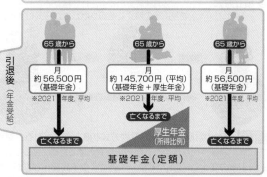

（「いっしょに検証!公的年金」厚生労働省）

厚生労働省・いっしょに検証！　公的年金
https://www.mhlw.go.jp/nenkinkenshou/index.html

経済的主体

4 社会保障費国際比較は?

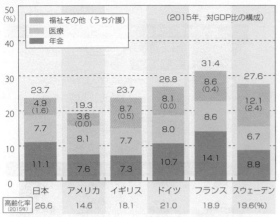

（2015年，対GDP比の構成）

凡例:
- 福祉その他（うち介護）
- 医療
- 年金

	日本	アメリカ	イギリス	ドイツ	フランス	スウェーデン
合計	23.7	19.3	23.7	26.8	31.4	27.6
福祉その他（うち介護）	4.9 (1.6)	3.6 (0.0)	8.7 (0.5)	8.1 (0.0)	8.6 (0.4)	12.1 (2.4)
医療	7.7	8.1	7.7	8.0	8.6	6.7
年金	11.1	7.6	7.3	10.7	14.1	8.8
高齢化率（2015年）	26.6	14.6	18.1	21.0	18.9	19.6(%)

（厚生労働省資料, 内閣府資料）

解説 高齢化が進む日本の社会保障費を先進諸国と比べてみると，社会保障の対GDP比は先進国のなかでも中程度と言える。しかし，福祉部門が他に比べて少なく，高齢者以外の層への社会保障が懸念される。

5 年金の財政方式

● 賦課方式

現役世代が納めた保険料を，そのときの年金受給者に支払う

現在の受給世代 ← 保険料 ← 現在の現役世代

● 積立方式

保険料を将来の年金として積立てておき，老後にその積立てを切り崩しながら受給する。

現在の自分 → 保険料 → 積立て → 年金 → 将来の自分

解説 年金の財政方式には，賦課方式と積立方式がある。賦課方式は，現役世代が納めた保険料を原資とするため，インフレや給与水準の変化に対応しやすい。一方で，少子高齢化が進むと現役世代の負担が増え，世代間の不公平の問題がある。積立方式は，積み立てた保険料と運用による利益を原資とするが，インフレによる価値の目減りや運用失敗のリスクを抱えている。日本の年金制度は賦課方式を基本として設計されている。

（左余白 縦書き）経済的主体

6 介護保険のあらまし

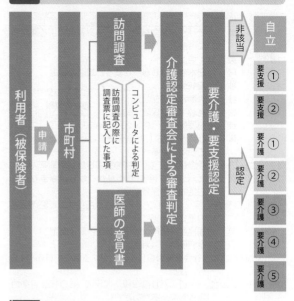

利用者（被保険者）→ 申請 → 市町村 → 訪問調査 / 医師の意見書 → 介護認定審査会による審査判定 → 要介護・要支援認定

- 非該当 → 自立
- 認定 → 要支援①／要支援②／要介護①／要介護②／要介護③／要介護④／要介護⑤

（訪問調査 → 調査票に記入した事項 → コンピュータによる判定）

解説 要介護度のランクは要支援①から要介護⑤まで7つ。要支援に認定された場合は，「介護予防サービス」が提供される。要介護に認定された場合は，「介護サービス」が提供される。サービス利用者は，費用の1割または2割を負担しているが，2018年8月から2割負担のうち所得の高い被保険者（年収340万円以上）の負担割合が3割に引き上げられた。

Column 国民健康保険の保険料を滞納すると…

「昨年5月，沖縄県内で糖尿病が悪化したとみられる女性（52）が亡くなった。国民健康保険の保険料を滞納し当時は期限が切れていた。（中略）院長によると，昨年は60代と70代の別の患者も困窮から治療を受けるのを我慢し，手遅れになって死亡した。いずれも国保料を払えず，保険証を手放していた。」（『朝日新聞』2008.5.18）

「大阪門真市で夫婦と長女（33）で切り盛りする工場は中国や東南アジアの安価な製品に押され，80年代後半から受注が減った。（中略）95年から当時年25万円だった保険料の滞納が始まった。『払えるものなら払いたいが，とてもその余裕がない。長女はぜんそくの持病もあるが，病院に行きたいとは言ったことがない。父親として申し訳ない』」（『朝日新聞』2006.8.4）

◆

国保料の滞納が1年以上続くと資格証明書を渡され，通常は3割負担で済む窓口での医療費をいったん全額払わなければならなくなる。年収300万円の4人家族の国保は20万円〜32万円（国保中央会モデル調査）。高い保険料が滞納を増やし，それがまた国保財政を悪化させる。国保への国庫負担金は84年から引き下げが続いており，社会保障費を抑え続ける国の政策にも批判が高まっている。

日本年金機構・知っておきたい年金の話
https://www.nenkin.go.jp/service/pamphlet/seido-shikumi.files/ 0000000011_0000028374.pdf

7 生活保護制度

●支給される保護費のイメージ

最低生活費				
① 生活扶助	② 住宅扶助	③ 教育扶助	④ 介護扶助	⑤ 医療扶助

収入認定額 (年金, 児童扶養手当等含む)				

	保 護 費	
	金銭給付される額	現物給付される額

●生活扶助基準額の例（2023年4月1日現在）

	東京都区部	地方郡部等
3人世帯(33歳, 29歳, 4歳)	158,760円	139,630円
高齢者単身世帯(68歳)	77,980円	66,300円
高齢者夫婦世帯(68歳, 65歳)	121,480円	106,350円
母子世帯(30歳, 4歳, 2歳)	190,550円	168,360円

※児童養育加算等を含む。 　　　　　　　　（厚生労働省HP）

解説 収入が, 厚生労働大臣が定める最低生活費に満たない場合, その差額分が保護費として支給される。最低生活費は地域や世帯によって異なる。また保護費として支給されるものは, 生活扶助・住居扶助・教育扶助・医療扶助・介護扶助・出産扶助・生業扶助・葬祭扶助がある。

生活を営む上で生じる費用	対応する扶助の種類	支給内容
日常生活に必要な費用 (食費・被服費・光熱 水道費等)	生活扶助	基準額は①食費等の個人的費用 (年齢別に算出)②光熱水道費の世 帯共通的費用(世帯人員別に算定) を合算して算出。特定の世帯には 加算があります。(母子加算等)

世帯類型別の生活保護 受給世帯数の推移

年度	高齢者世帯	母子世帯	傷病・障害者世帯	その他の世帯
1997年度	27.7	5.2	25.9	4.2
98年度	29.5	5.5	26.8	4.5
99年度	31.6	5.8	27.9	5.0
2000年度	34.1	6.3	29.1	5.5
01年度	37.0	6.8	30.4	6.2
02年度	40.3	7.5	31.9	7.2
03年度	43.6	8.2	33.7	8.5
04年度	46.6	8.7	35.0	9.4
05年度	45.2	9.1	39.0	10.7
06年度	47.4	9.3	39.7	11.0
07年度	49.8	9.3	40.1	11.1
08年度	52.4	9.3	40.7	12.2 |（世界金融危機）
09年度	56.3	10.0	43.6	17.2
10年度	50.4	10.9	46.6	22.7
11年度	63.6	11.3	48.9	25.4
12年度	67.8	11.4	47.5	28.5
13年度	72.0	11.2	46.5	28.8
14年度	76.1	10.8	45.4	28.1
15年度	80.3	10.4	44.2	27.2
16年度	83.9	9.9	43.0	26.3
17年度	87.8	8.9	41.4	25.2
18年度	89.4	8.3	40.7	24.5
19年度	90.6	7.7	40.3	24.1
20年度	91.1	7.2	40.3	24.8
21年度	91.3	6.8	40.4	24.9
22年度	91.1	6.5	40.7	25.7

0　　　　50　　　　100　　　　150 (万世帯)

 高齢者世帯
 母子世帯
 傷病・障害者世帯　その他の世帯
（稼働年齢層が含まれる）
（厚生労働省　被保護者調査）

8 ユニバーサルデザインとバリアフリー

バリアフリー	ユニバーサルデザイン
高齢者・障害者 等が対象	適応できる人 高齢者・障害者等 すべての人が対象
↓	↓
「製品」「建物」「環境」 等からバリア(障壁)を 取り除く	みんなが簡単に使える 「製品」「建物」「環境」 等をつくる

ユニバーサルデザイン7つの原則

①誰にも支障なく公平に利用できる。
②さまざまな使い方に柔軟に対応する。
③使い方が簡単で直感的にすぐ使える。
④使うために必要な情報がすぐに認知できる。
⑤操作ミスや危険につながりにくい。
⑥無理のない姿勢や少ない労力で, 楽に使える。
⑦利用, 接近のしやすい大きさ, 広さがある。

ドアノブレバーハンドル

子ども, 高齢者・障害者等, 握力の弱い方でも開けやすい。

大型のスイッチ

物を持ちながらでも, 身体障害の有無, 年齢を問わず, 操作しやすい。

左右使いハサミ

手の不自由な方でも, 年齢, 右利き・左利きを問わずに使える。

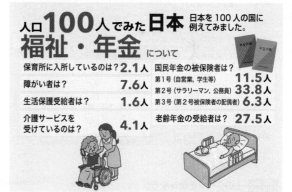

人口**100**人でみた**日本**
福祉・年金について
日本を100人の国に例えてみました。

保育所に入所しているのは？ **2.1**人
障がい者は？ **7.6**人
生活保護受給者は？ **1.6**人
介護サービスを受けているのは？ **4.1**人

国民年金の被保険者は？
第1号(自営業, 学生等) **11.5**人
第2号(サラリーマン, 公務員) **33.8**人
第3号(第2号被保険者の配偶者) **6.3**人
老齢年金の受給者は？ **27.5**人

（『厚生労働白書』2022）

解説 生活保護の受給世帯
生活保護の受給世帯は, 増加傾向にある。「高齢者世帯」が最も多いが, 世界金融危機後に, 稼働世帯(就職し, 働き手がいる世帯)と考えられる「その他の世帯」も急増している。このような中で, 生活保護の申請を行った者が保護を認められず, その後死亡した事例が発生している。一方で, 生活保護の不正受給や, 最低賃金が生活保護費を下回る逆転現象の発生(現在は解消)などの問題もある。

人口減少社会に向けて

人口減少社会とは？

〇日本の総人口の推移　日本の総人口は江戸時代3000万人程度で推移していたが，明治時代に入ると急激な人口増加が始まり，1960年代に1億人を超えた。

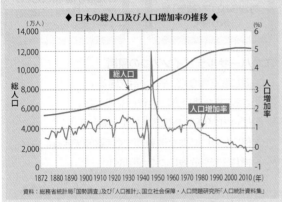

◆ 日本の総人口及び人口増加率の推移 ◆

資料：総務省統計局「国勢調査」及び「人口推計」、国立社会保障・人口問題研究所「人口統計資料集」

　日本における人口のピークは2004年の12,779万人とされている。2005年には12,777万人と2万人の減少となり1945年前後の戦争による人口減を除き，初めての人口自然減となった。それ以降，人口減が継続しており，人口減少社会が到来したことは明らかになった。

急速に進展する少子高齢化を知ろう

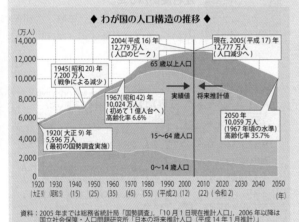

◆ わが国の人口構造の推移 ◆

資料：2005年までは総務省統計局「国勢調査」，「10月1日現在推計人口」、2006年以降は国立社会保障・人口問題研究所「日本の将来推計人口（平成14年1月推計）」

解説 上のグラフを読み取ろう

14歳以下の年少人口が減少し続けていることがわかる。年少人口の占める割合は約60年間で35.4%から12.8%と約3分の1と激減している。また，15〜64歳の生産年齢人口もその割合が2000年に突入してから減少しているのがわかる。代わりに65歳以上の老年人口が増加し続けていることは顕著である。

望ましい少子化対策とは？

〇日本の総人口の推移　合計特殊出生率は，一人の女性が出産可能とされる15〜49歳までに産む子供の数の平均値である。2.1前後の数値が人口置換水準と呼ばれ，人口増減がないとされる。この数値を下回れば，下回るほど人口減少は激しいことになる。

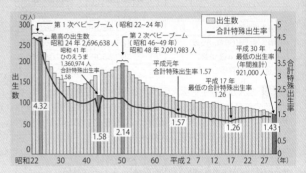

　戦後の第1次ベビーブーム時は4.32を記録している。その後，第2次ベビーブームも到来するが，合計特殊出生率は低下傾向が続いた。2005年に最低記録1.26となるが，近年は少しの持ち直しも見られる。

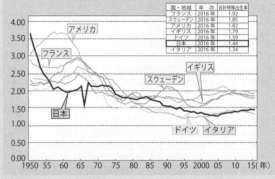

◆ 諸外国の合計特殊出生率の動き ◆

国・地域	年　次	合計特殊出生率
フランス	2016年	1.92
スウェーデン	2016年	1.85
アメリカ	2016年	1.82
イギリス	2016年	1.79
ドイツ	2016年	1.59
日本	2016年	1.44
イタリア	2016年	1.34

解説 上のグラフを読み取ろう

世界の合計特殊出生率の推移から，全世界的に数値が減少していることがわかる。しかし，フランスは少子化対策の成功国と報じられることがある。1993年に1.66まで落ち込んだが，2010年には2.02まで回復させた。2019年には1.87となるが，依然，先進諸国では高いレベルである。フランスでは多様な保育サービス，手厚い家族手当の給付，仕事と子育て両立支援策の充実が功を奏したと言われている。日本でもフランスの事例が研究されている。どのような状況の子育て家庭であっても「連帯」の理念で支えているとのことである。その他に義務教育を3歳からにすることや早朝・深夜の預かり保育の充実なども検討されている。すべての国民を含めた社会全体での模索が必要であると言えよう。

労働人口不足におけるAI（人工知能）の役割

〇AI（人工知能）が人間の代替をしていくのだろうか?

　人口減少社会では労働人口が不足していくことになる。そのような中で，テクノロジーが進化し，AI（人工知能）が人間の代替をなしていくのだろうか？AIによる自動化は，生産性を引き上げ，人手不足を解消する手段として期待されている面もある。

〇AIの普及がもたらす雇用への悪影響はないのか？

　例えば，製造業において，AIによる完全自動化が達成されると多くの工場で人間が必要なくなっていく。そうすると雇用が減っていき，人間が余る現象が起きるとも考えられる。多くの人々が利用するコンビニでも無人化が進んでいる。

完全AI化されたコンビニ

　無人コンビニには，さまざまな形態があるとされているが，特にAIを活用しているのが，ウォークスルー型というものである。お客が自ら会計作業を行うセルフレジ型ではなく，店頭に設置したカメラやセンサーが入店したお客の動きをしっかりと捉えて追跡していくのである。商品を手に取るという作業は，動作の重力や圧力の変化によって自動的にAIが読み取っていくため，商品のバーコードを読み取る必要がなく，会計にかかる時間を大幅に短縮できるというのである。

〇専門職もAIが代替するのか？　弁護士や税理士，ひいては医者までもがAIが代替するという見方がある。アメリカでの実証実験では，医療現場において，患者の症状，年齢・性別・体重・職業・喫煙や飲酒有無などの個人データを入力すると，AIが短時間で分析して病名を特定し，適切な治療方法を提示することができるという。これにより，医師の仕事の約8割はAIが代替できるというのである。

イノベーション（技術革新）が経済を成長させる⁉

〇産業革命とその時起きた変化とは？　　人類の生活の発展は，産業革命と共に歩んできたともいえる。

〈第一次産業革命〉
・18世紀　石炭燃料を用いて軽工業の機械化
・織機や紡績機の発明
・鉄道や蒸気船などの蒸気機関の改良

〈第二次産業革命〉
・19世紀　石油燃料を用いて重工業の機械化
・電力の供給
・自動車や航空機の発明

〈第三次産業革命〉
・1970年代　コンピュータによる作業の単純化
・産業用ロボットによる生産

　産業革命による技術革新で失われた雇用や職種はたくさんあるが，一方，生産性を向上させ，経済成長力が高まり，雇用の増加と賃金の上昇をもたらした。新しい技術が新しい需要を生み出し，新しい雇用をもたらしたというのも事実である。では，第4次産業革命でも同じく，創造性は担保されるのだろうか？

〇第4次産業革命とは⁉

　第4次産業革命は，AIなどを活用して，より高度な自動化を実現していく変化であり，まさに現在，進行中なのである。自動運転や無人店舗の実現が加速化している子とかもわかるだろう。

　第4次産業革命がこれまでの産業革命と異なることは，コストを完全にカットしていく，抑えていくために，自動化を最大限に推し進めようとする点にあるという指摘がある。自動運転であれば運転手がいらなくなり，無人店舗なら店員がいらなくなっていく。これにより労働者の賃金は抑えられ，雇用を失う可能性があるのだ。労働者の取り分が少なくなる分，技術革新を可能とする資本家などは，圧倒的に取り分を多くすることが可能になる。これまで以上に経済格差を拡大することになるかもしれないのである。

　しかし，日本が克服しなければならない最大の課題が人口減少社会であることに変わりない。この第4次産業革命とうまくマッチングさせることで私たちの持続可能な社会を成立させていく必要がある。

経済的主体

持続可能な社会保障制度　現役世代と将来世代

> キミが高齢者になったとき，あるいは病気やケガで働けなくなったとき，国のセーフティーネットとして，年金は十分にもらえるのだろうか。
> 現代の日本では，年金に対する不信感や将来不安が蔓延している。なぜなのだろうか。
> 年金の仕組みの基本的な理解を通じて，この問題に取り組んでみよう。

●公的年金制度の仕組み

	1965年	2010年	2055年
	大卒初任給2万円	大卒初任給20万円	
	「1万円」年金の時代	●国民年金　約6万6千円 ●厚生年金　約16万5千円	

老後に備えて貯蓄しても…

50年後の物価や賃金の変動は予測できない　貯蓄しても，将来目減りするかもしれない。	いつ障害を負ったり，小さな子どもがいる時に配偶者を亡くす（所得を失う）かわからない。	人は，何歳まで生きるかは予想できない。どれだけ貯蓄をすればよいのかわからない。

公的年金なら…

実質的な価値に配慮した年金の支給	障害年金・遺族年金の支給	終身（亡くなるまで）の支給

年金とは，老齢（年を取って働けなくなった），障害・疾病（病気やケガで働けなくなった），死亡（そのために家族の収入源が不安定になった）の時に本人または家族に支給されるおカネのことである。

国が運営する年金の公的年金，生命保険会社などに個人が契約することによる年金の私的年金，企業が運営する年金の企業年金に分けることができるが，ここでは，公的年金制度について考えてみよう。

公的年金制度の特徴として，①国民皆年金，②社会保険方式，③世代間扶養，をあげることができる。

① 国民皆年金

国民全員が国民年金（基礎年金）に加入する（これを国民皆年金と言う）。そのうえで，民間企業のサラリーマンは厚生年金に，公務員などは共済年金に加入するという仕組みになっている。なお，平成27年10月より，厚生年金と共済年金は一元化され（統合され），左の図のように公的年金制度が変わった。

② 社会保険方式

加入者は月々に保険料を納める，そして老後などの時に年金を受け取る，この方式が社会保険方式である。当然のことであるが，保険料を納めなければ，年金はもらえない。老齢年金受取のための保険料納付期間は，2017年に25年から10年間に短縮された。

国民年金（基礎年金）を例にとって説明しよう。

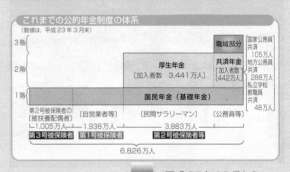

これまでの公的年金制度の体系（数値は，平成23年3月末）

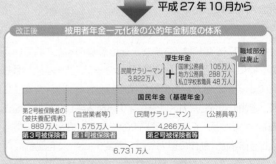

平成27年10月から　改正後　被用者年金一元化後の公的年金制度の体系

1か月当たりの保険料は，16,590円（令和4年度）である。老齢基礎年金の場合，20歳から60歳までの40年間に保険料を納めると，65歳から老齢基礎年金がもらえる。令和4年の場合，年金額は年額で777,792円（1か月で64,816円）となる。

実際のところ，保険料だけの資金では基礎年金制度は維持できない。高齢者などに給付する年金の2分の1は税金で補われている。

経済的主体

③ 世代間扶養

公的年金制度の場合，自分が月々納め続けてきた保険料が貯まって，老後にそのお金が自分の年金として支給される，という仕組みにはなっていない。この仕組みは積立方式と言って，個人が生命保険会社などと契約する私的年金の仕組みである。

現在の公的年金制度は，現役世代が納め続けている保険料を高齢者に支給するという仕組みが基本である。この仕組みを賦課方式という。保険料を納めている現役世代は高齢者の生活を支えているのであり，そのことから賦課方式は世代間扶養という考えに立脚している。

賦課方式の問題点

繰り返しになるが，公的年金制度は，賦課方式を基本としており，現在働いている現役世代が保険料を負担することで高齢世代の生活を支えるという世代間扶養の考えを採っている。

しかし，現代の日本では，少子化・高齢化が進んでいる。そのために，世代間扶養の仕組みも多数の現役世代が少数の高齢者の生活を支えるという構図から，減りつつある現役世代が増え続ける高齢者の生活を支えるという構図に変わっている。

そのため，少子・高齢化の進展により，現役世代が負担する保険料は段々と引き上げられるとともに，現役世代が将来，高齢者になったときには，受け取る年金額は減らされ，しかも年金の支給開始年齢が現行の65歳から70歳，いやそれ以上に引き上げられる可能性が強い。現在の高齢世代に比べて，キミたちのような将来の高齢世代は不利益を免れない。公的年金制度の問題点はこの点にある。

将来世代の税負担とその回避策

令和2年度一般会計歳出では，歳出のうちの34.9%は社会保障関係費である。基礎年金の半分は税金で成り立っている事情などから分かるように，高齢化の進展により，国家予算における社会保障関係費の比重は増加の一途をたどると予想される。これに対処する意図から消費税の税率が引き上げられた。また，国債発行の増加も社会保障費の増加に負う面も大きい。

しかも，将来世代である若い世代は政府が発行し続けてきた国債の埋め合わせのために，今以上の税負担を強いられるおそれがある。年金保険料の負担増，支給される年金の減額，その支給開始年齢の引き上げ，といった不利益ばかりではなく，将来世代には，財政赤字の埋め

合わせによる税負担ものし掛かる可能性が強い。これら一連の負担は，その負担の割り当ての見直しの政策が実施されない限り，現在の高齢世代はそれほど負わずに済む。このように，現役世代や将来世代たる若者たちと現在の高齢世代の間には，利益と負担に関する不均衡がある。特に，若年層にとって，将来待ち受けている，このような負担は公的年金制度への不信感を生み出すとともに，将来不安の温床なのである。

若い将来世代や現役世代が負う負担を軽減するための対策としては，現在の高齢者に対しても負担増を強いる政策の実施（例えば，高齢者医療の自己負担部分の割合の引き上げ，2割負担から3割負担へ），そして，少子化を食い止めるために人口の増加を図ること，があげられる。しかし，どちらの政策も実現には高いハードルがある。

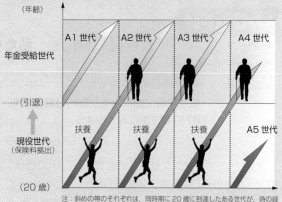

図3
公的年金制度における世代間扶養のしくみ

注：斜めの帯のそれぞれは，同時期に20歳に到達したある世代が，時の経過により年齢が上がり，現役世代という支え手側から，年金世代という支えられる側へと移行する様子を示したものです。

図4

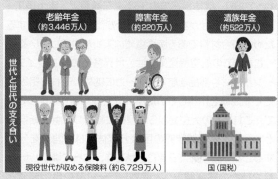

老齢年金（約3,446万人）　障害年金（約220万人）　遺族年金（約522万人）

現役世代が収める保険料（約6,729万人）　国（国税）

Think!

私たちはどのように考えて政策の選択をしたらよいだろうか？

46 国際分業と貿易

導入の **Quest**

MainQuest
メイン　クエスト

SubQuest
サブ　クエスト

私たちが目指すべき国際分業とは何だろう？

航空機機生産にみる空間的分業体制を
B787機を例にみてみよう

アメリカ・ボーイング社は，新型機「B787」の機体
開発・生産の外部委託を大幅に増やした。アメリカ，イ
タリア，イギリス，フランス，スウェーデン，韓国，オー
ストラリアもこの開発に加わった。日本の企業も深く関
わっており，機体構造の約35％を三菱重工・富士重工・
川崎重工の3社が担当しているほか，機体を軽量化する
ための複合材料である炭素繊維は東レが供給している。

これまでの航空機産業では，世界各国のサプライチェ
ーンが部材や部品を航空機メーカに納め，それを組み立
てて完成機を作製していたが，航空機の新しい需要とし
て，これまでの大型機から中型機に移行した点が転換期
となった。航空機業界の国際分業体制は，開発を分散
することで負担を減らすことができ，さらには新しい材
料や技術の開発競争へと発展し，一企業の負担軽減と
航空機の高性能化につながっていく。このような先進国
どうしが工業製品を供給しあう分業関係（貿易）を水平的
分業という。

一方で，発展途上国が原料や食料などの一次産品を
供給し，先進国が工業製品を供給するような分業関係
（貿易）を垂直的分業という。先進国と旧植民地の国々
との間では，第二次世界大戦後も垂直的分業が継続し
ている例があり，未だ先進国向けの輸出用一次産品の
生産が大部分を占めるモノカルチャー経済から脱却でき
ない。モノカルチャー経済は輸出用農産物のみを生産
するため，国内向けの食料生産が不足しがちであり，発
展途上国経済の自立を阻害する要因となっている。

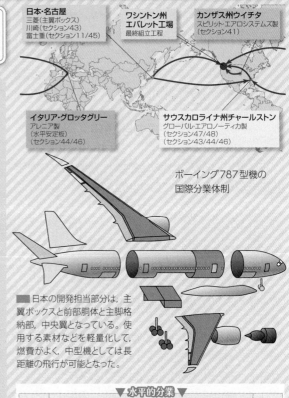

日本・名古屋
三菱（主翼ボックス）
川崎（セクション43）
富士重（セクション11/45）

ワシントン州
エバレット工場
最終組立工程

カンザス州ウイチタ
スピリット・エアロシステムズ製
（セクション41）

イタリア・グロッタグリー
アレニア製
（水平安定板）
（セクション44/46）

サウスカロライナ州チャールストン
グローバル・エアロノーティカ製
（セクション47/48）
（セクション43/44/46）

ボーイング787型機の
国際分業体制

日本の開発担当部分は，主
翼ボックスと前部胴体と主脚格
納部，中央翼となっている。使
用する素材などを軽量化して，
燃費がよく，中型機としては長
距離の飛行が可能となった。

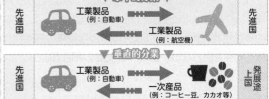

▼ 水平的分業 ▼

先進国　工業製品（例：自動車）→
工業製品（例：航空機）←　先進国

▼ 垂直的分業 ▼

先進国　工業製品（例：自動車）→
一次産品（例：コーヒー豆，カカオ等）←　発展途上国

解説 水平的分業と垂直的分業

先進国どうしが工業製品を供給しあう，または発展途上国どうし
が一次産品を供給しあう分業関係を水平的分業といい，先進国
が工業製品を供給し発展途上国が一次産品を供給する分業関係
を垂直的分業という。戦後の日本は，垂直的な加工貿易によって
経済が発展したが，近年は中国・韓国・ASEAN諸国などからの
工業製品の輸入が増加し，水平的分業の側面が強くなっている。

輸出

日本　製品　アメリカ
¥　代金　$
ドルを円に換える必要

輸入

日本　製品　アメリカ
¥　代金　$
円をドルに換える必要

解説 貿易取引とは

外国に製品を売ることが輸出，逆に外国から製品を買うことを輸
入という。製品を外国に輸出してその代金（外貨）を得ると，それ
を円に交換しようという円の需要が高まり，逆に外国からの輸入を
すると，円の外貨への交換が高まる。

Think!

リカード（p.265）が提唱した国際分業は，世界全体
により多くの富をもたらすことにつながった。
すべての国が等しく豊かになるための国際分業と
はどのようなものか，考えてみよう。

経済的主体

国際分野

比較生産費説と経済発展段階論を比べてみよう

自由貿易論　リカードの「比較生産費説」

〇**自由貿易の利益**　経済学者のリカードは，18世紀の後半，イギリスに生まれた。当時のイギリスは，産業革命によって「世界の工場」としての地位を築いていた。このような時代を背景に，19世紀初めにリカードは母国イギリスの製品が自由に輸出されることの正当性を説く「**比較生産費説（比較優位の原理）**」を主張した。

リカード(1772~1823)
イギリスの古典派経済学者。主著『経済学及び課税の原理』(1817年)で自由貿易の利益を説明した。

〇**比較優位であること**　ある国が，天然資源や労働力，生産技術などを活かして，自国の産業のなかでも，特に生産することを得意とする製品（比較優位にある製品）に特化して生産・輸出することで，必ず貿易によるメリットがあるという伝統的な貿易理論の考え方である。それはたとえ特化したその製品の生産性が他国に比べて劣っていたとしても，自由貿易を行うことで，必ず両国にとってメリットがあるとされる。

それは，世界市場に出回る製品の種類が豊富になり，また潤沢に出回ることで製品の価格が低下し，世界経済の効率性が高くなることがあげられる。しかしながら，比較生産費説が供給不足を前提としているのに対して，現代の世界経済ではほとんどの製品（サービスを含む）は需要不足となっており，その結果，製品の価格は低下し効率性は低くなっている。

保護貿易論　リストの保護貿易主義

〇**経済発展と貿易**　当時後進国であったドイツに生まれた経済学者リストは，自由貿易は先進国イギリスにとっては有利であるが，後進国ドイツにとっては経済発展を阻害するとして保護貿易主義を主張した。

リスト(1789~1846)
ドイツの経済学者。自国ドイツの経済状況を分析し，歴史学派として自由貿易論を批判した。

リストは，経済の発展段階を①未開（狩猟経済），②牧畜，③農業，④農工業，⑤農工商業の5つに分け，ドイツはようやく産業革命が始まった④の農工業段階にすぎず，イギリスのような農工商業段階に達した経済発展の段階とはまったく異なると説いた。そしてもし，自由な貿易が行われれば，安くて良い品質のイギリス製品がドイツに輸入され，ドイツ国民の利益（**国際分業の利益**）になるが，一方ではドイツ製品はイギリス製品に市場を支配され（ドイツ商品は駆逐され），国内産業の発展は阻害されてしまう。

そこで，後進国である母国ドイツは，国内産業を保護し，その発展を図るために関税や輸入制限などによる保護貿易政策を実施しなければならないと主張した。彼の考えは，リカードの考え方をすべて否定しているわけではなく，自由競争のみでは説明できない部分を補強し正当な競争によって経済発展を促すという理論であった。

国際分業の利益（比較生産費説）

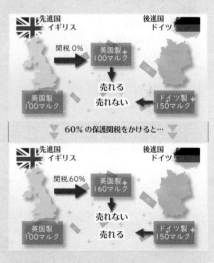

|解説| 分業と特化

ぶどう酒と毛織物をそれぞれの国で一単位ずつ生産するとき，必要な労働力が上の通りであるとすると，ポルトガルの方が少ない労働力で，二つの商品を生産することができる。
ポルトガルにとって，毛織物を一単位生産するよりも，ぶどう酒を一単位生産する方が労働力が少なくてすみ，イギリスにとっては，毛織物を生産する方が少ない労働力ですむ。そこでポルトガルがぶどう酒を，イギリスが毛織物を生産した場合，両国あわせた生産の増加は，0.125＋0.2＝0.325単位である。

|解説| 関税の果たす役割

関税は財政収入を目的とする一方で，自国産業の保護を目的とする場合もある。安価な英国製品に対し関税が課せられない場合，ドイツ市場ではドイツ製品が売れなくなってしまう。一方で，英国の製品に対し関税を課すことができた場合，ドイツ製品（国内産業）を保護することができる。

1 世界貿易に占める主要国・地域

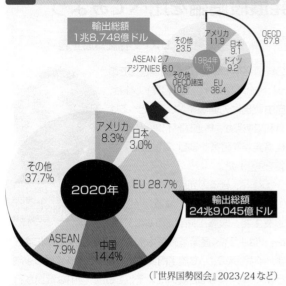

輸出総額 1兆8,748億ドル

1984年(%)
- OECD 67.8
- アメリカ 11.9
- 日本 9.1
- ドイツ 9.2
- EU 36.4
- その他OECD諸国 10.5
- その他 23.5
- ASEAN 2.7
- アジアNIES 6.0

2020年
- アメリカ 8.3%
- 日本 3.0%
- EU 28.7%
- 中国 14.4%
- ASEAN 7.9%
- その他 37.7%

輸出総額 24兆9,045億ドル

（『世界国勢図会』2023/24 など）

解説 世界貿易によって世界経済は拡大している
30年間で世界貿易は10倍以上になり、世界経済における貿易の役割は拡大し、相互依存関係がますます高まっている。アジア地域は、今後さらにその比率を拡大することが予想される。

2 1人あたり貿易額と貿易依存度

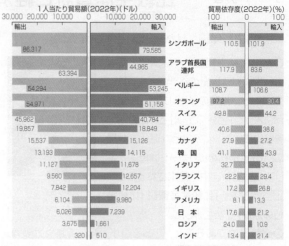

1人当たり貿易額(2022年)(ドル)

	輸出	輸入
シンガポール	86,317	79,585
アラブ首長国連邦	63,394	44,965
ベルギー	54,294	53,245
オランダ	54,971	51,158
スイス	45,962	40,784
ドイツ	19,857	18,849
カナダ	15,537	15,126
韓国	13,193	14,115
イタリア	11,127	11,678
フランス	9,560	12,657
イギリス	7,842	12,204
アメリカ	6,104	9,980
日本	6,026	7,239
ロシア	3,675	1,661
インド	320	510

貿易依存度(2022年)(%)

	輸出	輸入
シンガポール	110.5	101.9
アラブ首長国連邦	117.9	83.6
ベルギー	108.7	106.6
オランダ	97.2	90.4
スイス	49.8	44.2
ドイツ	40.6	38.6
カナダ	27.9	27.2
韓国	41.1	43.9
イタリア	32.7	34.3
フランス	22.2	29.4
イギリス	17.2	26.8
アメリカ	8.1	13.3
日本	17.6	21.2
ロシア	24.0	10.9
インド	13.4	21.4

（『世界国勢図会』2023/24）

解説 貿易依存度の高い国はどのような国だろう
貿易依存度は（輸出額＋輸入額）÷GNI×100 で求めた数値である。世界第1位のシンガポールはGNIが小さく、貿易額が大きい。一方アメリカや日本はGNIが大きいのでその商となる依存度は小さくなる。

3 日本の輸出入品・輸出入先の推移と日本のおもな貿易相手国 (2021年)

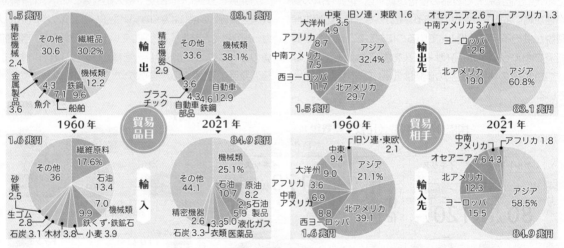

貿易品目

輸出 1.5兆円 (1960年)
- 繊維品 30.2%
- その他 30.6
- 機械類 12.2
- 鉄鋼 9.6
- 船舶 7.1
- 魚介 4.3
- 金属製品 3.6
- 精密機械 2.4

輸出 83.1兆円 (2021年)
- 機械類 38.1%
- その他 33.6
- 自動車 12.9
- 鉄鋼 4.6
- 自動車部品 4.3
- プラスチック 3.6
- 精密機器 2.9

輸入 1.6兆円 (1960年)
- 繊維原料 17.6%
- その他 36
- 石油 13.4
- 機械類 7.0
- 鉄くず・鉄鉱石 9.9
- 生ゴム 2.8
- 砂糖 2.5
- 石炭 3.1
- 木材 3.8
- 小麦 3.9

輸入 84.9兆円 (2021年)
- 機械類 25.1%
- その他 44.1
- 石油 10.7
- 原油 8.2
- 2.5石油製品 5.9
- 液化ガス 5.0
- 精密機器 2.6
- 石炭 3.3
- 衣類 3.3
- 医薬品

貿易相手

輸出先 1.5兆円 (1960年)
- アジア 32.4%
- 北アメリカ 29.7
- 西ヨーロッパ 11.7
- 中南アメリカ 7.5
- アフリカ 8.7
- 大洋州 4.9
- 中東 3.5
- 旧ソ連・東欧 1.6

輸出先 83.1兆円 (2021年)
- アジア 60.8%
- 北アメリカ 19.0
- ヨーロッパ 12.6
- 中南アメリカ 3.7
- オセアニア 2.6
- アフリカ 1.3

輸入先 1.6兆円 (1960年)
- 北アメリカ 39.1
- アジア 21.1%
- 中東 9.4
- 大洋州 9.0
- 西ヨーロッパ 8.8
- 中南アメリカ 6.9
- アフリカ 3.6
- 旧ソ連・東欧 2.1

輸入先 84.9兆円 (2021年)
- アジア 58.5%
- ヨーロッパ 15.5
- 北アメリカ 12.3
- オセアニア 7.6
- 中南アメリカ 4.3
- アフリカ 1.8

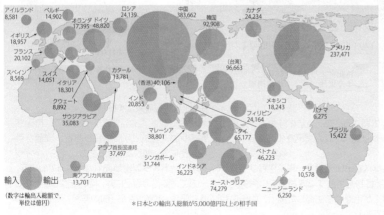

- アイルランド 8,581
- ベルギー 14,902
- ロシア 24,139
- 中国 383,662
- 韓国 92,908
- カナダ 24,234
- オランダ 17,395
- ドイツ 48,820
- イギリス 18,957
- フランス 20,102
- アメリカ 237,471
- スペイン 8,569
- スイス 14,051
- イタリア 18,301
- カタール 13,781
- (台湾) 96,663
- クウェート 8,892
- (香港) 40,106
- インド 20,855
- サウジアラビア 35,083
- メキシコ 18,243
- フィリピン 24,164
- パナマ 6,275
- マレーシア 38,801
- タイ 65,177
- アラブ首長国連邦 37,497
- ブラジル 15,422
- シンガポール 31,744
- インドネシア 36,223
- ベトナム 46,223
- 南アフリカ共和国 13,701
- チリ 10,578
- オーストラリア 74,279
- ニュージーランド 6,250

輸入 輸出
(数字は輸出入総額で、単位は億円)
＊日本との輸出入総額が5,000億円以上の相手国

（日本国勢図会 2023/24）

解説 日本の貿易はどのように変化したか
日本では、高度経済成長期になると工業化が進み、海外から原料を輸入し工業製品を輸出する加工貿易が盛んになった。高度経済成長期前半は繊維製品の輸出が中心であったが、その後、重化学工業製品、自動車（自動車部品含む）へと主要製品が移り変わった。輸入に関しては、近年工業化が進む東南アジア・東アジアなどからの工業製品の輸入が増えている。また、貿易相手地域は、日本製品の最大の販売国であったアメリカ市場のある北アメリカの比重が高かったが、近年では東南アジア・東アジア諸国の経済が急速に発展したことに伴い、輸出入ともにアジアの比重が高まっている。

現行（第5版準拠）1996.1〜2013.12（単位：兆円）

暦年	2013
経常収支	3.2
貿易・サービス収支	△12.3
貿易収支	△10.7
サービス収支	△1.6
所得収支	16.5
経常移転収支	△1.0
資本収支	4.7
投資収支	5.5
直接投資	△13.0
証券投資	25.5
金融派生商品	△5.6
その他投資	△1.4
その他資本収支	△0.7
外貨準備増減	△3.9
誤差脱漏	△4.1

新（第6版準拠）（2014.1〜）　　　（単位：兆円）

暦年	2013	2018	2020	2021	2022
経常収支	4.5	19.5	17.5	21.5	11.5
貿易・サービス収支	△12.3	0.1	△0.7	△2.5	△21.2
貿易収支	△8.8	1.1	3.0	1.8	△15.7
サービス収支	△3.5	△1.0	△3.7	△4.2	△5.4
第一次所得収支	17.7	21.4	20.8	26.4	35.2
第二次所得収支	△1.0	△2.0	△2.5	△2.4	△2.5
資本移転等収支	△0.7	△0.2	△0.2	△0.4	△0.1
金融収支	△0.4	20.1	15.4	16.8	6.5
直接投資	14.2	14.8	11.3	19.2	17.0
証券投資	△26.6	10.1	4.2	△21.9	△19.3
金融派生商品	5.6	0.1	0.9	2.2	5.1
その他投資	2.5	△7.6	△2.2	10.5	10.7
外貨準備	3.9	2.7	1.2	6.9	△7.1
誤差脱漏	△4.1	0.8	△2.0	△4.2	△4.9

第一次所得＝非居住者に支払われる雇用者報酬と海外投資による収益からなる。つまり生産活動（財・サービスの対価）で得た所得

第二次所得＝食糧・医療品など消費財に関連する無償援助や，労働者の送金など，対価をともなわないもの。つまり再分配（移転取引）後の所得（SNA統計では，当初所得を第一次所得，可処分所得を第二次所得としている）

資本移転等収支＝港湾や空港の建設等の生産資産を援助，知的財産権の取引等の生産能力の移動，政府間の債務免除などに関する項目（インフラなどの大規模で不定期な海外援助など）

（財務省資料）

解説 国際収支の内容を確認しよう

国際収支改訂の背景には，1990年代半ば以後立て続いた経済危機の経験や，グローバルな経済活動の高度化，SNA（国民経済計算体系）の項目表記との整合性の強化が求められたことなどがある。おもな改訂内容は，主要項目のうち，「資本収支」が廃止され，投資収支と外貨準備増減が統合されて「金融収支」となり，その他資本収支が「資本移転等収支」となって，大項目となった。経常収支のなかの「所得収支」「経常移転収支」がそれぞれ「第一次所得収支」「第二次所得収支」に名称変更された。収支全体を資金の流入・流出から考えるのではなく「資産の増加・負債の増加」から考えるようになった。これにより国際収支の項目間の関係式は「経常収支＋資本移転収支−金融収支＝0」になる。

Column 戦後日本の国際収支構造の変化　　日本の実質経済成長率の推移

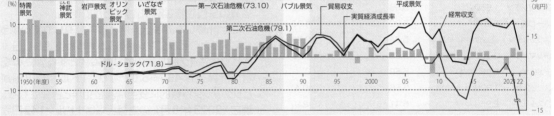

（「数字でみる日本の100年」第7版ほか）

1946〜50　戦後の復興期，財やサービスの輸入超過により貿易収支・貿易外収支は赤字。一方，アメリカの援助により移転収支は黒字。

1951〜55　朝鮮特需により貿易外収支は黒字に転じ，移転収支の黒字額は縮小。

1956〜60　「もはや戦後ではない」といわれた神武景気の時期（高度成長の始まり），貿易収支が黒字に転じる。

1961〜65　外国資本の輸入が行われ，長期資本収支が黒字となる。

1966〜70　いざなぎ景気の時期。日本経済が成熟してきたことを反映し，貿易収支の黒字幅は拡大し，経常収支も黒字に転じる。その一方，長期資本収支の赤字傾向が始まる。

1970年代　二度の石油危機は，貿易収支を急激に縮小させ，経常収支を赤字に転じさせる（1973・74，78・80年度）こととなる。だが貿易収支の黒字幅はこの時期を除いて拡大し，貿易摩擦が深刻化していく。

1980年代　長期資本収支の赤字幅が拡大。特にプラザ合意後の円高により直接投資が拡大し，バブル経済の影響にともなう証券投資の急増は，長期資本収支の赤字幅を大幅に拡大させることとなった。しかし，円高や政府の内需振興策を背景とする輸入の増加や旅行収支（貿易外収支）の赤字増大による1988年からの経常黒字の縮小とともに長期資本収支の赤字幅は縮小の方向へ進んだ。

1990年代　91年は外国資本の大幅流入増により長期資本収支が11年ぶりの黒字に転じる。また，国際的役割の増大にともなう政府開発援助（ODA）による発展途上国への資金供給により移転収支の赤字幅が拡大している。近年は経常収支の黒字にともない，資本収支の赤字が続いて対外債権は巨額である。

2011年　東日本大震災の影響を受け，原子力発電に代わる火力発電の燃料等輸入が多くなったことから，日本の貿易収支が31年ぶりに赤字になった。

2020〜2022年　新型コロナウイルスの影響を受け，各国で海外渡航を抑制したため，サービス収支は赤字が増加している。

経済的主体

国際分野

経済的主体

国際分野

導入の Quest

MainQuest（メイン クエスト）

私たちが普段食べている日本のビッグマックは
お得なの? それとも割高なの?

SubQuest（サブ クエスト）

アメリカでビッグマック1コ買う値段で他の国では
何コ買えるのか。ビッグマック指数を比べてみよう。

ビッグマック指数でくらべてみると?

スイス **0.7コ** / アメリカ **1コ** / 日本 **1.7コ** / 台湾 **2.3コ**

（2023年12月）

国名	価格（各国通貨）	価格（USドル）	各国通貨の対ドル(±)	評価（%）
スイス	6.7（スイス・フラン）	7.73		38.51
ノルウェー	70（ノルウェー・クローネ）	6.92		24
ウルグアイ	259（ウルグアイ・ペソ）	6.86		22.91
アルゼンチン	1,650（アルゼンチン・ペソ）	5.99		7.42
ユーロ圏	5.28（ユーロ）	5.82		4.33
スウェーデン	60.27（スウェーデン・クローナ）	5.74		2.79
デンマーク	38.2（デンマーク・クローネ）	5.65		1.28
アメリカ	5.58（USドル）	5.58		0
スリランカ	1,820（スリランカ・ルピー）	5.56		-0.41
コスタリカ	2,950（コスタリカ・コロン）	5.41		-2.97
イギリス	4.19（イギリス・ポンド）	5.39		-3.39
カナダ	7.05（カナダ・ドル）	5.36		-4.01
メキシコ	89（メキシコ・ペソ）	5.33		-4.51
サウジアラビア	19（サウジアラビア・リヤル）	5.06		-9.24
韓国	5,200（韓国ウォン）	4.08		-26.89
中国	25（人民元）	3.5		-37.28
日本	450（円）	3.17		-43.24
ベトナム	74,000（ドン）	3.12		-44.01
香港	23（香港ドル）	2.95		-47.15
インド	209（インド・ルピー）	2.54		-54.46
台湾	75（ニュー台湾ドル）	2.39		-57.23

アメリカのビッグマック1コ	日本のビッグマック1コ
5.5 ドル	450円
450円（自国のビッグマックの価格）÷5.5ドル（比較対象国のビッグマックの価格）=81.8	
①1ドル=81.8円（対象国の通貨1単位における自国通貨の妥当価値）	
②1ドル=142円（2023年8月現在の為替相場）	
②の為替相場で計算すると，5.5ドル＝781円 5.5ドルは，アメリカではビッグマック1コ分	②の為替相場で計算すると，5.5ドル＝781円 5.5ドルは，日本ではビッグマック1.73コ分
② 1ドル＝142円は，① 1ドル＝81.8円よりも円安ドル高の状態にあるため，今後は①の方向へと，円高ドル安になる可能性がある，と判断する。	

ビッグマック指数とは，イギリスの経済紙"エコノミスト"が1986年に初めて発表した指数である。ファストフードチェーンであるマクドナルドは世界各国に店舗を持っており，約120か国で販売されている人気商品がビッグマックである。日本人にとっても生活に根付いた商品であり，特にガッツリ食べたい時にはビッグマックを選ぶ人も少なくないだろう。ビッグマックのレシピは，バンズ・レタス・牛肉・チーズなど様々な種類の食料品が使用されており，しかもその材料は世界各国でほぼ同一のものが使用されている。このことから，各国の物価を端的に比較する指標としてふさわしいモノと考えられている。

ビッグマック指数の一般的な使い方としては，まず自国のマクドナルドのビッグマックの価格を知ったうえで，比較対象となる国のビッグマックの価格を調べる。自国のビッグマックを対象国のビッグマックの価格で割ることで，対象国の通貨1単位における自国通貨の妥当価値を割り出すことができる。

では計算してみよう。例えば，計算しやすいようにアメリカのビッグマックを5.5ドルと設定し，日本のビッグマックは左表の通り450円とする。この場合，計算式は450÷5.5となり，1ドル=81.8円がビッグマック指数的に妥当な為替相場と計算される。現在（2023年8月）の為替相場は1ドル＝142円程なので，5.5ドル＝781円となり，アメリカのビッグマック1コの値段（5.5ドル）は日本では約1.73コ分（781円）に相当する。このことから，今後は円高ドル安になっていく可能性がある，と判断できる。これがビッグマック指数を使った経済予測になる。

このようにモノの価格に注目して為替相場の変動を説明する考え方を「**購買力平価**」と呼ぶ。スウェーデンの経済学者，グスタフ・カッセルが提唱した理論で，英語の「Purchasing Power Parity」の頭文字をとって「PPP」とも呼ばれる。ビッグマック以外にも様々なモノが取引されている国際社会では，必ずしもビッグマック指数の通りに為替相場が変動するとは言いきれない。しかしながら，長期的には購買力平価での為替相場に近づいていくと考えられており，大まかな為替相場の動向を読むのに役立つのである。

Think!

それでは答えてみよう。日本のビッグマックはお得ですか?それとも割高ですか?

1 さまざまな国際経済機構とその役割

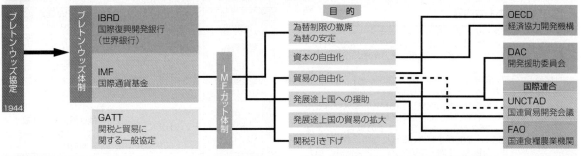

|解説| 国際経済機構の役割は世界貿易にどのような影響を及ぼしているだろうか

世界恐慌後，各国は自国産業を保護するために，為替相場の切り下げ・関税の引き上げなどの保護貿易政策をとった。そのため世界貿易は縮小し，それが第二次世界大戦の一要因となった。大戦後の世界では世界貿易を拡大・発展できる仕組みの整備を進めた。

2 ブレトン-ウッズ体制

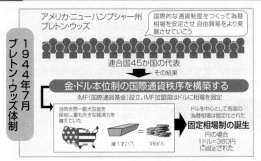

（『図解雑学　国際金融』ナツメ社）

|解説| ブレトン-ウッズ体制とは

1944年，アメリカのブレトン-ウッズにおける連合国の会議により，国際貿易の拡大，為替の安定，国際収支の不均衡等の是正のための短期的資金を融通するIMFと長期の資金を融通するIBRD（国際復興開発銀行＝世界銀行）の設立が決まった（2次協定の発行日を示した）。

3 世界銀行とIMF（国際通貨基金）

世界銀行（国際復興開発銀行）

1944年のブレトン-ウッズ協定に基づいて設立。加盟国から資本を集め，それを各国の収益率の高いと見込まれるプロジェクトに融資する。

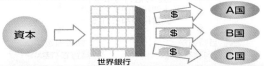

IMF（国際通貨基金）の４つの機能

国際通貨制度に関する協議
国際通貨制度に関する問題点や，加盟国の経済および為替政策について協議する中心的な国際機関としての役割を担う。

国際収支赤字国への融資
・国際収支が赤字の加盟国に対し一定の条件の下で融資を行う。
・融資を受ける国は，国際収支の赤字を改善するための金融・経済政策を求められる。

IMF特別引出権
国際収支が赤字の国は，IMFから資金を引き出すことができる（アジア通貨危機や中南米の累積債務問題はこれによって救われた）。

サーベイランス
世界的な経済危機を避け，世界経済の安定的な成長のために各国が協調的な経済政策を採るようにお互いに監視。

（『図解雑学　国際金融』ナツメ社ほか）

|解説| 世界銀行とIMFはどのように機能しているだろう

1945年に第二次世界大戦からの復興援助を目的として設立開発協会（IDA），国際金融公社（IFC），多国間投資保証機構（MIGA）とともに途上国の開発援助が目的となっている。

4 GATTと多角的貿易交渉の流れ

GATT 関税及び貿易に関する一般協定 〔1947.10.30 署名，1955.9.10 日本適用，1966年 改正 条約3〕

第1条　一般的最恵国待遇　1 いずれかの種類の関税及び課徴金で，輸入若しくは輸出について若しくはそれらに関連して課され，又は輸入若しくは輸出に関する支払手段の国際的振替について課されるものに関し，それらの関税及び課徴金の徴収の方法に関し，輸入及び輸出に関連するすべての規則及び手続きに関し，並びに第3条2及び4に掲げるすべての事項に関しては，いずれかの締約国が他国の原産の産品又は他国に仕向けられる産品に対して許与する利益，特典，特権又は免除は，他のすべての締約国の領域の原産の同種の産品又はそれらの領域に仕向けられる同種の産品に対しても，即時にかつ無条件に許与しなければならない。

第3条　内国の課税及び規則に関する内国民待遇　2 いずれかの締約国の領域の産品で他の締約国の領域に輸入されたものには，同種の国内産品に直接に又は間接に課されるいずれかの種類の内国税その他の内国課徴金をこえる内国税その他の内国課徴金を，直接にも間接にも課してはならない（後略）

期間	多角的貿易交渉の名称と概要	【参加国数】
1947年	第1回　一般関税交渉	【23】
1949年	第2回　一般関税交渉	【13】
1951年	第3回　一般関税交渉	【38】
1956年	第4回　一般関税交渉	【26】
1960～61年	第5回　一般関税交渉	【26】
1964～67年	ケネディーラウンド　関税の一括平均35％の引き下げが合意	【62】
1973～79年	東京ラウンド　関税の平均33％引き下げの他，非関税障壁の軽減・撤廃が合意	【102】
1986～94年	ウルグアイラウンド　農産物の自由化促進，知的所有権の保護，サービス貿易の拡大，およびWTOの設置などが合意	【123】
2001年～（2022.8現在）	ドーハーラウンド…2004年に枠組み合意成立　一次産品の市場拡大，通商ルールの明確化，途上国問題→実際は合意にならず凍結	【164】

|解説| 貿易ルールが必要なのはなぜだろうか

ガット（GATT）の多角的貿易交渉は，初期の交渉では関税引き下げを対象としたが，次第にガットを補完する貿易ルールの必要性が論じられるようになり，ガット体制が強化されていった。特に，東京ラウンド後の世界的な景気後退期における貿易制限措置の増加時期に始まったウルグアイ-ラウンドは，サービス貿易などへも交渉分野を拡大させ，WTOを設立させた意義は大きい。

経済的主体

国際分野

5 WTOの設立とその組織

A 設立協定のおもな内容

紛争処理	パネルの設置，勧告の採択を全会一致方式から，全員が反対しない限り否決できないネガティブ・コンセンサス方式に変更。一方的制裁措置に歯止め
関税 （鉱工業品）	平均関税率引き下げ。日本 3.8%→1.5%，アメリカ 5.4%→3.6%，EU5.7%→3.6%
農業	輸入制限などを原則廃止し関税化。輸入がほとんど行われていない品目は最低輸入の義務（ミニマム・アクセス）を設定。日本の場合，コメは1995－2000年度の6年間に国内消費量の4－8％を輸入。牛肉・オレンジなどは関税引き下げ
繊維	多国間繊維取り決め（MFA）を3段階に分けて10年間でガットに統合
サービス	最恵国待遇，内国民待遇が原則。対象約150分野のうち，日，米，EUとも約100分野でこの原則を保障。情報通信，海運，金融，人の移動は期限を切って交渉を継続
知的所有権 （TRIP）	コンピュータプログラムを著作物として保護。特許の保護期間は20年。違法なコピー商品の水際規制強化。CDレンタルは存続
アンチダンピング（反不当廉売）	課税後5年間で自動失効。調査手続きの明確化
補助金・相殺関税措置	補助金をレッド（禁止），イエロー（関税で相殺可能），グリーン（相殺対象にならない）の3つに分類。輸出補助金はレッド
セーフガード（緊急輸入制限）	発動期間は当初4年間，延長可能で最長8年間。再発動は最低2年間禁止。輸出自主規制などの灰色措置は4年以内に撤廃
貿易関連投資措置（TRIM）	国内産品の購入などを義務づけるローカル・コンテント要求，為替規制などを禁止

（『毎日新聞』1994.12.2ほか）

B WTOの組織

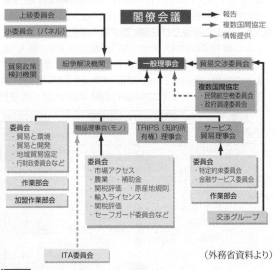

（外務省資料より）

解説 WTOの発足について確認しよう

1995年1月1日，ウルグアイ-ラウンドの合意事項に基づき国際貿易のより一層の拡大を目指し，権限も対象項目も拡大したWTOが発足した。それにともない紛争案件数も拡大し，日本も紛争当事国となることもあった。例えば，日本の酒税制度において，焼酎にかかる酒税よりも同じ蒸留酒であるウイスキーにかかる酒税の方が税率が高く内国民待遇違反だとされた問題（日本側敗訴により，焼酎税率の引き上げが実施），日本国内において外国製フィルムの市場シェアが拡大しないのは差別的な流通制度にあるとされた問題（米国の申し立てには十分な根拠がないとして日本側勝訴）などがあげられる。

6 WTOとGATTの違い

		GATT（ガット）	WTO
	法的地位	国際協定	正式な国際機関
	対象範囲	モノの貿易のみ	サービス貿易や知的所有権も含む
紛争処理手続き	パネル報告や対抗措置の承認方式	全会一致の承認が必要（コンセンサス方式）	1国でも支持すれば承認される（ネガティブーコンセンサス方式）
	対抗処置（制裁）の対象	モノの分野に限る	モノ，サービス，知的所有権は異分野の制裁（クロスーリタリエーション）が可能
	再審制度	なし	あり
	対抗措置承認までの期間	明確な期限はなし	標準は約28か月最長でも約35か月
	閣僚理事会	必要に応じて開催	最低2年に1回開催

（「日本経済新聞」1995.5.13などより）

解説 GATTとWTOの違いは何だろう

GATTとWTOの大きな違いは，GATTが加盟国間の協定に過ぎなかったのに対し，WTOは法的拘束力を持つ国際機関となったことである。また，GATTが農業分野を除くモノの貿易のみを対象にしていたのに対し，WTOは農業やサービス分野をも対象とし，さらに貿易に関する特許や知的所有権などの新分野も広くカバーしていることにある。

7 WTOの紛争解決手続き

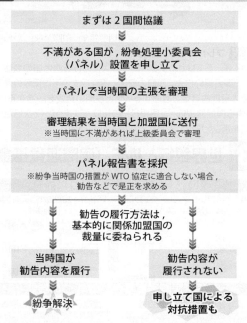

（「毎日新聞」2017.3.3）

解説 WTOの紛争解決

WTO体制の下では，①ネガティブ-コンセンサス方式の採用や②二審制導入等により，紛争解決手段の実効性が強化された。紛争解決手段に持ち込まれる件数も設立以前に比べて，年平均で約5倍に増加しており，これまでの着実な解決例の積み重ねによって，紛争解決へのルール重視の考え方は国際的にも広く共有されてきている。

外務省・世界貿易機関（WTO）紛争解決制度とは
https://www.mofaj.go.jp/mofaj/gaiko/wto/funso/seido.html

経済的主体

国際分野

8 WTOでの紛争解決件数

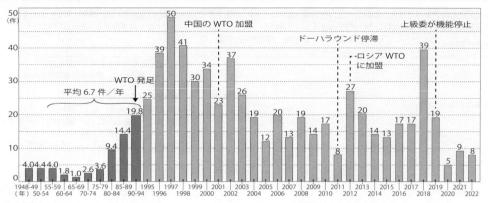

解説 WTO改革

世界164か国・地域が加盟する世界貿易機関（WTO）は，包摂的で自由な多国間貿易体制を維持している。このWTOの紛争解決制度の上訴審として，パネル（第一審）の再審査を行う常設の上級委員会がある。この上級委員会が，紛争解決制度に対する考え方の違いなどから，2019年12月，新規の委員選任について全加盟国の合意が得られず機能停止に陥った。

こうした事態に対して，現在，ルール形成機能の見直し・強化と，機構改革の機運が高まっている。ルール形成すなわちWTOで扱う議題を環境やデジタル貿易といった現代的課題にすべきといった点や，その意思決定に，有志のWTO加盟国間で交渉し，合意形成を進める有志国イニシアティブなどである。さらに機構改革として，閣僚会議の役割や一般理事会などWTOの審議機能の見直しと，紛争解決制度の迅速化などの改革があげられている。こうした一連の提案は，加盟国がWTOの審議機能を改善してルール形成機能を高めるという共通の目的に向かう現実的な取り組みといえる。

Column セーフガード（緊急輸入制限）とパネル審理

ダンピング（不当廉売）等に関係のない合法的な貿易であっても，輸入の急増により輸入国内のライバル産業が重大な損害を受ける場合がある。そこで輸入国政府は，一定の条件を満たす場合には，一定期間だけ関税を引き上げる等の**セーフガード措置（一時的な国内産業保護措置）**をとることができる。

この場合，関係国との協議において，問題となっている商品の関税を引き上げる代わりに他の商品の関税を引き下げる必要がある。この一定期間の間に国内産業は競争力をつけるか他業種に転換することが期待されている。

WTO加盟国が他の加盟国に対して，その市場が閉鎖的であるとして一方的に関税を引き上げたり，その他の貿易制限措置を実施することは，WTO協定違反となる。この2国間は紛争解決をめざして2国間協議を行うことになるが，それでも解決しない場合，WTOにおいて**パネル（小委員会）**が設置される。ここでは，裁判と似たかたちの審理が行われ，当事国の申し立てがあればさらに上級の委員会での審理が行われることになる。

こうしてパネルなどによって解決に向けた報告書が採択されたあと，紛争当事国はこれを実施しなければ相手国による制裁措置を受けることになる。

近年の事例では，2013年9月から東京電力福島第一原子力発電所からの汚染水流出を理由に，韓国が，青森県・岩手県・宮城県・福島県・茨城県・栃木県・群馬県・千葉県の8県の水産物輸入を禁止。日本側は「科学的根拠がない」として撤回を求めたが，韓国はこれに応じなかったためWTOに提訴した。結果として，韓国の食品リスクに対する主張に対し，議論が十分になされていなかったため，日本側の主張は受け入れられなかった。このことは，復興を願い風評被害を無くそうとしてきた日本の被災地の取り組みに水を差し，安全性を確保しているとしてきた日本産食品に対する懸念を海外に抱かせる出来事となった。日本政府は，韓国政府と2国間で規制を緩和するよう協議を続けていくとしている。

合法的な輸出の急増

輸入国産業に重大な損害

当事国政府間での協議

セーフガード措置で一時的に国内産業を保護

9 為替相場とその影響

①外国為替　国際的な経済取引で決済の基準になるもの。取引は外国為替市場で行われる。	外国為替相場（為替レート）　自国通貨と相手国通貨との交換比率	⇔外国為替市場における「需要と供給」の関係により決定 →「ドル」が基軸通貨（キーカレンシー）として機能
②為替相場変動の要因	貿易収支，金利差，国際情勢，投機，政策介入など	
③為替相場変動の影響	円高（⇔ドル安）	・輸出企業の国際競争力の低下（輸出減） 　→日本の景気悪化，製造業の海外移転促進 ・輸入原材料・製品の価格低下 　→物価引き下げの要因に。 【日本にとって輸入促進・輸出打撃】
	円安（⇔ドル高）	・輸出企業の国際競争力の上昇（輸出増）→日本の景気好転 ・輸入原材料・製品の価格上昇→物価引き上げの要因に。 【日本にとって輸出促進・輸入打撃】
④国際通貨制度の変遷（固定相場制から変動相場制へ）	1949年　金1オンス（約31 g）＝35ドル，1ドル＝360円の固定相場制（IMFによる）	
	1960年代後半	・アメリカの国際競争力低下，日本・西ドイツの高度経済成長 ・アメリカの国際収支赤字・ドルの国外への大量流出⇔金・ドルの交換増加でアメリカから金流出
	1971年8月　ニクソン米大統領，『ドル防衛政策（ニクソン声明）』発表	・IMF体制の事実上の崩壊 ・金・ドル交換停止：ドル-ショック（ニクソン-ショック）
	1971年12月　スミソニアン合意 1ドル＝308円に（16.88％の切り上げ）	
	合意以後	・アメリカの国際収支赤字 →1973年2月　変動相場制へ移行⇔キングストン体制に

10 外国為替のしくみの一例

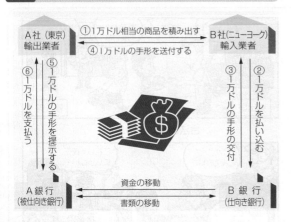

①1万ドル相当の商品を積み出す
④1万ドルの手形を送付する
A社（東京）輸出業者　　B社（ニューヨーク）輸入業者
⑥1万ドルを支払う　⑤1万ドルの手形を提示する
③1万ドルの手形の交付　②1万ドルを払い込む
A銀行（被仕向き銀行）　資金の移動　B銀行（仕向き銀行）
書類の移動

|解説|　**外国為替とは**
貿易の際に現金の輸送の代わりに手形や小切手によって決済をする方法のこと。国内で行われれば，内国為替と呼ぶ。この事例はあくまでも一例である。

11 外国為替市場の参加者

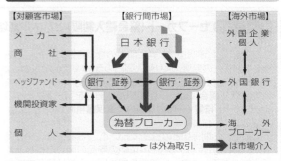

【対顧客市場】　　【銀行間市場】　　【海外市場】
メーカー　　　　　日本銀行　　　外国企業・個人
商　社
ヘッジファンド　銀行・証券　銀行・証券　外国銀行
機関投資家
個　人　　　　　　為替ブローカー　　海外ブローカー
　→は外為取引，⇨は市場介入

|解説|　例えば，ハワイへ旅行に行こうとしたら個人で，円をドルに換えておく必要がある。この場合，個人は，外国為替銀行に行き，円やドルに換えることで外国為替市場に参加することになる。しかし一般的には，外国為替銀行，為替ブローカー（仲介業者），そして日本銀行の間で行われる銀行間取引のことを外国為替市場と呼んでいる。銀行間取引における最低単位は，100万ドル（これをディーラーは1本とかワンダラー One Dollar と呼ぶ）で，通常は1,000万ドルとか2,000万ドル程度のまとまりで取り引きされる。

12 円相場の推移

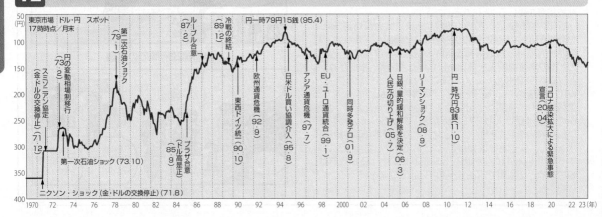

経済的主体
国際分野

円高・円安と為替相場

1ドルが120円から110円になるのは「円高」それとも「円安」??

○「円安」の意味　1ドルが120円から110円になった。数が小さくなって安くなったので「円安」になったのでは? と誤解する人が多い。

　では,アメリカの1ドルの商品を購入するのに日本円でいくら出せば購入できるかと考えてみよう。すると,10円安く(120円−110円)1ドルの商品を購入できることがわかる。1ドルに対して円の価値が10円上がり高くなったことになる。つまり円高になった。

〈(120−110)÷110＝0.09,約9%円の切り上げ〉　反対にドルは円に対して1ドルあたり10円価値が下がり安くなったこと,〈ドル安〉になったことになる。

○為替相場と為替市場　このように貿易の決済(代金の受け渡し)などにより,自国の通貨(例えば円)と他国の通貨(例えばドル)との交換比率を**為替相場(為替レート)**という。そして交換する場所を**外国為替市場**という。この為替相場,1973年まではIMF体制のもと,1ドル＝360円と固定されていた(固定為替相場制)。

　しかし,その後はその日その日の「ドル」と「円」の取引量(交換される通貨量)によって具体的に為替相場が決まるようになった(変動相場制)。

為替相場や為替市場はどのように変化する?

○為替相場のメカニズム　為替相場が変動する原理とメカニズムを考えてみよう。まず基本的には,ある商品に対する需要が多ければ価格は上がり,需要が少なければ価格は下がるということを思い出そう。「価格の自動調節作用」である。つまり,円とドルを交換する外国為替相場で考えると,ドルという商品に対する需要が多ければドルの価格(価値)が上がりドル高(→逆に円安)となり,需要が少なければドル安(→円高)になる。

○為替市場はどこにある?　外国為替市場は24時間取り引きされている。1日の動きを追うと,ニュージーランド(ウェリントン)に始まり,西にむかって日本などのアジア,中東,イギリスやドイツなどの欧州,最後にアメリカといったように,時差によって活況な時間帯が24時間途切れずリレーのように繋がって世界を一周している。取り引きの9割は投機で,為替レートの変動を予測して通貨を売り買いする。残りの1割は輸出産業の企業が海外での売上げを自国通貨に換金する時に使われている。

解説　外国為替レートの決定要因

自国通貨(円)と外貨(ドル)の外国為替市場での需要と供給のバランスで決定

○その通貨の[需要]が増加すればその通貨の価値は[上昇]

○その通貨の[供給]が増加すればその通貨の価値は[下落]

円の需要側:外貨を円に換える人々→ 円買いドル売り

・日本の輸出業者→外貨で得た収益を円建てする

・海外から日本への旅行者・投資家→外貨を円に換えて旅行や投資

円の供給者:円を外貨に換える人々→ 円売りドル買い

・日本の輸入業者→円を外貨に換えて外国から商品購入

・日本から海外への旅行者・投資家→円を外貨に換えて旅行や投資

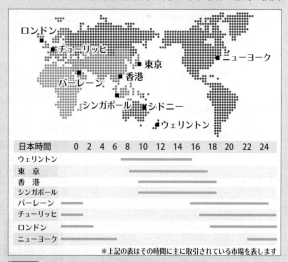

日本時間	0	2	4	6	8	10	12	14	16	18	20	22	24
ウェリントン													
東京													
香港													
シンガポール													
バーレーン													
チューリッヒ													
ロンドン													
ニューヨーク													

＊上記の表はその時間に主に取引されている市場を表します

解説　為替市場の場所と時間

ニューヨーク市場,ロンドン市場,東京市場が三大市場と呼ばれている。なお,各国の金融機関が休業する週末(土・日)や年末年始などは,原則として取引は行われない。

国際分野

経済的主体

導入のQuest

MainQuest（メイン クエスト）

> EU（欧州連合）の統一通貨は成功したのだろうか？

おカネが半分に目減り？

「私がイギリス・ロンドンのヒースロー空港にいるとしよう。財布には1000ポンドのおカネがある。今からECの12か国の旅にでる」1992年3月，来日したドイツのシュミット元首相はこう切り出した。「まず，オランダのスキポール空港に着いた。ここで手持ちの1000ポンドをすべてオランダ通貨のギルダーに換えよう。次はドイツのフランクフルトだ。ここではギルダーをすべてドイツ通貨のマルクに。こうして，12か国全部を回り終えたとき，私の財布にいくらのおカネが残っているだろうか。およそ半分だ。何も買っていないにもかかわらずだ。この例だけでも，いくつも通貨がある限り，ECがどんなに経済統一を進めても意味のないことがわかるだろう…。」シュミット氏の言いたいことはこうだ。「統一通貨のないECに，本当の意味の市場統合はない」。（『テラスで読む日本経済読本』日本経済新聞社）

ユーロ導入前のヨーロッパ

SubQuest（サブ クエスト）

> 通貨ユーロの流通によって，シュミット氏の懸案事項は解消されたのだろうか？

|解説| 1993年にEUが誕生すると，1998年にECB（欧州中央銀行）が業務を開始し，翌年には域内通貨ユーロが誕生し，2002年にはユーロ紙幣の流通が実施され，シュミット氏の懸案事項は解消されたことになる。実際，国際競争力の高い国では貿易量が増大し，国際競争力の弱い国もユーロを導入したことにより，通貨が安定し政府や企業が低金利でお金を借りることができるようになったことから，消費が増大し，通貨統合の恩恵を受けることができた。

　一方で，2009年にはギリシャ債務危機とよばれる同国の大幅な財政赤字が問題となった。その他にも，ポルトガル・アイルランド・イタリア・スペイン各政府の債務不履行が懸念されたことから，欧州全体の金融システムが揺らぐ事態となった（欧州債務危機）。ユーロ圏にあったPIIGS（ポルトガル・アイルランド・イタリア・ギリシャ・スペインの略称）は財政収支のさらなる悪化が懸念され，ユーロ暴落の一因となった。これはユーロ導入に伴い，金融政策がECBに一元化される一方で，財政は各国政府の政策に委ねられていたことが原因とされている。財政統合なき通貨統合が非常に脆弱なことを示した事例である。

①EEC（欧州経済共同体）の成立
- 1957年　ローマ条約の調印（域外への関税障壁，域内の労働と資本の自由化）
  →EEC，EURATOM（ユーラトム，欧州原子力共同体）の発足（1958年）
- 1958年　英国等の7か国がEECに対抗し，EFTA（欧州自由貿易連合）設立

②EC（欧州共同体）の発足
- 1967年　EEC，EURATOM，ECSC（欧州石炭鉄鋼共同体）の立法・執行機関が融合→ECに
- 1992年末　加盟諸国の非関税障壁を撤廃→市場統合（人・もの・金の域内自由化）

③EU（欧州連合）の成立
- 1993年　マーストリヒト条約（欧州連合条約）発効→EU発足
- 1994年　EEA（欧州経済地域）の発足（EFTA加盟（スイス除く）のヨーロッパ諸国との連携）
- 1999年　経済・通貨統合実施（域内通貨ユーロの誕生）→市場取引のみ
- 2001年　ニース条約調印→EU機構・運営の改革を柱とする新EU基本条約
- 2002年　ユーロ（EURO）紙幣・硬貨の市場流通，中・東欧10か国の加盟を決定
- 2009年　リスボン条約発効（EU大統領の誕生）

ユーロ圏の国

通貨	財政政策	金融政策
ユーロ	各国政府に委ねられている	欧州中央銀行の下で一本化
	①国際競争力の高い国 →経常収支黒字→財政収支黒字 ②競争力が弱い国 →経常収支赤字→財政収支赤字 →信用不安→国債格下げ（長期金利上昇）→利払いの増加→債務不履行の懸念→通貨暴落の危機	②のように財政収支が悪化した国では，金利を引き下げるなどの金融政策によって経済の安定化を図ろうとするが，ユーロ圏では一国の意向では金融政策を行えない。

テーマ学習　EU統合とその課題

国(主権国家)と同じような地域(リージョン)?

〇**国家に準ずる単一の地域**　1993年に経済的な統合を中心に発展してきたEC(ヨーロッパ共同体)を基礎に、欧州連合条約(マーストリヒト条約)締結によって、経済通貨統合を進めるとともに、共通外交安全保障政策、司法・内務協力等のより幅広い協力をも目指す政治・経済統合体、EU(ヨーロッパ連合)となった。国家主権の一部の委譲を前提に、域外に対する統一的な通商政策をも実施する世界最大の単一市場であり、政治的にも「一つの声」で発言するなどいわば国家に準ずる存在である。

〇**単一であることの課題**　2009年のリスボン条約によりEUとして単一の国家的な統合が深まり、課題もみえてきた。第1に、欧州理事会常任議長(事実上の「EU大統領」)が誕生したが、EUには、欧州委員会の委員長や外務・安全保障政策上級代表(事実上の「EU外相」)、独仏など大国の首脳が存在している。その中でリーダーシップが発揮できるかという点である。第2に、EU全体の足並みがそろうかという点がある。ギリシャに端を発した経済危機は、単一な金融・財政政策や財政赤字の制限などにより解決が遅れた。シリアの政情不安による難民の発生と受け入れ、大量流入も大きな問題となった。

EUからの離脱を選んだイギリス

〇**イギリスのブレグジット**　こうした状況から、EUの政策などに対する不満をもったイギリスでは、2016年の国民投票でEUからの離脱を選択した。2017年3月にEU離脱を通告、その後は、2年の離脱交渉期間が定められていたが、イギリス国内の政治的な駆け引きもあり難航した。結局3度の交渉期限延期をへて、2020年1月31日に離脱した。英・EU間、英・第三国間でそれぞれFTA交渉などが行われ、国際的な貿易環境をはじめとして混乱が大きくならないよう、2020年末には関連の協定が締結された。

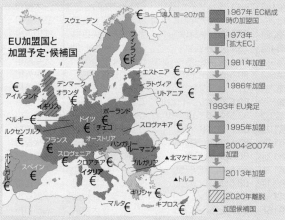

EU加盟国と加盟予定・候補国

€ユーロ導入国=20か国

- 1967年 EC結成時の加盟国
- 1973年「拡大EC」
- 1981年加盟
- 1986年加盟
- 1993年 EU発足
- 1995年加盟
- 2004・2007年加盟
- 2013年加盟
- 2020年離脱
- ▲ 加盟候補国

EUと日米の比較	EU27か国	アメリカ	日本
人口(2021年)(億人)	4.5	3.3	1.3
国内総生産(2021年)(兆ドル)	17.2	23.3	4.9
面積(2021年)(千km²)	4130	9834	378

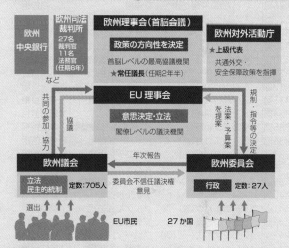

解説 リスボン条約に基づくEUのしくみ　欧州理事会常任議長の設立、外務・安全保障政策上級代表の創設などにより、「EU」として一つの声として発言していくこととした。立法における欧州議会の権限強化も。

●EUの深化と拡大(?)

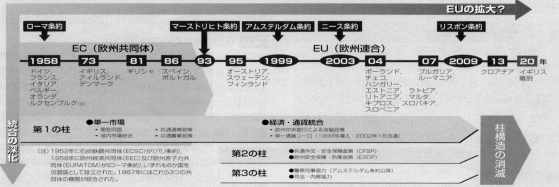

EUの拡大？

ローマ条約			マーストリヒト条約	アムステルダム条約	ニース条約			リスボン条約	

EC(欧州共同体) → EU(欧州連合)

1958	73	81	86	93	95	1999	2003	07	09	13	20 年
ドイツ、フランス、イタリア、ベルギー、オランダ、ルクセンブルク(注)	イギリス、アイルランド、デンマーク	ギリシャ	スペイン、ポルトガル		オーストリア、スウェーデン、フィンランド		ポーランド、チェコ、ハンガリー、エストニア、リトアニア、キプロス、スロベニア	ブルガリア、ルーマニア		クロアチア	イギリス離脱

統合の深化

第1の柱
- ●単一市場
  - ・関税同盟
  - ・域内市場統合
  - ・共通通商政策
  - ・共通農業政策
- ●経済・通貨統合
  - ・欧州中央銀行による金融政策
  - ・単一通貨ユーロ(1999年導入・2002年1月流通)

(注)1952年に石炭鉄鋼共同体(ECSC)が(パリ条約)、1958年に欧州経済共同体(EEC)及び欧州原子力共同体(EURATOM)が(ローマ条約)、いずれも6か国を加盟国として設立された。1967年にはこれら3つの共同体の機関が統合された。

第2の柱
- ●共通外交・安全保障政策(CFSP)
- ●欧州安全保障・防衛政策(ESDP)

第3の柱
- ●警察刑事協力(アムステルダム条約以降)
- ●司法・内務協力

柱構造の消滅

1 サミット（主要国首脳会議）

回	年	開催地	ホスト国首脳	日本の参加者
第1回	75.11	ランブイエ(仏)	ジスカールデスタン仏大統領	三木首相
第2回	76.6	サンファン(プエルトリコ)	フォード米大統領	三木首相
第3回	77.5	ロンドン(英)	キャラハン英首相	福田首相
第4回	78.7	ボン(西独)	シュミット西独首相	福田首相
第5回	79.6	東京(日本)	大平首相	大平首相
第6回	80.6	ベネチア(伊)	コシガ伊首相	大来外相
第7回	81.7	オタワ(加)	トルドー加首相	鈴木首相
第8回	82.6	ヴェルサイユ(仏)	ミッテラン仏大統領	鈴木首相
第9回	83.5	ウィリアムズバーグ(米)	レーガン米大統領	中曽根首相
第10回	84.6	ロンドン(英)	サッチャー英首相	中曽根首相
第11回	85.5	ボン(西独)	コール西独首相	中曽根首相
第12回	86.5	東京(日本)	中曽根首相	中曽根首相
第13回	87.6	ベネチア(伊)	ファンファーニ伊首相	中曽根首相
第14回	88.6	トロント(加)	マルルーニ加首相	竹下首相
第15回	89.7	アルシュ(仏)	ミッテラン仏大統領	宇野首相
第16回	90.7	ヒューストン(米)	ブッシュ米大統領	海部首相
第17回	91.7	ロンドン(英)	メージャー英首相	海部首相
第18回	92.7	ミュンヘン(独)	コール独首相	宮沢首相
第19回	93.7	東京(日本)	宮沢首相	宮沢首相
第20回	94.7	ナポリ(伊)	ベルルスコーニ伊首相	村山首相
第21回	95.6	ハリファクス(加)	クレティエン加首相	村山首相
第22回	96.6	リヨン(仏)	シラク仏大統領	橋本首相
第23回	97.7	デンバー(米)	クリントン米大統領	橋本首相
第24回	98.5	バーミンガム(英)	ブレア英首相	橋本首相
第25回	99.6	ケルン(独)	シュレーダー独首相	小渕首相
第26回	0.7	九州・沖縄(日)	森首相	森首相
第27回	1.7	ジェノバ(伊)	ベルルスコーニ伊首相	小泉首相
第28回	2.6	カナナスキス(加)	クレティエン加首相	小泉首相
第29回	3.6	エビアン(仏)	シラク仏大統領	小泉首相
第30回	4.6	シーアイランド(米)	ブッシュ米大統領	小泉首相
第31回	5.7	グレンイーグルス(英)	ブレア英首相	小泉首相
第32回	6.7	サンクトペテルブルク(ロ)	プーチン ロ大統領	小泉首相
第33回	7.6	ハイリゲンダム(独)	メルケル独首相	安倍首相
第34回	8.7	洞爺湖(日)	福田首相	福田首相
第35回	9.7	ラクイラ(伊)	ベルルスコーニ伊首相	麻生首相
第36回	10.7	ムスコカ(加)	ハーパー加首相	菅(直)首相
第37回	11.5	ドービル(仏)	サルコジ仏大統領	菅(直)首相
第38回	12.5	キャンプデービッド(米)	オバマ米大統領	野田首相
第39回	13.6	ロックアーン(英)	キャメロン英首相	安倍首相
第40回	14.6	ブリュッセル(ベルギー)	ディルポ首相(EU)	安倍首相
第41回	15.6	エルマウ(独)	メルケル独首相	安倍首相
第42回	16.5	伊勢志摩(日)	安倍首相	安倍首相
第43回	17.5	タオルミーナ(伊)	ジェンティローニ伊首相	安倍首相
第44回	18.6	シャルルボワ(加)	トルドー加首相	安倍首相
第45回	19.8	ビアリッツ(仏)	マクロン仏大統領	安倍首相
第46回	20	(米国)	トランプ米大統領	安倍首相
第47回	21.6	コーンウォール(英)	ジョンソン英大統領	菅(義)首相
第48回	22.6	エルマウ(独)	ショルツ独首相	岸田首相
第49回	23.6	広島(日本)	岸田首相	岸田首相

Q. G7サミットとは何ですか？

A. 日，米，英，仏，独，伊，加，7か国の首脳及びEUの委員長が参加して毎年開催される首脳会議です。狭義のサミットは首脳会合を意味しますが，首脳会合の前に開催される外相会合及び財務相会合を含めた全体をサミットと呼んでいます。

Q. G7とは何の略ですか？

A. 一般的に首脳会議に参加する7か国の総称としての「Group of Seven」を意味しています。

2 G8とG20

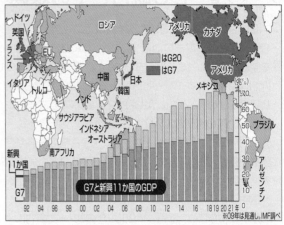

G7と新興11か国のGDP

※09年は見通し。IMF調べ

（『毎日新聞』2010.6.26，『世界国勢図会』などより）

◆ G20のメンバーは？ ◆

回	開催年月	開催地	議長国
第1回	2008.11	ワシントンDC・サミット	アメリカ
第2回	2009.4	ロンドン・サミット	イギリス
第3回	2009.9	ピッツバーグ・サミット	アメリカ
第4回	2010.6	トロント・サミット	カナダ
第5回	2010.11	ソウル・サミット	韓国
第6回	2011.11	カンヌ・サミット	フランス
第7回	2012.6	ロスカボス・サミット	メキシコ
第8回	2013.9	サンクトペテルブルク・サミット	ロシア
第9回	2014.11	ブリスベン・サミット	オーストラリア
第10回	2015.11	アンタルヤ・サミット	トルコ
第11回	2016.9	杭州・サミット	中国
第12回	2017.7	ハンブルク・サミット	ドイツ
第13回	2018.11	ブエノスアイレス・サミット	アルゼンチン
第14回	2019.6	大阪・サミット	日本
第15回	2020.11	リヤド・サミット	サウジアラビア
第16回	2021.10	ローマ・サミット	イタリア
第17回	2022.11	バリ・サミット	インドネシア
第18回	2023.9	ニューデリー・サミット	インド

解説 G20はどのような国々だろうか

BRICSを中心とする経済的な新興国が，世界経済の重要な役割を担うようになってきた。サブプライムローンによる世界金融危機を背景に，世界経済を協議する枠組みとしてG20による首脳会議（G20サミット）が開かれるようになった。第1回の首脳会議は2008年にワシントンで開かれ，世界不況の回避，金融危機の再発防止，IMFの改革などについて合意された。新たな国際秩序の形成にむけての重要な枠組と位置づけられている。加盟国のGDPが世界の約8割以上を占めるなど，「国際経済協調の第一のフォーラム」として，経済分野において大きな影響力をもつ会議。

経済的主体

国際分野

3 急成長するBRICS諸国

(2021年)	ブラジル	ロシア	インド	中　国	南アフリカ
人口* (人)	2億 1,531万	1億 4,471万	14億 1,717万	14億 2,589万	5,989万
面積（km²）	851万	1,710万	329万	960万	122万
GDP（ドル）	1兆 8,478億	1兆 7,788億	3兆 2,015億	17兆 7,341億	4,190億
1人あたり GNI（ドル）	7,305	11,960	2,239	12,324	5,832
輸出* （ドル）	3,341億	5,319億	4,535億	2兆 5,980億	859億
外貨準備高* （ドル）	3,173億	4,493億	5,225億	3兆 1,927億	534億
首　都	ブラジリア	モスクワ	ニューデリー	北京	プレトリア
通　貨	レアル	ルーブル	ルピー	元	ランド

＊は2022年 　　　　　　　　　　（『世界国勢図会』2023/24）

解説 BRICS諸国の特徴を確認しよう

　ブラジル，ロシア，インド，中国，南アフリカの5か国をBRICSと略称している。これらの国々の共通する特徴は，表にあるように，いずれも人口や国土面積が大きいことなどがあげられ，今後しばらくは大きな経済成長が持続するとみられている。命名はアメリカの証券会社のゴールドマン・サックスで，特に「世界の工場」ともいわれる中国と，低コストの労働力が魅力のインドの成長が，近年は顕著である。日本との関係で見れば，中国企業による日本企業の買収・出資もさかんに行われている。

　こうしたBRICS諸国間には条約や活動のための事務局本部はなく，あくまで一種のフォーラムのような集まりで，同盟や連合ではない。しかし，2009年から年1回の首脳会議を行って連携して，国際経済に対する影響を示している。2023年8月のBRICS首脳会議の成果報告演説では，エジプト，エチオピア，イラン，サウジアラビア，アラブ首長国連邦（UAE），アルゼンチンの6か国がBRICSに新規加盟することを承認し，BRICSとして拡大することが表明された。同年12月，アルゼンチンは加盟を見送ったが，2024年1月1日から5か国が正式な加盟国になった。

4 おもな経済ブロックのGDP

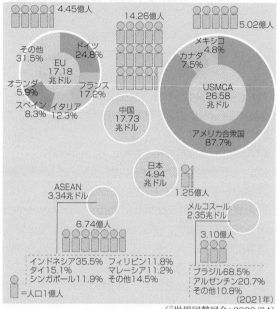

（『世界国勢図会』2023/24）

解説 世界のおもな経済ブロックを比べてみよう　1990年代後半以降，二国間及び地域的なFTA（自由貿易協定）締結の動きが活発化している。EUを始めとする経済ブロックはその代表であり，世界経済に与える影響力も大きい。FTA締結の背景には，WTOによる世界規模での自由貿易体制を補完する役割を果たすことがあげられる。1999年以降は，異なる地域に属する国同士のFTA締結（EU・メキシコ等），異なる地域に属するFTA同士の更なる統合（EU・MERCOSUR）の動きが活発化している。日本はWTOを中心とした多角的貿易体制を対外経済政策の基本としていたためFTAには消極的であったが，2002年1月にシンガポールとの間で「日本・シンガポール新時代経済連携協定（JSEPA）」を締結，積極的な交渉を実施している。

5 世界のメガFTA

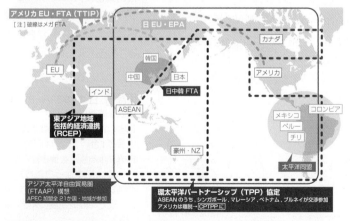

解説 世界の国々はどのように結び合おうとしているのだろうか　アメリカ，EU，日本，中国などの貿易大国は，主要な貿易相手国とのFTA・EPAの締結を優先する方針に転換している。東アジア地域包括的経済連携協定（RCEP），日EU・EPA，アメリカEU・包括的貿易投資パートナーシップ（TTIP），環太平洋パートナーシップ協定（TPP）の4つの巨大地域経済統合（メガFTA）が登場し，発効されつつある。WTOの枠組みを維持しつつ，FTAを発効している状況である。

Column グローバルサウスの国々

　これから成長してくる国々を表す新しい言葉だが，はっきりとした定義はない。インドが2023年1月に「グローバルサウスの声サミット」を開き120が国以上を招いた。モディ首相が「私たちグローバルサウスは，未来に関して最大の利害関係を有している」と語った。

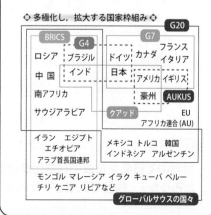

EPAとFTAの役割

WTOとは異なる
複数の国との間の貿易に関する協定

○EPA・FTAの定義　幅広い経済関係の強化を目指して，貿易や投資の自由化・円滑化を進める協定とのことで，日本は当初からより幅広い分野を含むEPAの締結を推進してきた。その定義は，

FTA：自由貿易協定 (Free Trade Agreement)

特定の国や地域の間で，物品の関税やサービス貿易の障壁等を削減・撤廃することを目的とする協定。

EPA：経済連携協定 (Economic Partnership Agreement)

貿易の自由化に加え，投資，人の移動，知的財産の保護や貿易政策におけるルール作り，様々な分野での協力の要素等を含む，幅広い経済関係の強化を目的とする協定。

○日本におけるEPAとFTA　日本のEPAは，関税やサービス貿易にかかる障害を取り除くことに加え，相手国の投資環境の整備という観点から，投資，知的財産・競争政策等に関するルール整備や協力を重視している。日本の直接投資の拡大（相手国内での現地生産の拡大）は，日本からの技術移転や雇用の拡大につながり，相手国の経済発展に大きな貢献をするだろう。特に，ASEANの国々にはすでに多くの日本企業が進出し，現地に子会社や工場等を設けている。ASEANの国々とのEPAは，日本やASEAN諸国でさまざまな製品を分業して生産する体制を強化し，日・ASEAN双方の発展を促す環境作りを目指している。

WTO 協定

多国間で関税削減などを検討

参加国が多くてなかなか交渉が進まない…

自由貿易協定 (FTA)

特定の国との間で関税を撤廃

地域経済協力を進める上で大きな武器に

部品を安く輸入できる

関税に守られてきた国内の業界からは反対の声も

安い農産物が入ってくる

（『日本経済新聞』 2003.7.13）

|解説| おもなFTA・経済統合の様々な結びつきにはどのようなものがあるだろう

欧州連合（EU　加盟27か国）
アメリカ・メキシコ・カナダ協定（USMCA　加盟は左記3国）
南米南部共同市場（メルコスール，加盟国：ブラジル，アルゼンチン，パラグアイ，ウルグアイ，準加盟国：チリ，ボリビア）
ASEAN自由貿易地域（AFTA，加盟国：ASEAN加盟国と同じ）

WTOの停滞とFTA・EPA

○グローバル経済の進展のなかで　多角的な貿易交渉であるWTO交渉が停滞している現在，アメリカ，EU，日本，中国などの貿易大国は，主要な貿易相手国とのFTAを優先する方針に転換してきた。環太平洋パートナーシップ(TPP)協定，東アジア地域包括的経済連携 (RCEP)，日EU・EPA／FTA，アメリカとEUの包括的貿易投資パートナーシップ(TTIP) などの巨大地域経済統合 (メガFTA) が登場することとなった。

日本の貿易総額に占める国・地域別割合

● 発効済・署名済>21
シンガポール，メキシコ，マレーシア，チリ，タイ，インドネシア，ブルネイ，ASEAN全体，フィリピン，スイス，ベトナム，インド，ペルー，オーストラリア，モンゴル，TPP12(署名済)，TPP11
日EU・EPA，RCEP，米国，英国

その他
13.1%

交渉中など
8.1%

EPA発効済
78.8%

EPA発効済・交渉段階の国
86.9%

● 交渉中>3
コロンビア，日中韓，トルコ，GCC

○ その他(交渉中断中)
韓国，カナダ

(注1)GCC：湾岸協力理事会(Gulf Cooperation Council)
(アラブ首長国連邦，バーレーン，サウジアラビア，オマーン，カタール，クェート)

（2023年12月）

|解説| 日本のEPA・FTAの現状を確認しよう

日本の貿易総額に占める国・地域別割合。日本はFTAよりEPAによる協定を重視して進めている。日本からの直接投資や他国からの直接投資の拡大は，双方の経済発展に大きく寄与する。

Think!

世界中で貿易や投資の自由化が進むことで，見落としていることはないだろうか？　各国で保護しなければならない産業について考えてみよう。

経済的主体

国際分野

テーマ学習 TPP（環太平洋パートナーシップ協定）どんな協定だろう

これまでのEPAとはちがうの?

○TPP（Trans-Pacific Partnership）：環太平洋パートナーシップ協定　環太平洋経済連携協定ともいう。太平洋を取り囲む諸国間で，モノやサービス，投資などができるだけ自由に行き来できるよう，貿易や投資の自由化やルールづくりを進めるための条約である。

○TPPにおけるルールづくり　モノの関税だけでなく，サービス，投資の自由化を進め，さらには知的財産，金融サービス，電子商取引など，幅広い分野で21世紀型のルールを構築する経済連携協定である。

①物品市場アクセス

物品の貿易に関して，関税の撤廃や削減の方法などを定めるものであり，農業製品，工業製品などが対象。

②国境を越える投資

海外へ工場を建設したり，コンビニの新店舗を開設したり海外でのビジネスチャンスの拡大などが該当。

③サービス貿易

インターネットを通じたオンライン英会話サービスなどが該当する。

交渉の締結とその後の動き

○TPP11として発効　例外なしの関税撤廃が原則だったため交渉は難航したが，例外を容認することで大筋合意。2016年2月に調印した。しかし翌年1月，米トランプ大統領就任後に公約のTPP離脱を表明。アメリカ抜きのTPP11協定「環太平洋パートナーシップに関する包括的及び先進的な協定（CPTPP）」を取りまとめ，2018年12月ついに発効された。国内法の整備は，TPP関連法として2018年6月に成立しており，自由化によって影響をうける国内産業，農業などへの支援策を急いでいる。

TPP11 の主な合意内容

関税	輸入品 守り		現行	合意内容
		コメ	1㌔341 円	豪州産に無関税輸入枠
		牛肉	38.5%	16 年目以降 9 %に
		豚肉	低価格品 1㌔482 円	10 年目以降 50 円に
	輸出品 攻め	牛肉	カナダ向け 26.5%	6 年目に撤廃
		水産物	ベトナム向け ブリ, サバ 各18%	即時撤廃
		自動車	カナダ向け 乗用車 6.1%	5 年目に撤廃
ルール	企業活動を促進	電子商取引	データの流通制限を禁止	
		サービス	金融機関やコンビニ参入規制緩和	
		人の移動	ビジネス関係者の滞在期間延長	

TPP11 と TPP との違い
- 6 か国の国内承認手続き完了から 60 日後に発効
- 高い自由化水準を維持するため「関税」は修正させず
- 著作権保護など「ルール」22 項目を凍結，米国復帰後に解除

（時事ドットコム図解　2018 年 3 月 9 日）

○ TPP 参加国

カナダ／米国離脱／日本／ベトナム／シンガポール／ブルネイ／メキシコ／マレーシア／ペルー／チリ／ニュージーランド／オーストラリア

TPP11 と主要国の GDP シェア

※2016 年世界銀行資料より作成

アメリカ 25%	EU 22	中国 15	TPP11 13	その他 25

0　20　40　60　80　100%

解説　TPP参加国を確認しよう

そもそもは，シンガポール，ブルネイ，ニュージーランド，チリの4か国（貿易自由化に対して積極的な国）のみの参加で開始され，2005年6月に調印，翌年5月に発効している。日本が協議に正式参加したのは2013年7月。それまでには，アメリカ，オーストラリア，マレーシア，ベトナム，ペルーの5か国も加わり，最終的にカナダとメキシコを含む12か国で交渉が行われた。現在までイギリス，韓国，タイ，フィリピンなどの国々も協定への参加を希望している中，2021年9月に中国と台湾がTPP11への正式な加盟を申請している。

● TPP をめぐる国内の意見対立

【推進派】
①少子高齢化を背景に，将来的に国内市場が縮小傾向であるため，アジア太平洋地域の経済成長を取り込むことができる。
②関税の撤廃により，衣食住にかかわる多くの商品が安く購入できるようになる。
③知的財産保護のルールが整備されることで，世界的に評価の高い日本のアニメやゲームなどのコンテンツを守ることができる。

【反対派】
①関税の撤廃により，コメなどの日本の農産物が壊滅的な打撃を受け，食料自給率も低下する。
②貿易が自由化することで，輸入食品が増え，食品の安全，安心が脅かされる。
③単純労働者が入国しやすくなってくることで，国内の労働条件や環境基準が低下する。

TPP の推進派と反対派の意見を，政治・経済・国民の暮らしへの影響についてそれぞれ整理してみよう。

TPP 推進派		TPP 反対派
経済的な結びつきが強まることで，政治的な対立をしている国々との関係を緩和することができる。	政治	すべての分野において，日本に有利な条件で協定が結べるわけではない。そもそも大国に対し日本政府は弱い。
関税が撤廃されることで，輸出入が拡大し経済活動が活発になる。	経済	安価な外国製品が輸入されることで，国内産業が衰退してしまう。
食料品を含む安価な生活必需品が輸入されれば，家計の支出が減り助かる。	国民の暮らし	外国人労働者の入国によって失業する可能性や，輸入食品の安全性への不安。

経済的主体

国際分野

279

導入の**Quest**

MainQuest （メイン クエスト）

> なぜ人間の世界では格差がなくならないのだろうか

SubQuest （サブ クエスト）

> 世界がもし100人の村だったら？　あなたの住む身近な地域として，どんなことを感じるでしょう。

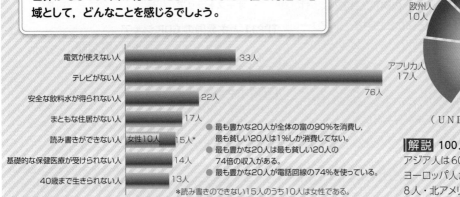

電気が使えない人	33人
テレビがない人	76人
安全な飲料水が得られない人	22人
まともな住居がない人	17人
読み書きができない人	女性10人　15人*
基礎的な保健医療が受けられない人	14人
40歳まで生きられない人	13人

- 最も豊かな20人が全体の富の90%を消費し，最も貧しい20人は1%しか消費してない。
- 最も豊かな20人は最も貧しい20人の74倍の収入がある。
- 最も豊かな20人が電話回線の74%を使っている。

*読み書きのできない15人のうち10人は女性である。

北米人 5人　南米人 8人
欧州人 10人
アジア人 60人
アフリカ人 17人

（UNDPホームページより）

解説 100人の村人の構成
アジア人は60人・アフリカ人が17人・ヨーロッパ人が10人・南アメリカ人は8人・北アメリカ人が5人となる。

　地球上に住む人間を100人と置き換えて考えてみる。食料の確保に不安のある人は17人，栄養失調により死にそうな人は9人いる。一方で，食料の確保に不安のない人は43人おり，太り過ぎている人は31人いる。世界には豊かであるといわれる人々と，そうでない貧しい人々との大きな格差が存在しており，この事実から目を背けることはできない。

　いま私たちが生きている時代は，世界が一つになったグローバリゼーションの時代である。グローバリゼーションにより，人・モノ・カネが自由に行き交う，より豊かで，より合理的な平和な世界が目指されたが，現実は程遠い状況にある。世界各地で戦争や紛争が後を絶たない一方で，またたくまに世界中に広がったインターネットを利用し，情報とお金を手中におさめた一握りの人々がいる。世界総資産の80%以上は20%に満たない人々が保有している（表）。グローバリゼーションの時代を迎えても，変わらず貧しさに苦しんでいる人々がいる。

　世界の子どもたちを100人に置き換えてみると，小学校に通うはずの100人のうち9人が，中学校に通うはずの100人のうち34人が学校に通えていない。さらには，貧しさのために5秒に一人子どもが死んでいる。

（世界がもし100人の村だったら　第6版　により作成
世界がもし100人の村だったら　お金篇　により作成）

◆ 世界の富のピラミッド ◆

保有資産額区分	成人人口（世界人口に対する割合）	総資産（世界資産に対する割合）
100万ドル以上	4700万人（0.9%）	43.9%
100万ドル未満	4億9900万人（9.8%）	38.9%
10万ドル未満	16億6100万人（32.6%）	15.5%
1万ドル未満	28億8300万人（56.6%）	1.8%

Think!

「奪い合えば足らず，分け合えば余る」といったマハトマ（偉大な魂）とインドで仰がれたガンジーの言葉や，「貧乏な人とは少ししかものを持っていない人ではなく，無限の欲がありいくらあっても満足しない人のことだ」といったホセ・ムヒカ元ウルグアイ大統領の言葉について，私たち一人ひとりが向き合い考えていかなければならない。

経済的主体

国際分野

1 南北問題　格差の現状

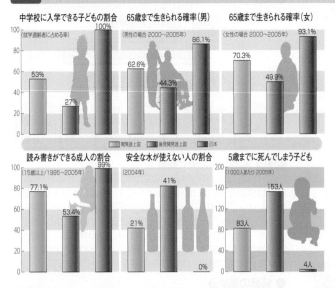

中学校に入学できる子どもの割合
（就学適齢者に占める率）
- 開発途上国: 53%
- 後発開発途上国: 27%
- 日本: 100%

65歳まで生きられる確率（男）
（男性の場合 2000〜2005年）
- 開発途上国: 62.6%
- 後発開発途上国: 44.3%
- 日本: 86.1%

65歳まで生きられる確率（女）
（女性の場合 2000〜2005年）
- 開発途上国: 70.3%
- 後発開発途上国: 49.9%
- 日本: 93.1%

読み書きができる成人の割合
（15歳以上／1995〜2005年）
- 開発途上国: 77.1%
- 後発開発途上国: 53.4%
- 日本: 99%

安全な水が使えない人の割合
（2004年）
- 開発途上国: 21%
- 後発開発途上国: 41%
- 日本: 0%

5歳までに死んでしまう子ども
（1000人あたり 2005年）
- 開発途上国: 83人
- 後発開発途上国: 153人
- 日本: 4人

南北問題とは？ 先進工業国と発展途上国との経済格差から起こるさまざまな問題。先進国と途上国は，地理的に北と南の位置関係にある。1日1ドル以下で生活している極度の貧困層は世界で12億人，その約7割は，南アジアとサハラ以南のアフリカに住んでいる。

経済格差の拡大：世界の高所得者の上位20%と低所得者の20%の所得の格差を比較してみると？ 1960年 30：1 ⇒1997年 74：1

経済格差が生じた理由は何か？ 植民地時代に欧米や日本などの帝国主義国に押しつけられたモノカルチャー経済。一次産品の価格は，決定権を依然として北の多国籍企業に握られ続け，工業製品に比べて安く押さえ込まれているため，経済の発展が押さえ込まれる。

2 世界の国土・人口・国民総所得

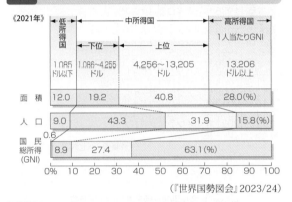

《2021年》1人当たりGNI
	低所得国 1,085ドル以下	中所得国 下位 1,086〜4,255ドル	中所得国 上位 4,256〜13,205ドル	高所得国 13,206ドル以上
面 積	12.0	19.2	40.8	28.0(%)
人 口	9.0	43.3	31.9	15.8(%)
国民総所得(GNI)	0.6 / 8.9	27.4		63.1(%)

（『世界国勢図会』2023/24）

|解説| **世界の国土と人口と経済的な規模を比べてみよう**
人口では世界の16%ほどを占めるにすぎない国（地域）が，GNIでは世界の64%弱の割合を占めている。また1人あたりGNI平均は，低所得国が847ドル，高所得国が44,295ドルとその格差はきわめて大きい。南北問題の深刻さが浮き彫りとなっている。

3 モノカルチャーの構図

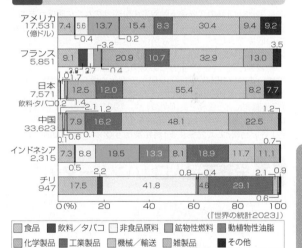

凡例：食品／飲料・タバコ／非食品原料／鉱物性燃料／動植物性油脂／化学製品／工業製品／機械・輸送／雑製品／その他

- アメリカ 17,531（億ドル）: 7.4／5.6／0.4／13.7／15.4／8.3／0.2／30.4／9.4／9.2
- フランス 5,851: 9.1／3.2／2.3／2.7／0.4／20.9／10.7／32.9／13.0／3.5
- 日本 7,571 飲料・タバコ0.2: 1.0／1.7／12.5／12.0／55.4／8.2／7.7
- 中国 33,623: 1.4／2.1／0.6／0.1／7.9／16.2／48.1／22.5／1.2
- インドネシア 2,315: 7.3／8.8／19.5／13.3／8.1／18.9／11.7／11.1／0.7
- チリ 947: 0.5／2.2／17.5／41.8／4.6／0.8／0.4／29.1／2.1／0.9／0.6

（『世界の統計2023』）

|解説| **モノカルチャーの構造をグラフから読み取ろう**
先進国は，機械類や工業製品の輸出が主。発展途上国は食料品や原材料の輸出の比重が高い。近年工業化が進行している国では衣類などの軽工業製品の比重が比較的高い。

Column 南北問題のキーワード　ジェンダーと教育，フェアトレード

○「ジェンダー」と「教育」の関連
女の子への教育効果は，ひとりの女の子にとどまらず，家族・地域・国・世界に広がる可能性がある。また母親が教育を受けていると，次世代にも良い影響を与えるというデータもある（以下）。
世界：女の子が初等教育を5年間うけると，将来産む子どもが5歳まで生き延びる確率が40%以上も上がる。
ケニア：女性が男性と同じレベルの教育を受け，農作業にも決定権を持った場合，収穫高が22%も上がる。
ジンバブエ：学校に通う15〜18歳の女の子はHIVに感染する率が5分の1になる。

○フェアトレード（公正な貿易）とは
現在の貿易は，先進国や大企業の価値観が反映されたルールに基づいている。それは発展途上国の人々にとって必ずしも公平・公正ではないと考え，発展途上国の人々がよりよい条件で生産・輸出できるようにすることを目指す運動をフェアトレードという。フェアトレード認証を受けた商品（コーヒー，バナナ，カカオ等）を選んで購入する消費者も多く，一般企業も参入している。

4 発展途上国の対外債務残高

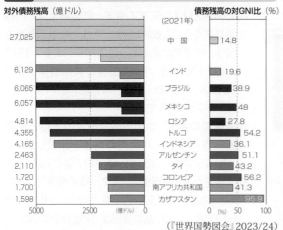

対外債務残高（億ドル）　　債務残高の対GNI比（%）

（2021年）

国	対外債務残高（億ドル）	債務残高の対GNI比（%）
中　国	27,025	14.8
インド	6,129	19.6
ブラジル	6,065	38.9
メキシコ	6,057	48
ロシア	4,814	27.8
トルコ	4,355	54.2
インドネシア	4,165	36.1
アルゼンチン	2,463	51.1
タイ	2,110	43.2
コロンビア	1,720	56.2
南アフリカ共和国	1,700	41.3
カザフスタン	1,598	95.9

（『世界国勢図会』2023/24）

|解説| **累積債務の問題について考えよう**
発展途上国では，恒常的な経常収支の赤字補填や工業化推進のための資金導入等の理由により，先進国から多額の借り入れを行う国が多い。1980年代にはこれらの国の経済状況が好転しないため，累積する債務が巨額となり，期日通りに返済できない（債務不履行）という事態が生じた（累積債務問題）。これは，貸す側の先進国・借りる側の発展途上国双方の計画性のなさに問題がある。当面は債務返済繰り延べ（リスケジューリング）等の対策により事態の収束をみたが，根本的な解決にはほど遠い。債務危機の予防や重債務状態の緩和には，何が必要なのだろうか。債務額自体の削減など歳出（支出）面からの対策と同時に，歳入（収入）面の改善，すなわち財政（財務）基盤の安定化や債務額の管理なども重要である。1990年代後半からは特に，MDGsの設定を受けた「経済開発に伴う債務と貧困削減」や，1980年代以降に構造調整の一環として進められた非効率的な公営企業の民営化（とその失敗）等の結果として発生する「偶発債務（contingent liabilities）」の問題などもある。

5 国連貿易開発会議（UNCTAD）

● 機構図

```
国連      ──── 経済社会理事会
総会             (ECOSOC)
  │                │
  └──── 国連貿易開発会議（UNCTAD）
                   │
            貿易開発理事会（TDS）
```

委員会：一次産品委員会／製品委員会／特恵特別委員会／資金貿易外融委員会／海運委員会／技術移転委員会／発展途上国間経済協力委員会

|解説| **南北問題のための組織**
創設当初の1960年代は，一次産品安定策・一般特恵関税制度・援助目標設定等，南北問題解決へ向けたさまざまな実績を挙げた。しかし70年代に入ると，「新国際経済秩序（NIEO）」実現をめぐり，自国の不況脱出を第一とする先進国との間で対立が目立ち始め，話し合いが頓挫するようになった。80年代は，発展途上国の抱える累積債務問題の解決に終始した。90年代以降は，地球環境や開発の権利をめぐる問題も焦点となってきている。

● 組織のあゆみ

第1回	1964年	ジュネーヴ（スイス）
第2回	1968年	ニューデリー（インド）
第3回	1972年	サンチアゴ（チリ）
第4回	1976年	ナイロビ（ケニア）
第5回	1979年	マニラ（フィリピン）
第6回	1983年	ベオグラード（セルビア）
第7回	1987年	ジュネーヴ（スイス）
第8回	1992年	カルタヘナ（コロンビア）
第9回	1996年	ヨハネスブルク（南アフリカ共和国）
第10回	2000年	バンコク（タイ）
第11回	2004年	サンパウロ（ブラジル）
第12回	2008年	アクラ（ガーナ）
第13回	2012年	ドーハ（カタール）
第14回	2016年	ナイロビ（ケニア）
第15回	2021年	オンライン
第16回	2024年	開催予定

（斉藤優『南北問題』有斐閣など）

6 栄養不足人口（ハンガーマップ）

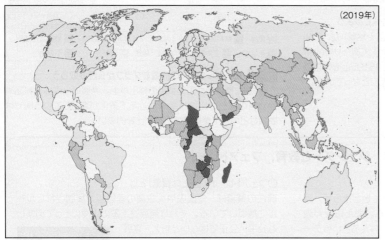

（2019年）

全人口に占める栄養不足人口の割合
- ■ 非常に高い（35%以上）
- ■ 高い（25－34%）
- □ やや高い（15－24%）
- ■ やや低い（5－14%）
- □ 非常に低い（5%未満）
- □ データなし／データ不足

（WFP資料より）

|解説| **世界の食料安全保障（Food security）**
『世界の食料安全保障と栄養の現状』（FAO報告）によれば，すべての人々が，活動的で健康的な生活のための食事ニーズと食品の好みを満たす十分で安全で栄養価の高い食料に，物理的，社会的かつ経済的に常時アクセスできる場合に存在する状況のこと，としている。この定義に基づき，以下の4つの食料安全保障の側面を特定することができる。
・食料の入手可能性（Availability）
・食料への経済的および物理的アクセス（Access）
・食料の利用（Utilication）
・長期にわたる安定性（Stability）

|参考| 世界の識字率（2018年）　（『世界国勢図会』2022/23）

国	識字率（%）
ブラジル	93.2%
ロシア	99.7
インド	74.4
中国	96.8
南アフリカ	（2017年）87.0
ブータン	（2017年）66.6
パキスタン	（2017年）59.1
アフガニスタン	43.0
南スーダン	34.5
ブルキナファソ	41.2

栄養不足
（Undernourishment）個人の日常的な食料消費が不十分であるため，正常で活動的かつ健康的な生活を維持するために必要な量の食事エネルギーが不足している状態。慢性的な飢餓。

https://www.fao.org/japan/portal-sites/foodsecurity/en/

経済的主体

国際分野

人間開発指数 (HDI：HumanDevelopmentIndex) とは

凡例：
- ■ 0.800~1.000（とても高い）
- ■ 0.700~0.799（高い）
- ■ 0.555~0.699（中）
- ■ 0.350~0.554（低い）
- ■ データー無し

HDI からなにがわかるの？

○HDIを計算しよう　　人間開発指数は，各国の人間開発の度合いを測る新たなものさしとして，国連開発計画が1990年に発表した，包括的な経済社会指である。HDIは各国の長寿，知識，人間らしい生活水準の3つの分野についての達成度を測ったもので，HDIは0と1の間の数値で表され，1に近いほど，個人の基本的選択肢が広い，つまり人間開発が進んでいることになる。

　具体的に考えれば「健康で長生きできること」「教育を受けられること」「犯罪や暴力のない安全な生活が送れること」「自由に政治的・文化的活動ができて意見が言えること」などといった要素が指標に取り入れられる。

○HDIを比較しよう　　一国の開発のレベルを評価するに当たっては，経済成長だけでなく，人間および人間の自由の拡大を究極の基準とするべきであるという考え方からHDIは導入された。所得水準や経済成長率など，それまで国の発展レベルを測るために用いられてきた指標に代わり，「国の本質的な豊かさ」を示す指標となる。

また，この指数を参照することにより，国民1人当たりの国民総所得（GNI）が同レベルでも人間開発のレベルが異なる場合に，その課題が示される。たとえば，バハマとニュージーランドは，GNIはほぼ同水準だが，平均余命と就学予測年数には大きな隔たりがあり，それを反映してニュージーランドのHDI値はバハマよりはるかに高い。このようなHDI値の違いに触発されて，政府の政策がどのような優先順位に従うべきかについて議論が始まる場合もあるだろう。

|解説| 2020年人間開発指数

人間開発報告書（HDR）の30周年記念版『新しいフロンティアへ：人間開発と人新世』（2020年）では，その年次人間開発指数（HDI）に新しい観点（各国の二酸化炭素排出量とマテリアルフットプリントという2つの要素）を勘案して調整することにより，人間の進歩を定義する中心的基準に人間だけでなく，地球の健全性も含めて世界の開発の展望がどのように変わるかを示している。こうして生まれたプラネタリー圧力調整済みHDI（PHDI）により浮上した世界像は，人間の進歩について楽観視はしておらず，より明確な評価を下すものとなっている。PHDIによって人間開発最高位グループから転落する国は，50か国を超えている。（UNDPホームページより）

「人間開発指数（HDI）」の世界ランキング

順位	国名
1	ノルウェー
2	アイルランド
2	スイス
4	香　港
4	アイスランド
6	ドイツ
7	スウェーデン
:	:
17	米　国
19	日　本
23	韓　国
52	ロシア
85	中　国

※国連開発計画（UNDP）による

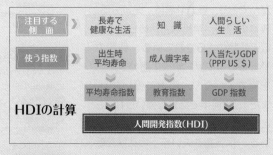

HDIの計算

注目する側面	長寿で健康な生活	知識	人間らしい生活
使う指数	出生時平均寿命	成人識字率	1人当たりGDP（PPP US $）
	平均寿命指数	教育指数	GDP指数
	人間開発指数（HDI）		

Think!

生まれてくる国や地域によって，個人の人生における選択肢に大きな違いがあることは当たり前なのか。
GDPやGNIで測れない豊かさの指標をHDI以外にも調べてみましょう。

導入のQuest

MainQuest
メイン クエスト

国際社会に生きる私たちがこれからできること・すべきことは何だろう？

「届けよう服のチカラプロジェクト」とは，UNHCR（国連難民高等弁務官事務所）と株式会社ファーストリテイリング（ユニクロ・ジーユーなどの衣料品会社を世界中に展開している日本企業）が取り組む，小・中・高校生が対象の参加型学習プログラムである。児童・生徒たちが主体となって，校内や地域で着なくなった子ども服を回収し，難民へ服を届けることを目的とする。2020年度は，全国47都道府県から315校・約3万人が参加し，32万着以上の子ども服を集めることができた。なぜ子ども服が必要なのか。

実際は，内戦や紛争により避難を強いられる人々の約40％は18歳未満の子どもたちであるからだ。その中でも保護者を失っている子どもや，離ればなれとなっている子どもが少なくない。本来であれば，保護者と地域に見守られるべき存在であるはずの子どもたちには，多くの危険が潜んでおり，暴力や虐待，児童労働，教育の欠如，早婚など，あらゆる搾取と危険にさらされている。難民の子どもの中には，学校に通わず弟妹を育てていたり，路上で働いたり，まだ10代前半で結婚を強いられることも多くみられ，深刻な問題となっている。保護者を失い年下の弟妹を懸命に育てている子どもたち，家事に追われ学校に通えないまま早婚を強制される少女たち，栄養失調で弱り痛々しい姿の乳幼児，まだ幼い彼ら彼女らが背負わされている苦しみを決して見過ごすことはできない。

（UNHCR資料より）

難民
庇護希望者
国内避難民
帰還民（難民・国内避難民）
無国籍者
その他支援対象者
国外に逃れたベネズエラ人

ヨーロッパ 13%
中東北部アフリカ 17%
アジア太平洋 11%
アメリカ（中南米）20%
西・中部アフリカ 10%
東部アフリカアフリカの角大湖沼 19%
南部アフリカ 9%

解説 SDGsとの関係も考えていこう

前段で紹介した日本の小・中・高校生が参加している寄付活動は，持続可能な開発目標（SDGs）とつながっている。SDGs（p.286）とは，2030年までに先進国も発展途上国も協力してこの世のあらゆる形態の貧困をなくし，経済・社会・環境のバランスを大事にして後世につなげていくための17のゴールからなる世界目標である。難民の子どもたちへ服を寄付する行動は，SDGsの「1貧困をなくそう」・「10人や国の不平等をなくそう」・「16平和と公正を全ての人に」等の目標に貢献している。SDGsについて，私たち一人ひとりがその目標を知り，理解し，行動に移してくことが欠かせないのである。（UNHCRホームページ・UNIQRホームページより作成）

Think!

私たちが，いまできること・これからできること・すべきことは何か，身近にできることから考えてみましょう。

1 ODA大綱から開発協力大綱へ　日本の政府開発援助

経済協力
- **公的資金**
  - **開発協力**
    - **政府開発援助** Official Development Assistance (ODA)
      - 無償資金協力
      - 技術協力
      - 有償資金協力（円借款）
  - その他公的資金の流れ
- **民間資金**
- **非営利団体による贈与**

年　代	時　期	できごと
1954 ～1976	体制整備期	・コロンボ・プランへの加盟（1958） 　→戦後賠償と並行して経済協力を実施 ・援助実施機関の立上げ
1977 ～1991	計画的拡充期	・賠償支払いの完了（1976） ・ODAの量的拡充 　→DAC加盟国中，第1位の援助大国に（1989） ・ODA中期政策の策定
1992 ～2002	政策・理念充実期	・旧ODA大綱の策定（1992） ・ODA予算の減少→「量から質」への転換 ・ODA中期政策の策定
2003～	新たな時代への対応	・現行ODA大綱の策定（2003） ・ODA改革 　→戦略的・効果的で透明性の高い援助の実施

政府開発援助（ODA）大綱（1992年）

①人道的考慮
②相互依存関係の認識
③環境の保全
④開発途上国の離陸に向けての自助努力の支援
の4つが基本理念。開発途上国の軍事支出や民主化，基本的人権の保障の状況等に十分に注意を払うという指針も確認。

ODA大綱の改定（2003年）

人間の安全保障，貧困削減，持続的成長，地球的規模の問題への取組，平和の構築，が重点課題とされた。

ODA大綱の改定（開発協力大綱）（2015年）

ODA大綱を名称変更し，・他国軍への支援を災害援助などの非軍事目的に限定して容認する，・開発途上国への支援が，わが国の国益にも貢献することも重視する，・開発が進み1人あたりの所得が一定水準以上の国にも必要に応じ援助を実施する，などの内容が盛り込まれた。2023年に改正された。

解説 日本の政府開発援助の特徴　日本は，1989年～2000年（1990年を除く）の期間，世界第1位のODA供与国であったが，2000年代以降は低迷する国内経済や厳しい財政状況により減額せざるを得なかった。2015年には，従来のODA大綱に代わり開発協力大綱が閣議決定され，安全保障や経済性成長に役立つ対外協力に積極的に取り組むとし，対外支援の幅を広げている。

2 DAC諸国の政府開発援助

（支出純額ベース，単位：百万ドル）　　　　　　　　　　　（約束額ベース，単位：％）

	国名	政府開発援助（ODA）	対GNI比（％）	国民一人あたり負担額（ドル）		贈与率 2020/21		グラント・エレメント 2020/21
1	アメリカ	47,528	0.2	16	144.00	1	100.0	100.0
2	ドイツ	32,456	0.8	6	399.70	26	83.1	89.5
3	フランス	16,722	0.5	11	229.00	28	57.0	75.5
4	イギリス	16,278	0.5	9	234.20	20	96.7	97.8
5	日本	15,765	0.3	17	140.40	29	39.3	78.0
9	イタリア	6,272	0.3	20	102.70	21	95.3	96.9
11	スイス	3,911	0.5	5	447.60	19	96.9	100.0
12	オーストラリア	3,546	0.2	18	137.60	1	100.0	100.0
22	ルクセンブルク	539	1.0	2	856.10	1	100.0	100.0
	DAC諸国計	184,792	0.3	順位		順位	83.1	91.8

（政府開発援助の棒グラフ目盛：10,000　20,000　30,000　40,000）

解説 DAC諸国のODAについて比べてみよう　ODAは，援助における条件の緩やかさを示すグラント・エレメント（贈与相当分）25％以上のものをいうが，日本は2018年で78.5％と，他国に比べて低く（DAC平均は同時期91.8％）DAC諸国の中でも下位である。また，以前は，援助金の使い道を日本企業に限定するタイド（ひも付き）とよばれるものが多かったが，80年代以降，タイド比率は低下しアンタイド（ひもなし）が大半を占める。

3 主要DAC諸国のODA実績の推移

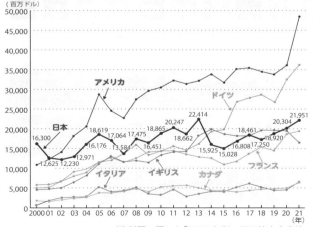

（百万ドル）

日本のデータ値：
12,625　12,230　12,971　13,584　16,176　17,064　17,475　16,451　18,865　16,808　18,662　15,925　15,028　16,808　17,250　18,920　20,304　21,951

アメリカ　ドイツ　日本　イタリア　イギリス　カナダ　フランス

2000 01 02 03 04 05 06 07 08 09 10 11 12 13 14 15 16 17 18 19 20 21（年）

（資料2・3とも『2021年版　開発協力白書』）

Column 日本の開発協力の具体例

ムンバイとアーメダバードを結ぶ高速鉄道と駅周辺の整備により、インドの更なる経済発展に加え、雇用創出及び貧困削減に貢献。

メコンの大動脈の一部となるベトナム南部を縦断する高速道路建設により、通行時間を半分に短縮。

ケニアでは、モンバサ港を整備し経済特区開発も合わせ東アフリカ・北部回廊を総合開発。環境配慮型の港湾クレーンの使用によりCO2排出も大幅削減。

外務省資料（2019年）https://www.mofa.go.jp/mofaj/gaiko/oda/files/100161697.pdf

経済的主体

国際分野

4 持続可能な開発目標 (SDGs)

▶目標1　貧困をなくそう
あらゆる場所で、あらゆる形態の貧困に終止符を打つ

▶目標2　飢餓をゼロに
飢餓に終止符を打ち、食料の安定確保と栄養状態の改善を達成するとともに、持続可能な農業を推進する

▶目標3　すべての人に健康と福祉を
あらゆる年齢のすべての人々の健康的な生活を確保し、福祉を推進する

▶目標4　質の高い教育をみんなに
すべての人々に包摂的かつ公平で質の高い教育を提供し、生涯学習の機会を促進する

▶目標5　ジェンダー平等を実現しよう
ジェンダーの平等を達成し、すべての女性と女児のエンパワーメントを図る

▶目標6　安全な水とトイレを世界中に
すべての人々に水と衛生へのアクセスと持続可能な管理を確保する

▶目標7　エネルギーをみんなに そしてクリーンに
すべての人々に手ごろで信頼でき、持続可能かつ近代的なエネルギーへのアクセスを確保する

▶目標8　働きがいも経済成長も
すべての人々のための持続的、包摂的かつ持続可能な経済成長、生産的な完全雇用およびディーセント・ワークを推進する

▶目標9　産業と技術革新の基盤をつくろう
強靭なインフラを整備し、包摂的で持続可能な産業化を推進するとともに技術革新の拡大を図る

▶目標10　人や国の不平等をなくそう
国内および国家間の格差を是正する

▶目標11　住み続けられるまちづくりを
都市と人間の居住地を包摂的、安全、強靭かつ持続可能にする

▶目標12　つくる責任 つかう責任
持続可能な消費と生産のパターンを確保する

▶目標13　気候変動に具体的な対策を
気候変動とその影響に立ち向かうため、緊急対策を取る

▶目標14　海の豊かさを守ろう
海洋と海洋資源を持続可能な開発に向けて保全し、持続可能な形で利用する

▶目標15　陸の豊かさも守ろう
陸上生態系の保護、回復および持続可能な利用の推進、森林の持続可能な管理、砂漠化への対処、土地劣化の阻止および逆転、ならびに生物多様性損失の阻止を図る

▶目標16　平和と公正をすべての人に
持続可能な開発に向けて平和で包摂的な社会を推進し、すべての人に司法へのアクセスを提供するとともに、あらゆるレベルにおいて効果的で責任ある包摂的な制度を構築する

▶目標17　パートナーシップで目標を達成しよう
持続可能な開発に向けて実施手段を強化し、グローバル・パートナーシップを活性化する

解説 SDGs・持続可能な開発目標

国際社会の共通の目標としてミレニアム開発目標 (MDGs) が設定されて以降、世界の国ぐにはその達成に向かって取り組んできた。MDGsの成果はグローバルな取り組みが有効であることを示し、目標を達成できなかった分野を含め、MDGsの主な改善点を反映した、次の15年 (2016年〜2030年) のための「持続可能な開発のための2030アジェンダ」が採択された。MDGsの残された課題 (保健、教育など) や新たに顕在化した課題 (環境、格差拡大など) に対応すべく、新たに17のゴールからなる「持続可能な開発目標 (SDGs)」が策定され、「だれ一人置き去りにしない」ことをめざしていく。

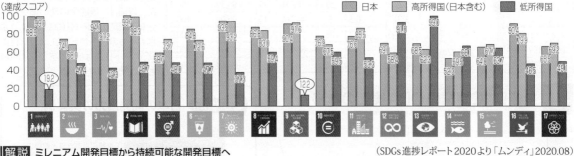

（SDGs進捗レポート2020より「ムンディ」2020.08）

解説 ミレニアム開発目標から持続可能な開発目標へ

2015年7月、国連が「ミレニアム開発目標」(MDGs) についての報告書を発表した。MDGsは、2000年に採択された「国連ミレニアム宣言」に基づき、途上国における貧困や格差の撲滅をめざし、8つの分野で2015年末を期限として、具体的な目標と指標を定めたものである (右図の通り)。それを受けて新たに2030年を年限とする国際目標が、「持続可能な開発目標」(SDGs) である。SDGsは発展途上国のみならず、先進国自身が取り組むユニバーサル (普遍的) なものである。2019年に国連が発表した報告書によると、極度の貧困は大幅に減少し、5歳未満児の死亡率は2000年から2017年の間に49%低下した。このように世界各地で進展がみられるが、2030年までにSDGsを達成するには、取り組みのスピードを速め、規模を拡大しなければならない。そのため、2020年1月、SDGs達成のための「行動の10年」(Decade of Action) がスタートした。

1 極度の貧困と飢餓の撲滅

2 普遍的な初等教育の達成

3 ジェンダーの平等の推進と女性の地位向上

4 幼児死亡率の引き下げ

5 妊産婦の健康状態の改善

6 HIV/エイズ、マラリア、その他の疫病の蔓延防止

7 環境の持続可能性の確保

8 開発のためのグローバル・パートナーシップの構築

経済的主体

国際分野

テーマ学習 NPO法人「世界の子どもにワクチンを」の取り組み

NPO法人とはどのような活動をするのか?

○NPO法人とは　　福祉や環境保全，国際協力や平和の推進などの社会貢献活動をおこなう，営利を目的としない民間団体のことをいう。ボランティアの活動をしている団体といえる。1998年，こうした活動を支援するため，特定非営利活動促進法（NPO法）が制定され，法人格が得やすくなった。さらに一定の要件をそなえると，認定NPO法人として税制優遇措置（寄付をした人が税控除を受けられる制度）の対象となる。

「世界の子どもにワクチンを」の取り組みとは?

○ペットボトルキャップを回収・寄付するだけで救われる命がある　　認定NPO法人「世界の子どもにワクチンを　日本支部（以下JCV）」は，発展途上国にワクチンを贈る活動をしている。

「皆さんは，1日4,000人，時間にして20秒に1人の子どもたちが，ワクチンがないために命を落としているのを知っていますか?　JCVは，こうした子どもたちにワクチンを届け，子どもたちの未来を子どもたちの未来を守る活動「子どもワクチン支援」を行っているのです。1994年のJCV創設当時は，世界で1日8,000人の子どもたちがワクチンで予防できる感染症で命を落としていました。定期的な予防接種活動が各地に広がり，安価にワクチンを購入できる環境が世界で整ったことで，その数は半減しました。しかし，子どもの命を脅かす感染症は，いまだに発展途上国の大きな脅威となり，今でも，ワクチンさえあれば助かるちいさな命が1日4,000人も失われているのです。これらの活動はSDGsとも結びついています。」(JCVのwebサイトより)

「途上国」にとってのワクチンの意味

○日本では法制化されている"当たり前"の予防接種
　乳幼児をはじめとして国民の健康を感染症から守るため，日本では予防接種法という法律により公的なしくみとして実施される予防接種の制度が定められている。予防接種法には，感染症の発生やまん延を防止するために公的に実施される予防接種の種類や実施の方法，接種により健康被害が生じた場合の救済制度等が定められている。感染症対策上，重要度が高いと考えられる予防接種については，予防接種法に基づき国民に対し予防接種を受けることが勧められ，行政の費用負担による予防接種が行われている。

解説 SDGsに関わる活動
SDGsは17の目標だけではなく，それぞれの目標を細分化して集中させたターゲット169を設定している。「世界の子どもにワクチンを」の取り組みはターゲット3.8が関連する。
ターゲット3.8　ユニバーサル・ヘルス・カバレッジ(UHC，誰もが保健医療サービスを支払い可能な費用で受けられる状態)を達成する。

1 ペットボトルキャップは，回収業者によって
2 売られた際の売却益がJCVへの寄付となります
3 UNICEFと連携して，世界のワクチン工場へ
4 製造されたワクチンは冷凍のまま空輸で，支援国へ届けられます
5 支援国のワクチン保管センターで冷蔵・冷凍状態で保管されます
6 各地の予防接種会場で子どもたちへワクチンを接種します

【A類疾病（主に集団予防，重篤な疾患の予防に重点。本人に努力義務。接種勧奨有り）】(東京都保健福祉局資料による)
　ジフテリア・百日せき・急性灰白髄炎（ポリオ）・麻しん（はしか）・風しん・日本脳炎・破傷風・結核
　Hib感染症・小児の肺炎球菌感染症・ヒトパピローマウイルス感染症・水痘・B型肝炎・痘そう（天然痘）

Think!

生まれくる国や地域によって，乳幼児死亡率が違うことは"当たり前"なのか?
　私たちにできること・すべきことは何か，あらためて考えてみましょう。

経済的主体

国際分野

287

小論文を書いてみよう

きみは「小論文」を書いたことがあるだろうか。タイキさんやナナミさんたちの活動を参考に、「公共」で学んだ成果を小論文として表現してみよう。

600字も書くの?
「自分で設定した論題」って何も思いつかないよ!

【課題】これまでに「公共」で学んだことを踏まえて、自分で設定した論題についての小論文を600字以内で作成しなさい。

先生が決めてくれればラクなのにね

ある日、先生から このような課題が出題された。

小論文は、筋道を立てて自分の意見を述べる文章だ。「論題」とは「何を問題として意見を述べるのか」ということだ。「テーマ」と言い換えてもいいだろう。小論文と聞いて、出題されたテーマについて解答する「テスト」を思い浮かべる人もいるかもしれない。間違いではないが、それは本来の「論文」ではない。

「勉強」と「学問」は違う。与えられた課題だけをこなすのは「勉強」であって、「学問」とは言えない。「なぜ起こるのだろうか?」「どう解決すればいいのだろうか?」―

疑問や問題意識を出発点にテーマを設定し、情報収集し、考察を深め、課題を解決したり、新たな課題を見つけたりするのが学問であり、そのプロセスを文章として表現したものが、大学などで読み書きされている「論文」だ。

小論文といえども小さな「論文」だ。公共での学習を土台にして、きみ自身の疑問や問題意識を持ち主体的に学んでほしい。「自分で論題を設定せよ」という先生からの課題には、そうした願いが込められている。

とは言っても、「疑問や問題意識がどうしても持てない」という人もいるのではないだろうか。そこで、論題探しのヒントを二つ紹介しよう。

1 「論争的なテーマ」を探してみる

「消費税をさらに引き上げるべきか」のように意見が「賛成」「反対」に分かれやすい論争的テーマは小論文の論題になりやすい。複数の新聞の社説を読み比べてみると、原子力発電や安全保障のように、正反対の主張が行われているテーマがある。TPPのようなテーマでは、全国紙と地方紙との間で主張が異なることもあるだろう。また、同じ新聞の中でも、あるテーマについて賛成意見と反対意見が併記されることがある。

萱野稔人編『最新 日本言論知図』(東京書籍)のように、さまざまなテーマについて、誰がどのような立場で意見を述べているかを整理した書籍も参考になるだろう。

2 興味あるモノゴトから発想を広げる

「公共」とは一見無関係でもかまわない。自分が興味を持っている物事から発想を広げていく中で、新たな疑問や問題意識が生まれることもある。

ここでは「思考マップ」を紹介しよう。無地の紙を用意し、中心に興味のある事柄(思い付きでよい)を仮のテーマとして記入する。そのテーマから思い付いた言葉をまわりに記入し線で結ぶ。連想した言葉をどんどんつないでいこう。こうした作業を繰り返していくうちに、疑問が生じたり、主張したいことが見つかったりすることがある。

「思考マップ」については、次の書籍にくわしく紹介されている(次ページの「構想マップ」も同様)。

【参考文献】
荒木晶子・向後千春・筒井洋一(2000年)『自己表現力の教室』(情報センター出版局)
大島弥生・池田玲子・大場理恵子・加納なおみ・高橋淑郎・岩田夏穂(2005年)『ピアで学ぶ大学生の日本語表現―プロセス重視のレポート作成―』(ひつじ書房)

どこまでが国内産?
売れ残ったら廃棄?
原産地表示は?
デパート
コンビニ
駅弁
種類がたくさん
弁当
日本独特の文化?
弁当箱
手作り
プラスチック
キャラ弁を作るのは大変
金属
作ってもらえるヤツうらやましい

たまたま昼ごはん前だったから「弁当」を中心に考えてみたんだけど、日本は食料自給率が低いって勉強したことを思い出したよ。日本国内で食料を増産するにはどうするべきか、コレでいこう!

情報を集め，考察しよう

自分の意見を決定したり，意見を支える根拠を述べたりするためには，材料の準備が大切だ。ここでは，ナナミさんやタイキさんが進めた情報収集や考察のための作業をのぞいてみよう。

ナナミさんの論題：死刑制度は廃止するべきか？

　ナナミさんは人権保障についての学習をきっかけに死刑制度に疑問を持ったが，自信を持って「死刑制度反対」と主張できるほどには考えが深まっていない。

　そこで，死刑制度は廃止するべきかどうか，「構想マップ」を作成しながら考えてみることにした。タイキくんが「弁当」から作った「思考マップ」と要領は同じだが，「構想マップ」の場合は中心に具体的な論題を記入する。そして，周囲に知っていること，思い付いたことを書き出し，線で結んでいく。

　ナナミさんは論題について，様々な質問を投げかけてみた。授業ノートや教科書，資料集を見返したりしながら，**自問自答を繰り返していく**。「死刑に効果はある？」「死刑判決の基準は？」「国際的な潮流は？」「そもそも刑罰とは？」——当然だと思い込みがちな事柄も疑ってみることで考察を深めていった。

　論争的なテーマの場合は，賛成論と反対論それぞれの根拠を表にして整理してみるのもよい。

ナナミさんの構想マップ

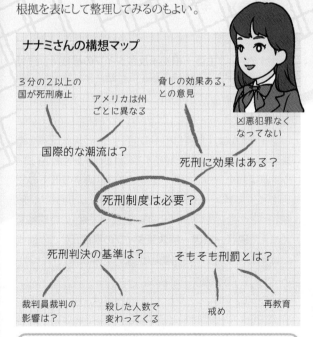

3分の2以上の国が死刑廃止
アメリカは州ごとに異なる
脅しの効果ある，との意見
凶悪犯罪なくなってない
国際的な潮流は？
死刑に効果はある？
死刑制度は必要？
死刑判決の基準は？
そもそも刑罰とは？
裁判員裁判の影響は？
殺した人数で変わってくる
戒め
再教育

> 「つい，一方だけに目の向きやすいわたしたちのくせを，しらずしらずのうちに直すという働きのある紙」

【参考文献】
大村はま（1968年）『やさしい文章教室』（共文社）
奥田統己・神成洋・佐々木冠・本間徹夫・山崎哲永共著（2000年）
『読みやすく　考えて調べて書く　第2版―小論文から卒論まで―』
（学術図書出版社）

タイキさんの論題：食料を増産するにはどうするべきか？

　タイキさんが選んだ論題では，「死刑制度廃止」や「消費税率アップ」のような具体的な解決案があらかじめ示されているわけではない。自分で解決案を考え出さなければならない。解決案を打ち出すには，現時点で何が問題なのか（**現状**）をしっかり把握し，**問題の原因（要因，背景）**を追究しなければならない。

　このような解決策をさぐるタイプの論題では，知っていること，思い付いたことを**「現在→過去→未来」の時間軸で整理すると**，ほぼそのまま「現状→原因（要因，背景）→解決策」にあてはめることができる（この場合の「過去」とは「現状から振り返る」という意味。「昔」とは限らない）。タイキさんもあてはめてみたのだが，なぜ農業が衰退したのか，農家はどんな努力をするのか曖昧で説得力が不足している。

現状（現在）	食料自給率低い
原因（過去）	日本の農業が衰退した
解決策（未来）	農家がもっと努力する

　もっと材料がほしいタイキさんは，大村はま氏が紹介した「つい，一方だけに目の向きやすいわたしたちのくせを，しらずしらずのうちに直すという働きのある紙」を使ってみた。折り紙を2回三角折りにして，台形になるようにもう1回小さく折って開くと，下図のような折り目ができる。これを回転させながら，中のマス目に4つの観点を記入し，思い付いたこと，知っていること，新たに調べたことを書き入れていく。半強制的（？）に4つの観点を作り，**物事を多角的に考察させてくれる思考ツール**だ。対立する概念を向かい合わせに置いたり，時間の経過に沿って時計回りに並べたり，様々な使い方ができる。タイキさんは日本の農業をめぐる4つの「利害関係者」を見つけ，書くための材料を増やした。

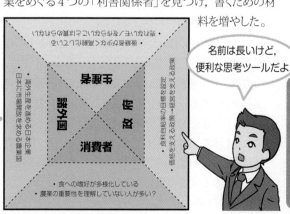

諸外国
農水省
消費者
農業者

> 名前は長いけど，便利な思考ツールだよ

資料編

全体の構成を立てよう

筋道の通った小論文を書くためには，構成をガッチリと立てることが大切だ。ナナミさん，タイキさんのアウトライン（構成の概要）を参考に，様々な構成を学ぼう。

ナナミさんのアウトライン

序論

現状
凶悪犯罪への不安
→死刑制度への賛成意見多数

本論

主張の提示
死刑制度の存続に反対
↑凶悪事件再発防止につながらない。

根拠
刑罰は再教育でもある

予想される反論
命を奪った者を死刑にするのは公平
↑反駁　誤審の可能性

結論

まとめ

タイキさんのアウトライン

序論

現状→問題提起
日本の食料自給率低い
→増産のためにはどうするべきか？

本論

原因
①農業人口の減少と高齢化〈生産者〉
↑所得格差，減反政策

②消費者の意識の変化〈消費者〉
↑食生活の多様化，安い輸入品

結論

解決策
〈消費者〉国産品への需要を高める
↑農業の重要性を知る
〈生産者〉生産者同士の助け合い
〈政府〉　生産者の努力に応じて補償

構成とは，意味のまとまりを作ること，まとまりどうしのつながりを明らかにすることだ。論文の構成の基本は，「序論」「本論」「結論」の三部構成だ。

序論　研究のテーマを設定した動機，問題提起，論題（テーマ）をめぐる現状などを述べる部分

本論　自分の意見を主張し，その根拠を深める部分

結論　主張の確認，今後の展望，新たな課題などを述べる部分

これを参考に，自分の論題にふさわしい構成を考える。メインはあくまでも主張とその根拠だ（ナナミさん・タイキさん，それぞれの主張の核心は＿＿部分）。

二人のアウトラインは，導入として論題にかかわる現状を述べようとしている点で共通している。ナナミさんの方は，現状を述べた直後に死刑制度存続「反対」の主張を打ち出し，その根拠を述べようとしている。そして，対立する死刑制度賛成論の立場からの主張を敢えて取り上げて，これに対して反論を加えている。「反駁」「反証」と呼ばれる手法だ。情報収集・考察の段階で自分とは異なる立場の意見も収集しておいたことが，ここで役立っている。

ナナミさんの**主張＋根拠＋反駁タイプの構成**は，意見が「賛成」「反対」に分かれやすい論争的テーマにおいて特に有効な構成だ。ただし「賛成」「反対」の二項対立では割り切れないテーマには向かないので注意してほしい。

タイキさんは，「食料自給率の低下」という現状認識を踏まえ「日本国内で食料を増産するにはどうするべきか」という問題提起を行っている。そして食料自給率の低下の原因を＜生産者＞＜消費者＞それぞれの立場から探り，解決策へとつなげている。「現在→過去→未来」の時間軸を踏まえた**現状→原因→解決策タイプの構成**だ。この構成では，現状を踏まえた問題提起（問い）と解決策（答え）がかみ合っていなければならない。

ところで，二人のアウトラインの内容は，前ページでの作業で洗い出した材料と必ずしも一致していない。思考マップや構想マップなどのツールは目的ではなく手段だ。これらのツールで得た情報をすべて生かそうと無理をしてはならない。文章の作成は創造的な行為だが，**「捨てる」判断も文章作成の力として大切**だ。逆に，アウトラインを作りながら新たに思い付いたことを加えても，筋道さえ通っていれば構わない。

資料編

「死刑制度への賛成意見多数」ってあるけど，日本ではどのくらいの数の国民が賛成しているの？

アウトラインができたら，さっそく文章を書きはじめても構わない。しかし，その前にアウトラインを他人にみてもらうと，構成や内容について有意義なアドバイスをもらえるかもしれない。

私のまわりは死刑制度賛成の人が多いから何となく，そう書いてみたのだけど……

ぼくは農林水産省のサイトで調べた食料自給率のデータを使うつもりだよ。
死刑制度への意見も，世論調査の結果とかインターネットでみつからないかな？

ありがとう！
客観的なデータがあった方がぜんぜん説得力違うよね

さて，小論文に使える構成のパターンをいくつか紹介しておくので参考にしてほしい。ただし，これらはあくまで例示に過ぎない。論題の内容や小論文の字数に応じて，「現状認識」「まとめ」などは省略できることもある。

主張＋根拠Type

- 現状認識
- 問題提起
- 主　張
- 根　拠
- まとめ

特徴・用途
　最も基本的であり，幅広い論題で使えるパターン。シンプルだが，根拠をしっかり深めて述べることができれば十分に説得力が出る（292ページのタイキさんの小論文を参照）。

主張＋根拠＋反駁Type

- 現状認識
- 問題提起
- 主　張
- 根　拠
- 反　駁
- まとめ

特徴・用途
　「主張＋根拠タイプ」に反駁を盛り込んだパターン。「死刑制度」のほか，「選択的夫婦別姓の是非」「年金は税中心か？保険料中心か？」など論争的テーマに適している。

現状⇒原因⇒解決策Type

- 現状認識
- 問題提起
- 原　因
- 解決策

特徴・用途
　「現在→過去→未来」の時間軸に沿って課題解決を図るパターン。「地球温暖化への対策」「少子化社会への対応」など，「賛成か」「反対か」ではなく，よりよい解決策をさぐる論題に適している

分析＋評価Type

- 問題提起
- 長　所
- 短　所
- 評　価

特徴・用途
　ある物事について長所・短所両面から分析したうえで，その是非や今後の展望を述べるパターン。「裁判員制度実施による効果」「既存マスメディアの今後の展望」といった論題に適している。

コラム　ネット情報の「丸写し」はアウト！だけど……

　「面倒くさいアウトラインなんか作るよりも，ネットで調べながら文章を書いていった方が手っ取り早い」という人もいることだろう。だが，気を付けてほしい。インターネット上の情報を丸写ししたり，切り貼りしたりして「自分の小論文」に仕立ててしまうのはマナー違反だ。参考にしたり，必要最小限の部分にかぎって引用したりするのであればよい。説得力も高まる。ただし，その場合も出所を明記してほしい。

　もっとも，引用や加工がくり返されて誰が原作者なのか分からないデジタル情報があふれかえっている現実を踏まえると，「情報利用をめぐるマナーやルールも必然的に変化していく」という見方もできる。これは「現代社会の諸課題」に関する小論文の論題にもなりそうだ。

資料編

小論文として表現しよう

アウトラインをもとに文章化する。二人の文章の各段落の内容との対応関係に注意しながら、290ページのアウトラインと対照してみよう（このページを中心で縦に山折りすると対照しやすい）。

タイキさんの小論文

　日本の食料自給率は約40%にまで下がり先進国中でも最低の水準である（2013年）。国際情勢が悪化した場合、国民に必要な食料を確保できるのか不安の声も大きい。国内で食料を増産するには、どうすればよいのか。

　食料自給率低下の一因として、農業人口の減少と高齢化が挙げられる。高度経済成長期以降、他の産業との所得格差や減反政策を背景に、親が農家であっても農業以外の職業に就く子どもが増えたのである。その結果、後継者不足となり、高齢者ばかりで農村の維持が難しくなっている地域もみられる。

　また、消費者の意識の変化も、自給率の低下に拍車をかけてきた。生活水準の向上を背景として国民の食への嗜好は多様化し、外国の農産物へのニーズが高まった。一方、同じ農産物であっても、国産品よりも安い輸入品を優先する消費者も多い。

　以上を踏まえた対応として、まずは国産品への需要を高めなければならない。消費者に日本の農業を維持することの重要性を自覚してもらい、購入を促すべきである。そのためには、地産地消の考えに基づく幼時からの食育の充実も必要であろう。増産には生産者どうしの助け合いも重要である。例えば、経済的に余裕のある農家が最新鋭の機械で高齢者の作業を助け、高齢者は代わりに知識と経験に基づく技術を伝授するのである。そして政府は、こうした生産者の努力に応じて補償する体制を作りバックアップしていくべきだ。

【参考文献・webページ】
生源寺眞一（2011年）『日本農業の真実』（ちくま新書902）
農林水産省「食料自給率の部屋」
http://www.maff.go.jp/j/zyukyu/

ナナミさんの小論文

　殺人などの凶悪犯罪が、私たちの生活の安全を脅かしている。こうした状況の中、内閣府の世論調査（2009年）によれば、約90%の国民が死刑制度に賛成している。

　しかし、私は死刑制度の存続に反対する。死刑制度は、凶悪な事件の再発防止につながらないからである。

　刑罰には犯罪者に対する戒めだけでなく、再教育という意義もあるはずだ。しかし、死刑に処してしまえば反省の機会は奪われてしまう。罪を犯したことは事実であっても、その真意が永久に闇へと葬り去られてしまうこともあるだろう。性悪説の立場に立てば、犯罪者は私たちと別次元の存在ではない。まかり間違えば「明日は我が身」かもしれない。犯罪者を一生罪と向き合わせることによって、後世の人々への教訓も得られるのではないだろうか。

　人の命を奪った者を死刑に処することは公平性の面から正しい、という意見もある。しかし、司法制度では人が人を裁く以上、誤判の可能性がある。冤罪のまま死刑執行されれば、取り返しのつかないことになってしまう。誤判の可能性をゼロにできないかぎり、新たな「殺人」を犯すことになってしまいかねない死刑制度を続けるわけにはいかない。

　以上、凶悪犯罪の再発防止と裁判制度の構造的な限界という観点から、死刑制度の存続には反対である。

【参考文献】
秋山賢三（2002年）『裁判官はなぜ誤るのか』（岩波新書809）
内閣府「基本的法制度に関する世論調査」
http://www8.cao.go.jp/survey/h21/h21-houseido/

　赤字の部分は段落全体の概要を表す中心文。この中心文の内容を段落内の他の文が具体的に説明したり（支持文）、補足したりするという関係になっている。

小論文をもとに意見交換して振り返ろう

入学試験の小論文ならば，提出して評価を待つだけだ。しかし，学習のまとめとしての小論文なのだから，「書いてしまったら，それっきり」ではもったいない。意見交換をしながら振り返り，さらに学びを深めていこう。

タイキさんの小論文，責任を特定の人だけに押し付けるのではなくて，様々な立場の人の役割を論じているのがイイね！

ありがとう！改めて教科書を読むと使えそうな材料が結構たくさんあったし，新しい情報も加えながら600字以内に収めるのには苦労したよ

最後のあたりの「生産者の努力に応じて補償する体制」って，どういうこと？ちょっとイメージしにくかったな

すべての農家に対して一律に給付する政策を否定したかったのだけど，字数の余裕がなくて，言葉足らずになってしまったみたいだね

私の小論文，タイキさんのアドバイスどおり，死刑制度についての世論調査結果が見つかったから入れてみたよ

うん。90％もの国民が賛成しているのに，ナナミさんは根拠をしっかり挙げて堂々と反対論を展開していてすごいと思ったよ。資料集に載っていた荀子の思想（性悪説）まで取り入れて論じているし！

「刑罰」本来の意味を考えているうちに，いろいろアイディアがうかんできたんだよ。これでタイキさんも死刑制度に反対してくれる？

それはどうかな。たとえばナナミさんは「後世の人々への教訓も得られる」って言っているけど，具体的な事例を紹介してくれないと僕は納得できないな。食料増産もいいけど，ナナミさんに対抗して死刑制度賛成論で小論文を書いてみようかな？

【参考】 ナナミさんと対立する立場で書かれた小論文

　すべての犯罪について死刑制度を廃止している国は全世界の約半数に迫っており，死刑廃止条約を批准していない日本は国際的な潮流に乗り遅れているという指摘がある。

　だが，潮流に逆らってでも守るべきものは守らなくてはならない。私は死刑制度を廃止してはならないと考える。

　第一に，命は命で償うしかないと考えるからである。窃盗罪や強盗罪などであれば，民事裁判などで奪われた金品が戻ってくる可能性もあるだろう。しかし，殺人行為によって奪われた被害者の命は，どのような手段を尽くしても決して戻ってこない。罪を犯した者が自分自身の命を差し出すことによってしか償えないのである。

　次に，刑罰には私刑を防ぐ役割があるからだ。殺された被害者の無念はもちろん，残された遺族の悲しみ，苦しみ，悔しさには想像を絶するものがあるだろう。「犯人に直接報復したい」という感情を持ってもおかしくはない。殺人にかかわる公判に際して，「極刑を望む」という遺族側のコメントが報じられるケースは珍しいことではない。仮に極刑が死刑でなくなった時，残された遺族の報復感情を抑える適切な方法が存在するのだろうか。

　これらの理由から，社会秩序の維持のために，死刑制度を存続させることはやむを得ない事であると考える。

ナナミさんの反対論とは違った構成（主張＋根拠タイプ）を立てて，二つの根拠で主張を支えてみたよ

さて，ひとりコツコツ小論文を書いていたミサキさんが，行き詰まってしまっている。下記チェックポイントを参考に，ミサキさんにアドバイスをおくろう。

↓段落ごとの内容を要約して，アウトラインを再現してみよう

【小論文のチェックポイント】

□ **論題**は適切か

□ **主張**は明確か

□ **根拠**に説得力はあるか

 ・言葉の意味（特に抽象的概念）が深められているか

・様々な角度から考察されているか

□ **構成**は適切か

 ・意味のまとまりごとに段落分けされているか

・段落どうしが矛盾なく関係づけられているか

□ **表現**は適確か

 ・誤字・脱字はないか

・無駄な表現はないか

❶

❷

❸

❹

> どうしても600字書けなくて……。
> みんなのアドバイスよろしく!

ミサキさんの小論文（原案）

　私たちの社会では，成人式や結婚式，葬式など様々な儀礼が行われている。これらの儀礼は，現代の社会に本当に必要なものなのだろうか。

　私は去年，従姉の結婚披露宴に招待された。披露宴は，小さなレストランを借り切って会費制で行われた。食事は立食形式で，招待客はごく近い親戚と新郎新婦の親友のみであった。祖母は小声で「私たちの頃に比べるとずいぶん質素になった」と漏らしていた。たしかに，大きな式場で出てくる料理のような豪華さはないし，派手な演出もなかった。

　しかし，みんなで一緒に食事をしていると不思議とうちとけてくるものだ。人数が少ないだけに，新郎新婦を中心に会話は弾み，新郎側の親戚とも親しくなり充実した時間になった。

　このように，現代の社会で儀礼は大切な意味を持っていると思う。私もこのような儀礼を大切にしながら生きていきたいと思う。

あなたが興味を感じた点

………………………………………………
………………………………………………
………………………………………………
………………………………………………
………………………………………………
………………………………………………

あなたにとってわかりにくい点やミサキさんに質問したい点

………………………………………………
………………………………………………
………………………………………………
………………………………………………
………………………………………………

その他，ミサキさんにアドバイスしたいこと

………………………………………………
………………………………………………
………………………………………………
………………………………………………
………………………………………………

ミサキさんの小論文に対して，どのようなアドバイスができただろうか。
ミサキさんは，タイキさんやナナミさんからのアドバイスをもとに小論文を
改訂したようだ。どのような改訂をしたのか，
ミサキさんの説明を聞いてみよう。

「儀礼」という題材の面白さはホメてもらえたけど，「儀礼が本当に必要かどうか」という問題提起にいきなりツッコミが入っちゃった。「成人式や結婚式をしないことはあっても，どんな形であれ葬式はするのでは?」って。そこで論題を「儀礼の現代社会における意義」に変更したよ。

それと「意見があまりなくて，結婚披露宴の体験の描写がメインになっている。決意表明で締めているし，作文や感想文みたいだ」って指摘を受けたから，体験した内容は最初の段落に移して全体の導入の役割を持たせたよ。

そして，儀礼にはそもそもどういう働きがあったのか，新書も参考にして調べてみたよ（改訂版11〜16行目）。原案の「みんなで一緒に食事をしていると不思議とうちとけてくるものだ」という部分に，ナナミさんが「ほんとだね。どうしてなのか知りたい!」ってコメントしてくれたからね。

儀礼の性格がどのように変化してきたのか，社会的背景を踏まえながら分析した点にも注目してね

コラム 「作文」「感想文」を否定しないで!

確かに，ミサキさんの小論文（原案）のうち結婚披露宴出席の体験を描写した部分（5〜16行目）は，いわゆる「作文」「感想文」のようだ。だが，「小論文」を書くという目的に沿っていないという点が問題なのであって，「作文」「感想文」がいけないというわけではない。

小論文で論じられる「意見」と作文や感想文で描写される「心情（気持ち）」は確かに違う。意見と違って，心情には明確な根拠が要らない。しかし，「うれしい」「くやしい」「楽しい」「つらい」といった心情は，小論文を書くために必要な疑問や問題意識を生み出す端緒となる。小学生や中学生の頃に書いた「作文」「感想文」を，けっして否定してはならない。

ミサキさんの小論文（改訂版）

昨年，従姉の結婚披露宴に招待された。招待客は，ごく近い親戚と新郎新婦の親友のみであった。年配の人は「私たちの頃に比べるとずいぶん質素になった」と漏らしたが，新郎新婦を中心に会話が弾み，新郎側の親戚や友人とも親しくなり充実した時間となった。

成人式や結婚式，葬式などの伝統的儀礼は，形を変えながらも今日に受け継がれている。これらの儀礼は，現代社会においてどのような意義を持つのだろうか。

儀礼には本来，参加者同士の共同体としての意識を高めるという働きがある。たとえば，結婚式など食事が供される儀礼は多いが，これらの食事は単なる「もてなし」ではない。参加者全員が同じものを体内に取り込み，心を一つにすることを意味したという。

スピードと経済的な効率がますます重要視されている現代の社会において，伝統的な儀礼の中には簡素化あるいは廃止されているものも少なくない。旧来の形式にとらわれない多様な結婚式や葬式が登場していることは，地縁や血縁よりも個人的な充足感を重視する価値観の表れともいえるだろう。

一方，個人的充足を大切にするあまり対人関係が希薄になったことへの不安や反省の動きもみられる。東日本大震災直後から，「絆」が強調されたことも無関係ではないだろう。人と人との精神的な結びつきを確かめあう場としての儀礼の重要性は，現代においてますます高まっているといえるだろう。

【参考文献】
原田信男（2008年）『食べるって何? 食育の原点』
（ちくまプリマー新書090）

292〜295ページの小論文はいずれも「模範解答」ではない。
より説得力のある文章を追求する上での材料にして欲しい。

さあ，あなたも小論文を書いてみよう!

資料編

［文章・構成：平川敬介（編集・ライター）］

日本国憲法

公布　1946（昭和21）年11月3日
施行　1947（昭和22）年 5 月3日（補則参照）

朕は、日本国民の総意に基いて、新日本建設の礎が、定まるに至つたことを、深くよろこび、**枢密顧問の諮詢及び帝国憲法第73条**による帝国議会の議決を経た帝国憲法の改正を**裁可**し、ここにこれを公布せしめる。

御名御璽

　昭和21年11月3日　　　　　　　内閣総理大臣兼外務大臣　吉田　　茂

憲法制定当時の内閣

国務大臣	男爵	幣原喜重郎
司法大臣		木村篤太郎
内務大臣		大村清一
文部大臣		田中耕太郎
農林大臣		和田博雄
国務大臣		斎藤隆夫
逓信大臣		一松定吉
商工大臣		星島二郎
厚生大臣		河合良成
国務大臣		植原悦二郎
運輸大臣		平塚常次郎
大蔵大臣		石橋湛山
国務大臣		金森徳次郎
国務大臣		膳　桂之助

日本国憲法

　日本国民は、正当に選挙された国会における代表者を通じて行動し、われらとわれらの子孫のために、諸国民との協和による成果と、わが国全土にわたつて自由のもたらす恵沢を確保し、政府の行為によつて再び戦争の惨禍が起ることのないやうにすることを決意し、ここに　主権が国民に存することを宣言し、この憲法を確定する。そもそも国政は、国民の厳粛な**信託**によるものであつて、その権威は国民に由来し、その権力は国民の代表者がこれを行使し、その**福利**は国民がこれを享受する。　これは人類普遍の原理であり、この憲法は、かかる原理に基くものである。われらは、これに反する一切の憲法、法令及び**詔勅**を排除する。

　日本国民は、**恒久**の平和を念願し、人間相互の関係を支配する崇高な理想を深く自覚するのであつて、平和を愛する諸国民の**公正と信義**に信頼して、われらの**安全と生存**を保持しようと決意した。われらは、平和を維持し、**専制と隷従**、**圧迫と偏狭**を地上から永遠に除去しようと努めてゐる国際社会において、名誉ある地位を占めたいと思ふ。われらは、全世界の国民が、ひとしく**恐怖と欠乏**から免かれ、平和のうちに生存する権利を有することを確認する。

　われらは、いづれの国家も、自国のことのみに専念して他国を無視してはならないのであつて、政治道徳の法則は、普遍的なものであり、この法則に従ふことは、自国の主権を維持し、他国と対等関係に立たうとする各国の責務であると信ずる。

　日本国民は、国家の名誉にかけ、全力をあげてこの崇高な理想と目的を達成することを誓ふ。

◆ **憲法の「前文」はどうして定められているのだろうか？**
　日本国憲法の「前文」は、憲法の基本的な考え方をまとめて記述している。その文章は、「日本国民は」で始まるように整えられ、国民が制定したことを明らかにしている。その考えは憲法全体を貫く基本的な精神であり、憲法の条文を定めていることの意味は、この前文の考えや精神から読み取ればいいのである。
　憲法改正に際しても改めることはできない。つまり「子孫のために」「普通の原理」「恒久の」「永遠に」など、現在だけでなく、将来にわたって保障されることを表している。

用語解説

朕　秦の始皇帝以来、皇帝や天皇が「われ」の意に用いる。
枢密顧問　大日本帝国憲法下の天皇の相談機関。議会からも独立し、内閣の施政を左右できた。
諮詢　相談。問いはかること。
帝国憲法第73条　天皇主権を国民主権に変更することは国家体制の根本の変革なので、帝国憲法第73条の手続きによる新憲法制定は疑問とされた。しかし、日本の再建、米ソの対立、連合軍の占領下といった条件の中で、憲法改正の延引はできず、第73条による手続で公布された。
裁可　天皇が政治各機関の案文を承認し許可すること。
御名御璽　大日本帝国憲法下で、天皇が議会の協賛した法案などを許可したり天皇の意思表示の勅語などに署名押印すること。

現行憲法である「日本国憲法」の御署名原本（国立公文書館所蔵）

前文
フランスやアメリカ合衆国など前文のある憲法は多いが、日本国憲法のように、基本的精神を明確にしている前文はない。この前文を改めるにも第96条の改正手続きが必要。
主権　国家統治の権力。その国家の独立した統治権。
信託　信用して委託する。主権在民の国家基本概念。
福利　幸福と利益。
恒久　久しく変わらないこと。
公正と信義　公平で正しく行動し、信頼を裏切らない。
専制　1人の判断で事を決めること。
隷従　奴隷のように意思を殺してしたがうこと。
圧迫　相手を力でおさえつける、支配すること。
偏狭　自己主張だけを他に押しつけること。度量の狭いこと。
恐怖と欠乏　1941年、アメリカ合衆国大統領F.D.ローズヴェルトが議会にあてた教書で、基本的自由をあげ、言論・信仰・欠乏・恐怖から、の4つの自由を示した。「恐怖から」とは戦争のない平和を、「欠乏から」とは健康な生活を保つことを意味する。この考え方は、世界人権宣言の基調となっている。

第1章 天 皇

第1条〔天皇の地位・国民主権〕
　天皇は，日本国の**象徴**であり日本国民統合の象徴であつて，この地位は，主権の存する日本国民の総意に基く。

第2条〔皇位の継承〕
　皇位は，**世襲**のものであつて，国会の議決した**皇室典範**の定めるところにより，これを継承する。

第3条〔天皇の国事行為に対する内閣の助言と承認〕
　天皇の国事に関するすべての行為には，内閣の助言と承認を必要とし，内閣が，その責任を負ふ。

第4条〔天皇の権能の限界，天皇の国事行為の委任〕
　①　天皇は，この憲法の定める国事に関する行為のみを行ひ，国政に関する権能を有しない。
　②　天皇は，法律の定めるところにより，その国事に関する行為を委任することができる。

第5条〔摂政（せっしょう）〕
　皇室典範の定めるところにより**摂政**を置くときは，摂政は，天皇の名でその国事に関する行為を行ふ。この場合には，前条第1項の規定を準用する。

第6条〔天皇の任命権〕
　①　天皇は，国会の指名に基いて，内閣総理大臣を任命する。
　②　天皇は，内閣の指名に基いて，最高裁判所の長たる裁判官を任命する。

第7条〔天皇の国事行為〕
　天皇は，内閣の助言と承認により，国民のために，左の国事に関する行為を行ふ。
1　憲法改正，法律，政令及び条約を公布すること。
2　国会を召集すること。
3　衆議院を解散すること。
4　国会議員の総選挙の施行を公示すること。
5　国務大臣及び法律の定めるその他の**官吏**の任免並びに全権委任状及び大使及び公使の信任状を認証すること。
6　**大赦（たいしゃ），特赦（とくしゃ）**，減刑，刑の執行の免除及び**復権**を認証すること。
7　栄典を授与すること。
8　**批准**書及び法律の定めるその他の外交文書を認証すること。
9　外国の大使及び公使を接受すること。
10　儀式を行ふこと。

第8条〔皇室の財産授受〕
　皇室に財産を譲り渡し，又は皇室が，財産を譲り受け，若しくは**賜（し）与**することは，国会の議決に基かなければならない。

日本国憲法公布祝賀会　1946年11月3日に東京の皇居前広場で行われた。

用語解説

第1条
象徴　校章が学校を表し，鳩が平和を示すように，抽象的なことを形象化して示すこと。

第2条
世襲　子が親の地位・財産などを代々受けつぐこと。
皇室典範　皇室に関する，皇位継承，皇族身分，摂政，皇室会議等についての法律（1947.1.16公布）。

第3条
国事行為　内閣の責任のもとに，天皇が国家の三権各機関が決定したことに儀礼的・形式的に参加すること。

第5条
摂政　天皇に代わって，天皇の国事行為に関する政務事項を行う役。皇太子・皇太孫・親王の順で任ぜられる。

第7条
官吏　国家公務員のこと。ここでは検事総長や最高裁判事などをさす。
大赦　法令で罪の種類を定め，刑の執行を免除すること。
特赦　特定犯人に対して刑の執行を免除する。
批准　条約を最終的に承認する手続。

第8条
賜与　身分の高い者から下の者に与えること。

天皇の国事行為（国務大臣の任免）
（2020年9月，菅内閣の発足に際し，認証をうける麻生財務相）　天皇の国事に関する行為については憲法第7条でいずれの場合にも，必ず内閣の助言と承認を必要とし，内閣が責任を負う。国事に関する行為は，憲法に規定してあるものに限定される。また，実際の運用上，象徴としての行為も認められる。ただし必要最小限のものに限られる。

◆**女性天皇は認められないのか？**
　憲法第二条は，天皇の地位は世襲によるものと定めていて，女性天皇は認められないとは書かれていない。しかし皇室典範という法律に「男系男子」が継ぐと規定されており，女性天皇は認められないのが現状である。なお2021年より安定的な皇位継承策を議論する政府の有識者会議が開かれている。

資料編

第2章　戦争の放棄

第９条〔戦争の放棄，戦力及び交戦権の否認〕

①　日本国民は，正義と秩序を基調とする国際平和を誠実に希求し，国権の発動たる戦争と，武力による**威嚇**又は武力の行使は，国際紛争を解決する手段としては，永久にこれを放棄する。

②　前項の目的を達するため，陸海空軍その他の戦力は，これを保持しない。国の**交戦権**は，これを認めない。

第3章　国民の権利及び義務

第 10 条〔国民の要件〕

日本国民たる要件は，**法律**でこれを定める。

第 11 条〔基本的人権の享有〕

国民は，すべての**基本的人権**の**享有**を妨げられない。この憲法が国民に保障する基本的人権は，侵すことのできない永久の権利として，現在及び将来の国民に与へられる。

第 12 条〔自由・権利の保持の責任とその濫用の禁止〕

この憲法が国民に保障する自由及び権利は，国民の**不断の努力**によつて，これを保持しなければならない。又，国民は，これを濫用してはならないのであつて，常に**公共の福祉**のためにこれを利用する責任を負ふ。

第 13 条〔個人の尊重・幸福追求権・公共の福祉〕

すべて国民は，**個人として尊重**される。生命，自由及び**幸福追求**に対する国民の権利については，公共の福祉に反しない限り，立法その他の国政の上で，最大の尊重を必要とする。

第 14 条〔法の下の平等，貴族の禁止，栄典〕

①　すべて国民は，**法の下に平等**であつて，人種，**信条**，性別，社会的身分又は**門地**により，政治的，経済的又は社会的関係において，差別されない。

②　華族その他の貴族の制度は，これを認めない。

③　栄誉，勲章その他の栄典の授与は，いかなる特権も伴はない。栄典の授与は，現にこれを有し，又は将来これを受ける者の一代に限り，その効力を有する。

第 15 条〔公務員選定罷免権，公務員の本質，普通選挙の保障，秘密投票の保障〕

①　**公務員**を選定し，及びこれを罷免することは，国民固有の権利である。

②　すべて公務員は，全体の奉仕者であつて，一部の奉仕者ではない。

③　公務員の選挙については，成年者による普通選挙を保障する。

用語解説

第9条

威嚇　おどすこと。おどかし。

交戦権　国家が他国と戦争をなしうる権利

第 10 条

法律→この規定に基づき国籍法が定められている

第 11 条

(＊第 11 条，第 12 条，第 13 条は，人権保障の基本原則を定める。)

基本的人権　人間として当然に有し，たとえ国家であっても侵すことのできない権利。

享有　能力や権利を生まれながらに持っていること。

第 12 条

不断の努力　たえまない努力

公共の福祉　社会を構成する人たちみんなの共通の利益。「全体の利益」「国家の利益」の意味ではない。

第 13 条

個人として尊重　一人ひとりがかけがえのない絶対的な存在であること。全体のために「滅私奉公」を強要された戦前の考え方を否定した。

幸福追求　新しい豊かな生活を実現させようとすること。プライバシーの権利，環境権，自己決定権などの新しい人権を主張する根拠となっている。

第 14 条

法の下に平等　すべての国民が平等であることを法で保障すること

信条　その人が堅く信じている考え。

門地　家柄，生まれ。

第 15 条

公務員　国や地方公共団体の公的な仕事を行う職員のこと。国家公務員と地方公務員がいる。

日英対照　日本国憲法第９条

第２章　戦争の放棄

第９条

①　日本国民は，正義と秩序を基調とする国際平和を誠実に希求し，国権の発動たる戦争と，武力による威嚇又は武力の行使は，国際紛争を解決する手段としては，永久にこれを放棄する。

②　前項の目的を達するため，陸海空軍その他の戦力は，これを保持しない。国の交戦権は，これを認めない。

CHAPTER II. RENUNCIATION OF WAR

Article 9.

Aspiring sincerely to an international peace based on justice and order, the Japanese people forever renounce war as a sovereign right of the nation and the threat or use of force as means of settling international disputes.

In order to accomplish the aim of the preceding paragraph, land, sea, and air forces, as well as other war potential, will never be maintained. The right of belligerency of the state will not be recognized.

◆ 平和憲法

日本国憲法は「平和憲法」とも呼ばれている。戦争を放棄し，戦力の不保持を宣言した第９条はまさに平和憲法の代名詞である。しかしながら「戦争放棄」「戦力の不保持」にはどのような意味があるのだろうか。第９条と自衛隊をめぐる裁判(砂川事件→ p.117，長沼ナイキ基地訴訟→ p.117，百里基地訴訟→ p.117)や自衛隊法→ p.118，PKO 等協力法→ p.124，日米安全保障条約→ p.122 などの関係について整理しておこう。

④　すべて選挙における投票の秘密は，これを侵してはならない。選挙人は，その選択に関し公的にも私的にも責任を問はれない。

第16条〔請願権〕

　何人も，損害の救済，公務員の罷免，法律，命令又は規則の制定，廃止又は改正その他の事項に関し，平穏に請願する権利を有し，何人も，かかる請願をしたためにいかなる差別待遇も受けない。

第17条〔国及び公共団体の賠償責任〕

　何人も，公務員の不法行為により，損害を受けたときは，法律の定めるところにより，国又は公共団体に，その賠償を求めることができる。

第18条〔奴隷的拘束及び苦役からの自由〕

　何人も，いかなる奴隷的拘束も受けない。又，犯罪に因る処罰の場合を除いては，その意に反する苦役に服させられない。

第19条〔思想及び良心の自由〕

　思想及び良心の自由は，これを侵してはならない。

第20条〔信教の自由〕

①　信教の自由は，何人に対してもこれを保障する。いかなる宗教団体も，国から特権を受け，又は政治上の権力を行使してはならない。

②　何人も，宗教上の行為，祝典，儀式又は行事に参加することを強制されない。

③　国及びその機関は，宗教教育その他いかなる宗教的活動もしてはならない。

第21条〔集会・結社・表現の自由，検閲の禁止，通信の秘密〕

①　集会，結社及び言論，出版その他一切の表現の自由は，これを保障する。

②　検閲は，これをしてはならない。通信の秘密は，これを侵してはならない。

第22条〔居住・移転及び職業選択の自由，外国移住及び国籍離脱の自由〕

①　何人も，公共の福祉に反しない限り，居住，移転及び職業選択の自由を有する。

②　何人も，外国に移住し，又は国籍を離脱する自由を侵されない。

第23条〔学問の自由〕

　学問の自由は，これを保障する。

第24条〔家族生活における個人の尊厳と両性の平等〕

①　婚姻は，両性の合意のみに基いて成立し，夫婦が同等の権利を有することを基本として，相互の協力により，維持されなければならない。

②　配偶者の選択，財産権，相続，住居の選定，離婚並びに婚姻及び家族に関するその他の事項に関しては，法律は，個人の尊厳と両性の本質的平等に立脚して，制定されなければならない。

◆"公共の福祉"ってどういうこと？

　人間にとって非常に大切な基本的人権も，絶対的，無制限のものではない。例えば表現の自由が認められているからといって，他人の悪口をいったり，他人をおとしいれたりするような行動をしてもいいというわけではないのである。相手にも同じように人権があるからである。このように人権と人権が衝突するような場合に調整するのが公共の福祉の考えで，それは人権の実質的公平を保障するための原理といえる。

◆国によって異なる政教分離

　政教分離は，政治と宗教は分離されるべきであるという考え方であるが，その考え方は国によって大きく異なる。国家と宗教の厳格な分離を求めるアメリカ型，国教を樹立しつつ国教以外の宗教の自由を広く保障するイギリス型，国教は認めないが宗教に特権的な地位を認めるドイツ・イタリア型などがある。国家と宗教のかかわりをどこまで許容するか，その基準を求めることは非常に難しい。

用語解説

第16条
請願　国や地方公共団体に希望を願いでること。本条の規定に基づいて，請願法が定められている。「公務員の罷免」については，第15条のところを参照のこと。帝国憲法第30条も，請願について定めていた。なお，イギリスの権利章典（5）にも，同様の内容がある。

第18条
奴隷的拘束　自由を奪うこと。

第19条
思想・良心　世界観，人生観，主義，主張など，何を正しいとするのか，何を重要とするのかの考え方や判断のこと。

第21条
集会　ある目的をもった人々が一定の場所で会合をすること。
結社　ある目的を達成するためにつくられた団体。会社，政党，宗教団体，労働組合など。
その他一切の表現　デモ行進，映画，音楽，インターネットなどあらゆる表現方法。
検閲　言論，出版などの内容や表現を国や地方公共団体が事前にチェックすること。
通信の秘密　郵便，電信，電話などの内容を本人の意思に反して公にしないこと。

第22条
国籍　国の構成員としての資格。
離脱　離れて抜けでること。

規制のある職業　第22条の職業選択の自由とともに認められているのが「営業の自由＝職業遂行の自由」であるが，以下の観点から規制の設けられている職業がある。一つは国民の生命や健康に関する危険を防ぐ観点，一つは社会的・経済的弱者を保護する観点である。例えば医師・薬剤師などは資格取得，飲食店や公衆浴場などには許可，という規制がある。

第23条
「学問の自由」の中には，ヨーロッパ中世以来の伝統に由来する「大学の自治」が含まれている。判例としては，東大ポポロ事件がある。

第24条
婚姻　結婚すること。
両性　男性と女性。
配偶者　夫婦の関係にある者の一方からみた他方のこと。

資料編

299

第25条〔生存権，国の社会的使命〕

① すべて国民は，健康で文化的な最低限度の生活を営む権利を有する。

② 国は，すべての生活部面について，社会福祉，社会保障及び公衆衛生の向上及び増進に努めなければならない。

第26条〔教育を受ける権利，教育の義務〕

① すべて国民は，法律の定めるところにより，その能力に応じて，ひとしく教育を受ける権利を有する。

② すべて国民は，法律の定めるところにより，その保護する子女に普通教育を受けさせる義務を負ふ。義務教育は，これを無償とする。

第27条〔勤労の権利及び義務，勤労条件の基準，児童酷使の禁止〕

① すべて国民は，勤労の権利を有し，義務を負ふ。

② 賃金，就業時間，休息その他の勤労条件に関する基準は，法律でこれを定める。

③ 児童は，これを酷使してはならない。

第28条〔勤労者の団結権〕

勤労者の団結する権利及び団体交渉その他の団体行動をする権利は，これを保障する。

第29条〔財産権〕

① 財産権は，これを侵してはならない。

② 財産権の内容は，公共の福祉に適合するやうに，法律でこれを定める。

③ 私有財産は，正当な補償の下に，これを公共のために用ひることができる。

第30条〔納税の義務〕

国民は，法律の定めるところにより，納税の義務を負ふ。

第31条〔法定の手続の保障〕

何人も，法律の定める手続によらなければ，その生命若しくは自由を奪はれ，又はその他の刑罰を科せられない。

第32条〔裁判を受ける権利〕

何人も，裁判所において裁判を受ける権利を奪はれない。

第33条〔逮捕の要件〕

何人も，現行犯として逮捕される場合を除いては，権限を有する司法官憲が発し，且つ理由となつてゐる犯罪を明示する令状によらなければ，逮捕されない。

第34条〔抑留・拘禁の要件，不法拘禁に対する保障〕

何人も，理由を直ちに告げられ，且つ，直ちに弁護人に依頼する権利を与へられなければ，抑留又は拘禁されない。又，何人も，正当な理由がなければ，拘禁されず，要求があれば，その理由は，直ちに本人及びその弁護人の出席する公開の法廷で示されなければならない。

第35条〔住居の不可侵〕

① 何人も，その住居，書類及び所持品について，侵入，捜索及び押収を受けることのない権利は，第33条の場合を除いては，正当な理由に基いて発せられ，且つ捜索する場所及び押収する物を明示する令状がなければ，侵されない。

② 捜索又は押収は，権限を有する司法官憲が発する各別の令状により，これを行ふ。

第36条〔拷問及び残虐刑の禁止〕

公務員による拷問及び残虐な刑罰は，絶対にこれを禁ずる。

*第33条，第34条，第35条，第36条は，被疑者の権利を規定したものである。マグナ＝カルタ第39条，権利請願第3条，フランス人権宣言第7条前段と読み比べると理解が深まる。

用語解説

第25条
健康で文化的な最低限度の生活　人間として生きていくための最小限の生活。単に生物的に生きているというだけではなく人格が保持できていること。

> *第25条，第26条，第27条，第28条は，社会権的基本権といわれる規定である。
> *労働関係の項目は，第27条，第28条と関連づけて理解する。

第26条
能力　物事を成し得る力。単に学力をさすのではない。
普通教育　国民が受けなければならないとされる基礎的な教育。日本の場合，9年間の義務教育をさす。

第27条
就業時間　業務についている時間。労働基準法では，1日8時間を超えないことを定めている。
酷使　休息も与えず働かせること。

第28条
団体交渉　労働者団体の代表が労働条件などについて使用者と話し合うこと。
団体行動　交渉以外の組合としての行動。ストライキや集会など。

第31条
何人も　国民ないし外国人を含むすべての個人および法人，団体をさす。

第33条
現行犯　犯行中に，または犯行が終わった際に発覚した犯罪。
司法官憲　司法上の権限を有する公務員。ここでは，裁判官をさす。
令状　逮捕状。広くは命令を書いた文書。

第34条
抑留　強制的に身体の自由を一時拘束すること。逮捕後の一時的な留置などをいう。
拘禁　刑務所，留置所などに留置し，一定期間身体の自由を拘束すること。

第36条
拷問　無理に犯罪を自白させるために，肉体的苦痛を与えること。

第37条〔刑事被告人の権利〕

① すべて刑事事件においては，被告人は，公平な裁判所の迅速な公開裁判を受ける権利を有する。

② 刑事被告人は，すべての証人に対して審問する機会を充分に与へられ，又，公費で自己のために強制的手続により証人を求める権利を有する。

③ 刑事被告人は，いかなる場合にも，資格を有する弁護人を依頼することができる。被告人が自らこれを依頼することができないときは，国でこれを附する。

第38条〔自己に不利益な供述，自白の証拠能力〕

① 何人も，自己に不利益な供述を強要されない。

② 強制，拷問若しくは脅迫による自白又は不当に長く抑留若しくは拘禁された後の自白は，これを証拠とすることができない。

③ 何人も，自己に不利益な唯一の証拠が本人の自白である場合には，有罪とされ，又は刑罰を科せられない。

第39条〔遡及処罰の禁止・一事不再理〕

何人も，実行の時に適法であつた行為又は既に無罪とされた行為については，刑事上の責任を問はれない。又，同一の犯罪について，重ねて刑事上の責任を問はれない。

*第37条，第38条，第39条は，刑事被告人の権利を定めたものである。詳細は，刑事訴訟法に規定されている。

第40条〔刑事補償〕

何人も，抑留又は拘禁された後，無罪の裁判を受けたときは，法律の定めるところにより，国にその補償を求めることができる。

第4章　国　会

第41条〔国会の地位・立法権〕

国会は，国権の最高機関であつて，国の唯一の立法機関である。

第42条〔両院制〕

国会は，衆議院及び参議院の両議院でこれを構成する。

第43条〔両議院の組織・代表〕

① 両議院は，全国民を代表する選挙された議員でこれを組織する。

② 両議院の議員の定数は，法律でこれを定める。

第44条〔議員及び選挙人の資格〕

両議院の議員及びその選挙人の資格は，法律でこれを定める。但し，人種，信条，性別，社会的身分，門地，教育，財産又は収入によつて差別してはならない。

第45条〔衆議院議員の任期〕

衆議院議員の任期は，4年とする。但し，衆議院解散の場合には，その期間満了前に終了する。

用語解説

第37条
被告人　刑事事件で訴えられ，裁判がまだ確定していない者。

第38条
供述　審問に答えて，事実や意見を述べること。
自白　自ら自分の犯した犯罪事実を告白すること。

第39条
遡及　過去にさかのぼること。
一事不再理　一度判決が確定した事件については，同じ罪状で裁判をしてはならないという原則。

第41条
国権の最高機関　国の政治について最高の権力をもつ機関。
唯一の立法機関　国の法律の制定・改廃を行うことができるただ1つの国家機関。

第43条
定数　規則で決められた一定の人数。
法律→公職選挙法（1950.4.15公布）

第45条
期間満了　決められた期間を終えること。この場合は4年間の任期。

◆なぜ憲法には「義務」が少ないのか
　憲法にはたくさんの「権利」が書かれているのに対し，「義務」は「納税」，「勤労」，「子女に普通教育を受けさせる」の3つだけになっています。これは，そもそも憲法が国民の権利を国家から守るために作られたものだからなのです。国民が，自分たちの権利を守るために憲法を作り，国家つまり政府（権力者）に憲法を守らせることで，自分たちの権利を守るという仕組みになっているため，権利が多く義務は少ないのです。

◆国選弁護人制度とは？
　被疑者や被告人が弁護人を選任する権利は憲法によって保障されています。しかし，弁護士費用を準備できなければ私選弁護人を雇うことはできません。そこで，国が弁護士費用を負担し選任する国選弁護人制度というものがあります。国選弁護の制度は，経済的に私選弁護人をつけることが難しい方のためにある制度です。そのため，誰でも無条件で国選弁護人をつけてもらえるわけではなく，国選弁護人を利用できるのは，原則として資産が50万円未満の方に限られています。

第46条〔参議院議員の任期〕

参議院議員の任期は，6年とし，3年ごとに議員の半数を改選する。

第47条〔選挙に関する事項〕

選挙区，投票の方法その他両議院の議員の選挙に関する事項は，法律でこれを定める。

第48条〔両議院議員兼職の禁止〕

何人も，同時に両議院の議員たることはできない。

第49条〔議員の歳費〕

両議院の議員は，法律の定めるところにより，国庫から相当額の歳費を受ける。

第50条〔議員の不逮捕特権〕

両議院の議員は，法律の定める場合を除いては，国会の会期中逮捕されず，会期前に逮捕された議員は，その議院の要求があれば，会期中これを釈放しなければならない。

第51条〔議員の発言・表決の無責任〕

両議院の議員は，議院で行つた演説，討論又は**表決**について，院外で責任を問はれない。

第52条〔常会〕

国会の常会は，毎年1回これを召集する。

第53条〔臨時会〕

内閣は，国会の臨時会の召集を決定することができる。いづれかの議院の総議員の4分の1以上の要求があれば，内閣は，その召集を決定しなければならない。

第54条〔衆議院の解散・特別会，参議院の緊急集会〕

① 衆議院が解散されたときは，解散の日から40日以内に，衆議院議員の総選挙を行ひ，その選挙の日から30日以内に，国会を召集しなければならない。

② 衆議院が解散されたときは，参議院は，同時に閉会となる。但し，内閣は，国に緊急の必要があるときは，参議院の緊急集会を求めることができる。

③ 前項但書の緊急集会において採られた措置は，臨時のものであつて，次の国会開会の後10日以内に，衆議院の同意がない場合には，その効力を失ふ。

第55条〔資格争訟の裁判〕

両議院は，各々その議員の資格に関する争訟を裁判する。但し，議員の議席を失はせるには，出席議員の3分の2以上の多数による議決を必要とする。

第56条〔定足数，表決〕

① 両議院は，各々その総議員の3分の1以上の出席がなければ，議事を開き議決することができない。

② 両議院の議事は，この憲法に特別の定のある場合を除いては，出席議員の過半数でこれを決し，可否同数のときは，議長の決するところによる。

用語解説

第46条
改選　任期が終了して，その役職につく人を改めて選挙により選出すること。

第49条
歳費　国会議員が1年間に議員の仕事に対して受けとる報酬。

第51条
表決　議案に対する賛否の意思表示。

第52条
常会　国会の1つで，毎年必ず開かれる。通常国会ともいう。

第53条
臨時会　国会の1つで，必要に応じて開かれる。臨時国会ともいう。

第54条
特別会　国会の1つで，衆議院議員総選挙後に開催。特別国会ともいう。
但書　「但し」という文字をつけて，その前文の条件，補足などを示したもの。
措置　参議院の緊急集会で，ある事態に対して決められたこと。

衆議院の解散　バンザイをする議員。（2017年9月28日　衆議院本会議場）

党首討論に臨む，自由民主党の菅首相（左）と技野立憲民主党党首。（2021年6月　国会内）

資料編

第57条〔会議の公開，会議録，表決の記載〕

① 両議院の会議は，公開とする。但し，出席議員の3分の2以上の多数で議決したときは，秘密会を開くことができる。

② 両議院は，各々その会議の記録を保存し，秘密会の記録の中で特に秘密を要すると認められるもの以外は，これを公表し，且つ一般に頒布しなければならない。

③ 出席議員の5分の1以上の要求があれば，各議員の表決は，これを会議録に記載しなければならない。

第58条〔役員の選任，議院規則・懲罰〕

① 両議院は，各々その議長その他の役員を選任する。

② 両議院は，各々その会議その他の手続及び内部の規律に関する規則を定め，又，院内の秩序をみだした議員を懲罰することができる。但し，議員を除名するには，出席議員の3分の2以上の多数による議決を必要とする。

第59条〔法律案の議決，衆議院の優越〕

① 法律案は，この憲法に特別の定のある場合を除いては，両議院で可決したとき法律となる。

② 衆議院で可決し，参議院でこれと異なつた議決をした法律案は，衆議院で出席議員の3分の2以上の多数で再び可決したときは，法律となる。

③ 前項の規定は，法律の定めるところにより，衆議院が，両議院の協議会を開くことを求めることを妨げない。

④ 参議院が，衆議院の可決した法律案を受け取つた後，国会休会中の期間を除いて60日以内に，議決しないときは，衆議院は，参議院がその法律案を否決したものとみなすことができる。

第60条〔衆議院の予算先議，予算議決に関する衆議院の優越〕

① 予算は，さきに衆議院に提出しなければならない。

② 予算について，参議院で衆議院と異なつた議決をした場合に，法律の定めるところにより，両議院の協議会を開いても意見が一致しないとき，又は参議院が，衆議院の可決した予算を受け取つた後，国会休会中の期間を除いて30日以内に，議決しないときは，衆議院の議決を国会の議決とする。

第61条〔条約の承認に関する衆議院の優越〕

条約の締結に必要な国会の承認については，前条第2項の規定を準用する。

第62条〔議院の国政調査権〕

両議院は，各々国政に関する調査を行ひ，これに関して，証人の出頭及び証言並びに記録の提出を要求することができる。

第63条〔閣僚の議院出席の権利と義務〕

内閣総理大臣その他の国務大臣は，両議院の一に議席を有すると有しないとにかかはらず，何時でも議案について発言するため議院に出席することができる。又，答弁又は説明のため出席を求められたときは，出席しなければならない。

第64条〔弾劾裁判所〕

① 国会は，罷免の訴追を受けた裁判官を裁判するため，両議院の議員で組織する弾劾裁判所を設ける。

② 弾劾に関する事項は，法律でこれを定める。

◆ どうして「国会」が最高なのか？

日本は立法権（国会）・行政権（内閣）・司法権（裁判所）の三権がそれぞれ独立してお互いにチェックする三権分立を採用している。この制度では，三つの機関が対等であることが前提となっている。その中で憲法が国会を最高機関と位置づけたのは，国会だけが主権者である国民と直接につながっている機関だからである。国会だけが国民から直接選ばれた代表者（議員）によって構成され，国民の意思に一番近いということから，一番重要な機関であるという意味なのである。

用語解説

第57条
頒布　配布。広くいきわたらせること。

第58条
懲罰　不正や不当行為に対し，こらしめのために罰をあたえること。戒告・陳謝・登院停止・除名の4つがある。
除名　名簿から名前を消すこと。この場合は議員の資格を奪うこと。

第59条
両議院の協議会　衆参それぞれ10名ずつ出席の意見調整のための会議。

第60条
予算　国家の1年間における収入と支出の見積もり。

第61条
条約　文書による国家間の取決め。

第64条
罷免の訴追　職務をやめさせる訴えを起こすこと。
弾劾　裁判官などの犯罪や不正を調べて明るみにだし，一定の方法によって審判し罷免させる手続き。

弾劾裁判の仕組み

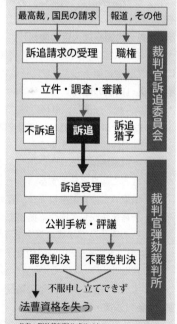

参考：弾劾裁判所公式サイト
(https://www.dangai.go.jp/intro/intro3.html)

裁判官弾劾裁判所・はじめに
https://www.dangai.go.jp/intro/intro1.html

第5章　内閣

第65条〔行政権〕
　行政権は，内閣に属する。

第66条〔内閣の組織，文民資格，国会に対する連帯責任〕
　①　内閣は，法律の定めるところにより，その首長たる内閣総理大臣及びその他の国務大臣でこれを組織する。
　②　内閣総理大臣その他の国務大臣は，**文民**でなければならない。
　③　内閣は，行政権の行使について，国会に対し連帯して責任を負ふ。

第67条〔内閣総理大臣の指名，衆議院の優越〕
　①　内閣総理大臣は，国会議員の中から国会の議決で，これを指名する。この指名は，他のすべての案件に先だつて，これを行ふ。
　②　衆議院と参議院とが異なつた指名の議決をした場合に，法律の定めるところにより，両議院の協議会を開いても意見が一致しないとき，又は衆議院が指名の議決をした後，国会休会中の期間を除いて10日以内に，参議院が，指名の議決をしないときは，衆議院の議決を国会の議決とする。

第68条〔国務大臣の任命及び罷免〕
　①　内閣総理大臣は，国務大臣を任命する。但し，その過半数は，国会議員の中から選ばれなければならない。
　②　内閣総理大臣は，任意に国務大臣を罷免することができる。

第69条〔内閣不信任決議の効果〕
　内閣は，衆議院で**不信任**の決議案を可決し，又は信任の決議案を否決したときは，10日以内に衆議院が解散されない限り，**総辞職**をしなければならない。

第70条〔内閣総理大臣の欠缺・新国会の召集と内閣の総辞職〕
　内閣総理大臣が欠けたとき，又は衆議院議員総選挙の後に初めて国会の召集があつたときは，内閣は，総辞職をしなければならない。

第71条〔総辞職後の内閣〕
　前2条の場合には，内閣は，あらたに内閣総理大臣が任命されるまで引き続きその職務を行ふ。

第72条〔内閣総理大臣の職務〕
　内閣総理大臣は，内閣を代表して議案を国会に提出し，一般国務及び外交関係について国会に報告し，並びに行政各部を指揮監督する。

第73条〔内閣の職務〕
　内閣は，他の一般行政事務の外，左の事務を行ふ。
　1　法律を誠実に**執行**し，国務を**総理**すること。
　2　外交関係を処理すること。
　3　条約を**締結**すること。但し，事前に，**時宜**によつては事後に，国会の承認を経ることを必要とする。
　4　**法律**の定める基準に従ひ，**官吏**に関する事務を**掌理**すること。
　5　予算を作成して国会に提出すること。
　6　この憲法及び法律の規定を実施するために，政令を制定すること。但し，政令には，特にその法律の委任がある場合を除いては，罰則を設けることができない。
　7　大赦，特赦，減刑，刑の執行の免除及び復権を決定すること。

第74条〔法律・政令の署名〕
　法律及び政令には，すべて主任の国務大臣が署名し，内閣総理大臣が**連署**することを必要とする。

第75条〔国務大臣の特典〕
　国務大臣は，その在任中，内閣総理大臣の同意がなければ，**訴追**されない。但し，これがため，訴追の権利は，害されない。

◆ 内閣はどんな仕事をするところなのだろうか？
　国民への公共サービス活動という，行政活動の頂点に立つのが内閣である。しかし，内閣だけで現実にすべての行政を実行するのは無理なため，内閣のもとに，内閣府や省庁（財務省・文部科学省など）という行政各部をおいて，国民への公共サービス活動を行っている。内閣の仕事の中心は，国会のつくった法律を誠実に守り実行することである（第73条）。

資料編

第6章　司　法

第76条〔司法権・裁判所，特別裁判所の禁止，裁判官の独立〕

① すべて司法権は，最高裁判所及び法律の定めるところにより設置する**下級裁判所**に属する。

② **特別裁判所**は，これを設置することができない。行政機関は，**終審**として裁判を行ふことができない。

③ すべて裁判官は，その**良心**に従ひ**独立**してその職権を行ひ，この憲法及び法律にのみ拘束される。

第77条〔最高裁判所の規則制定権〕

① 最高裁判所は，訴訟に関する手続，弁護士，裁判所の内部規律及び司法事務処理に関する事項について，規則を定める権限を有する。

② 検察官は，最高裁判所の定める規則に従はなければならない。

③ 最高裁判所は，下級裁判所に関する規則を定める権限を，下級裁判所に委任することができる。

第78条〔裁判官の身分の保障〕

裁判官は，裁判により，**心身の故障**のために職務を執ることができないと決定された場合を除いては，公の弾劾によらなければ罷免されない。裁判官の懲戒処分は，行政機関がこれを行ふことはできない。

第79条〔最高裁判所の裁判官，国民審査，定年，報酬〕

① 最高裁判所は，その長たる裁判官及び**法律の定める員数**のその他の裁判官でこれを構成し，その長たる裁判官以外の裁判官は，内閣でこれを任命する。

② 最高裁判所の裁判官の任命は，その任命後初めて行はれる衆議院議員総選挙の際**国民の審査**に付し，その後10年を経過した後初めて行はれる衆議院議員総選挙の際更に審査に付し，その後も同様とする。

③ 前項の場合において，投票者の多数が裁判官の罷免を可とするときは，その裁判官は，罷免される。

④ 審査に関する事項は，法律でこれを定める。

⑤ 最高裁判所の裁判官は，法律の定める年齢に達した時に**退官**する。

⑥ 最高裁判所の裁判官は，すべて定期に相当額の報酬を受ける。この報酬は，在任中，これを減額することができない。

第80条〔下級裁判所の裁判官・任期・定年，報酬〕

① 下級裁判所の裁判官は，最高裁判所の指名した者の名簿によつて，内閣でこれを任命する。その裁判官は，任期を10年とし，再任されることができる。但し，法律の定める年齢に達した時には退官する。

② 下級裁判所の裁判官は，すべて定期に相当額の報酬を受ける。この報酬は，在任中，これを減額することができない。

用語解説

第76条

下級裁判所　高等裁判所・簡易裁判所・地方裁判所・家庭裁判所の4つを指す。

特別裁判所　特定の事件や特定の身分に属する人だけを扱う裁判所のこと。明治憲法下では，軍法会議や皇室裁判所などがあった。現憲法では，設置を認められていない。

終審　最終の裁判所の判断。

良心　道徳や良識など個人の心の中にある価値観や考え方。

独立　ほかの人や機関などによって，干渉・支配されないこと。

第77条

規則制定権　国会や内閣など，ほかからの司法の独立を確保するため，最高裁判所に司法の内部の規則を制定する権限がある。

第78条

心身の故障　精神的または肉体的に問題が起こって執務できない状態。

第79条

国民の審査　最高裁の裁判官が適任かどうかについて，主権者である国民が投票する。不適任が多数ならば罷免される。

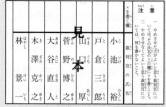

（東京都選挙管理委員会提供）

退官　官職をやめること。最高裁・簡易裁の裁判官の定年は70歳，その他は65歳。

◆恩赦とは？

恩赦とは，犯罪者を許す制度で内閣が恩赦を決定し，天皇が認証する。具体的には，有罪の判決の効力を消滅させたり，有罪判決に伴い制限された公民権の回復をするなどで，これらは国家の慶事等に際して行われる。

種類	内　　容	政令恩赦	個別恩赦
大赦	政令で罪の種類を定めて行い，刑の言い渡しや起訴の効力を失わせる	○	
特赦	特定の者について，刑の言い渡しの効力を失わせる		○
減刑	刑や刑の執行を軽減する	○	○
刑の執行免除	刑の執行を免除する		○
復権	刑の言い渡しで喪失した資格を回復する	○	○

＊政令恩赦は政令で一律に，個別恩赦は特定の者に対して行われる

戦後実施された政令恩赦の事由

1945.10.17	第二次世界大戦終局
1946.11. 3	日本国憲法公布
1952. 4.28	平和条約発効
1952.11.10	皇太子殿下（明仁親王）立太子礼
1956.12.19	国際連合加盟
1959. 4.10	皇太子殿下（明仁親王）御結婚
1968.11. 1	明治百年記念
1972. 5.15	沖縄復帰
1989. 2.24	昭和天皇崩御
1990.11.12	即位の礼
1993. 6. 9	皇太子殿下（徳仁親王）御結婚
2019.10.22	即位の礼

（法務省資料などから作成）

資料編

第81条〔法令審査権と最高裁判所〕

最高裁判所は，一切の法律，命令，規則又は処分が憲法に適合するかしないかを決定する権限を有する終審裁判所である。

第82条〔裁判の公開〕

① 裁判の対審及び判決は，公開法廷でこれを行ふ。

② 裁判所が，裁判官の全員一致で，**公の秩序**又は**善良の風俗**を害する虞があると決した場合には，対審は，公開しないでこれを行ふことができる。但し，政治犯罪，出版に関する犯罪又はこの憲法第3章で保障する国民の権利が問題となつてゐる事件の対審は，常にこれを公開しなければならない。

第7章 財 政

第83条〔財政処理の基本原則〕

国の財政を処理する権限は，国会の議決に基いて，これを行使しなければならない。

第84条〔課税〕

あらたに租税を課し，又は現行の租税を変更するには，法律又は法律の定める条件によることを必要とする。

第85条〔国費の支出及び国の債務負担〕

国費を支出し，又は国が債務を負担するには，国会の議決に基くことを必要とする。

第86条〔予算〕

内閣は，毎会計年度の予算を作成し，国会に提出して，その審議を受け議決を経なければならない。

第87条〔予備費〕

① 予見し難い予算の不足に充てるため，国会の議決に基いて予備費を設け，内閣の責任でこれを支出することができる。

② すべて予備費の支出については，内閣は，事後に国会の承諾を得なければならない。

第88条〔皇室財産・皇室の費用〕

すべて皇室財産は，国に属する。すべて皇室の費用は，予算に計上して国会の議決を経なければならない。

第89条〔公の財産の支出又は利用の制限〕

公金その他の公の財産は，宗教上の組織若しくは団体の使用，**便益**若しくは維持のため，又は公の支配に属しない慈善，教育若しくは**博愛**の事業に対し，これを支出し，又はその利用に供してはならない。

第90条〔決算検査，会計検査院〕

① 国の収入支出の決算は，すべて毎年会計検査院がこれを検査し，内閣は，次の年度に，その検査報告とともに，これを国会に提出しなければならない。

② 会計検査院の組織及び権限は，法律でこれを定める。

用語解説

第81条
終審裁判所 判決内容に不服があってももう訴えることができない最後の裁判所。最高裁が，最後の判断をすること。

<違憲審査権の性格>
・具体的な訴訟事件が提起された際に，判断する。
・高度に政治的な判断が必要な場合には，立法府にゆだね，憲法判断を回避する。（統治行為）
<違憲審査権の主体>
・最高裁判所だけでなく，下級裁判所も違憲審査の権限をもつ。下級裁判所の違憲判決は，その当該事件にのみ適用。
・最高裁判所の違憲判決は判例となる。
・最高裁判所は，違憲審査権を行使する終審裁判所なので，「憲法の番人」といわれている。

第82条
本条第1項及び第2項前段は，帝国憲法第59条にも同様の規定がある。第2項後段但し書き以下が重要である。関連する条文として，第21条第1項がある。
公の秩序 社会の安定や安全・安心できる規律やしくみ。
善良の風俗 社会一般の好ましいならわし。

第84条
租税 税金のこと。

第85条
債務 借金を返済する義務。

第89条
便益 都合がいいこと。利益があること。
博愛 あまねく愛すること。

第90条
会計検査院→政府から独立した機関で，毎年国の収入・支出の決算を確認する機関

◆ あなたにも人を裁く日がやってくる

国民が刑事裁判に参加し，裁判官とともに殺人罪などの重大事件を裁く裁判員制度は2009年，順調なスタートを切った。法廷に市民感覚を反映させる歴史的な改革であるが，守秘義務のあり方や被害者保護など，多くの問題点もある。裁判員法の附則では施行3年後（2012年）に運用状況を検討し必要な措置を取るとされている。「疑わしきは被告人の利益に」という刑事裁判の原則を貫きつつ，犯罪被害者の保護，裁判員の負担軽減に配慮しながら，問題点の洗い出しを進めることが政府や司法関係者に求められている。

◆法廷でメモを取ってもいいのか

現在，傍聴人が法廷でメモを取ることは一般的に認められていますが，昔から自由であったわけではありません。法廷でメモの採取の許可を求めたところ，これを不許可とされた傍聴人が，国に対して国家賠償を求めた裁判において最高裁判所が認める判決を出したのです（最高裁判所大法廷判決平成元［1989］年3月8日）。この事件ののち，傍聴人のメモ採取が一般的に認められることとなったのです。（場所は第6章と第7章の間）

第91条〔財政状況の報告〕

　内閣は，国会及び国民に対し，定期に，少くとも毎年1回，国の財政状況について報告しなければならない。

第8章　地方自治

第92条〔地方自治の基本原則〕

　地方公共団体の組織及び運営に関する事項は，**地方自治の本旨**に基いて，法律でこれを定める。

第93条〔地方公共団体の機関，その直接選挙〕

①　地方公共団体には，法律の定めるところにより，その議事機関として議会を設置する。

②　地方公共団体の長，その議会の議員及び法律の定めるその他の**吏員**は，その地方公共団体の住民が，直接これを選挙する。

第94条〔地方公共団体の権能〕

　地方公共団体は，その財産を管理し，事務を処理し，及び行政を執行する権能を有し，法律の範囲内で**条例**を制定することができる。

第95条〔特別法の住民投票〕

　一の地方公共団体のみに適用される**特別法**は，法律の定めるところにより，その地方公共団体の住民の投票においてその過半数の同意を得なければ，国会は，これを制定することができない。

第9章　改　正

第96条〔改正の手続，その公布〕

①　この憲法の改正は，各議院の総議員の3分の2以上の賛成で，国会が，これを**発議**し，国民に提案してその承認を経なければならない。この承認には，特別の国民投票又は国会の定める選挙の際行はれる投票において，その過半数の賛成を必要とする。

②　憲法改正について前項の承認を経たときは，天皇は，国民の名で，この憲法と一体を成すものとして，直ちにこれを公布する。

第10章　最高法規

第97条〔基本的人権の本質〕

　この憲法が日本国民に保障する基本的人権は，人類の多年にわたる自由獲得の努力の成果であつて，これらの権利は，過去幾多の試錬に堪へ，現在及び将来の国民に対し，侵すことのできない永久の権利として**信託**されたものである。

第98条〔最高法規，条約及び国際法規の遵守〕

①　この憲法は，国の**最高法規**であつて，その条規に反する法律，命令，詔勅及び国務に関するその他の行為の全部又は一部は，その効力を有しない。

②　日本国が締結した条約及び確立された**国際法規**は，これを誠実に遵守することを必要とする。

◆ 超借金大国日本

　2013年度の日本の国債残高は，国と地方をあわせて1008兆円となり，1000兆円の大台を突破した。つまり，借金が1008兆円もあるということだ。会社ならすでに倒産，家計ならばローン地獄といったところで1974年の石油危機以来，日本は慢性的な財政赤字に苦しんできた。特にバブル崩壊後は「失われた30年」と言われるほど，景気が悪化し，そのための対策として赤字国債を出し続けてきたのである。

◆知事と議会が対立する地方自治

　全国の都道府県知事，市町村長は，住民が選挙で直接選ぶことが定められています。大日本帝国憲法のもとでは，全国の知事は内務大臣が決定する「官選知事」だったのですが，戦後，住民が直接選べるようになり，知事は，いわばその都道府県の大統領のような存在となったのです。しかし，知事や市町村長が議会とは別に選ばれることで，知事と議会が対立することもしばしば起きています。（場所は第8章と第9章の間）

資料編

第99条〔憲法尊重擁護の義務〕

天皇又は摂政及び国務大臣，国会議員，裁判官その他の公務員は，この憲法を尊重し擁護する義務を負ふ。

第11章　補　則

第100条〔憲法施行期日，準備手続〕

① この憲法は，公布の日から起算して6箇月を経過した日から，これを施行する。

② この憲法を施行するために必要な法律の制定，参議院議員の選挙及び国会召集の手続並びにこの憲法を施行するために必要な準備手続は，前項の期日よりも前に，これを行ふことができる。

第101条〔経過規定—参議院未成立の間の国会〕

この憲法施行の際，参議院がまだ成立してゐないときは，その成立するまでの間，衆議院は，国会としての権限を行ふ。

第102条〔同前—第1期の参議院議員の任期〕

この憲法による第1期の参議院議員のうち，その半数の者の任期は，これを3年とする。その議員は，法律の定めるところにより，これを定める。

第103条〔同前—公務員の地位〕

この憲法施行の際現に在職する国務大臣，衆議院議員及び裁判官並びにその他の公務員で，その地位に相応する地位がこの憲法で認められてゐる者は，法律で特別の定をした場合を除いては，この憲法施行のため，当然にはその地位を失ふことはない。但し，この憲法によつて，後任者が選挙又は任命されたときは，当然その地位を失ふ。

用語解説

第99条
擁護　かかえ守ること。ここでは憲法を破壊する行為に対して抵抗し，憲法の実施を確保することの意味。

◆**憲法尊重擁護義務**

憲法は最高法規と呼ばれます。最高法規制を担保する1つの制度が第99条の憲法尊重擁護義務と呼ばれるものです。99条には「天皇又は摂政及び国務大臣，国会議員，裁判官その他の公務員」という国家機関を対象として，憲法尊重擁護義務を定めています。憲法は，国民の自由を確保するために国家権力を縛るものですから，公権力を行使する者に対し憲法を遵守すべきことを指示しているのです。（場所は第10章と第11章の間）

（→ p.296 の前文の内容と読み比べてみよう）

英文訳　日本国憲法前文

The Constitution of Japan
Constitution November 3, 1946

We, the Japanese people, acting through our duly elected representatives in the National Diet, determined that we shall secure for ourselves and our posterity the fruits of peaceful cooperation with all nations and the blessings of liberty throughout this land, and resolved that never again shall we be visited with the horrors of war through the action of government, do proclaim that sovereign power resides with the people and do firmly establish this Constitution. Government is a sacred trust of the people, the authority for which is derived from the people, the powers of which are exercised by the representatives of the people, and the benefits of which are enjoyed by the people. This is a universal principle of mankind upon which this Constitution is founded. We reject and revoke all constitutions, laws, ordinances, and rescripts in conflict herewith.

We, the Japanese people, desire peace for all time and are deeply conscious of the high ideals controlling human relationship, and we have determined to preserve our security and existence, trusting in the justice and faith of the peace-loving peoples of the world. We desire to occupy an honored place in an international society striving for the preservation of peace, and the banishment of tyranny and slavery, oppression and intolerance for all time from the earth. We recognize that all peoples of the world have the right to live in peace, free from fear and want.

We believe that no nation is responsible to itself alone, but that laws of political morality are universal; and that obedience to such laws is incumbent upon all nations who would sustain their own sovereignty and justify their sovereign relationship with other nations.

We, the Japanese people, pledge our national honor to accomplish these high ideals and purposes with all our resources.

資料編

日本国憲法と大日本帝国憲法との比較

日本国憲法	比較事項	大日本帝国憲法
1946（昭和21）年11月3日	公布（発布）	1889（明治22）年2月11日
1947（昭和22）年5月3日	施行	1890（明治23）年11月29日
制定経過		
ポツダム宣言受諾 日本国政府・連合国総司令部 主としてアメリカ合衆国憲法 国民の代表が審議	制定の動機 制定の中心 模範外国憲法 制定の方法	自由民権運動の高まり 伊藤博文（井上毅・伊東巳代治・金子堅太郎） プロイセン（ドイツ）憲法 秘密主義，国民は関与せず
民定・硬性・成文憲法 最高法規（一元性）	形式	欽定・硬性・成文憲法 最高法規（皇室典範との二元性）
内容		
国民主権	主権	天皇主権
象徴天皇制。日本国と日本国民統合の象徴	天皇	神聖不可侵。統治権を総攬する元首
絶対平和主義 戦争放棄・戦力不保持・交戦権否認	戦争と戦力	天皇の大権としての陸海軍の統帥権 国民の兵役の義務
基本的人権は不可侵で永久の権利 生存権的基本権まで含む 国政上，最大限に尊重	人権	恩恵的な臣民の権利 法律による制限 自由権的基本権が主
国権の最高機関　唯一の立法機関 二院制で両院とも国民の代表 衆議院の優越。国政調査権あり	国会 （立法）	天皇の協賛機関 二院制だが，貴族院は特権階級の代表 国政調査権なし
行政権の最高機関。議院内閣制 国会に対し，連帯して責任を負う	内閣 （行政）	内閣については条文なし。天皇の輔弼機関 首相は元老などの推薦に基づいて任命される 天皇に対して責任を負う
司法権の行使 違憲立法審査権あり。特別裁判所なし 最高裁判所裁判官の国民審査	裁判所 （司法）	天皇の名において裁判を行う 違憲立法審査権なし。特別裁判所あり
国会で予算不成立の場合，支出は不能 国会の議決なしでは課税・支出等は不能	財政	予算不成立の場合，前年度予算の施行が可能 緊急処分により課税・支出が可能
地方自治の本旨を尊重 自治体の長・議員の直接選挙 特別法に対する住民投票	地方自治	規定なし 中央集権の色彩強く，中央政府の単なる下請機関
国会の発議→国民投票	憲法改正	天皇の発議→国会の議決
基本的人権の尊重。憲法の最高法規性 条約及び国際法規の遵守。憲法尊重擁護の義務	最高法規	規定なし

資料編

大日本帝国憲法

公布 1889（明治22）年2月11日
施行 1890（明治23）年11月29日（上諭第4段参照）
廃止 1947（昭和22）年5月2日

憲法発布勅語

朕国家ノ隆昌ト臣民ノ慶福トヲ以テ中心ノ欣栄トシ朕カ祖宗ニ承クルノ大権ニ依リ現在及将来ノ臣民ニ対シ此ノ不磨ノ大典ヲ宣布ス

惟フニ我カ祖我カ宗ハ我カ臣民祖先ノ協力輔翼ニ倚リ我カ帝国ヲ肇造シ以テ無窮ニ垂レタリ此レ我カ神聖ナル祖宗ノ威徳ト並ニ臣民ノ忠実勇武ニシテ国ヲ愛シ公ニ殉ヒ以テ此ノ光輝アル国史ノ成跡ヲ貽シタルナリ朕我カ臣民ハ即チ祖宗ノ忠良ナル臣民ノ子孫ナルヲ回想シ其ノ朕カ意ヲ奉体シ朕カ事ヲ奨順シ相与ニ和衷協同シ益々我カ帝国ノ光栄ヲ中外ニ宣揚シ祖宗ノ遺業ヲ永久ニ鞏固ナラシムルノ希望ヲ同クシ此ノ負担ヲ分ツニ堪フルコトヲ疑ハサルナリ

（上諭）

朕祖宗ノ遺烈ヲ承ケ万世一系ノ帝位ヲ践ミ朕カ親愛スル所ノ臣民ハ即チ朕カ祖宗ノ恵撫慈養シタマヒシ所ノ臣民ナルヲ念ヒ其ノ康福ヲ増進シ其ノ懿徳良能ヲ発達セシメムコトヲ願ヒ又其ノ翼賛ニ依リ与ニ倶ニ国家ノ進運ヲ扶持セムコトヲ望ミ乃チ明治14年10月12日ノ詔命ヲ履践シ茲ニ大憲ヲ制定シ朕カ率由スル所ヲ示シ朕カ後嗣及臣民及臣民ノ子孫タル者ヲシテ永遠ニ循行スル所ヲ知ラシム

国家統治ノ大権ハ朕カ之ヲ祖宗ニ承ケテ之ヲ子孫ニ伝フル所ナリ

朕及朕カ子孫ハ将来此ノ憲法ノ条章ニ循ヒ之ヲ行フコトヲ愆ラサルヘシ

朕ハ我カ臣民ノ権利及財産ノ安全ヲ貴重シ及之ヲ保護シ此ノ憲法及法律ノ範囲内ニ於テ其ノ享有ヲ完全ナラシムヘキコトヲ宣言ス帝国議会ハ明治23年ヲ以テ之ヲ召集シ議会開会ノ時ヲ以テ此ノ憲法ヲシテ有効ナラシムルノ期トスヘシ

将来若此ノ憲法ノ或ル条章ヲ改定スルノ必要ナル時宜ヲ見ルニ至ラハ朕及朕カ継統ノ子孫ハ発議ノ権ヲ執リ之ヲ議会ニ付シ議会ハ此ノ憲法ニ定メタル要件ニ依リ之ヲ議決スルノ外朕カ子孫及臣民ハ敢テ之カ紛更ヲ試ミルコトヲ得サルヘシ

朕カ在廷ノ大臣ハ朕カ為ニ此ノ憲法ヲ施行スルノ責ニ任スヘク朕カ現在及将来ノ臣民ハ此ノ憲法ニ対シ永遠ニ従順ノ義務ヲ負フヘシ

御名御璽

明治22年2月11日

内閣総理大臣	伯爵	黒田清隆
枢密院議長	伯爵	伊藤博文
外務大臣	伯爵	大隈重信
海軍大臣	伯爵	西郷従道
農商務大臣	伯爵	井上 馨
司法大臣	伯爵	山田顕義
大蔵大臣兼 内務大臣	伯爵	松方正義
陸軍大臣	伯爵	大山 巌
文部大臣	子爵	森 有礼
逓信大臣	子爵	榎本武揚

◎人権保障は半分!!
　第2章の「臣民権利義務」は18条から32条の15か条で人権について規定しているが，現行憲法の第3章「国民の権利及び義務」は10条から40条に及ぶ31か条で，条文の数の比較でも明治憲法は半分に過ぎない。さらに，その標題は「国民」ではなく「臣民」であって，天皇が特別の恩恵をもって許し与えたものであった。

用語解説

勅語　天皇の意思表示の言。

朕　秦の始皇帝以来，皇帝や天皇が「われ」の意に用いる。ここでは明治天皇のこと。

隆昌　勢いの盛んなこと。隆盛。

臣民　一般に君主国の被治者である国民。大日本帝国憲法下の天皇，皇族以外の者。

慶福　めでたいこと。幸い。

欣栄　喜び繁栄すること。

祖宗　先祖代々の君主の総称。

不磨ノ大典　すり減ることのない（その価値の変わらぬ）永久に伝えられる憲法。

輔翼　補佐。

肇造　初めてつくること。

無窮　窮まりないこと。

威徳　みだりに近寄りがたい威光と，人から慕われるような徳。

成跡　過去の業績。

忠良　忠義の心厚く善良なこと。

奉体　うけたまわって心にとめ，行うこと。

奨順　奨めてしたがわせること。

和衷協同　心を同じにして，力を合わせること。

中外　国内外。

宣揚　世の中にあらわすこと。

遺業　故人が成しとげて，この世に残した事業。

鞏固　強固。

上諭　明治憲法下で，天皇が法律を公布するにあたり，その初めに付した文章で，憲法典の構成部分であったが，現行憲法では規範性は失われ，制定手続を示した天皇の形式的な言葉だといえる。

遺烈　後世に残る功績。

万世一系　永久に1つの皇統で受け継がれること。

恵撫慈養　恵み，愛し，慈しみ，養うこと。

康福　安らかで福祉あること。

懿徳良能　立派な徳と生まれながらの才能。

翼賛　補佐すること。

進運　進歩・向上の方向にあるなりゆきのこと。

扶持　助けること。

詔命　天皇の命令。

履践　実際におこなうこと。

大憲　大きなおきて。憲法。

率由　したがうこと。

後嗣　子孫。

循行　命令にしたがい実行すること。

享有　生まれながらに身に付けて持っていること。

時宜　ほどよいころあいのこと。

継統　皇位を継承すること。

紛更　かきみだし改めること。

資料編

第1章　天　皇

第1条　大日本帝国ハ万世一系ノ天皇之ヲ統治ス
第2条　皇位ハ**皇室典範**ノ定ムル所ニ依リ皇男子孫之ヲ継承ス
第3条　天皇ハ**神聖**ニシテ侵スヘカラス
第4条　天皇ハ国ノ**元首**ニシテ統治権ヲ**総攬**シ此ノ憲法ノ条規ニ依リ之ヲ行フ
第5条　天皇ハ帝国議会ノ**協賛**ヲ以テ立法権ヲ行フ
第6条　天皇ハ法律ヲ**裁可**シ其ノ公布及執行ヲ命ス
第7条　天皇ハ帝国議会ヲ召集シ其ノ開会閉会停会及衆議院ノ解散ヲ命ス
第8条　①　天皇ハ公共ノ安全ヲ保持シ又ハ其ノ災厄ヲ避クル為緊急ノ必要ニ由リ帝国議会閉会ノ場合ニ於テ法律ニ代ルヘキ**勅令**ヲ発ス
②　此ノ勅令ハ次ノ会期ニ於テ帝国議会ニ提出スヘシ若議会ニ於テ承諾セサルトキハ政府ハ将来ニ向テ其ノ効力ヲ失フコトヲ公布スヘシ
第9条　天皇ハ法律ヲ執行スル為ニ又ハ公共ノ**安寧秩序**ヲ保持シ及臣民ノ幸福ヲ増進スル為ニ必要ナル命令ヲ発シ又ハ発セシム但シ命令ヲ以テ法律ヲ変更スルコトヲ得ス
第10条　天皇ハ行政各部ノ**官制**及**文武官**ノ俸給ヲ定メ及文武官ヲ任免ス但シ此ノ憲法又ハ他ノ法律ニ特例ヲ掲ケタルモノハ各々其ノ条項ニ依ル
第11条　天皇ハ陸海軍ヲ**統帥**ス
第12条　天皇ハ陸海軍ノ編制及常備兵額ヲ定ム
第13条　天皇ハ戦ヲ宣シ和ヲ講シ及**諸般**ノ条約ヲ締結ス
第14条　①　天皇ハ**戒厳**ヲ宣告ス
②　戒厳ノ要件及効力ハ法律ヲ以テ之ヲ定ム
第15条　天皇ハ**爵位勲章**及其ノ他ノ**栄典**ヲ授与ス
第16条　天皇ハ**大赦特赦**減刑及**復権**ヲ命ス
第17条　①　**摂政**ヲ置クハ皇室典範ノ定ムル所ニ依ル
②　摂政ハ天皇ノ名ニ於テ大権ヲ行フ

第2章　臣民権利義務

第18条　日本**臣民タルノ要件**ハ法律ノ定ムル所ニ依ル
第19条　日本臣民ハ法律命令ノ定ムル所ノ資格ニ応シ均ク文武官ニ任セラレ及其ノ他ノ公務ニ就クコトヲ得
第20条　日本臣民ハ法律ノ定ムル所ニ従ヒ**兵役ノ義務**ヲ有ス
第21条　日本臣民ハ法律ノ定ムル所ニ従ヒ納税ノ義務ヲ有ス
第22条　日本臣民ハ法律ノ範囲内ニ於テ居住及移転ノ自由ヲ有ス
第23条　日本臣民ハ法律ニ依ルニ非スシテ逮捕監禁**審問**処罰ヲ受クルコトナシ
第24条　日本臣民ハ法律ニ定メタル裁判官ノ裁判ヲ受クルノ権ヲ奪ハルヽコトナシ
第25条　日本臣民ハ法律ニ定メタル場合ヲ除ク外其ノ許諾ナクシテ住所ニ侵入セラレ及捜索セラルヽコトナシ
第26条　日本臣民ハ法律ニ定メタル場合ヲ除ク外信書ノ秘密ヲ侵サルヽコトナシ
第27条　①　日本臣民ハ其ノ所有権ヲ侵サルヽコトナシ
②　公益ノ為必要ナル処分ハ法律ノ定ムル所ニ依ル
第28条　日本臣民ハ**安寧秩序**ヲ妨ケス及臣民タルノ義務ニ背カサル限ニ於テ信教ノ自由ヲ有ス
第29条　日本臣民ハ法律ノ範囲内ニ於テ言論著作**印行**集会及**結社**ノ自由ヲ有ス
第30条　日本臣民ハ相当ノ敬礼ヲ守リ別ニ定ムル所ノ規程ニ従ヒ請願ヲ為スコトヲ得

用語解説

第2条
皇室典範　皇室に関する法律。

第3条
神聖　限りなく尊いこと。尊厳でおかしがたいこと。

第4条
元首　条約締結権などの権限を有し，対外的に国家を代表する機関。現在の日本には元首は存在しないとする説が憲法学者の間で有力。
総攬　すべてを掌握すること。

第5条
協賛　事前に審議し，同意を与えること。

第6条
裁可　天皇が政治各機関の案文を承認し許可すること。

第8条
勅令　天皇が発する命令で，帝国議会の同意を必要としなかった。

第9条
安寧秩序　公共の安全と社会の秩序が保たれていること。

第10条
官制　行政機関の設置・廃止・組織・権限などについての規定。
文武官　文官は武官ではない官吏の総称。武官は軍務にたずさわる官吏。旧陸海軍の下士官以上の軍人。

第11条
統帥　軍の編成・指揮を行う権限。大日本帝国憲法下では，天皇が有し，立法・行政・司法の三権の関与は許されていなかった。このため，天皇の統帥権を補佐する軍部首脳が独断的な行動を取った。

第13条
諸般　いろいろ。

第14条
戒厳　戦争・事変の際に，立法・行政・司法の権限を軍に移すこと。日本国憲法下ではこの制度はない。

第15条
爵位勲章　爵は，公・侯・伯・子・男の５等に分かれた華族の世襲的階級。勲章は，国家や社会に対する勲功を表彰し与えられる記章。
栄典　栄誉を表すため与えられる位・勲章。

第16条
大赦特赦　国家的祝賀に際して行われる刑罰の軽減（恩赦）の種類。恩赦には，大赦・特赦・減刑・刑の執行免除・復権がある。

第31条　本章ニ掲ケタル条規ハ戦時又ハ国家事変ノ場合ニ於テ天皇大権ノ施行ヲ妨クルコトナシ

第32条　本章ニ掲ケタル条規ハ陸海軍ノ法令又ハ紀律ニ牴触セサルモノニ限リ軍人ニ準行ス

第3章　帝国議会

第33条　帝国議会ハ貴族院衆議院ノ両院ヲ以テ成立ス

第34条　貴族院ハ貴族院令ノ定ムル所ニ依リ皇族華族 及 勅任セラレタル議員ヲ以テ組織ス

第35条　衆議院ハ選挙法ノ定ムル所ニ依リ公選セラレタル議員ヲ以テ組織ス

第36条　何人モ同時ニ両議院ノ議員タルコトヲ得ス

第37条　凡テ法律ハ帝国議会ノ協賛ヲ経ルヲ要ス

第38条　両議院ハ政府ノ提出スル法律案ヲ議決及各々法律案ヲ提出スルコトヲ得

第39条　両議院ノ一ニ於テ否決シタル法律案ハ同会期中ニ於テ再ヒ提出スルコトヲ得ス

第40条　両議院ハ法律又ハ其ノ他ノ事件ニ付各々其ノ意見ヲ政府ニ建議スルコトヲ得但シ其ノ採納ヲ得サルモノハ同会期中ニ於テ再ヒ建議スルコトヲ得ス

第41条　帝国議会ハ毎年之ヲ召集ス

第42条　帝国議会ハ3箇月ヲ以テ会期トス必要アル場合ニ於テハ勅命ヲ以テ之ヲ延長スルコトアルヘシ

第43条　① 臨時緊急ノ必要アル場合ニ於テ常会ノ外臨時会ヲ召集スヘシ
　　　　② 臨時会ノ会期ヲ定ムルハ勅命ニ依ル

第44条　① 帝国議会ノ開会閉会会期ノ延長 及 停会ハ両院同時ニ之ヲ行フヘシ
　　　　② 衆議院解散ヲ命セラレタルトキハ貴族院ハ同時ニ停会セラルヘシ

第45条　衆議院解散ヲ命セラレタルトキハ勅命ヲ以テ新ニ議員ヲ選挙セシメ解散ノ日ヨリ5箇月以内ニ之ヲ召集スヘシ

第46条　両議院ハ各々其ノ総議員3分ノ1以上出席スルニ非サレハ議事ヲ開キ議決ヲ為スコトヲ得ス

第47条　両議院ノ議事ハ過半数ヲ以テ決ス可否同数ナルトキハ議長ノ決スル所ニ依ル

第48条　両議院ノ会議ハ公開ス但シ政府ノ要求又ハ其ノ院ノ決議ニ依リ秘密会ト為スコトヲ得

第49条　両議院ハ各々天皇ニ上奏スルコトヲ得

第50条　両議院ハ臣民ヨリ呈出スル請願書ヲ受クルコトヲ得

第51条　両議院ハ此ノ憲法及議院法ニ掲クルモノノ外内部ノ整理ニ必要ナル諸規則ヲ定ムルコトヲ得

第52条　両議院ノ議員ハ議院ニ於テ発言シタル意見 及 表決ニ付院外ニ於テ責ヲ負フコトナシ但シ議員自ラ其ノ言論ヲ演説刊行筆記又ハ其ノ他ノ方法ヲ以テ公布シタルトキハ一般ノ法律ニ依リ処分セラルヘシ

第53条　両議院ノ議員ハ現行犯罪又ハ内乱外患ニ関ル罪ヲ除ク外会期中其ノ院ノ許諾ナクシテ逮捕セラルヽコトナシ

第54条　国務大臣及政府委員ハ何時タリトモ各議院ニ出席シ及発言スルコトヲ得

第4章　国務大臣及枢密顧問

第55条　① 国務各大臣ハ天皇ヲ輔弼シ其ノ責ニ任ス
　　　　② 凡テ法律勅令其ノ他国務ニ関ル詔勅ハ国務大臣ノ副署ヲ要ス

第56条　枢密顧問ハ枢密院官制ノ定ムル所ニ依リ天皇ノ諮詢ニ応ヘ重要ノ国務ヲ審議ス

第5章　司　法

第57条　① 司法権ハ天皇ノ名ニ於テ法律ニ依リ裁判所之ヲ行フ
　　　　② 裁判所ノ構成ハ法律ヲ以テ之ヲ定ム

用語解説

第16条
復権　失った権利や資格をもとにもどすこと。

第17条
摂政　天皇に代わり，天皇の国事行為に関する政務事項を行う役。皇太子・皇太孫・親王の順で任ぜられる。

第18条
臣民タルノ要件　日本臣民，つまり国民としての資格をもつ要件（国籍）をいう。天皇・皇族は含まない。

第20条
兵役ノ義務　軍隊に属することは憲法によって定められた義務であった。具体的な条件などは兵役法によって決められていた。

第23条
審問　事実を明らかにするために詳しく問いただすこと。

第29条
印行　文書を印刷して発行すること。出版。
結社　人々が同じ主義や目的を達成するためにつくった団体。

第31条
天皇大権　帝国議会の関与を得ずに天皇が行使できる権限。統帥権など。

第32条
牴触　法律や規則にふれ，差し障ること。

第33条
帝国議会　この議会には法律を制定する権限がなく，法律案を事前に審議し，同意を与えることによって天皇を補助する協賛の権限だけだった。

第34条
皇族　天皇の一族。
華族　天皇によって与えられた爵位を持つ者。
勅任　天皇に直接任ぜられること。

第40条
建議　議会が政府に意見・希望を申し述べること。
採納　とりいれること。採用すること。

第49条
上奏　意見などを天皇に向かって申し上げること。

第50条
呈出　さしだすこと。

第58条　① 裁判官ハ法律ニ定メタル資格ヲ具フル者ヲ以テ之ニ任ス
　　　　② 裁判官ハ刑法ノ宣告又ハ懲戒ノ処分ニ由ルノ外其ノ職ヲ免セラルヽコトナシ
　　　　③ 懲戒ノ条規ハ法律ヲ以テ之ヲ定ム
第59条　裁判ノ対審判決ハ之ヲ公開ス但シ安寧秩序又ハ風俗ヲ害スルノ虞アルトキハ法律ニ依リ又ハ裁判所ノ決議ヲ以テ対審ノ公開ヲ停ムルコトヲ得
第60条　特別裁判所ノ管轄ニ属スヘキモノハ別ニ法律ヲ以テ之ヲ定ム
第61条　行政官庁ノ違法処分ニ由リ権利ヲ傷害セラレタリトスルノ訴訟ニシテ別ニ法律ヲ以テ定メタル行政裁判所ノ裁判ニ属スヘキモノハ司法裁判所ニ於テ受理スルノ限ニ在ラス

第6章　会　計

第62条　① 新ニ租税ヲ課シ及税率ヲ変更スルハ法律ヲ以テ之ヲ定ムヘシ
　　　　② 但シ報償ニ属スル行政上ノ手数料 及 其ノ他ノ収納金ハ前項ノ限ニ在ラス
　　　　③ 国債ヲ起シ及予算ニ定メタルモノヲ除ク外国庫ノ負担トナルヘキ契約ヲ為スハ帝国議会ノ協賛ヲ経ヘシ
第63条　現行ノ租税ハ更ニ法律ヲ以テ之ヲ改メサル限ハ旧ニ依リ之ヲ徴収ス
第64条　① 国家ノ歳出歳入ハ毎年予算ヲ以テ帝国議会ノ協賛ヲ経ヘシ
　　　　② 予算ノ款項ニ超過シ又ハ予算ノ外ニ生シタル支出アルトキハ後日帝国議会ノ承諾ヲ求ムルヲ要ス
第65条　予算ハ前ニ衆議院ニ提出スヘシ
第66条　皇室経費ハ現在ノ定額ニ依リ毎年国庫ヨリ之ヲ支出シ将来増額ヲ要スル場合ヲ除ク外帝国議会ノ協賛ヲ要セス
第67条　憲法上ノ大権ニ基ツケル既定ノ歳出及法律ノ結果ニ由リ又ハ法律上政府ノ義務ニ属スル歳出ハ政府ノ同意ナクシテ帝国議会之ヲ廃除シ又ハ削減スルコトヲ得ス
第68条　特別ノ須要ニ因リ政府ハ予メ年限ヲ定メ継続費トシテ帝国議会ノ協賛ヲ求ムルコトヲ得
第69条　避クヘカラサル予算ノ不足ヲ補フ為ニ又ハ予算ノ外ニ生シタル必要ノ費用ニ充ツル為ニ予備費ヲ設クヘシ
第70条　① 公共ノ安全ヲ保持スル為緊急ノ需用アル場合ニ於テ内外ノ情形ニ因リ政府ハ帝国議会ヲ召集スルコト能ハサルトキハ勅令ニ依リ財政上必要ノ処分ヲ為スコトヲ得
　　　　② 前項ノ場合ニ於テハ次ノ会期ニ於テ帝国議会ニ提出シ其ノ承諾ヲ求ムルヲ要ス
第71条　帝国議会ニ於テ予算ヲ議定セス又ハ予算成立ニ至ラサルトキハ政府ハ前年度ノ予算ヲ施行スヘシ
第72条　① 国家ノ歳出歳入ノ決算ハ会計検査院之ヲ検査確定シ政府ハ其ノ検査報告ト倶ニ之ヲ帝国議会ニ提出スヘシ
　　　　② 会計検査院ノ組織 及 職権ハ法律ヲ以テ之ヲ定ム

第7章　補　則

第73条　① 将来此ノ憲法ノ条項ヲ改正スルノ必要アルトキハ勅命ヲ以テ議案ヲ帝国議会ノ議ニ付スヘシ
　　　　② 此ノ場合ニ於テ両議院ハ各々其ノ総員3分ノ2以上出席スルニ非サレハ議事ヲ開クコトヲ得ス出席議員3分ノ2以上ノ多数ヲ得ルニ非サレハ改正ノ議決ヲ為スコトヲ得ス
第74条　① 皇室典範ノ改正ハ帝国議会ノ議ヲ経ルヲ要セス
　　　　② 皇室典範ヲ以テ此ノ憲法ノ条規ヲ変更スルコトヲ得ス
第75条　憲法 及 皇室典範ハ摂政ヲ置クノ間之ヲ変更スルコトヲ得ス
第76条　① 法律規則命令又ハ何等ノ名称ヲ用ヰタルニ拘ラス此ノ憲法ニ矛盾セサル現行ノ法令ハ総テ遵由ノ効力ヲ有ス
　　　　② 歳出上政府ノ義務ニ係ル現在ノ契約又ハ命令ハ総テ第67条ノ例ニ依ル

国際連合憲章 〔抄〕

署名　1945（昭和20）年6月26日
発効　日本　1956（昭和31）年12月19日　条約26

われら連合軍の人民は，われらの一生のうちに二度まで言語に絶する悲哀を人類に与えた戦争の惨害から将来の世代を救い，基本的人権と人間の尊厳及び価値と男女及び大小各国の同権とに関する信念をあらためて確認し，正義と条約その他の国際法の源泉から生ずる義務の尊重とを維持することができる条件を確立し，一層大きな自由の中で社会的進歩と生活水準の向上とを促進すること並びに，このために，寛容を実行し，且つ，善良な隣人として互に平和に生活し，国際の平和及び安全を維持するためにわれらの力を合わせ，共同の利益の場合を除く外は武力を用いないことを原則の受諾と方法の設定によって確保し，すべての人民の経済的及び社会的発達を促進するために国際機構を用いることを決意して，これらの目的を達成するために，われらの努力を結集することに決定した。

よってわれらの各自の政府は，サン・フランシスコ市に会合し，全権委任状を示してそれが良好妥当であると認められた代表者を通じて，この国際連合憲章に同意したので，ここに国際連合という国際機構を設ける。

第1章　目的及び原則
第1条　国際連合の目的は次のとおりである。
1　国際の平和及び安全を維持すること。そのために，平和に対する脅威の防止及び除去と侵略行為その他の平和の破壊の鎮圧とのため有効な集団的措置をとること並びに平和を破壊するに至る虞のある国際的の紛争又は事態の調整又は解決を平和的手段によって且つ正義及び国際法の原則に従って実現すること。
2　人民の同権及び自決の原則の尊重に基礎をおく諸国間の友好関係を発展させること並びに世界平和を強化するために他の適当な措置をとること。
3　経済的，社会的，文化的又は人道的性質を有する国際問題を解決することについて，並びに人種，性，言語又は宗教による差別なくすべての者のために人権及び基本的自由を尊重するように助長奨励することについて，国際協力を達成すること。
4　これらの共通の目的の達成に当って諸国の行動を調和するための中心となること。
第2条　この機構及びその加盟国は，第1条に掲げる目的を達成するに当っては，次の原則に従って行動しなければならない。
1　この機構は，そのすべての加盟国の主権平等の原則に基礎をおいている。（2～7略）

第3章　機　関
第7条　1　国際連合の主要機関として，総会，安全保障理事会，経済社会理事会，信託統治理事会，国際司法裁判所及び事務局を設ける。

第4章　総　会
第10条　総会は，この憲章の範囲内にある問題若しくは事項又はこの憲章に規定する機関の権限及び任務に関する問題若しくは事項を討議し，並びに，第12条に規定する場合を除く外，このような問題又は事項について国際連合加盟国若しくは安全保障理事会又はこの両者に対して勧告をすることができる。
第11条　1　総会は，国際の平和及び安全の維持についての協力に関する一般原則を，軍備縮小及び軍備規制を律する原則も含めて，審議し，並びにこのような原則について加盟国若しくは安全保障理事会又はこの両者に対して勧告をすることができる。（2略）
3　総会は，国際の平和及び安全を危くする虞のある事態について，安全保障理事会の注意を促すことができる。

第5章　安全保障理事会
第23条　1　安全保障理事会は，15の国際連合加盟国で構成する。中華民国（現 中国），フランス，ソビエト社会主義共和国連邦（現 ロシア），グレート・ブリテン及び北部アイルランド連合王国及びアメリカ合衆国は，安全保障理事会の常任理事国となる。総会は第一に国際の平和及び安全の維持とこの機構のその他の目的とに対する国際連合加盟国の貢献に，更に衡平な地理的分配に特に妥当な考慮を払って，安全保障理事会の非常任理事国となる他の10の国際連合加盟国を選挙する。
第24条　1　国際連合の迅速且つ有効な行動を確保するために，国際連合加盟国は，国際の平和及び安全の維持に関する主要な責任を安全保障理事会に負わせるものとし，且つ，安全保障理事会がこの責任に基く義務を果すに当って加盟国に代って行動することに同意する。
第25条　国際連合加盟国は，安全保障理事会の決定をこの憲章に従って受諾し且つ履行することに同意する。
第27条　1　安全保障理事会の各理事国は，1個の投票権を有する。
2　手続事項に関する安全保障理事会の決定は，9理事国の賛成投票によって行われる。
3　その他のすべての事項に関する安全保障理事会の決定は，常任理事国の同意投票を含む9理事国の賛成投票によって行われる。但し，第6章および第52条3に基く決定については，紛争当事国は，投票を棄権しなければならない。

第6章　紛争の平和的解決
第33条　1　いかなる紛争でもその継続が国際の平和及び安全の維持を危くする虞のあるものについては，その当事者は，まず第一に，交渉，審査，仲介，調停，仲裁裁判，司法的解決，地域的機関又は地域的取極の利用その他当事者が選ぶ平和的手段による解決を求めなければならない。
2　安全保障理事会は，必要と認めるときは，当事者に対して，その紛争を前記の手段によって解決するように要請する。

第7章　平和に対する脅威，平和の破壊及び侵略行為に関する行動
第41条　安全保障理事会は，その決定を実施するために，兵力の使用を伴わないいかなる措置を使用すべきかを決定することができ，且つ，この措置を適用するように国際連合加盟国に要請することができる。（略）
第42条　安全保障理事会は，第41条に定める措置では不十分であろうと認め，又は不十分なことが判明したと認めるときは，国際の平和及び安全の維持又は回復に必要な空軍，海軍又は陸軍の行動をとることができる。（略）
第43条　1　国際の平和及び安全の維持に貢献するため，すべての国際連合加盟国は，安全保障理事会の要請に基き且つ，一又は二以上の特別協定に従って，国際の平和及び安全の維持に必要な兵力，援助及び便益を安全保障理事会に利用させることを約束する。この便益には，通過の権利が含まれる。

第8章　地域的取極
第52条　1　この憲章のいかなる規定も，国際の平和及び安全の維持に関する事項で地域的行動に適当なものを処理するための地域的取極又は地域的機関が存在することを妨げるものではない。但し，この取極又は機関及びその行動が国際連合の目的及び原則と一致することを条件とする。（略）
第53条　1　安全保障理事会は，その権威の下における強制行動のために，適当な場合には，前記の地域的取極又は地域的機関を利用する。但し，いかなる強制行動も，安全保障理事会の許可がなければ，地域的取極に基いて又は地域的機関によってとられてはならない。もっとも，本条2に定める敵国のいずれかに対する措置で，第107条に従って規定されるもの又はこの敵国における侵略政策の再現に備える地域的取極において規定されるものは，関係政府の要請に基いてこの機構がこの敵国による新たな侵略を防止する責任を負うときまで例外とする。（略）

主要法令

教育基本法（旧法） 〔公布 1947.3.31 法25〕

　われらは、さきに、日本国憲法を確定し、民主的で文化的な国家を建設して、世界の平和と人類の福祉に貢献しようとする決意を示した。この理想の実現は、根本において教育の力にまつべきものである。

　われらは、個人の尊厳を重んじ、真理と平和を希求する人間の育成を期するとともに、普遍的にしてしかも個性ゆたかな文化の創造をめざす教育を普及徹底しなければならない。

　ここに、日本国憲法の精神に則り、教育の目的を明示して、新しい日本の教育の基本を確立するため、この法律を制定する。

第1条〔教育の目的〕

　教育は、人格の完成をめざし、平和的な国家及び社会の形成者として、真理と正義を愛し、個人の価値をたっとび、勤労と責任を重んじ、自主的精神に充ちた心身ともに健康な国民の育成を期して行われなければならない。

第2条〔教育の方針〕

　教育の目的は、あらゆる機会に、あらゆる場所において実現されなければならない。この目的を達成するためには、学問の自由を尊重し、実際生活に即し、自発的精神を養い、自他の敬愛と協力によって、文化の創造と発展に貢献するように努めなければならない。

第3条〔教育の機会均等〕

　① すべて国民は、ひとしく、その能力に応ずる教育を受ける機会を与えられなければならないものであって、人種、信条、性別、社会的身分、経済的地位又は門地によって、教育上差別されない。

　② 国及び地方公共団体は、能力があるにもかかわらず、経済的理由によって修学困難な者に対して、奨学の方法を講じなければならない。

第4条〔義務教育〕

　① 国民は、その保護する子女に、9年の普通教育を受けさせる義務を負う。

　② 国又は地方公共団体の設置する学校における義務教育については、授業料は、これを徴収しない。

第5条〔男女共学〕

　男女は、互に敬重し、協力し合わなければならないものであって、教育上男女の共学は、認められなければならない。

第6条〔学校教育〕

　① 法律に定める学校は、公の性質をもつものであって、国又は地方公共団体の外、法律に定める法人のみが、これを設置することができる。

　② 法律に定める学校の教員は、全体の奉仕者であって、自己の使命を自覚し、その職責の遂行に努めなければならない。このためには、教員の身分は、尊重され、その待遇の適正が、期せられなければならない。

第7条〔社会教育〕

　① 家庭教育及び勤労の場所その他社会において行われる教育は、国及び地方公共団体によって奨励されなければならない。

　② 国及び地方公共団体は、図書館、博物館、公民館等の施設の設置、学校の施設の利用その他適当な方法によって教育の目的の実現に努めなければならない。

第8条〔政治教育〕

　① 良識ある公民たるに必要な政治的教養は、教育上これを尊重しなければならない。

　② 法律に定める学校は、特定の政党を支持し、又はこれに反対するための政治教育その他政治的活動をしてはならない。

第9条〔宗教教育〕

　① 宗教に関する寛容の態度及び宗教の社会生活における地位は、教育上これを尊重しなければならない。

　② 国及び地方公共団体が設置する学校は、特定の宗教のための宗教教育その他宗教的活動をしてはならない。

第10条〔教育行政〕

　① 教育は、不当な支配に服することなく、国民全体に対し直接に責任を負って行われるべきものである。

　② 教育行政は、この自覚のもとに、教育の目的を遂行するに必要な諸条件の整備確立を目標として行われなければならない。

第11条〔補則〕

　この法律に掲げる諸条項を実施するために必要がある場合には、適当な法令が制定されなければならない。

教育基本法 〔公布 2006.12.22 法120〕

　教育基本法〔昭和22年法律第25号〕の全部を改正する。我々日本国民は、たゆまぬ努力によって築いてきた民主的で文化的な国家を更に発展させるとともに、世界の平和と人類の福祉の向上に貢献することを願うものである。我々は、この理想を実現するため、個人の尊厳を重んじ、真理と正義を希求し、公共の精神を尊び、豊かな人間性と創造性を備えた人間の育成を期するとともに、伝統を継承し、新しい文化の創造を目指す教育を推進する。ここに、我々は、日本国憲法の精神にのっとり、我が国の未来を切り拓く教育の基本を確立し、その振興を図るため、この法律を制定する。

第1条〔教育の目的〕

　教育は、人格の完成を目指し、平和で民主的な国家及び社会の形成者として必要な資質を備えた心身ともに健康な国民の育成を期して行われなければならない。

第2条〔教育の目標〕

　教育は、その目的を実現するため、学問の自由を尊重しつつ、次に掲げる目標を達成するよう行われるものとする。

　1　幅広い知識と教養を身に付け、真理を求める態度を養い、豊かな情操と道徳心を培うとともに、健やかな身体を養うこと。

　2　個人の価値を尊重して、その能力を伸ばし、創造性を培い、自主及び自律の精神を養うとともに、職業及び生活との関連を重視し、勤労を重んずる態度を養うこと。

　3　正義と責任、男女の平等、自他の敬愛と協力を重んずるとともに、公共の精神に基づき、主体的に社会の形成に参画し、その発展に寄与する態度を養うこと。

　4　生命を尊び、自然を大切にし、環境の保全に寄与する態度を養うこと。

　5　伝統と文化を尊重し、それらをはぐくんできた我が国と郷土を愛するとともに、他国を尊重し、国際社会の平和と発展に寄与する態度を養うこと。

第3条〔生涯学習の理念〕

　国民一人一人が、自己の人格を磨き、豊かな人生を送ることができるよう、その生涯にわたって、あらゆる機会に、あらゆる場所において学習することができ、その成果を適切に生かすことのできる社会の実現が図られなければならない。

第4条〔教育の機会均等〕

　すべて国民は、ひとしく、その能力に応じた教育を受ける機会を与えられなければならず、人種、信条、性別、社会的身分、経済的地位又は門地によって、教育上差別されない。

　② 国及び地方公共団体は、障害のある者が、その障害の状態に応じ、十分な教育を受けられるよう、教育上必要な支援を講じなければならない。

　③ 国及び地方公共団体は、能力があるにもかかわらず、経済的理由によって修学が困難な者に対して、奨学の措置を講じなければならない。

資料編

第5条〔義務教育〕

国民は、その保護する子に、別に法律で定めるところにより、普通教育を受けさせる義務を負う。

② 義務教育として行われる普通教育は、各個人の有する能力を伸ばしつつ社会において自立的に生きる基礎を培い、また、国家及び社会の形成者として必要とされる基本的な資質を養うことを目的として行われるものとする。

③ 国及び地方公共団体は、義務教育の機会を保障し、その水準を確保するため、適切な役割分担及び相互の協力の下、その実施に責任を負う。

④ 国又は地方公共団体の設置する学校における義務教育については、授業料を徴収しない。

第6条〔学校教育〕

法律に定める学校は、公の性質を有するものであって、国、地方公共団体及び法律に定める法人のみが、これを設置することができる。

② 前項の学校においては、教育の目標が達成されるよう、教育を受ける者の心身の発達に応じて、体系的な教育が組織的に行われなければならない。この場合において、教育を受ける者が、学校生活を営む上で必要な規律を重んずるとともに、自ら進んで学習に取り組む意欲を高めることを重視して行われなければならない。

第7条〔大学〕

大学は、学術の中心として、高い教養と専門的能力を培うとともに、深く真理を探究して新たな知見を創造し、これらの成果を広く社会に提供することにより、社会の発展に寄与するものとする。

② 大学については、自主性、自律性その他の大学における教育及び研究の特性が尊重されなければならない。

第8条〔私立学校〕

私立学校の有する公の性質及び学校教育において果たす重要な役割にかんがみ、国及び地方公共団体は、その自主性を尊重しつつ、助成その他の適当な方法によって私立学校教育の振興に努めなければならない。

第9条〔教員〕

法律に定める学校の教員は、自己の崇高な使命を深く自覚し、絶えず研究と修養に励み、その職責の遂行に努めなければならない。

② 前項の教員については、その使命と職責の重要性にかんがみ、その身分は尊重され、待遇の適正が期せられるとともに、養成と研修の充実が図られなければならない。

第10条〔家庭教育〕

父母その他の保護者は、子の教育について第一義的責任を有するものであって、生活のために必要な習慣を身に付けさせるとともに、自立心を育成し、心身の調和のとれた発達を図るよう努めるものとする。

② 国及び地方公共団体は、家庭教育の自主性を尊重しつつ、保護者に対する学習の機会及び情報の提供その他の家庭教育を支援するために必要な施策を講ずるよう努めなければならない。

第11条〔幼児期の教育〕

幼児期の教育は、生涯にわたる人格形成の基礎を培う重要なものであることにかんがみ、国及び地方公共団体は、幼児の健やかな成長に資する良好な環境の整備その他適当な方法によって、その振興に努めなければならない。

第12条〔社会教育〕

個人の要望や社会の要請にこたえ、社会において行われる教育は、国及び地方公共団体によって奨励されなければならない。

第13条〔学校、家庭及び地域住民等の相互の連携協力〕

学校、家庭及び地域住民その他の関係者は、教育におけるそれぞれの役割と責任を自覚するとともに、相互の連携及び協力に努めるものとする。

第14条〔政治教育〕

良識ある公民として必要な政治的教養は、教育上尊重されなければならない。

② 法律に定める学校は、特定の政党を支持し、又はこれに反対するための政治教育その他政治的活動をしてはならない。

第15条〔宗教教育〕

宗教に関する寛容の態度、宗教に関する一般的な教養及び宗教の社会生活における地位は、教育上尊重されなければならない。

② 国及び地方公共団体が設置する学校は、特定の宗教のための宗教教育その他宗教的活動をしてはならない。

第16条〔教育行政〕

教育は、不当な支配に服することなく、この法律及び他の法律の定めるところにより行われるべきものであり、教育行政は、国と地方公共団体との適切な役割分担及び相互の協力の下、公正かつ適正に行われなければならない。

② 国は、全国的な教育の機会均等と教育水準の維持向上を図るため、教育に関する施策を総合的に策定し、実施しなければならない。

③ 地方公共団体は、その地域における教育の振興を図るため、その実情に応じた教育に関する施策を策定し、実施しなければならない。

④ 国及び地方公共団体は、教育が円滑かつ継続的に実施されるよう、必要な財政上の措置を講じなければならない。

第17条〔教育振興基本計画〕

政府は、教育の振興に関する施策の総合的かつ計画的な推進を図るため、教育の振興に関する施策についての基本的な方針及び講ずべき施策その他必要な事項について、基本的な計画を定め、これを国会に報告するとともに、公表しなければならない。

2 地方公共団体は、前項の計画を参酌し、その地域の実情に応じ、当該地方公共団体における教育の振興のための施策に関する基本的な計画を定めるよう努めなければならない。

第18条〔法令の制定〕

この法律に規定する諸条項を実施するため、必要な法令が制定されなければならない。

労働基準法〔抄〕（公布　1947.4.7.　法49　最終改正　2020）

第1章　総則

第1条〔労働条件の原則〕

① 労働条件は、労働者が人たるに値する生活を営むための必要を充たすべきものでなければならない。

② この法律で定める労働条件の基準は最低のものであるから、労働関係の当事者は、この基準を理由として労働条件を低下させてはならないことはもとより、その向上を図るように努めなければならない。

第2条〔労働条件の決定〕

① 労働条件は、労働者と使用者が、対等の立場において決定すべきものである。

② 労働者及び使用者は、労働協約、就業規則及び労働契約を遵守し、誠実に各々その義務を履行しなければならない。

第3条〔均等待遇〕

使用者は、労働者の国籍、信条又は社会的身分を理由として、賃金、労働時間その他の労働条件について、差別的取扱をしてはならない。

第4条〔男女同一賃金の原則〕

使用者は、労働者が女性であることを理由として、賃金について、男性と差別的取扱いをしてはならない。

第5条〔強制労働の禁止〕

使用者は、暴行、脅迫、監禁その他精神又は身体の自由を不当に拘束する手段によって、労働者の意思に反して労働を強制してはならない。

第2章 労働契約

第19条〔解雇制限〕

① 使用者は，労働者が業務上負傷し，又は疾病にかかり療養のために休業する期間及びその後30日間並びに産前産後の女性が第65条の規定によって休業する期間及びその後30日間は，解雇してはならない。

第20条〔解雇の予告〕

① 使用者は労働者を解雇しようとする場合においては，少くとも30日前にその予告をしなければならない。30日前に予告をしない使用者は，30日分以上の平均賃金を支払わなければならない。

第3章 賃金

第24条〔賃金の支払〕

① 賃金は，通貨で，直接労働者に，その全額を支払わなければならない。

② 賃金は，毎月1回以上，一定の期日を定めて支払わなければならない。

第4章 労働時間，休憩，休日及び年次有給休暇

第32条〔労働時間〕

① 使用者は，労働者に，休憩時間を除き1週間について40時間を超えて，労働させてはならない。

② 使用者は，1週間の各日については，労働者に，休憩時間を除き1日について8時間を超えて，労働させてはならない。

第32条の2

① 使用者は，当該事業場に，労働者の過半数で組織する労働組合がある場合においてはその労働組合，労働者の過半数で組織する労働組合がない場合においては労働者の過半数を代表する者との書面による協定により，又は，就業規則その他これに準ずるものにより，1箇月以内の一定の期間を平均し1週間当たりの労働時間が前条第1項の労働時間を超えない定めをしたときは，同条の規定にかかわらず，その定めにより，特定された週において同項の労働時間又は特定された日において同条第2項の労働時間を超えて，労働させることができる。

第35条〔休日〕

① 使用者は，労働者に対して，毎週少くとも1回の休日を与えなければならない。

第36条〔時間外及び休日の労働〕

① 使用者は，当該事業場に，労働者の過半数で組織する労働組合がある場合においてはその労働組合，労働者の過半数が組織する労働組合がない場合においては労働者の過半数を代表する者との書面による協定をし，これを行政官庁に届け出た場合においては，第32条から第32条の5までもしくは第40条の労働時間又は前条の休日に関する規定にかかわらず，その協定で定めるところによって労働時間を延長し，又は休日に労働させることができる。

第37条〔時間外，休日及び深夜の割増賃金〕

使用者が，第33条又は前条の規定により労働時間を延長し，又は休日に労働させた場合においては，その時間又はその日の労働については，通常の労働時間又は労働日の賃金の計算額の2割5分以上5割以下の範囲内でそれぞれ命令で定める率以上の率で計算した割増賃金を支払わなければならない。ただし，当該延長して労働させた時間が1箇月について60時間を超えた場合においては，その超えた時間の労働については，通常の労働時間の賃金の計算額の5割以上の率で計算した割増賃金を支払わなければならない。

第39条〔年次有給休暇〕

① 使用者は，その雇入れの日から起算して6箇月間継続勤務し全労働日の8割以上出勤した労働者に対して，継続し，又は分割した10労働日の有給休暇を与えなければならない。

第6章 年少者

第56条〔最低年齢〕

① 使用者は，児童が満15歳に達した日以後の最初の3月31

日が終了するまで，これを使用してはならない。

第61条〔深夜業〕

① 使用者は，満18歳に満たない者を午後10時から午前5時までの間において使用してはならない。ただし，交代制によって使用する満16歳以上の男性については，この限りでない。

第6章の2 妊婦等

第65条〔産前産後〕

① 使用者は，6週間（多胎妊娠の場合にあっては，14週間）以内に出産する予定の女性が休業を請求した場合においては，その者を就業させてはならない。

② 使用者は，産後8週間を経過しない女性を就業させてはならない。ただし，産後6週間を経過した女性が請求した場合において，その者について医師が支障がないと認めた業務に就かせることは，差し支えない。

第67条〔育児時間〕

① 生後満1年に達しない生児を育てる女性は，第34条の休憩時間のほか，1日2回各々少なくとも30分，その生児を育てるための時間を請求することができる。

② 使用者は，前項の育児時間中は，その女性を使用してはならない。

第9章 就業規則

第90条〔作成の手続〕

① 使用者は，就業規則の作成又は変更について，当該事業場に，労働者の過半数で組織する労働組合がある場合においてはその労働組合，労働者の過半数で組織する労働組合がない場合においては労働者の過半数を代表する者の意見を聴かなければならない。

第11章 監督機関

第97条〔監督機関の職員等〕

① 労働基準主管局（厚生厚生労働省の内部部局として置かれる局で労働条件及び労働者の保護に関する事務を所掌するものをいう。），都道府県労働局及び労働基準監督署に労働基準監督官を置くほか，厚生厚生労働省令で定める必要な職員を置くことができる。

労働組合法〔抄〕（公布 1949.6.1. 法174 最終改正 2014）

第1条〔目的〕

① この法律は，労働者が使用者との交渉において対等の立場に立つことを促進することにより労働者の地位を向上させること，労働者がその労働条件について交渉するために自ら代表者を選出することその他の団体行動を行うために自主的に労働組合を組織し，団結することを擁護すること並びに使用者と労働者との関係を規制する労働協約を締結するための団体交渉をすること及びその手続を助成することを目的とする。

② 刑法第35条の規定は，労働組合の団体交渉その他の行為であって前項に掲げる目的を達成するためにした正当なものについて適用があるものとする。但し，いかなる場合においても，暴力の行使は，労働組合の正当な行為と解釈されてはならない。

第2条〔労働組合〕

この法律で「労働組合」とは，労働者が主体となって自主的に労働条件の維持改善その他経済的地位の向上を図ることを主たる目的として組織する団体又はその連合体をいう。

第5条〔労働組合として設立されたものの取扱〕

① 労働組合は，労働委員会に証拠を提出して第2条及び第2項の規定に適合することを立証しなければ，この法律に規定する手続に参与する資格を有せず，且つ，この法律に規定する救済を与えられない。但し，第7条第1号の規定に基く個々の労働者に対する保護を否定する趣旨に解釈されるべきではない。

② 労働組合の規約には，左の各号に掲げる規定を含まなければならない。

1 名称

2 主たる事務所の所在地

3 連合団体である労働組合以外の労働組合（以下「単位労働組合」という。）の組合員は、その労働組合のすべての問題に参与する権利及び均等の取扱を受ける権利を有すること。

4 何人も、いかなる場合においても、人種、宗教、性別、門地又は身分によって組合員たる資格を奪われないこと。

5 単位労働組合にあっては、その役員は、組合員の直接無記名投票により選挙されること、及び連合団体である労働組合又は全国的規模をもつ労働組合にあっては、その役員は、単位労働組合の組合員又はその組合員の直接無記名投票により選挙された代議員の直接無記名投票により選挙されること。

6 総会は、少くとも毎年1回開催すること。

第6条〔交渉権限〕

労働組合の代表者又は労働組合の委任を受けた者は、労働組合又は組合員のために使用者又はその団体と労働協約の締結その他の事項に関して交渉する権限を有する。

第7条〔不当労働行為〕

使用者は、左の各号に掲げる行為をしてはならない。

1 労働者が労働組合の組合員であること、労働組合に加入し、若しくはこれを結成しようとしたこと若しくは労働組合の正当な行為をしたことの故をもって、その労働者を解雇し、その他これに対して不利益な取扱をすること又は労働者が労働組合に加入せず、若しくは労働組合から脱退することを雇用条件とすること。但し、労働組合が特定の工場事業場に雇用される労働者の過半数を代表する場合において、その労働者がその労働組合の組合員であることを雇用条件とする労働協約を締結することを妨げるものではない。

2 使用者が雇用する労働者の代表者と団体交渉をすることを正当な理由がなくて拒むこと。

3 労働者が労働組合を結成し、若しくは運営することを支配し、若しくはこれに介入すること、又は労働組合の運営のための経費の支払につき経理上の援助を与えること。（略）

第8条〔損害賠償〕

使用者は、同盟罷業その他の争議行為であって正当なものによって損害を受けたことの故をもって、労働組合又はその組合員に対し賠償を請求することができない。

第14条〔労働協約の効力の発生〕

労働組合と使用者又はその団体との間の労働条件その他に関する労働協約は、書面に作成し、両当事者が署名し、又は記名押印することによってその効力を生ずる。

第15条〔労働協約の期間〕

① 労働協約には、3年をこえる有効期間の定をすることができない。

第19条〔労働委員会〕

① 使用者を代表する者（以下「使用者委員」という。）、労働者を代表する者（以下「労働者委員」という。）及び公益を代表する者（以下「公益委員」という。）各同数をもって組織する労働委員会を設置する。

② 労働委員会は、中央労働委員会及び都道府県労働委員会とする。

③ 労働委員会に関する事項は、この法律に定めるもののほか、政令で定める。

労働関係調整法〔抄〕（公布 1946.9.27. 法25 最終改正 2014）

第1条〔法の目的〕

この法律は、労働組合法と相俟って、労働関係の公正な調整を図り、労働争議を予防し、又は、解決して、産業の平和を維持し、もって経済の興隆に寄与することを目的とする。

第7条〔争議行為〕

この法律において争議行為とは、同盟罷業、怠業、作業所閉鎖その他労働関係の当事者が、その主張を貫徹することを目的として行ふ行為及びこれに対抗する行為であって、業務の正常な運営を阻害するものをいふ。

第8条〔公益事業、その指定、公表〕

① この法律において公益事業とは、左の事業であって、公衆の日常生活に欠くことのできないものをいふ。

1 運輸事業

2 郵便又は電気通信の事業

3 水道、電気又は瓦斯供給の事業

4 医療又は公衆衛生の事業

② 内閣総理大臣は、前項の事業の外、国会の承認を経て、業務の停廃が国民経済を著しく阻害し、又は公衆の日常生活を著しく危くする事業を、1年以内の期間を限り、公益事業として指定することができる。

第13条〔斡旋員の任務〕

斡旋員は、関係当事者間を斡旋し、双方の主張の要点を確め、事件が解決されるやうに努めなければならない。

第18条〔調停の開始〕

労働委員会は、左の各号の一に該当する場合に、調停を行ふ。

1 関係当事者の双方から、労働委員会に対して、調停の申請がなされたとき。

2 関係当事者の双方又は一方から、労働協約の定に基いて、労働委員会に対して調停の申請がなされたとき。

3 公益事業に関する事件につき、関係当事者の一方から、労働委員会に対して、調停の申請がなされたとき。

4 公益事業に関する事件につき、労働委員会が職権に基いて、調停を行ふ必要があると決議したとき。

5 公益事業に関する事件又はその事件が規模が大きいため若しくは特別の性質の事業に関するものであるために公益に著しい障害を及ぼす事件につき、厚生労働大臣又は都道府県知事から、労働委員会に対して、調停の請求がなされたとき。

第30条〔仲裁の開始〕

労働委員会は、左の各号の一に該当する場合に、仲裁を行ふ。

1 関係当事者の双方から、労働委員会に対して、仲裁の申請がなされたとき。

2 労働協約に、労働委員会による仲裁の申請をなさなければならない旨の定がある場合に、その定に基いて、関係当事者の双方又は一方から、労働委員会に対して、仲裁の申請がなされたとき。

第31条〔仲裁委員会〕

労働委員会による労働争議の仲裁は、仲裁委員3人から成る仲裁委員会を設け、これによって行ふ。

第34条〔裁定の効力〕

仲裁裁定は、労働協約と同一の効力を有する。

第35条の2〔決定の条件、中労委の意見聴取、公表〕

① 内閣総理大臣は、事件が公益事業に関するものであるため、又はその規模が大きいため若しくは特別の性質の事業に関するものであるために、争議行為により当該業務が停止されるときは国民経済の運行を著しく阻害し、又は国民の日常生活を著しく危くする虞があると認める事件について、その虞が現実に存するときに限り、緊急調整の決定をすることができる。

第36条〔安全保持〕

工場事業場における安全保持の施設の正常な維持又は運行を停廃し、又はこれを妨げる行為は、争議行為としてでもこれをなすことはできない。

第37条〔予告期間〕

① 公益事業に関する事件につき関係当事者が争議行為をするには、その争議行為をしようとする日の少くとも10日前までに、労働委員会及び労働大臣又は都道府県知事にその旨を通知しなければならない。

第38条〔緊急調整中の争議行為の禁止〕

緊急調整の決定をなした旨の公表があったときは、関係当事者は、

公表の日から50日間は，争議行為をなすことができない。

民法〔抄〕　　〔公布　1896.4.26.　法89　最終改正　2022〕

第4条
年齢18歳をもって，成年とする。

第725条〔親族の範囲〕
　次に掲げる者は，親族とする。
　1．6親等内の血族　2．配偶者　3．3親等内の姻族

第731条〔婚姻適齢〕
　婚姻は，満18歳にならなければ，することができない。

第732条〔重婚の禁止〕
　配偶者のある者は，重ねて婚姻をすることができない。

第734条〔近親婚の制限〕
　①　直系血族又は3親等内の傍系血族の間では，婚姻をすることができない。ただし，養子と養方の傍系血族との間では，この限りでない。

第737条〔未成年者の婚姻〕→2018年改正により削除
　①　未成年の子が婚姻をするには，父母の同意を得なければならない。

第739条〔婚姻の届出〕
　①　婚姻は，戸籍法の定めるところによりこれを届け出ることによって，その効力を生ずる。
　②　前項の届出は，当事者双方及び成年の証人2人以上が署名した書面で，又はこれらの者から口頭で，しなければならない。

第763条〔協議上の離婚〕
　夫婦は，その協議で，離婚をすることができる。

第768条〔財産分与の請求〕
　①　協議上の離婚をした者の一方は，相手方に対して財産の分与を請求することができる。

第818条〔親権者〕
　①　成年に達しない子は，父母の親権に服する。
　②　子が養子であるときは，養親の親権に服する。
　③　親権は，父母の婚姻中は，父母が共同して行う。ただし，父母の一方が親権を行うことができないときは，他の一方が行う。

第820条〔監護教育の権利義務〕
　親権を行う者は，子の監護及び教育をする権利を有し，義務を負う。

第877条〔扶養義務者〕
　①　直系血族及び兄弟姉妹は，互いに扶養をする義務がある。

第882条〔相続開始の原因〕
　相続は，死亡によって開始する。

第900条〔法定相続分〕
　同順位の相続人が数人あるときは，その相続分は，次の各号の定めるところによる。
　1．子及び配偶者が相続人であるときは，子の相続分及び配偶者の相続分は，各2分の1とする。
　2．配偶者及び直系尊属が相続人であるときは，配偶者の相続分は，3分の2とし，直系尊属の相続分は，3分の1とする。
　3．配偶者及び兄弟姉妹が相続人であるときは，配偶者の相続分は，4分の3とし，兄弟姉妹の相続分は，4分の1とする。
　4．子，直系尊属又は兄弟姉妹が数人あるときは，各自の相続分は，相等しいものとする。ただし，父母の一方のみを同じくする兄弟姉妹の相続分は，父母の双方を同じくする兄弟姉妹の相続分の2分の1とする。

第967条〔普通の方式による遺言の種類〕
　遺言は，自筆証書，公正証書又は秘密証書によってしなければならない。ただし，特別の方式によることを許す場合は，この限りでない。

国家賠償法〔抄〕　〔公布　1947.10.27　法125，施行　1947.10.27〕

第1条〔公権力の行使に基づく損害の賠償責任，求償権〕
　①　国又は公共団体の公権力の行使に当る公務員が，その職務を行うについて，故意又は過失によって違法に他人に損害を加えたときは，国又は公共団体が，これを賠償する責に任ずる。

第2条〔公の営造物の設置管理の瑕疵に基づく損害の賠償責任，求償権〕
　①　道路，河川その他の公の営造物の設置又は管理に瑕疵があったために他人に損害を生じたときは，国又は公共団体は，これを賠償する責に任ずる。
　②　前項の場合において，他に損害の原因について責に任ずべき者があるときは，国又は公共団体は，これに対して求償権を有する。

刑事訴訟法〔抄〕　〔公布　1948.7.10　法131　最終改正　2022〕

第1編　総則　　第4章　弁護及び補佐

第1条
　この法律は，刑事事件につき，公共の福祉の維持と個人の基本的人権の保障とを全うしつつ，事案の真相を明らかにし，刑罰法令を適正且つ迅速に適用実現することを目的とする。

第30条〔弁護人選任の時期，選任権者〕
　①　被告人又は被疑者は，何時でも弁護人を選任することができる。
　②　被告人又は被疑者の法定代理人，保佐人，配偶者，直系の親族及び兄弟姉妹は，独立して弁護人を選任することができる。

第2編　第一審　第1章　捜査

第199条〔逮捕状による逮捕の要件〕
　①　検察官，検察事務官又は司法警察職員は，被疑者が罪を犯したことを疑うに足りる相当な理由があるときは，裁判官のあらかじめ発する逮捕状により，これを逮捕することができる。ただし，30万円以下の罰金，拘留又は科料に当たる罪については，被疑者が定まった住居を有しない場合又は正当な理由がなく前条の規定による出頭の求めに応じない場合に限る。

第210条〔緊急逮捕〕
　①　検察官，検察事務官又は司法警察職員は，死刑又は無期若しくは長期3年以上の懲役若しくは禁錮にあたる罪を犯したことを疑うに足りる充分な理由がある場合で，急速を要し，裁判官の逮捕状を求めることができないときは，その理由を告げて被疑者を逮捕することができる。この場合には，直ちに裁判官の逮捕状を求める手続をしなければならない。逮捕状が発せられないときは，直ちに被疑者を釈放しなければならない。

第213条〔現行犯逮捕〕
　現行犯人は，何人でも，逮捕状なくしてこれを逮捕することができる。

第316条の33〔犯罪被害者の裁判への参加〕
　①　裁判所は，次に掲げる罪に係る被告事件の被害者等若しくは当該被害者の法定代理人又はこれらの者から委託を受けた弁護士から，被告事件の手続への参加の申出があるときは，被告人又は弁護人の意見を聴き，犯罪の性質，被告人との関係その他の事情を考慮し，相当と認めるときは，決定で，当該被害者等又は当該被害者の法定代理人の被告事件の手続への参加を許すものとする。
　1　故意の犯罪行為により人を死傷させた罪
　2　刑法第176条から第178条まで，第211条，第220条又は第224条から第227条までの罪
　3　前号に掲げる罪のほか，その犯罪行為にこれらの罪の犯罪行為を含む罪（第1号に掲げる罪を除く。）
　4　前3号に掲げる罪の未遂罪
　②　前項の申出は，あらかじめ，検察官にしなければならない。この場合において，検察官は，意見を付して，これを裁判所に

通知するものとする。

第317条〔証拠裁判主義〕

事実の認定は証拠による。

裁判員法〔抄〕　〔公布　2004.5.28　法63　最終改正　2016〕

（裁判員の参加する刑事裁判に関する法律）

第1条〔趣旨〕

　この法律は、国民の中から選任された裁判員が裁判官と共に刑事訴訟手続に関与することが司法に対する国民の理解の増進とその信頼の向上に資することにかんがみ、裁判員の参加する刑事裁判に関し、裁判所法及び刑事訴訟法の特則その他の必要な事項を定めるものとする。

第9条〔裁判員の義務〕

　裁判員は、法令に従い公平誠実にその職務を行わなければならない。

　2　裁判員は、第七十条第一項に規定する評議の秘密その他の職務上知り得た秘密を漏らしてはならない。

　3　裁判員は、裁判の公正に対する信頼を損なうおそれのある行為をしてはならない。

　4　裁判員は、その品位を害するような行為をしてはならない。

国家行政組織法〔抄〕〔公布　1948.7.10　法120　最終改正　2021〕

第1条〔目的〕

　この法律は、内閣の統轄の下における行政機関で内閣府以外のもの（以下「国の行政機関」という。）の組織の基準を定め、もつて国の行政事務の能率的な遂行のために必要な国家行政組織を整えることを目的とする。

第2条〔組織の構成〕

　国家行政組織は、内閣の統轄の下に、内閣府及びデジタル庁の組織とともに、任務及びこれを達成するため必要となる明確な範囲の所掌事務を有する行政機関の全体によつて、系統的に構成されなければならない。

第3条〔行政機関の設置、廃止、任務及び所掌事務〕

　①　国の行政機関の組織は、この法律でこれを定めるものとする。

　②　行政組織のため置かれる国の行政機関は、省、委員会及び庁とし、その設置及び廃止は、別に法律の定めるところによる。

　③　省は、内閣の統轄の下に行政事務をつかさどる機関として置かれるものとし、委員会及び庁は、省に、その外局として置かれるものとする。

第5条〔行政機関の長〕

　①　各省の長は、それぞれ各省大臣とし、内閣法にいう主任の大臣として、それぞれ行政事務を分担管理する。

　③　各省大臣は、国務大臣の中から、内閣総理大臣がこれを命ずる。但し、内閣総理大臣が、自らこれに当ることを妨げない。

第6条

　委員会の長は、委員長とし、庁の長は、長官とする。

第7条〔内部部局〕

　①　省には、その所掌事務を遂行するため、官房及び局を置く。

　②　前項の官房又は局には、特に必要がある場合においては、部を置くことができる。

　③　庁には、その所掌事務を遂行するため、官房及び部を置くことができる。（以下略）

第9条〔地方支分部局〕

　第3条の国の行政機関には、その所掌事務を分掌させる必要がある場合においては、法律の定めるところにより、地方支分部局を置くことができる。

第10条〔行政機関の長の権限〕

　各省大臣、各委員会の委員長及び各庁の長官は、その機関の事務を統括し、職員の服務について、これを統督する。

第11条

　各省大臣は、主任の行政事務について、法律若しくは政令の制定、改正又は廃止を必要と認めるときは、案をそなえて、内閣総理大臣に提出して、閣議を求めなければならない。

第12条

　各省大臣は、主任の行政事務について、法律若しくは政令を施行するため、又は法律若しくは政令の特別の委任に基づいて、それぞれその機関の命令として省令を発することができる。

第13条

　各委員会及び各庁の長官は、別に法律の定めるところにより、政令及び省令以外の規則その他の特別の命令を自ら発することができる。

第16条〔副大臣〕

　①　各省に副大臣を置く。

　②　副大臣の定数は、それぞれ別表第3の副大臣の定数の欄に定めるところによる。

　③　副大臣は、その省の長である大臣の命を受け、政策及び企画をつかさどり、政務を処理し、並びにあらかじめその省の長である大臣の命を受けて大臣不在の場合その職務を代行する。

　④　副大臣が2人置かれた省においては、各副大臣の行う前項の職務の範囲及び職務代行の順序については、その省の長である大臣の定めるところによる。

　⑤　副大臣の任免は、その省の長である大臣の申出により内閣が行い、天皇がこれを認証する。

　⑥　副大臣は、内閣総辞職の場合においては、内閣総理大臣その他の国務大臣がすべてその地位を失つたときに、これと同時にその地位を失う。

第17条〔大臣政務官〕

　①　各省に大臣政務官を置く。

　②　大臣政務官の定数は、それぞれ別表第3の大臣政務官の定数の欄に定めるところによる。

　③　大臣政務官は、その省の長である大臣を助け、特定の政策及び企画に参画し、政務を処理する。

　④　各大臣政務官の行う前項の職務の範囲については、その省の長である大臣の定めるところによる。

　⑤　大臣政務官の任免は、その省の長である大臣の申出により、内閣がこれを行う。

食料・農業・農村基本法〔抄〕〔公布　1948.7.10　法120　最終改正　2022〕

第1条〔目的〕

　この法律は、食料、農業及び農村に関する施策について、基本理念及びその実現を図るのに基本となる事項を定め、並びに国及び地方公共団体の責務等を明らかにすることにより、食料、農業及び農村に関する施策を総合的かつ計画的に推進し、もって国民生活の安定向上及び国民経済の健全な発展を図ることを目的とする。

第2条〔食料の安定供給の確保〕

　①　食料は、人間の生命の維持に欠くことができないものであり、かつ、健康で充実した生活の基礎として重要なものであることにかんがみ、将来にわたって、良質な食料が合理的な価格で安定的に供給されなければならない。（以下略）

第15条〔政府の施策〕

　①　政府は、食料、農業及び農村に関する施策の総合的かつ計画的な推進を図るため、食料・農業・農村基本計画（以下「基本計画」という。）を定めなければならない。

　②　基本計画は、次に掲げる事項について定めるものとする。

　1　食料、農業及び農村に関する施策についての基本的な方針

　2　食料自給率の目標

　3　食料、農業及び農村に関し、政府が総合的かつ計画的に講ずべき施策（以下略）

アイヌ民族支援法〔抄〕（公布 2019.4.26 2019 法16, 施行 2019.5.24）

（アイヌの人々の誇りが尊重される社会を実現するための施策の推進に関する法律）

第1条〔目的〕

　この法律は，日本列島北部周辺，とりわけ北海道の先住民族であるアイヌの人々の誇りの源泉であるアイヌの伝統及びアイヌ文化（以下「アイヌの伝統等」という。）が置かれている状況並びに近年における先住民族をめぐる国際情勢に鑑み，アイヌ施策の推進に関し，基本理念，国等の責務，政府による基本方針の策定，民族共生象徴空間構成施設の管理に関する措置（中略），アイヌ政策推進本部の設置等について定めることにより，アイヌの人々が民族としての誇りを持って生活することができ，及びその誇りが尊重される社会の実現を図り，もって全ての国民が相互に人格と個性を尊重し合いながら共生する社会の実現に資することを目的とする。

第2条〔定義〕

　この法律において「アイヌ文化」とは，アイヌ語並びにアイヌにおいて継承されてきた生活様式，音楽，舞踊，工芸その他の文化的所産及びこれらから発展した文化的所産をいう。（以下略）

第3条〔基本理念〕

　アイヌ施策の推進は，アイヌの人々の民族としての誇りが尊重されるよう，アイヌの人々の誇りの源泉であるアイヌの伝統等並びに我が国を含む国際社会において重要な課題である多様な民族の共生及び多様な文化の発展についての国民の理解を深めることを旨として，行われなければならない。（以下略）

第4条

　何人も，アイヌの人々に対して，アイヌであることを理由として，差別することその他の権利利益を侵害する行為をしてはならない。

第5条〔国及び地方公共団体の責務〕

　国及び地方公共団体は，前一条に定める基本理念にのっとり，アイヌ施策を策定し，及び実施する責務を有する。（以下略）

第6条〔国民の努力〕

　国民は，アイヌの人々が民族としての誇りを持って生活することができ，及びその誇りが尊重される社会の実現に寄与するよう努めるものとする。

第15条〔交付金の交付等〕

　国は，認定市町村に対し，認定アイヌ施策推進地域計画に基づく事業の実施に要する経費に充てるため，内閣府令で定めるところにより，予算の範囲内で，交付金を交付することができる。

DV防止法〔抄〕（公布 1948.7.10 法120 最終改正 2019）

（配偶者からの暴力の防止及び被害者の保護等に関する法律）

　我が国においては，日本国憲法に個人の尊重と法の下の平等がうたわれ，人権の擁護と男女平等の実現に向けた取組が行われている。

　ところが，配偶者からの暴力は，犯罪となる行為であるにもかかわらず，被害者の救済が必ずしも十分に行われてこなかった。また，配偶者からの暴力の被害者は，多くの場合女性であり，経済的自立が困難である女性に対して配偶者が暴力その他の心身に有害な影響を及ぼす言動を行うことは，個人の尊厳を害し，男女平等の実現の妨げとなっている。

　このような状況を改善し，人権の擁護と男女平等の実現を図るためには，配偶者からの暴力を阻止し，被害者を保護するための施策を講ずることが必要である。このことは，女性に対する暴力を根絶しようと努めている国際社会における取組にも沿うものである。ここに，配偶者からの暴力に係る通報，相談，保護，自立支援等の体制を整備することにより，配偶者からの暴力の防止及び被害者の保護を図るため，この法律を制定する。

第1条〔定義〕

　① この法律において「配偶者からの暴力」とは，配偶者（婚姻の届出をしていないが，事実上婚姻関係と同様の事情にある者を含む。以下同じ。）からの身体に対する不法な攻撃であって生命又は身体に危害を及ぼすものをいう。

　② この法律において「被害者」とは，配偶者からの暴力を受けた者（配偶者からの暴力を受けた後婚姻を解消した者であって，当該配偶者であった者から引き続き生命又は身体に危害を受けるおそれがあるものを含む。）をいう。

第2条〔国及び地方公共団体の責務〕

　国及び地方公共団体は，配偶者からの暴力を防止し，被害者を保護する責務を有する。

沖縄返還協定〔抄〕（1971.6.17 調印）

（琉球諸島および大東諸島に関する日本国とアメリカ合衆国との間の協定）

第1条

　① アメリカ合衆国は，②に定義する琉球諸島及び大東諸島に関し，1951年9月8日にサン・フランシスコ市で署名された日本国との平和条約第3条の規定に基づくすべての権利及び利益を，この協定の効力発生の日から日本国のために放棄する。日本国は，同日に，これらの諸島の領域及び住民に対する行政，立法及び司法上のすべての権力を行使するための完全な権能及び責任を引き受ける。

　② この協定の適用上，「琉球諸島及び大東諸島」とは，行政，立法及び司法上のすべての権力を行使する権利が日本国との平和条約第3条の規定に基づいてアメリカ合衆国に与えられたすべての領土及び領水のうち，そのような権利が1953年12月24日及び1968年4月5日に日本国とアメリカ合衆国との間に署名された奄美群島に関する協定並びに南方諸島及びその他の諸島に関する協定に従ってすでに日本国に返還された部分を除いた部分をいう。

第3条

　① 日本国は，1960年1月19日にワシントンで署名された日本国とアメリカ合衆国との間の相互協力及び安全保障条約及びこれに関連する取極に従い，この協定の効力発生の日に，アメリカ合衆国に対して琉球諸島及び大東諸島における施設及び区域の使用を許す。

　② アメリカ合衆国が①の規定に従ってこの協定の効力発生の日に使用を許される施設及び区域につき，1960年1月19日に署名された日本国とアメリカ合衆国との間の相互協力及び安全保障条約第6条に基づく施設及び区域並びに日本国における合衆国軍隊の地位に関する協定第4条の規定を適用するにあたり，同条1の「それらが合衆国軍隊に提供された時の状態」とは当該施設及び区域が合衆国軍隊によって最初に使用されることとなった時の状態をいい，また，同条2の「改良」には，この協定の効力発生の日前に加えられた改良を含むことが了解される。

第7条

　日本国政府は，合衆国の資産が前条の規定に従って日本国政府に移転されること，アメリカ合衆国政府が琉球諸島及び大東諸島の日本国への返還を1969年11月21日の共同声明第8項にいう日本国政府の政策に背馳（はいち）しないよう実施すること，アメリカ合衆国政府が復帰に雇用の分野等において余分の費用を負担することとなる等を考慮し，この協定の効力発生の日から5年の期間にわたり，合衆国ドルでアメリカ合衆国政府に対し総額3億2,000万合衆国ドル（320,000,000合衆国ドル）を支払う。日本国政府は，…この協定の効力発生の日の後1週間以内に支払い，また，残額を4回の均等年賦でこの協定が効力を生ずる年の後の各年の6月に支払う。

環境基本法〔抄〕（公布 1993.11.19 法91 最終改正 2021）

第1条〔目的〕

　この法律は，環境の保全について，基本理念を定め，並びに国，地方公共団体，事業者及び国民の責務を明らかにするとともに，環境の保全に関する施策の基本となる事項を定めることにより，環境の保全に関する施策を総合的かつ計画的に推進し，もって現在及び将来の国民の健康で文化的な生活の確保に寄与するとともに人類の福祉に貢献することを目的とする。

第2条〔定義〕

この法律において「環境への負荷」とは，人の活動により環境に加えられる影響であって，環境の保全上の支障の原因となるおそれのあるものをいう。

② この法律において「地球環境保全」とは，人の活動による地球全体の温暖化又はオゾン層の破壊の進行，海洋の汚染，野生生物の種の減少その他の地球の全体又はその広範な部分の環境に影響を及ぼす事態に係る環境の保全であって，人類の福祉に貢献するとともに国民の健康で文化的な生活の確保に寄与するものをいう。

③ この法律において「公害」とは，環境の保全上の支障のうち，事業活動その他の人の活動に伴って生ずる相当範囲にわたる大気の汚染，水質の汚濁，土壌の汚染，騒音，振動，地盤の沈下及び悪臭によって，人の健康又は生活環境に係る被害が生ずることをいう。

第6条〔国の責務〕

国は，前三条に定める環境の保全についての基本理念（以下「基本理念」という。）にのっとり，環境の保全に関する基本的かつ総合的な施策を策定し，及び実施する責務を有する。

第9条〔国民の責務〕

① 国民は，基本理念にのっとり，環境の保全上の支障を防止するため，その日常生活に伴う環境への負荷の低減に努めなければならない。

② 前項に定めるもののほか，国民は，基本理念にのっとり，環境の保全に自ら努めるとともに，国又は地方公共団体が実施する環境の保全に関する施策に協力する責務を有する。

循環型社会形成推進基本法〔抄〕 〔公布 2000.6.2 法110 最終改正2012〕

第1条〔目的〕

この法律は，環境基本法の基本理念にのっとり，循環型社会の形成について，基本原則を定め，並びに国，地方公共団体，事業者及び国民の責務を明らかにするとともに，循環型社会形成推進基本計画の策定その他循環型社会の形成に関する施策の基本となる事項を定めることにより，循環型社会の形成に関する施策を総合的かつ計画的に推進し，もって現在及び将来の国民の健康で文化的な生活の確保に寄与することを目的とする。

第2条〔定義〕

この法律において「循環型社会」とは，製品等が廃棄物等となることが抑制され，並びに製品等が循環資源となった場合においてはこれについて適正に循環的な利用が行われることが促進され，及び循環的な利用が行われない循環資源については適正な処分（廃棄物としての処分をいう）が確保され，もって天然資源の消費を抑制し，環境への負荷ができる限り低減される社会をいう。

② この法律において「廃棄物等」とは，次に掲げる物をいう。

　1　廃棄物

　2　一度使用され，若しくは使用されずに収集され，若しくは廃棄された物品（現に使用されているものを除く。）又は製品の製造，加工，修理若しくは販売，エネルギーの供給，土木建築に関する工事，農畜産物の生産その他の人の活動に伴い副次的に得られた物品（前号に掲げる物並びに放射性物質及びこれによって汚染された物を除く。）

③ この法律において「循環資源」とは，廃棄物等のうち有用なものをいう。

④ この法律において「循環的な利用」とは，再使用，再生利用及び熱回収をいう。（略）

第3条〔循環型社会の形成〕

循環型社会の形成は，これに関する行動がその技術的及び経済的な可能性を踏まえつつ自主的かつ積極的に行われるようになることによって，環境への負荷の少ない健全な経済の発展を図りながら持続的に発展することができる社会の実現が推進され

ることを旨として，行われなければならない。

第9条〔国の責務〕

国は，第3条から第7条までに定める循環型社会の形成についての基本原則にのっとり，循環型社会の形成に関する基本的かつ総合的な施策を策定し，及び実施する責務を有する。

第12条〔国民の責務〕

国民は，基本原則にのっとり，製品をなるべく長期間使用すること，再生品を使用すること，循環資源が分別して回収されることに協力すること等により，製品等が廃棄物等となることを抑制し，製品等が循環資源となったものについて適正に循環的な利用が行われることを促進するよう努めるとともに，その適正な処分に関し国及び地方公共団体の施策に協力する責務を有する。

② 前項に定めるもののほか，前条第三項に規定する製品，容器等については，国民は，基本原則にのっとり，当該製品，容器等が循環資源となったものを同項に規定する事業者に適切に引き渡すこと等により当該事業者が行う措置に協力する責務を有する。

③ 前二項に定めるもののほか，国民は，基本原則にのっとり，循環型社会の形成に自ら努めるとともに，国又は地方公共団体が実施する循環型社会の形成に関する施策に協力する責務を有する。

少年法〔抄〕 〔公布 1948.7.15 法168 最終改正2021〕

第1条〔この法律の目的〕

この法律は，少年の健全な育成を期し，非行のある少年に対して性格の矯正及び環境の調整に関する保護処分を行うとともに，少年の刑事事件について特別の措置を講ずることを目的とする。

第2条〔少年，成人，保護者〕

① この法律で「少年」とは，20歳に満たない者をいう。

② この法律で「保護者」とは，少年に対して法律上監護教育の義務ある者及び少年を現に監護する者をいう。

第3条〔審判に付すべき少年〕

次に掲げる少年は，これを家庭裁判所の審判に付する。

　1　罪を犯した少年

　2　14歳に満たないで刑罰法令に触れる行為をした少年（略）

第17条〔観護の措置〕

家庭裁判所は，審判を行うため必要があるときは，決定をもって，次に掲げる観護の措置をとることができる。

　1　家庭裁判所調査官の観護に付すること。

　2　少年鑑別所に送致すること。（略）

第62条〔検察官への送致についての特例〕

家庭裁判所は，特定少年（18歳以上の少年をいう。以下同じ。）に係る事件については，第20条の規定にかかわらず，調査の結果，その罪質及び情状に照らして刑事処分を相当と認めるときは，決定をもって，これを管轄地方裁判所に対応する検察庁の検察官に送致しなければならない。

② 前項の規定にかかわらず，家庭裁判所は，特定少年に係る次に掲げる事件については，同項の決定をしなければならない。ただし，調査の結果，犯行の動機，態様及び結果，犯行後の情況，特定少年の性格，年齢，行状及び環境その他の事情を考慮し，刑事処分以外の措置を相当と認めるときは，この限りでない。

　1　故意の犯罪行為により被害者を死亡させた罪の事件であって，その罪を犯すとき16歳以上の少年に係るもの

　2　死刑又は無期若しくは短期一年以上の懲役若しくは禁錮に当たる罪の事件であって，その罪を犯すとき特定少年に係るもの（前号に該当するものを除く。）

第65条〔この法律の適用関係〕

第3条第1項（第3号に係る部分に限る。）の規定は，特定少年については，適用しない。

人権教育・啓発推進法〔抄〕 〔公布 2000.12.6 法147〕

（人権教育及び人権啓発の推進に関する法律）

第1条〔目的〕

この法律は，人権の尊重の緊要性に関する認識の高まり，社会的身分，門地，人種，信条又は性別による不当な差別の発生等の人権侵害の現状その他人権の擁護に関する内外の情勢にかんがみ，人権教育及び人権啓発に関する施策の推進について，国，地方公共団体及び国民の責務を明らかにするとともに，必要な措置を定め，もって人権の擁護に資することを目的とする。

第3条〔基本理念〕

国及び地方公共団体が行う人権教育及び人権啓発は，学校，地域，家庭，職域その他の様々な場を通じて，国民が，その発達段階に応じ，人権尊重の理念に対する理解を深め，これを体得することができるよう，多様な機会の提供，効果的な手法の採用，国民の自主性の尊重及び実施機関の中立性の確保を旨として行われなければならない。

第4条〔国の責務〕

国は，前条に定める人権教育及び人権啓発の基本理念（以下「基本理念」という。）にのっとり，人権教育及び人権啓発に関する施策を策定し，及び実施する責務を有する。

第6条〔国民の責務〕

国民は，人権尊重の精神の涵養に努めるとともに，人権が尊重される社会の実現に寄与するよう努めなければならない。

国民投票法〔抄〕 〔公布 2007.5.18 法51 最終改正 2022〕

（日本国憲法の改正手続に関する法律）

第1条〔趣旨〕

この法律は，日本国憲法第96条に定める日本国憲法の改正（以下「憲法改正」という。）について，国民の承認に係る投票（以下「国民投票」という。）に関する手続を定めるとともに，あわせて憲法改正の発議に係る手続の整備を行うものとする。

第2条〔国民投票の期日〕

国民投票は，国会が憲法改正を発議した日から起算して60日以後180日以内において，国会の議決した期日に行う。（略）

第3条〔投票権〕

日本国民で年齢満18年以上の者は，国民投票の投票権を有する。

第47条〔一人一票〕

投票は，国民投票に係る憲法改正案ごとに，一人一票に限る。

第100条〔国民投票運動適用上の注意〕

この節及び次節の規定の適用に当たっては，表現の自由，学問の自由及び政治活動の自由その他の日本国憲法の保障する国民の自由と権利を不当に侵害しないように留意しなければならない。（略）

男女雇用機会均等法〔抄〕 〔公布 1972.7.1 最終改正 2019〕

（雇用の分野における男女の均等な機会及び待遇の確保等に関する法律）

第1条〔目的〕

この法律は，法の下の平等を保障する日本国憲法の理念にのっとり雇用の分野における男女の均等な機会及び待遇の確保を図るとともに，女性労働者の就業に関して妊娠中及び出産後の健康の確保を図る等の措置を推進することを目的とする。

第2条〔基本的理念〕

この法律においては，労働者が性別により差別されることなく，また，女性労働者にあっては母性を尊重されつつ，充実した職業生活を営むことができるようにすることをその基本的理念とする。（略）

第5条〔性別を理由とする差別の禁止　募集・採用〕

事業主は，労働者の募集及び採用について，その性別にかかわりなく均等な機会を与えなければならない。

第6条〔性別を理由とする差別の禁止　雇用条件〕

事業主は，次に掲げる事項について，労働者の性別を理由として，差別的取扱いをしてはならない。

1　労働者の配置（業務の配分及び権限の付与を含む。），昇進，降格及び教育訓練

2　住宅資金の貸付けその他これに準ずる福利厚生の措置であって厚生労働省令で定めるもの

3　労働者の職種及び雇用形態の変更

4　退職の勧奨，定年及び解雇並びに労働契約の更新

第9条〔婚姻，妊娠，出産等を理由とする不利益取扱いの禁止等〕

事業主は，女性労働者が婚姻し，妊娠し，又は出産したことを退職理由として予定する定めをしてはならない。（略）

情報公開法〔抄〕 〔公布 1999.5.14 法42 最終改正 2021〕

第1条〔目的〕

この法律は，国民主権の理念にのっとり，行政文書の開示を請求する権利につき定めること等により，行政機関の保有する情報の一層の公開を図り，もって政府の有するその諸活動を国民に説明する責務が全うされるようにするとともに，国民の的確な理解と批判の下にある公正で民主的な行政の推進に資することを目的とする。

第2条〔定義〕

① この法律において「行政機関」とは，次に掲げる機関をいう。

1　法律の規定に基づき内閣に置かれる機関（内閣府を除く。）及び内閣の所轄の下に置かれる機関

2　内閣府，宮内庁並びに内閣府設置法第49条第一項及び第二項に規定する機関

3　国家行政組織法第3条第二項に規定する機関

4　内閣府設置法第39条及び第55条並びに宮内庁法第16条第二項の機関並びに内閣府設置法第40条及び第56条の特別の機関で，政令で定めるもの

5　国家行政組織法第8条の二の施設等機関及び同法第8条の三の特別の機関で，政令で定めるもの

6　会計検査院

② この法律において「行政文書」とは，行政機関の職員が職務上作成し，又は取得した文書，図画及び電磁的記録であって，当該行政機関の職員が組織的に用いるものとして，当該行政機関が保有しているものをいう。ただし，次に掲げるものを除く。

1　官報，白書，新聞，雑誌，書籍その他不特定多数の者に販売することを目的として発行されるもの

2　公文書等の管理に関する法律第2条第七項に規定する特定歴史公文書等（3　略）

公職選挙法〔抄〕 〔公布 1950.4.15 法100 最終改正 2022〕

第1条〔この法律の目的〕

この法律は，日本国憲法の精神に則り，衆議院議員，参議院議員並びに地方公共団体の議会の議員及び長を公選する選挙制度を確立し，その選挙が選挙人の自由に表明せる意思によって公明且つ適正に行われることを確保し，もって民主政治の健全な発達を期することを目的とする。

第2条〔この法律の適用範囲〕

この法律は，衆議院議員，参議院議員並びに地方公共団体の議会の議員及び長の選挙について，適用する。

第3条〔公職の定義〕

この法律において「公職」とは，衆議院議員，参議院議員並びに地方公共団体の議会の議員及び長の職をいう。

第9条〔選挙権〕

日本国民で年齢満18年以上の者は，衆議院議員及び参議院議員の選挙権を有する。（以下略）

第10条〔被選挙権〕

日本国民は，左の各号の区分に従い，それぞれ当該議員又は長

の被選挙権を有する。

1　衆議院議員については年齢満 25 年以上の者

2　参議院議員については年齢満 30 年以上の者（以下略）

第35条〔選挙の方法〕

選挙は，投票により行う。

第36条〔一人一票〕

投票は，各選挙につき，一人一票に限る。（以下略）

第137条〔教育者の地位利用の選挙運動の禁止〕

教育者（中略）は，学校の児童，生徒及び学生に対する教育上の地位を利用して選挙運動をすることができない。

第138条〔戸別訪問〕

何人も，選挙に関し，投票を得若しくは得しめ又は得しめない目的をもって戸別訪問をすることができない。

第138条の２〔署名運動の禁止〕

何人も，選挙に関し，投票を得若しくは得しめ又は得しめない目的をもって選挙人に対し署名運動をすることができない。

デジタル社会形成基本法〔抄〕（公布　2021.5.19　法 35）

第1条〔目的〕

この法律は，デジタル社会の形成が，我が国の国際競争力の強化及び国民の利便性の向上に資するとともに，急速な少子高齢化の進展への対応その他の我が国が直面する課題を解決する上で極めて重要であることに鑑み，デジタル社会の形成に関し，基本理念及び施策の策定に係る基本方針を定め，国，地方公共団体及び事業者の責務を明らかにし，並びにデジタル庁の設置及びデジタル社会の形成に関する重点計画の作成について定めることにより，デジタル社会の形成に関する施策を迅速かつ重点的に推進し，もって我が国経済の持続的かつ健全な発展と国民の幸福な生活の実現に寄与することを目的とする。

第2条〔定義〕

この法律において「デジタル社会」とは，インターネットその他の高度情報通信ネットワークを通じて自由かつ安全に多様な情報又は知識を世界的規模で入手し，共有し，又は発信するとともに，（略）人工知能関連技術，同条第３項に規定するインターネット・オブ・シングス活用関連技術，同条第４項に規定するクラウド・コンピューティング・サービス関連技術その他の従来の処理量に比して大量の情報の処理を可能とする先端的な技術をはじめとする情報通信技術を用いて電磁的記録として記録された多様かつ大量の情報を適正かつ効果的に活用することにより，あらゆる分野における創造的かつ活力ある発展が可能となる社会をいう。

こども基本法〔抄〕（公布　2022.06.22　法 77　2023.04.01 施行）

第1条〔目的〕

この法律は，日本国憲法及び児童の権利に関する条約の精神にのっとり，（中略）こども施策に関し，基本理念を定め，国の責務等を明らかにし，及びこども施策の基本となる事項を定めるとともに，こども政策推進会議を設置すること等により，こども施策を総合的に推進することを目的とする。

第2条〔定義〕

① この法律において「こども」とは，心身の発達の過程にある者をいう。（略）

第3条〔基本理念〕

こども施策は，次に掲げる事項を基本理念として行われなければならない。

1　全てのこどもについて，個人として尊重され，その基本的人権が保障されるとともに，差別的取扱いを受けることがないようにすること。

2　全てのこどもについて，適切に養育されること，その生活を保障されること，愛され保護されること，その健やかな成長及び発達並びにその自立が図られることその他の福祉に係る権

利が等しく保障されるとともに，教育基本法（平成 18 年法律第120 号）の精神にのっとり教育を受ける機会が等しく与えられること。

3　全てのこどもについて，その年齢及び発達の程度に応じて，自己に直接関係する全ての事項に関して意見を表明する機会及び多様な社会的活動に参画する機会が確保されること。

4　全てのこどもについて，その年齢及び発達の程度に応じて，その意見が尊重され，その最善の利益が優先して考慮されること。

5　こどもの養育については，家庭を基本として行われ，父母その他の保護者が第一義的責任を有するとの認識の下，これらの者に対してこどもの養育に関し十分な支援を行うとともに，家庭での養育が困難なこどもにはできる限り家庭と同様の養育環境を確保することにより，こどもが心身ともに健やかに育成されるようにすること。

6　家庭や子育てに夢を持ち，子育てに伴う喜びを実感できる社会環境を整備すること。

世界人権宣言〔抄〕（採択　1948.12.10, 国連第 3 回総会）

第1条

すべての人間は，生れながらにして自由であり，かつ，尊厳と権利とについて平等である。人間は，理性と良心とを授けられており，互いに同胞の精神をもって行動しなければならない。

第2条

① すべて人は，人種，皮膚の色，性，言語，宗教，政治上その他の意見，国民的若しくは社会的出身，財産，門地その他の地位又はこれに類するいかなる事由による差別をも受けることなく，この宣言に掲げるすべての権利と自由とを享有することができる。

第3条

すべて人は，生命，自由及び身体の安全に対する権利を有する。

第5条

何人も，拷問又は残虐な，非人道的な若しくは屈辱的な取扱若しくは刑罰を受けることはない。

第7条

すべての人は，法の下において平等であり，また，いかなる差別もなしに法の平等な保護を受ける権利を有する。（略）

第14条

① すべて人は，迫害を免れるため，他国に避難することを求め，かつ，避難する権利を有する。

第15条

① すべて人は，国籍をもつ権利を有する。

第16条

① 成年の男女は，人種，国籍又は宗教によるいかなる制限をも受けることなく，婚姻し，かつ家庭をつくる権利を有する。成年の男女は，婚姻中及びその解消に際し，婚姻に関し平等の権利を有する。

第21条

① すべて人は，直接に又は自由に選出された代表者を通じて，自国の政治に参与する権利を有する。

第23条

① すべて人は，勤労し，職業を自由に選択し，公正かつ有利な勤労条件を確保し，及び失業に対する保護を受ける権利を有する。

第25条

① すべて人は，衣食住，医療及び必要な社会的施設等により，自己及び家族の健康及び福祉に十分な生活水準を保持する権利並びに失業，疾病，心身障害，配偶者の死亡，老齢その他不可抗力による生活不能の場合は，保障を受ける権利を有する。

公共重要語集

資料集のテーマ別にまとめた重要語集です。
資料集本文とあわせてご活用ください。

公共の扉

2 ニート（NEET）　就学・就業・職業訓練のいずれもしていない若者をさす。Not in Education, Employment, or Trainingの頭文字をとったもの。イギリスで名づけられた。日本では15〜34歳の非労働力人口のうち，家事も通学もしていない者を「若年無業者」とよび，その数は約60万人に達する。

2 フリーター　フリーアルバイターを略した造語で，定職につかずにアルバイトなどで生計を立てようとする人。モラトリアムの状態にとどまろうとする現代の青年の心を象徴する行動パターンとみられる。他方で，正社員を希望する人も多い。

3 ライフサイクル　人生の周期という意味。人の生涯を誕生，就職，結婚，定年などを目安にいくつかの時期に区分する。最近は人間の寿命の延びにともなって，ライフサイクルのとり方や老後の過ごし方が大きな問題になっている。

3 青年期の延長　成人期の開始時期，つまり青年の社会的自立の時期が大幅に遅れてきていること。その原因としては産業構造が高度化し，成人の仲間入りをするための社会的学習の期間が長くなっていること，また，栄養条件の向上による早熟傾向によって，早くから青年期が出現していることなどが考えられる。

3 心理的離乳　青年期に入ると，家庭の厚い保護から離れようとする気持ちが強まる。この親からの心理的独立の過程をいう。それまでは親の意見を自分の意見として取り入れていたが，しだいに親そのものを対象として観察しはじめ，親の立場と自分の立場を切り離して考えるようになり，親の保護・監督をわずらわしく感じはじめる。アメリカの心理学者ホリングワースは，生後1年前後にみられる生理的離乳にならって「心理的離乳」とよんだ。

3 投射　意識的に受け入れがたい自分の特質，考え，態度，感情などを，自分とは関係がない他の人に属するものだとみなす，責任転嫁の自我の無意識的な働き。投影ともいう。

3 第二次性徴　青年期の身体的な変化の特徴をさす。男子は喉頭の隆起や胸や肩幅の厚み，女子は乳房のふくらみや初潮などがみられる。こうした身体的・生理的成熟は，青年の感情や情緒など心理面にも大きな影響を与える。

3 青年期の発達課題　一人前の「大人」として認められる条件は，文化の型や時代によって異なるが，一般的には身体的・心理的・社会的な成熟が要求され，以下のような発達課題があげられる。①健康な身体をつくりあげ，性的成熟を含む身体的変化に適応すること。②両親をはじめとする大人によりかかることから抜けでて，精神的に独立していくこと。③同性及び異性の友人に対するふさわしい態度をつくりあげ，社会性を身につけること。④将来の目標を定め，そのために必要な教養・知識・技術の修得に努めること。⑤何が正しく，何が悪いかの基準に基づいて，自己の人生観を確立するように努めること。

3 欲求　生物としての有機体が生きていくために必要なものを得られない欠乏，不足状態から脱却しようとする傾向，あるいはそれを支えるエネルギーのこと。人間の場合には，生物的・本能的な第一次的な欲求（生理的欲求）のみで生きていくわけではなく，第二次的欲求（社会的欲求）が大切であるために，欲求は動機・欲望・願望・衝動など，いろいろな意味合いを含んだものになっている。

3 抑圧　防衛機制の基本的な形態で，自分にとって不快で受け入れがたい思い出（記憶）やイメージなどを心の奥に沈み込ませてしまおうとする自我の無意識的な働き。意識的に忘れようとするのは抑制。

3 取り入れ　同一視（同一化）ともいう。さまざまな対象の特質・特性を自分のものとして取り込む働き。たとえば，映画を観てそのヒーローの動きに合わせて自分も動いていたり，プロスポーツ選手に対する熱狂的なファン心理など。

3 逃避　自我が環境や対人関係などに適合していく過程で，不安・危険・緊張などに直面した場合に，そうした状況を避けていこうとする消極的で非合理的な適応の形態をいう。

3 合理化　イソップ寓話のなかに，高いところにあるブドウが取れなかったキツネが「まだうれていないんだ」と負け惜しみをいう場面がある。このように自分の取った不本意な行動，態度などに合理的，論理的説明をつけて自他を納得させ，不安や緊張を避ける自我の無意識的な試み。

3 退行　「子ども（幼児）返り」（子どもっぽいしぐさをすること）という現象のように，不安や緊張に耐えきれず，より低次で未発達の状態まで一時的に後戻りすること。

3 昇華　性的欲求や攻撃的衝動等の充足が阻止されたとき，そのエネルギーが，社会的，文化的に認められる方向に内容を変容して発散させること。たとえば，スポーツや芸術活動などへ，そのエネルギーが向かい，成果をあげるなどである。「成功した防衛」といわれる。

3 第二反抗期　子どもが成長する過程において親や周りの人々に対して，反抗的な態度を強く示す時期。特に3歳前後と12歳〜15歳の頃がめだつ。一般的に前者を第一反抗期，後者を第二反抗期とよぶ。第二反抗期の特徴は，子どもから大人への過渡期で，精神的・社会的自我の拡大，独立した社会人への芽ばえがみられ，これらが精神的な自主性の主張，既成の社会秩序への反抗・否定という形をとって現れることである。

3 マズロー　アメリカの心理学者。精神分析学や行動主義の心理学を批判し，実存的・人間学的心理学を主張した。人間の欲求について，生理的な欠乏を満たそうとする欲求から，価値や自由をめざす成長欲求，自己実現の欲求までの階層説を唱えた。最も高次の自己実現や至高体験を重視した。主著『人間性の心理学』

3 葛藤　お互いに相入れない願い・欲求・衝動・意見・態度などがほぼ等しい力で心のなかで抗争している状態。「葛」も「藤」も巻きついて伸びていく植物で，心のなかでもつれ，こんがらがった状態を表現。葛藤には，①回避したい欲求と回避したい欲求によるもの，②回避したい欲求と接近したい欲求によるもの，③接近したい欲求と接近したい欲求によるもの，という三つの型がある。

3 防衛機制　心のなかの不安や緊張を解消し，安心を求めようとする自我の自動的な働き。19世紀末，オーストリアの精神医学者フロイトによって提唱された。適応機制ともいう。

3 エリクソン　ドイツ生まれのアメリカの代表的な正統派精神分析学者。フロイトに出会い，彼の精神分析の研究を受け継いだ。モラトリアム，アイデンティティということばは，彼が青年期の心理を分析するときに用いたことば。主著『洞察と責任』『自我同一性』『幼児期と社会』

3 レヴィン　ドイツ出身のアメリカの心理学者。社会心理の分析概念としての

マージナル-マン（境界人）ということば を提唱し確立。また，ゲシュタルト説 （「場の理論」とよばれ，人間を周囲の 生活空間とのかかわりからとらえる）に 立つ学習理論も展開した。主著『人格 の動的理論』

3 発達課題　人間が成長していく乳・ 幼児期から老年期までのそれぞれの発 達段階において，次の段階へと発達し ていくために達成すべき課題。

3 境界人　心理学者レヴィンは，青年期 の基本的特徴を「子ども」の世界の住人 ではないが，まだ「大人」の世界からは 受け入れられていない住人ととらえ，青 年を二つの世界に位置する人という意 味でマージナル-マン[marginal man]，すなわち「境界人」とよんだ。 青年期には，一人前に扱われるかと思え ば「子ども」とみなされたりもすること で，境界人としての不安定な心理状態 にあって，矛盾と動揺を体験することが 多い。

3 アイデンティティ　エリクソンによって 定義された心理学の基本概念。「自己 同一性，自我同一性」と訳されている。 「自分であること，自己の存在証明，真 の自分，主体性」などの意味をもつ。 自分が自分であることを確認することで あるが，同時に自分の不変性や連続性 を他者に認められているという確認に裏 づけられた自己像。これらが達成され ない状態を「アイデンティティの拡散」 という。

3 反動形成　抑圧されたものの正反対 の内容が，意識に生じることで抑圧を補 強する自我の無意識的な働き。たとえ ば，もってはならないとされる敵意が抑 圧されて，気持ちの悪いほど過度のや さしさが出ることなどである。

3 青年期　一般的に12，13歳から 22，23歳頃までをさし，児童期から成 人期（壮年期）へ移行する時期のこと。 よく「子ども（児童）から大人（成人）へ の過渡期である」といわれる。青年期 は身体的，生理的成熟が顕著な時期で， およそ三つの時期に区分される。

3 通過儀礼　人生の重要な節目に行わ れる儀式。たとえば，冠婚葬祭（元服・ 婚礼・葬儀・祖先の祭祀）に代表される， 古来重要とされてきた儀式。イニシエ ーションともいう。

3 モラトリアム　アイデンティティの確 立のため，青年が実社会に入るのを心 理的・社会的に猶予されている期間を いう。元来は経済用語で「支払い猶予 期間」を意味していたが，アメリカの心 理学者エリクソンによって心理学用語に なったもの。

4 正義　アリストテレスにおける社会全 体の幸福を増進し，秩序を実現するた めの公平な分配のあり方。アリストテレ スは正義を「ポリスの法を守ること」の 全般的正義と「公平であること」の部分 的正義とに分け，後者をさらに「各人の 地位や能力に応じて名誉や利益を与え ること」の配分（分配）的正義と，「法の 適用はすべての人に平等にすること」の 調整的正義とに分けた。

4 義務　法によって課される拘束のこ と。一般的に，権利には義務が対応し ており，権利─義務という関係を形成す る。

5 キリスト教　ユダヤ教を母胎に，イエ ス＝キリストの人格と教えを中心として 成立した世界宗教。唯一絶対の神を信 じて，キリストによる贖罪と復活を信仰 して救いを得ようとする。イエスは当時 のユダヤ教を批判し，十字架上で死ん だが，その後，彼が復活したという信仰 が生まれ，イエスこそ待望していたメシ アであると信じられた。その後，迫害に もめげずペテロやパウロらの伝道により 広まり，教義，組織も充実していった。 2世紀に入り，カトリック教会が成立し， 4世紀にはローマ帝国の国教となった。 11世紀に入るとローマ-カトリック教会 からギリシャ正教が独立し，中世期には 東西教会がそれぞれの世界で拡大され た。16世紀になると西ヨーロッパで宗 教改革が起こりプロテスタントが成立し， その後，多くの教派が生まれ，現代にい たっている。

5 アガペー　キリスト教における愛の中 核をなす概念で，キリストの愛として 『新約聖書』に示された思想。一般にギ リシャ的愛であるエロースと対比され る。自己犠牲的，非打算的な愛であり， 無差別，平等の敵をも愛するほど徹底し た愛である。神が罪ある人間に対して， 自己を犠牲にした憐みある行為と考え られる。

5 イスラーム教　7世紀にアラビア半島 でムハンマドによって開かれた宗教。キ リスト教・仏教とともに三大世界宗教の 一つとされる。イスラム自体が宗教 の名であるから，本来は「イスラム教」 とよぶ必要はない。『コーラン』（『クル アーン』）を教典とし，『旧約聖書』『新約 聖書』も重んじている。形態としてはユ ダヤ教・キリスト教と同じく，唯一絶対 神を信仰する啓示宗教で，偶像崇拝を いっさい認めない。唯一神の名はアッ ラーで，ムハンマドは神により遣わされ た最大にして最後の預言者。僧侶階級 は存在しない。

5 六信　『コーラン』に記されているイ ーマーン（信仰）の六つの内容のこと。 ①唯一絶対の神であるアッラー，②ガブ

リエル，ミカエルなどの天使（マラーイ カ），③『コーラン』を中心とする啓典 （クトゥブ），④アダム，ノア，アブラハム， モーセ，イエス，そしてムハンマドらの 預言者（ルスル），⑤終末と最後の審判 の後にくる来世，⑥神の天命（カダル）。

5 五行　『コーラン』に記されているイ バーダート（神への奉仕）の五つの行為。 ①「アッラーは唯一の神，ムハンマドは 神の使徒」と証言する信仰告白（シャハ ーダ），②アッラーへの1日5回の礼拝 （サラート），③イスラム暦9月（ラマダ ーン）に1か月間行う断食（シャーム）， ④収入資産や貯蓄に課せられる税を納 める喜捨（ザカート），⑤アッラーへの 絶対帰依を示すメッカへの巡礼（ハッジ） である。

5 仏教　ゴータマ＝シッダッタを開祖と する世界宗教。原始仏教では，仏陀 （Buddha,覚者）になるための教えとし て，法（ダルマ，真理）が説かれ，特に 四諦・八正道・縁起が強調された。正 しい知恵の大切さを説く合理主義，平 等主義の思想，生きとし生けるものすべ てへの慈悲を重んじる広い愛の精神を 特色とする。仏陀入滅後100年ほど 経過した時，上座部と大衆部に分裂し， さらに紀元前後に，大衆部を母胎としつ つ大乗仏教が成立し，アショーカ王の庇 護等もあり興隆し，竜樹・世親などの思 想家も輩出した。そして西域・チベット を経て中国に伝わり，6世紀には日本に 伝来した。

6 年中行事　毎年一定の時期に特定の 集団により繰り返し行われる儀式・伝承 行事。一年間の農作業のリズムにあわ せて，日常（ケ）とは異なった特別の日 （ハレ＝晴れ着や特別の食事をとる）が 設けられた。さらに，もともとは宮中で 行われていた行事や外国から導入され た行事も含まれるようになった。

6 文化　文化とは人間の生活のあらゆ る場面に現れ，人間の生活の基盤を形 成しているものである。その内容は多 様で，人間が行為するスタイルや生活 習慣，考え方などの無形のものから，儀 式儀礼や芸能などの伝統，生活のなか で用いる道具までも含める。culture の語源は「耕作する」ということで，人 間が手を加えてつくりあげてきたものと して，自然に対する人工という意味もあ る。

6 文化の多様性　すべての文化が同様 に発展するのではなく，それぞれが独特 に発展する多様なものだとする考え方。 多様性を認めることで文化の優劣を比 較することを否定する立場である。

7 ルネサンス　14世紀から16世紀に かけて，イタリアで始まりヨーロッパ各

地に広がった文芸復興運動。ルネサンスとは本来フランス語で「再生」を意味する。ルネサンスは, 古代ギリシャ・ローマ文化の再生, 研究を通して「人間性の発見」をもたらし, 封建的秩序の束縛や神中心・教会中心の人間観・世界観から個人を解放した。「人間性の発見」という点で, 宗教改革とともに近代への出発点となる人間尊重の精神を生みだす原動力に。

7 ヒューマニズム 人間そのものや人間に関することがらに目を向け, 人間性を抑圧したり束縛したりするものから人間を解放しようとする考え方。ヒューマニズムはさまざまな理解のされ方をしており, 人間中心主義, 人文主義, 人道主義, 人間主義などと訳されている。どの場合でも人間尊重の精神という点では一致。

7 近代科学 16, 17世紀以降天文学や物理学を中心に, コペルニクス・ガリレイ・ニュートンらによって開花し発展した科学全般をいう。中世の教会中心の閉鎖的な学説から脱却し, 自然現象の背後にある原因, すなわち「なぜ」なのかではなく, 自然現象そのままのあり方, すなわち「いかに」あるかを科学的に解明しようとした。こうした態度は, 機械的な法則の支配する世界とみる世界観（機械的世界観）とも結びつき, 新たな人間生活の建設をめざそうとする人生観とも結びつく。

8 自然権 人間が生まれながらにもっている権利で, 一般的には自然法に基づく。基本的人権とほぼ同義であり, したがって憲法の規定によって初めて生まれるものではない。憲法は, こうした人権の存在を確認し, 保障することを宣言している。

8 一般意思 ルソーの『社会契約論』で用いられた概念。一般意志ともいう。公共の福祉を求める意思。個人の利害からくる特殊意思やその総和である全体意思と対比する。全体意思は多数決の意思につながり, その点でルソーは, 一般意思は代表されえないとして, 間接民主制を否定した。

8 自然状態 社会契約説において想定されている, 社会組織や権力機構が存在しない状態。人権を抑圧する権力も人権を守る組織も存在しない状態であるため, 秩序を維持して人権を守るには, 社会契約を結んで国家や政府をつくる必要がある。

8 ロック イギリスの哲学者。「17世紀に身を置きながら18世紀を支配した思想家」（丸山眞男）と評されるほど, 彼の考え方はアメリカの独立宣言など, 後世に多大な影響を及ぼした。主著『統

治二論』（1690年）において, 自由・平等な自然状態から, 生命・自由・財産を含む固有権（プロパティ）の保障を任務とした政府設立のための社会契約が人民相互間で結ばれるとした。したがって, その任務を果たさない政府に対して人民は抵抗権（革命権）をもつとされる。

8 『統治二論』 ロックの主著の一つ。1690年刊。二つの編から構成。前編はフィルマーらの王権神授説（家父長論）を徹底的に批判し, 後編はホッブズを念頭におきながら, 名誉革命後のイギリスの政治体制の全体像を明らかにしたものである。具体的には自然状態を自由・平等の状態であるとし, 社会契約で成立した政府のもつ権力は国民から信託されたものであり, その行使が人民の利益に反した場合には人民が抵抗権（革命権）を行使できると述べた。『市民政府二論』。

8 『社会契約論』 ルソーの政治論に関する主著。1762年刊。代議政治を批判し,「イギリス人は自由だと思っているが, それは大きな間違いである。彼らが自由なのは議員を選挙する間だけのことで, 議員が選ばれるやいなや, イギリス人は奴隷となり, ゼロになってしまう」という言葉は有名。日本では明治期に, 中江兆民が『民約訳解』（1882年）という表題で翻訳して紹介, 自由民権運動の理論的支柱の一つ。

8 『リヴァイアサン』 ホッブズが社会契約説を体系化した著書。1651年刊。社会契約によって形成される主権者＝国家が強力かつ絶対的権力をもつため, それを『旧約聖書』に出てくる海の怪獣リヴァイアサンにたとえたもの。

8 ルソー フランスの啓蒙時代の思想家。主著『社会契約論』（1762年）において, 人間の本来的な自由と矛盾しない国家や法律のあり方を論じ, 社会契約による国家の成立, 個別の特殊意思や全体意思とは異なる, 一般意思の表明としての法律の重要性などを説く。人民主権を明確にして, フランス革命などの思想的基盤を形成した。

8 ホッブズ イギリスの哲学者。主著『リヴァイアサン』（1651年）などにおいて,「万人の万人に対する闘争状態」としての自然状態から, 社会契約によって強力な主権者が支配する国家を設立し, その秩序の維持を通じて人民の生存を保障しようとする社会契約説を展開した。

9 サルトル 現代フランスの実存主義の哲学者で, 無神論的実存主義の立場に立つ。海軍士官を父としてパリに生まれる。1924年高等師範学校哲学科

に入学し, そこでメルロ＝ポンティ, シモーヌ＝ド＝ボーヴォワールらと知遇を得る。そして, ボーヴォワールとは, 1929年に契約に基づく結婚をした。1931年から各地の高等中学校で教鞭をとり, 途中33年にはドイツに留学して, フッサール, ハイデガーらを研究した。また, マルクスの影響のもとに『弁証法的理性批判』を著し, 自由と戦争へのレジスタンスのため, ヴェトナム戦争犯罪者法廷裁判長を務めるなど, 社会参加の思想を実践した。『嘔吐』などの文学も手がけ,『言葉』ではノーベル文学賞を辞退。1966年に来日した。

9 自由 サルトルによれば, 対自存在としての人間はたえず自己をこえていく, つまり, 一定の定まったあり方にとどまることはできない。その意味で人間は自由なのである。人間は自由であるより他のあり方をもつことはできない。対自存在は不完全であるがゆえに, 自らを築いていかなければならないという責任を負っている。そして, そのためには自己を選ぶ自由が保障されていなければならない。

10 ベンサム 功利主義思想を確立したイギリスの思想家。ロンドンの法律家の家庭に生まれ, 4歳でラテン語を覚え7歳でフランス語を習得したといわれている。12歳でオックスフォード大学に入学して法律を学び, 18歳で学位を取得するなど天賦の才に恵まれていた。その後, 父の遺産が入ったこともあってもっぱら学問の道に励み, 1789年に著書『道徳および立法の原理序論』を出版した。また, 自らの正義感から世論に訴え, 選挙法・貧民法の改正, 穀物法の廃止などにも大いに貢献した。

10 J.S.ミル ベンサムのよき理解者であったジェームズ＝ミルを父として生まれる。幼い頃からその父の天才教育を受け, ギリシャ語, ラテン語, 論理学, 心理学, 経済学などを修めた。17歳の頃にはベンサムの「功利主義協会」に加わり, また同じ頃父と同じ「東インド会社」に入った。しかし20歳のとき, いわゆる「精神的危機」が訪れ, 生涯を支える全基盤がくずれ落ちるような経験をする。59歳のとき, 下院議員に当選して以降, 選挙法改正, 女性の地位向上などに大いに寄与した。功利主義については, 人間の快楽に質的差異を認め, 人間の利他的な感情を重視することによって修正を加えた。主著『経済学原理』『自由論』『功利主義』

10 アマルティア＝セン 1933年11月3日, インド・ベンガル州に大学教師（化学担当）の子として生まれる。幼少期に彼を経済学へと導いた二つの事件,

1943年の死者300万人ともいわれるベンガル大飢饉, ヒンドゥー教とイスラム教の宗教対立から悲惨な死を遂げたカデール=ミアという男の死を目の当たりにする。当初物理学と経済学のどちらを学ぶか迷うが経済学を選択。カルカッタ大学経済学部卒業後, ケンブリッジ大学へ留学し, Ph.D(博士号)を取得。ケンブリッジ・デリー・オックスフォード・ハーバードなど大学教授を歴任。1998年に飢饉防止, 社会的選択論などの発展への高い功績を認められ, ノーベル経済学賞を受賞した。世界の貧困や不平等の問題を解決するためには, 各人の潜在能力[ケイパビリティ, capability]を高める必要があると説いた。

10 ロールズ アメリカの倫理学者。功利主義を批判して社会契約説の再構成に取りくむ。主著『正義論』で, 社会契約説を基礎とした「公正としての正義」を論じた。ロールズによれば, 正義の基本的目的は社会的基本財の公正な分配であり, その原理は①基本的な自由を有する権利を各人平等に保障すべきであること, ②権利の執行と享受においては各人の機会の均等を徹底すべきであること, ③権利とそれによる利益の保障は最も恵まれない人々を対象の最優先とすべきであること, などである。彼の正義論は個人の自由の実現という伝統的視点を基礎としつつ, 現代社会における不平等の是正を説いた点で注目される。

10 社会主義 生産手段の社会的所有を通じて, 人間の自由と平等を実現しようとする思想。19世紀前半のサン-シモン・オーウェン・フーリエらの空想的社会主義と, マルクスやエンゲルスらの科学的社会主義とがある。資本主義から共産主義に移行する歴史的過程のなかで, 共産主義社会への過渡期の社会を社会主義社会ともよぶ。

10 『資本論』 マルクスの主著。全3巻。第1巻は生前の1867年に刊行されたが, 彼の死後にエンゲルスが第2・3巻を編集・刊行した。唯物史観・労働価値説・剰余価値説によって資本主義を大胆に分析した。資本主義の発展が搾取によって労働者階級を貧困化させるが, 資本は蓄積と集中を通じて剰余を増大する。この資本主義の矛盾はしだいに激化し, ついに資本主義そのものを崩壊させ, 次の社会主義に移行するとした。

10 マルクス ドイツの経済学者・哲学者。盟友エンゲルスとともに科学的社会主義を確立し, 国際労働運動の指導者になった。主著『経済学・哲学草稿』

(1844年), 『共産党宣言』(1848年), 『経済学批判』(1859年), 『資本論』(第1巻1867年, 第2巻1885年, 第3巻1894年)。歴史では唯物史観(史的唯物論), 経済では剰余価値説に基づく壮大なマルクス主義体系を確立。労働価値説・剰余価値説を唱え, 資本主義を批判的に分析。

11 安楽死 不治の病気や重度の障害などによる肉体的, 精神的苦痛から解放するために人為的に死亡させること。

11 ゲノム 雄・雌二つの配偶子に含まれる染色体(細胞が正常に機能できるすべての遺伝子をもった一組:一対)の全体。一つの細胞中の遺伝子の完全なセット。普通の個体(2倍体)の細胞は雌性配偶子と雄性配偶子に由来する二つのゲノムをもつ。三つまたは四つのゲノムをもつものは, それぞれ3倍体・4倍体という。

11 ヒトゲノム計画 30億の塩基対からなると推定されているヒトのゲノム(遺伝情報)の全配列を解明する計画。1990年にアメリカを中心に6か国の共同プロジェクトとして開始し, 2003年4月には, ヒトゲノム配列の解読完了が発表された。医療への応用・活用が期待されている。

11 ES細胞 受精卵の分割途中の細胞を培養してできる細胞。未分化のため, 神経・内臓・血液・骨などのどんな細胞や組織にもなる能力を秘め, 万能細胞といわれる。この細胞を利用して, 治療が困難だった糖尿病や心筋梗塞などの患者に再生医療を施すことができる。

11 ジェネリック医薬品 先発医薬品(新薬)の特許切れ後, 同じ成分で製造された後発医薬品。新薬に比べて薬価が低いため普及が進めば, 国内の医療費削減や発展途上国の医療向上にも貢献できる。

11 インフォームド-コンセント 「説明と同意」「十分な説明を受けた上での同意」などと訳され, 医師から患者に対して病状や治療方法などについて十分な説明がなされ, それに同意を得た上で治療がなされるべきであるとする考え方。1960年代初めからアメリカで提唱された患者の権利。医師側の都合だけの医療行為では患者の権利は侵害されるとした。

11 臓器移植法 1997年6月に成立, 10月から施行された法律で, 臓器を提供する場合に限って脳死を「人の死」とすることが認められた。2009年には, ①法的には脳死を人の死とすることを前提とし, ②提供者の年齢制限を撤廃, ③本人の意思が不明でも家族の承諾で可能, などとする法改正が行われた。

11 出生前診断 胎児の遺伝性疾患や健康状態などを, 出生前に診断すること。先天異常に関する受精卵検査や羊水検査などがある。近年, 妊婦からの血液採取でダウン症など3種類の染色体異常が高精度でわかる簡便な診断が開発され, 新型出生前診断が試験的に始まった。安易な利用は, 命の選別となる危うさもある。

11 クローン 無性的に増殖し, 親とまったく同じ遺伝的な性質をもつ複製の生物。動物においては1962年, 自然界にはないクローン動物をカエルでつくることに成功(クローンガエル)。その後1996年には, イギリスで体細胞からつくられたほ乳類, クローン羊「ドリー」が誕生(ドリーは子ボニーをもうけ2003年死)。

11 パターナリズム 本来は, 親が子を慈しんで面倒をみること。父権主義。転じて, 強い立場の者が弱者のために, 本人の意思に反して介入・干渉する意味でも用いられる。医療の場では, 父としての医師が, 子どもである患者の治療方針などを一方的に決定することを指す。

11 デザイナー-ベビー 親などが希望する外見や知力などのために, 遺伝子操作による修正を行い, デザインされて生まれた子ども。実現してはいないが, 倫理上の問題のほか, 生命の選別がビジネスなどと安易に結びつくことに懸念もある。

12 国連人間環境会議 1972年にスウェーデンのストックホルムで開かれた国際会議。この会議で「人間環境宣言」が採択された。「かけがえのない地球」をスローガンに, ①人間居住の計画と管理, ②天然資源管理の環境問題, ③国際的な環境汚染, ④環境問題の教育・情報・社会および文化的側面, ⑤開発と環境, ⑥国際的機構, などについて話し合われた。

12 地球サミット 国連環境開発会議のこと。1992年に国連人間環境会議の20周年を記念して, ブラジルのリオデジャネイロで開催された。環境と開発に関するリオ宣言が採択され,「持続可能な開発」という原則が盛り込まれた。将来世代の生活を損なわない節度ある開発が主張された。

12 アジェンダ21 1992年の地球サミットにおいて採択された, 国際機関, 各国政府, 企業などが環境保全のためにとるべき分野や行動を具体的にした計画。

12 環境開発サミット 地球サミットのアジェンダ21の実施状況を検証するため, 南アフリカのヨハネスブルクで

2002年に開かれた会議。正式名は「持続可能な開発に関する世界首脳会議」。環境保護と開発の両立などをめざす「ヨハネスブルク宣言」が採択された。

12 持続可能な開発（発展）　「環境的にみて健全で維持可能な発展」という意味。将来世代の前途を損なわず，現世代の必要を充足する開発（発展）のあり方を示したもの。環境保全と開発とは対立するものでなく両立が可能であるとする。

12 バーゼル条約　有害廃棄物の国境をこえた移動（輸出）やその処分の規制などを定めた条約。1989年にスイスのバーゼルで採択され，1992年に発効した。日本での発効は翌93年。

12 酸性雨　化石燃料の燃焼で，硫黄酸化物（SOx）や窒素酸化物（NOx）が大気中に増加し，これが降雨のなかに溶けこむことでpH5.6以下の強い酸性値を示す。酸性雨により森林や土壌に被害が出るほか，湖沼や河川も酸性化して魚類の死滅・減少などが起きている。

12 モントリオール議定書　オゾン層保護のためのウィーン条約（1985年採択）を具体化した議定書。1987年の国連環境計画（UNEP）の会議で採択された。オゾン層を破壊するフロンガスの生産・使用を規制し，段階的に削減することを目的とする。1995年の締約国会議でフロンなどオゾン層破壊物質の全廃が決められた。日本は1988年に条約とあわせて締結。

12 ヒート-アイランド　都市部の地上気温が周辺地域より高くなる現象。「熱の島」とも訳される。自動車やエアコンからの熱や，緑地の減少，アスファルト・コンクリートなどが影響しているとされる。

12 フロン　クロロフルオロカーボン（塩素・フッ素・炭素の化合物）の日本における通称。不燃・無毒で化学的に安定しており，圧縮すると液化する。エアコン・冷蔵庫などの冷媒，スプレーなどの噴霧剤，半導体基板などの洗浄剤として利用されてきた。1974年頃からオゾン層を破壊することが指摘された。

12 温室効果　地球温暖化の要因の一つ。二酸化炭素やフロンなどが，地表から宇宙空間に熱を逃がさない働きをすることによる地球温暖化効果。大気が温室のガラスのような役割を果たすため，この名称がある。温室効果をもたらす気体を温室効果ガス（HGS）という。

12 ラムサール条約　1971年にイランのラムサールで採択された「特に水鳥の生息地として国際的に重要な湿地に関する条約」。国際湿地条約ともいい，重要な湿地を各国が登録し，保全しようとするもの。日本は1980年に加入，釧路湿原が最初の登録湿地。従来は水鳥の生息地を対象に指定されてきたが，現在ではマングローブ林・サンゴ礁・ウミガメ産卵地など，2021年末現在，国内の53か所が登録されている。

12 地球温暖化　二酸化炭素・メタン・フロンなど，温室効果をもつガスが大気中に排出されることで地球の気温が高まり，自然環境に各種の悪影響が生じる現象。温暖化の影響には，海水面の上昇などのほか，予想できない気候変動をもたらす可能性が高く，農作物の収穫量にも大きな影響が出るとされる。

12 ワシントン条約　絶滅のおそれのある動物の取り引きについて輸入国と輸出国が規制をし，対象となる野生動物の保護を目的とする条約。1973年にワシントンで調印されたことからこの名前がついた。日本は1980年に加盟。

12 国連環境計画（UNEP）　ユネップ。1972年，国連人間環境会議での議論に基づいて設立された。事務局はケニアのナイロビにある。国連本部に属し，国連が取り組む環境問題の総合的な調整などを任務とする。

12 生物多様性条約　特定の地域や種の保護だけでは生物の多様性を守ることができないとして，その保全を目的とした条約。1992年の地球サミットで採択。多様性とは生物種がさまざまに異なることを意味し，①生態系の多様性②種間の多様性③種内（遺伝子）の多様性を指す。国連は2010年を国際生物多様性年とした。

12 名古屋議定書　生物多様性条約の第10回締約国会議（COP10）が2010年に日本（名古屋）で開かれ，医薬品などのもととなる動植物などの遺伝資源の利用を定めたもの。生態系保全をめざす世界目標である「愛知ターゲット」も採択された。なお，日本では2008年に生物多様性基本法が制定されている。

12 京都議定書　1997年に気候変動枠組み条約第3回締約国会議（COP3）京都会議で採択された。二酸化炭素などの地球温暖化防止のための温暖化ガス排出量の削減目標を定めたもの。2008年から12年の間に（第1約束期間），1990年比で平均5.2％削減しようとするもので，EU8％，アメリカ7％，日本6％の削減目標値が義務づけられた。アメリカは経済への悪影響を理由に離脱したが，2005年発効。

12 ダーバン合意　2011年に南アフリカで開かれたCOP17で，12年末で期限切れとなる京都議定書をそれ以降も延長し，すべての国が参加する新枠組みを15年までにつくるとした合意書。日本・ロシア・カナダは京都議定書からの離脱を表明したが，第2約束期間は2013年から20年までの8年間と決まった（ドーハ合意）。

12 パリ協定　京都議定書に変わり，2020年以降の温室効果ガス排出削減の新たな目標を定めた国際的枠組み。2015年にパリで開かれた気候変動枠組み条約第21回締約国会議（COP21）で採択された。世界の平均気温の上昇を産業革命（1850年）以前に比べて2度未満に抑えることなどを明記。アメリカや中国を含む世界190余の国と地域が，先進国・途上国の区別なく取り組むこととなった。削減目標を5年ごとに見直すことを義務づけた。

12 エネルギー革命　人間が消費するエネルギー源の種類に関する，大きな変化をいう。古代・中世では薪炭が一般的であったが，産業革命前後から石炭などが使用されはじめ，第二次世界大戦後には，石油・天然ガス・液体ガスなどの流体エネルギーの需要が急増。

12 メタンガス　メタンとも。天然ガスの主成分で，無色・無臭の可燃性気体。燃やすと青色の炎をあげる。家畜の糞尿や沼地などの腐敗した有機物からも発生。

12 バイオエタノール　サトウキビのかすや廃木材，大麦やトウモロコシなどの植物を原料とするエタノール。天然ガスや石油などの化石燃料からつくられた合成エタノールと区別するためにバイオエタノールとよぶ。石油の代替燃料として注目されている一方で，世界の家畜飼料をうばい，穀物の価格を上昇させている。

12 再生可能エネルギー　太陽光・太陽熱・風力など，自然現象のなかでくり返し使えるエネルギーの総称。無尽蔵に存在するが，大規模な供給は困難で，現在までのところ経済的な効率も高くない。

12 プルサーマル　使用済み核燃料を再処理して燃え残ったプルトニウムを抽出し，稼働中の原子力発電所（軽水炉）で再利用すること。ウランとの混合酸化物（MOX）燃料に加工して用いる。プルトニウムとサーマルリアクターからの造語。

12 原子力発電　原子力発電は原子炉でウランを核分裂させ，そのときに発生する熱で蒸気をつくり，タービンを回して発電する。原子炉には，軽水（普通水）炉・重水路・黒鉛炉・高速増殖炉があり，タービンを回す水蒸気の形態の違いか

ら加圧水型と沸騰水型にわかれる。

12 エネルギー基本政策 2002年6月制定のエネルギー政策基本法に基づき、安全性、安定性、経済効率性、環境への適合が基本方針。2014年に策定された新しいエネルギー基本計画では、原子力発電は「重要なベースロード電源」と位置づけられ、安全が確認された原発から再稼働される。

12 一次エネルギー 石炭・石油・天然ガスの化石燃料のほか、水力・原子力（核燃料）・地熱など、主として加工せず使われるエネルギー。

12 電力システム改革 1951年以来の抜本改革として、①小売全面自由化、②市場機能の活用、③送配電の広域化・中立化を改革の基本方針とし、電力システムの改革を3段階に進めようとするもの。2014年の電気事業法の改正で、2015年に全国規模で電力需給を調整する「広域系統運用機関」を設立する。

12 水俣条約 正式名は「水銀に関する水俣条約」。人体や環境に悪影響をあたえる水銀の製造や輸出入を原則として禁止する条約。水俣市で2013年、国連環境計画（UNEP）が中心となって採択された。2017年には50か国の批准があり発効された。2021年10月現在の締約国は153か国。

12 大衆社会 一般的・平均的な大衆の決定が社会の動向を左右する社会。現代の発達したマス-メディアの情報支配と、それによる集団操作の重要性に裏付けられて成立した社会。大衆社会を構成する大衆の特徴としては、匿名的、受動的、孤立的な存在であることが指摘できる。

13 伝統指向型 リースマンの主著『孤独な群衆』のなかの用語。人口の増加があまりみられない閉鎖的で前近代的な共同体社会において、人々が共有している社会的性格。共同体社会で長い間にわたって形成してきた道徳や慣習を忠実に遵守することができる者だけが、唯一成功を勝ち得る可能性があるとする。

13 内部指向型 リースマンの主著『孤独な群衆』のなかの用語。産業革命後の近代市民社会においてみられる社会的性格で、孤独に耐えながら、禁欲的な自分の内部の良心に従って行動するタイプの人間。比喩的にいえば、ジャイロスコープ（羅針盤）型の人間である。

13 外部指向型 20世紀の大衆社会にみられる社会的性格で、周囲の動向や要求に対して鋭い感覚をもち、それに敏感にしかも的確に反応するタイプの人間。比喩的にいえば、レーダー型の

人間である。

13 フロム ドイツのフランクフルト生まれの精神分析学者で精神分析を社会学の面から研究。ナチスが大衆に支持された理由を、権威・権力に従順で弱者に対して威圧的になる権威主義的性格という社会的性格から分析。主著『自由からの逃走』（1941年）

13 リースマン アメリカの社会学者であり、現代の大衆社会を鋭く分析した代表者。主著『孤独な群衆』においては、初めに人間の性格を、「伝統指向型」、「内部指向型」、「外部指向型（他人指向型）」の三つに分けている。

13 ファシズム 1920〜40年代に興隆した国家主義的全体主義をいう。イタリアのムッソリーニが結成した、ファシオ（束＝団結）を語源とするファシスト党の主義・主張に由来し、ドイツのヒトラーによるナチズム、あるいは日本の軍国主義に対しても用いられた。比較的発展が遅れた資本主義国家が、対外侵略などの帝国主義的な国家政策を最優先させるために、議会政治の否定、社会主義革命の防止、権威主義的国内統制などによって推進した政策やその背景となった思想。

13 コンピュータ 電子計算機と訳されてきたが、現在では、高度に情報を処理する機械という意味あいが強い。現代の情報化社会を支える機械装置であり、エレクトロニクス技術の進展とともに成長。

13 不正アクセス禁止法 他人のコンピュータへの不当侵入を禁止する法律。2000年2月に施行。他人のコンピュータに不正にアクセスする行為自体を犯罪と認め、処罰の対象としている。

13 電子マネー 貨幣価値をデジタルデータで表現し、キャッシュレス売買やネットワーク上の電子商取り引きの決済手段として使われる。データ処理のみによる決済や売買ができる。

13 メディア-リテラシー リテラシーとは本来、読み書きの能力をさす。一般国民が多様なメディアを批判的に使いこなし、それに適応できる能力を身につけること。情報化社会を生き抜くための必要不可欠な能力とされる。

13 情報 一般的には「報せ」の意味。生物の自己保存の必要性から外部に向けて発したり、外部から受けとったりする「報せ」のすべて。人間はその手段として言語や文字を発達させた。その一つの到達点がコンピュータ情報で、特徴は①論理性、②予知性、③行動選択性。

13 IT革命 1990年代半ばからアメリカを中心としてIT（情報技術）が進展して世界中に広がり、社会全体を巻き込

んで大きな変革となったことを指していう。産業革命以来の産業形態をパラダイム的に変化させる本質がある。現在ではICT [Information Communication Technology] 革命ともいう。

13 インターネット コンピュータを光ケーブルや通信衛星によって接続することによりネットワーク化したもの。当初は、研究者どうしの情報交換のためにつくられたが、簡単なソフトが開発されたり、商業利用が認められることにより爆発的に普及。情報が送り手と受け手の双方向に流れるという特色をもつ。

13 デジタル-デバイド 情報格差。インターネットなどの急速な普及の陰で、個人間の年齢・能力的差異や、国家間の経済格差などによって、情報通信を利用できる人と、そうでない人（情報弱者）との間で格差が広がる事象。

13 ドローン 無人小型機のこと。遠隔操作での飛行やGPSなどを利用した自動飛行で、元来は軍事利用だったが、水田での農薬散布や宅配サービスなどでの利用も進んでいる。

14 政治 社会を構成する人々のさまざまな利害や意見を調整し、統合をもたらす働き。それには利害や意見が対立する人々に働きかけ、調整を納得させていくことが必要であり、統合を拒むものに対しては物理的な強制力を用いることになる。

14 基本的人権 人間が生まれながらにもつ権利。近代自然法思想・自然権思想に基づくものであり、いかなる権力であっても侵すことができない権利とされる。市民革命期には自由権・平等権を中心としていたが、現代では1919年制定のワイマール憲法などにみられるように、社会権（生存権）にまで拡大されてきた。

14 三権分立 立法・行政・司法の三つの権力を別々の機関に担当させ、それぞれの機関の間にお互いの活動を牽制する機能をもたせて、バランスをとるようなしくみ。厳格な三権分立のしくみとして、アメリカ合衆国の大統領制がある。

14 『法の精神』 モンテスキューの主著。1748年刊。「権力をもつ者がすべてそれを濫用しがちだということは、永遠の経験の示すところである」と述べ、立法・行政・司法の三権力の分立原則を説く。彼の権力分立の理論は権力の間の抑制と均衡 [checks and balances] によって権力の濫用と腐敗を防ごうとするもの。

14 権利 個人や団体の利益などを確保するため、法が与える手段や力、活動範囲をいう。

資料編

⑮ 間接民主制　国民が直接選んだ代表者を通じて国家の意思を決定する政治のしくみで, 代議制・代表民主制ともいわれ, 直接民主制と対比される。参政権をもつ国民が多くなった近代以後の国家で, 全国民が直接政治に参加することが困難なことから, 議員その他の代表を媒介として政治に参加する形式がとられた。

⑮ 議会　公的な選挙で選出された代表者 (議員) によって構成される代議機関をいう。語源としては, congress (集まり) と parliament (話し合い) があり, 近代以降に立法機能を確立。国民の代表機関を議会 (日本では国会＝the Diet) といい, 地方公共団体の住民代表機関を地方議会という。立法的機能や行政監視機能をもつ意思決定機関で, 民主主義体制下ではその審議・議決の過程で国民の意見を吸収し, 反映させることが求められる。

⑮ モンテスキュー　フランスの思想家。主著『法の精神』のなかで権力分立論を展開した。権力分立の考え方は, 立法・行政・司法という三つの政治権力を分立させ, 互いに牽制しあうことで権力の腐敗と濫用を防ぐというもの。

⑮ 改革・開放政策　1970年代末に鄧小平によって着手された経済体制の改革政策。人民公社の解体, 農業生産責任制, 企業自主権の拡大などとともに, 個人の経済活動や社会主義所有制の枠内で私的経営を認める社会主義市場経済の導入が明確化された。

⑮ 不文法　成文化されていない法。慣習法・判例法が代表的なもので, 英米法では不文法であるコモン-ローが重要な地位を占めている。

⑮ 教書　議会への法案提出権をもたないため, 大統領は議会に対して国家の全般的状況, 経済全般の動向, 予算案に関して情報を与えて, 政策上必要な審議を求めることが保障されている。それぞれ, 一般教書・経済教書・予算教書。憲法上定められた大統領の権限として議会へ送られるこれらのメッセージが教書である。

⑮ 法案提出権　アメリカ大統領は議会への法案の提出ができない。そのかわりに, 教書という制度がある。

⑮ 法案拒否権　アメリカの議会を通過した法律案の成立には, 大統領の署名が必要である。大統領はこの署名を拒否し, 議会に再審議を求めることができるが, 上下両院がそれぞれ3分の2以上で再可決すると法案は成立する。これをオーバー-ライドという。

⑮ 大統領選挙人　間接選挙であるアメリカ大統領選挙において, 各州単位で国民が直接投票して大統領選挙人を選ぶ。形の上で, この選挙人が大統領を選ぶ。選挙人はあらかじめ, どの大統領候補に投票するか表明しているため, 実質的に直接選挙と異ならない。

⑮ 全国人民代表大会　中国の立法機関で, 一院制の議会に相当する。最高の国家権力機関であり, 省や自治区・軍隊などから選出された任期5年の代議員約3000人で構成されている。権限としては憲法の改正, 法律の制定, 計画経済の決定, 予算の審議, 国家主席の選挙などがある。毎年1回開催。常設機関として常務委員会が置かれている。

⑮ 中国共産党　1921年に上海で創立され, 国民党との勢力争いのなか, 1935年1月に毛沢東が党の指導権を握り, 1949年10月に中華人民共和国を建国した。憲法で, 社会主義建設のための指導的役割を認められ, その影響力は立法・行政・司法・軍事などあらゆる面に及んでいる。党の最高機関は中央委員会であり, 国務院総理人事の提議など, 政治機構への関与権も存在する。最高指導者は総書記で, 現在は習近平。

⑮ 大統領　アメリカ合衆国の国家元首であり, 行政府の長及び国軍の司令官の地位を兼ねる存在。国民の選挙 (間接選挙) によって独自に選出されるため, 議会・裁判所との権力分立は厳格である。議会に対する法律案提出権はないかわりに教書提出権があり, 法案拒否権をもつ。

法的主体

⑯ 多数決原理　集団の意思決定にあたって, その集団の多数意見を集団全体の意思とみなす原理。過半数によって決定する場合が多いが, 重要な問題についてはそれ以上の賛成を必要とする場合がある。日本国憲法の改正を, 両議院のそれぞれの総議員の3分の2以上の賛成で発議することなどがそれにあたる。

⑯ 憲法改正　憲法の明文化された規定に変更を加えること。修正・追加・削除など多様な方法がある。手続きは, ①各議院の総議員の3分の2以上の賛成で, 国会が発議し, ②国民投票により国民の承認を経て, ③天皇が国民の名で公布する, という3段階をとる。ただし, 国民主権など憲法の基本原則は改変できない, というのが学界の通説である (憲法改正限界説)。

⑯ 天皇　明治憲法においては, 国の元首であり, また主権者であった。しかし, 日本国憲法では日本国の象徴であり, 日本国民統合の象徴と位置づけられた。国の政治に関する権能をもたず, 内閣の助言と承認に基づいて国事行為を行う。

⑯ 国民主権　国の政治のあり方を最終的に決定する権限が, 国民にあるとする政治原理のこと。日本国憲法の三大原則の一つ。憲法前文, 第1条などに規定。日本国憲法では, 国権の最高機関を国会とし (第41条), 国会を構成する議員の選択を国民の権利として認めたため, 国民に最高決定権が帰属する構造になり, 天皇は国政に関する権能をもたない。

⑯ 日本国憲法　1945年8月15日に日本が第二次世界大戦に敗戦してから, 民主的な新憲法制定作業が始まり, 1946年11月3日に公布, 翌年5月3日から施行。この憲法は大日本帝国憲法の改正という形をとったが, 天皇主権から国民主権に変わるなど多くの点で根本的に異なる。日本国憲法の柱は, ①国民主権と象徴天皇制, ②戦争の放棄, ③基本的人権の保障である。

⑰ 幸福追求権　憲法第13条後段に規定された国民の権利。社会の変化にともない, 個人の人格的生存に不可欠な利益を内容とする権利の総体をさす。「生命・自由・幸福追求の権利」とも呼ばれるが, この三者を区別せず統一的に幸福追求権として把握するのが一般的である。

⑰ 統治行為　統治にかかわる国家権力の政治的な判断や行為。司法権との関係では, 高度の政治性をもつ国家行為として, その合憲性の判断を司法権の審査の対象とすることは不適当とされるが, 安易な援用は違憲審査権の放棄だとする批判もある。

⑰ 男女共同参画社会基本法　1999年6月, 男女共同参画社会の形成にむけて制定された基本法。2001年, 内閣府に男女共同参画会議が設けられた。国だけでなく都道府県や市町村にも男女共同参画基本計画の策定が義務づけられる。

⑱ 財産権　財貨や債権などの財産に関する権利。近代的自由権のなかで, 経済の自由に属し, 財産権の不可侵が前提とされてきたが, 20世紀以後は公共の福祉との関連で無制限ではなく, 合理的な制限が規定されている。

⑱ 精神の自由　人権思想の根源にある「個人の尊厳」から直接に導かれる自由権的基本権の一つで, 民主主義体制の基礎をなす。個人の内面的なあり方が, 国家権力を含めたいかなる組織からも強制・干渉されないというもの。思想・

良心の自由，信教の自由，集会・結社・表現の自由，学問の自由，などで構成される。

⑱ 愛媛玉ぐし料訴訟　愛媛県が靖国神社への玉ぐし料などを公費で支出したことに対して，市民らが憲法の規定した政教分離原則に反すると訴えた裁判。第一審の松山地裁が違憲，第二審の高松高裁が合憲と判断が分かれたが，上告審の最高裁大法廷は1997年4月，県の行為はその目的と効果からみて，憲法の禁止した宗教的活動にあたるとして違憲判決。

⑱ 通信傍受法　組織的殺人など，一定の犯罪に関する電話や電子メールなどの通信を，裁判官の令状に基づいて捜査機関が通信事業者の立ち会いのもと，最長で30日間傍受できるとした法律。1999年に成立，2000年から施行。「盗聴法」。

⑱ 人身の自由　自由権の重要な構成要素の一つ。本人の意思に反し，または不当に身体的な拘束を受けないこと。日本国憲法では第18・31・33・34・37・38条で，奴隷的拘束及び苦役からの自由，法定手続きの保障，住居の不可侵，黙秘権などについて保障している。

⑱ 令状主義　逮捕・抑留・住居侵入・捜索・押収などの強制処分を行う場合，現行犯逮捕などの特別の場合を除き，司法機関が発行する令状を必要とする原則をいう。人身の自由を保障するため，刑事捜査上の手続きに盛り込まれたもの。憲法第33・35条に規定。

⑱ 令状　逮捕・捜索・押収などの強制処分の根拠を明示した裁判所の文書。憲法は司法官憲が発すると明示している。

⑱ 自白　民事裁判では，当事者が敗訴する可能性のある，自己に不利益な事実を認めることをいい，刑事裁判では自己の犯罪事実の全部または主要部分を承認する供述をいう。憲法第38条の規定に基づいて，自白は被告人の供述の自由が圧迫されたものでないことが必要である。

⑱ 職業選択の自由　憲法第22条に規定。自分が就きたいと考えるどんな職業も選ぶことができる権利で，営業の自由も含む。封建時代の身分制や世襲制による職業の固定からの転換を意味する。ただし，公序良俗に反する職業や医師のように一定の能力の保証が必要な職業もあるため，この権利にも「公共の福祉に反しない限り」という限定。

⑱ 財産権の不可侵　憲法第29条に規定。財産権とは，一定の価値をもつ物に対する個人や法人が所有する優先的

権利を意味する。貧富の格差の拡大など社会問題が深刻化したため，その制限や社会的利益との調和が求められるようになり，日本国憲法でも「公共の福祉に適合するやうに，法律でこれを定める」と規定。

⑱ 冤罪事件　罪がないのに疑われたり罰せられることで，無実の罪をいう。

⑱ 再審　刑事訴訟法上では，確定判決に対して事実認定の誤りを理由に，判決以前の状態に戻し，裁判をやり直すための手続き。裁判の一事不再理の原則から，無罪事件については適用されず，有罪や控訴・上告棄却の確定判決が対象となる。再審請求は原判決を下した裁判所に対してなされ，裁判所が理由ありと認めた場合に再審開始の決定をする。

⑱ 犯罪被害者の権利　従来，精神的・身体的打撃を受けた犯罪被害者や遺族に対する十分な配慮がなされてこなかった。このことへの反省から，犯罪の被害者・遺族に裁判記録のコピーや，裁判の優先的傍聴などを認める犯罪被害者保護法と，被害者らが法廷で意見を陳述する権利などを規定した改正刑事訴訟法が，2000年11月から施行。また，犯罪被害者等基本法も2004年に制定された。

⑱ 表現の自由　人が自由に自分の思想を形成し，発表する自由をさす。公開の場での討論などによる世論形成にもつながり，民主主義体制の不可欠の権利である。憲法第21条に規定され，言論・出版・集会・集団示威その他の行動の自由。

⑱ 知的財産権　発明・デザイン・著作などの知的形成物に関する権利。知的所有権ともいう。商号・標章の詐称や，プログラム・著作のコピー使用など，権利侵害に対して脆弱な面をもつため，物権や債権に並ぶ権利として主張される。著作物に関する著作権と，特許・実用新案・意匠・商標などに関する産業財産権とに大別される。日本では知的財産基本法が2002年に制定。

⑱ ヘイトスピーチ（差別扇動表現）　在日コリアンに対して差別意識をあおる暴力的なデモや集会。東京都や大阪府の一部地域などで頻繁に開かれてきたが，これをいさめる抗議活動も行われている。日本にはヘイトスピーチを罰する国内法はないが，日本も加わる国際人権規約（自由権規約）第20条や人種差別撤廃条約第4条などに禁止規定がある。

⑱ 袴田事件　1966年，静岡県清水市（現静岡市）で起きた一家4人の強盗殺人事件で，元プロボクサーの袴田巌さんが逮捕された事件。袴田さんは無罪

を主張し，1968年に死刑判決が言い渡されていたが，2014年のDNA鑑定が決め手となり，静岡地裁が再審を決定。袴田さんは釈放されたが，検察が即時抗告し，現在も東京高裁で審理中。

⑲ 社会権　自由権や平等権に対して，20世紀に入ってから導入された権利。第二世代の人権ともよばれる。人間として最低限度の生活を営む権利の主張と，その保障を国家に対して要求する権利を含む。生存権的基本権ともいわれる。教育への権利・勤労権・労働三権など含む。

⑲ 生涯学習　生涯教育ともいう。全国民が生涯にわたって学びつづけること。1973年のOECD（経済協力開発機構）報告書では，循環的に学ぶという意味でリカレント教育の理念が提唱された。

⑲ 勤労権　憲法第27条で定められた国民の権利。労働の意思と能力をもちながら就業機会に恵まれない者が，国に労働機会を与えることを要求する権利。

⑲ 教育基本法　1947年制定。教育の目的と新生日本の教育の確立をめざした法律。制定経過からみて，準憲法的性格をもつとされる。教育の機会均等・義務教育・男女共学・学校教育・社会教育などについて規定していた。安倍晋三内閣のもと，2006年の改正で「愛国心」条項などが加わり制定時の理念は大きく変質。

⑲ 労働基本権　健全な社会生活を営み，社会的地位の安定と向上をはかるためには，就業機会の確保が不可欠であることから，憲法で定められた社会権的基本権。勤労の権利と団体交渉権・団体行動権（争議権）の労働三権を含む。

⑲ 生存権　憲法第25条に規定された権利。「健康で文化的な最低限度の生活を営む権利」と表現されている。国家が国民の生活内容を積極的に保障することを国民自身が要求できるという内容をもつ。1919年のワイマール憲法で初めて規定され，社会権の主要な要素をなす。

⑲ 請願権　憲法第16条で認められた，公的機関に一定の職務遂行を求める権利。具体的には国や地方公共団体に対して，施策に関して希望を述べる権利をさす。未成年者や外国人にも保障される。

⑲ 参政権　政治及び国家や地方公共団体の権力の構成・行使に参加する権利のこと。日本国憲法では第15・79条で，公務員の選定や罷免の権利を定め，

普通選挙・秘密投票・国民審査などを保障している。

19 18歳選挙権 2015年の公職選挙法改正で選挙権年齢が「満18歳以上」に引き下げられたこと。2016年の参議院選挙から投票でき，これにより約240万人が新たに有権者に加わり，全人口に占める有権者の割合は2%上昇。

19 朝日訴訟 1957年，国立岡山療養所の入院患者朝日茂さんが，憲法第25条の生存権規定を根拠に厚生大臣を相手に起こした訴訟。1963年の第二審でプログラム規定説に基づき，社会保障の財源を理由として原告が敗訴。しかしこれを契機に，生活保護費は大幅に増額された。

20 セクシュアル-ハラスメント 主に女性に対する職場などでの性的いやがらせ。1970年代のアメリカで主張され，日本でも80年代末から問題に。セクハラ。

20 環境権 人間が健康で文化的な生活の維持のために必要な環境を保有・維持する権利。憲法第13条の幸福追求権，第25条の生存権を根拠にして主張されている。現在では，高速道路や新幹線の建設，原子力発電所の建設，軍事基地・演習場の設置などの問題にも拡大。

20 大阪空港公害訴訟 大阪国際空港近隣住民がジェット機の騒音・排ガス・振動などを原因とする公害被害に対して，損害賠償と飛行差し止めなどを請求した事件。1981年に最高裁は，住民らが主張した環境権については言及せず，損害賠償については将来の分を除き認定した。

20 新しい人権 社会状況の変化のなかで，人間生活の保護のための新しい施策が要求されるようになった。その変化に対応して主張されるようになったのが「新しい人権」で，環境権・知る権利・プライバシー権などが代表例。第三世代の人権とも。

20 肖像権 人が自分の肖像（姿・顔など）を無断で撮影されたり，絵画に描かれたりせず，無断で公表されない権利。

20 知る権利 マス-メディアに属する者が，自由に取材・報道できる権利の主張として登場。現在では参政権的な役割とともに，国民が国・地方の行政内容やその決定過程に関する情報入手を要求する権利の意味にも使われる。最高裁は報道機関の報道は国民の「知る権利」に奉仕するものと判断している。

20 住民基本台帳ネットワーク 住基ネットと略称。すべての国民に11桁の住民票コードをふり，氏名・住所・性別・生年月日の4情報を国が一元的に管理

するシステム。2002年に稼働。

20 情報公開制度 政府・地方公共団体などが所持する各種情報の開示を国民が要求した場合，請求のあった情報を公開しなければならないとする制度。

20 アクセス権 マス-メディアの巨大化した社会において，言論の自由とプライバシーを保護するため，情報源にアクセス（接近）して，情報内容に対して反論したり訂正を求める権利をいう。情報への接近という意味では「知る権利」と同じ。

20 個人情報保護法 個人情報保護を定めた法律。2003年成立。従来は1988年制定の「行政機関の保有する電算処理に係る個人情報保護法」のみだったが，高度情報通信社会の進展で法の整備が不可欠に。主に，民間業者を規制対象とした個人情報保護法と，行政機関の個人情報の管理を定めた行政機関個人情報保護法の2種類。

20 情報公開法 1999年に公布され，2001年から施行。正式には「行政機関の保有する情報の公開に関する法律」という。目的には政府の「活動を国民に説明する責務（アカウンタビリティ）」を通して，「公正で民主的な行政の推進」をすることが掲げられたが，知る権利は明記されず。

20 プライバシーの権利 私事・私生活をみだりに公開されない権利をいう。人間の名誉や信用などにかかわる人格としての価値や利益の保持に関する「人格権」との関係が深い。近年，情報化の進展にともなって「自己に関する情報をコントロールする権利」（情報プライバシー権）と定義され個人情報の保護とも結びつく。

20 マイナンバー 国内に住むすべての人と法人に割り振られる，12桁（法人は13桁）の共通番号のこと。所管する行政機関が別々に管理していた所得や年金，社会保険などの個人情報を一つに結びつけることができる。

20 ドメスティック-ヴァイオレンス 主に配偶者や恋人といった親密な関係にある異性からふるわれる暴力のこと。2001年4月に「配偶者からの暴力の防止及び被害者の保護に関する法律」（DV防止法）が公布され，同年10月に施行。

21 防衛装備移転三原則 日本はこれまで武器輸出（防衛装備の移転）については，1967年の佐藤首相（当時）の国会答弁「武器輸出3原則」により全面禁輸であった。2014年に閣議決定された新三原則では，①国際条約違反国等への輸出禁止，②平和貢献や国際協力などに資する場合などに輸出を限

定し，厳格な審査と情報を公開，③目的外使用，第三国移転の適正管理を行うこととしている。

21 集団的自衛権 国連憲章第51条で定められた権利。武力攻撃が行われた場合，単独国家が混捌的自衛権を行使するだけでなく，二国間あるいは地域的安全保障・防衛条約などで結びついた複数国が共同で防衛措置をとること。

21 安全保障関連法 安倍晋三首相が2015年の通常国会に提出し成立した，国の安全保障にかかわる法制度の総称。同年に再改定された日米防衛協力のための指針（ガイドライン）や，前年に閣議決定した集団的自衛権の行使を具体化する意味合いがある。

22 日米地位協定 1960年の日米安保条約第6条に基づき，在日米軍基地の使用条件や裁判管轄権，米軍人の地位などについて定めた細目協定。全文28か条からなる。旧日米行政協定に代わるもの。

22 思いやり予算 在日米軍駐留経費の日本側負担分。日米地位協定では，本来は全額アメリカの負担とされる。1978年，日本が負担する理由を問われた当時の金丸信防衛庁長官が「思いやり」と答えたことからこの名が定着。

22 非核三原則 「核兵器を持たず，つくらず，持ち込ませず」という日本政府の核兵器に関する基本政策。1971年の衆議院本会議で「非核三原則」を採択した。この原則に対する国際的評価は高い。

22 日米安全保障条約 1951年締結の旧条約（日本国とアメリカ合衆国との間の安全保障条約）と1960年改正の新条約（日本国とアメリカ合衆国との間の相互協力及び安全保障条約）とがある。旧条約には米軍の日本防衛義務には不明確な部分があり，期間も暫定的であったことなどから，改正論が強まった。アメリカは基地協定の性格を残しながら日本の防衛能力の強化と，集団安全保障体制形成を明確化する新条約締結を求めた。日本国内の激しい反対運動（安保闘争）のなか第2次岸信介内閣が1960年1月に調印。

22 国民保護法 2004年，有事法関連7法の一つとして制定。有事の際，国民の生命・身体・財産を守り，国民生活におよぼす影響を最小限におさえるため，国や地方公共団体などの責務，救援・避難の手続きなどを定める。

23 立法 具体的な成文の法規を定める行為をいう。近代国家においては国民

の選挙で選出された議員が構成する議会で行われる。実質的な意味での立法行為。

23 法律 広い意味では，法と同じ意味で使われるが，狭い意味では国会で制定された法のみをさす。この意味での法律は，法体系のなかでは憲法より下位にあり，命令・規則・条例より上位にある。

23 一院制 単一の議院からなる議会制度。立法・審議の迅速化や効率化という面でメリットがあるが，慎重な審議がそこなわれる恐れもある。北欧をはじめ，単一国家では二院制よりもこの制度を採用している国のほうが多い。

23 衆議院の優越 国会の議決に際し，両院の意思が合致しない場合の両院協議会の協議のほかに，衆議院に与えられた権限の優越性。国会の会期の決定や延長など，法律で同様に衆議院の優越を定めた規定もある。

23 党首討論 国会の場で行われる，首相と野党党首による対面式の討論。国会での審議の活性化をはかる一環として，2000年の通常国会から導入。衆参両院の国家基本政策委員会合同審査会の場で行われる。イギリス議会のクエスチョン-タイム制度を手本としている。

23 本会議 衆議院・参議院で，それぞれの全所属議員の出席により開かれる会議。衆議院本会議・参議院本会議という。本会議は総議員の3分の1以上の出席で開会され，議決は出席議員の過半数により成立する。本会議は公開を原則とするが，出席議員の3分の2以上で議決した時は秘密会とすることができる。

23 常任委員会 予算・内閣・文部科学・総務などの委員会が，衆議院と参議院にそれぞれ17ずつある。

23 特別委員会 特別な案件が発生した場合に設置される委員会。

23 衆議院の予算先議権 予算案は先に衆議院に提出しなければならない（憲法第60条1項）。

23 二院制 国会を二つの独立した合議体に分け，議案を別々に審議することによって国会の審議を慎重に行う制度。両院制ともいう。全国民を代表する選挙された議員で組織される下院と，国ごとにさまざまな方法で選ばれた議員によって構成された上院の両議院で構成される。

23 予算の議決 予算案について，①衆参両院が異なった議決をし，両院協議会を開いても意見が一致しないとき，②参議院が予算案を受け取ってから30日以内に議決しないとき，衆議院の議

決を国会の議決とする（憲法第60条②）。これが自然成立。

23 弾劾裁判所 訴追を受けた裁判官の罷免の可否を取り扱う弾劾を行うため，両議院の議員で組織する裁判所（憲法第64条）。衆参両院議員のなかから選ばれた，訴追委員と兼任しない各7名の裁判員で構成。3分の2以上の賛成で罷免。

23 国会議員 衆議院・参議院を構成する議員。国民によって直接選挙されるが，選ばれた国会議員は，その選挙区や支持する諸団体の代表者ではなく，全国民の代表（国民代表）であると定められている（憲法第43条）。

23 常会 毎年1回，必ず召集される国会（憲法第52条）。通常国会ともいう。毎年1月中に召集され，会期は150日間。常会の主要議事は，翌年度の予算審議である。召集詔書の公布は，天皇によって20日前までになされる。

23 臨時会 国会の議事が必要な時に臨時に召集される議会。臨時国会ともいう。内閣またはいずれかの議院の総議員の4分の1以上の要求により，また任期満了にともなう衆議院議員総選挙後や参議院議員通常選挙後の一定期間内に，内閣が召集を決定する（憲法第53条）。

23 特別会 衆議院解散後の総選挙の日から30日以内に召集される国会（憲法第54条）。特別国会ともいう。

23 国政調査権 国会が国政全般について調査を行う権限。議院内閣制に基づく行政監督権の下で国会が内閣をコントロールするための権限の一つ。

23 両院協議会 衆議院と参議院とが異なった議決をした場合に，両院の意思を調整するために開かれる協議会。協議委員は両院からそれぞれ10名ずつ選出。

23 国会 憲法が，日本の国政分野での議会につけている呼び名。国会のしくみと権限については憲法第4章に定められる。国会の議場はフランス下院と同類型で，議長席からみて右側に与党が，左側に野党が位置する構造となっている。

23 参議院 衆議院とともに日本の国会を構成する議院の一つ。比例代表区選出98名と，都道府県を単位とした選挙区選出147名の計245名の議員からなる。定数は比例区100名選挙区148名。任期は6年，3年ごとに半数ずつ改選され，解散はない。被選挙権は30歳以上。

23 衆議院 日本の国会を構成する議院の一つ。定数289名の小選挙区（295名）と11ブロックの比例代表区

（定数176名，拘束名簿方式）から2票投票制で選出される小選挙区比例代表並立制。定数475名。被選挙権は25歳以上。任期は4年で解散がある。

24 行政権 三権のうちの立法権と司法権に属すものを除いた国家の政務を執行する権限。

24 外交 国際社会での主体である国家間の諸利益・諸関係の交渉にかかわる活動をいう。現代では国民の代表機関である議会が条約批准の承認などを通じて国民的利益と国民的合意の下に，政府の外交を統制する。

24 条約の承認 内閣が締結する国家間の合意である条約は事前に，やむを得ない場合は事後に，国会の承認を経なければならない（憲法第73条3号）。

24 批准 条約に対する国家の最終的な確認または同意をさす。条約の内容が合意に達すると，国の代表が署名・調印を行う。日本では内閣が批准，国会が承認し，天皇が認証する。

24 行政委員会 一般行政機構からある程度独立して権限を行使する合議制の行政機関。人事院・中央労働委員会・公害等調整委員会・公正取引委員会などがある。都道府県などにも配置されている。

24 閣議 内閣が開く会議で，行政の最高意思決定機関。内閣総理大臣が議長となって主宰し，全閣僚が出席して開かれる。閣議の内容は非公開で，定例閣議が週2回開かれる。ほかに臨時閣議や，案件を書面で持ち回って署名を得る持ち回り閣議などがある。

24 政令 命令のうちの一つで，内閣によって制定される（憲法第73条6号）。効力は法律より劣り府令・省令よりは優先。

24 内閣 内閣総理大臣及び14名（特別に必要な場合は17名）以内の国務大臣で構成される国家行政の最高意思決定機関。構成上の原則は，文民で過半数が国会議員（憲法第68条）。

24 内閣総理大臣 内閣の首長であると同時に内閣府の長でもある。国会議員のなかから，衆議院の多数派の代表が指名され，天皇が任命する。内閣を代表して各省庁大臣を指揮・監督する立場にあるため，総理大臣が欠けた場合，内閣は総辞職しなければならない。

24 国務大臣 日本国憲法では，内閣総理大臣を含む内閣の全閣僚をいい，通常は内閣総理大臣以外の閣僚をいう。内閣総理大臣によって任命され，また任意に罷免される。原則として14人以内だが，特別に必要がある場合は17人まで。

24 副大臣 従来の政務次官制度にかわ

り2001年1月からの中央省庁再編にともなって新設された役職。閣僚のサポート役として，国会議員のなかから内閣が任命（副大臣のみ天皇が認証）する。

24 官僚制 行政機関を合理的・能率的に運営するため，組織を上下の指揮・命令関係として構成した公務員の体系。ビューロクラシー [bureaucracy] ともよばれ，企業・民間団体なども含めて巨大化した組織にみられる制度。行政機能の拡大によって，高度化・専門化した行政の担い手としての官僚支配という意味で，テクノクラシー [technocracy] ともよばれる。

24 原子力委員会 1956年，原子力基本法と原子力委員会設置法に基づいて総理府（現在は内閣府）に設置。原子力の研究・開発・利用に関する行政の民主的な運営をはかるのが目的で，委員長と4人の委員からなる。2012年，従来から同委員会が行ってきた原子力政策大綱の策定が取りやめとなり，組織の廃止も検討されている。

24 原子力安全・保安院 原子力関連施設の安全審査や事故の際の対応など，原子力安全行政を担当した経済産業省の一組織。2001年に設置されたが，福島第一原発の事故を受け，2012年の原子力規制委員会と原子力規制庁の発足にともない廃止された。

24 行政手続法 行政処分や行政指導の根拠や手続きを明確にし，透明性の高い行政を実現するための法律。1994年に施行された。

24 パブリック-コメント 国や地方の行政機関が政策などの意思決定を行う過程で素案を市民に公表し，意見や情報を求めるしくみ。または，そこに寄せられた意見や情報をさす。命令等（政省令）の改定の際は原則30日以上のこの手続きが必要だが，法律案は任意とされる。2008年から。

24 オンブズマン 国民や住民の立場から行政などの監察を行う職で，行政監察官などと訳す。オンブズパーソンともいう。1809年に議会の下に国政調査権を代行する機関として，スウェーデンで設置。

24 国家公務員 国の公務に従事する職員。国会議員・国務大臣・裁判官などの特別職と，それ以外の一般職とがある。一般職に対してのみ，憲法第15条に基づき1947年に制定された国家公務員法が適用される。

24 キャリア組 国家公務員Ⅰ種試験に合格し，一般行政職として中央省庁に採用された職員の俗称。法的根拠はないが，幹部候補者として昇進ルートが敷かれ

る。2013年度からキャリア制度にかわり，総合職制度が導入されている。2014年から内閣人事局により，人事が一括管理に。

24 特殊法人 特別の法律によって設立される公共の利益確保をめざした法人。公団（日本道路公団など）・公庫（住宅金融公庫など）・事業団（日本下水道事業団など）等の名称があった。イギリスのエージェンシー（外庁）制度をモデルに企業経営の手法なども取り入れた独立行政法人化や民営化などに変化している。

24 行政改革推進法 5年間で国家公務員の5%以上，地方公務員の4.6%以上の純減目標などを定めた法律。小さな政府をめざす一環として，2006年に成立。

25 司法権 民事・刑事・行政に関する具体的争訟事件について法を適用・宣言する権限。日本国憲法においては国会における例外を除いて，最高裁判所・下級裁判所のみがもつと定められている。裁判の公正と基本的人権の保障のため，司法権の独立が要請される。

25 最高裁判所 司法権行使に関する最高機関，違憲審査に関して及び民事・刑事・行政事件の訴訟に関しての終審裁判所。また，最高裁判所規則を制定して司法行政全般を統括する。最高裁判所長官と判事（裁判官）14名の計15名で構成され，上告審（第三審）と特別抗告を扱う。裁判官全員からなる大法廷と，5人の判事からなる三つの小法廷とがある。

25 下級裁判所 審級制において上級審の裁判所に対する下級審の総称。また，上級裁判所である最高裁判所に対して高裁・地裁・家裁・簡裁の4種類の裁判所を総称していう。

25 家庭裁判所 家庭事件の審判や調停，少年の福祉を害する成人の刑事事件，少年法に基づく少年の保護事件などの審判を担当。地方裁判所と同じ場所に設置。

25 簡易裁判所 民事裁判では訴額140万円以下の請求事件を，刑事裁判では罰金以下の刑にあたる事件を扱う。簡易裁判所判事が一人で担当。全国に438か所。

25 特別裁判所 司法裁判所の管轄から離れ，特定の身分の者や特殊な性質の問題のみを取り扱う裁判所のこと。明治憲法下の行政裁判所・軍法会議・皇室裁判所などが，それに該当する。

25 知的財産高等裁判所 司法制度改革の一環として，2005年に設置された東京高裁の特別の支部。憲法が禁止する特別裁判所にはあたらない。知的

財産についての事件を専門に取り扱い，重要な事件は5人の裁判官で審理する。知財高裁と略す。

25 行政裁判所 行政事件に関する裁判を行うために，行政組織内に設けられた特別裁判所のこと。日本国憲法では設置が禁止されている。明治憲法下では，官吏は天皇の官吏であるため，通常の裁判所以外で裁判されるべきとの立場から設置された。

25 裁判 法律に規定されたことなどで生じた具体的な争いを解決する裁判所の判断。私人間の争いに関する民事裁判，刑法に触れる犯罪に関する刑事裁判，行政上の問題に関する行政裁判がある。

25 検察官 刑事事件における犯罪の捜査や公訴の提起・維持，さらには裁判所に法の適用を請求しその執行を監督する。

25 裁判官 司法権の行使にあたって，裁判所で裁判事務を担当する国家公務員。裁判官は良心に従って独立して職務を行い，憲法及び法律にのみ拘束される。裁判官のうち，最高裁長官は内閣の指名で天皇が任命，最高裁判事は内閣が任命し，ともに国民審査に付される。

25 公判前整理手続き 裁判を継続的・計画的・迅速にすすめるため導入された制度。裁判員制度の実施に先だち，2005年から始まった。初公判の前に検察官と弁護人が裁判所に集まり，裁判官とともに裁判の争点を確定し，証拠も決定する。さらに，公判スケジュールの調整なども行う。これらの手続きはすべて非公開。

25 付随的違憲審査制 通常の裁判所が具体的な事件を裁判する際に，その事件の解決に必要な範囲内で適用する法令の違憲判断を行う方式。アメリカ・カナダなどで採用されている。日本でも，1952年の警察予備隊訴訟の最高裁判決を契機に，この考え方が確立した。

25 違憲法令審査権 違憲立法審査権ともいう。一切の法律・命令・規則または処分が憲法に違反していないかどうかを，具体的争訟事件に関して審査し決定する権限（憲法第81条）。この権限はすべての裁判所にあるが，終審裁判所である最高裁判所が合憲・違憲の最終的決定を行う。このために最高裁は「憲法の番人」といわれる。

25 国民審査 最高裁判所の裁判官が適任であるかどうかを国民が投票で直接審査すること。任命後初めて行われる衆議院議員総選挙の際に，国民の投票によって審査，その後，10年を経過し

た後初めて行われる総選挙の際にも審査に付される(憲法第79条)。

㉕ 検察審査会 検察官が公訴しなかった不起訴処分が適切か否かなどを,請求に応じて審査する制度。有権者のなかからくじで選ばれた11人の検察審査員(任期は6か月)で構成され,各地方裁判所・支部内の165か所に置かれる。審査会では,審査後に「起訴相当」「不起訴不当」「不起訴相当」のいずれかの議決を行う。

㉕ 裁判員制度 重大な刑事事件(殺人・強盗致死傷など)の第一審について,裁判官(3人)と有権者のなかからくじで選ばれた一般市民の裁判員(6人)とが協力し,有罪・無罪の判断や量刑を決める裁判制度。全国の地方裁判所とその支部(合計60か所)で行われる。2004年に裁判員法(裁判員の参加する刑事裁判に関する法律)が制定され,2009年5月から実施。

㉕ 少年法 非行のある少年の保護処分や,刑事事件をおこした少年に対して成人とは異なった特別な取り扱いなどを定めた法律。1949年に施行された。家庭裁判所での審判は非公開で行われる。2007年からは少年院送致の下限年齢が「おおむね12歳」に引き下げられ,08年からは重大事件についての少年審判への「被害者参加制度」が導入された。2022年には,成年年齢が18歳に引き下げられたことに伴って,18歳・19歳の取り扱いについて「特定少年」として,取り扱いを変更する対応が施行された。

㉕ 民法 市民の財産や身分に関する一般的事項を規律する法律。狭義には総則・物権・債権・親族・相続の5編からなる民法典をさすが,広義には戸籍法などの補充法や特別法も含む。明治期につくられた民法典は1947年,新憲法にあわせて改正され,2004年には現代語化が行われた。2022年には,成年年齢を18歳とする改正が施行され,婚姻年齢などの変更も行われた。

㉖ 選挙 国民の政治的代表や特定の役職につく人を投票などで選出すること。日本では,公職選挙として,衆参両議員の選挙,地方公共団体の長及び議員の選挙などが行われる。

㉖ 55年体制 1955年に左右両派の社会党が統一され,危機感を抱いた保守側も日本民主党と自由党とが合同して自由民主党が結成された(二大政党制)。その後,野党側の多党化が生じ,実質的には自民党一党優位が続いた。

㉖ 選挙制度 選挙権を有する者が,議員その他の役職につく人を選出する方法。選挙人の資格や,単記式・連記式

などの投票の方法,選挙区制や議員定数及び代表制などによって区別される。選挙制度のあり方は民主政治の前提となり,普通・平等・直接・秘密・自由の五つの原則がある。

㉖ 大選挙区制 1選挙区から定数2名以上の代表者を選出する選挙区制のこと。中選挙区制もこれに含まれる。

㉖ ドント式 比例代表制の議席配分に用いられる計算方式。ベルギーの法学者ドントが提唱した配分法に基づく。各党派の得票総数を,1,2,3,…という整数で順に割り,その商の大きい順に定数まで各党に議席を割り当てる方法。

㉖ 比例代表制 各党派の得票数に比例して議席配分がなされるしくみ。1900年にベルギーで初めて採用された。日本では1982年に参院議員選挙に,1994年には衆院議員総選挙に導入。

㉖ 小選挙区制 1選挙区につき定数1名を選出。単純多数で当選者が決まる。日本では,1889年と1919年に採用されたことがある。

㉖ 小選挙区比例代表並立制 1994年の公職選挙法改正で衆議院議員選挙に導入された制度。小選挙区で300人を選出し,全国を11のブロックに分けた比例代表区から180人を選ぶ。小選挙区に重きをおく。これに対してドイツでは,比例代表制をベースにした小選挙区比例代表併用制がとられる。

㉖ 期日前投票 有権者が選挙の当日に仕事・旅行・レジャーなどの予定がある場合,それ以前(公示または告示日の翌日から選挙期日の前日まで)に期日前投票所で行う投票。2003年の公職選挙法改正で創設された(第48条の2)。

㉖ 秘密選挙 選挙人がどの候補者に投票したかを秘密にすること。憲法は第15条第4項で,投票の自由を保障し,選挙人は投票に関して私的・公的に責任を問われない,と定めている。

㉖ 自由選挙 法的な制裁のない自由な投票制度。日本の選挙の際にとられている方法で,任意投票ともいう。選挙制度上の自由の原則では,立候補の自由や選挙運動への不干渉も含まれる。

㉖ 選挙権 選挙人として選挙に参加できる権利をいう。一般的には国民主権の原理から,各種の議員や公務員の選挙に参加できる権利を意味する。歴史的には,財産や納税額,性別による制限を設ける形から始まり,しだいに権利の拡大がはかられた。現在の日本では憲法第15条で普通選挙を保障し,満18歳以上の男女が選挙権をもつが,その行使に関しては,同一市町村が作成する選挙人名簿に登録されていることが

必要。

㉖ 被選挙権 選挙に立候補することのできる権利のことで,選挙によって議員その他の公務員になることができる資格をいう。日本では,衆議院議員・地方議会議員・市町村長は満25歳以上,参議院議員・都道府県知事は満30歳以上であることが必要である。

㉖ 政党 国民の意思を政治に反映させるために,主義・主張を同じくする者同士が政権獲得をめざして団結した政治集団。民意をくみあげ,国民合意の形成に主導的役割を果たす。一定の綱領と共通の行動様式をもち,政策を掲げて有権者の支持を訴える。政党は公党として直接国政に参与するという公共的使命を負い,国民の一部の利益ではなく,国民全体の利益を増進することを目的とする。

㉖ 野党 政党政治の下では,政権を担当する与党と対立する立場の政党をいう。イギリスでは「陛下の反対党」とよばれ,影の内閣(シャドー‐キャビネット)を組織して政権交代に備えている。日本では政権交代の可能性が少なかったため,政府・与党の政策を批判し,意見が対立する法案の成立を阻止しようとした。

㉖ 非拘束名簿方式 2000年の公職選挙法改正で,参議院の比例代表区に導入された制度。政党が候補者の名簿順位を決めず,有権者は候補者名または政党名のいずれかを書いて投票する。候補者の得票と政党の得票を合算し,得票数の多い候補者から順次,当選が決まる。

㉖ 死票 選挙で議席獲得に生かされない,落選者に投じられた票のこと。死票は,投票者の意思が議席構成に反映されないが,当選者に向けられた批判票・反対票の意味ももつ。小選挙区制は死票が多く,大選挙区制は死票が少なくなる。死票を少なくするために,政党の得票数に比例して議席を配分する比例代表制が考え出された。

㉖ 一票の重さ 各選挙区における議員一人あたりの有権者数が少ない場合,一票の価値は重くなる。その格差をめぐり,法の下の平等に反するとして訴訟が提起されてきた。衆院議員総選挙について,最高裁判所は1976年と1985年の2度,4.99倍と4.40倍の格差(較差)を違憲と判断したが,同時に選挙結果の取り消し請求は棄却された(事情判決)。1994年の法改正で衆議院議員総選挙に小選挙区比例代表並立制が導入された。なお,一票の重さを強調するために,たとえば5倍の格差があるとき,「1票に対して0.2票の価

値しかない」などと表現することもある。

㉖ 政党助成法 1994年制定。政党活動にかかる費用の一部を，国が政党交付金として交付する法律。政党交付金総額は，総人口に国民一人250円を乗じた額。所属する国会議員が5人以上，または直近の国政選挙の得票率2％以上の政党が政党交付金を受けられる。

㉖ 戸別訪問 選挙運動の一環として有権者の家庭を戸別に訪問し，投票するように（または，しないように）依頼すること。日本では，1925年の普通選挙法制定以来禁止されている。戸別訪問の禁止は憲法第21条の表現の自由に違反する。欧米では戸別訪問は認められている。

㉖ 公職選挙法 衆議院議員・参議院議員・地方公共団体の議会の議員及び長などの公職につく者の選挙について定めた法律。選挙が公明かつ適正に実施され，民主政治の健全な発達を期するために1950年に制定。

㉖ 有権者 選挙資格があり，選挙権を有する者で，法律上の要件や手続きを満たして選挙権を行使できる者。法律上の要件とは，日本では満20歳以上の男女で，選挙管理委員会が作成した選挙人名簿（当該市町村に3か月以上居住し，住民基本台帳に記載されている者）に登録されていることである。

㉗ マスメディア マスコミュニケーションの媒体という意味で，大衆に大量の情報を伝達する新聞・雑誌・ラジオ・テレビなどをさす。国民に政治・社会についての情報を提供し，投書や評論などで国民相互の意見発表・形成の場をつくり，世論の形成や国民の政治意識の高揚に寄与する。健全な世論を発達させる上でマスメディアの果たす役割は大きい。

㉗ 無党派層 明確に支持する政党をもたない有権者のこと。世論調査などで「支持政党なし」と答える。これまでは政治的無関心の現れととらえられてきた。しかし，一方に既成政党に対する不信から「支持政党なし」と答える層がある。今日その割合が大きく，選挙結果に影響を与えうる勢力ともなっている。

㉗ 地方公務員 地方公共団体の公務に従事する職員。知事・市町村長・副知事・副市町村長などの特別職と，その他の一般職とがある。特別職は地方自治法によって任免が定められ，一般職に対してのみ1950年に制定された地方公務員法を適用。

㉗ 地方自治の本旨 地方自治の本来の趣旨及び真の目的のこと。地方の政治が，①地方公共団体によって国からある程度独立して行われること（団体自治），②その地域の住民の意思に基づいて処理されること（住民自治），の二つをさす。日本国憲法では中央政府の権力を抑制し，住民の直接参加を認める地方分権を大幅にとり入れている。

㉗ 地方議会 都道府県・市町村・特別区などの地方公共団体の議事機関。一院制で，直接選挙で選ばれた任期4年の議員により構成される。条例の制定・改廃，予算の決定，地方税などの徴収の決定，主要公務員人事への同意などによる地方行政への監督などを行う。

㉗ 地方債 地方公共団体が，公営企業への出資・公共施設建設・災害復旧など，特定事業の資金のため発行する公債。地方財政法は第5条で「地方公共団体の歳出は，地方債以外の歳入をもつて，その財源と」すると規定しているが，水道・交通などの公営企業，災害復旧事業などの財源とする場合には，地方債の発行ができる。

㉗ イニシアティヴ 国民発案・住民発案。国民または地方公共団体の住民が直接，立法に関する提案をする制度。直接民主制の一つ。アメリカの各州において採用されている。日本では，一定数の連署による直接請求を通じて条例の制定・改廃の提案をする制度。

㉗ 監査請求 地方公共団体に置かれる監査委員に対して住民が行う権利をさし，二つの形態がある。一つは地方自治法第75条の直接請求権に基づく事務の監査請求で，有権者の50分の1以上の連署でもって行う。もう一つは同法第242条に基づく住民監査請求とよばれるもので，これは住民1人でも請求できる。いずれも，監査委員は監査を行い，その結果を請求者に通知・公表しなければならない。

㉗ レファレンダム 住民投票・国民投票。重要事項の決定を住民の投票によって決めていく直接民主制の制度。地方公共団体の議会の解散請求，議会の議員・長の解職請求が成立したときに行われる投票と，ある地方公共団体にのみ適用される特別法の制定に関して行われる投票とがある。なお，国政レベルでは憲法改正の国民投票制度がある。

㉗ リコール 解職請求。公職にある者を任期満了前にその職から解任する制度。有権者総数の原則3分の1以上の連署が必要。公選職である議員・長の解職請求は選挙管理委員会へ請求し，有権者の投票で過半数の同意を得た場合に確定する。また，副知事・副市町村長などについては長へ請求し，議会

で判断される。

㉗ 不信任と解散 地方自治の首長制では，長には拒否権・解散権があり，議会には不信任議決権がある。議会は，議員の3分の2以上が出席し，その4分の3以上の同意により，長への不信任議決ができる。長は不信任の通知を受けた日から10日以内に議会を解散できる。解散されない場合，長は失職する。

㉗ 地方分権 地方政府（地方公共団体）にできるだけ多くの権限を付与し，中央からの統制・介入を少なくすること。中央集権の対語。

㉗ 法定受託事務 本来は国や都道府県の事務に属するものだが，地方公共団体が委任を受けて行う事務。国の本来果たすべき役割にかかわる第1号法定受託事務と，都道府県が本来果たすべき役割にかかわる第2号法定受託事務とがある。具体的には，国政選挙，パスポートの交付などがある。

㉗ 自治事務 地方公共団体が自主的に処理する事務で，法定受託事務以外のもの。地方分権一括法の施行にともない，2000年に導入された事務区分である。従来の固有事務や団体委任事務などが含まれる。具体的には，小中学校の建設，飲食店の営業許可，都市計画の決定，病院の開設許可などがある。

㉗ 地方税 都道府県・市町村の経費をまかなうため，徴税権に基づいて地域の住民や法人などから徴収する租税。道府県税と市町村税に分類される。道府県税では事業税と道府県民税（住民税）が，市町村税では市町村民税（住民税）と固定資産税が中心である。地方税収入に占める直接税と間接税等の比率は約8対2。なお，東京都の場合は，道府県税に相当する税を都が，市町村税に相当する税を特別区が課税しているが，市町村税にあたる税でも，市町村民税・固定資産税・都市計画税などは都が課税している。

㉗ 住民投票条例 地方自治体の条例制定権（有権者の50分の1以上の署名を集めて条例の制定を請求）を根拠として，政策の是非をめぐって住民投票を実施するための条例。徳島市の吉野川可動堰建設問題をめぐる住民投票などがその例である。

㉗ 地方自治 国からある程度独立した地方公共団体の存在を認め，そこでの政治・行政を地域住民の参加と意思に基づいて行うこと。または，地域住民で構成される地方公共団体に，政治・行政の自治権を保障すること。日本国憲法は，第8章に4か条を設けて地方自治について規定している。

資料編

27 市町村合併 複数の市町村が一つに合同すること。新設合併（対等合併）と編入合併（吸収合併）の2種類がある。1995年の改正市町村合併特例法で，有権者の50分の1以上の署名で首長に合併協議会の設置を求める制度が導入された。さらに2002年，合併協議会の設置を議会が否決した場合でも，有権者の6分の1以上の署名により，協議会の設置を住民投票で問いなおすことができる制度がとり入れられた。「平成の大合併」により，1999年3月末に3232あった市町村数が1718に激減した。

27 構造改革特区 規制を緩和・撤廃した特別な区域を設けることで地域社会の活性化をはかろうとする試み。小泉純一郎内閣が構造改革の一環として推進した。2002年施行の構造改革特別区域法に基づく。これまで地方公共団体などの申請により，1000件近くが認定されている。

27 地方公共団体 一定の区域のなかで，その区域内の住民を構成員として，その住民の福祉実現を目的にさまざまな事務を処理する権限を有する法人団体。地方自治体ともいう。憲法第92条や地方自治法に基づく。都道府県及び市町村である普通地方公共団体と，特別区・地方公共団体の組合・地方開発事業団などの特別地方公共団体とがある。

27 ブライス （1838年～1922年）イギリスの政治家・政治学者。1880年から下院議員となる。この間，外務次官・米国大使などを歴任。主著『アメリカン-コモンウェルス』（1888年），『近代民主政治』（1921年）。彼は「地方自治は民主政治の最良の学校，その成功の最良の保証人なりという格言の正しいことを示すものである」と述べ，地方自治が民主政治の基礎であることを主張した。

27 地方分権一括法 国から地方公共団体への権限移譲の一環として1999年7月に成立，翌2000年4月から施行。地方自治法など475本の関連法が一度に改正された。正式名称は「地方分権の推進を図るための関係法律の調整等に関する法律」という。地方自治の本旨に反するとの批判が強かった機関委任事務が廃止されるとともに，従来の事務区分もなくなり，地方公共団体が扱う事務は自治事務と法定受託事務の二つになった。

27 国庫支出金 国が都道府県・市町村に支給するもので，使途の指定があるため「ひも付き補助金」と称されることもある。科学技術研究や貿易振興など

で国が必要と認めた事業費の一定割合を支出する国庫補助金，国の事務を委託する場合の経費の全額を支出する委託金，義務教育・建設事業・失業対策事業などの経費の一定割合を支出する国庫負担金，の3種類がある。国から交付される補助金のうち，約8割は地方公共団体に支払われたものであり，地方公共団体は歳入の13％程度を国庫支出金に依存している。1980年代の後半から国庫支出金の額は減少する傾向にあり，地方財政を圧迫する要因となっている。

27 地方交付税 地方公共団体間の財源の格差をなくすため，国税の一定割合を自治体に交付するもの。国家予算の区分では，地方交付税交付金といわれる。使途の定めのない一般財源で，各種の行政を一定水準で実施するために交付される。政令指定都市は全市が交付税を受け，市町村では54団体（令和3年度）が不交付団体となっている。

27 住民投票 地方公共団体の住民が条例に基づく投票によってその意思を決定すること。近年，原子力発電所や米軍基地，産業廃棄物処理施設の建設などをめぐって，条例に基づく住民投票が相次いで行われている。法的拘束力はないが，住民参加を保障する新しい形態として注目されている。滋賀県米原市や愛知県高浜市のように，永住外国人や20歳未満の人にも住民投票権を付与する事例もある。

27 条例 地方公共団体が，地方議会において制定する法。地方分権の考え方に基づき，その地方公共団体の抱える課題に具体的に応えるために制定する。法律及び政令に抵触しないことが制定の条件である。

27 政務活動費 地方議会議員の調査研究活動などのため，条例にもとづき議員本人や会派に交付される経費。「政務調整費」とよばれていたが，2012年の地方自治法改正に伴い名称と使途の幅が変わった（地方自治法100条14～16項）。

【国際政治分野】

28 国家の三要素 国家を構成する要件とされる，主権・領域（領土・領空・領海）・国民の三つをさす。

28 国家 一定の地域に住んでいる人々に対して権力の作用を及ぼすことのできる集団。国家の要素としては，領域・国民・主権の三つがある（国家の三要素）。現代の国家は，福祉などの社会問題解決のための政策を行うなど，経済過程にも介入し，積極的な役割を果たす，福祉国家（社会国家）である。

28 国際法 慣習や国家間の合意に基づ

いて国家間の関係を規律する法。長い間の慣習に基づく国際慣習法（不文国際法）と，二国間または多数国間で結ばれた成文国際法（条約など）の2種類がある。国家相互の関係を規律し，国際社会の秩序を維持するための法であるため，国内法と異なり，これによって直接規律されるのは国家であるが，限られた範囲において国際機構や個人についても規律する。

28 条約 明文化した文書による国家間あるいは国家と国際機構，国際機構相互間の合意で，法的拘束力をもつ。広義の条約には，協定・協約・取り決め・規約・議定書・宣言・覚書・交換公文などの名称も使われる。

28 主権 国家権力の最高性・独立性を示す言葉。フランスの政治思想家ボーダンが国王を擁護するため，『国家論』のなかで初めて体系的に論じた。

28 国際司法裁判所 オランダのハーグにある国連の常設司法機関。1945年設置。国際連盟が創設した常設国際司法裁判所を引き継いだもの。総会及び安全保障理事会によって選出される15名の裁判官（任期9年，3年ごとに5人ずつ改選）で構成される。

28 国際刑事裁判所 集団殺害罪，人道に対する罪，戦争犯罪などの重大犯罪を行った個人を裁くための常設の国際裁判所。1998年に国際刑事裁判所設立条約が採択され，2002年の発効によってハーグに設置。裁判官は18名で構成される。

28 集団安全保障 多数の国家が互いに武力の行使を慎むことを約束し，それに反した国に対して集団の力で平和を維持しようとするもの。

28 主権国家 一定の領域・国民・主権をもち，他国からの支配や干渉を受けずに自国のことを自主的に決定する国家のこと。17世紀前半のヨーロッパ（1648年まで開かれたウェストファリア会議）において成立した。

28 グロチウス オランダの自然法学者で，国際法の成立に最も重要な役割を果たした。主著『海洋自由論』（1609年），『戦争と平和の法』（1625年）

28 領土 広い意味で領域と同義に用いられることもあるが，領域のなかの陸地の部分（河川・湖沼・港湾・内海などの内水を含む）をさす。この場合には領土は，領海や領空など他の領域と区別される。

28 接続水域 沿岸国が出入国管理など特定の行政的規制を行うために，領海の外側に設定した水域。国連海洋法条約に規定された。日本では「領海及び接続水域に関する法律」に基づき，基

線から24海里までとしている。

28 領海 国家の主権（統治権）が及ぶ海洋の部分。国家の沿岸にそった一定の幅をもった帯状の水域をさす。

28 領空 領土及び領海の上空で，国家は排他的な主権を有する。人工衛星の出現により，領空の上限については諸説があるが，一般に大気の存在するところと解釈されている。

28 国際慣習法 慣習国際法。不文国際法ともいう。国際法の形成過程で，国家間で暗黙に認められた合意，つまり国家間の慣行が法として認められたもの。

28 宇宙空間 領空よりさらに上空の空間。この空間については国家主権の及ばないところとされる。

28 ジェノサイド 「国民的・人種的・民族的または宗教的集団を全部または一部を破壊する目的」で行われる集団殺害行為をさす。ナチス-ドイツによるユダヤ人などの大量虐殺はその典型。

28 国際社会 主権国家を基本的な構成単位として成立する全体社会のこと。17世紀前半のヨーロッパにおいて成立した。

28 安全保障 外国の武力侵略から国家の安全を防衛すること。その方式としては，勢力均衡（バランス-オブ-パワー）方式と，集団安全保障方式がある。

29 世界遺産 1972年に，ユネスコ総会で採択された「世界の文化遺産及び自然遺産の保護に関する条約」（世界遺産条約）に基づいて登録された遺産。文化遺産・自然遺産・複合遺産の3種類がある。

29 コンセンサス方式 「全会一致」とは異なり，決定の際に賛否の投票によらず，議長提案に対して反対がなかったとして決議を採択する方法。国連の会議などで用いられる。

29 ネガティヴ-コンセンサス方式 一国でも賛成すれば（全加盟国が反対しない限り）決定されるしくみ。WTO（世界貿易機関）の紛争解決手続きなどで採用されている。

29 国連児童基金 ユニセフ。発展途上国の児童への援助問題を扱う国連の常設機関。1946年の第1回総会で設立された，戦争で犠牲になった児童の救済を目的とする国連国際児童緊急基金を出発点。本部はニューヨーク。

29 国連難民高等弁務官事務所(UNHCR) 母国を追われた難民の保護と救済を目的に，1951年に設置された機関。本部はジュネーヴ，約120か国に270か所以上の現地事務所をもつ。

29 世界食糧計画 国連の食料援助機関。食料が欠乏する発展途上国への援助のほか，穀物の国際備蓄なども行う。各国政府の自主的な拠出に依存する。

29 拒否権 安全保障理事会の5常任理事国に与えられた大国の優越的権限（憲章第27条）。

29 強制措置 紛争を強制的に解決するための措置。国連加盟国は，紛争を平和的に解決する義務を負っている。

29 国連憲章第7章 国連憲章は，第6章に示す「紛争の平和的解決」を原則とし，その措置が不十分な場合，「平和に対する脅威，平和の破壊及び侵略行為に関する行動」と題する第7章で，強制措置を規定している。

29 「国連軍」 国際の平和と安全を侵す国に対して，国連が強制措置をとるため，国連憲章第43条に基づき編成される軍隊をいう。今日，一般的に「国連軍」とよんでいるのは，国連が世界の紛争地域に派遣した平和維持活動を行う部隊のことである。これは紛争関係国の同意によって行われるもので，国連が強制措置として派遣したものではない。

29 国際労働機関 1919年，ヴェルサイユ条約（第13編）に基づきジュネーヴに創設。労働条件の国際的な改善を通して，世界平和の確立をめざした。国際連盟と連携・協力して活動する自主的な独立の機関。

29 総会 国際連合の中心的な機関。すべての加盟国で構成される。総会には，毎年開かれる通常総会と，必要がある場合に招集される特別総会，「平和のための結集決議」に基づいて開かれる緊急特別総会などがある。通常総会は毎年9月の第3火曜日から開催される。議場は同心円状に配置され，大国・小国を問わず，すべての国が対等の立場で参加・発言するという理念が反映されている。

29 事務総長 国連事務局の最高責任者。国連という機構の行政職員の長（主席行政官）である。

29 世界知的所有権機関 1970年に設立された国連の専門機関。知的財産権の国際的保護を目的とする。加盟国数は184か国で，本部はジュネーヴ。

29 人間の安全保障 従来の軍事力に頼った国家の安全保障ではなく，人間一人ひとりに着目し，その生命や人権を大切にしようとする考え方。1994年に国連開発計画（UNDP）が提唱して広まった。

29 平和維持軍 国連の平和維持活動の一つ。紛争地域での戦闘の再発を防ぐため，交戦部隊の引き離しなどを主な任務とする。

29 国連貿易開発会議 アンクタッド。南北問題に関して検討と勧告を行う国連の常設機関。

29 国連食糧農業機関 ファオ。1945年設立。世界の食料・農業問題に取り組む国連の専門機関。FAO。本部はイタリアのローマ，加盟国数は190か国とEU（欧州連合）である。

29 世界保健機関 1948年に設立された国連の専門機関。世界のすべての人民が最高の健康水準を維持できるように，感染症の撲滅や各国保健制度の強化，災害への援助などを行っている。本部はジュネーヴ，加盟国数は193か国。

29 国連開発計画 国連における発展途上国への開発援助の中心的機関。1966年に発足，150か国以上の国と地域に対して，多角的な技術協力と資金援助を行っている。

29 経済社会理事会 国連の主要機関の一つで，経済・社会・文化的な面での国際協力の中心を担う。総会の3分の2の多数決で選出される54か国で構成され，任期は3年で，毎年3分の1ずつ改選される。理事会の決定は，出席かつ投票する理事国の過半数の賛成で行われる。

29 平和維持活動 国連が平和を脅かす事態や紛争の拡大を防止するために，関係国の同意を得て，小規模な軍隊または軍事監視団を現地に派遣し，紛争の平和的解決をめざす活動をいう。

29 国連環境計画 ユネップ。1972年，ストックホルムで開かれた国連人間環境会議の決議に基づき創設が決まった国連の常設機関。本部はケニアのナイロビ。

29 常任理事国 安全保障理事会は，5常任理事国と10非常任理事国の15か国で構成される。常任理事国は，アメリカ・イギリス・フランス・ロシア・中国で，拒否権とよばれる特権をもつ。

29 安全保障理事会 安保理と略称。国連の総会と並ぶ最も重要な機関。国連の目的である国際の平和と安全の維持について，第一次的に責任を負い，総会よりも優越的な権限をもっているともいえる。5常任理事国と10の非常任理事国の15か国で構成される。非常任理事国は2年の任期で，地理的配分の原則に基づいて総会で選出される。

29 国際連合憲章 国際連合の目的・原則・組織・活動などを定めた，国連の憲法ともいうべき基本法。一般に国連憲章という。1945年6月，サンフランシスコ会議で採択され，各国の批准を経て同年10月に発効した。通常の手続きによる改正は，これまで3回行われた。

㉙ **国際連合（国連）**　1945年10月，国際連合憲章に基づき，集団安全保障の考え方にそって，連合国を中心に成立した国際平和機構。原加盟国はアメリカ・イギリスなど51か国。

㉚ **ペレストロイカ**　ロシア語で「再建」の意。1985年に共産党書記長に就いたゴルバチョフが推進した旧ソ連の政治・経済・社会のあらゆる領域にかかわる改革をさす。

㉚ **ワルシャワ条約機構**　東欧友好協力相互援助条約に基づき創設された集団軍事機構。1955年，NATOと西ドイツの再軍備に対抗し，ソ連や東ヨーロッパ8か国で発足した。1991年解散。

㉚ **非同盟諸国**　平和共存や独立運動の支持，いかなる軍事同盟へも不参加（外国軍隊の駐留と外国軍事基地設置反対も含む）などを原則とする非同盟主義の考え方を外交方針とする国々。

㉚ **冷戦の終結**　マルタ会談により，長く続いた米ソによる東西冷戦の終えんが宣言されたこと。冷戦を支えた東西の軍事機構である西側の北大西洋条約機構は存続したが，東側のワルシャワ条約機構は1991年に解散した。

㉚ **第二次世界大戦**　1939～45年。1929年の世界大恐慌をきっかけに，その対応をめぐって植民地を「持てる国」（イギリス・アメリカ・オランダなど先進資本主義諸国）と「持たざる国」（ドイツ・日本・イタリアなど後発の資本主義国）との対立が激化。こうした状況のなかで1939年，ドイツがポーランドへ侵攻を開始し，イギリス・フランスはただちにドイツに宣戦，ここに第二次世界大戦が始まった。1940年に結ばれた日独伊三国同盟を背景に，翌1941年にドイツがソ連を奇襲し，同年末には日本がマレー半島に上陸，ハワイの真珠湾を攻撃すると，戦争は全世界に広がった。結局，第二次世界大戦はイギリス・アメリカ・フランス・ソ連・中国を中心とする連合国側が，日独伊枢軸国側のファシズムと軍国主義に対して勝利をおさめた。

㉚ **北大西洋条約機構**　NATOともいう。1949年，アメリカを中心にカナダ・イギリス・フランスなど12か国で結成された軍事的同盟機構（フランスは1966年，NATO軍から一時脱退）。

㉛ **湾岸戦争**　クウェートに侵攻して占領を続けるイラク軍と，アメリカを中心に29か国からなる多国籍軍との戦争（1991年1～2月）。多国籍軍の一方的な勝利に終わり，早期停戦・クウェート解放が実現した。

㉛ **テロリズム**　ある政治勢力が，他者及び他の政治勢力に対して，自らの政治

目的のために行う暴力の使用または威嚇行為。

㉛ **同時多発テロ事件**　2001年9月11日，ニューヨークの貿易センタービルに旅客機2機が，ワシントン郊外の国防総省ビル（通称ペンタゴン）に1機が突っ込み，他に1機がピッツバーグ郊外に墜落した事件。

㉛ **タリバン**　アフガニスタンのイスラーム原理主義武装勢力。パシュトゥ語でイスラーム神学生を意味する。最高指導者ムハンマド＝オマル師が，難民生活を送っていたイスラーム神学生らによびかけて結成。

㉛ **マルチカルチュラリズム**　多文化主義または文化的多元主義。西欧中心主義の文化や言語への同化・融合をはかるのではなく，各民族（特に少数民族）の多様性・複雑性・アイデンティティを保持し，共存していこうとする立場・主張。

㉜ **国際原子力機関**　1957年，原子力の平和利用のために設立された組織で，国連の関連機関の一つ。アイゼンハウアー米大統領が創設を提唱。本部はウィーンにあり，加盟国は2011年現在で151か国。原子力の平和利用の推進・援助と軍事への転用阻止を目的とした核査察などを行う。2005年にノーベル平和賞を受賞。2009年から2019年までの事務局長は日本人の天野之弥氏だった。

㉜ **核兵器**　ウラン・プルトニウムを原料とした核分裂と，重水素を原料とする核融合による爆発的エネルギーを利用した軍事兵器の総称。長距離攻撃能力をもつ兵器を戦略核兵器，中・短距離攻撃能力をもつ兵器を戦術核兵器という。

㉜ **対人地雷全面禁止条約**　対人地雷の全面禁止を定めた条約。オタワ条約ともいう。1997年に締結され，1999年発効した。締約国に保有地雷の4年以内の廃棄を義務づけた。

㉜ **核兵器不拡散条約**　核不拡散条約または核拡散防止条約ともいう。1968年6月に国連総会で採択，翌7月に米・英・ソの間で調印，56か国が署名し，1970年に発効。現在の締約国は190か国。この条約は1995年，NPT再検討会議で無期限に延長された。2003年に朝鮮民主主義人民共和国が同条約から脱退を表明。

㉜ **包括的核実験禁止条約**　爆発をともなうすべての核実験を禁止する条約。1996年の国連総会で採択されたが，いまだ発効していない。

㉜ **武器貿易条約（ATT）**　通常兵器などの国際取引を規制する条約。2013年の国連総会で条約案が採択された。50か国の批准を待って発効す

る。対象は戦車や戦闘機などの通常兵器に加えて小型武器も含む。主な武器輸出国であるロシア・中国などは署名していない。

㉝ **6か国協議**　北朝鮮の核開発問題に対処するため，2003年8月から随時開かれている米・日・中・ロ・南北朝鮮の6者による協議。現在は中断している。

㉝ **民族**　血縁的共同性・文化的共同性・共通帰属意識によって分類された人間集団。文化的共同性とは言語・宗教・歴史的伝統・政治・経済など多元的な内容を含む。

㉝ **ボスニア-ヘルツェゴヴィナ問題**　旧ユーゴスラヴィア解体後，ボスニア-ヘルツェゴヴィナ内のセルビア人とクロアチア人，ムスリム（イスラーム教徒）の間でくり広げられた民族紛争。血で血を洗う凄惨な抗争に発展した。1995年にボスニア和平協定（デイトン協定）が結ばれたが，真の和平への道はなおけわしい。

㉝ **人種**　人種とは，遺伝的に多少とも隔離された集団で，他の集団とは異なった集団遺伝子組成を有する者といわれる。完全な隔離集団は存在せず，集団遺伝子組成の差異も統計的な有意差にすぎない。

㉝ **ユーゴスラヴィア問題**　東欧の民主化以降，「南スラヴ諸族の国」を意味するユーゴスラヴィア連邦は六つの国家に分裂した。これら諸国の独立をめぐる過程で，民族・宗教対立もからみ，すさまじい内乱が発生，多くの悲劇を生んだ。なお，ユーゴは2003年にセルビア-モンテネグロと国名を変更したが，結局2006年にモンテネグロが分離・独立した。

㉝ **コソヴォ紛争**　セルビア共和国内のコソヴォ自治州で起こった民族紛争。コソヴォ自治州ではアルバニア人が約9割を占め，セルビア人との対立が1998年頃から顕在化した。コソヴォは2008年，セルビアからの独立を宣言した。コソヴォ独立について，国際司法裁判所（ICJ）は2010年，国際法に違反しないとの勧告的意見を示した。

㉝ **民族自決主義**　民族が自らの運命を決定する権利を有し，自由に，独立した自己の国家を建設しうるとするもの。人民の自決権ともいう。第一次世界大戦では，連合国がウィルソン大統領の影響のもとにこれを認め，ヴェルサイユ条約の一原則となった。

㉝ **エスノセントリズム**　自民族中心主義，自文化中心主義のこと。自民族や自国の文化を最も優れたものと考え，他国や他民族の文化を価値の低いものと判

断する態度や見方をいう。

34 非政府組織 非政府間国際組織（INGO）[International Non-Governmental Organization]ともいう。公権力を行使する「政府機関」に対する用語。平和・人権・環境問題などについて、国際的に活動している民間の組織・団体をさす。

34 難民の地位に関する条約 難民条約と略称。難民、すなわち戦争や政治的・宗教的迫害などで国外に逃れざるをえなかった人の庇護や定住を確保するため、法的地位、福祉、難民の追放・迫害の禁止などを定めた条約。1951年にジュネーヴで開かれた国連全権会議で採択（発効は1954年）。

34 子どもの権利条約 児童の権利に関する条約。1989年の国連総会で全会一致で採択され、1990年に発効した。日本は1994年に批准。全54か条からなる。子どもを、大人に保護される対象としてではなく、権利を行使する主体として位置づける。教育への権利(初等教育の義務・無償制、能力に応じて高等教育にアクセスできることなど)や、子どもに意見表明権や思想・良心・宗教の自由、結社・集会の自由などの市民的権利を保障する。

34 世界人権宣言 1948年12月、第3回国連総会で採択。前文と本文30か条からなる。人権を初めて国際法の問題としてとらえ、世界に与えた影響ははかり知れない。

34 難民 人種・宗教・政治的意見などを理由として迫害を受ける可能性があるために自国外におり、自国の保護を受けることのできない人びとをさす。通常、こうした人びとを政治難民とよぶことが多い。

34 国際人権規約 世界人権宣言を条約化して国際法としての法的拘束力をもたせ、人権保障の実施を各国に義務づけたもの。1966年の第21回国連総会で採択、1976年に発効した。「経済的・社会的・文化的権利に関する国際規約」(A規約、社会権規約)、「市民的・政治的権利に関する国際規約」(B規約、自由権規約)、個人通報制度を規定したB規約に関する「第1選択議定書」の三つからなる。

34 人種隔離政策（アパルトヘイト） 「分離」を意味する語で、特に南アフリカ共和国の極端な人種隔離（差別）政策・制度の総称。

34 人種差別撤廃条約 1961年の南アフリカ共和国での反アパルトヘイト運動の弾圧事件を契機に制定された。1965年の国連総会で採択、1969年発効。日本はアイヌ問題などで批准が

遅れ、1995年に批准。

34 第三国定住 長期間の難民キャンプ生活を余儀なくされた難民に対して、避難先以外の国（第三国）が行う救済制度。難民は移動先の第三国において、庇護あるいはその他の長期的な滞在許可を与えられる。日本では2010年から、国連難民高等弁務官事務所の要請に応じ、タイの難民キャンプに滞在するミャンマー難民の受け入れを実施。2019年までで200名弱を受け入れている。

経済的主体

36 経済 中国の古典に出てくる「経世済民(けいせいさいみん)」に基づいてつくられた語。一般的に、人間の生活に必要な財（形のあるもの）やサービスの生産・分配・流通・消費など、人間の生活や社会を維持するための最も基本的な活動をさす。

36 サービス 形はないが、人間の必要や欲求を満たす経済活動のこと。医療・保険・金融・教育・運輸などがその例。代価を支払って物を受け取るのではなく、何かをしてもらうような活動をいう。

36 政府〈経済における用語〉 家計や企業の経済活動を、財政を通じて調整する経済主体のこと。

36 産業革命 18世紀後半にイギリスで始まり、19世紀を通じてヨーロッパ・アメリカから日本へ波及した産業技術・社会構造上の革命。

36 『諸国民の富』 アダム＝スミスの主著。1776年に刊行。『国富論』とも訳される。資本主義経済を初めて体系的に分析した古典派経済学の代表作。

36 計画経済 生産手段を社会的所有とし、それを国家作成の計画に従って運営、生産活動を行う経済のこと。社会主義経済の根本理念の一つ。

36 市場原理主義 市場に備わる自動調節機能や市場経済のメカニズムに過度の信頼をおく経済学の立場。

36 証券市場 有価証券（公債・社債・株式）が取り引きされる市場。そこでの価格が、利子・配当・株価である。株式市場と債券市場に分かれる。

36 市場経済 市場を通して経済的資源が配分される経済システムのこと。自由な経済活動と自由競争を通じて市場メカニズム（市場機構）が働き、経済的資源が最適に配分されたり、経済の整合化がなされている。

36 市場の失敗 市場機構による資源の適正配分ができない分野があること、もしくは市場機構による資源配分の限界をさす用語。

36 需要 市場で、財やサービスを買い

手が購入しようとすること。貨幣支出の裏づけのある需要をケインズは有効需要とよんだ。需要は、価格の変化に応じて増減する。

36 トレード‐オフ いわゆる「あちらを立てれば、こちらが立たず」という関係のこと。経済社会では欲しいものすべてが得られるわけではないので、ある財を手に入れるためには、他の財をあきらめなければならない。

36 ニューディール 世界大恐慌を克服するためにアメリカで実施された一連の経済再建策。「新規まき直し」という意味である。1933年からF.ローズヴェルト大統領が約7年にもおよんで実施した。

36 ケインズ イギリスの経済学者。マーシャル門下で、20世紀の経済学に大きな影響を与えた学者の一人。彼が引き起こした経済学上の変革をケインズ革命という。主著『貨幣論』(1930年)、『雇用・利子及び貨幣の一般理論』(1936年)。

36 技術革新 新しい技術、新しい生産方法などを生産活動に導入すること。アメリカの経済学者シュンペーターによれば、①新製品の発明・発見、②新生産方式の導入、③新市場の開拓、④新原料、新資源の獲得、⑤新組織の実現、などが含まれる。新機軸ともいう。

36 外部不（負）経済 他の経済主体の経済活動が、市場における取り引きを通さず直接に悪い影響を与えること。企業が出す公害により社会全体に不利益をもたらすなどが典型例。

36 持株会社 株式の保有によって他の企業を支配することを目的とした会社。戦前の財閥が典型例。

36 社会主義経済 社会主義社会における経済のあり方で、①土地・工場などの生産手段が社会的所有とされ、私有財産制度が制限されていること、②経済活動が、政府の計画に基づいて運営され、個人の利潤を追求する自由な経済活動を制限すること、などが特徴。

36 小さな政府 市場機構や自由競争などの自由主義的経済政策を推し進めることにより、経済活動に介入せず、財政規模を縮小させようとする政府のこと。

36 耐久消費財 主として消費財について、長期の使用に耐えうる財を耐久消費財あるいは耐久財という。

36 アダム＝スミス イギリスの経済学者で、古典派経済学の創始者。主著『道徳感情論』(1759年)、『諸国民の富』(1776年)。スコットランドに生まれ、グラスゴー大学で道徳・哲学・法学を講義した。『諸国民の富』において資本主義経済の体系的理論化を試みた。

資料編

36 社会主義市場経済 中国における経済運営の方針。1993年3月，全国人民代表大会で改正された憲法に盛りこまれた。

36 資本主義経済 現代の欧米や日本などで典型的に行われている経済体制。資本主義経済の特徴は，①私有財産制，②経済活動の自由，③利潤獲得のための商品生産を採用していることである。

36 シュンペーター オーストリア生まれの経済学者。1919年にオーストリア蔵相，1932年からアメリカのハーヴァード大学教授。主著『経済発展の理論』（1912年），『景気循環論』（1939年）。

36 寡占価格 寡占市場で決定される価格。寡占企業同士が，市場価格によるのではなく，生産価格に平均利潤を上まわる超過利潤を得られるように設定された価格をさす。

36 プライス−リーダーシップ 寡占市場において，価格先導者とされる企業が，価格決定・価格変更をすると，他の企業もそれに追随するという市場慣行のこと。

36 寡占・寡占市場 市場において，2者以上の少数の売り手または買い手が存在し，市場を支配している状態。寡占市場では，他企業の動向を考えながら，企業の意思決定をするという相互依存関係がある。

36 独占 市場において，売り手または買い手が1者しかいない状態。したがって競争はなく，完全競争市場の対極にある。

36 公正取引委員会 公取委と略称。独占禁止法を運用することを目的に設けられた行政委員会。1948年に総理府外局として設置されたが現在は内閣府の外局。他から指揮，監督を受けることなく，独立して職務を行う。委員長と4人の委員は学識経験者から任命され，合議制をとる。委員の任期は5年。

36 管理価格 市場の需給関係で価格が決まるのではなく，独占・寡占企業が市場支配力を背景に，自ら固定的に設定する価格のこと。

36 独占禁止法 独占・寡占にともなう弊害が国民生活に及ぶことを除くために，1947年に制定された法律。正式名は「私的独占の禁止及び公正取引の確保に関する法律」。市場を独占すること，不当に取り引きを制限すること，不公平な取り引きをすること，などを禁止している。1997年の法改正で持株会社の設立が解禁された。

36 トラスト 企業合同。同一産業部門の複数の企業が合併・合同すること。カルテルと違い，各企業の独立性は失われ，単一の企業となる。

36 コンツェルン 企業連携。持株会社・親会社が，企業の株式を保有することで系列化して形成される企業集団。異業種の企業でも結合できる。

36 コングロマリット 本業とは異なった産業・業種にまたがって，合併や買収をくり返すことにより，巨大化した企業。複合企業ともいう。

37 所有と経営の分離 株式会社などで，資本の所有者である株主と経営を担当する経営者とが分離し，同一でないこと。資本と経営の分離，経営者革命ともいう。

37 取締役 株式会社の必置機関の一つ。株主総会で選任・解任され，会社の業務を執行する。任期は原則2年。従来は3人以上必要だったが，2006年の会社法によって1人でも可となった。

37 M＆A 合併と買収によって他企業を支配すること。1980年代に入って，アメリカでは税制改革・独禁法緩和・資金過剰などによりM＆Aが活発化した。

37 証券取引所 株式や債券などの有価証券を売買・取引する施設や機関のこと。日本では東京・大阪など全国に五つある。2013年に東京証券取引所と大阪証券取引所が経営統合され，日本取引所グループ（JPX）の下に再編。

37 上場 証券取引所が株式の所内での取り引きを認めること。一定の基準を満たすことが要求されるので，企業の信用度が高まるなどの利点が多い。2022年4月から東京証券取引所は，東証一部／東証二部／ジャスダック／マザーズという従来の市場区分を廃止して，プライム(Prime)／スタンダード(Standard)／グロース(Growth)という3区分に再編した。

37 取締役会 株主から株式会社の経営を委ねられた業務執行機関。株主総会で選任された取締役によって構成されるが，取締役は株主である必要はない。

37 株式 本来は株式会社の株主の持分を表す地位をさすが，一般にはその地位を象徴する有価証券をいう。株式会社は，株式の額面額を表示した額面株式，または株式数だけを表示した無額面株式を発行できる。2009年には改正商法が施行され，株券不発行制度が発足した。これにより，株式（株券）のペーパーレス化と電子化が実現。

37 株主 株式会社の所有権をあらわす分割された株式の持ち主のこと。株主は，その出資額を限度として責任を負う。これにより，広く社会から資本を集めることが可能になった。株主は個人株主と金融機関や企業などの法人株主に分類される。

37 民営化 公企業を私企業にすること。かつて三公社といわれた日本電信電話公社・日本専売公社は1985年に，日本国有鉄道は1987年に中曽根康弘内閣の手で民営化され，それぞれNTT，JT，JRとなった。

37 企業の社会的責任 企業の活動が社会に大きな影響を与えることから，そのあり方には社会に対する配慮や責任なども必要とされるという考え方。2010年，企業の社会的責任に関する国際規格「ISO26000」が発効した。

37 フィランソロピー 公益目的の寄付行為やボランティアなど，企業の社会的貢献活動をさす。

37 コーポレート−ガバナンス 企業統治。株主などのステークホルダー（利害関係者）が，企業経営に関してチェック機能を果たすこと。

37 モラル−ハザード 企業などにおける倫理の欠如や崩壊のこと。本来は保険用語で，保険契約者などが保険をかけてあるため，逆に注意力が散漫になり事故を起こす危険性が高くなる現象。

37 コンプライアンス 法令遵守の意。具体的法令に加え，社会規範全体をさす言葉。

37 メセナ 企業の芸術・文化・社会事業支援。企業による文化事業の主催（コンサート，美術展，演劇公演など），資金の提供（寄付や協賛），文化施設の開設や運営（美術館，多目的ホールなど）といった形態がある。

37 企業 営利を目的として財・サービスの生産活動を行う組織体のこと。経済主体の一つ。原則的に企業は，自らの創意と責任において市場原理に従って生産と販売を行い，利潤を得ることを目的として行動する。

37 会社法 会社の制度や運営などを定めた基本的な法律。従来の商法第2編や有限会社法などを現代的に再編成し，2006年に施行された。株式会社の最低資本金の撤廃，有限会社にかわる合同会社の創設などが規定されている。

37 株式会社 出資者が，出資した限度内で責任を負う株主によって構成される会社。株主は出資に応じて会社の利益の一部（配当）を受け取る。イギリスの東インド会社（1600年）やオランダの東インド会社（1602年）が起源。

37 物価 一定範囲での複数の商品の価格を，ある基準で総合化したもの。物価の変動が，国民の生産・消費生活に影響することを物価問題という。

37 アウトソーシング 外注。企業が業務の一部を専門会社に委託すること。コンピュータ関連分野などに多かったが，現在ではあらゆる業務に及ぶ。

37 中小企業 資本金・従業員数・生産額などが中位以下の企業をいう。中小企業基本法によれば, ①製造業などでは資本金3億円以下, 従業員300人以下の企業, ②卸売業では資本金1億円以下, 従業員100人以下の企業, ③サービス業では資本金5000万円以下, 従業員100人以下の企業, ④小売業では資本金5000万円以下, 従業員50人以下の企業, と定められている。

37 ベンチャー-ビジネス 新技術や, 独自で高度な研究開発能力を生かして, 冒険的な経営を行う中小企業群のこと。ベンチャー企業に提供される資金をベンチャー-キャピタルといい, 個人投資家のことをエンジェルとよぶ。

37 クラウドファンディング クラウド(群衆)とファンディング(資金調達)の合成語。インターネットを通じて, 不特定多数の個人から小口の資金を集めるしくみ。アメリカからはじまり, 世界に広まった。出資者が見返りを求めない「寄付型」など, いくつかのパターンがある。

38 利子率 資金を融通してもらう場合の, その資金(元本)に対する利子の割合のこと。金融市場の資金に対する需要と供給の関係で変化する。

38 債券 国・地方公共団体・法人などが, 資本市場を通じて大量の必要資金を多くの提供者(投資家)から調達するために発行する有価証券。国が発行した国債, 地方公共団体が発行した地方債, 企業が発行した社債などがある。

38 日本銀行 日本の金融の中心となる中央銀行。1882年に設立。銀行券の発行, 政府の銀行, 市中銀行との取引などを業務とする。日本銀行は, 資本金1億円(55%が政府出資)の認可法人であり, 日本銀行政策委員会の決定に基づき, 金融政策の中心として活動している。

38 金利 資金の貸し出しに対して一定の割合で支払われる資金(利子)。また, 利子の割合のこと。

38 公定歩合 中央銀行の金利のこと。日本の場合, 日本銀行政策委員会によって, 公定歩合が定められてきた。現在, 日本銀行では公定歩合という用語のかわりに「基準割引率および基準貸付利率」を使っている。これは, 公定歩合に政策的意味がなくなったことにともなう変更である。

38 預金準備率操作 日本銀行が市中金融機関に対して, 預金の一定割合(預金準備率)を強制的に預金させる制度。支払い準備率操作ともいう。一般に景気が過熱したときには, 準備率を引き上げる。逆に, 景気を刺激したいときには, 準備率を引き下げる。1991年に

行われて以来, 預金準備率は変更されておらず, 現在では金融政策として用いられていない。

38 間接金融 金融機関を通して行われる資金の融通のこと。銀行などの金融機関は家計や企業から余裕資金を預かり, それを企業や個人に貸し出している。日本では, 直接金融に比べて間接金融の割合が大きい。

38 債権 ある特定の人(債権者)が別の特定の人(債務者)に対して, 物の引き渡し, 金銭の支払いなどの一定の行為(給付)を請求する権利。

38 金融機関 金融活動を行う機関。日本では銀行・証券会社・保険会社などのほかに, ゆうちょ銀行や労働金庫・JA(農業協同組合)なども金融機関に含まれる。

38 金融 手持ちの資金に余裕がある企業や家計などが, 資金を必要とする企業や家計などに貸したり, 融通したりすること, また, 借りたり, 融通してもらったりすること。

38 銀行 金融機関の中心となるもの。日本では日本銀行が中央銀行にあたり, それ以外の銀行を市中銀行という。銀行の本来の利益は, 預金者から集めた資金を企業などに貸し出し, 企業などからもらう利子と預金者に支払う利子との差額である。

38 中央銀行 一国の金融の中心機関で, 通貨の発行, 通貨の流通量の調節, 景気の安定など経済活動全般にわたる働きをもつ銀行のこと。日本では日本銀行, アメリカではFRS(連邦準備制度), イギリスではイングランド銀行, 中国では中国人民銀行などがそれにあたる。

38 金融政策 景気の回復をはかることや, 物価を安定させることなどを達成するために, 各国の中央銀行などが資金量を調整するために行う政策。

38 信用創造 銀行がその社会的信用を背景に, 預金量をはるかにこえる資金を貸し出すこと。この信用創造によって, 銀行は預金量以上の貸し出し能力をもつことになる。逆に, 借りたい需要はあるのに, 金融機関からの資金供給が細る現象を信用収縮という。

38 ペイオフ 金融機関が破たんした場合, 金融機関が預金保険機構に積み立てている保険金で, 預金者に一定額の払い戻しを行う制度。2010年に初のペイオフが発動された。

38 BIS規制 BIS(国際決済銀行)のバーゼル銀行監督委員会が定めた銀行経営健全化のための統一基準。

39 歳入 一会計年度における財政上の一切の収入。日本の一般会計歳入は,

租税及び印紙収入・官業益金及び官業収入・政府資産整理収入・雑収入・公債金・前年度剰余金受け入れの6項目から構成されている

39 特別会計 国がある特定の事業を行う場合などに設けられる会計。国の会計は一種ですべての歳入・歳出を経理するのが望ましいとされる(単一予算主義)。しかし, 現代の財政は規模が大きく, 内容も複雑になったため, 特別会計が設置されるようになった。

39 政府関係機関予算 国民生活金融公庫・中小企業金融公庫・国際協力銀行など, 政府の全額出資によって設立・維持されてきた政府系金融機関の予算のこと。

39 相続税 死亡した人から相続した財産にかかる租税。相続によって取得した財産の総額から, 故人の借金や葬儀費用, 基礎控除額を差し引いた額が, 課税対象となる。

39 間接税 税法上の納税義務者と実際に税を負担する者が異なる租税のこと。消費税や酒税・たばこ税が代表的な間接税。税金分が価格に上乗せされているから, 最終的には消費者が税を負担することになる。

39 特定財源 伸途を特定の歳出分野に限った税収。道路特定財源などがある。受益と負担の関係がはっきりするが, 歳出の硬直化につながるとされる。

39 逆進性 消費税のように, 原則すべての財・サービスが課税対象であり, 食料品・医療品のような生活必需品にまで課税されると, 低所得者の収入に占める税負担の割合が大きくなる。このような税の性格を, 逆進性という。

39 特例国債 赤字国債の別称。財政法は国の歳入が国債に依存することを原則的に認めておらず, その発行には, 年度限りの特別措置として「公債の発行の特例に関する法律案」を政府が国会に提出し, 承認を得なければならない。

39 ポリシー-ミックス 完全雇用・景気政策・国際収支の均衡など複数の政策目標を同時に達成するため, 複数の政策手段が組み合わされてとられること。

39 租税 政府が, 歳入調達を目的として, 強制的に, 何ら特別の対価なしに, 他の経済主体から徴収する貨幣のこと。租税の主目的は, 国や地方公共団体が独自の活動をおこなうための経済的基礎の確保という点に求められる。

39 法人税 株式会社や協同組合など, 法人の所得にかかる租税のこと。ただし, 学校法人や宗教法人は, 収益事業を除いて納税義務が免除されている。

39 住民税 その地域に住む個人・法人を課税の対象としている道府県民税と

資料編

市町村民税をいう。東京都の場合は，都が都民税を，23区が特別区民税を課している。個人住民税の税率は一律10%。

39 不公平税制 税負担のあり方が人や立場によって不公平なこと。所得税の捕捉率の不公平を示す言葉として，俗にクロヨン（給与所得者9割，事業所得者6割，農業所得者4割）などがある。

39 予算 一定期間（日本では4月1日〜翌年3月31日）の財政収入・財政支出の予定的見積もりを数字であらわしたもの。予算には，一般会計・特別会計・政府関係機関予算などがある。

39 財政投融資 国の制度や信用によって集められた資金を財源として行われる投資や融資。郵便貯金などの資金運用部への預託制度が廃止され，また政府関係機関が財投機関債を発行して，市場から資金を調達するのが原則となった。

39 地方税 租税のうち，納税先が地方公共団体である税のこと。地方税は，道府県税と市町村税に分かれる。道府県税では道府県民税と事業税が，市町村税では市町村民税と固定資産税が中心。

39 累進課税制度 課税対象の金額が増えると，より高い税率が適用される課税のしくみ。納税者はその支払い能力に応じて課税されるべきであるという考え方から採用されている。2015年からは7段階（5〜45%）となった。

39 所得税 個人の1年間の所得金額に対して課せられる税。個人が給与・配当・事業などから得た所得額から，医療費・社会保険料など各種の控除額を差し引いた額が課税対象になる。

39 消費税 消費の背景には所得があるということを課税の根拠として，消費支出に課税される税。2014年から8%に，2019年10月から10%に税率が引き上げられた。ヨーロッパなどでは一般に付加価値税とよばれ，食品などの生活必需品については軽減税率が適用されるケースもある。

39 国債 公債のうち，国が発行しているもの。国債には償還期間によって，短期・中期・長期・超長期の区別がある。

39 直接税 税法上の納税義務者と税を負担する者（担税者）が同一である租税のこと。国税では，所得税・法人税・相続税などが，地方税では，住民税・固定資産税・事業税などがある。

39 赤字国債 事務的諸経費や人件費など，経常的経費の支出にあてる財源確保のために発行される国債。

39 所得の再分配 財政の機能の一つ。市場が決定する所得の分配は，不平等

なものとなりがちであるので，政府は高所得者から低所得者に所得を移転するという政策をとる。これが所得の再分配である。

39 一般会計 政府の通常の活動にともなう歳入・歳出を経理する会計。このほかに，特別会計と政府関係機関予算などがある。一般会計の歳入は，租税など6項目から構成されている。一般会計の歳出は，国債費・社会保障関係費・地方交付税交付金等・公共事業関係費などに分類できる。

39 景気調節機能 財政のしくみのなかに景気を安定化させ，誘導する機能をもつことを，景気調節機能または安定化機能という。

39 公共事業 国や地方公共団体が行う，道路・河川・干拓・治山治水・上下水道・災害復旧などの，公共的な建設・復旧事業。

39 社会資本 社会全体の経済活動にとって，基礎的に必要な公共性のある資本のこと。日本の社会資本の形成は明治期以来，産業基盤の整備に重点が置かれ，生活関連社会資本の立ち遅れが指摘されている。

40 所得 生産活動に使用された資本・労働・土地などの生産要素に対して支払われる報酬のこと。所得は一定期間でのフローの概念であり，これに対して，この所得が蓄積されたストックの概念が国富である。

40 国民所得 一国の居住者が一定期間（通常は1年間）において，財・サービスを生産して得た所得の合計。価値の総額。経済活動をフローの概念でとらえた国民経済計算の用語。

40 経済成長率 一定期間内（通常は1年間）における経済進度を示すバロメーター。国内総生産（GDP）の対前年（度）伸び率で示される。一国の経済状態の好・不況をあらわす重要な指標である。

40 設備投資 企業が将来の生産活動を拡大しようと，機械設備の増設や工場規模の拡大をはかる投資。資本形成ともいう。

40 付加価値 生産物を生産する過程で新たに生みだされた正味の価値のこと。国民経済において，1年間に新たに生産された財・サービスの総額から，それを生産するのに要した原材料や燃料・動力，さらに有形固定資産の減価償却費（固定資本減耗分）を差し引いた残り。

40 国民総所得 93SNA統計への移行にともない，従来のGNPにかわって用いられている概念。GNPと同じものだが，GNPが生産物の測度であるのに対して，GNIは所得（分配面）からとらえ

た指標である。

40 景気 経済の全般的な活動水準や活動状況，個々の企業や産業界の好・不調をあらわすことば。景気には必ず波がともなう。経済活動が活発で，生産・販売が増加し，利益が上がり，雇用者が増加する過程を好景気（好況）といい，逆に経済活動が沈滞して，売れ行きが悪く，利益が減り，企業の倒産や失業者の増加がめだつ過程を不景気（不況）という。

40 国富 一国の居住者の資産の合計をストックの概念でとらえたもの。国民の経済活動によって蓄積された成果をあらわす。正味資産ともいう。その内訳は，有形非生産資産（土地など），有形固定資産（工場・機械など），無形固定資産（特許権・商標権など），在庫，対外純資産（債券など）からなる。

40 国内純生産 国内で産出された純付加価値の合計。国内総生産（GDP）から固定資本減耗分を差し引いたものが，市場価格表示の国内純生産である。

40 経済成長 一国の国民経済の規模が長期間に量的に拡大することであり，国内総生産（GDP）や国民所得（NI）が年々増加する現象をいう。

40 実質経済成長率 経済成長率の一つで，実質成長率ともよばれる。物価水準の変動を調整したもので，一般に経済成長率といえばこの数値をさす。

40 国内総生産 一国内で通常は1年間に生産された総生産額から中間生産物を差し引いたもので，新たに生産された付加価値のみを計算したもの。自国民であるか，外国人であるかに関係なく，その国における生産活動でつくりだされた所得をさす。

40 国民総支出 国民総生産（GNP）を支出の面からとらえた概念。GNPと同額になる。この額からは，どのような経済主体によって財やサービスが購入されたかがわかり，国民粗支出ともいわれる。国民総支出を構成する項目は，民間最終消費支出・政府最終消費支出・国内総資本形成・経常海外余剰（輸出－輸入）の4項目である。

41 国民所得倍増計画 1960年，経済審議会の答申を受け，池田勇人内閣によって閣議決定された計画。1961年から70年の10年間で国民所得を2倍にするというもの。

41 金融ビッグバン ビッグバンとは，宇宙の始まりの大爆発をさす。ここから転じて，サッチャー政権の下で，1986年にイギリス証券取引所が実施した証券制度の大改革をいう。スローガンは「フリー・フェア・グローバル」。

41 量的緩和政策 日本銀行が2001

年から2006年まで行った超金融緩和策。短期金融市場の金利を実質0%に引き下げても景気悪化とデフレが進んだため，金融調節の目標を「金利」から「資金量」に切りかえた。

41 国際決済銀行 各国の中央銀行などによって1930年に設立された銀行。本店はスイスのバーゼル。国際金融協力などで重要な役割を果たす。

41 貸し渋り バブル経済の崩壊後，日本の金融機関が資金の貸し出しに慎重になったことをさす言葉。要因として，不良債権の増大やBIS規制などがあげられる。

41 構造改革 自由な経済活動と市場機構が十分に機能するよう，障害となる規制や制度の見直しや廃止を行う全体的な改革。

41 産業構造 一国の全産業の特徴を，労働力や生産額の各産業分野間の構成比率で示したもの。産業は，農業・製造業・サービス業などいろいろに分類される。よく知られる産業分類として，第一次産業・第二次産業・第三次産業がある。

41 経済のソフト化・サービス化 経済活動や産業構造が，生産されるものそのものの価値よりも情報・知識の価値知識集約型のサービスの要素が重要となってきた事象をいう。

41 都市化 都市に人口が集中して都市が肥大化すること。工業社会は大量の労働力を必要とし，人口の都市への集中はまた，第三次産業としてのサービス業や商業の発達をうながした。

41 技術革新 新しい技術，新しい生産方法などを生産活動に導入すること。日本の高度経済成長も技術革新によるものとされる。

41 バブル崩壊 1989年に行われた地価や株価の高騰に対するテコ入れ（公定歩合の引き上げや地価税）により，地価や株価が下落し，金融機関の不良債権問題などが発生し，景気が後退したこと。

41 デフレーション 通貨量が商品流通に必要な量以下であるか，有効需要が供給に対して不足するために物価が持続的に下落する現象。インフレーションとは逆の現象で，景気の後退や不況に直接結びつく。略称デフレ。

41 不良債権 回収が不能・困難になった，金融機関が融資した貸出金のこと。バブル崩壊後，金融機関の抱えた多額の不良債権により金融機関の倒産や貸し渋りが発生した。

41 高度経済成長 1960年の「国民所得倍増計画」の発表前後から，1973年の石油危機の頃まで，年平均実質

10%をこえる経済成長が継続した期間をいう。

41 ヘッジファンド 私募の形で資金を集め，為替・株式・商品などに投資して利益を得るファンド（基金）。巨額の資金を動かすヘッジファンドが破たんすれば，世界の金融システムに影響を及ぼすため，さまざまな規制が必要とされている。

41 サブプライムローン問題 サブプライムローンとは，アメリカにおける低所得者層などを対象にした高金利の住宅ローンのこと。変動金利のため，当初数年間の固定金利期間終了後に返済額がふくらみ，延滞や焦げ付き額が急増した。こうしたローンがさまざまな形態をとって証券化され，世界各地で販売されていたため，その値下がりなどが2007年夏以降に表面化し，世界的な金融危機の引き金となった。

41 トリクルダウン したたり落ちるの意で，アベノミクスの根底にある経済の考え方。大企業や富裕層がもうかれば，その恩恵がいずれ庶民にも行きわたる，というもの。現実には，そうした政策は格差拡大をもたらすとの指摘があり，経済協力開発機構（OECD）もこの考え方に懐疑的な見解を示した。

41 カジノ法 統合型リゾート施設整備推進法，正式には「特定複合観光施設区域の整備の推進に関する法律」といい，「IR法」とも呼ばれる。2016年12月，カジノやホテル，国際会議場，レストランなど統合型リゾート（Integrated Resort，略称IR）の整備を日本国内において推進するための基本法となる。運営業者の選定基準やカジノの規制，ギャンブル依存症対策などは，2018年7月に成立した実施法に盛り込まれた。

41 アジアインフラ投資銀行（AIIB） アメリカに対抗し，中国が指導して2015年末に設立された銀行。インフラ整備を主体とした融資などを担う。本部は北京におかれ，資本金は最大で1000億ドル。創設メンバーは57か国でイギリス・フランス・ドイツ・イタリアは加わるが，日本・アメリカ・カナダは加入していない。初代総裁は中国の金立群。

41 G5 アメリカ・イギリス・ドイツ・フランス・日本の5か国によって構成された，通貨問題に関する財務相・中央銀行総裁会議のこと。

41 日米構造協議 日米間の貿易不均衡の是正をめざし，両国の生産・消費・投資など経済構造を検討するために1989年9月から開かれた協議。

41 グリーン-コンシューマー 緑の消費者という意味。環境を大切にするという立

場から商品を購入したり，企業の監視などをする消費者のこと。

41 容器包装リサイクル法 ビン・ペットボトル・ダンボールなど容器・包装材料のリサイクルを義務づける法律。1995年に制定，1997年から施行された。

41 グリーン購入法 国や地方公共団体などが環境負荷の低減に役立つ物品を率先して購入することなどを定めた法律。2000年に制定された。

41 循環型社会 資源循環型社会ともいう。広義には自然と人間とが共存・共生する社会システムを意味し，狭義には廃棄物の発生を抑え，リサイクルしていくことで資源の循環をはかる社会のことである。

41 リサイクル 廃棄物の再生利用。省資源・省エネルギー・環境保護の効果がある。法律としては，容器包装リサイクル法・家電リサイクル法・資源有効利用促進法などが機能している。

41 ゼロ-エミッション 生産方法の技術革新や産業間の連携を強化することで，廃棄物などの排出をゼロにしようとするものである。

41 バイオマス 食品工場の植物性廃棄物，牛や豚などの糞尿，廃材などから堆肥として発酵させていき，発生してできたメタンガスを使用し発電をしていく新しいエネルギーのこと。

41 コージェネレーション 熱と電力を同時に供給するエネルギーの供給システム（熱電併給システム）のこと。

41 環境アセスメント 環境権を具体的に保障する制度のこと。開発行為を行う場合，それが自然環境に与える影響を事前に調査・予測・評価すること。1997年に環境影響評価法（環境アセスメント法）が成立した。

41 ハイテク汚染 有機溶剤（トリクロロエチレン）など先端産業から発生する汚染。金属加工・半導体の洗浄剤として広く使用されているが，これを地下に流すため，地下水の汚染につながっている。

41 ダイオキシン 塩素系のプラスチックなどを燃やすと発生する猛毒物質。ゴミ焼却場などから検出され，社会問題となった。このため，総排出量を規制するダイオキシン類対策特別措置法が，1999年に制定された。

41 公害対策基本法 1967（昭和42）年に制定された，公害対策の憲法といわれた法律。

41 総量規制 環境基準の設定方式。従来の濃度規制では，汚染物質の排出量の規制が甘く，また生物濃縮の問題もあった。そこで一定地域に排出される

汚染物質の合計量を規制しようとするもの。

41 四大公害訴訟 水俣病訴訟・新潟水俣病訴訟・イタイイタイ病訴訟・四日市ぜんそく訴訟の四つの訴訟をさす。四大公害訴訟は，いずれも1960年代後半の高度経済成長期に提訴された。裁判では，いずれも原告（被害者）側が全面勝訴。企業の加害責任を認め，被害者への損害賠償を命じた。

41 環境基本法 1967年施行され，1970年に改正された公害対策基本法と，1972年制定の自然環境保全法に代わって，1993年に環境政策全体に関する基本方針を示すために制定された法律。

41 水俣病 熊本県水俣湾周辺で1953年頃から1960年にかけて発生。手足がしびれ，目や耳が不自由になって狂い死にをする症状を示した。チッソの工場の廃液のメチル水銀が原因であった。

41 イタイイタイ病 富山県神通川流域で，1922年から発病が確認されている。骨がもろくなり「痛い痛い」と叫んで死ぬところからこの名前がついた。三井金属鉱業神岡鉱業所が排出したカドミウムが原因。

41 環境ホルモン 内分泌かく乱物質。生体にとりこむと性ホルモンに似た作用をもたらし，生殖機能障害や悪性腫瘍などを引き起こすとされる。ダイオキシン類やポリ塩化ビフェニール類などに含まれる。

41 アスベスト 石綿。繊維状の鉱物で，飛散物を吸いこむと肺がんなどを引き起こす。日本では高度経済成長期から建築材などに多用された。

41 ナショナル-トラスト運動 無秩序な開発から自然環境や歴史遺産を守るため，広く国民から基金を募り，土地や建物を買ったり寄贈を受けたりして，保存・管理する運動。

41 公害 個人や企業の諸活動にともなって生じる環境悪化や，人間の生命・健康・財産への被害などを総称したもの。公害には，①産業公害，②都市公害（生活公害）などがある。

41 トレーサビリティ 食の安全を確保するため，食品などがいつ，どのような経路で生産・流通・消費されたかの全履歴を明らかにする制度。

41 食料・農業・農村基本法 従来の農業基本法に代わり，1999年に制定された法律。新農業基本法ともいう。食料の安定供給の確保，農業の持続的発展，農村の振興と農業の多面的機能の発揮などを規定している。

41 フード-マイレージ 食生活の環境への負荷の度合いを数値化した指標。食

料輸送量に輸送距離を掛けあわせて算出される。イギリスで提唱された。

41 遺伝子組み換え作物 耐病性や日持ち性などの機能をもつ遺伝子を人工的に組み込んだ作物。遺伝子組み換えは農産物の品種改良などに有用だが，本来は自然界に存在しないため，その危険性を指摘する声も強い。

42 契約自由の原則 一定の法律行為・契約行為を自分のしたいようにすることができるという原則。近代の法思想における人間の自律性の原則を反映したもの。

42 消費者契約法 消費者を不当な契約から守る目的で制定された法律。2000年に成立し，2001年から施行。事業者は消費者に対して契約内容をわかりやすく伝えることが義務づけられた。

42 消費者基本法 消費者保護基本法にかわって，2004年に制定された法律。消費者を「保護」の対象とするのではなく，「消費者の利益の擁護及び増進に関し，消費者の権利の尊重及びその自立の支援」（同法第1条）などを基本理念として定めている。

42 消費者庁 従来，縦割り・寄せ集めの典型とされた消費者行政を，統一的・一元的に行うため，内閣府の外局として2009年に設置された省庁。

42 製造物責任法 製造物の欠陥によって消費者が身体・生命・財産に損害を受けたとき，製造者に故意・過失がなくても，賠償の責任を負わせるための法律。Product Liabilityの訳で，PL法と略称される。

42 消費者保護基本法 1968年，消費者の利益を保護する目的で制定された法律。2004年に，消費者の権利などをもり込んだ消費者基本法に改正された。

42 リコール〈経済分野における用語〉 自動車などで欠陥が見つかった場合，生産者（メーカー）が国土交通省に届け出たうえでこれを公表し，購入者（ユーザー）に直接通知して無償で回収・修理を行うこと。道路運送車両法に基づく。

42 クーリング-オフ 頭を冷やすという意味で，消費者が結んだ購入などの契約を解除できる制度。契約の解除は原則として，内容証明郵便によって通知する。

43 年次有給休暇 労働者が労働から解放されて有給で保障される年間の休暇。労働基準法第39条は6か月の勤続と8割以上の出勤を条件に，10日以上の有給休暇を定めている。

43 労働争議 労働者と使用者との間に発生する争議。労働者が労働条件を維

持・改善するために，使用者に対して団体行動を起こすことは憲法第28条に保障されている（団体行動権）。

43 ワーク-シェアリング 仕事の分かち合い。労働者一人あたりの労働時間を減らし，雇用の水準を維持すること。欧州などで導入されている。他の政策と組み合わせることによって，雇用を増大させる効果があるとされる。

43 在宅勤務 インターネットなどを通じて，請け負った仕事を自宅で行うこと。近年，自宅やその近くの小事務所などで働くSOHO（ソーホー，small office home office）とよばれる就業形態が注目されている。

43 労働委員会 労働争議に際して，労使双方の自主的な解決が困難な場合に，その調整（斡旋・調停・仲裁）にあたることを目的として設置された公的機関。使用者・労働者・公益を代表する各委員で構成される。

43 フレックス-タイム制 労働者が一定の時間帯（コア-タイム）のなかで，労働の始め（出社）と終わり（退社）の時間を自由に決定できる制度。

43 裁量労働制 実際の労働時間にかかわらず，一定時間働いたとみなす労働のあり方。労働者を時間ではなく成果で評価する制度。

43 労働基本権 憲法第25条に規定された生存権を，労働者が具体的に確保するための基本的な権利。勤労権と労働三権を合わせたもの。

43 労働組合 「労働者が主体となつて自主的に労働条件の維持改善その他経済的地位の向上を図ることを主たる目的として組織する団体又はその連合団体」（労働組合法第2条）をいう。

43 労働者 労働力を商品として提供し，賃金を得ることによって生活する者。生産手段をもたないため，自分の身につけている技術や能力を賃金などの対価で使用者・資本家に売る。勤労者ともいう。

44 完全失業率 働く意思と能力がありながら雇用されない者を完全失業者といい，その労働力人口に占める割合を完全失業率という。完全雇用とは完全失業率がゼロの状態ともいえる。

44 終身雇用制 新規学校卒業者のみを正規従業員として採用し，特別な場合を除いて定年まで雇用する制度。日本では大企業や官庁を中心に広く行われてきた。

44 派遣労働者 雇用関係を結んだ派遣元事業主が，企業・事業所とかわした労働者派遣契約により企業・事業所へ派遣される労働者。派遣先の指揮・命令関係に入るが，派遣先との契約関係は

ない。

44 リストラ リストラクチュアリング。企業経営上，その事業の再構築をはかること。営業収益の悪い部門を削るなどする。バブル崩壊後は，中高年労働者の解雇・退職という形で進行した。

44 労働条件 賃金・労働時間などについて，労働者と使用者の間に結ばれる雇用上の条件。労働条件は労働者に不利に定められがちであるが，国は労働基準法などによって労働者を保護している。

44 失業率 総務省統計局による労働力調査に基づく完全失業者の割合。月末最後の1週間における労働力人口に対する失業者の割合を出したもの。

44 インターンシップ 高校生や大学生が在学中に一定の期間，将来の自分の進路と関連した職場や企業などで就業体験をする制度。

44 非正規雇用 企業が短期の契約で労働者を雇う雇用形態。フルタイムで継続して働く正規雇用（正社員）に対応する用語で，パートタイマー・アルバイト・契約社員・派遣社員などをさす。

44 男女雇用機会均等法 女性労働者が男性と同等の機会・待遇で就業の機会を得ることを目的に制定された法律。女性差別撤廃条約の批准に対応して1985年に成立，翌1986年から施行された。これにともない，労働基準法の一部が改正され，女性労働者の時間外労働の制限や休日労働の禁止などの制限が緩和された。2006年の改正では，直接には差別的条件ではないが，結果として不利益になる一定の間接差別の禁止や，女性だけでなく男性に対するセクハラ防止義務などがもりこまれた。

45 社会保障法 1935年制定。1933年にアメリカのF.ローズヴェルト大統領は，大恐慌を克服するために経済保障委員会を組織し，対策を検討させ，その答申に基づいて経済社会法が立案され，老齢年金や失業保険などが実現した。

45 福祉国家 社会国家ともいう。社会保障制度の充実や完全雇用政策の推進により，社会保障・社会福祉の水準が高い国をさす。

45 年金保険 老齢・障害・死亡などで失った所得を保障し，生活安定や福祉向上を目的とする社会保険。

45 セーフティ-ネット 安全網のこと。事故・災害など不測の事態や失業などの経済的不安に備えた制度をさす。2000年代以降に広がった国民の格差拡大に対応して，その整備の必要性が指摘されている。

45 医療保険 疾病・負傷・分娩などに必要な医療や経済的な損失に対して，費用の給付を行う。日本では1961年にすべての国民がいずれかの医療保険に加入する国民皆保険が実現。

45 国民年金 公的年金の対象者になっていなかった農民・商店主などの自営業者を対象とした年金制度。1961年発足。1986年から，すべての国民を加入者とする基礎年金制度に改められた。保険料は原則定額となっている。

45 公衆衛生 疾病を防ぎ，広く国民の健康の保持・増進をはかるために営まれる組織的な活動をさす。活動の拠点は保健所であり，住民の疾病予防・保健衛生・環境衛生などの仕事を担当している。

45 社会保険 疾病・負傷・出産・老齢・障害・失業・死亡などが原因で仕事の機会を失ったり，労働能力を喪失または減少させたりしたとき，加入者と国の拠出保険料を基金として一定の給付を行う制度。社会保障制度の中核をなす。

45 基礎年金制度 1985年に法改正され，翌1986年にから施行された。各年金制度を一本化して基礎年金（国民年金）部分を共通とし，厚生年金・共済年金の報酬比例部分を上乗せする。20〜60歳未満の人は保険料納付義務がある。

45 公的扶助 日本の社会保障を形成する四つの制度のうちの一つ。日本では，憲法第25条の生存権規定に基づき，生活保護法を中心に公的扶助が実施されている。

45 雇用保険 失業や事故という生活不安に対し，所得保障を行い，再就職を促進させることを目的とする社会保険の一種。1975年から施行された雇用保険法により運用されている。

45 社会保障 疾病・負傷・出産・老齢・廃疾・死亡・業務災害・失業・多子・貧困などの場合に，一定の保障を行うことを通し，国民生活を安定させることを目的とする国家政策。

45 生活保護 憲法第25条の理念に基づき，国民の健康で文化的な最低限度の生活を保障するための制度。公的扶助の代表とされ，生活保護法が定められている。

45 介護保険 介護が必要になった国民に対して，在宅（居宅）や施設で介護サービスを提供する新しい社会保険制度。介護保険法が1997年に成立し，2000年から実施された。

45 障害者雇用促進法 身体・知的・精神障害者の雇用促進をはかるため，1960年に制定された法律。一定の割合で障害者を雇用する義務を負う。

45 合計特殊出生率 一人の女性が生涯に産む子どもの数の平均の値。妊娠可能な15歳から49歳までの女性の，年齢別の出生率を合計したもの。2.1前後が人口の増減がないとされる人口置換水準である。

45 ピラミッド型 富士山型ともいう。多産多死の段階にある発展途上国によくみられる型。多産少死の段階においても同じ型になる。幼年人口の割合が高い。

45 高齢社会 国連の定義で，65歳以上の人口の割合が14%以上21%未満の社会をいう。日本は1994年にこの段階に達した。

45 エンゼルプラン 1994（平成6）年に文部，厚生，労働，建設各大臣（当時）の合意により，1995年度から実施された「子育て支援のための総合計画」のこと。

45 ノーマライゼーション 障害者も健常者も，高齢者も若者もすべて人間として，普通（ノーマル）な暮らしをともに送り，生きていく社会こそノーマルだ，とする実践運動や施策。

45 在宅介護 老人，障害者など1人で日常生活を営むことが困難な人を対象に，ホームヘルパーなどの専門家や家族の手によって，日常生活動作の援助や，話し相手になるなどの社会的孤立を避ける援助を「家の中」で行うこと。

45 障がい者 心身に障がいのある人のこと。1993年に障がい者のための施策の基本理念と国や地方公共団体の基本的な責務などを定めた障害者基本法が制定された。

45 子ども・子育て支援制度 消費税を財源として，2015年4月にスタートした子育て中のすべての家庭を支援する制度。近年の待機児童の問題にともない，新たに小規模保育や会社内の保育施設などを認めることで受け皿を広げた。保護者は，市町村から保育を必要としている設定を受ければ，働き方などに合わせて希望の施設を選ぶことができる。

45 児童相談所 児童福祉法に基づき，都道府県などに設置された機関。児童やその家庭に関するさまざまな相談に応じ，虐待のおそれがある家庭への強制立ち入り調査なども行う。

45 ユニバーサルデザイン すべての人が平等に使える機器や製品をデザインしようとする考え方。アメリカの建築家ロン=メイスが1980年代から用いた。

45 児童虐待 保護者による監護する児童への虐待。児童虐待防止法（2000年施行）によると，保護者がその監護す

る児童（18歳未満）に対して行う，①児童の身体への暴行，②わいせつな行為，③長時間の放置（ネグレクト），④心理的外傷を与える言動，の四つの行為をさす。

45 バリアフリー 障害者などが普通の生活ができるよう，身体的・精神的なバリア（障壁）を取り除こうという考え方。現実には，物理的バリア，制度的バリア，意識のバリア，文化・情報のバリアの四つの課題があるとされる。

【国際経済分野】

46 リカード イギリス古典派経済学の完成者。穀物法反対の主張をまとめたのが，主著『経済学及び課税の原理』（1817年）である。比較生産費説により，自由貿易の利益を説明したことでも有名。

46 比較生産費説 イギリスの古典派経済学者リカードが主張した学説。各国は，国際分業に基づいて貿易を行う際，各国を比較して生産費が絶対的に安い場合はもちろん，絶対的には高いが国内の商品と比較して相対的に安い（比較優位にある）場合でも，安い商品に生産を集中（特化）し，高い商品は生産をしないで輸入したほうが，世界全体で商品の生産量が増大するという理論。

46 貿易 各国民経済の間の商品取り引きをいう。相互の余剰生産物の存在を前提に，他国へ商品を売る輸出と，他国から商品を買う輸入とから構成される。形式的には，2国間で行われる双務貿易と，3国以上が参加する多角貿易に大別される。

46 非関税障壁 関税以外の手段による輸入制限策。輸入割り当てなどの数量制限，政府による輸出補助金のほか，広義の閉鎖的商慣習などがある。

46 国際収支 一国の一定期間（普通1年）内の対外支払い額と受け取り額の集計。1993年にIMF（国際通貨基金）の国際収支統計マニュアルが改められ，日本でも1996年から新形式で発表されている。

46 経常移転収支 政府・民間による無償援助，国際機関への拠出金，労働者の送金の金額の差額など，対価をともなわない取り引きをいう。

46 経常収支 ①貿易・サービス収支，②所得収支，③経常移転収支から構成され，近年のサービス貿易の増大に対応して，旧貿易外収支をサービス収支として明示した。

46 貿易摩擦 貿易をめぐって生じる各国間のさまざまな対立・紛争のこと。すなわち，当該国の産業間の対立が，自国の政府・議会を動かすまでに進み，互いに公権力による報復措置（輸出入

禁止など）をかける段階になる状況をいう。

46 日米包括経済協議 日米構造協議を引きついで，1993年9月から行われた日米間の協議。自動車・半導体・保険などの分野別の交渉の場では，市場参入の数値目標の設定を求めるアメリカとの間で，激しいやりとりがあった。

46 ブロック経済 本国と海外領土・植民地を結び，排他的・閉鎖的な経済圏（ブロック）を形成して，圏内での自給自足をはかろうとする政策。

47 セーフガード 緊急輸入制限措置。一般セーフガードと特別セーフガードの二つがある。輸入による国内産業の被害が大きい場合，輸入国の保護政策の一環として行われ，世界貿易機関（WTO）協定でも認められている。

47 固定為替相場制 外国為替相場の変動をまったく認めないか，ごくわずかの変動幅しか認めない制度。各国の通貨の価値が特定国の通貨（たとえば米ドル）や金あるいはSDR（国際通貨基金の特別引出権）などに釘付けされ，その変動幅が狭い範囲内に限定される。

47 ウルグアイ-ラウンド 1986～1994年，124か国とEUが参加して行われた。モノの貿易だけでなく，金融・情報通信などのサービス分野をも対象とし，緊急輸入制限（セーフガード）条項や不正商品の取り締まりなども協議された。1994年4月，合意文書に署名。

47 ドーハ-ラウンド 2001年にカタールの首都ドーハで開始が宣言されたWTOの新多角的貿易交渉。農業問題などをめぐる対立で，交渉は暗礁に乗りあげている。

47 プラザ合意 1985年に行われたドル高是正のためのG5での合意。その後，日本では急激な円高が進んで不況に陥る一方，国内産業の空洞化が起こった。

47 関税と貿易に関する一般協定 ガットと略称。1947年のジュネーヴ協定によってスタートした。1930年代の保護貿易化をくり返さず，関税その他の輸入制限を撤廃することで，貿易の拡大と世界経済の発展をはかるのが目的である。このための交渉が，1947年から断続的に行われてきた。

47 為替相場 異なる通貨どうしの交換比率のこと。日本では，交換比率を一定に保つ固定相場制の下で，1949年に基準外国為替相場を1ドル＝360円と定めた。変動相場制の場合，為替銀行間の取り引きを基準として相場が決定される。

47 変動為替相場制 各国の通貨相互

間の価値が，外国為替市場の需要と供給の関係によって決定されるような為替相場制度をいう。

47 円高 日本の通貨である円の対外通貨に対する価値が高まることが円高で，低下することが円安。邦貨建て相場で示す場合，たとえば1ドル＝200円の相場だったものが，1ドル＝150円となった場合，円の対ドル相場は50円分（25％）高くなっている。

47 国際通貨基金 ブレトン-ウッズ協定に基づき，1947年に国連の専門機関として業務を開始した。加盟国の国際収支の不均衡是正のための短期資金供与により，固定相場制維持，国際通貨の安定，国際金融の円滑化などを目的とした。本部はワシントンにある。

47 アジア通貨危機 1997年7月，タイを中心に始まったアジア各国の通貨下落現象。タイが管理変動相場制に移行したことを契機として，タイの通貨バーツの相場が下落し，アジアの各国経済に打撃をあたえた。

47 世界貿易機関 1994年のマラケシュにおけるGATT閣僚会議で合意された，世界貿易の秩序形成を目的とした機関。従来のモノの貿易から，サービス貿易や知的財産権問題なども扱う。本部はジュネーヴ。

47 最恵国待遇 自国の領域内で，外国人等に認めた最も良好な待遇や権利を相手国やその国民にも保障すること。したがって，この協定を結んだ国に対する関税率は同じになる。WTOなどで適用される原則の一つ。

48 マーストリヒト条約 欧州連合条約ともいう。1991年にオランダのマーストリヒトで開かれたEC首脳会議で，ローマ条約の改正に同意，翌1992年に条約に調印した。

48 欧州中央銀行 「ユーロの番人」として，EU加盟国（ユーロ圏）の金融政策を一元的に行う中央銀行。1998年に設立された。本部はドイツのフランクフルトにある。

48 アジア太平洋経済協力 エイペックと略称。日本・アメリカ・中国・韓国・ロシア・台湾・香港・オーストラリア・メキシコ・チリ・ASEAN諸国など21か国・地域が加盟。オーストラリアのホーク首相の提唱で1989年に発足。アジア・太平洋地域の経済協力が目的。

48 ASEAN自由貿易地域 東南アジア諸国連合の経済協力組織。1993年に発足，域内の関税などの撤廃をめざす。アフタと略称。

48 南米共同市場 メルコスールと略称。南米での共同市場づくりをめざし，1995年にブラジル・アルゼンチン・ウ

ルグアイ・パラグアイの4か国間で発足した。2006年にベネズエラが加わり5か国となった。

48 地域的経済統合 近接した地域にあり、経済的利害を同じくする数か国が同盟を結び、加盟国間の関税・輸入数量制限などは撤廃の方向で共同市場を確立する一方、非加盟国に対しては貿易制限を維持することにより、各加盟国の経済力を高めることを目的とする。

48 USMCA アメリカ・メキシコ・カナダ貿易協定 1989年発足のアメリカ・カナダ自由貿易協定にメキシコが加わり、1994年に発効した北米自由貿易協定（NAFTA）が全面的に見直され、2020年にUSMCAとして協定が結び直された。資本・労働・貿易の域内自由化をめざす協定ではあるが、自由化に向けての条件が変更された。

48 ユーロ EU（欧州連合）の共通通貨とその単位。1989年の経済通貨同盟（EMU）構想に基づき、1999年からユーロが導入された。

48 自由貿易協定（FTA） 特定の国や地域の間で、貿易などの規制をなくし経済活動を活性化させるために締結される協定。世界貿易機関（WTO）の例外規定として認められている。

48 東南アジア諸国連合 ASEAN、アセアン。1967年、東南アジアの5か国（インドネシア・タイ・シンガポール・マレーシア・フィリピン）が、経済・社会・文化の域内協力を推進するために結成した地域協力組織。現在は10か国。

48 欧州連合 ECを母体として、1993年発効のマーストリヒト条約に基づき発足。ECの原加盟国は、フランス・ドイツ・イタリア・オランダ・ベルギー・ルクセンブルクの6か国。リスボン条約が2007年に調印された（2009年発効）。2013年からはクロアチアが加わり28か国となった。2020年にイギリスが離脱して現在27か国。

48 信頼醸成措置 緊張緩和のために東西間の相互信頼を高めようとする軍備管理措置の一つ。全欧安全保障協力会議（現欧州安全保障協力機構）では、相互の軍事活動についての誤解や誤認の危険を防ぐため、軍事演習の事前通告を決めている。

49 発展途上国 第二次世界大戦後に独立した、アジア・アフリカ諸国やラテンアメリカ地域に多い、経済的に発展途上にある諸国のことをいう。

49 先進国 主として経済開発や文化などの面で比較的に進んだ諸国。発展途上国との対比で用いられることが多い。

49 経済協力開発機構 1961年に発足した資本主義諸国間の経済協力機関。日本は1964年に加盟し、現在の加盟国は34か国。事務局はパリにある。

49 モノカルチャー経済 発展途上国の産業構造の特徴を示すことば。ブラジルやコロンビアのコーヒー、ガーナのカカオ、チリの銅など、もっぱら輸出向けの少種類の農・工業原材料（一次産品）の生産が大部分を占めている産業構造をさす。

49 新国際経済秩序 ニエオと略称。1974年に国連の資源特別総会で「新国際経済秩序の樹立に関する宣言」が採択された。

49 新興工業経済地域 ニーズと略称。発展途上国のなかで、工業化を急激に進め、国際貿易で先進国と競合し始めた国や地域。近年では、韓国・台湾・香港・シンガポールのアジアNIEsをさすことが多い。

49 累積債務問題 発展途上国で、対外債務（借金）が累積して経済不振におちいる一方、貸し手である先進国も貸し倒れによる金融不安が生じた。これを累積債務問題という。

49 国連貿易開発会議 アンクタッドと略称。1964年、先進国と発展途上国間で南北問題の対策を検討するため設置された国連の機関。総会は4年に1度開催される。加盟国は193か国。

49 人間開発指数 UNDP（国連開発計画）が開発した人間開発に関する指数で、0～1の数値をとる。保健水準（平均寿命）・教育水準（成人識字率と就学率）・所得水準（一人あたりGNI）の三つの指標を用いて算出し、各国の福祉や生活の質（QOL）をはかる目安となる。

50 開発援助委員会 ダックと略称。1961年に発足したOECD（経済協力開発機構）の下部組織で、現在29か国とEUが加盟。発展途上国への援助について、加盟国間の利害調整をしたり、援助の具体的方法を検討・決定する。

50 政府開発援助 政府や政府の実施機関によって、発展途上国及び援助活動をしている国際機関に供与される資金のこと。発展途上国の福祉向上が目的であり、供与条件が発展途上国にとって有利であることがODAの要件。

50 フェアトレード コーヒー・ココア・バナナ・砂糖など発展途上国の産品を適正な価格で輸入し、先進国内の市場で販売する「公正な貿易」。フェアトレードの商品と生産者を認証する国際的なネットワーク組織として、1997年に設立されたフェアトレード-ラベル機構（FLO）がある。

50 ミレニアム開発目標 2000年に開催された国連ミレニアムサミットで採択された宣言を受けて、同年末にまとめられたもの。極度の貧困の半減、普遍的初等教育の達成、5歳未満児の死亡率を3分の1以下にすることなど8目標を掲げる。

50 持続可能な開発目標（SDGs） 世界共通の開発目標として掲げられていた、ミレニアム開発目標（MDGs）の後継となるもの。MDGsでは十分対応しきれなかった気候変動や貧困など17の課題が2016～2030年に達成すべき目標として設定された。

N イスラム原理主義 社会の世俗化や欧米化を否定し、ムハンマドの時代の原点に返り、イスラム法（シャリーア）による正しい政治を実現すべきであるという思想。

N イスラム過激派 自ら信じるイスラムの理想社会の実現のため、テロ、殺人、暴力、誘拐などの手段でその障害を取り除くことを訴え、実行している武装グループ。自らの行為を「聖戦（ジハード）」と正当化しているため「ジハーディスト」とも呼ばれる。

N PLO（パレスチナ解放機構） イスラエル占領からパレスチナの解放を目的とする諸組織を統合し、パレスチナ人を公的に代表する機関。1964年に創設、1969年にアラファトが議長に就任して以降はイスラエルに対するゲリラ戦やテロによる抵抗運動を展開する一方で、1974年には国連オブザーバー資格を得た。1993年のパレスチナ暫定自治協定（オスロ合意）にパレスチナの代表として調印し、パレスチナ暫定政府の主導権を握った。

N ハマス 正式名称は「イスラム抵抗運動」で、ハマスはアラビア語で「情熱」という意味がある。ガザ地区のパレスチナ難民に対する社会福祉活動を行っていた団体を母体に、1987年の第一次インティファーダをきっかけに実力行使部門として組織された。イスラム原理主義を掲げ、パレスチナ暫定自治政府を主導するPLOに批判的で、1990年代末からはイスラエルに対する自爆テロを展開した。2006年のガザの自治評議会選挙で第一党になり、2007年からはガザ地区の実質的な支配権を確立した。

戦後歴代総理大臣一覧

43
東久邇宮稔彦（ひがしくにのみやなるひこ）
1945.8 〜 45.10

58,59,60
池田勇人①②③（いけだはやと）
広島／60
1960.7 〜 64.11
自由民主党

75
宇野宗佑（うのそうすけ）
滋賀／66
1989.6 〜 89.8
自由民主党

90
安倍晋三①（あべしんぞう）
山口／52
2006.9 〜 07.9
自由民主党・公明党

44
幣原喜重郎（しではらきじゅうろう）
大阪／73
1945.10 〜 46.5

61,62,63
佐藤栄作①②③（さとうえいさく）
山口／63
1964.11 〜 72.7
自由民主党

76,77
海部俊樹①②（かいふとしき）
愛知／58
1989.8 〜 91.11
自由民主党

91
福田康夫（ふくだやすお）
群馬／71
2007.9 〜 08.9
自由民主党・公明党

45
吉田茂①（よしだしげる）
高知／67
1946.5 〜 47.5
日本自由党・日本進歩党

64,65
田中角栄①②（たなかかくえい）
新潟／54
1972.7 〜 74.12
自由民主党

78
宮沢喜一（みやざわきいち）
広島／72
1991.11 〜 93.8
自由民主党

92
麻生太郎（あそうたろう）
福岡／68
2008.9 〜 09.9
自由民主党・公明党

46
片山哲（かたやまてつ）
神奈川／59
1947.5 〜 48.3
日本社会党・民主党・国民協同党

66
三木武夫（みきたけお）
徳島／67
1974.12 〜 76.12
自由民主党

79
細川護熙（ほそかわもりひろ）
熊本／55
1993.8 〜 94.4
日本新党など8党派
非自由民主党8党派連立内閣

93
鳩山由紀夫（はとやまゆきお）
北海道／62
2009.9 〜 10.6
民主党・社会民主党・国民新党

47
芦田均（あしだひとし）
京都／60
1948.3 〜 48.10
民主党・日本社会党・国民協同党

67
福田赳夫（ふくだたけお）
群馬／71
1976.12 〜 78.12
自由民主党

80
羽田孜（はたつとむ）
長野／58
1994.4 〜 94.6
新生党など5党

94
菅直人（かんなおと）
東京／63
2010.6 〜 11.9
民主党・国民新党

48,49,50,51
吉田茂②③④⑤
1948.10 〜 54.12
民主自由党（'50年自由党に改称）

68,69
大平正芳①②（おおひらまさよし）
香川／68
1978.12 〜 80.6
自由民主党

81
村山富市（むらやまとみいち）
大分／70
1994.6 〜 96.1
日本社会党・自由民主党・さきがけ

95
野田佳彦（のだよしひこ）
千葉／54
2011.9 〜 12.12
民主党・国民新党

52,53
鳩山一郎①②（はとやまいちろう）
東京／71
1954.12 〜 55.11
日本民主党

70
鈴木善幸（すずきぜんこう）
岩手／69
1980.7 〜 82.11
自由民主党

82,83
橋本龍太郎①②（はしもとりゅうたろう）
岡山／59
1996.1 〜 98.7
自由民主党

96,97,98
安倍晋三②③④
2012.12 〜 20.09
自由民主党・公明党

54
鳩山一郎③
1955.11 〜 56.12
自由民主党

71,72,73
中曽根康弘①②③（なかそねやすひろ）
群馬／64
1982.11 〜 87.11
自由民主党

84
小渕恵三（おぶちけいぞう）
群馬／61
1998.7 〜 2000.4
自由民主党・自由党・公明党

55
石橋湛山（いしばしたんざん）
静岡／72
1956.12 〜 57.2
自由民主党

85,86
森喜朗①②（もりよしろう）
石川／62
2000.4 〜 01.4
自由民主党・公明党・保守党

99
菅義偉（すがよしひで）
秋田／71
2020.9 〜 21.10
自由民主党・公明党

56,57
岸信介①②（きしのぶすけ）
山口／60
1957.2 〜 60.7
自由民主党

74
竹下登（たけしたのぼる）
島根／63
1987.11 〜 89.6
自由民主党

87,88,89
小泉純一郎①②③（こいずみじゅんいちろう）
神奈川／59
2001.4 〜 06.9
自由民主党・公明党など

100,101
岸田文雄①②（きしだふみお）
広島／64
2021.10 〜
自由民主党・公明党